# 李诚全集 上

李诚 著

海天出版社
·深圳·

李 诚（1906—1977）

# 出版前言

李诚（1906—1977），字敬夫，安徽省石台县人。自幼聪颖好学，"秋浦上下誉之为神童"。1924年入秋浦周氏宏毅学舍，曾任职于北京大学的姚永朴教授主持学舍教务。1926年，他又到南京国学院求学。毕业后，于1930年被桐城派大家马其昶聘为家庭教师。之后的几十年中，他先后任教于黄麓师范、昭明国学院、江南文化学院，以教书为业。1953年，他任职于安徽省文史研究馆，主要从事图书和文史资料的管理工作，达25年。

先生一生撰述极为勤奋，为后世留下了丰富的著作。这些著作，若按类分，大致可分为五大类：一，历史（主要是历史地理）部分，包括《中国历代军事地理概论》《西汉人文表》《三国人表》《三国战争志》《南中七郡》《民族纪年》《历代自然灾害年表》《舆地人文纪要》《〈黄书〉节注》等；二，有关安徽历史文化的论述，如《清代安徽学术》《合肥军事概论》《池阳杂俎》等；三，以唐宋八大家为主体的关于古代文学的论述；四，读书笔记；五，诗文集。通过这些著作，我们可以比较完整地领会到先生的学术路径和学术建树。要言之，其学术建树主要有：

一、对我国古代学术文化有着深厚积累和卓越见解。他不仅对历代典籍涉猎广泛，而且融会贯通，有着精湛的研究和解说。他在阅读与研究中，对

《易》《书》《庄子》等典籍的传统句读都曾提出过质疑。如《易·乾》中《彖传》的传统句读是这样的："大哉乾元，万物资始，乃统天。云行雨施，品物流形，大明终始，六位时成，时乘六龙，以御天。乾道变化，各正性命。保合太和，乃利贞。首出庶物，万国咸宁。"先生认为应该遵从清代学者朱轼在《周易传义合订》中的句读，将上文中的"大明终始，六位时成，时乘六龙，以御天"，移置"乃利贞"之下，因为"乃利贞"以上的内容是"极赞元气"，而"乃利贞"以下的内容"乃泛言圣王如是"，即"圣王"的作为，而非"仅泥于卦也"。基于此，他认为"'保合太和乃利贞'应当七字一句，中间不宜断开"，并解释说："太和即元。元，元气也。"他还认为"乾元者，始而亨者也"这句中，"元"下"者"上当脱"亨"字，因为下句是对上句的解释，而这里是"以始释元"，所以上句不是单纯的"乾元者"，而是"乾元亨者"。（《读书随笔》）

又如《战国策·楚策》："齐王大兴兵攻东地，伐昭常未涉疆，秦以五十万临齐右壤。"王念孙认为："'未涉'下当脱'泗'字，'疆'当为'强'字之误也，'强''秦'二字连读。"王念孙虽系先生生平敬佩的乾嘉学派大家，但他不迷信权威，经过考证比较，他认为："此'涉'字，如《左传》'不虞君之涉吾地也'之'涉'，'疆'字不误，当属上读，云疆。于《楚策》，自楚言之，'未涉疆'犹云未至境也。"（《读书随笔》）

由于读书细，涉猎广，所以他在阅读、研究古籍时能纠正前人的一些错误，发常人所未发。如《春秋外传·晋语》："夫二国士之所图，无不遂也。"韦昭注："二国士，里克、荀息也。"（《读书随笔》）先生认为韦注误，这句话是丕郑对里克说的，而这里的"二国士"正是丕郑与里克："'二国士'，丕郑自谓己与里克。'所图'，谓结狄援秦而主废之。"结合《国语·晋语二》前后内容，可以判断先生是对的。

又如《史记·五帝本纪》："北至于幽陵，南至于交趾，西至于流沙，东至于蟠木。"王念孙谓"西至"本作西济,先生则从文理上分析:"北、南、东均言至,何必于西独言济?且蟠木在东海中,犹言至,则流沙云何独言济?故以作'至'字为是。"(《读书随笔》)

不仅是经史,即使一些脍炙人口的名篇,他也能发现一些常人或熟视无睹的错误。如唐人骆宾王的《为徐敬业讨武曌檄》(论篇收入《古文观止》)中"袁君山之流涕,岂徒然哉"的"袁君山",人名就搞错了,"袁君山"应是桓君山。李诚说:"按:袁安字邵公,桓谭字君山,'流涕'事属袁安,而不属桓谭;而云尔者,因庾信《哀江南赋序》云'袁安之每念王室,自然流涕',其下继以'昔桓君山之志事',宾王记忆不审,遂误用之。"这里不仅指出了原始的错误,还指出了致误的原因。

他在著作中,除了将《周易》与《庄子》、《左传》与《国语》、《史记》与《汉书》等相关典籍进行比较研究,从异同中发现问题外,还常常将程朱理学与陆王心学,乃至哲学、佛学与中医等都能结合起来分析研究,而且往往精义迭出,创获甚多。当时除少数书出版有点校本外,绝大多数都还没有标点本,而作者在引用上述文献时,凡有句读多能做到准确无误。

二、重视文献的搜集运用,深耕细作,言必有征。李先生一些著作的撰写,仅资料收集就长达几十年,深湛的文史功力在撰述中得以体现。如《中国历代军事地理概论》,作者广泛采撷自《史记》至新旧《五代史》及《资治通鉴》等数十种史籍。《历代自然灾害年表》,作者则仔细地查核了范祥雍的《古本竹书纪年辑校订补》、杜预的《春秋经传集解》、顾栋高的《春秋大事表》、司马迁的《史记》、班固的《汉书·五行志》,并参考对照了司马光《资治通鉴》的《周纪》《秦纪》、刘恕的《通鉴外纪》、郑樵的《通志·灾祥略》、马端临的《文献通考·物异考》、罗泌的《路史》、马骕的《绎史》、李锴的《尚史》及清编《古今图书集成·徵典》,分类分题,排比经纬,以史代论,洋洋大观,对这些专题资料,尽量做到"纪百代之有无,广古今而无遗"。特别在耗力最巨的历史地理研究中，他清楚认识到对文献资料不仅要广泛收集，还要善于取舍和应用，"中国的历史时间是那么长，战争地理是那么多，所根据的史料是那么互相抵牾出入，且纰谬迷惘之处不可胜数"；"对于历史工作者来说，就是要给历史以一定的科学地位，将历史事件的发生、发展和转变的具体情况，作具体分析，并且使历史哲学工作者能从迷乱混沌、复杂纷纭中找出它的规律性"（《中国历代军事地理概论·序言》）。

三、重视学术史的研究。众所周知，文化在传承中具有时代因素、地域因素和人的因素。传承本身就是个时空的概念，一个时代的政治、经济、文化状况，决定了那个时代（或时期）的文化传承态势。地域因素在文化传承中往往决定着地域文化的内容、特色、价值，而人的因素在文化传承中更是起到了决定性的作用。先生的《清代安徽学术》正契合这三个因素，以安徽学术为观照，展现了清代学术的要旨。文中，他充分肯定了方以智在明清之际思想上、学术上的巨大贡献；准确总结了方苞在论学、论文上的要旨和刘大櫆的学术建树及姚鼐在桐城派中承上启下的重大作用；对诸如梅文鼎、戴名世、方孝标、施闰章、吴敬梓、吴烺、徐文靖、姚范、马宗梿、吴鼒、方东树、胡承珙、赵绍祖、马瑞辰、戴钧衡、包世臣、夏燮、汤球、吴汝纶、杨文会、萧穆、刘世珩等在不同时期不同领域对安徽乃至全国学术文化产生过不同影响的重要人物都做了简要而精准的载述。其中对太谷学派创始人周榖和弘扬佛法四十余年的金陵刻经处创办人杨文会的评述尤为得当，显示了先生卓越的历史眼光和见解。文中以较大篇幅介绍了江永、程瑶田、汪绂、金榜、洪榜、凌廷堪、汪莱、俞正燮、程恩泽、胡培翚、江有诰等徽州学者的著作，评述了这些学者的建树和徽州学术的重要价值，认为戴震是有清一代学术之最。在《清代安徽学术·概论》中，他还精辟地分析了徽商与徽州学术的关系，指出："因为具备了经济条件，到了清朝，才孕育了以江永、戴震为首的一些汉学家。"他还从地域特点上分析了徽州学术的成因："其民既勤苦，不待说是朴实无华，这就是适宜于朴学发展的土壤；而其学者，又移其勤苦治生的精神来治学，所以能达到深邃的境地。"（《清代安徽学术》）敬老写这些的时间是二十世纪四五十年代，这在徽学研究上还是比较早的，可以说他是继许承尧、黄宾虹后，较早关注徽学的人。

四、继承"桐城派"，并有所变通和创新。桐城派是清代著名文学流派，这个提法是不错的，但还不全面：桐城派作为特定历史时代发展和演进的产物，其代表人物多是清代社会中上层士大夫等社会精英，是统治阶级中的重要力量，他们秉承儒家的思想理念和传统价值，继承并发展了宋明理学，在高擎"阐道翼教"大旗的同时，推动着当时中国社会沿着既有轨道缓慢前行；桐城派及其代表人物发挥的历史作用和历史地位不容低估，亦并非一"文派"所能概括。

李诚是马其昶的入室弟子，他继承了桐城老辈的学行人品，遵循前辈的学术路径，对唐宋八大家的文学内容、特色、传承有着较为系统的阐发，撰写了《韩柳年表》《曾王三苏论文》《欧曾王三苏文评》《欧曾王三苏轶事录》《八家文选目》等著作；对"桐城派"代表人物及作品有着深入的论述。下面择录他对方、刘、姚及吴汝纶的评论，以觇其对桐城派的理解、继承与发展。

他评论方苞："论学一以宋儒为宗，其说经皆推衍程朱之学，所尤致力者，为《春秋》、'三礼'。论文严于义法，不喜班史及柳文，条举所短而诋之。尝谓自南宋以来，古文义法不讲久矣，吴越间遗老尤放恣，无一雅洁者；古文不可入语录中语、魏晋六朝人藻丽俳语、汉赋中极重字法、诗歌中隽语、南北史佻巧语。桐城文人奉为准则。"（《清代安徽学术》）

他评论刘大櫆："虽游方苞之门，所为文造诣各殊；苞择取义理于经，所得于文者义法。大櫆并古人神气音节得之，兼集《庄》《骚》《左》《史》，韩、柳、欧、苏之长。其气肆，其才雄，其波澜壮阔。尝著《观化篇》，奇诡似《庄子》；其他言义理者，又极醇正。亦能诗，为文名所掩。桐

城自方苞为古文之学，大櫆游苞门，传其义法，而才调独出。"(《清代安徽学术》)

他评论姚鼐："鼐之为学，博集汉儒之长，而折衷于宋。桐城自方苞尊程朱，鼐复循其轨，又皆能文，桐城家法，至此乃立。"他还从姚鼐出发，论述了桐城派发扬光大的情状："苞、苞弟子刘大櫆、大櫆弟子鼐相承能为古文，历城周永年为之语曰：'天下之文章，其在桐城乎！'由是学者多归向桐城，号'桐城派'。鼐晚年主钟山书院讲席，门下著籍者：上元有管同、梅曾亮，桐城有方东树、姚莹，四人者称为高弟子，各以所得传授徒友，往往不绝。其不列弟子籍，同时服膺有新城鲁仕骥，仕骥有甥陈用光，用光既师仕骥，又亲受业于鼐；乡人化之，多好文章，用光之群从，有陈学受、陈溥，南丰又有吴嘉宾，皆承仕骥之风，私淑于鼐。由是江西建昌府有桐城之学。宜兴吴德旋之为文，亦私淑于鼐，德旋之友永福吕璜，亦好古文。璜之乡人，有临桂朱琦、龙启瑞、马平王拯，皆效德旋、璜之为文，又求广其术于梅曾亮。由是桐城宗派流衍于广西。湖南则湘乡曾国藩、湘阴郭嵩焘、善化孙鼎臣，亦尊鼐为文家正轨；而国藩据高位以表扬其术，故效桐城文者日广。"(《清代安徽学术》)

他评价吴汝纶："汝纶于古籍皆有点校，尤邃于《史记》，尽发太史公立言微旨。其论文，尝谓文章之事，代不数人，人不数篇，故为难耳。又谓古人缀字为文，而气行乎其间，寄声音神采于文外；虽其人去吾世邈矣，一涉其书，而精神意气，若俨立乎吾目中。务欲因声求气，凡所为抗坠、诎折、断续、敛侈、缓急、长短、伸缩、抑扬顿挫之节，一循乎机势之自然，以渐于精微奥窔之域。是时汝纶以能为古文著声誉于海内，其至日本，自君相及教育名家、妇孺学子，皆求请题咏。侯官严复译西书，亦求汝纶是正文字。"(《清代安徽学术》)

他还谈了"桐城诗派"与清末诗坛及"同光体"的关系："鼐亦能诗，

从明七子入,而以融会唐宋之体为宗旨,尝仿王士禛五七言古体诗选为《今体诗选》,人皆谓为精当。鼐又教人读山谷诗,曾国藩承用其说,于是江西诗派盛行于清末。"(《清代安徽学术》)

同时,他还利用青年时代亲身受教于马其昶、姚永朴的条件,载述了晚清桐城派人物如马其昶、姚永朴、姚永概、吴闿生在清史馆的经历,其中关于《清史稿》体例和《儒林传》《文苑传》的撰写以及他们与主持馆务者关系的内容都非常宝贵,多为局外人所不知。

先生的为学生涯与桐城派的由盛转衰相伴随,以其治学渊源、路径和建树,当堪称桐城派的最后大家(或大家之一)。他为学之道既继承桐城派,但又不局限于桐城派,而对乾嘉朴学的作用、价值予以充分肯定,并在学术实践中加以运用。同时,他对杨文会及晚清佛学中兴的影响也有着极高的评价。在《清代安徽学术·概论》中,他说:"清代的安徽学术,在乾嘉盛世,有戴震作为中军主帅;在光、宣末叶,有杨文会作为压阵大将。他俩是开一代风气的巨人,学术地位也不局限在安徽。"(《清代安徽学术》)凡此皆都觇其胸中绝无丝毫门户之见。

五、历史地理之学。这是他几十年来用力最巨、钻研最深、成就也最大的学问。历史地理学是历史学的一个分支,我国古代学者十分重视。如《书·禹贡》、《汉书·地理志》(此后各史都有地理志或郡县志、疆域志)、《三辅黄图》、北魏郦道元《水经注》(40卷)、北魏杨衒之《洛阳伽蓝记》、唐李泰等《括地志》、唐李吉甫《元和郡县志》(40卷)、唐玄奘《大唐西域记》(14卷)、宋乐史《太平寰宇记》(200卷)、宋王存等《元丰九域志》(10卷)、宋祝穆《方舆胜览》(70卷)、明陈循等《寰宇通志》(119卷);历代还有官修的一统志,如《大清一统志》(560卷),事止于清嘉庆二十年(1815);还有一些记载西域或南海的地理书,如《西洋番国志》《郑和航海图》《西域行程记》等。明清以降,历史地理学更有了新的发展,呈现出新的特点。清初出现了两部重要著作，一个是顾炎武的《天下郡国利病书》（120卷，写了23年），一个是顾祖禹的《读史方舆纪要》（130卷，积三十年之力而成）。这两部书学术界十分重视，外国人也非常重视，称为历史的政治地理之学。乾嘉后期西北舆地之学及疆域研究被高度重视——这与当时西北边境紧张、外患日趋严重有关。当时这方面有突出成就的学者有徐松、张澍、俞正燮等。先生正是继承了这一学术传统，吸收了前人尤其是清代学者的成就，把历史地理学研究提到了一个新的更高层面，而且将其与现实结合，为现实服务，其中对某些专题（如军事、农业、灾害，还有民族问题、域外问题等）更有着拓展和深入。这既体现了前辈学人"经世致用"的优良传统，更表达了他对社会主义文化学术事业发展的心愿和情怀。如其在《中国历代军事地理概论·序言》所言："军事科学，是现代战争诸问题一切综合的真正科学知识的有系统的体系，除开纯军事的诸因素——战略战术作战技巧、部队编制与训练外，还包括对于全体军事具有彼此结合、相互作用和决定影响的社会政治经济和精神诸因素的总和。那么，一部完整无缺的一国或某一时代的军事史，就必须把以上所说的诸因素，一一地叙述着和分析着，才包举无遗，才'惬心贵当'。"

以上对先生的著作做了点分类介绍，其实前人作文是很难准确按类来分文的，像他的《读书笔记》，有几万字，涉及数十种书籍，其中有对典籍的局部考证和理解，有对事物的认知和对人生的感悟，每条都很精粹，不乏真知灼见。他的著作，渗透了浓厚的家国情怀，他爱家乡，重桑梓，著作中不少是写池州，写合肥，写安徽的。除了上面说的《清代安徽学术》，还有《安徽古今》《安徽各县市名称考释》《安徽农业史片段》《合肥军事概论》等。他写的《池阳杂俎》，包括6部子书：《贵池历代兵事志》《贵池掌故》《〈贵池县志〉列传稿》《贵池先贤遗书提要》《贵池诗话》和《李白〈秋浦诗〉注》，其中《贵池诗话》最为笃实，记载了历代池州或游池的诗人、诗作和诗事，补辑池州诗话之阙，对池州历史上的志士仁人，如华岳、吴应箕等更多次述及，大加赞誉。

李诚先生一生经历相对比较简单，但他所经历的时代却是中国历史上动荡最为剧烈、变化最为巨大的时代，他是这个时代一个普通的正直的始终能与时代前行的知识分子；他一生清贫，却始终心系学术，胸怀天下，以弘扬中华优秀传统文化为己任；他虽无"教授"之名，却竭尽导师之实，将平生学问传授学生，着意发现人才，培育读书种子。古往今来，都有一些饱学之士因各种原因而一时不显于世，先生正是这样的学者，他是现代中国草根学者的典型代表。正如李克强同志在《追忆李诚先生》中所说的："他是一位真正的学者，一位通晓国故的专家。"由于一些原因，长期以来学术界对先生这样对中华传统文化有着卓越研究的学者缺乏了解。而只有当学术认知进入一个新的局面、学术研究进入一个更高层次时，人们才可能对以往仅有局部展示的甚至沉埋于草野的学术成就，进行发掘、整理和逐步深入地研究。李诚先生著作的编纂出版正是这种态势的产物。

《李诚全集》中的存世文稿主要由先生幼子李皋兰先生提供。李皋兰先生及其女儿李秋浦多年来精心收藏和整理原稿，这就为全集的编纂和出版奠定了基础。对全集校勘、标点等整理工作，海天出版社聘请诸伟奇教授负责，余国庆教授、周挺启博士参与。经过专家学者认真讨论，全集做了适当分类与排序。作者引用古书，有些是节引或义引，所引书名亦多用省称（如《太平寰宇记》作《寰宇记》，《元和郡县志》作《元和志》等），凡此，我们皆一仍其旧。先生遗稿中的《古今名产琐记》《合肥史料辑》及个别文章，本书未作收录；《清代安徽学术》《清代安徽学术系年》，现合为《清代安徽学术》。全书涉及文史内容甚多，专业性强，遗稿又成于不同时期，时间跨度大，有些稿件还有磨损，有些稿件或有缺失，故而整理难度较大，一些差错恐难以避免。对此，尚祈读者诸君不吝赐正。

2019年5月

# 写在书前面的话

　　我父亲李诚，字敬夫，1906年阴历七月二十三日出生在安徽省石台县一个普通农民家庭。祖父李丰森曾读过五年私塾，为人热情，常为乡邻排忧解难。父亲出生的那年是光绪三十二年，五年多以后清王朝就覆灭了。父亲自幼聪颖好学，在家乡有神童之誉。1924年入秋浦周氏宏毅学舍，该校由周馥之子周学熙于1922年创办。周馥曾任清朝直隶总督兼北洋通商大臣，周学熙曾任民国财政总长，秋浦周氏乃近代闻名海内外的诗礼簪缨之族。曾任北京大学教授的姚永朴主持该校教务。"宏毅"之出与《论语》"士不可以不弘毅，任重而道远"有关，学校宗旨为："以中国旧道德、旧文学为根本，辅以英文、数学及新知识之切于实用者，以期养成任重致远之才。"教学上十分注重文史基础知识的学习和经世之学的应用。在国学大师姚永朴、马其昶的教诲下，父亲打下了很好的学术功底，明确了学术旨归。他这个时期写的18篇课堂论文中，就已显示出不凡的见解和精湛的撰述能力，其学识和能力深为姚、马等前辈所认同和重视。1926年，他又到南京国学院求学。毕业后，于1930年被马家聘为家庭教师，教授马其昶之孙马茂元、马茂炯、马茂书，外孙方管（即舒芜）及后来的孙婿吴孟复。之后，他先后任教于黄麓师范、昭明国学院、江南文化学院，辗转大江南北，都是以教书为业。1953年，父亲任职于安徽省文史研究馆，主要从事图书和文史资料的管理工作，共25年。1977年7月23日，父亲在合肥逝世。

　　父亲是个爱国知识分子，正直无私，爱憎分明。自青年时代起，就心系民瘼。上小学时，他仰慕为北宋王朝立下功勋的同邑名宦樊若水，写下了"乐道浮梁口角涎，一溪委黛识吾颠"之句，借樊氏之事抒写自己意气风发和追求建功立业的抱负。1928年，他因病在家休养，仍然奋不顾身，持械参加保民卫乡的行动。抗战期间，他身在讲堂，却心系疆场，时刻关注着祖国的命运，曾撰写《山西抗战之我见》一文，歌颂了为国而不惧生死的勇士，表达了对抗战必胜、建设现代化国家目标必能实现的信心。他对国民政府治下的腐败极为不满，曾在课堂上公开抨击，并因此遭到特务盯梢，工作被解聘。

1949年后，父亲虽人微位卑，但胸怀国家，放眼世界，曾两次郑重向最高层献计。抗美援朝开始之时，他根据自己研究军事地理的心得和对国际大势的了解，上书毛泽东主席，建言献策。他撰写《一九七一年上中枢书》，呈中央人民政府总理周恩来，从军事地理角度，对美国从越南撤兵后的东南亚形势和我们可采取的策略，进行了独到的分析。因信息所限，其议论未必得当，但其对国家的赤诚，却洋溢于纸墨之间。父亲在实践中自觉地将自己的学术研究与实用勾连。1970年冬，国内备战正酣，他应合肥市人民武装部之请，撰写了《合肥军事概论》一文，对合肥在战争史中的重要地位等问题做了充分论述，受到相关方面的赞誉。

父亲一生嗜学，不管在什么境遇，都把读书治学看得比什么都重要。从我记事起，他每天都在看书写字，极其勤奋。正如李克强同志在《追忆李诚先生》中所记述的："李先生每天总是端坐在桌前，手不释卷，或执笔圈点，或颔首低吟，日复一日，几乎日日如此。当然，他有时也抬头环顾左右，似防闲人进入。大概是因为这里的藏书有限，还有其他什么原因，入室者寥寥，李先生也就乐得潜心向学了。"即使在"文革"那样的环境中，父亲也坚持读书，并以自己的方式研究和思考。当时，省文史馆图书室被查封，"李先生也就失去了办公的地方，回到家中。他的居所是大院角落里的一间偏房，面对庭院有一扇窗户，窗前照例摆着一张长条桌，李先生仍然每天坐在桌前埋头读书。有时他也走出门户伸展腰身,但神情依旧,似乎时世并没有发生什么变化"①。正是由于父亲几十年如一日的研究和积累,才成就了他的学问。

父亲一生著述极其丰富。从我记事时起,就看见码在家里的各种书稿,这些书稿用各种不同的纸张、不同的方式装订,大小也不一样,但每一本都字迹工整,多数用毛笔,少数用钢笔,都清晰地标记了页码,书稿收藏得也很有条理。从父亲现存的著作看,大致包括历史、地理、文学、哲学、地域文化、诗文集等几大块。

说来惭愧,我从小爱打乒乓球,学习不太用功,加上"文革"的耽误,该学的未学到,对父亲的学问更缺乏了解。在这一点上,我幼时的伙伴、"文革"后期曾跟随我父亲学习传统文化的李克强同志倒比我了解得更多,体会得更深。他在文章中,深情地回忆了当时的情景:"时间是固定的,从每晚九时开始。他释卷之后,便烧上一壶水,把脚放在一个不大的搪瓷盆中,不断有节奏地搓足,时而向盆中添上一点热水,时而用手揉脚板心上的涌泉穴。他做得不紧不慢,循环往复,大约近一个钟点。就在这段时间里,李先生用平和的语调,时断时续地向我讲中国的国学,讲治学的方法,讲古今轶事……这种每天近一小时的讲解、谈论夹杂着议论,持续了近五年之久,几乎穿越过我的少年时代,但李先生的话似乎仍未讲完。"文章内容展现了我父亲渊博的学识:"李先生的确是饱学之士。大院里的一些老人称他为活字典,因为常有人读书读报遇到难解的字或典故来问李先生,李先生总是脱口说出这些字或典故的读音、含义,有时,也会说出它们的出处。其实,李先生的学识不止于对中国文字的认识,他有很厚实的古文功底,又在国学的广泛领域具有造诣。有一段时间,他专门向我讲授唐诗,一天只讲一首,而讲一首诗他可以用约一个小时的时间,常常是旁征博引。"并介绍了我父亲的读书品位:"李先生读书的品位

---

① 李克强:《追忆李诚先生》,《安徽日报》,1997年5月17日。

是很高的。作为先生,他也留意我读什么样的书。以他的观点,初学者宁可少读书,或者等书读,也不能读类似三家村中的书";"他后来开了一份书单给我,有《昭明文选》《古文辞类纂》《经史百家杂钞》等";"对于初学中国史,他主张一定要先读'四史',即《史记》《汉书》《后汉书》《三国志》以及《资治通鉴》"。还赞扬了我父亲的治学精神:"他喜欢'为学要像金字塔、又能广大又能高'的治学之道,更喜欢要能'吃冷猪肉、坐冷板凳'的治学态度";"李先生治学的严谨,还表现在他奉行'知之为知之,不知为不知'的原则,而且是非常严格的";"他说,于词学方面,他只能体会出一些绝品的妙处,对不同时代,不同流派的词却不能做细微的分辨,尤其是不会'唱'。……他与当时蛰居合肥的女词人丁宁先生有交往,他认为自己所结识的人中,唯丁宁先生懂得词且可以填,并提出要带我去见她";"他认为,读书人眼界一定要开阔,要能看大场面,大观则大见,小观则小见。也就是说要读各种类型、各种观点的书";"想写一部《中国历史地理概论》[①],从历史地理角度来讲述中华文化的变迁。其中多用考据的方法,譬如某一历史事件或历史人物当时的发生地或出生地,现在应为何处,同时将纠正一些错漏的说法。究其本意,则是要说明中华文化是绵延不绝的,是必然要中兴的"。李克强同志在文中总结性地指出:"可以肯定地说,他是一位真正的学者,一位通晓国故的专家。"[②]

作为写在书前面的话,我应该对父亲的学术成就有所论述,但限于不学,实在不敢作评,这里只能摘录诸伟奇教授在论述我父亲学术路径和学术建树时的几点总结了:

一、对我国古代学术文化有着深厚积累和卓越见解。他不仅对历代典籍涉猎广泛,而且融会贯通,认识深刻。如他对《易》的标点和对卦辞、彖辞

---

① 具体指全集内的《中国历代军事地理概论》部分。
② 李克强:《追忆李诚先生》,《安徽日报》,1997年5月17日。

都有着独到的见解；对《书》《诗》《春秋》，乃至《庄子》《楚辞》《文选》等也都有精湛的解说。他在著作中，把《周易》与《庄子》、《左传》与《国语》、《史记》与《汉书》，把程朱理学与陆王心学，乃至哲学与中医等都能结合起来分析研究，而且往往精义迭出，创获甚多。

二、重视文献的搜集运用，深耕细作，言必有征。李先生一些著作的撰写，仅资料收集就长达几十年，在写作时，往往摊书满床，积稿盈室，《中国历代军事地理概论》《三国战争志》《历代自然灾害年表》《舆地人文纪要》等就是这样的产物。他的深湛文史功力，也正是在撰述中得以体现，如《中国历代军事地理概论》，作者广泛采撷自《史记》至新旧《五代史》《资治通鉴》等数十种史籍。当时除少数书出版有点校本外，绝大多数都还没有标点本，而作者在引用上述各史时，凡有句读多能做到准确无误。

三、重视学术史的研究。中华文化，博大精深，源远流长。李先生寄心中华文化，尤其重视对学术史的研究，这也正是他对传统文化能探本求源、扬清激浊之所在。他对历代学术，尤其是清代学术有着清晰的认识，其《清代安徽学术》，分"系年""学者的地区分布""学者著作"和"概论"四大部分："系年"，从时间方面来考察安徽学术的兴盛和衰歇；"学者的地区分布"，从空间方面来考察分布的稠密和稀疏；"学者的著作"，从著作的数量和质量方面来考察学术的畸轻畸重；"概论"，则是根据以上事实，对清代安徽学术进行梳理，论述了清代安徽学术对前代学术的继承性和创新性，分析了其区域特点及成因，强调了其地位和影响。全篇以安徽学术为观照，展现了清代学术的要旨。

四、继承"桐城派"，并有所变通和创新。李诚是马其昶的入室弟子，他继承了桐城老辈的学行人品，既循前辈路径，对唐宋八大家的文学内容、特色、传承有着较为系统的阐发，对"桐城派"人物、作品有着深入的论述，又不局限于"桐城派"，而对乾嘉朴学的作用和价值予以充分肯定。他还特别关心实学,讲究经世致用。

五、历史地理之学。这是他几十年来用力最巨、钻研最深、成就也最大的学问。李诚先生继承了我国古代尤其是明清以降历史地理学研究传统,吸收了前人尤其是清代学者的成就,把历史地理学研究提到了一个新的更高层面,而且将其与现实结合,为现实服务,其中对某些专题(如军事、灾害等)更有着拓展和深入,这既体现了前辈学人"经世致用"的优良传统,更表达了他对社会主义文化学术事业发展的心愿和情怀。如《中国历代军事地理概论》分章论述了三国、两晋、十六国、南北朝、隋、唐等朝代的战事,反映了当时政治和军事动荡、复杂激变的态势,并于字里行间透露出对国家兴亡治乱的忧患意识。他的一些单篇文章也属于这方面的内容,如《嬴秦疆域扩大考》,清晰地考证了秦国的历史疆域;《南中七郡》,旨在为《三国志》补其所缺的地理志;《关于研究历史地理的几点意见》《与黄秉维同志书》等文,强调历史地理学的学科重要性并论述它的研究方法。①

诸教授负责《李诚全集》全书的校勘、标点等整理工作,他对家父学术成就的论述应该是有说服力的。

父亲过世后,冒效鲁教授有《挽诚翁》一诗:"文章不祧姚惜抱,博洽差同程易畴。扶病蹒跚来诀我,等身遗稿待谁收?"诗中将我父亲誉同姚鼐和程瑶田,并提出"等身遗稿待谁收"的问题。确实,父亲生前最大的愿望就是这些著作能够出版,念兹在兹的是一生心血的问世。现在,父亲的著作终于要出版了!看着眼前的全书校样,不禁使我百感交集,有太多的话要说,有太多的人要感谢!

感谢海天出版社。海天社一贯遵循党的出版方针,重视学术,重视文化传承,没有他们从立项到出版长达四年的坚守和付出,没有编校同志几年来一

---

① 诸伟奇:《李诚先生与文化传承》,《皖风》,2017年第4期,第42—45页。

丝不苟、精益求精的劳动，父亲的全集是不可能如期出版的！

感谢诸伟奇教授及余国庆教授、周挺启博士，没有他们精心的校勘、标点，父亲的全集不可能得到这样高质量的整理。

我要感谢的还有安徽省人民政府参事室（安徽省文史研究馆）党组书记、主任白和平，副主任、常务副馆长刘江颖专程前往深圳，给全集的出版发行工作以切实的帮助。

最后，我更要感谢我们的时代，没有改革开放，没有新时代党对中华优秀传统文化的传承和弘扬，父亲全集的出版是难以想象的。对此，九泉之下的父亲一定会含笑瞑目。

李皋兰

2018年5月16日

# 目录·上

中国历代军事地理概论 ······ 0004
 序　言 ······ 0005
 三国时代军事地理概论 ······ 0010
  概论一　群雄 ······ 0010
  概论二　蜀 ······ 0018
  概论三　魏 ······ 0029
  概论四　吴 ······ 0043
  三国时代汉水流域考 ······ 0050
 两晋军事地理概论 ······ 0054
 十六国军事地理概论 ······ 0087
 南北朝军事地理合论 ······ 0142
 隋代军事地理概论 ······ 0239
 唐代军事地理概论 ······ 0248

嬴秦疆域扩大考 ······ 0282

西汉人文表 ······ 0286

三国人表 ······ 0357
 附　古（三国）今地名对照表 ······ 0382

| 三国战争志 | 0391 |
| --- | --- |
| 引　言 | 0392 |
| 蜀 | 0396 |
| 魏 | 0419 |
| 　附　二袁 | 0473 |
| 　附　辽东 | 0481 |
| 吴 | 0486 |
| 南中七郡 | 0522 |
| 民族纪年 | 0531 |
| 历代自然灾害年表 | 0553 |
| 先　秦 | 0554 |
| 西　汉 | 0573 |
| 东　汉 | 0602 |
| 三　国 | 0640 |
| 西　晋 | 0649 |
| 唐 | 0677 |

為東郡太守，治東武陽，東武陽縣故城，在今朝城縣西四十里。

牧。○春，操軍頓丘，頓丘縣故城，在今清豐縣西南二十五里。毒等攻東武

西入山，攻毒等本屯。諸將皆以為當還自救，操

魏，耿弇欲走西安，攻臨淄，使賊聞我西而還，武

逆我，能敗其本屯，賊不能拔武陽必矣。」遂乃行。

陽還，操要擊眭固，破之，匈奴南單于子於夫羅

寇，操又擊破之於內黃。內黃縣故城，在今內黃縣西北。夏四月，中郎

生卓，卓將李傕、郭汜攻布，布走出武關。傕等擅

，寇兗州，劉岱欲擊之。鮑信諫曰：「今賊眾百萬，

(一○○六年)瞿越

詔以隸三班抵

(一○○九年)瞿越

(一一七一年)占婆與

時宋有泛海

以騎戰，教之

陽軍，厚齎

吉陽軍，今

(四三九年)突厥

太武滅沮渠

居金山，工於

為突厥，因以

# 南中七郡

時，牂柯、越巂、益州、永昌、犍為屬蜀國、皆益州屬。二十年，蜀先主以犍為屬蜀國置朱提郡。二十三年，丞相亮南征四郡皆平，改益州郡為建寧。分建寧、永昌、越巂、牂柯置雲南郡。分建寧、牂柯為興古郡。為南中七郡。立庲降都督以□總攝之。

平南中，出其金銀丹漆、耕牛戰馬，以給軍國之用。

六年，魏將鄧艾伐蜀，後主使群臣會議或以為南郡，險阻斗絕，易以自守。光祿大夫譙周以南方遠夷之常，無所供為，猶數反叛；自丞相亮以兵威逼之，窮乃為服，今若至南，外當拒敵，內供服御，費用擴大，耗損諸夷，甚必速叛。

李诚 全集

# 中国历代军事地理概论

# 序　言

军事科学，是现代战争诸问题一切综合的真正科学知识的有系统的体系，除开纯军事的诸因素——战略战术作战技巧、部队编制与训练外，还包括对于全体军事具有彼此结合、相互作用和决定影响的社会政治经济和精神诸因素的总和。那么，一部完整无缺的一国或某一时代的军事史，就必须把以上所说的诸因素，一一地叙述着和分析着，才包举无遗，才"惬心贵当"。至于说到地理形势，它只能算是军事史的一部分，一般是作为军事家擘画战略的根据，兵力是如何部署和协同动作，战役是如何展开、连续和结束，总不出乎它的范围，好像围棋离不开棋盘、布子不外乎三百六十一着一样，所以军事史的写作者，断不可忽略了作为战略出发点的地理形势这一部分。

对于军事科学有湛深研究的恩格斯，曾指示过：在线形战术时期，交战双方，都努力避开运动困难的地形，地势愈平坦，愈是好的会战场所。但自法国革命后，许多军队就开始采用新的体系，交战双方都努力寻找正面前有障碍物的防御阵地，以便用来配备步枪手和预备队；革命的军队，宁愿选择困难的地形，因为他们的运动性比较大，他们的分散战斗队形，不仅可以在任何方面运动，而且可以运用起伏之地利（《山地战的今昔》）。恩格斯又从战略的观点来看，认为在山地战中，进攻者的地位，比较防御者的地位，具有决定性的优势。这是在理论上对现实的唯物的地理形势作独到的分析。从革命战争实践中过来的毛主席，在大革命艰难阶段，开始了井冈山的斗争；他选择了这个罗霄山脉的中段，有地形极为险要的大小五井，它比不利进攻与退守、又太迫近大的政治都会的北段和没有群众基础的南段，都要胜过，所以从这里发展党，建立政权，组织武装（《井冈山的斗争》），这更是善于运用地理形势的典范，由此便可以证明地理形势在军事上的地位了。军事史的写作者，对于这方面应该给予适当的叙述和分析，固然不能那么过于夸大，像资本主义国家的军事家所说的"地理因素是决定战争胜负的主要条件"；更不应像他们的那些环境决定论者，把地理作用推广到军事以外，认为它是社会发展的主宰。

中国的历史时间是那么长，战事是那么多，史料是那么汗牛充栋，这迫使作者去研究历代军事地理以后，不能不采用一种有重点地概括地去叙述它和分析它的办法，来写《中国历代军事地理概论》一书。它是以春秋战国为起点，以清末为终点，也就是包括了战争的手工业时代的大部分。毛主席在《改造我们的学习》一文中说："对于近百年的中国史，应聚集人材，分工合作地去做，克服无组织的状态。应先作经济史、政治史、军事史、文化史几个部门的分析的研究，然后才有可能作综合的研究。"这说明军事史属于分工研究之一，而作者所写出来的军事地理，又属于军事史中的分工，不过在时代上，是不仅仅限于近百年的。

也许有人说：从1949年以来，中国出现了空前统一的局面，并且即将建成一个工业的具有高度现代化程度的伟大国家；此后绝无内战，所以军事史地，现在和今后，是不必要的，因而也是无用的。这是一个似是而非之谈，而且是非历史主义观点的表现。

首先须知：历史哲学和通史的任务有所不同。通史的任务，是尽量具体地描写在各个国家和各个民族社会生活中所发生的各种事件的进程；而历史哲学的任务，是研究历史过程的一般规律。其次须知：通史和专史的研究，可以互相促进。要认真做好通史，就必须将全国史学工作者很好地组织起来，分工合作，或研究断代史，或研究专史，或研究少数民族史，或研究某一专题，局部性的研究愈益深入，综合性的通史也就愈有完好的可能。以局部性的深入，来帮助综合性的提高；以综合性的提高，来催促局部性的再深入：如此反复多次，庶几写出好的通史来。由此可知，并不是有了历史哲学，而通史就不必要；或者有了通史，而专史就不必要。相反地，是在有了好的专史基础上，才能产生好的通史；在有了好的通史基础上，历史哲学才具有科学性，并且丰富着它的内容。好的专史，一方面要能负起以备通史采择的任务，而另一方面，又可以作为专门家的参考读物。所以，并没有被一脚踢出专史范围外的军事史地的写作，是一个史学上的问题，而不是现在和今后有无内战的问题，说"现在和今后无内战，就不需要军事史地"，这不等于说"现在无封建制度，就不需要研究封建时代的历史"吗？如果由此引而申之，就可以割断历史，取消历史这一门科学，而接近于民族虚无主义了。列宁说："马克思主义的最本质的东西，马克思主义的活的灵魂，就在于具体地分析具体的情况。"对于历史工作者来说，就是要给历史以一定的科学地位，将历史事件的发生、发展和转变的具体情况，作具体分析，并且使历史哲学工作者能从迷乱混沌、复杂纷纭中找出它的规律性。这种写作，并不是引导人们向后看，也不是说历史事件可以搬上舞台来重演，而是使人们从那里吸收他们认为是珍贵的经验和知识，作更伟大更美好的新创造。

过去中国学者研究地理，约分两途：一为沿革地理，一为军事地理。清初顾祖禹的《读史方舆纪要》系研究军事地理最有权威也是最能找出规律性的著作。例如他所说的"途有所必由，城有所必攻"的原则，就是战争的机械时代的事件，也还不能越乎这个范围。1918年的白卫军，第一次进攻察里津，企图由此沟通东线的捷克斯拉夫军团和南线的克拉斯诺夫军，构成一个反革命圈，来包围莫斯科。1942年，德国法西斯军队进攻斯大林格勒，又企图由此从东面绕向莫斯科，且使莫斯科与伏尔加乌拉尔后方隔绝。然而顾氏本人，却是生在战争的手工业时代，又例如他论徐州形势，说它的得失，"辄关南北之盛衰"。我们从春秋楚塞夷庚（夷，平也；庚，道也。即指徐州）以拒吴、晋算起，一直到1948年淮海战役止，谁也不能否认徐州在军事上的重要性，然而顾氏一再地说，"州域之建置有定，而形势之变动无方"；"高化无穷者，地利也"。尤可以见得他灵活地看问题，并不是什么把宇宙一切看成"静止不动，停顿不变"的拘迂一派。但是他的书，重在横的罗列，而不重在纵的叙述，所以历代州域形势，只占一百三十卷中的九卷而已；作者此书，则全作纵的叙述，与顾氏之书，可以说是相反相成，也可以说补顾氏之所未备，是其任务之一。

马克思主义辩证法告诉我们：宇宙间一切，是内在联系的统一整体，其中各个对象或各个现象，是互相密切联系着，互相依赖着，互相制约着的。那么，一个国家的政治经济和地理形势之在战争当中，也不是各自孤立和隔离，而是互相密切联系着，互相依赖着，互相制约着，所以研究战争，无疑地要把地理形势包在其中，而不能除而不论。但是论到了地理形势，却应该按着不同的时代来作不同的估价。因为时代愈远愈向上，地理形势愈发生制约的作用，国家愈依赖着它；时代愈近愈向前，地理形势发生制约的作用愈减少，国家愈不用依赖着它。也就是说，交通情况按着时代的前进而发达，战争工具按着时代的更新而飞跃地改变，于是乎地理形势就不能不在时代的奔流中渐渐地褪色和失效。例如长江，魏文帝望见波涛汹涌，便叹息道："嗟乎！固天所以限南北也。"而当时的孙吴，就把它当作天堑，以御蜀、魏；到了隋文帝时，便轻易地指为"一衣带水"；后来宋伐江南，竟在采石用浮桥济师，如履平地。现在我们却处于战争的机械时代了，陆上海上交通的发达，航空的发展，武器的发明，远距离也好，过去认为是国家生命线的山川险要也好，不能不按着整个社会形势发展而开始消失，按着时代前进而减轻它的分量。战争的机械时代起作用的，已经不是地理形势，而是属于国家与社会制度的优越性了。现在的我国，也已经离开了战争的手工业时代，惟其如此，便不能不对已成过去的时代作一个总结性的叙述。而作者此书，正以此为其任务之一而写出的。

作者此书是用文言写出，卷帙也还相当多；假如改用语体，字数起码要增加三分之二，这就迫使作者不得不采用了过时的文言。不仅因为文言是语体的提纲，而且握管之际可以少写几个字。

中国的历史时间是那么长，战争地理是那么多，所根据的史料是那么互相抵牾出入，且纰谬迷惘之处不可胜数。而作者此书，纯粹是从形势方面去概括地予以叙述和评论，并不是为了纠谬正异而作，所以关于那些纠葛纷纭，在此一概不谈。

贵池　李诚

1954年12月

# 三国时代军事地理概论

三国鼎立，人才辈出，故宋之说话、元之杂剧，均取材此代，羼以俳儿笑谑，付之优孟衣冠，倍能引人入胜，罗贯中资之以作演义，毛宗岗从而润色焉。明清以来，街谈巷说，及于借箭、祭东风诸项，娓娓动听，悉宗此也。承祚之志，世期之注，及司马公所修之书，寓目者鲜矣。彼咎孙氏袭荆州、斩关羽，而不知立国江东者，固贵有上游之势。彼高谈六出祁山，而不知西出之道，极为迂回，诸葛伐魏之师，仅两次由此。至于蜀之为地，守不可出，出不可继；吴之为国，长于水战，而短于陆斗。人谋限于地形，勇力屈于环境，能道其所以然者，殆不数数觏。作者此书，事实则一依正史，庶免于伧荒；讥议成败，则求其因素于地理，而力祛宋贤褒贬人物之习，其诸可为读史者之一助欤！

## 概论一　群雄

### 一、董卓

董卓素著威名于河陇之间，拥有湟中义从及秦胡兵，屯驻河东。河陇，谓自陇山以西至黄河也。湟水左右曰湟中。河东郡故治，在今夏县北。今县之上，不冠以省名，后皆类此。乘时会入京师，而擅废上。由是关东州郡，并起义兵讨卓。北壁河内，东屯酸枣，南据鲁阳。函谷关以东，古称关东。河内郡故治，在今武陟县西南。酸枣县故城，在今延津县北十五里。鲁阳县，即今鲁山县治。是时为义兵计者，欲使河内之众临孟津。

孟津，在今孟县南十八里。酸枣诸将守成皋，据敖仓，塞轘辕、太谷，全制其险。成皋县故城，在今汜水县西北。孟康曰："敖，地名，在荥阳西北山上，临河有大仓。"洛阳八关，有轘辕、太谷。轘辕山，在今偃师县东南。太谷，在今洛阳市南。南阳之军，军丹、析，入武关，以震三辅。鲁阳县属南阳郡。丹水县故城，在今淅川县西丹水之阳。析县故城，在今内乡县西北一百二十里。武关，在今商县东一百八十五里。三辅，京兆、左冯翊、右扶风也。左冯翊郡故治，在今高陵县西南。右扶风郡故治，在今兴平县东南十里。京兆，长安也。其言未见用。卓以义兵势盛，骎骎进逼，京师势且受兵，因大焚宫室，而徙帝长安。其迁车驾者，所以减少顾虑；其毁城府为焦土者，所以使东兵无由驻足；其不惜放弃洛阳而西守关中者，以为凭百二之势以制天下，可以进退裕如也。既而酸枣之军迫荥阳、汴水，班《志》：汴水在荥阳西南。鲁阳之军径太谷入洛阳。向使六龙未尝西幸，则卓所挟以号令天下者，不几转入东方之手乎？洛阳既残破，山东之兵旋亦不能守而退去。向使不毁之为焦土者，敌方宁不凭借三川之地以向关中乎？卓由是布兵渑池、陕县、安邑以为守，又出兵陈留、颍川以为攻。陈留郡故治，今陈留县治是也。颍川郡故治，今禹县治是也。古今皆县如渑池等，即不复注，后皆类此。诸义兵以岁月迁延，食尽，众散。

自今观之，卓之暴戾固可诛，而其战略，要未误也。卓既伏诛，其部下诸将，互相攻伐，趋于削弱灭亡，长安成瓦砾之场，而帝亦东还。

## 二、吕布

吕布以轻狡反覆，所如不容。会曹操自鄄城东征徐州，徐州刺史部，郡、国五，东海、琅邪、彭城、广陵、下邳也。刺史治郯，故城在今郯城县西南三十里。陈留叛操迎布。布之至，兖州郡县皆响应，兖州凡统郡八，陈留、东郡、东平、任城、泰山、济北、山阳、济阴也。惟鄄城、范、东阿三城为操守耳。鄄城县故城，在今濮县东二十里。范县故城，在今范县东南二十里。东阿县故城，今阳谷县东北五十里阿城镇。而鄄城为兖州州治，操之根本所在，布攻之不下，西屯濮阳。濮阳县故城，在今濮阳县南。操策之曰：

"布一旦得一州，不能据东平，断亢父、泰山之道，乘险要我，东平国故治，在今东平县东二十里。亢父，在今济宁县境。《国策》："径亢父之险，车不得方轨，马不得并行。"《通鉴》注："东平国，当亢父、泰山之道。"而乃屯濮阳。吾知其无能为也。"布与操连战于州境，皆败，乃奔徐州，袭取之。南击袁术至钟离，钟离县故城，在今凤阳县东北二十里。北得泰山诸帅之归附，形势张甚，殆欲纵横淮泗间。操遽来伐，布见围下邳以死。下邳县故城，在今邳县东。

布之在兖、徐两败于操者，无他，斗勇而不斗智，恃一人之骁雄而不恃与国之助耳。其在兖也，袁绍虎踞冀州，最为强大，而睦于操；其在徐也，可与扬州之袁术合从，而其交不固。居四战之地，遇勍敌之人，孤立无援，不败何待？

### 三、公孙瓒

公孙瓒，曾驱叛胡于塞表，瓒败乌桓于石门。贤曰："石门山，在今柳城县西南。"案：唐柳城县，即今朝阳县。扫黄巾于河津，瓒败黄巾于东光南，又追破之河津。东光县故城，在今东光县二十里。据有幽州。幽州刺史部，郡、国十一：涿、广阳、代、上谷、渔阳、右北平、辽西、辽东、玄菟、乐浪、辽东属国。其南下击袁绍也，屯于磐河。《方舆纪要》曰："磐河，在德平县东北。"意欲直取青州，侧击冀州。青州治临淄。袁绍为冀州牧，镇邺。邺城，在今临漳县西二十里。而一败界桥，再败龙凑，锐气尽矣。《通典》："界桥在宗城县东。"案：宗城县故城，在今威县东三十里。《通鉴》注："龙凑，地名，在平原界。"逮后叛者多起，乌桓、鲜卑，既拊其背；袁绍之众，又擣其胸。于是潞县、鲍丘，皆成战场。《寰宇记》："潞县在幽州东六十里。"案：今鲍丘水，在三河、宝坻两县之间。代郡、广阳、上谷、右北平，皆不能守。代郡故治，在今阳高县西北。广阳郡故治，在今大兴县西南。上谷郡故治，在今怀来县南。右北平郡故治，在今丰润县东。瓒遂去蓟之易京。蓟县，幽州牧所治也。易京在今雄县西北。《水经注》："易水径其南。"高台深池，聚兵积谷，谓可待天下之攻。绍遂围之。瓒欲将突骑出傍西山，拥黑山之众，侵掠冀州，横断绍后。《通鉴》注："自易京西抵故安阎乡以西，诸山连接中山之界，山谷深广，皆黑山诸贼所依阻也。"

案：故安县故城，在今易县东南。中山国故治，今定县治是也。而不果行，城破，死之。

夫东汉之末，吕布最为枭将，犹以坐困下邳而亡。瓒始凭幽州以南向冀州，势本不弱，而再丧师徒，其善战固不若布矣！及壤地日蹙，而守穷城以待攻，何昧昧如是耶？

## 四、袁术

关东之讨董卓，长沙太守孙坚北至南阳，杀其太守，术由是得据南阳。南阳大郡，户口数百万，时袁绍在冀州，刘表在荆州，绍连表以制术，术则结幽州公孙瓒以制绍。绍欲兼并豫州，孙坚击却之，坚又南击表，死于襄阳之下。坚死，术见逼于表，弃南阳而走扬州之寿春。《续汉志》："扬州本治历阳，盖中世已后，徙治寿春也。"案：寿春县，即今寿县治。寻其所以得南阳与所以失之者，皆由孙坚也。及据寿春，又与徐州为敌。时徐州治下邳。有徐州者，始为刘备，继为吕布。术之攻备，曾用兵于盱眙、淮阴、沛城。盱眙、淮阴、沛各县故城，均在今各县境内。攻布直抵下邳，布攻术亦至钟离。钟离至寿春二百余里。时曹操虎视中原，方连结徐州及江东之吴会，对术作大包围之势。吴郡治，今苏州市治。会稽郡治，今绍兴市治。术亦联络丹阳宗帅，激动山越，以牵制吴会，丹阳郡治，今宣城县治。皖南丘陵地带，于时有山越。屯兵蕲县以护淮，蕲县故城，在今宿县境。且与徐州合从。操败蕲之师，又取下邳。

夫徐与扬，有唇齿之势，下邳既为操所有，术益增北顾之忧矣。夫淮南之地，米盐足资，而时则芍陂不修，水利不讲，芍陂，在今寿县南。人众遂取给蒲蠃。术既逼于操，又不能自立，南奔潜山而不受，潜山，今天柱山也，在岳西县的西北。北走青州而不达，穷蹙以死。

向使徐、扬固结，西向中原，则进攻可也。又使充实淮南，乘机待时，虽退守亦可也。攻守皆不可，有亡而已。

## 五、黑山张燕

张燕乘黄巾之起，以黑山为根据地。黑山，在今沙河县西北四十里。山与太行相连。《述征记》："太行首始河内，北至幽州。"以是东之常山、赵郡、中山，常山郡故治，在今元氏县西北。赵郡故治，今邯郸县治。西之上党，上党郡故治，在今长治县东南。南之河内。《方舆纪要》："河内带河为固。"诸山谷皆相通，以恣其发展。支党在朝歌鹿肠山者为于毒，朝歌县故城，在今淇县东北。在射犬者为眭固。射犬城在今沁阳县东北。毒尝攻东郡，与曹操为敌。东郡治濮阳，又治东武阳。东武阳县故城，在今朝城县西四十里。覆邺城，与袁绍为敌。邺城，在今临漳县西四十里。袁绍为冀州牧，镇邺。燕尝攻廮陶，廮陶县故城，在今宁晋县西南三十里。与袁绍战于常山，救公孙瓒于易京。

夫操及绍皆一时健者，而燕等与之抗衡，则以地形足资故也。惜乌合为众，又无谋主，多可乘之机，而未能迅赴。迨操取冀州，燕终于请降耳。

## 六、袁绍

袁绍之初起，即欲南据河，北阻燕、代，兼戎狄之众，南向以争天下。因夺取冀州，以始其基业。是时，公孙瓒在蓟，黑山之众遍布西山，幽、冀西界之山，今所谓太行山脉是也。张杨在河内，皆绍敌也。绍从弟术虽在南阳，然又相为仇雠，以争豫州。时豫州刺史驻阳城。阳城县故城，在今登封县东南三十五里。瓒负幽、燕之形胜以临冀州，绍破之界桥、龙凑，始挫其势；又东扼平原以阻瓒之南进，平原郡故治，在今平原县南二十里。遂囊括青州、黑山之众，曾破邺城。绍直捣鹿肠，《续汉志》："朝歌有鹿肠山。"寻山北行，大战常山，始戡其凶锋。张杨为其下所杀，河内入于绍。绍又连塞外乌桓，覆易京，公孙授首，于是有幽、冀、并、青四州之地，并州刺史治晋阳，旧太原县治。青州刺史治临淄，山东今县是也。带甲十万，遂南渡大河。是时绍之谋臣，计欲屯兵黎阳，渐营河南，黎阳县故城，在今浚县东北。黎阳县南，有黎阳津。分遣奇兵，乘虚迭出，而不见从。绍与曹操相持官渡，官渡在今中牟县东北。大败而归，惭愤以死。

善乎王夫之之论绍也，曰："绍之自言曰：'吾南据河，北阻燕、代，兼戎狄之众，南向以争天下。'起兵之初，其志早定。是以董卓死，长安大乱，中州鼎沸，而席冀州也自若，绍之亡决于此矣。夫欲有事于天下者，莫患乎其有恃也。己恃之矣，谋臣将帅恃之矣，兵卒亦恃之矣。所恃者险也，而离乎险，则丧其恃而智力穷。……山国之人，出乎山而穷于原；泽国之人，离乎泽而穷于陆。失所恃而非所习，则如蜗牛之失其庐而死于蚁。故袁绍终其身未尝敢跬步而涉河，非徒绍之不敢，其将帅士卒，睨平原广野、川陆相错，而目眩心荧，莫知所措也。曹操曰：'任天下之智力，以道御之，无所不可。'在山而用山之智力，在泽而用泽之智力，己无固恃，人亦且无恃心，而无不可恃。此争天下者之善术，而操犹未能也。西至于赤壁，东至于濡须，临长江之浩瀁而气夺矣，则犹山陆之材，而非无不可者也。何也？操之所以任天下之智力，术也，非道也。术者，有所可，有所不可；可者契合，而不可者弗能纳，则天下之智力，其不为所用者多矣。其终强而夺汉者，居四战之地，恃智恃力，而无河山之可恃以生其骄怠也。"

绍之死，其子谭、尚始犹能合作以御曹操。东以黎阳为河上重镇，西自并州图河东，势固未甚弱也。既乃相攻，一在邺城，一在平原，力量遂分，然操之图邺，犹先取黎阳，断上党粮道，<small>上党郡治壶关县，在今长治县东南。</small>下邯郸、易阳、涉县，<small>邯郸县故城，在今邯郸县西南十里。易阳县故城，在今永年县西十五里。涉县故城，在今涉县西北二里。</small>孤立邺城。又引漳水以灌之，而后乃能得志。盖邺乃绍之所经营者也，向使谭、尚并力，护此根本，则胜负之数尚未可知。邺城陷而破竹之势已成，故幽、青或降或败，逮壶关破，而并州亦瓦解矣。

## 七、刘表

刘表有荆州，凭汉水，治襄阳。<small>荆州刺史本治汉寿，在今常德县东北六十里。</small>而袁术据其南阳，表逼走之，始全有州境。<small>荆州八郡：章陵、南阳、南郡、江夏、零陵、桂阳、</small>

长沙、武陵也。当中州龙战之秋，表独坐保江、汉之间，无四方之志。会张绣来归，表始屯南阳，巩已外围，以御曹操。顾力不敌，故操兵内犯，及安众、宛、湖阳、舞阴一线，安众县故城，在今镇平县东南。南阳郡治宛县，即今南阳县治。今唐河县南八十里有湖阳县，即汉湖阳县也。舞阴县故城，在今泌阳县西北六十里。穰亦被围。穰县故城，今邓县治是也。绣既降操，而刘备又来归，表藉之御操。备曾北伐至叶，表复忌其才而不尽其用。叶县故城，在今叶县南三十里。荆州之东，则倚重江夏太守黄祖。祖扼夏口以为守，而破于孙氏。汉水入江之地为夏口，今汉口也。

值操平冀州，大军南向，表以病卒，荆州遂降。假令表在，亦不能自全。既无北师，而东兵之至，复非表所能御，盖其力已不足守其门户矣。

## 八、韩遂

灵帝之末，北地羌、湟中胡及金城豪帅韩遂，一时揭竿，其势猖獗。北地郡故治，在今灵武县西南。湟中，在今青海省东境。金城郡故治，在今兰州市西北黄河北岸。陇西、汉阳，既见残破，又侵及三辅、河东。陇西郡故治，在今临洮县东北。汉阳郡故治，在今甘谷县南。三辅，今洛、泾、渭下游之地。河东，今汾水南至黄河之地。战美阳，围陈仓，美阳县故城，在今武功县西南。陈仓县故治，今宝鸡县治是也。虽尝挫败，然尚负隅榆中以阻王师。榆中县故城，在今榆中县西北。董卓、曹操之秉轴，因其险远，予以羁縻，故凉州能为朝廷所有也。《通鉴》注："冀县属汉阳郡，郡及凉州刺史治焉。"建安中，关以西拥兵自保之将帅以十数，莫能相一，而以遂及马超为最强。曹操将用兵汉中，诸将以势且见逼，屯据潼关以拒操。操由河东入西河，败之于渭南。《通鉴》注："河西即唐之蒲津关。"案：关在今朝邑县东，黄河西岸。遂下安定，破鄜城。安定郡故治，在今镇原县南五十里。鄜县故城，在今洛川县东南。当此之时，关西之兵，最为精强，而败于操者，由其不能合为一也。马超挟信、布之勇，西扫陇上诸郡而有之，《通鉴》注："陇西、南安、汉阳、永阳，皆陇上诸郡也。"案：南安郡故治，在今陇西县东北渭水北。《献帝起居注》："初平四年，分汉阳、上郡置永阳郡。"但冀城、卤城、祁山，旋皆附操。卤城，在今天水、甘谷二县之间。祁山，在今西和县西北。超以是南奔汉中，乞师北争凉州，而阻于祁山以去。至是遂势益孤，又败于长离，为诸将所杀。长离水，在今秦安县境。

溯遂起自中平，一时势张甚，下至建安，凡三十年。中平，灵帝年号。建安，献帝年号。值中州多事之秋，而不能混一关西，其才之弱，已属可知。及操入关，群归败亡，无惑耳矣。

## 九、刘璋

刘焉乘汉末之乱，断绝斜谷阁，而全有益州。《通鉴》注："斜谷在汉中西北。今兴元府西北入斜谷路，至凤州界，百五十里，有栈阁二千九百八十九间，板阁二千八百九十二间。"案：宋兴元府，今汉中市治是也。凤州，今凤县。益州刺史部，郡国十二：汉中、巴、蜀、广汉、犍为、牂牁、越巂、益州、永昌、广汉蜀国、蜀郡蜀国、犍为蜀国。子璋之世，东击刘表，屯兵朐䏰。朐䏰县故城，在今云阳县西。北以张鲁之叛据汉中，屯兵白水、葭萌、阆中。白水关，在今昭化县西北一百二十里。葭萌县故城，在昭化县东南五十里。阆中县故城，在今阆中县西。璋以欲并汉中故，引刘备荆州兵自助。备北至葭萌，反旆取涪城，围成都；涪城，今绵阳县治。而其荆州援军，复克巴东、巴郡，《通鉴》注曰："巴东郡，唐夔州、开州之地。"案：巴郡故治，即今江北县。分溯外水内水而上，会师成都。外水岷江也，内水涪江也。

夫巴蜀之险，东则夔门，北则剑阁，拒人于险外，犹曰胜算可操。若备之于璋，先已入险中，使璋失所恃，璋欲不以成都下，得乎？

## 十、张鲁

汉水河谷，介在秦岭、巴山之间，张鲁雄据此者垂三十年，南与刘璋为敌，曾袭取其巴郡而不能有，北断斜谷阁以绝王师。故曹操之向汉中，出散关，迂回河池，散关，在今宝鸡市西南。河池县故城，在今徽县西。然后乃攻阳平。阳平，汉中西北之门户也，地险守易。阳平关，在今沔县西北。而操军之至，主客异势，劳逸异情，又千里馈粮，难于为继。然阳平卒溃、鲁卒降者，以震于操威，而非由地利之不可恃也。

## 十一、公孙度

公孙度乘中国扰攘，割据辽东，辽东郡故治，在今辽阳市西北界，沈阳、辽阳二市之间。东伐高句丽，高句丽国，在新宾县境。西击乌桓，乌桓，东胡别种，时居辽水西。西南越海，收东莱诸县。东莱郡故治，在今黄县东南。传及孙渊，与魏接壤为敌。当是时，魏为大国，统一北方，蜀、吴犹且畏之，蕞尔辽东一隅，奚啻十一之比。而渊敢与抗衡，其所凭恃者，一为地险兵多，一为以逸待劳。渊尝南通于吴，然南北暌违，中阻沧海，其势不能相及，渊特以为声援耳，而要非实倚之也。魏明帝时，大兴师伐渊，一师浮海，收乐浪、带方之郡，乐浪郡故治，今朝鲜平壤城是也。带方郡，当其汉江流域。一师陆行，出自右北平。右北平郡故治，在今丰润县东。渊御魏之陆师，以辽水为第一道防线，以首山为第二道防线，首山，在辽东郡治西南。皆被突破，遂以灭亡。

# 概论二　蜀

## 一、先主之转徙

陶谦有徐州，与兖州曹操构衅。操善用兵，非谦所当，操兵横扫州域，谦仅局促郯城而已。郯县故城，在今郯城县西南三十里，徐州刺史治所。刘先主继谦有徐州，吕布袭取之，失势而为曹操所利用，屯小沛以窥伺下邳。沛县故城，在今沛县东。沛县属沛国，故称小沛。先主及布有徐州，皆治下邳。吕布既灭，先主曾一据徐州，立足未稳，操兵遽至，先主投冀州，为袁绍游击汝南；汝南郡故治，在今汝南县东南六十里。不利而南投荆州，刘表使之屯新野以屏蔽襄阳。新野县故城，在今新野县南。操之南下荆州，先主奔夏口。汉水冬竭夏流，故名夏水，入江处名夏口，亦曰汉口。

　　夫先主亦一时之杰，而无立足之地者，何也？盖其在徐州，始遇布，继遇操，布之勇、操之智，皆非先主所及。居四战之地，无负嵎之固，而逢强敌，故应奔败矣。至于在汝南，屯新野，虽近许都，而为操根本之地，难于见功。况是时先主寄人篱下，又不得尽其用乎。

## 二、先主有荆益

　　先主乘赤壁之胜，略有长沙、桂阳、武陵、零陵四郡。长沙郡故治，今长沙市是也。桂阳郡故治，今郴县治是也。武陵郡故治，在今常德县西。零陵郡故治，在今零陵县北二里。又得南郡于吴，立营油口，始有托足之所。南郡治江陵。油口，在今公安县东北。然曹操仍有襄阳，孙权屯兵巴丘、陆口，巴丘，今岳阳县。陆口，在嘉鱼县西南。皆逼在肘腋，无回翔之余地，故势不得不西图益州。益州既得，吴来争荆州，相持于益阳。益阳县故城，在今益阳县东八十里。但孙、刘之大敌，要为曹操，故其斗不卒，而以湘水为界，划分荆州。先主之图益州也，一军自葭萌而涪城，而绵竹，而雒城，而成都，葭萌县故城，在今昭化县东南五十里。涪城，今绵阳县治。绵竹县故城，在今德阳县北。雒城，今广汉县治。已控制其神经中枢矣；一军从外水定江阳、犍为；江阳郡故治，今泸县治是也。犍为郡故治，在今彭山县东十里。外水，岷江；内水，涪江。一军从内水定巴西、德阳，谯周《三巴记》："刘璋分巴郡，垫江以上为巴西。"案：垫江县，即今合川县治。德阳县故城，在今遂宁县境。然后会师下成都。夫益州所恃者，险耳；而葭萌一师，战于险中，先立可胜之基，故其功能竟也。先主之下成都，曹操亦攫取汉中，又进及宕渠。宕渠县属巴西郡，故城在今渠县东北。盖失汉中，则三巴受兵；若三巴再失，则为割蜀之股臂。故三巴在所必争，而汉中在所必取。先主既拒退寇兵，遂进军阳平，其偏师西向下辨，阳平关，在今沔县西北。下辨县，武都郡治，故城在今成县西三十里。斩操将夏侯渊。操出斜谷来争，而先主卒有汉中，西及武都。

盖由长安以争之甚难，而由蜀以争之为易也。于是遣一师自秭归取房陵，秭归县，湖北今县。房陵郡故治，今房县是也。一师下沔水，扫荡西城，会攻上庸。沔水即汉水。西城郡故治，在今安康县西北。上庸郡故治，在今竹山县东南。

夫先主之东奔夏口，累累殆如丧家之狗，因孙氏之力，击败曹操，寄寓荆州。由荆而益，又北有汉川，居然张鼎足之势，而蜀之为国，亦未有盛于此时者也。何向者之丧败而此际之勃兴？盖其在荆也，抚驭刘表之众，孙氏藉之为首尾以拒北方，曹操惩赤壁之败，不敢南下，此所以得始其基业。入益之后，凭山岳之险，隔绝中原，从容下成都。既得天府之土，遂倾国以争汉中。而操之自长安南来，视五百里斜谷道如石穴，视南郑如天狱，南郑县，汉中郡治。受地理限制，有不得不放弃者。此先主所由鸱张一时，视其在徐州，有强弱之异。譬若猛虎，在深山与落平原，其威固有殊也。

## 三、关羽之败

关羽之自江陵北伐，令西城、上庸、房陵三郡发兵共进，而身围襄、樊，服南乡。南乡郡故治，在今淅川县东南。梁、郏、陆浑，所在响应。梁县故城，在今临汝县东。郏县，河南今县。陆浑县故城，在今嵩县东北。自许以南，百姓扰扰，曹操至欲徙都以避其锋。然羽不能结好孙氏，致公安、江陵见袭于陆口之师，本根倾覆，公安县故城，在今公安县东北油江口。而西城三郡，复始终不出一卒以相应援。羽仓猝南走，授命临沮。临沮县故城，在今当阳县西北。《水经注》："漳水出临沮县东荆山，南径临沮县之漳乡南，潘璋禽关羽于此。漳水又南径当阳县，又南径麦城东。"蜀遂失荆州于孙氏，失西城三郡于曹操。夫蜀之伐操，兵应出两途：一自江陵向宛、洛，一自汉中向长安。诸葛亮对先主于隆中，所谓"天下有变，则命一上将将荆州之军，以向宛、洛，将军身率益州之众出于秦川"者是也。及羽之偾败，咎由直攻襄、樊，曾不计及汉中出兵，不俟西城三郡之师并进，孤军深入，固已为兵家所忌，又况益以外交失败、后路被截者乎？自失荆州以后，蜀之图魏，惟取汉中一道，魏并力西拒，蜀遂不能竟其功，均以羽失之于初故也。

何去非曰：刘备一败曹公而遂收荆州，继逐刘璋而遂取益州者，孔明之略也。虽然，孔明之于二州也，得所以取之，而失所以用之，至于遂亡荆州，而劳用蜀民，功业亦以不就，良有以也。夫荆州之壤，界于吴、蜀之间，而二国之所必争者也。自其势而言之，以吴而取荆，则近而顺；以蜀而争荆，则远而艰。蜀之不能有荆，犹魏之不能有汉中也。是以先主朝得益州，而孙权暮求其荆州。权之求之也，非以备之得蜀而无事乎荆也，亦以其自蜀而争下，不若乎吴之顺故也。故直求之者，所以示吾有以收之也。盖备一不听，而权已夺其三郡，备无以争，而中分畀之。以分裂不全之荆州，而有孙权之窥听其后，为之镇抚则安，动复则危。亮不察此，而恃关侯之勇，使举其众以北侵魏之襄阳，故孙权起蹑其后，杀关侯而尽争其荆州。此孔明失于所以用荆也。然后备之所有，独岷、益耳。虽然，地僻人固，魏人不敢轻加之兵，而鼎足之形遂成。使备之不西，而唯徘徊于中州，则亦不知所以税驾矣。备之既死，举国而属之孔明，孔明有立功之志，而无成功之量，有合众之仁，而无用众之智。故尝数动其众而亟于立功，功每不就而众已疲，此孔明失于所以用蜀也。

## 四、先主伐吴

先主之伐吴，步兵夹江而下，南围夷道，夷道县故城，在今宜都县西北。又自佷山通武陵，煽动五溪蛮夷，佷山，在今长阳县西北。五溪，明溪入酉溪，酉溪、武溪、辰溪、洪溪皆入沅水。洪溪一曰洪江。北自巫峡建平，树栅连营，七百余里，直至夷陵，建平郡故治，在今巫山县。巫峡正在郡界。夷陵县故城，在今宜昌县东。与吴人相持。兵疲意沮，为敌所乘，先主退守白帝，惭恚以终。

夫关羽既败于吴矣，先主以复仇而重覆师焉，则亦有故。先主知蜀之水军不吴若，又以水军沿流，进易退难，而欲用陆军取胜。故舍船就步，顾缘山行军，势未得展，不得不处处结营。前锋见摧于敌人，后殿亦随之奔溃，有如土崩瓦解，此蜀之所以败者一也。蜀人自东下以来，崎岖木石之间，吴人坐制其疲，此蜀之所以败者二也。夫先主本欲以陆军驾吴人者也，向使持是与吴驰骋于平原旷野之上，犹可以制胜，而此以败者，形不便、势不利也。

## 五、诸葛亮和吴与南征

诸葛亮初秉国钧，最大之事件有二：一曰和吴，一曰南征。吴、蜀二国，皆据长江流域，有相为首尾之势。自失和以来，吴称臣于魏，蜀为防吴，须增东面之防，不能专力北向。在吴固失，在蜀亦不为得，故亮矫正往误，而与吴恢复邦交。盖当时三国，惟魏强大，吴、蜀协比御之，犹惧不敌，而况两国未能合作，有不被其各个击破者乎？是以亮之和吴，其举措最为明智也。南中之叛凡三郡，自越巂南及益州，迤东至牂柯，越巂郡故治，在今西昌县东南。益州郡故治，在今晋宁县东。牂柯郡故治，今平越县治。惟其西永昌，能闭境自守而已。永昌郡故治，在今保山县北五十里。亮思惟北征，宜先入南，否则一面引起外患，一面内忧未平，不几于腹背受敌乎？南征之师，凡分三道，东道向牂柯，中道向益州，追奔南至槃江。槃江，谓今之南盘江也。亮大军出西道，由越巂入，渡泸而南，侧应永昌，泸水，今鸦龙江之下游也。东南至滇池。南中既平，出其金银、丹漆、耕牛、战马，以给军国之用，资源不匮，后顾无忧，此亮所由能伐魏也。

## 六、诸葛亮伐魏

亮之和吴及南征，原为伐魏计也。亮以汉中为根据地，其伐魏，计取攻势者五次，取守势者一次。

1. 出祁山，天水、南安、安定皆响应，及魏战于街亭，不利。魏天水郡，即东汉汉阳郡。街亭，在今秦安县东北。

2. 出散关，围陈仓。

3. 出建威，取武都、阴平。建威城，在今成县西北。阴平郡故治，在今文县南。

4. 次成固、赤坂以御魏师。成固县故城，在今城固县西北十八里。赤坂，在今洋县东龙亭山。

5. 围祁山，战于上邽、卤城。上邽县故城，在今天水县西南。六役中，祁山之役仅两次，俗谓"六出祁山"者，误也。

6. 出斜谷，屯五丈原。《水经注》："五丈原，在郿县西，渭水径其北。"

夫亮以图魏故和吴，当亮之北向，吴亦出师相应。亮又引诱魏边郡新城使西附，魏合蜀房陵、上庸、西城三郡为新城。招鲜卑侵魏，至故北地石城。石城，在今固原县西北一百五里。然则亮之筹策，亦至密矣！且夫亮之才，古今所称无异词，而兴师动众六次，成就至寡者何也？亮由汉中北伐，取道有三：祁山最西；斜谷最东；散关比斜谷差西。以道里计之，惟斜谷一道，去长安至近。故亮出师之初，丞相司马魏延献策，奇兵由子午谷，《长安志》："子午谷长六百六十里，北口曰子，在府南；南口曰午，在洋县东。"大兵由斜谷，会师长安。亮以为危计不用。而西出祁山，其道迂回，使魏从容固长安之防，此亮之失计一矣。假令易第六役之出斜谷为第一役，而配合以子午谷奇兵，庶几夺取长安，用作基本；又假令屯田渭南所以行之于第六役者，移于第一役，则不至因亮卒而退兵也。且夫汉中崎岖山岳间，转运至艰，亮之围陈仓及战于上邽、卤城，皆未尝挫败，而即反旆者，均由粮食之不继，使功不竟，比地势之限制其发展二矣。且以亮之才，犹限制于地势，则地势之于尔时战争，岂不为重要之因素哉？

王夫之之论亮也，与予见相左，今亦录其说以备参考。其论曰：

魏延请从子午谷直捣长安，正兵也；诸葛绕山而西，出祁山，趋秦、陇，奇兵也。高帝舍栈道而出陈仓，以奇取三秦，三秦之势散，拊其背而震惊之，而魏异是。非堂堂之阵直前而攻其坚，则虽得秦、陇，而长安之守自有余。魏所必守者长安耳，长安不拔，汉固无如魏何。而迂回西出，攻之于散地，魏且以为乘间攻瑕，有畏而不敢直前，则敌气愈壮，而我且疲于屡战矣。夏侯楙可乘矣。魏见汉兵累岁不出而志懈，卒然相临，救援未及，小得志焉；弥旬淹月，援益集，守益固，即欲拔一名都也且不可得，而况魏之全势哉？故陈寿谓应变将略非武侯所长，诚有谓已。而公谋之数年，奋起一朝，岂其不审于此哉？果畏其危也，则何如无出而免于疲民耶？夫公固有全局于胸中，知魏之不可旦夕亡，而后主之不可起一隅以光复也。其出师以北伐，攻也，特以为守焉耳。以攻为守，而不可示其意于人，故无以服魏延之心而贻之怨怒。

秦、陇者，非长安之要地，乃西蜀之门户也。天水、南安、安定，地险而民强，诚收之以为外蔽，则武都、阴平在怀抱之中，魏不能越剑阁以收蜀之北，复不能绕阶、文以捣蜀之西，则蜀可巩固以存，而待时以进，公之定算在此矣。公没蜀衰，魏果由阴平以袭汉，夫乃知公之定算，名为攻而实为守计也。

公之始为先主谋曰："天下有变，命将出宛、雒，自向秦川。"惟直指长安，则与宛、雒之师相应；若西出陇右，则与宛、雒相去千里之外，首尾断绝而不相知。以是知祁山之师，非公初意，主暗而敌强，改图以为保蜀之计耳。公盖有不得已焉者，特未可——与魏延辈语也。

## 七、蒋琬主兵柄

蒋琬继起治兵，其规为异于诸葛亮者有二：一、欲沿汉水袭魏兴、上庸。魏之魏兴郡，即蜀之西城郡也。二、自汉中徙屯涪城，以此水陆四通，东北可以赴汉中之急，西北可以经营凉州，衔制河右。河右，即河西，谓今兰州黄河以西地。于时之议，金以舟汉、沔，若事不捷，还路甚难，故前一计划未及实现，后一计划施行后，魏遂自骆谷入寇汉中。《地理通释》："骆谷在长安西南一百里，谷长四百二十里。"涪去汉中垂千里，救兵不能时至，幸蜀人凭借兴势之险，始阻其军锋，不然，汉中危已。《寰宇记》："兴势山，在兴道县北四十三里。"案：宋兴道县，即今洋县治。

然则琬之二策，皆失之甚者也。

王夫之之论琬曰：琬改诸葛之图，欲以舟师乘汉、沔东下，袭魏兴、上庸，愈非策矣。魏兴、上庸，非魏所恃为岩险，而其赘余之地也。纵克之矣，能东下襄、樊，北收宛、雒乎？不能也。何也？魏兴、上庸，汉中东迤之余险，士卒所凭以阻突骑之冲突，而依险自固，则出险而魂神已惘，固不能逾闲限以与人相搏也。且舟师之顺流而下也，逸矣；无与遏之而戒心弛，一离乎水而衰气不足以生，必败之道也。先主与吴共争于水而且溃，况欲以水为势，而与车骑争于原陆乎？魏且履实地，资宿饱，坐而制之于丹、淯之湄，淯河，今日白河，及丹河，皆在今豫省西南境，下流入汉水。如蛾赴焰，十扑而九亡矣。刘裕之溯河、渭以入关中，王镇恶等以步骑驰击，而舟师为其继，非恃舟师以争人于陆也。姚泓恃拓跋氏为之守，拓跋氏不为泓守，而泓弛其防，故获利焉，非独倚舟师之利攻人于千里之外也。诸葛之出祁山，以守为攻，即以攻为守，知习于险者之不利于夷，且自固以待时变，特不欲显言之以怠众志耳。琬移屯而东西防遂弛，邓艾阴平之祸，自琬始矣。琬疾动而不能行，司马懿方谋篡而未暇，故蜀犹以全。不然，此一举而蜀亡不旋踵矣。

## 八、姜维伐魏

蒋琬、费祎之后，姜维主军，尝数出伐魏矣。延熙十年，出陇右，战洮西。魏陇西郡，治襄武，故城在今陇西县西南。洮水在今陇省西南，注于黄河。十二年，出雍州，城麴山。《通鉴》注："麴山，盖在羌中，魏雍州西南界。"案：麴山，在今岷县东南一百里。十三年，出西平。西平郡故治，即今西宁县治。十六年，出石营，围南安。石营，在今西和县西北。十七年，出陇西，拔狄道、河关、临洮。狄道县故城，在今临洮县西南；河关县故城，在今临夏县西；临洮县故城，即今岷县治，皆属陇西郡。十八年，至枹罕，战洮西，围狄道。枹罕县属陇西郡，即今临夏县治。十九年，从董亭趣南安，阻于武城山东，战上邽。董亭，盖在祁山西，石营东北。武城山在今武山县西南。上邽县故城，在今天水县西南。二十年，出骆谷，至芒水。据《水经注》，骆谷水东有芒水，在今盩屋县东南。景耀五年，出洮阳，战侯和。《通鉴》注："洮阳，洮水之阳也。侯和在塞内。"《通典》："临洮郡城，本洮阳城，临洮水。"案：唐临洮郡故治，在今临潭县西南。当维之世，魏有天下三分之二，为日久矣。秦陇之防，亦素固矣。蜀以小国，与之为敌，隙固未由乘，瑕亦无从抵。而洮水流域，于魏最为悬远，维之于此，频用师焉，如第一、第五、第六、第九诸役，皆战于洮西，其第二役为洮水之东南，第三役则远越洮北，然则维之意，可知耳矣。夫知魏之不可撼，仅欲稍剪魏边郡，以之自广。故其战略侧重于洮水流域也。其次则两出石营、董亭一道，西向南安，东向天水，上邽，即属天水郡。皆渭水上游区域。至若出骆谷，仅有一次，岂不以地益东则为攻益难耶！且蜀兵北向，于今之嘉陵、白龙二江上源，均可舟行，其便一；至南安、陇西，因食羌谷，趋石营、董亭一道，熟麦千顷，复为之外仓，其便二。以是二便，益以于时雍、凉羌胡叛魏附蜀，故维数数出师也。

## 九、蜀亡

维屡伐魏，中散大夫谯周作《仇国论》曰："今我与彼，皆传国易世矣。既非秦末鼎沸之时，实有六国并据之势，故可为文王之养民，以期用少取多，而难为汉祖之暴兴，杖剑鞭马而取天下。"以此讽维。夫维之伐魏，亦继承诸葛武侯之遗策耳。武侯之言曰："不伐贼，王业亦亡。惟坐而待亡，孰与伐之。"盖蜀之与魏，地不能丑，力不能齐，若不进取，亦只坐亡，故维之伐魏，未可以为罪也。维之伐魏，具如上述，至其守蜀之举措，可以胪列者：一则汉中督却驻汉寿，盖以便策应东西。汉寿县故城，在今昭化县东南。即后汉之葭萌县也。一则于西安建威武卫、石门、武城、建昌、临远皆立围守，盖沿边之地，有不得不设防者。建威见前。石门山，在今临潭县南。武城，当在武城山南。建昌，当在今文县西南境，后西魏于此置建昌县。余未详所在。又一则敛汉中诸围兵于汉、乐二城，盖欲听敌入平地，然后蹙之。汉城在沔阳，乐城在成固。沔阳县故城，在今沔县东南。及魏之来伐，大军十余万，分从斜谷、骆谷、子午谷趣汉中；偏师三万余人，自狄道趣甘松、沓中，《新唐书》："甘松山在洮水之西。"沓中，在今青海省东南境，甘肃省临潭县之西。三万人自祁山趣武街、桥头。贤曰："今同谷县，旧名武街城。"案：唐同谷县，即今成县治。桥头，在今文县南门外，跨白水河上。而蜀全国战士，仅有九万，兵力众寡，固已不相侔矣。假令维于汉中之守，一秉成规，即西之武都、阴平或至沦陷，而东方之汉中犹无懈可击，而乃尽撤诸围，使敌大入，汉、乐见缀，阳安受攻，阳安关，在今宁羌县西北。此则维之罪也。维之始计，曾欲驻兵于阳安关口及阴平桥头，以固东西两方之第二道防线，阻于佞臣，而不得行。然维自沓中东还，过阴平，趣保剑阁，时阳安已以叛将献关而失之矣，则西方之阴平更有扼守之必要，乃未闻维留一兵于此，致使魏之偏师行无人之道七百余里，经德阳亭趣涪，德阳亭在今梓潼县北。出剑阁之后。蜀本恃险为国，一旦而失其所恃，安得不人庶奔迸、君臣迎降也耶！此亦维之失而未能辞其罪矣。

## 十、王夫之等论诸葛将略

王夫之曰：诸葛公之始告先主也，曰："天下有变，命一上将将荆州之军以向宛、雒，将军身率益州之众出于秦川。"其后先主命关羽出襄、樊，而自入蜀。先主殁，公自出祁山，以图关中，其略定于此矣。是其所为谋者，皆资形势以为制胜之略也。蜀汉之保有宗社者数十年在此，而卒不能与曹氏争中原者亦在此矣。以形势言，出宛、雒者正兵也，出秦川者奇兵也，欲昭烈自率大众出秦川，而命将向宛、雒，失轻重矣。关羽之覆于吕蒙，固意外之变也，然使无蒙之中挠，羽即前而与操相当，羽其制操之死命乎？以制曹仁而有余，以敌操而固不足矣。宛、雒之师挫，则秦川之气枵，而恶能应天下之变乎？乃公之言此也，以宛、雒为疑兵，使彼拒我于宛、雒，而乘间以取关中。此又用兵者偶然制胜之一策，声东击西，摇惑之以相牵制，乘仓猝相当之顷，一用之而得志耳。未可守此以为长策，规之于数年之前，而恃以行之于数年之后者也。敌一测之，而事败矣。谋天下之大，而仅恃一奇以求必得，其容可哉？善取天下者，规模定乎大全，而奇正因乎时势。故曹操曰："任天下之智力，以道驭之，无所不可。"操之所以自许为英雄，而公乃执一可以求必可，非操之敌矣。且形势者，不可恃者也。荆州之兵利于水，一逾楚塞出宛、雒而气馁于平陆；益州之兵利于山，一逾剑阁出秦川而情摇于广野。恃形势，而形势之外无恃焉，得则仅保其疆域，失则只成乎坐困。以有恃而应无方，姜维之败，所必然也。当先主飘零屡挫，托足无地之日，据益州以为资，可也；从此而画宛、雒、秦川之两策，不可也。陈寿曰："将略非其所长。"岂尽诬乎？

郑与侨曰：陈寿志三国，谓武侯"将略非所长"。余尝过陇西，见武侯屯兵旧垒，及自蜀入祁山故道，叹长于将略者莫武侯若。案：天水以南，有江自凤县、两当而来，至略阳折而入蜀，名曰嘉陵，水势奔腾，若高屋建瓴然。武侯由此江挽蜀粟以供军食，停舟略阳之口，结寨祁山为进取之计，胜则直捣南安，东收省会；设有不利，兵马登舟，扬帆南下，瞬息千里，司马懿虽欲追奔逐北，万万难前。以此地原无舟楫，并非戎马之所得施其长也，进退两有所据，所以师出由祁山也。

## 十一、王夫之论蜀恃险而亡

王夫之又曰：后主失德而亡，非失险也，恃险也，恃则未有不失者也。君恃之而弃德，将恃之而弃谋，士卒恃之而弃勇。伏弩飞石，恃以却敌；危崖丛薄，恃以全身。无致死之心，一失其恃，则匍伏奔窜之恐后，扼之于蹊径，而凌峭壁以下攻，则首尾不相顾而溃。故谓后主信巫言而失阴平之守以亡国，非也。阴平守，而亘数百里之山崖溪谷，皆可度越，阴平一旅，亦赘疣而已。李特过剑阁，而叹刘禅之不能守，草窃之智，乘晋乱以苟延尔。谯纵、王建、孟知祥、明玉珍蹶然而起，熸然而灭，恃险愈甚，其亡愈速矣。然则诸葛公曰"益州天府之国"，其言非乎？彼一时也。先主拥寡弱之资而无尺土，舍益州而无自立之地。乃其规画之全局，则西出秦川，东向宛、雒，皆与魏争于平原，而非倚险以固存也。迨乎关羽启衅于吴，先主忿争而败，吴交不固，仲谋已老，宛、雒之师不能复出。公乃率孤旅以向秦川，事难而心苦矣。况蒋琬据涪城，姜维据汉、乐，颠当守户，颠当，虫名，土蜘蛛也。而天日莫窥，不亡奚待焉？汉高祖起自汉中，旋下三秦，急出成皋，是以濒危而终胜。光武定都雒阳，曹操中据兖州，皆以无险为险也。周公营雒，至计存焉，而或为之说曰："无德易以亡。"圣人既无私天下之心，抑岂欲其子孙之速亡乎？周迁雒，而不绝之系，其亡尤难于夏、殷。亡之难易，不在险之有无，明矣。

# 概论三　魏

## 一、曹公起于兖州

袁绍既夺取冀州，曹操亦规大河之南，始基东郡，而西山于毒东犯。《通鉴》注："毒等时掠魏郡，屯于西山。"案：此西山，盖即朝歌之鹿肠山也。继领兖州，而青州黄巾西侵，操皆破之。《通鉴》注："鄄城县属济阴郡。"《水经注》："兖州旧治，魏武创业始于此。河上之邑，最为峻固。"案：后汉青州刺史治临淄。南击封丘、襄邑、宁陵而走袁术，封丘、宁陵皆河南今县。襄邑县，即今睢县。东南击徐州而败陶谦。当操转战郯东，而陈留叛变。陈留郡治陈留县。吕布入州，惟鄄城、范、东阿能城守而已。操还，与布西战濮阳，南战定陶、巨野。定陶县故城，在今定陶县西北四里。巨野县故城，在今巨野县南。然后驱布而全州境。由是以南，席卷陈郡、汝南、颍川，则深入中州之腹心矣。陈郡治陈县，即今淮阳县治。

昔高祖保关中，光武据河内，皆深根固本，进足以胜敌，退足以坚守。至若兖州，虽介于河、济之间，而旷朗之野，易于受攻，其为形势固远逊于关中、河内也。操顾以之为王业根本，四面迎战，恃应变将略而不恃地利，此诸葛公所以赞叹"操之智计殊绝于人，用兵仿佛孙吴"者也。

## 二、曹公征服群雄

操始据兖州，基其王业，继居许昌，而益臻于恢张。当是时，环许而鸱峙者，东南有袁术，据寿春；西南有张绣，据宛；东有吕布，据下邳；西则关中诸将帅；北则袁绍并河朔，术之西侵及于陈。操之图术，曾连会稽、吴及吕布以蹙之，又破其军于淮北，术遂不敢觊觎汝、颍，而退舍淮南，困踬以死。南阳近在肘腋，许之忧也，故操于二年之中，三次南征，深入则围穰，侧击则拔湖阳、舞阴，退守则扼叶方城之险。《后汉书·郡国志》："叶，有长山，曰方城。"注："杜预曰：方城山在县南。屈完曰：楚国方城以为城。"吕布自刘备手中夺取下邳，操因利用备屯沛城，以阻布之西进。布又取沛，殆欲从横淮、泗间。操以东方有事，即未易图河北，于是乘袁绍用兵易京之际，东屠彭城，决泗、沂以灌下邳，斩布而定徐州，并服泰山诸屯帅。今所谓泰山山脉南麓及沂蒙山区，皆后汉泰山郡地。关中将帅以十数，莫能相一，各拥众自保。操以侍中钟繇守司隶校尉，镇弘农，弘农郡故治，在今灵宝县南四十里。从事招抚，而西顾亦无忧矣。袁绍据幽、冀、并、青四州之地，众十余万，于群雄中最为强大。操之图绍也，于左翼，则渡大河从侧面取其河内；于右翼，遣偏师入青州，破其齐北海、东安。齐国治临淄县。北海郡故治，在今寿光县东南三十一里。东安郡故治，在今沂水县南三十里。袁氏仓猝，虽欲自平原而东，亦无济于事，至于河上，则以延津为第一道防线。延津在今延津县北，北临河。延津西南如原武，原武县，即今阳武县治。东北如白马、鄄城，皆布兵为守御。时亦渡河扰汲、获嘉。汲县故城，在今汲县西南二十里。获嘉县故城，在今新乡县西南十二里。延津之南，则以官渡为第二道防线。绍之大举南下，操退守官渡，扼其喉使不得进，绍卒溃走河北以死。其二子谭、尚，复与操相拒于河上。操拔黎阳，以扣开冀州之大门，尚之偏师，又扰及河东，而钟繇率关中诸将击却之。既而袁氏阋墙祸起，尚自邺东攻谭于平原，操因机围邺，破其毛城之军，以绝上党粮道。毛城，在今武安县西。上党郡，当今晋省东南部。拔邯郸，降易阳涉，服黑山，以肃清外围，然后乃举之。尚走中山，再走故安。中山国治卢奴，卢奴县即今定县。故安县故城，在今易县东南。操乘胜东征，军龙凑，略定平原诸县，破南皮而斩谭。龙凑，在今德县东北。幽州亦望风厥角，操之旌麾，遂逾潞河。潞河即白河，为北运河之上游。尚奔三郡乌桓。三郡，辽东、辽西、右北平也。时并州尚跳梁，东杜壶关中，南陷濩泽。《三国疆域表》："壶关口，在今长治县东南十六里。濩泽县故城，在今阳城县西三十里。"其支党即扰崤、渑，以连荆州。《后汉书·郡国志》："黾池有二崤。"操兵既破壶关，其守令又坚守河东，故并州亦下，于是袁绍所有之四州，俱为操囊括矣。乌桓在塞外，据居高临下之势，输诚袁氏。操恐尚因乌桓之资，为幽、冀之患，遂上徐无山，出卢龙塞，徐无山，在今玉田县北二十里。清高宗《滦水考》："卢龙塞，即今之潘家口也。"案：潘家口，在喜峰口北。历平冈，登白狼堆，直指柳城，平冈县，即今平泉县。白狼堆，在今凌源县东南。柳城县故城，在今兴城县西南。破灭乌桓，荡平塞表，尚走辽东以死。操之围邺也，遏淇水入白沟，以通粮道。《通鉴》注："淇水至黎阳入河，曹操于水口下大枋木以成堰，遏淇水东入白沟。"案：自今浚县以下之卫河，即古所谓白沟也。其欲远征乌桓也，凿渠自呼沲入泒水，名平虏渠，又从泃河口凿入潞河，名泉州渠，以通海，从事漕运。呼沲河，今作滹沱河。其北沙河，即古之泒河。泃河下游，今为蓟运河。潞河下游，今为北运河。其于用兵，可谓至慎。及出卢龙之表，堑山堙谷，粮秣不继，杀马以食，凿地以饮，行险以济，又可谓至神。

夫操凭四战之地，在群雄之中，而一一与以摧毁，独步河、淮，立功荒远，诚哉其为一世之雄。故操之言曰："汤武之王，曷尝同土？若以险固为资，则不能应机而变化。"惟能应机而变化，是以居许而定霸也。然其无往不克，亦有一重要因素在焉，则屯田是也。盖自中平以来，天下乱离，民弃农业，诸军并起，率乏粮谷，无终岁之计，饥则寇掠，饱则弃余，瓦解流离，无敌自破者不可胜数。袁绍在河北，军人仰食桑椹；袁术在江淮，取给蒲蠃，民多相食，州里萧条。操令屯田都尉枣祗、典农中郎将任峻，募民屯田许下，得谷百万斛。于是州郡例置田官，所在积谷，仓廪皆满。故操征伐四方，无运粮之劳，而成兼并之功也。

### 三、曹公赤壁之败

操之用兵荆州，适刘表病卒，子琮迎降，遂入襄阳，捷长坂。长坂，在今当阳县东北。南据江陵军实，匆匆东下，追刘备至巴丘，巴丘，今岳阳县也。其意欲遂直捣江东，缚取孙氏。当是时，操军号称八十万众，荆州之蒙冲斗舰，乃以千数，悉浮以沿江，兼有步卒，水陆俱下，而孙、刘合兵，仅五万人，众寡不侔，操于胜算固可操矣。然而北方士卒，不习水战，一旦舍鞍马，仗舟楫，远涉江湖之上，以与水国之人争衡，其为不敌，彰明较著，又未习水土，致生疾疫，此其失于地利者一也；天气复值盛寒，马无藁草，此其失于天时者二也；荆州之众新附操者，逼兵势耳，非心服也，一逢劲敌，奔走不遑，此其失于人和者三也。且操之受琮降在九月，其东下则在十月，卒卒曾无布置，冒诸难而不顾，岂非"常胜之将难与虑事"哉？及赤壁之败，仓皇北走，虽留兵江陵，而孙、刘奄至，惶遽不守，终魏之世，遂不能规复江陵。而刘备因是攫取荆、益，孙权得以割据江外，操遂不能成统一之局矣。

陈亮曰：善图天下者无坚敌。岂敌之皆不足破哉？得其术而已矣。运奇谋，出奇兵，决机于两阵之间，世之所谓术也。此其为术，犹有所穷。而审敌情，料敌势，观天下之利害，识进取之缓急，彼可以先，此可以后，次第收之，而无一不酬其意，而后可与言术矣。故得其术，则虽事变日异，沛然应之，而天下可指挥而定，汉高帝是也。失其术，则虽纷纷战争，进退无据，卒不免败亡之祸者，项籍是也。至于得术之一二而遗其三四，则得此失彼，虽能雄强于一时，卒不能混天下于一统，此虽曹公之所为，而有志之士所深惜也。公奋身徒步之中，举义兵，破黄巾，走奉、暹，辅帝室，深据根本，号令诸将，于是降张绣，擒吕布，毙袁氏，破乌桓，兵锋所加，敌人授首。盖举无遗策，而北方略平矣。其为患者，荆州二刘，江东孙氏，张鲁擅汉，刘璋据蜀，而关西诸将纷纷不一，此其取之不可以无术也。夫所谓术者，当审敌之强弱难易而为之先后。以势度之，璋、鲁弱而易，其势在所先；孙、刘强而难，其势在所后。夫荆州至近，表又浸弱，而有刘备在焉，故不若留之以恣备之所欲为，而并鲁取璋，以孤其势。盖并兵自陈仓出散关，运奇奋击，以讨张鲁，则鲁可平，汉中可有。复于此时，合张鲁之资，乘汉中之势，整兵临蜀，则刘璋震恐不能为计，欲召刘备而无所及，备虽至而亦不能御。何者？备非素拊蜀，蜀人方摄吾之威，必不肯信备而拒守。上下异论，又不能为用，璋、备异志而潜相疑，其势必不足以敌我。况荆州用武之国，备必不释以与人，而径入蜀，则璋不得不降也。璋降蜀平，分慰郡县，命夏侯渊、张郃守之；而公亲自还邺，整兵向荆，使许、洛之兵冲其膺，蜀汉之兵捣其脊，绝吴之粮援，则荆州破、刘备蹙。然后大会诸将，合飨士卒，传檄江东，责贡之不入，命荆州之兵出江陵，蜀汉之兵出巴峡，合攻其上流；一军出广陵，一军出皖城，合攻其下流：使之奔命不暇。而公亲率精兵数万，直抵武昌，则虽有智者，不能为吴谋矣。周瑜、鲁肃虽千百辈，何害也。彼荀彧智谋百出，而不足以知天下之大计，徒见荆州四达，英雄之所必争，而巴蜀险阻，非图天下者之所急。及熙、尚平，遂教之南征荆州，责贡之不入，而不知大略之士，常留所必争者以饵敌，而从事乎不足急者以蹙之也。孙权尝告刘备，以巴蜀为曹公耳目，规图益州，得之则荆州危。而廖立亦言先主不先定汉中，而与吴人争南三郡。三郡既失，几亡汉中。则孙、刘之所争，盖亦可见矣。盖蜀汉者，天下之右臂也；江东者，天下之左臂也。安有人断其右臂，而左臂能全乎？不知断其一臂，而从其中以冲之，则两臂俱奋矣。此曹公所以南失荆、西失蜀，而孙、刘争雄，天下分裂。盖其失止于留马超，取荆州，而患之不可支，卒至于此。故夫取天下之大计，不可以不先定也。且夫曹公未平徐州而先平兖州，未击袁绍而先击刘备，破张、吕而后图二袁，盖亦得术之一二。然公巧于战斗，而不能尽知天下之大计，故至此而失，亦卒无有以告之者，悲夫！

韩元吉曰：中原略定，曹操借刘表而加兵于吴。当是时也，刘备在荆州，而备可得，苟以袭孙权之无备也，而权可除，是一举而二患去矣。天下将无如我何，操之计，信未失也。虽然，操精于用兵，而拙于此。操之兵，非素习于舟楫也，不可以施于吴也。为操之计者，使数十万之众，水陆并进，得一戍焉，而守一戍，得一城焉，而守一城，连营列栅，势禁而力逼之，备之力既衰，而吴之步兵亦不足用，磨以岁月，而事举矣。不知出此，而轻斗于江湖之上，欲以虚声下之，则不既疏矣乎！呜呼，备亦尝攻吴矣！扫境内之众，合五溪之蛮，连营列栅七百余里，而亦至于败。何哉？操之败，在于不用步兵；备之败，在于不用舟兵也。当蜀之战利以速，当魏之战利以久，而以备之策资于操，以操之策资于备，此固周瑜、陆逊之所忧也。

吾邑吴次尾先生曰：曹操称善用兵，既破荆州，欲即以其势下江东，为周瑜所败，几至不免。论者谓听贾诩之策，则兵不败，而江东可以卒服。诩之言曰：明公昔破袁氏，今收汉南，威名远著，军势既大，若乘旧楚之饶，以飨吏士，抚安百姓，使安土乐业，则可不劳众，而江东稽服矣。诩诚善策，然使操用之，可以免败，而能必江东之稽服乎？夫荆州为必争之地，刘备虽暂败，使曹退，则备必袭而有也。周瑜明于用兵，亦安肯以上流之势使曹据而有之。故曹既并荆州，必图江东者，亦其势使然，而惜未知所以败吴之术也。夫天下力争，有可以先骄之而使自败者，唐之于李密是也。有故迟之而使我必胜者，光武之于公孙、隗嚣是也。有不爱土地，使人自为战以縻敌者，高祖之于项羽是也。孙、刘方睦，无信、越可使矣。孙权智而有度，又承父兄余烈，非崛张之盗可以名骄矣。且权素得士，张昭、周瑜之徒兼治内外，非积暴之国、坐守之虏可以岁月需而空名服矣。故诩之策施于羊祜之时，则破吴也；而施于曹操之时，则愈益固吴而长寇也。然则曹将何术之从乎？夫势有余于敌者，则师贵以数出，而敌不足于备者，则扰之必以多方。权之地竟于一江，战士不过三万，能为将者，仅周瑜、程普数人而已。曹诚能乘战胜之威，用中原百倍之众，据上流之势，而不争于一战之利，于是使一能将者，帅数万之师以伐之，不利则更进，不过数进，我不全败，彼不俱胜，计吴之精锐已尽矣。又不徒取顺流一道，而淮、泗、庐、皖之间，度要害之可乘者，分师并出，敌拒此则牵彼，我此败或彼胜，不过数道，而吴之战守俱穷矣。盖昔吴之至郢，与越之入吴，及后贺若弼之破陈，皆此法也。晋人三合师，不战而楚已敝，况数战而吴有不服者乎？计不出此，而负其百万之师以取必一胜，一不胜，而终身之气不复振矣。曹操称善用兵，其谋吴之拙，至于如此！惜当时谋士，亦无有见及此者，故曹败而世辄叹诩言之未用，孰知诩计亦未为得也。用兵而恃其众者，未有不败。有所恃，则忘己之所短，虽敌有长而不忌。曹操舍鞍马而争舟楫，与苻坚百万之众赜于一战，二事可以覆观。向使操纳诩谏而坚从猛言，虽不胜，可无至败。故如诩者，不可不谓中智之善策也。

## 四、曹公定关中

操之用兵南北，其于关陇，羁縻之耳，而关西诸将，皆竖夫崛起，无雄天下志，亦苟安乐目前而已。及操欲有事汉中，马超、韩遂等十部，大惧见逼，群起为变，东杜潼关。《水经注》："河在关内，南流潼激关山，因谓之潼关。晋所谓桃林之塞，秦所谓阳华是也。"操自蒲坂渡西河，而至渭南。蒲坂县故城，在今永济县北三十里。西河，即清同州府地，以其在黄河西也。潼关既不可得而守，诸将又莫相归服，军无适主，故溃散以去。操遂乘胜逐北至安定，安定郡故治，在今镇原县南五十里。继复南平、蓝田，北下郿城，蓝田县故城，在今蓝田县西三十里。郿县故城，在今洛川县东南。关中底定，而西方重镇之长安，亦趋于巩固矣。夫操之底定关中，有一大关键在，即其能凭借河东是也。先是，四方还民，关中诸将多引为部曲，操用卫觊之策，以安邑之盐值买犁牛，安邑，河东郡治。《后汉书·郡国志》："安邑有盐池。"杨佺期《洛阳记》："河东盐池，长七十里，广七里。"供给还民，令勤耕积粟，以丰殖关中，使司隶校尉治弘农，从事招抚，于是诸将日削，官民日盛。及潼关相持，操复渡自蒲坂，立营渭北，蒲坂县属河东郡。及夹渭为军，军食又一仰河东，是知操之有河东，实为底定关中之基础也。

　　王夫之曰：汉武、昭之世，盐铁论兴，文学贤良竞欲割盐利以归民，为宽大之政，言有似是而非仁义之实者，此类是也。夫割利以与民，为穷民言也；即在濒海濒池之民，苟其贫弱，亦恶能食利于盐以自润，所利者，豪民大贾而已。未闻割利以授之豪民大贾而可云仁义也。盐犹粟也，人不可一日无者而有异。粟则遍海内而生，勤者获之，惰者匮之，盐则或悬绝于千里之外，而必待命于商贾。上司其轻重，则虽苛而犹有制；一听之豪民大贾，居赢乘虚，其以厚取于民者无制，而民不得不偿，故割利以与豪民大贾而民益困。王者官山府海，以利天下之用而有制，以不重困于民，上下交利之善术也，而奚为徇宽大之名以交困国民耶？与其重征于力农之民，何如取给于天地之产？盐政移于下，农民困于郊，国计虚于上，财不理，民非不禁，动浮言以谈仁义者，亦可废然返矣。卫觊曰："盐，国之大宝也。"置盐官卖盐，以其值市犁牛给民，勤耕积粟，行之关中而民以绥，强敌以折。施及后世，司马懿拒守于秦、蜀之交，诸葛屡匮而懿常裕，皆此为之本也。觊之为功于曹氏，与枣祗均，而觊尤大矣。

## 五、曹公上陇入汉中

马超之西走，席卷陇上郡县，杀长吏，据冀城，冀县故城，在今甘谷县南，凉州刺史治此。兴国之氐复叛应之。兴国城，在今秦安县东北。卤城、祁山、冀城，旋附曹公。《通鉴》注："卤城当在西县、冀县之间。"案：西县故城，在今天水县西南一百二十里。超见逼走汉中，虽事反攻，围祁山，窜渭上，卒不遑以去。大军继至，驱韩遂于显亲，显亲县故城，在今天水县西北。破氐于兴国，益北击高平，西下枹罕，高平县，即今固原县治。远及小湟中，《通鉴》注："夹湟两岸之地，通谓之湟中。又有湟中城，在西平、张掖之间，小月氏之地，故谓之小湟中。"案：西平郡治，即今西宁县治。于是操之兵力，由渭水上游，推及河湟矣。长安以西，烟尘既靖，其南遂图汉中，大军避斜谷之道，而迂回武都。今成县、徽县、两当、略阳，西及西固，皆后汉武都郡地。然亦山行千里，升降险阻，仅乃克阳平。阳平克，汉中以降，巴賨夷帅亦归附，于是三巴又服矣。夫自潼关以来，师旅仰攻，崎岖山谷，而凌厉无前者，良由割据诸人，智谋短浅，一一非操之敌。关西兵虽精悍，而又不足抗中州之大众也。

> 吾邑吴次尾先生曰：古之得天下者，未有不明于形胜之说者也。乘乱而迁国，因治而营邑，其道皆不外此。汉兴，纳娄敬之说而都关中，谓可一面制天下。然方其起也，以王汉中，蜀汉既固，还定三秦，然后驰骋梁、楚之郊。故项羽未灭，而成败之形已了于掌上矣。夫六国之所以并于秦者，岂勇力智慧不足哉？形不利、势不便也，此贾谊之说也。今夫决机于两敌之间，度险易，料彼己，决胜负，善用兵者皆能之，而至于争天下不然。争天下者，贵明于天下大势而已。得其势而处之，然后不为人所制，而己可以得志。吾观三国之用兵，无过魏武，然终不能并孙、刘以一天下者，盖料敌之智有余，而争天下之才不足。何者？不明于天下之大势也。夫天下之大势，中原可战而不可以守，吴、蜀可以守而不可战，以其可守者予人，则己之战力无所用矣。是故蜀、汉不得，荆州不可得而有；荆、益不附，吴会不可得而破。魏武不先攻汉中，以其势下蜀，而遽用兵

荆州，此失策之甚者也。然虽兵败于吴，而苟先据汉中，荆州可不战而自有。何也？势在我也。尝考建安十六年，曹遣钟繇讨张鲁，随自破马超、韩遂，尽有全关之地，是时备未入蜀也。诚于此时，破服张鲁，因鲁之资以下蜀，刘璋之不敌审矣。然后抚循蜀汉，使备进无可据，而即以其势下荆州，则备方资地于人，其新集未固之众可以即破。刘破而吴孤，不过数战，权自屈服。乃弃而不取，使得据之以为守，至备取蜀之后，然后进争汉中。呜呼，亦晚矣！先主之初得蜀也，刘晔劝急取之，后魏武尝以不用其策为悔，况取于备未入之先，不尤易为力乎？益州天险而土沃，秦用之以吞诸侯，汉因之以开帝业，先主得之以成鼎足之势，一矣。世谓魏武明于料敌，变化若神，而以不明天下之势，失可以一天下之机。故用兵若魏武者，吾终谓其一将之才有余而已。

## 六、曹公失汉中

操据汉中，西线与刘备为邻，下游有襄阳，东线又及备接壤。操汉中之师，乘三巴之归附，而进至宕渠，骎骎欲割蜀之股臂。及不利而还，三巴折而入于备，左翼却矣。下辨见侵，而拒退敌兵，右翼固未失阵地。然汉中为益州咽喉，刘备之所必争，故倾国而至，阳平见攻，军帅致命，操虽自长安南援，而不足以振其颓势。汉中以西及武都，又折而入于备。夫由汉中争三巴而失之，以三巴悬在南山之南也。汉中之南山，今所谓大巴山脉也。由长安援汉中而失之，以汉中远在秦岭之外也。《左传》曰："虽鞭之长，不及马腹。"其是之谓欤！西线甫已，而东线之战事又起。寇自汉水东下者陷西城、上庸，自秭归北上者陷房陵，自江陵北上者围襄、樊，中州震动。而操东连孙权，使乘机进蹑，于是备失荆州，丧渠帅，而襄、樊之围亦解。此则以外交取胜，虽失之西线，而收之东线也。

## 七、魏之伐吴

赤壁以还，操于江左未能忘怀，故十一年之中四至合肥，而进兵濡须口者再焉。《通鉴》注："濡须水出巢湖。"案：此水于今裕溪口入江。迨子文帝，在位七年耳，而东征广陵者二次，广陵故城，在今江都县东北。分三道向洞口、濡须、南郡者一次，《三国疆域表》："洞口浦，在今和州西南临江。"案：南郡治江陵县。明帝之世，分三道向濡须、皖南郡者亦一次。皖县，即今潜山县治。其师出之期，每以秋冬，其返旆也，每及春水之未生。其大军之饷，由涡达淮，或由讨虏渠、蔡河下颍而达淮，讨虏渠，在今郾城县东五十里。由淮而淝水至合肥，又复屯田于芍陂，于皖。《水经注》："芍陂，周一百二十许里，在寿春县南八十里。楚相孙叔敖所造也。"而皖后陷于吴。文帝尝欲屯田广陵，但以其地东近湖，北临淮，水盛之时吴人为寇，不可安屯，故止不行。是则魏之图吴，可谓不遗余力，然而吴负其水，以长江为天堑，魏卒无由得志。且以魏武、文之长才远略，犹不能逞，故明帝十三年之中仅一出师。惟遵先世遗策，东守合肥，南固襄阳而已。岂不以北中国之士卒，实不适用于水国耶？

## 八、魏之御蜀

自蜀陷汉中以来，魏惩乂其败，不敢用兵西南。故文帝黄初中，仅因纳蜀降以得新城一郡而已，魏合蜀房陵、上庸、西城三郡为新城郡。未尝动金鼓、厉锋刃而有所拟。明帝之世，以蜀大将诸葛亮由汉中屡次入寇之故，自长安以西则守郿，所以防斜谷一道也。郿县故城，在今郿县东北。斜谷，在今郿县西南。又西守雍、陈仓，所以杜散关一道也。雍县故城，在今凤翔县南。益西守祁山，所以御武都、阴平之北上也。此皆采取守势，而蜀师粮尽力竭，不得进以去。其间取攻势者惟一次而已，东由西城溯汉中以入，中由子午谷、斜谷入，西由武都入，亦无功而还，士卒已道毙矣，况能望其直捣汉中乎？盖秦岭山脉横亘渭水、汉水之间，崎岖弯远，军行萦纡之径，士转千里之粮，任何一方均感觉困难，而制胜有不可必者。善乎孙资之为魏谋也，曰："但以今日见兵，分命大将，据诸要险，威足以震摄强寇，镇静疆埸，将士虎睡，百姓无事，数年之间中国日盛，吴、蜀二虏必自疲敝。"此其为论，诚明智不可及矣。

  王夫之曰：曹孟德推心以待智谋之士，而士之长于略者，相踵而兴。孟德智有所穷，则荀彧、郭嘉、荀攸、高柔之徒左右之，以算无遗策。迨于子桓之世，贾诩、辛毗、刘晔、孙资皆坐照千里之外，而持之也定。故以子桓之鄙、睿之汰，抗仲谋、孔明之智勇，而克保其磐固。孔明之北伐也，屡出而无功，以为司马懿之力能拒之，而早决大计于一言者，则孙资也。汉兵初出，三辅震惊，大发兵以击于汉中，庸讵非应敌之道？乃使其果然，而魏事去矣。汉以初出之全力，求敌以战，其气锐；魏空关中之守，即险以争，其势危：皆败道也。一败溃而汉乘之，长安不守，汉且出关以捣宛、雒，是高帝破项之故辙也，魏恶得而不危？资筹之审矣，即现兵据要害，故即盛而险不可逾，据秦州沃野之粟，坐食而制之，虽孔明之志锐而谋深，无如此漠然不应者何也。资片言定之于前，而拒诸葛，挫姜维，收效于数十年之后，司马懿终始所守者此谋也。魏足智谋之士，昏主用之而不危，故能用人者，可以无敌于天下。

## 九、曹魏季世对吴蜀之军事

  明帝既崩，曹爽柄用，欲立威名，故自骆谷伐蜀。蜀以三万人扼兴势，爽十万之众，不得复前，粮尽引还，又见截于三岭，挫败以还。《三国疆域表》："三岭关在骆谷中。"爽诛，政在司马，亦尝两次遣将伐吴，攻其巫、秭归、夷陵、江陵，虽略有斩获，已而三道出师向江陵、武昌、东兴，又不利而还。吴筑东兴堤以遏巢湖。是知刘氏守重山之固，据三关之险，张莹《后汉南记》："蜀有阳平、江关、白水为三关。"《周地图记》："褒谷西北有古阳平关。"案：白水关在今昭化县西北。江关在今奉节县东。孙氏凭长江之浩瀚，重以陂水之艰阻，实有未易取者。邓艾之为司马氏谋，省许昌左右诸稻田，并水东下，令五万人屯田淮上，岁收五百万斛以为军资，而立吞吴之基；至于西方，则重狄道、陇西、南安、祁山四处之守。蜀将姜维虽屡扰洮水流域，欲略取魏边郡以自广，然未尝得志。然则尔时三国之争，魏固以取守势为得计也。

　　王夫之曰：曹孟德始屯田许昌，而北制袁绍，南折刘表；邓艾再屯田陈、项、寿春，而终以吞吴，此魏、晋平定天下之本图也。屯田之利有六，而广储刍粮不与焉。战不废耕，则耕不废守，守不废战，一也；屯田之吏士，据所屯以为己之乐土，探伺密而死守之心固，二也；兵无室家，则情不固，有室家，则为行伍之累，以屯安其室家，出而战，归而息，三也；兵从事于耕，则乐与民亲，而残民之心息，即境外之民，亦不欲凌轹而噬嗑之，故境之民，且亲附而为我用，四也；兵可久屯，聚于边徼，束伍部分，不离其素，甲胄器仗，以暇而修，卒有调发，符旦下而夕就道，故莫能测其动静之机，五也；胜则进，不胜则退有所止，不至骇散而内讧，六也。有此六利者，而粟米刍稿之取给，以不重困编氓之输运，屯田之利溥矣哉！诸葛公之于祁山也，亦是道也；姜维不能踵之，是以亡焉。虽然，有其地，有其时矣。许昌之屯，乘黄巾之乱，民皆流亡，野多旷土也；两淮之屯，魏、吴交争之地，弃为瓯脱，田皆芜废也；五丈原之屯，秦、陇、阶、文之间，地广人稀，羌胡据山泽而弃平土，数百里而皆草莱也。非是者，可屯之地，畸零散布于民田之间，而分兵以屯之，则一散而不可猝收矣。夺民熟壤以聚屯，民怨而败速矣。此屯之必以其地也。屯之于战争之时，压敌境而营疆场，以守为本，以战为心，而以耕为余力，则释耒耜、援戈矛，两不相妨以相废。若在四海荡平之后，分散士卒，杂处民间，使食利于耕，而以战守为役，则虽有训练钳束之法，日渐月靡于全躯保室、朴钝偷安之习，而天下于是乎无兵。故惟枣祗、邓艾、诸葛可以行焉，而后此之祖以安插天下之兵，是弭兵养懦之术也，故陵夷衰微而无与卫国。

此屯之必以其时也。法有名同而实异，事同而效异，如此者多矣。谋国者不可不审也。

## 十、淮南之叛

司马氏持钧枢、擅废立，于是输诚于曹氏之臣以寿春起兵致讨者，凡再见焉。其一毌丘俭，自寿春渡淮西至项，项县故城，在今项城县东北六十里。即坚守不复进。而朝廷大军屯汝阳，前锋据南顿，兖州之军至乐嘉，于是前路见阻矣。南顿县故城，在今项城县北五十里。汝阳县故城，在今商水县西北。乐嘉城，在今商水县东南四十里。青、徐之军，又出谯、宋之间，而归路受威胁矣。《三国疆域表》："谯郡有谯县、宋县。"谯县，今亳县治。宋县故城，在今太和县北。安风之军向寿春，而根据地亦危矣。安风县故城，在今霍丘县东南二十里。故俭卒至于崩溃，其一诸葛诞积谷聚兵，为闭门自守之计。朝廷大军驻丘头，《通典》："丘头，即今沈丘县。"而扬、豫诸军围寿春，吴人援诞至阳渊、黎浆，俱败以去，寿春旋破。《三国疆域表》："黎浆在今寿州南。阳渊，寿州西。"夫俭之渡淮而西，是也。咎在不能推锋以进而即驻师，及大军四合，跋前疐后，情见势屈，惟有自食恶果而已。诞更无筹策，惟望吴援，援断而望绝。夫俭与诞起兵之地同，丧师之处异，而其败亡之因，由乎坐以待攻则一而已。且夫寿春，淮南重镇，魏于此屯聚储偫焉以备吴。俭、诞作难，而江东之甲不能乘机以取寸地尺土，则尔时孙氏之无能为也，司马氏知之悉矣。吴弱而蜀汉亦不竞，姜维避驻沓中，此司马氏所以大举西伐也。

## 十一、魏灭蜀

魏武兼韩、白之奇策，而不能与刘氏争汉中。明帝之世，曾一伐蜀，曹爽又用师焉，皆无成功。逮司马氏，一戎定蜀，役不再举者何也？盖魏当实力充足之时，乘姜维沮丧之余，值汉中诸围撤守之后，故东道之师分从斜谷、骆谷、子午谷长驱直入，围汉、乐二城，而直抵阳安关也。姜维既一聚兵于剑阁，而放弃阴平、桥头，故西道之师得行无人之道七百余里以扺剑阁之背也。向使蜀兵尽守诸围，汉中即不能至。又向使桥头设防，剑阁何由而破？然则司马氏克奏肤功者，无亦以天时人谋克服地利也欤？然危矣哉！

# 概论四　吴

## 一、孙策定江东

汉末之扬州，袁术居寿春，有九江、庐江。《后汉志》："九江郡寿春，《汉官》云刺史治。"庐江郡治舒，移治皖。舒县故城，在今庐江县西。刺史刘繇居曲阿，有丹阳、吴郡。曲阿县属吴郡。杜佑曰："曲阿，今丹阳县。"《后汉志》："丹阳郡治宛陵。"今宣城县治。王朗有会稽。华歆有豫章。会稽郡，今浙东地。《后汉志》："豫章郡治南昌。"孙策为术击繇，繇方屯兵横江、当利口及牛渚以夹江，策破之而济，《三国疆域表》："横江浦，在今和州治东南二十五里，直江南采石渡处。当利浦，在今和州东南，大江之别浦也。牛渚，在今当涂县北三十里。"入曲阿，走繇。其父旧部亦自钱塘破吴郡，兵于由拳而下吴郡。钱塘县，今杭州市。由拳县故城，在今嘉兴县南。吴郡治吴县。策欲渡浙江，而固陵拒守，因迂回查渎，袭高迁屯，而下会稽。《三国疆域表》："查渎，在今萧山县东南。固陵，在萧山县西十二里。高迁屯，在萧山县东北五十里。"江东既定，遂溯江而上，袭袁术之皖城，皖县属庐江郡，时郡治所在，故城即今潜山县治。破荆州军于流沂、沙羡，《三国疆域表》："流沂，今大冶县东黄石港地。"《读史方舆纪要》："沙羡城，在武昌府治西南。"然后还定豫章。夫策渡江以来，仅六年耳，而所向无前，遽基王业。自今观其用兵次第，有如国手之于弈。盖横江、当利，刘繇之桥头阵地也，不先破之，即无以渡江。牛渚，曲阿之前哨也，破之则可以东向电扫，敌亦无所扼守矣。而钱塘之师，桴鼓相应，故席卷江东，有如狂风之扫秋叶。固陵固为浙东冲要，然扼江为守，势不能处处布防，故策自查渎捣虚也。夫立国江东，势在上游，三吴稍定矣。《水经》以吴兴、吴郡、会稽为三吴。案：今浙西及太湖以南，孙吴之吴兴郡也。爰返旆西行，与荆州争衡，又北袭皖城，南取豫章，以去侧面之威胁。惜其早世陨命，是以不竟其功耳。

## 二、赤壁之捷

南荆之地，山川形便，在吴之西，据上游之势，为孙氏所必争。是以权之嗣位，三征黄祖，大战沔口而取江夏。沔口，即汉口也。江夏郡故治，在今黄冈县西北。值曹操藉战胜之威，率百万之师，浮邓塞之舟，下汉阴之众，《水经注》："邓塞者，即邓城东北小山也。先后因之以为邓塞。"《文选》注："汉阴，汉水之南也。"邓塞在今襄阳县东。喟然有直下江东之志。周瑜以三万之卒，仗舟楫之便，蹙之赤壁。《三国疆域志》："赤壁，在今浦圻县西百二十里。"操败绩以去，遂乘势进拔江陵以拒襄阳，收夷陵以固西门，夷陵，吴改曰西陵。陆抗曰："西陵，国之西门。"而与中原为敌矣。至若瑜之所以胜操者，王夫之论之至善。

其言曰：赤壁之战，操之必败，瑜之必胜，非一端也。舍骑而舟，既弃长而争短矣。操之兵众，众则骄；瑜之兵寡，寡则奋。故韩信以能多将自诧，而谓汉高之不已若也，此其一也。操乘破袁绍之势以下荆、吴，操之破绍，非战而胜也，固守以老绍之师而乘其敝也，以此施之于吴则左矣。吴凭江而守，矢石不及，举全吴以馈一军，而粮运于无虑之地，愈守则兵愈增，粮愈足，而人气愈壮，欲老吴而先自老，又其一也。北来之军二十万，刘表新降之众几半之，而恃之以为水军之用。新附之志不坚，而怀土思散以各归其故地者近而易，表之众又素未有远征之志者也，重以戴先主之德，怀刘琦之恩，故黄盖之火一蓺而人皆骇散，荆土思归之士先之矣，此又其一也。积此数败，而瑜之明足以见之，即微火攻，持之数月，而操亦为官渡之绍矣。知此，而兵之所忌与敌之足畏与否，皆可预料而定也。

## 三、吴蜀构兵

赤壁之役以后，周瑜分予刘氏以荆州南岸地，鲁肃又劝权借之荆州以敌操，于是江北岸亦归于备。孙氏退驻巴丘、陆口。《读史方舆纪要》："巴丘，今岳州府治。"《三国疆域表》："陆口，今浦圻县西北八十里陆溪口。"备得益州，权索荆州，进兵益阳，《太平寰宇记》："益阳县故城，在益阳县东八十里。鲁肃所筑，以在益水之阳，故名。"其卒依湘水以划分地区。及关羽北向中原，权因机西上，袭公安、江陵，取夷陵，守峡口以备蜀。公安城，今公安县治。《宜都记》："自黄牛滩东入西陵界，至峡口，一百许里，山水纡曲，两岸高山重嶂。"刘备来伐，夹江而下，陆逊拒之，北岸自巫、秭归退守夷陵，南岸委夷道以当寇径，备败以去。巫县故城，在今巫山县东北。蜀宜都郡治夷道，后世改为宜都县。夫立国之道，地有所必争。孙氏建业江东，其西方之守实在夷陵，故甘宁说权以上取楚关，楚关，在今长阳县北七十里。《史记》：楚肃王为扞关以拒蜀。此也。吕蒙亦请全据长江，形势然也。而鲁肃劝权借备以荆州，谓多操之敌，自为树党。于是孙氏退驻巴丘、陆口，即后此分荆州、巴丘、陆口以南，虽得长沙、桂阳二郡，桂阳郡治郴县。长沙郡治临湘县，临湘县即今长沙市。至于其西未尝有尺土之进展。而公安、江陵，居国上流，其势难久。夫曹氏权之敌国，刘氏权之与国，然为立国计，权固有不得不向曹背刘而潜师进袭者。一国之政策，可于其地理中求之，此非其例欤？及备之忿兵东下，结垒千里，岁月引延，以至覆没。陆机之论此也，曰："郊境之接，重山积险，陆无长毂之径；川阨流迅，水有惊波之艰。虽有锐师百万，启行不过千夫；舳舻千里，前驱不过百舰。故刘氏之伐，陆公喻之长蛇，其势然也。"此论善矣。惟敌军崎岖于山岭木石之间，有似乎长蛇，故击其前锋，而其后援自败。刘氏不敢东向，而孙氏即凭此一衣带水、首尾千里，以宰制江外焉。

吾邑吴次尾先生曰：荆州，自羽据之，则负其蜀汉之守，可以进而北向；自吴得之，则不足以过魏，又当敌冲焉。卒晋之所以灭吴者，盖由此始也。故逊之袭羽，蜀不遂亡，而吴不益大，然实以掣蜀之势，蒉己之援，而为曹魏驱除耳。

## 四、大帝对魏用兵

权之与曹氏相拒凡数十年，长江上游固江陵之防，又东，城沙羡，屯兵沔口；《水经》："江水又东北至江夏沙羡县西北，沔水从北来注之。"自沔口溯汉，北击石阳、安陆、新市；《一统志》："石阳县故城，在今应城县东南。"案：安陆，湖北今县。《读史方舆纪要》："新市县故城，在今京山县东北百里。"益上，攻襄、樊，扰租中。《读史方舆纪要》："八叠山在南漳县东南六十里，自八叠山西北，山溪阻险，古所谓租中也。"自沔口以东，武昌为重镇。武昌县，今鄂城县是也。故于江北岸，城邾，袭取蕲春，屯兵寻阳以护之。《太平寰宇记》："邾县故城，在黄州东三十里，临江与武昌相对。"案：黄州故治，在今黄冈县南。蕲春，今县。《一统志》："寻阳县故城，在今黄梅县北。"寻阳之东，又取皖城。自皖城北图六安及舒。《三国疆域表》："吴庐江郡治皖。"案：汉庐江郡治舒。长江下游之北岸，作濡须坞，以杜巢湖之寇。《一统志》："濡须坞，在无为州东北五十里。"由巢湖西向，以攻合肥、六安，及于阳泉。《通鉴》注："阳泉，魏庐江郡治。"《太平寰宇记》："阳泉县故城，在今霍丘县西北九十五里。"又北向及当涂，略淮南，决芍陂。当涂县故城，在今怀远县东南。芍陂，今寿县南安丰塘。而于合肥，尤屡用师焉。建业之北岸，作堂邑滁塘，以淹北道，阻敌师。堂邑县故城，在今六合县北。王厚斋曰："滁塘即六合县瓦梁堰。"又东，入淮以寇广陵、淮阳。杨守敬曰："《水经注》：淮水又东径广陵，历淮阳城。又东北至下邳淮阴城西。是广陵与淮阳相接无疑，然其城尚在淮阴之西南。淮阴属下邳。"案：淮阴县故城，在今淮安县西北四十里。夫吴自孙策启疆，权之承之，益用拓土。策之起，自寿春，席卷而渡江，部曲大都为北方之强，惯于驰骋平原，故策尝欲远师汝、颍，袭取许昌。汝、颍二水，在许昌之南。策死，周瑜犹欲以所领规定巴蜀，次取襄阳。瑜之死，淮上旧部存者盖寡矣。故权之世，所用者，水国之民耳；所凭者，江耳；所便者，舟楫耳；所长者，水战耳；所恃之战术，上岸击贼、洗足入船耳。是以其出师也，襄、樊傍汉水而不能下，敢望宛、洛乎？合肥近巢湖而不能拔，况淮上之地乎？权亦尝欲用兵徐州，魏徐州统彭城、下邳、东海、琅邪、东莞、广陵六郡。而以其地势陆通，骁骑所骋，纵能得之，曹氏必来争，虽以七八万人守之，犹当怀忧，是以不行。盖自量步骑之不足用也。诸葛亮之论权善矣，曰："今议者咸以权利在鼎足，不能并力，且志望已满，无上岸之情，推此皆似是而非也。何者？其智力不侔，故限江自保。权之不能越江，犹魏贼之不能渡汉，非力有余而利不取也。"夫亮所谓力不侔者，即指其步骑之于平原旷野，不足与曹氏争一日之长也。当夫天下分裂、群雄角逐之际，人地二者不可缺一。权之立国，论人则恃水师，论地则保长江，虽其衷不欲鼎足，然其势又恶能不鼎足耶？尔时海内，曹氏十有其八，吴、蜀各保一州，阻山依水，利于相睦，而不利于交争，故权卒与刘氏弃嫌修好焉。蜀有重险之固，吴有三江之阻，郭景纯曰："三江者，岷江、松江、浙江也。"案：岷江，大江也。古以岷江为大江正源。松江，即今吴淞江也。合此二长，共为唇齿，进可并兼天下，退可鼎足而立。然而权能为其退，不能为其进，有水军而无步骑，殆为症结之所在欤？

## 五、吴亡

权薨之后，吴凡三君，其于北方之敌亦屡有事焉，攻襄阳，入江夏，《元和郡县志》："曹魏江夏郡，治安陆。"佃皖城，筑东兴堤；东兴堤，即濡须坞也。围合肥，进及芍陂；又自江都入淮、泗，西至涡口。《通鉴》注："此自邗沟入淮，自淮入泗也。"《太平寰宇记》："江都县故城，在今县东南四十六里。城临江水，今为水所侵，无复余址。"《水经》："涡水东南至淮陵县入淮，谓之涡口。"案：淮陵县故城，在今盱眙县北九十五里。古涡口，当在今涡口之东。《三国疆域表》："魏末，吴兵数入淮、泗，诸葛诞欲临淮筑城以御之，高山、赘其、潘旌，并在淮南当兵冲。魏时已弃不守，故吴得进至涡口。"高山县故城，在今洪泽湖中，故泗州之东。《读史方舆纪要》："赘其县故城，在今盱眙县西。"李兆洛曰："潘旌县故城，在今盱眙县北。"用兵所从出之途，无以异于权世，而其未能建树殊勋，亦同于前。毌丘俭、诸葛诞先后以寿春叛司马氏，夫寿春，北国所以备东南之重镇也，而有衅焉，机会至佳。乃吴乘势之师，始袭安丰而不克，继战阳渊、黎浆而不利，《一统志》："安丰县故城，在今霍丘县西南固始县界。"则其步骑，有如铅刀，不堪一割，益明著矣。蜀之且亡，吴为声援，出师向合肥、沔中；沔中，汉中也。《通鉴》注："吴之巫、秭归等县，皆在江北，与魏之新城接境。自此行兵，亦可以达沔中，然亦犹激西江之水以救涸辙之鱼耳。"及成都失守，百城无主，吴又西兵，冀取永安，《寰宇记》："永安县故城，在今奉节县北三十里。"《补三国疆域志补注》："县有白帝城。"而皆不竟。夫吴之与蜀，有合纵之势，东西并举，敌备多力分，或可一逞，而不幸刘氏先亡，上游属人矣。且夫以二当一，犹惧不支，又况与国见灭，吴有不益形孑立者乎？由是迁陵沦陷，酉阳受攻，《三国疆域表》："迁陵县，今保靖县治。酉阳县，今永顺县南。"案：皆属武陵郡。交阯北附，岭表动摇，交阯郡故治，在今越南北部。建平、西陵之险，虽为西门，但以二面受敌，亦岌岌可危。《水经注》："吴建平郡治巫县。"司马氏既灭蜀，生聚教训，造舟治兵，凡十余年，而后大举。夫魏尝数攻吴而不逞者，何也？其西须留兵防蜀，未可并力一向，一矣；不得巴蜀，无上游之势，二矣；水师不能与吴人竞，三矣；师所从出，不过三道，四矣。及晋大举，东西凡六道：青、兖之师出涂中；《补三国疆域志补注》："青州治临淄，兖州治廪丘。"案：临淄，山东今县。廪丘县故城，在今范县东南七十里。涂中，今之滁水流域也。徐、扬之师出江西横江，捷版桥；《补三国疆域志补注》："徐州治彭城。扬州治寿春。"《通鉴》注："大江北流，自建业言之，历阳、皖城，皆为江西。"案：历阳，今和县也。版桥当在今和县境。豫州之师出武昌；《补三国疆域志补注》："豫州治汝南安成。"案：安成县故城，在今汝南县东南七十里。新野之师出夏口，上取江安；案：《晋书》："荆州置二都督，一镇新野，一镇襄阳。"江安县故城，在今公安县东北。襄阳之师出江陵，渡江破乐乡，服沅、湘以南，至于交、广；《读史方舆纪要》："乐乡城，在今松滋县东七十里。"案：吴都督治此。今湘省有沅、湘二水，今桂省西部，南及越南，皆吴交州。广州治番禺。梁、益之师下巴蜀，破西陵，定巴丘，及夏口、武昌之师顺流长骛，径造建业，入于石头。梁州治汉中。益州治成都。吴都建业，故城在今南京南。石头城，在南京西。夫吴缘江为国，东西数千里，虽利水战而晋亦有楼船，虽凭天堑而巴蜀据其上游之势。且是役也，所备者多，所敌者大，又况主皓淫刑以逞，上下离心，有不土崩瓦解者哉！

## 六、陆机《辩亡论》

吴之末世，陆抗最为重臣，抗死，国亦旋亡。其子机作《辩亡论》曰：吴地方几万里，带甲将百万，其野沃，其兵练，其财丰，其器利。东负沧海，西阻险塞，长江制其区宇，峻山带其封域。国家之利，未见有弘于兹者矣。借使中才守之以道，善人御之有术，敦率遗典，勤民谨政，循定策，守常险，则可以长世永年，未有危亡之患也。

或曰：吴、蜀唇齿之国，蜀灭则吴亡，理则然矣。夫蜀，盖藩援之与国，而非吴人之存亡也。何则？其郊境之接，重山积险，陆无长毂之径；川阨流迅，水有惊波之艰。虽有锐师百万，启行不过千夫；舳舻千里，前驱不过百舰。故刘氏之伐，陆公喻之长蛇，其势然也。昔蜀之初亡，朝臣异谋，或欲积石以险其流，或欲机械以御其变。天子总群议而咨之大司马陆公，陆公以四渎天地之所以节宣其气，固无可遏之理，而机械则彼我之所共，彼若弃长技以就所屈，即荆、扬而争舟楫之用，是天赞我也，将谨守峡口，以待擒耳。逮步阐之乱，凭宝城以延强寇，重资币以诱群蛮。吴主皓凤凰元年，西陵督步阐叛，据城降晋。于时大邦之众，云翔电发，悬旌江介，筑垒遵渚，襟带要害，以止吴人之西，而巴、汉舟师沿江东下。晋荆州刺史杨肇向西陵，车骑将军羊祜向江陵，巴东监军徐胤帅水军击建平，以应步阐。陆公以偏师三万，北据东坑，深沟高垒，案甲养威。反虏跧迹待戮，而不敢北窥生路，李善曰："东坑，在西陵步阐城东北，长十余里。陆抗所筑之城，在东坑上，而当阐城之北，其迹并存。"强寇败绩宵遁，丧师大半。分命锐师五千，西御水军，东西同捷，献俘万计。信哉，贤人之谋，岂欺我哉！自是烽燧罕警，封域寡虞。陆公殁而潜谋兆，吴衅深而六师骇。夫太康之役，众未盛乎曩日之师；广州之乱，祸有愈乎向时之难。吴主皓天纪三年，桂林督将郭马杀广州督以叛。四年，晋来伐，主皓降，即太康元年也。而邦家颠覆，宗庙为墟。呜呼！"人之云亡，邦国殄瘁"，不其然欤？《易》曰"汤武革命，顺乎天"，《玄》曰"乱不极则治不形"，言帝王之因天时也。古人有言曰"天时不如地利"，《易》曰"王侯设险，以守其国"，言为国之恃险也。又曰"地利不如人和"，"在德不在险"，言守险之由人也。吴之兴也，参而由焉，孙卿所谓合其参者也。及其亡也，恃险而已，又孙卿所谓舍其参者也。夫四州之氓非无众也，四州，荆、扬、交、广也。大江之南非乏俊也，山川之险易守也，劲利之器易用也，先攻之策易循也。功不兴而祸遭者，何哉？所以用之者失也。

# 三国时代汉水流域考

后汉末，张鲁据汉中，曹公讨平之。蜀先主斩其将夏侯渊，遂有其地，为重镇。黄权曰："若失汉川，则三巴不振。"杨洪曰："汉中，益州咽喉。若无汉中，则无蜀矣。"《华阳国志·序》："秦资其富，用兼天下。汉祖阶之，奄有四海。"陈琳曰："汉中地形险固，四岳三涂，皆不及也。"三涂，即太行、轘辕、崤渑也。赵开曰："汉中之地，后可据而安，前可恃而进。"胡安国曰："蜀人都益，不恃剑门而守汉中。"汉中郡治今南郑县。

汉中之西有沔阳县，后主延熙初大将军琬驻军于此。琬欲由汉、沔东下，袭魏兴、上庸，而众论以为"如不克捷，还路甚难，非长策也"，故不果行。胡三省曰："汉、沔之水，自汉中东历魏兴、上庸，以达于襄阳。欲争天下，则当出兵秦川，魏兴、上庸非其地也。"沔阳城南临汉水，对定军山，东南有汉城。沔阳西五十里有阳平关。《水经注》谓其城西带浕水，南面沔川。

曹公之征张鲁，破此关而汉中服。先主与夏侯渊鏖战阳平、定军，斩渊而取汉中。盖阳平、定军，汉中西面之屏蔽也。吴贺邵言"刘氏据三关之险"，阳平居其一。由阳平西北至武都，山行千里，升降险阻，其间盖有马鸣阁道。先主之鏖战阳平，遣兵绝此阁道，曹公将徐晃破之。公假晃节，令曰："此阁道，汉中之险要咽喉也。刘备欲断绝外内，以取汉中，将军一举，克夺贼计，善之善者也。"《读史方舆纪要》以马鸣阁道在今昭化县北百里，恐非。阳平关西南百里，有阳安关。《姜维传》"维闻魏将钟会治兵关中，表请分将护阳安关口"是也。又名关城，《钟会传》"会径西出阳安口，使护军胡烈等攻破关城"是也。亦称关头，《法正传》"鱼复关头，益州祸福之门"是也。

汉中之南有南山，即今之米仓山。曹公将张郃之下巴西，进军宕渠，盖由此也。

由汉中北入褒谷，西北行五里为箕谷。后主建兴六年，赵云与魏将曹真相拒，失利于此。益入为赤岸，云曾屯田焉，军资所储。益上为衙岭。逾岭，东北一道出斜谷至郿，诸葛武侯之伐魏，曾运米集斜谷口，治斜谷邸阁。自褒谷口至斜谷口，凡四百七十里，所谓褒斜道也。西北一道出散关至陈仓，武侯与兄瑾书曰："有绥阳小谷，山崖绝重，溪水纵横。今使前军研治此道，以向陈仓，足以扳连贼势，使不得分兵东行。"

汉中之东为成固县，有乐城。乐城在汉水北，汉城在汉水南，皆武侯所筑，以夹辅汉中，又实兵诸围，以防遏寇略。及姜维主兵柄，撤诸围而守二城，汉中督复却住汉寿，故钟会之至，以偏师缀二城，而大兵径向阳安、成固，东抵今洋县。县北二十里，有兴势山，蜀汉之重镇也。又北十里，入骆谷，越沈岭长城而达渭上。衙岭、沈岭及以东分水岭，皆今之所谓秦岭山脉也。长城东为芒水，西为骆谷水，均北注渭。骆谷道长四百二十里，姜维曾一由此道伐魏，壁于芒水，阻长城而不得进。今洋县东二十里有赤坂，又东六十里有黄金戍。杜佑曰："戍，张鲁所筑，南接汉川，北枕古道，险固之极。"魏大将军曹爽曾自骆谷伐蜀，蜀将王平遣将据兴势，又分兵守黄金，爽不得前，退复见截于三岭，丧败甚众。黄金戍又东八十里，北入子午谷，谷道六百六十里，其中水陆艰险，语曰"山水艰阻，黄金子午"。出谷百里至长安，蜀将魏延尝请以精兵五千，负粮五千，循秦岭而东，当子午而北，不过十日，可到长安，而武侯不从。魏太和中，大将军司马懿溯汉水，由西城入，大司马曹真由子午道入，共伐蜀。武侯次于赤坂以待之，盖二道之师须会于此也。

蜀西城郡治，在今安康县西北四里，汉江之北。郡东南为上庸郡，治在今竹山县东南。又东为房陵郡，治今房县。先主使宜都太守孟达从秭归北攻房陵，又遣一军自汉中乘沔水，下取西城、上庸。孟达旋北附，三郡入魏，魏改西城曰魏兴。蒋琬欲自汉、沔东下袭魏兴、上庸是也。上庸郡治之西，有白马山，孟达曾登山而叹曰："此金城千里。"魏旋合三郡为新城郡，治房陵。嘉平二年，征南将军王昶奏孙权放逐良臣，可乘衅而制。吴、蜀白帝、夷陵之间，巫、秭归皆在江北，与新城郡接，可袭取也。乃遣新城太守州泰袭巫、秭归。

襄、樊隔汉水对峙，魏之重镇。关羽自江陵，吴人自汉水，皆尝围此而不克。《水经注》："魏荆州刺史治襄阳。"司马懿曰："襄阳水陆之冲，御寇要地，不可失也。"《荆州记》曰："襄阳，旧楚之北津。从襄阳渡江，经南阳，出方关，案：盖谓方城也。此有故城，南北联数百里，号为方城。是周、郑、晋、卫之道。其东津，经江夏，出平泽关，案：盖即今之平靖关也。是通陈、蔡、齐、宋之道。"庾翼曰："襄阳，荆楚之旧，西接益、梁，与关陇咫尺，北去洛河，不盈千里。土沃田良，方城险峻，水路流通，转运无滞，进可以扫荡秦、赵，退可以保据上流。"《通鉴地理通释》引胡氏曰："襄阳上流门户，北通汝、洛，西带秦、蜀，南遮湖、广，东瞰吴、越，欲退守江左，则襄阳不如建业；欲进图中原，则建业不如襄阳；欲御强寇，则建业、襄阳乃左右臂也。"《郡县志》曰："襄阳去江陵，陆道五百里，势同辅车，无襄阳则江陵受敌。"

襄、樊东北二十里，为邓县，城东南阻山，号曰邓塞，下临宛水。魏于此装治舟舰以伐吴，陆机文称"下江汉之卒，浮邓塞之舟"，谓此也。

益东北，为新野县。汉建安中，刘表使先主屯此，盖以屏蔽襄阳。魏正始中，王昶迁征南将军，假节都督荆豫诸军事。昶以为国有常众，战无常胜，地有常险，守无常势。今屯宛，去襄阳三百余里，诸军散屯，有急不足相赴，乃表徙治新野。习水军于三州，广农垦殖，仓谷盈积。三州口，盖在襄、樊下游汉水中，"正始二年，吴将朱然围樊城，司马宣王拒之，然夜遁，追至三州口，大杀获"是也。

南阳郡治宛县。建安初，张绣据此，后降曹公。魏荆州刺史亦尝治宛。

襄阳南为粗中，沔南之膏腴沃壤，吴将诸葛恪、朱然屡抄掠及此。

魏江夏郡治安陆，即今安陆县。嘉平中，荆州刺史王基表言：安陆左右，陂池沃衍，若水陆并农，以实军资，然后引兵诣江陵、夷陵，分据夏口。基又城上昶，徙江夏治之，以逼夏口。由是吴人不敢轻越江。上昶，盖在今孝感县境。安陆西南为新市县，南为石阳县。魏武平荆州，以刘表将文聘为江夏太守，屯石阳。安陆、新市、石阳，皆屡受吴师，然吴卒不能有沔北。石城背山临汉水，今钟祥县治，吴于此置牙门戍城，盖欲藉是以图汉东。迨晋羊祜镇襄阳，以诡计罢吴石城守。于是石城以西尽为晋有。

汉水入江处曰夏口，一名沔口，一名鲁口。刘表将黄祖所守，孙权攻走之，以为重镇，置督焉。

# 两晋军事地理概论

庚寅乡居，撰《两晋军事地理概论》既成，漫题一绝于前以当序。

农圃相逢笑语喧，山村人户值晴暄。

谁知曝背茅檐叟，曾著兵书十万言。

## 西晋一

孝惠之世，赵王伦篡立。是时齐王冏镇许昌，成都王颖镇邺，河间王颙镇关中，皆起兵讨之。颍川郡治许昌。邺县故城，在今临漳县西四十里。关中即今陕西省。常山王乂、太原内史刘暾响应成都，新野公歆亦附于齐。常山国故治，在今正定县南。太原国故治，即今太原县治。新野，今县。伦兵自延寿、嵎阪、成皋三关分道出，《晋志》："缑氏县有延寿城。"案：缑氏县故城，在今偃师县南。杜佑曰："嵎岭在登封县。"案：成皋关，即今虎牢关。进据阳翟，逼颍阴，阳翟县故城，即今禹县治。胡三省曰："颍阴县去阳翟四十里。"其向河兆之兵，败于溴水。胡三省曰："溴水出轵县东南，至温入河。"由邺南来之师，遂乘胜济河，伦退位伏诛。夫常山、太原足以蹑邺城之后，新野足以掣许昌之肘，然皆影附声援，故军威益壮。三方致讨，洛京已在包围之中；河南、河北两线作战，函关方面复有后顾之忧，一处蹉跌，即全局瓦解。伦之失败，非无故也。

## 西晋二

长沙王乂杀齐王冏，擅朝政。长沙王乂即前常山王乂。颙与颖同伐之，颙将张方自函谷东趋，函谷关，在今灵宝县西南里许。颖兵自朝歌至河桥。朝歌县故城，在今淇县东北。胡三省曰："河桥，即富平津河桥。"案：即孟津。又西守宜阳，东屯缑氏，北阻河桥，皆不利。宜阳县故城，在今宜阳县西五十里。兵逼城下，又使雍州刺史刘沈攻长安。胡三省曰："雍州统七郡，治安定。或曰：时治新平。"案：安定郡故治，在今镇原县南五十里。新平郡故治，今邠县治是也。张方入洛诛乂，还师西救，击沈杀之。又党皇甫重为秦州刺史，颙又遣兵攻拔之。胡三省曰："秦州刺史镇冀城。"案：冀城，在今甘谷县南。夫洛阳虽东有成皋，西有崤、渑，背河面伊、洛，而范围褊小，所守至近，敌师一旦压境，辄情见势屈。至于背城借一，则策出最下矣。故长沙失败，与赵王伦如出一辙。汉留侯曰：洛阳虽固而其中小，不过数百里，四面受敌，非用武之国也。后燕慕容垂亦言：洛阳四面受敌，北阻大河，至于控驭燕赵，非形胜之便。英雄所见，大抵有同欤。

## 西晋三

义阳蛮张昌聚众安陆石岩山，《晋志》："义阳郡治新野。"案：安陆县，即今德安县。胡三省曰："德安府南十里有石岩山。"出临江夏，江、沔间所在起兵应之。《晋志》："江夏郡治安陆。"案：沔即汉水。其别将陷武昌、长沙、湘东、武陵、零陵。武昌郡故治，今鄂城县治是也。长沙，今市。湘东郡故治，在今衡阳县东十二里。武陵郡故治，在今常德西。零陵，今县。其别帅石冰破江、扬二州，封云攻徐州。胡三省曰："江州时治豫章。"杜佑曰："徐治彭城，扬治建业。"《晋志》："豫章郡治南昌。"案：彭城县，今徐州市。建业县故治，在今南京南。晋豫州兵屯汝南，汝南郡故治，在今息县境。荆州兵屯梁及宛，且前据襄阳。梁县故城，即今临汝县治。宛县故城，即今南阳县治。昌攻之既不逞，汝南兵向江夏，荆州兵攻竟陵，昌遂授首。竟陵县故城，在今天门县西北。石冰自临淮趋寿春，败而还。《晋志》："临淮郡治盱眙。"案：寿春县，即今寿县。追师自广陵南来，合江东诸著姓义师，共下建康。广陵郡故治，在今淮阴县东南五十里。今苏南之地，古所谓江东也。冰北投封云，皆见杀于其下。夫昌等一时啸聚，五州云扰，汝南，豫也；江夏、武昌等，荆也；及江、扬、徐，凡五州。骎骎北进，欲问鼎中原。向使晋师不西扼襄阳、宛，中屯汝南，东保寿阳，则蕉苻之盗可以危及社稷。俟寇锋既遏，然后采取攻势，荆、豫之兵直犁庭扫穴，擒其渠魁，而长江上游定矣。若夫石冰前不遏于寿阳，后逼于江东之义师，势成夹击，建康之不能卒固也固宜。

## 西晋四

东海王越奉帝以讨成都王颖于邺，集中大兵于安阳。颖败诸荡阴，安阳，今县。荡阴县故城，在今汤阴县西南。临阵获帝，越奔东海。东海郡故治，在今郯城县西南三十里。河间王颙遣张方救颖，入洛阳，而幽、并二镇又连兵讨颖，幽州治蓟，故城在今大兴县西南。并州晋阳，即今太原县治。败颖平棘。平棘县故城，在今赵县南。颖仓卒弃邺，挟帝南奔洛阳。张方又挟帝西迁长安。邺鸱峙河北，虎视洛阳，故颖藉形胜，数干朝政。然幽、并拊其背以击之，遂奔迸不守。是皆形势之相制也。颖既失其凭依，威权亦去，人地之相倚也如此。

## 西晋五

河间王颙将张方既劫迁车驾，东海王越起兵讨之。是时徐、青、幽、冀、荆皆为越，杜佑曰："青治临淄。冀治房子。荆初治襄阳，后治江陵。"胡三省曰："冀治信都。"案：房子县故城，在今高邑县西南。信都县故城，即今冀县治。而豫、兖为颙。杜佑曰："豫治项，今项城县。兖治廪丘。"案：廪丘县故城，在今范县东南七十里。越自东海推进至下邳、萧县。下邳县故城，在今邳县东。豫州出师，拒之灵璧。孟康曰："灵璧，故小县，在彭城南。"案：时盖属萧县。又一师破许昌，西北屯考城。考城，今县。关中复遣兵，东堵荥阳，北守河桥。荥阳，今县。幽州突骑及冀州之师救越，与颙兵战河上，南渡，西迫荥阳，东破廪丘，与萧县之师相会。而豫州之师败于谯，溃于考城。谯县故城，即今亳县治。越自萧县推进至阳武、温。阳武、温，皆今县。邺城之师夺取河桥，克洛阳，荥阳亦降。颙斩张方以请和，东方诸师益奋，败颙兵于湖而入关。湖县故城，在今阌乡县东四十里。又败诸灞水而入长安，奉帝东还，颙及成都王颖，旋皆见杀。灞水，在长安东。晋武作石函之制，非至亲不得都督关中，诚以为雄区也。故颙既镇之，凭河山之百二，数观兵于周疆。且是役也，前方守及荥阳，此正汉祖之所以拒项籍，况豫州供其驱策，第一线在考城、灵璧，宜立于不败之地。不意河朔突骑，出于其间，形势逆转。然而荥阳不弃，山岳地带犹足以阻东兵席卷之势。故由萧县西进之敌，避而北行，岂不以荥阳之不易攻耶？迨河桥失守，荥阳以后路断绝而降。且颙内斩大将，外失险要，益长东兵之气焰，至湖之败，门户洞开，更不可为矣。

## 西晋六

晋室之乱，叛者四起，匈奴左贤王刘渊据离石。史称前赵。离石，今县。晋并州刺史与战于大陵，且北引塞上鲜卑击之西河。杜佑曰："文水县，汉大陵县。"《晋志》："西河国领离石、隰城、中阳、介休四县。"羯石勒为盗茌平牧苑，西向陷邺。茌平，今县。济自延津，南击兖州。延津，在今延津县北。兖州兵与相持于平原、阳平间，然后破之，勒奔于渊。平原郡故治，在今平原县南二十里。阳平郡故治，在今大名县东。阳平刘灵，寇掠赵、魏，亦附于渊。《晋志》："赵国治房子，魏郡治邺。"东莱王弥为盗长广山，击杀东莱太守，《晋志》："东莱国治掖县。"长广山，盖在今莱阳县境。流窜青、徐、兖、豫，陷许昌，入轘辕。轘辕山，在今偃师县东南。《元和郡县志》：汉灵帝置八关以备黄巾，此其一也。官兵不利于伊北，弥逼洛阳。伊北，胡三省曰："伊水之北也。"是时惟凉州遣勤王之师，败刘渊于河东，又击退弥。弥北附渊。凉治武威。河东郡治安邑。夫邺，河朔名城，许昌，河南中心，而见陷落；轘辕，陁塞，而见破；洛阳，帝京而见围攻：于时晋势，岌岌乎殆哉！至若离石之胡，有晋阳与相持，塞外鲜卑据居高临下之势，为将伯之助，凉州兵又曾一阻之于河东，故尚足以戢其凶焰于一时耳。

## 西晋七

秦氏李特叛于绵竹，绵竹县故城，在今德阳县北。既陷广汉，进军毗桥以逼成都。广汉郡故治，在今遂宁县东北。毗桥，在今新都县南十里。益州刺史罗尚缘郫水以拒之，又出兵驻繁城以立犄角之势。郫水，自灌县分岷江东流，经郫县至成都，与锦江合。宋白曰："新繁县本汉繁县。"建宁朱提叛应特，南夷校尉平之。建宁郡故治，在今曲靖县西五十里。朱提郡故治，在今宜宾县西南。王师救益州，北道及梓潼而败，且放弃葭萌，于是巴西亦陷，梓潼郡故治，今梓潼县是也。葭萌县故城，在今昭化县东南五十里。《晋志》："巴西郡治阆中。"东道及德阳而败没，德阳县故城，在今遂宁县东南。繁城之兵亦败，郫水防线被突破。少城遂陷，尚保太城，成都二城，少城在西，太城在东。因特兵就食诸坞而击斩特。其所部退绵竹，弟流、子雄复反攻，陷郫城、少城，郫城，今郫县。攻犍为以断太城运道。犍为郡故治，在今彭山县东十里。东道援军再至，克德阳，复败去。尚由牛鞞水走江阳，又走巴郡。《水经》："牛鞞水在牛鞞县。"案：牛鞞县故城，在今简阳县西。江阳郡故治，即今泸县治。巴郡故治，即今江北县治。罗尚之御李特，凭坚城以阻其前，以梓潼捌其背，以德阳攻其侧面，其为制胜似无疑问。乃梓潼一路不独挫败，并葭萌而弃之，使剑门天险握于对方，由是梁州之援，不复能达。夫敌人减少一面之顾虑，即对己多一分之压力，故其卒也，远则郫城、犍为见破，形成包围，近则少城再度陷落，欲守成都，得乎？

## 西晋八

当刘、石猖獗，晋幽州兵击败之于广宗、于常山、于飞龙山。广宗县故城，在今威县东二十里。《隋·地理志》："石邑县有飞龙山。"案：石邑县故城，在今获鹿县东南。并州刺史北引塞上鲜卑为援，克其新兴，新兴郡故治，即今忻县治。南争壶关。壶关既陷，犹力保襄垣。壶关、襄垣，皆今县。至于河上，晋师东屯白马、东燕，西屯大阳，白马县故城，在今滑县东二十里。东燕城，在今延津县东三十五里。大阳县故城，在今平陆县东北十五里。又出师救河内，逾太行救壶关，战皆不利。《晋志》：

"河内郡治野王，太行山在西北。"案：野王县，即今沁阳县。黎阳陷落，白马、东燕随之弃守，黎阳县故城，在今浚县东北。退壁仓垣，亦不能固。仓垣城，在今开封县西北。大阳之师战败，敌军长驱至宜阳，晋虽要遮之于弘农、渑池，而不能止。弘农县故城，在今灵宝县南四十里。宜阳、渑池，今县。洛京数见围攻，其由成皋、镮辕东向之寇与自河朔南渡之贼，两股合流，四出窜扰。于时，豫州则破许昌；《晋志》："汉献帝都许。魏禅，徙都洛阳，许宫室、武库存焉，改为许昌。"案：汉魏时，许昌为五都之一。兖州则破鄄城；鄄城，在今濮县东二十里，时兖州盖治此。徐州则破彭城；青州则破临淄；荆州则襄阳撤守而徙屯夏口；夏口城，在今武昌市西黄鹤山上。大河以北，冀州则破信都及邺。逮宁平之役，东海王越十余万众尽被歼灭。洛京旋陷，怀帝蒙难。宁平县故城，在今鹿邑县西南五十里。夫据河以拒刘、石，犹有形势之可凭，河防既失，戎马生郊，洛京已若瓮中之鳖，主力军又全数覆没于外，国运绵延无望耳矣！

## 西晋九

罗尚之驻巴郡，晋义民以梓潼、巴西来降，义兵又自巴郡进攻宕渠，据涪城。宕渠县故城，在今渠县东北。涪城，即今绵阳县治。会尚病卒，成汉次第攻陷诸城，而晋牧守更替不常，遂放弃巴郡而保涪陵，旋放弃涪陵而保巴东。涪陵郡故治，在今彭水县南。巴东郡故治，在今奉节县东北。夫梁、益形制之地，北则汉中，西则成都，东则巴郡。保巴郡不难，溯内水而上，于义兵之进据涪城也征之矣。蜀以涪江为内水。且夫涪城、梓潼、巴西三城相首尾，足以威胁成都，而应援不继，各个被击破，惜哉！战争之事，不进则退，是以引却而东也。

## 西晋十

东海王越将陈敏以历阳叛，历阳县故城，今和县治是也。渡江取建康，据有江东，分兵上略江州，寇武昌。武昌郡时属江州。荆州兵屯夏口以拒，败之。《晋志》："沙羡有夏口。"案：沙羡县故城，在今武昌西南。**扬州兵自寿春出历阳讨敏，敏设防于乌江、牛渚以相当。**乌江，晋县，今为镇，属和县。牛渚，一名采石，在今当涂县西北二十里。**江东人士起义师朱雀桥南，**朱雀桥，建业正南门外之大桥。**敏众奔溃，走死江乘。**江乘县故城，在今句容县北六十里。**朝命琅邪王睿镇建业。石勒陷阳夏、蒙城，**阳夏县，今太康县也。蒙县故城，在今商丘县东北二十二里。**屯葛陂，将来攻。**贤曰："葛陂，在今新蔡县西北。"睿集江南之众于寿春，以拒却之。立国江东者，贵有上游之势，故陈敏既据建业，即西图荆江，而夏口为荆之东门，晋扼此以却敏。敏远不逞于荆江，近惧乎历阳，急变复起肘腋，是故败没。琅邪承乱后而作镇，值西台之倾覆，胡三省曰："江东谓洛都为西台。"用水国之长技，挫北方之铁骑，此所以开启东晋也。

## 西晋十一

晋将以蒲坂降前赵，潼关旋陷，蒲坂县故城，在今永济县北三十里。潼关当华山之阴，黄河之曲。**寇至下邽，长安遂下。**下邽县故城，在今渭南县东北五十里。**安定、新平、扶风皆为晋，**安定郡故治，在今泾川县北五里。新平郡故治，即今邠县治。扶风郡时盖治雍县，故城在今凤翔县南。**共败敌于黄丘、新丰，围攻长安而拔之。**黄丘，盖在今淳化县境。新丰县故城，在今临潼县东。**洛京之破，晋臣奉秦王业在许、颍。及是，入立于长安，为愍帝。**前赵自平阳窥关中，蒲坂适为兵冲。蒲坂失，潼关受威胁，潼关失，关中东门已启，此长安之所以沦陷也。然而安定诸郡，并力东临，固足以制其死命，此长安之所以收复也。尔时大河南北，胡骑长驱，许、颍四战之地，不可以居。关中虽曰残破，而河山百二，此长安之所以卒为帝都也。

## 西晋十二

秦州流民，作乱梁州。《晋志》："秦州统陇西、南安、天水、略阳、武都、阴平六郡。梁州统汉中、梓潼、广汉、新都、涪陵、巴郡、巴东、巴西八郡。"《读史方舆纪要》："梁州治南郑。"成汉又自晋寿为寇，汉中沦陷。胡三省曰："葭萌县，蜀改为汉寿，晋又改为晋寿。"其刺史张光自魏兴进战，仅乃克之。魏兴郡属荆州，故治在今安康县西北。贼党寻由襄阳西上，光拒诸黄金。黄金戍，在今洋县东北。旋纳其降，处之成固。成固县，今城固县。与仇池氐共为乱。仇池山，在今成县西。光力战而卒，汉中复陷，地入于成汉。晋室之丧乱，南则巴蜀，北则关中，皆被兵祸。汉中介在其间，其东水急谷深，远于襄阳，声援所难及，所以再度不守也。汉中之于益州有如屏蔽，故成汉得之，而形势益壮焉。

## 西晋十三

王浚都督幽、冀军事，驻蓟。蓟县故城，在今大兴县西南。石勒北来，既据襄国，复攻苑乡。襄国县故城，在今邢台县西南。魏收《志》："任县有苑乡城。"浚令辽西鲜卑伐襄国以救之，不克，勒下苑乡，而攻信都、上白。魏收曰："冀治信都。"胡三省曰："上白城，在广宗县。"鲜卑、乌桓旋皆叛浚。浚与并州复不睦，勒伪降于浚，而袭破蓟。以幽、冀之雄区，西引并州，东引辽西，而击新造之襄国，可以操必胜之权。浚乃使党与乖离，形成孤立；又信诈疏防，开门揖盗，可谓至愚。以至愚之人，虽地握形便，庸有益乎？

## 西晋十四

愍帝之立，于西河守冯翊，冯翊郡故治，即今大荔县治。于泾阳守北地及黄白城，北地郡故治，在今耀县东南。黄白城，在今三原县东北十里。于渭北守灵武，灵武县故城，在今咸阳县东。于渭南守华阴。前赵陷冯翊、北地，直渡渭围长安，安定诸郡救兵不能力战，愍帝出降。夫拒河以阻蒲坂之寇，关中金瓯尚未缺也。既不能尔，而使寇楔入，势已岌危。至于泾、渭以南，胡骑长驱席卷，则长安孤城，有降而已。

## 西晋十五

刘琨在并州，与前赵为敌，南之上党受攻，北之新兴附敌。上党者，其地极高，与天为党，郡治襄垣。晋阳曾一度沦陷，琨假塞上鲜卑兵力而始复之。因由西河而南，图平阳、西平，以有备而还。西河国治离石。平阳郡故治，在今临汾县南。胡三省曰："西平城在平阳西。"琨与王浚不睦，坐视后赵袭蓟而不救。时幽州治蓟。后赵旋来破坫城，坫县故城，在今昔阳县西南三十里。并州外叛，代郡亦没。西汉代郡治桑干县，故城在今蔚县东北。塞上鲜卑以国乱众散不能救，琨只身走。五胡云扰，刘、石尤为一时之雄。为晋计者，以幽制石，以并制刘，犹惧不敌，而自相水火，幽破而并危，唇齿之势应尔已。襄国、晋阳，相隔一山，时虑侵轶。胡三省曰："山自太行、恒山，至于幽、碣，连延不断，襄国在山东，晋阳在山西。"及坫城不利，而人心愈益离散，驯致全境瓦解，由始计之不臧也。

## 东晋一

蜀人杜弢作乱湘州，陷长沙，《元和郡县志》："湘州南以五岭为界，北以洞庭为界。"南破零陵、桂阳。零陵郡，今县也。桂阳郡故治，今郴县治是也。荆州兵讨之，中路军于作塘；作塘县故城，在今安乡县北。东路战于巴陵，不利；巴陵县，今岳州。西路进抵益阳，亦撤回。益阳，今县。会前征南参军王冲叛，自豫寇荆，刺史王澄自江陵、屖陵、沓中向东退却。屖陵县故城，在今公安县南。沓中，当在监利县东。《地形志》："荆州，魏晋治江陵。"弢袭取沔阳，沔阳城，今县。又东攻武昌、浔水城，皆不能逞。武昌郡故治，今鄂城县治是也。胡三省疑浔水城即寻阳城。案：城在今黄梅县北。其陆路陷豫章，出海昏。豫章郡治南昌。海昏县故城，今永修县治是也。寻阳兵南向克豫章、庐陵，与南康相呼应，南康郡治赣。庐陵郡故治，在今吉水县东北。武昌、寻阳合兵而上，鏖战林障、巴陵。《水经注》："林障，在沌阳县。"案：沌阳县故城，在今汉阳县西。又西引南平，进破长沙，斩杜弢。南平郡故治，在今公安县东北。夫自长沙发难，陆路出海昏，水道浮江，若会师溢口，声威益壮。溢口，在今九江县西。不特武昌一郡，居包围之中，即建康亦在威胁之下。寻阳以全力击却之，然后主动操诸己，而不操诸敌。至于水道之寇顺流而下，南则窒于武昌，北则碍于寻阳，益成被动。夫既制敌而不制于敌，乃始反攻，又得南康、南平，与相邪许，此战之所由克也。

## 东晋二

前南蛮司马杜曾杀荆州贼王冲而又叛，败荆州兵沔江，沔江即汉水。州兵反攻，围之石城而不利。石城，即今钟祥县治。曾上围襄阳及宛，亦不能下。宛县，即今南阳县治。旋破扬口垒，捷女观湖，将出沔口，扬口垒，在今天门县西南。女观湖，在今江陵县东北。沔口，今汉口。而沌阳之战，全军奔溃。曾走保武当，胡三省曰："武当县以武当山得名。"官军自襄阳攻斩之。曾为乱荆州，猖獗汉、沔，然上不得襄阳，下不出沔口，南不有江陵，硁硁以石城为窟穴。官军又扼沌阳以阻其东，一战不胜，以岩邑自固。夫荆，水国也，不能水而陆，穷蹙以底于亡而已。

## 东晋三

王浚之败，鲜卑段匹䃅入蓟为晋。晋幽州治蓟。辽西鲜卑与相恶而来攻，辽西鲜卑据令支，今迁安县也。欲西保上谷，见逼于代。上谷郡故治，在今怀来县南。后赵北向，复陷幽州诸郡。匹䃅遂弃蓟城，南奔乐陵。乐陵郡故治，在今阳信县东十里。遭截击于盐山，仅而能达，胡三省曰："隋改高城曰盐山县。"旋反攻蓟，不克而还。上谷、辽西之于蓟，譬如鸟有翼也。左右翼不听命于身，而其敌又为凶狡之后赵，蓟城其能守乎？攻之难于守也倍蓰，己不能以守存其城，乃欲以攻取之，何可得欤？

## 东晋四

鲜卑慕容廆骎骎强大，晋平州刺史使高句丽自东，宇文氏自北，段氏自西，合攻其棘城，不能克而退。高句丽国，当今中国东北部分地区和朝鲜半岛北部。宇文氏，前热河省中部。段氏，即辽西鲜卑。棘城，似在锦州附近。庞来犯，平州刺史奔高句丽，辽东遂陷。金毓黻曰："晋初平州，以辽东郡之襄平为首府。"襄平县故城，在今辽阳县北七十里。而统制诸夷，颇能维持国威于不坠。夫辽东郡为东北之中心，自燕、秦、两汉已然，东控朝鲜，北扼肃慎、夫馀，西制东胡，实为中国之左臂。故辽东郡存，则东北诸夷不敢生心，辽东太守得人，则可威詟东夷，以作一方之保障。至此辽东不守，东北之重心移于昌黎。冯跋时以龙城称昌黎。终以召高句丽略取辽东之祸，《通鉴》："元兴三年冬十二月，高句丽侵燕，此即侵略辽东郡而有之也。至唐高宗，灭高句丽，辽东始复。"古往今来谈筹边者，未有委弃辽东，失其重心而能保全东北者也。

## 东晋五

邵续以乐陵太守屯厌次，胡三省曰："乐陵郡治厌次。续保之以奉晋。"时前赵将曹嶷据青州，与续相攻。《前赵录》："嶷镇临淄。"续遣将屯济南、黄巾固以逼之，黄巾固，即今章丘县治。又遣骑入散后赵北边，掠常山。常山郡故治，在今正定县南。后赵亦破其平原。平原国，今县也。当蓟未陷，相与声援，蓟既弃守，段匹䃅来奔。后赵攻厌次，临阵执续，匹䃅犹固守不下，统内诸城胥没，卒亦沦陷。乐陵国，统厌次、阳信、漯沃、新乐、乐陵五县。夫厌次，孑立海澨，虽为晋守，而晋之接济，远阻于青州之外，其北又逢勃敌，故日削月朘，以至于亡。孤忠有余，其如形势之不足以自存何。

## 东晋六

洛京之破也，晋臣有保河内及孟津、石梁坞、一泉坞者，先后为前赵所陷；河内郡治，即今沁阳县治。孟津，在今孟津县境，临河。胡三省曰："石梁坞，在洛水北。宜阳界有一泉坞。"有保邺、廪丘者，为后赵所陷。《元和郡县志》：晋讳业，改邺为临漳县。

案：廪丘县，为兖州刺史治所，故城在今范县东南七十里。惟新郑、阳翟固守不下，以抗二赵。阳翟县，即今禹县治。曾渡河袭破前赵兵于孟津北岸，又受前赵将洛阳之降，使侵前赵河东，至绛而还。胡三省曰："绛县，故晋都也，汉属河东郡。"迤东之许昌被侵，临颍见袭。许昌、临颍，皆今县。若昔采取攻势，河内及邺之于河北，足为前卫阵地。乃尔时之晋，采取守势为多，二城悬远，接济维艰，则弃之而已。新郑、阳翟近傍山岳地带，依险立屯，故能阻铁骑于一时。至于许昌、临颍，际乎平原，其势又不相若已。

## 东晋七

与后赵鏖战平原旷野者，则豫州刺史祖逖是已。后赵之来犯，逖则退婴梁国、谯、寿春。梁国故治，在今商丘县南。谯郡治，今亳县治是也。寿春县，即今寿县治。逖之转守为攻，则进驻雍丘，胡三省曰："雍丘，故杞国也。"争蓬关；蓬关，在今开封县南。北屯兵封丘，以逼东燕城；东燕城，在今延津县东三十五里。西营缮虎牢，且与新郑、阳翟相联系，《晋书》："虎牢城，北临黄河，西接成皋，四望甚远。"卒使大河以南尽为晋土。夫梁、宋之郊，正适合于胡骑长驱之条件，而逖地居四战，周旋勍敌，阻其横决之势，使之倒流，人能不为地利所限也如是。然其晚年，欲西凭虎牢，岂非以其为岩邑易于固守耶！人不能不依地利也又如是。

## 东晋八

长安之见破于前赵也，晋南阳王保在秦州，秦州镇上邽，故城在今天水县西南。其将陈安跳梁不顺，分据陇城、绵诸，常威胁上邽。陇城，在今清水县北。绵诸道，在今天水县东。屠各起兵新平、扶风以附保。新平郡治，今邠县治是也。今渭北陇县以东，至泾阳县境，皆扶风郡地。屠各，匈奴人。保兵向东推进，至陈仓、阴密，逮前赵反攻，又皆失守。陈仓县故城，在今宝鸡县东。阴密县故城，在今灵台县西五十里。保欲西奔，凉州拒之，为其下所杀，地入于陈安。凉州，今甘肃河西地。安东拔汧城，汧城，在今陇县南。而西之桑城、南安皆附前赵。桑城，在今临洮县南。南安郡故治，在今陇西县东北。安保陇城，前赵围之，及上邽皆下，安遇害。秦之于雍也，本有建瓴之利。晋初，于长安置雍州。假使当南阳王保世，内无陈安之跋扈，外有屠各之影从，西获凉州之援助，未尝不可以克复长安也。至于陈安，受东西之夹击，形蹙势逼，人虽勇，何益哉？

## 东晋九

王大将军敦领荆、江二州，驻节武昌。武昌郡治，今鄂城县治是也。元帝永昌初，称兵向阙，以清君侧为名，于是梁、湘、广三州皆声讨之。梁州镇襄阳，湘州镇长沙。敦率主力东下，而分师围长沙，其党沈充起兵吴兴，进陷吴国以相应。吴国治，今吴县是也。王师守石头、金城。石头城，在南京西。胡三省曰："金城在江乘蒲洲上。"案：江乘县故城，在今句容县北六十里。敦至石头，守将出降，王师解甲。梁州之甲驻猪口不进，旋即西还，长沙遂陷。《水经》："沔水东南径云杜县东，夏水从西来注之。"《注》："即腊口也。"胡三省曰："腊与猪同。"案：云杜县故城，在今沔阳县西北。敦返武昌，袭有梁州。此役也，敦之能胜，至为徼幸矣。何也？盖梁、湘、广三州，均可蹑敦之后，而广以远在岭外，其于武昌一时尚不相及；湘则既围之，亦不足虑；若夫梁州，乘沔水之便，可直捣武昌，使根本倾覆；又断彭泽，使上下不得相赴，则敦之败可以立致。然其师竟逡巡不前，此徼幸而胜一也；王师若固守石头，可使敦顿兵坚城之下，犯军事之大忌，然遂不战而下，此徼幸而胜二也。且夫梁州踞上流，固足以制武昌，然武昌西增石城之戍，南绝荆、湘之粟，亦可以难梁州。石城，即今钟祥县治。况敦挟狙诈，故梁卒见并也。

敦移镇姑孰，屯于湖，适会病笃，朝命讨之。杜佑曰："当涂县城，即晋姑孰城。于湖故城在县南。"敦兄含以水陆之师奄至秦淮南岸，沈充自吴兴会之。秦淮河，当建康之南。台军始则烧朱雀桁以阻其势，继则渡水以挫其锋。朱雀桁在建康南，跨秦淮河上。值敦病卒，而泗口、临淮之兵回救京师，杜佑曰："泗口，在今宿迁县界。"《晋志》："临淮郡治盱眙。"破敌于宣阳门及青溪。胡三省曰："晋都建康，外城环之以篱，宣阳门在城南面。"青溪水，发源于钟山，接于秦淮。会稽、义兴复起义兵，敦党皆伏诛。会稽郡治，即今绍兴县治。义兴郡治，即今宜兴县治。始有为敦计者曰：若决破栅塘，因湖水以灌京邑，胡三省曰："此即玄武湖水也。在建康城北。"乘水势纵舟师以攻之，此上策也；藉初至之锐，并东西军之力，十道俱进，众寡过倍，理必摧陷，此中策也。均不见用，敦之败者一矣。敦之病及其死，影响士气，而台军咸有奋志，二矣。且第一役，朝廷以台中现兵作战，又有石头之叛，故敦获逞；而是役也，淮上援军到达，力量增加，则敦之败者三矣。至若君臣之分，顺逆之判，关系乎人心向背，则属常谈，不复涉及，编中皆然也。

## 东晋十

晋与后赵相攻，可分为三路。东路：泰山外叛，济、岱陆沉，泰山郡故治，在今泰安县东北十七里。岱，泰山也。晋军仅能推进至卞城，刘昫曰："隋于卞县古城，置泗水县。"州郡长吏分保邹山、邾石城。胡三省曰："邹山在邹县。"刘荟《邹山记》："邾城在邹山之南，去山二里。"魏收《地形志》："兰陵县有石城山。"案：兰陵县故城，在今峄县东五十里。后赵压力，旋至彭城，下邳又叛，以北诸据点尽失。彭城国，今徐州。下邳国故治，在今邳县东。东莞、东海亦陷。刘昫曰："唐沂水县，汉东莞县地。"沈约《志》："武帝太康元年，立东莞郡。"东海郡治郯。晋退保泗口、盱眙。盱眙，今县。中路：祖逖之死，后赵陷陈留、谯、城父，陈留国，今县。城父县故城，在今亳县东南。寇汝南，《晋志》："汝南郡治新息。"攻寿春，而犯逡遒、阜陵，以震建康。逡遒县故城，在今合肥县东。阜陵县故城，在今全椒县东十五里。朝议作滁塘以遏之。《太平寰宇记》："滁塘在今六合县。"西路：后赵据洛阳，又陷襄城，寇颍川。许昌外叛。襄城，今县，颍川郡治许昌。新郑、阳翟以受攻不支，而卒放弃，于是前赵亦乘隙陷鄀。鄀县故城，在今光化县北。晋与后赵接壤千里，而兖、豫之交坦坦平原，尤为最弱之一环。使晋能东固泰山一郡，西保荥阳、成皋，依山作势，胡骑尚顾畏于包围，未敢长驱直入。自东西撤守，而淮南受敌，江上不宁矣。夫恃险为国，不外山水，东西依山既不可得，此后所恃惟水而已。

## 东晋十一

朝命征历阳内史苏峻，历阳郡故治，今和县治是也。峻与寿春守将相结，拒命而叛。先锋袭陷姑孰，取盐米，胡三省曰："姑孰临江渚，舟船所凑，晋积盐米于此。"南败芜湖之兵，东破慈湖之守。胡三省曰："慈湖，今在当涂县北六十五里。"大军济自横江，据牛渚、陵口，横江，在今和县东南。胡三省曰："牛渚山，在今当涂县北三十里，山下有矶，津渡之处，与横江渡相对。"陵口，当在牛渚山东北。径小丹阳而至蒋陵、覆舟山，建康在秦淮水北，秣陵在水南，俗谓之小丹阳，以丹阳太守旧治秣陵也。蒋陵，今紫金山。覆舟山，在今太平门内，《元和郡县志》谓为钟山西足也。攻青溪栅而陷台城。《太平寰宇记》："青溪泄玄武湖水，南入秦淮，溪上有栅。"案：东晋谓朝廷禁省为台，故称禁城为台城，其军为台军。台城与鸡鸣山相接。又分兵东陷吴国。是役也，台军未能先事守江西当利诸口，断阜陵，当利口，在今和县东南。使峻获南渡，动摇人心，以致影响战局。夫历阳之与建康，一江之隔，路不终朝，来犯至易。乃朝廷于政治，一持强硬态度，于军事未及采取攻势，二者参差，不相配合，此所以祸及燎原。峻之发难，得寿春同意，释后顾忧，渡江无阻，陷姑孰以获物资，捷芜湖而形势益张，石头重戍则避坚不攻，小丹阳南道则乘虚而入，及据蒋陵、覆舟，则台城在目。投其所向，鲜不如志，又焉有不胜者乎？

荆州自江陵，雍州自襄阳，江州自寻阳，会师以讨苏峻。《通典》："汉寻阳旧县在江北，晋温峤移于江南。"下至蔡洲、查浦、沙门浦，以拟石头，胡三省曰："蔡洲在石头西岸，查浦在大江南岸，直秦淮口。"案：沙门浦，盖在蔡洲北。又筑白石垒以威胁之。胡三省曰："白石垒在石头东北。"广陵之师，南据京口，广陵郡，今扬州。京口，今镇江县。立大业、曲阿、庱亭三垒。曲阿县，即今丹阳县治。大业，里名，在曲阿北。庱亭，在今武进县西。会稽、吴兴、吴国复起义旅。《水经》以会稽、吴兴、吴郡为三吴。胡三省曰："晋都建康，粮运皆仰三吴。"峻党自寿阳南击马头，将袭湓口。马头山，在今宿松县东南八十里。胡三省曰："湓口在寻阳。"查浦则分兵破走之，然后次东关，克合肥。东关在今巢县东南。峻积聚在句容、湖孰，查浦则分兵烧之。湖孰县，即今南京东南湖熟镇。白石、查浦水陆会攻石头，临阵斩峻，遂克之，并下台城。江西复克历阳。始峻陷大业、攻曲阿之师，皆奔溃覆没。峻始发难，用兵飘忽，乘勤王之甲之未集，起于近畿，而急攫取政治中心之建康。及是，上下合围，峻已处于劣势。然使袭取湓口，未尝不可以令西师却步；三吴运道不断，积聚不焚，未尝不可以作持久战；固守石头，无事取决于行阵，未尝不可以凭坚城而老西师。乃轻脱骠速，至于授首，亦一将之材而已。

## 东晋十二

后赵浮海来犯，寇掠南沙、娄县、武进而去，胡三省曰："南沙县，今常熟县地。"刘昫曰："唐昆山县，汉娄县地。"乘苏峻之乱，于淮南陷寿春，于汉北陷宛，浸渐及襄、樊。南阳郡治宛。襄、樊夹汉水。晋之及攻，败诸涅水，克新野，收复襄、樊。涅水，今赵河，在镇平县境。后赵之于汉东，围石城，寇江夏，降义阳，竟陵郡治石城。江夏郡治安陆。《东晋疆域志》："平氏县石城山。郦道元、杜佑、乐史俱云，晋于北山上置义阳郡。"案：平氏县故城，在今桐柏县西。南陷沔南，胡三省曰："晋人盖置戍于沔南，以备津要。"江北破邾城，邾城，在今黄冈县西北二十里。江西战白石。白石山，在今含山县西南六十里。夫都江东者，贵获上游之势，故晋力争襄、樊，以期握有汉水。水，晋所恃以立国者也。汉东之区稍远于水者，即不能保。邾城隔在江北，因沦陷于胡。寿春为淮南屏障，晋所欲取，而停舟水渚，引兵攻城，其将帅亦复惧于前后相失而不敢进。盖南渡至此，凡廿余年，人习于江湖舟楫，所以与敌周旋于中原之兵力，殆无几存矣。

征西将军庾亮在武昌，有志开复中原，因增加襄阳、魏兴屯守，为北伐之规。魏兴郡故治,在今安康县西北。又欲自驻石城,为诸军声援,而不果行。弟翼继之,移镇襄阳,用兵后赵,出丹水不利。贤曰:"丹水故城,在今内乡县西南,临丹水。"东入临淮。临淮郡治盱眙。盖舟行丹水,水急岸高,鱼贯溯流,首尾百里,时受截击,故无成功,乃不若浮淮、湖之易也。

王源之论庾翼曰:陈同甫曰"有一定之略,而后有一定之功"。庾翼之不能成功,以无一定之略也。古之善用兵者,必先料敌之坚脆强弱,以为兵之先后,而奇正虚实之形,分合之数,莫不预定其略于胸中。如善弈者之胜算定于前,而收功于其后。故天下虽大,可以从容谈笑坐制之而有余。当翼之时,僭窃者,赵与蜀耳。中原、河北、秦、晋之地悉入赵,石虎虽凶淫无道,而地大兵强,难以力胜。蜀区区一州之地,而李寿君臣又皆庸才无大略,此可以出奇破已。翼既以兴复为己任,当驻兵襄阳,峙糇粮,时训练,声言备赵。蜀自懈弛无备。乃密令庾冰代守襄阳,而亲帅轻兵,溯江西上,如吕蒙之袭江陵,晨夜倍道,入其险要,直捣成都。彼不意吾兵猝至,鼓噪乘之,可不战而定。蜀中既定,乃遣使约凉连兵,以图关中;而檄襄阳之众趋宛、叶,以冲其腹心;慕容之师下辽海,而窥其肘腋。彼备多,则力分而势弱;吾势众,则制人而不制于人。昔诸葛武侯说昭烈曰:"将军若跨有荆、益,保其岩阻,天下有变,则命一上将将荆州之众以向宛、洛,将军亲帅益州之众以出秦川,则汉室可兴,伯业可成矣。"周瑜亦欲西并刘璋,与马超连结,还据襄阳,以戚曹操。盖荆襄、巴蜀,险夷远近,各异其势,乃奇正之所生。或以正为正,以奇为奇,或以正为奇,以奇为正,古之欲以南并北者,其谋大抵如此。使翼出此,得中原,则三辅不能支,得三辅,则中原不能守,然后合兵四面以戚之,虎固将拱手而就缚耳。惜乎翼有兴复之志而无其略,所以败于丹水而功无成也。吾尝谓昭烈既取益州,荆州虽分,江陵固在,使其能如孔明之策,令孔明出襄、樊,向宛、叶,赵云固守江陵以备吴,而亲出秦川,又与孙权合力，使出兵淮左，东西牵制，互为奇正，吾恐曹操虽强，未得安枕而卧也。乃徒委之壮缪，又令兴师北伐，使吴人得袭并荆州，而汉业遂不可复振矣。呜呼！鞠躬尽力，死而后已，六出祁山，亦知其不可而为之者欤！

## 东晋十三

　　成汉之南寇也，一道争台登，渡泸水，台登县故城，在今冕宁县东。泸水，今金沙江。宁州兵扼螳螂而拒退之；螳螂山，在今会泽县北一百五十里。一道争朱提，朱提郡故治，在今宜宾县西南。台登、朱提既陷，宁州降之。宁州故治，在今曲靖县西十五里。广州出兵，《元和郡县志》："广州理番禺。"克夜郎、兴古以进，宁州反正。夜郎郡故治，在今石阡县西南。兴古郡故治，在今普安县西一百里。成汉之东寇也，陷巴东、建平。巴东郡故治，在今奉节县东北。建平郡，即今巫山县治。晋保宜都，宜都郡故治，在今宜昌县东。旋溯江，恢复失地，反攻其巴郡、江阳。巴郡治，即今江北县治。江阳郡治，即今泸县治。晋又自魏兴规复汉中，而无成功。夫台登陷则敌沿流而入泸水，朱提失则敌溯泸水而上，宁州见逼，所以降也。以广州援宁州，形势远不相及，而竟成功。盖由人力强毅，克服地理困难，但史乘至简，未详其经过耳。巴东、建平，成汉东门，晋力能掌握之，岂特可以浮舟上攻巴郡、江阳，而亦击灭成汉之基也。

　　安西将军桓温自江陵西伐，水师溯江经青衣，胡三省曰："青衣道，在大江、青衣二水之会。"案：即今乐山县。舍舟彭模，步师转战而前，《水经注》："江水东至彭亡聚，谓之平模水，亦曰外水。"胡三省曰："平模去成都二百里，在今彭山县。"破成汉于笮桥，而入成都。笮桥，在成都西南四里。成汉主李势出走，旋复归降。成汉凭依厄塞，偏安巴蜀，凡传六世四十六年，地利之足以立国也如此。然遂恃险而不设防，松懈而不警惕。桓温出李势之不意，奄至城下。温深入险中，有致死之心。势见要害全失，无可藉之资，丧魄以走，衔璧以降，地利之误人也又如此。

## 东晋十四

后赵乱亡，晋乘机推进。东路：征北大将军褚裒出泗口，前锋克彭城、下邳、沛郡，《东晋疆域志》："沛郡治萧县。"北向鲁郡，败于代陂。《东晋疆域志》："鲁郡治邹县，有代陂。"裒退还广陵。广陵郡治，今扬州是也。淮南之师，前至寿春，亦相随撤守，并合肥而弃之。西路：梁州刺史司马勋北出骆谷，破长城戍，骆谷，在今盩屋县西南。胡三省曰："长城戍，即魏邓艾据之以拒姜维之地。"壁于悬钩，攻长安不克而还。《十六国疆域志》："鄠有悬钩。"又东出拔宛城。后赵南阳郡治宛城。中路：桓温驻兵安陆，未进。《东晋疆域志》："江夏郡治安陆。"此役也，为晋人进取之良会，而其步骤极不一致，东路且退，西路方进，中路乃始终观望不前，毫无联络，彼此参差，如之何其奏功也！借使襄、樊能遣一旅入武关，与出自骆谷者相呼应，可以下长安，且使安陆驻军能北赴中原，以壮声势，东路又岂为整个之退却耶！夫千载一时之会不易得也，名城重镇不易克也。东路之师乃不难于迅速弃之，一苇南还，无所顾惜，此犹吴人轻脱之习，又如之何能成大功也。

中军将军殷浩继裒北伐，重至下邳、寿春，先锋由仓垣、棘津、枋头节节推进，仓垣城，在开封县西南。棘津，在今延津县东北。枋头，在今浚县西南八十里。以与前燕争邺而不获，仍壁枋头。邺，《元和郡县志》："晋改为临漳县，石虎徙都之，复改为邺。"一师西与前秦争许昌，不利于诫桥，退还淮南。诫桥，在许昌境颍川上。浩之再举，其师北由仓垣据石门，《地形志》："荥阳有石门戍。"南克许昌，遂至洛阳，逼前秦退守弘农。弘农郡故治，在今灵宝县南四十里。浩第三次出师，由寿春西赴洛阳，降将姚襄叛变，败诸山桑，浩走保谯城。胡三省曰："山桑，六朝兵争为涡阳之地，唐为蒙城县地。"襄如淮南，西据芍陂，东屯盱眙。芍陂在寿县南。晋驻兵历阳以防之，浩旋废黜，洛阳亦为故魏降将周成所据。时京兆豪族据司竹，拒前秦以为晋。《晋志》："京兆郡辖长安诸县。"宋白曰："司竹在鄠、盩屋之间。"司马勋又出师逼五丈原，五丈原，在今郿县西南。不利而还南郑。《晋志》："汉中郡治南郑。"案：浩之数举，其水师一道由泗入河，故北极枋头，西及石门；一道由淮入颍，故克许昌，其能击退前秦，抵于旧都。是则步兵未尝不可以周旋，而惜其乱起于部曲，师覆乎淮北，勋业之不终也。

**东晋十五**

桓温继殷浩北伐前秦。东道：温发江陵，水军自襄阳入均口，至南乡；均水入汉处，在今均县东南。南乡郡故治，在今淅川县东南。步兵自淅川趣武关，淅水在今淅川县境。武关在今商县东一百八十五里。破上洛、青泥，上洛县，即今商县。胡三省曰："青泥城在蓝田县南。"入峣柳，败秦兵于蓝田，《土地记》："蓝田县南有峣关，地名峣柳，道通荆州。"进壁灞上。《水经注》："浐水历白鹿原东，即霸川之西，谓之霸上。"西道：司马勋出子午道，与前凉秦州兵拔陈仓。子午道在长安南。陇西，秦州也。陈仓县故城，在今宝鸡市东。东道之师不利于白鹿原，军食又乏，遂与西道之师俱自关中撤退。《水经注》："霸川之西，有白鹿原。"夫青泥、上洛，南北之险，东道之师既越之，陈仓为长安西方屏障，西道之师又克之，两道会合长安之下，似无问题，而竟功弃垂成者何也？盖前秦据长安为时四年，根本已固，足以退婴，而晋悬军，千里转饷，主客异势，守固不能持久，言攻则前有坚城，言战则失律，有还而已。

姚襄西去破许昌，攻故魏降将周成于洛阳，未下。桓温复自江陵北伐，前锋由鲁阳以达河上。鲁阳县，即今鲁山县。大军至伊水，姚襄撤围相拒，败奔河北，温克洛阳而还。伊水在洛阳城南。夫洛阳，名城；姚襄，一时雄才。相持未决而温师北指，适值其皆困之际，一战遂驱襄入洛阳，比犹卞庄子刺虎之智也。

**东晋十六**

晋与前燕争青州，进克阳都。杜佑曰："汉阳都县故城，在沂水县南。"青州既为前燕所定，晋东守琅邪，西守泰山。琅邪郡故治，在今临沂县北十五里。泰山郡故治，在今泰安县东北十七里。前燕兵屯卞城，晋击取之。刘昫曰："泗水县，卞县古城也。"又破武阳、山茌，旋皆为前燕所陷。刘昫曰："朝城县，隋武阳县地。"案：山茌县故城，在今长清县东北四里。泰山之师，复入自石门，屯于河渚，不利于东阿乃还。石门，在今平阴县北。东阿县故城，在今阳谷县东北五十里。北上援军至高平，亦退驻彭城。高平国故治，在今金乡县西北四十里。

夫晋于青州，悬在山南，而前燕渡河取之，则有长驱直入之便，故晋不能与争。至若泰山为郡，依阻山势，南以下邳、彭城为援，退足以守，进亦可以拓地河上也。

## 东晋十七

晋西道之师，由高平退彭城。其东道之师，自下蔡入涡、颍以援洛阳，惧于前燕且至，惊溃中途。下蔡县，即今凤台县治。涡、颍二水，在今皖北。于是颍川、谯、沛诸城相次皆没，晋师力争，始克许昌。许昌，颍川郡治。前燕西攻洛阳，晋师援之，一道自下邳入河；一道由汝南溯汝水，达新城，始却前燕。汝南，今县。新城县，在洛阳南。旋复南寇，陷荥阳、密城，密城，今密县。席卷颍川、汝南、陈郡。陈郡治，即今淮阳县治。然后东杜成皋，北戍孟津，围洛阳而拔之。成皋县故城，在今汜水县西北。遂南陷鲁阳，降宛，寇及竟陵。鲁阳县，即今鲁山县。宛县，即今南阳县。《水经注》："竟陵郡治石城。"晋师反攻，克宛，捷于雉城，始扭转军事颓势。雉县故城，在今南召县南。至于东路，前燕陷梁父，泰山太守南奔邹山，《后汉书注》："梁父，泰山下小山也。"案：于时泰山太守盖保此山。邹山，在今邹县东南二十里。鲁、高平相率失守。《十六国疆域志》："鲁郡治邹县。"夫许昌可以声援伊、洛，晋之争之意在保有洛阳，然地迩中土，舟楫之利所难及，戎马之足所易至，故晋不能与前燕争许昌。许昌失，晋之势力益难达于三川，遂又不能与前燕争洛阳。三川，伊、洛、河也。名城屡失，东西两翼故亦随之受挫折矣。

## 东晋十八

桓温伐前燕，大军至金乡，拔湖陆，下高平，金乡，今县。湖陆县故城，在今鱼台县东南六十里。凿巨野三百里，巨野，今洞，在今巨野县境。引汶水汇于清水，溯之以入河。胡三省曰："今东平、济南、淄川、北海界中，有水流入海，谓之清河。"连战皆捷，进屯武阳，遂壁于枋头，以威胁邺城。胡三省曰："此东武阳也，唐改曰朝城县。"《太平寰宇记》："枋头城在朝歌县南，去河八里。"案：朝歌县故城，在今淇县东北。邺城，前燕都也。偏师取谯、梁，欲开石门而不克。梁国故治，在今商丘县南。启石门，则黄河水东流入汴渠。石门，在今荥泽县西北。粮道断绝，晋师撤退，自东燕出仓垣。东燕城，在今延津县东三十五里。仓垣城，在今开封县西北。前燕追师相及于襄邑，前秦出兵援前燕，又相截于谯，师遂败绩。襄邑县，即今睢县。始温之谋士郗超划二策：其一，直趋邺城，使燕人望风逃溃；其二，驻兵河、济，控引漕运，充实资储，以待来年。温皆不从。胡三省曰：决胜负于一战温所不敢，使燕得为备温所不为。其论温心，可谓当矣。又论温之用兵曰：温伐秦至灞上，伐燕至枋头，皆乘胜进兵，逼其国都，乃持重观望，卒以取败。盖温奸雄也，乘胜进兵，逼其国都，冀其望风畏威，有内溃之变也。逼其国都而敌无内变，故持重以待之，情见势屈，敌因而乘之，故至于败。苏子由所谓以智遇智则其智不足恃者，此也。吾则以为，尔时情势，有不利于温者四：清水入河，皆是溯流，道里回远，难于通运，一也；石门不开，汴渠水浅，又难于通运，二也；荥阳当其前，许昌袭其侧，而以偏师任之，三也；前秦援军源源东来，四也。且夫顿兵坚城，饷馈缺乏，而敌人力量增加，声势益壮，温焉得逃此败乎？

温以石门不开，罪部将袁真。真据寿春以叛，请救于燕、秦。温城广陵，固历阳之防，胡三省曰："守历阳，外以备寿春，内以卫江南。"然后师围寿春，败燕救兵于武丘。武丘，在今沈丘县东北。秦已灭燕，亦出师东援。温又败诸石桥，遂拔寿春。石桥，在淝水北。方秦用兵灭燕，晋室北向拓地之机，宜莫过于是，而以寿春之故失之，惜哉！

## 东晋十九

梁州兵西袭仇池而败。梁州治汉中。仇池山在今成县西。前秦来伐，西路沮水诸戍皆溃，东路青谷之战不利，刺史走保西城，沮水于今洵县西入沔，乃汉水别源也。《东晋疆域志》："兴道有青谷，魏兴郡治西城。"案：兴道县，即今洋县。西城县故城，在今安康县西北。汉中、剑阁陷，涪城降。剑阁，今县。涪城即今绵阳县，梓潼郡治此。益州刺史放弃成都而奔南中，二州皆入于前秦。南中，今滇省。夫汉中，蜀之北门，其为得失，关系蜀之安危。诸葛武侯以为伐魏根本地，其出师伐魏，实以攻为守，守汉中即所以守蜀也。此际之前秦，力量固较晋雄厚，然襄阳可以援西城，成都可以援剑阁，西城上溯反攻即使困难，而剑阁隘害，据守为易，虽未能前克汉中，而取钳形攻势，足令敌人望而却步。讵意汉中失守，剑阁随之，盖以毫无战斗意志之士卒，撄乘胜长驱之雄师，与之天险亦何益哉？

前秦用兵前凉，晋救之，一道游军沔汉，一道出师寿阳，一道泛舟淮、泗，以为声援。沔即汉，故沔口即汉口。寿阳即寿春。古泗水于今淮阴、涟水二县间入淮。乃前凉败没，遂皆罢兵。晋在东南，前凉在西北，其于前秦，本具犄角之势。然吴人巽懦，又恃水为国，乏驰骋平原大野之勇气。故其出师仅为声援，而无补于事实也。

## 东晋二十

晋自巴东反攻梁、益，其始至巴西而还。《晋志》："巴西郡治阆中。"案：巴东郡故治，在今奉节县东北。其次克垫江，及涪西而还。垫江县，即今合川县。涪江一曰内江。又其次前秦攻西城，晋击巴中以救之，进至巴西而还，西城遂陷。胡三省曰："巴中即巴郡。"案：巴郡治，即今江北县治。自西城以东，秦师大举陷南乡、顺阳、南阳，而围襄阳。胡三省曰："唐临湍、菊潭二县，古顺阳地。"案：临湍县故城，在今邓县西北六十里。菊潭县故城，在今内乡县西北。前秦于东道，曾攻桃山。桃山，在今滕县东南三十里。及是，复寇彭城、盱眙、淮阴，以为棋劫之势。《南北对境图》曰："淮阴县距淮五十步,北对清河口十里,进可以窥山东,内则蔽沿江,晋、宋以为重镇。"荆州刺史驻兵上明而不进,襄阳遂陷。《水经注》:"上明城在枝江县,其地夷敞,北据大江。"东道援军甫出泗口,彭城、盱眙、淮阴相率弃守,泗口在淮阴境。三河见围,堂邑见袭。胡三省曰:"三河,今宝应军即其地。"案:堂邑县故城,在今六合县北。晋一师屯滁中,滁河于今六合县入江。一师自广陵北援,连战皆捷,迫秦师使退淮北。广陵郡治,即今扬州。夫晋据巴东,固握蜀东门,然舟师溯江,深入反攻,难于为继,故数进而无成。至由此援救西城,形势远不相及,是以卒归沦没。若夫襄阳、江陵,一在汉南,尽前线防御之责,一在江北,负后方支援之任,势犹辅车相依。及秦强盛,荆州刺史因之不敢居江北。当其退壁江南之日,亦即放弃襄阳之时,岂待秦师之大举哉?襄阳既陷,秦之兵力萃于东道,其势蔓延,由淮临江。但自淮阴、盱眙以南,湖沼连属,时当夏月水泽弥漫,适宜舟楫之活动,而阻止铁蹄之驰突。故晋能克复淮南,然而淮北遂为秦有矣。

## 东晋廿一

前秦既陷襄阳,因寇竟陵。竟陵郡治,即今钟祥县治。晋出师拒战,克管城;管城,在今钟祥县北。再出,焚践其沔北屯田;复出,攻襄阳,北及沔北诸城,西及武当,克万岁、筑阳。武当县故城,在今均县北。胡三省曰:"筑阳县,唐为谷城县。"万岁城,盖近筑阳。向梁、益之师同时并举,克五城,攻涪城,五城县故城,在今中江县东。涪城,即今绵阳县。逮前秦援军大至,然后皆还。当前秦西取梁、益,中陷襄阳,东有淮北,如首尾并举,晋之形势,宜莫危于此际。且襄阳汉上名城,若久为秦有,彼且下舟师以出夏口,为势至易。夏口城,在武昌市西黄鹄山下。此晋之所以必向此反攻,进兵梁、益,以尽牵制之作用。然秦救一至,即扬帆南还,无复坚守或鏖战,则犹恃水之故技耳。

## 东晋廿二

前秦大举来寇，众几百万，东西万里，水陆皆进，汉东陷郧城，逾淮陷寿阳。郧城，在今安陆县境。晋师八万，御之淮南，水师屯硖石，硖石，在今凤台县西南。陆师进败其前锋于洛涧，又破其主力军于淝水，秦兵大奔以去。南淝河在今寿县东，又东为洛河，皆北入淮。是役也，晋本居劣势，而所以胜出意外者，由晋乘前秦诸军未集之机会，而运用其中央突破之战术耳。假使秦只浸渐蚕食，而不为囫囵鲸吞，得寸其寸也，得尺其尺也，蹙晋于江滨，然后自巴蜀顺流而下，直捣建康，晋不尝以此亡吴耶？然则此役之胜者，亦徼幸耳。

## 东晋廿三

淝水战后，前秦瓦解。晋汉南之师克新城、上庸，新城郡治，即今房县治。上庸郡故治，在今竹山县东南。溯流克西城、成固而至汉中。《东晋疆域志》："魏兴郡治西城。汉中郡治南郑。成固县属汉中郡。"伐蜀之师，上屯巴郡，巴郡当长江、嘉陵江之会。前锋击却秦巴西郡兵而降涪城，巴西郡故治，在今阆中县西。胡三省曰："梓潼郡治涪。"其刺史北走陇西，遂克成都。《秦州记》："陇山东西百八十里，登山巅东望，秦川四五百里，极目泯然。"自竟陵北向之师，克襄阳而进，降丰阳，拔鲁阳，《太平寰宇记》："晋分商县地置丰阳县，因丰阳川以为名。"案：前秦洛州刺史治此。《水经注》："鲁阳关，左右连山插汉，秀木干云。"会前秦放弃洛阳，遂入之。因东降荥阳，西下弘农，置湖、陕二戍。胡三省曰："湖、陕二县皆属弘农。"案：弘农郡故治，在今灵宝县南四十里。湖县故城，在今阌乡县东四十里。自寿阳北向之师，克谯城。谯城，即今亳县。自淮泗北向之师，克下邳、彭城，于是分兵东北取琅邪，前秦青州刺史来降。琅邪郡故治，在今临沂县北十五里。《十六国疆域志》："前秦青州领齐郡、济南、乐安、高密、平昌、东莱、东牟、长广八郡。"西北进驻碻磝、鄄城、滑台，碻磝城，在今茌平县西南。鄄城县故城，在今濮县东二十里，前秦兖州刺史治此。滑台城，今滑县治。渡河屯黎阳、枋头，与后燕争邺城而不得。黎阳，晋灼曰："黎山在其南，河水径其东。"《水经注》："今黎山东北有县故城，山在城西，城凭山阻河。"案：枋头在黎阳西南。是役也，为晋室进取之机会，而其将帅亦能剑须屦及以赴之。其直指汉中，使成都救援中道断绝，势且迫其自动退却。且夫梁、益既得，北阻秦岭，迤东杜武关，塞函谷，于以困秦人而有余。自是以往，北阻大河，临河名城由洛阳，抵碻磝，咸驻重兵；又逾河以黎阳、枋头为桥头阵地，而与燕人相周旋。夫西起梁、益，东讫青、徐，拓地千里，有中国之大半，此亦获一时形制之势矣。

## 东晋廿四

丁零翟辽入据黎阳，及滑台、鄄城，丁零，古之狄种，后隶匈奴。泰山叛附之。泰山郡当泰山南。辽南寇谯、陈、颍川，西寇荥阳，且及洛阳。陈郡治，即今淮阳县治。后燕又骎骎临河，晋青、兖二州刺史方自彭城退屯淮阴。胡三省曰："燕方强，必进取河南。彭城去建康道远，声援不接故也。"燕遂渡河，东阿、碻磝皆陷，东阿县故城，在今阳谷县东北五十里。而高平复叛附翟辽。《晋志》："高平国治昌邑。"案：昌邑县故城，在今金乡县西北四十里。夫黎阳、泰山之叛，两翼动摇，晋人素怯，事先退守。后燕因机，击破中路。于是高平亦外附。譬诸堤防，溃决益多矣。

后燕破泰山兵于祝阿，而取历城。祝阿县故城，在今长清县东北。晋平原太守逼之，使退屯黄巾固。平原，今县。胡三省曰："黄巾固，在章丘城北。"晋又西戍石门，以防翟辽。石门，在今荥泽县西北。反攻滑台，克鄄城。后燕旋复南来，击并辽地。鄄城，晋徐州刺史曾治此。西燕尝南寇洛阳，西燕都长子。晋师自河阴济河击败之，追至白水而还。河阴县故城，在今孟津县东。白水在今晋城县境，流入丹河。

后燕伐西燕，西燕来求救，师未及至而西燕亡。夫晋之往救西燕者，惧后燕兼并益甚，来为己患耳。然用素怯之众以争于急遽，固常后机已。后燕既灭西燕，遂东其师，略有阳平、平原，阳平郡故治，在今馆陶县西南。又陷廪丘、城阳，廪丘县故城，在今范县东南七十里。城阳，史作阳城，盖误。城阳县故城，在今濮县东南。以及东平、泰山、高平、琅邪诸郡，东抵于海；东平，今县。北破晋兵于龙水，遂入临淄。龙水,在今益都县境。《东晋疆域志》:"齐郡治临淄。"夫后燕于西击取滑台,中陷东阿、碻磝,东屯黄巾固,晋始阻大河以御之,至此全失所恃矣。压力一至,全线奔溃。然自是以后,魏崛起塞上,后燕并力西北以应付之,而无暇对东南用兵,故虽席卷,而不能履有也。

## 东晋廿五

安帝之世,叔父会稽王道子任用心腹,削弱方镇,荆、豫、兖、青共讨之。荆州治江陵。豫州治历阳,今和县是也。兖、青二州治京口,今镇江县是也。官军破豫州兵于牛渚,《太平寰宇记》:"牛渚山,突出江中,谓之牛渚圻,山北谓之采石。"而荆州兵奄至湓口,走江州刺史,胡三省曰:"湓口,湓浦口也。"晋人于此筑城置戍,今其地在德化县西一里。《太平寰宇记》:"江州理湓城。"下援豫州,败官军于白石,遂渡横江。胡三省曰:"白石在巢县界。"案:横江在今和县东南,对江南之采石,为津渡处。京口兵进至竹里,倒戈斩其刺史。及官军守石头、新亭,竹里山,在今句容县北。《江南通志》:"六朝时,京口至建康皆取道于此。"《舆地志》:"石头山,缘大江南,抵秦淮口,山上有城,因以为名。"案:新亭,在秦淮南,傍江。荆州兵不敢进逼,回军蔡洲,旋俱西还。蔡洲,在今南京西南江中。是役也,三方本有合围建康之势,官军始则破其北师,继则离间东师,俾发生变化,然后临江拒守,以逸待劳,足使西师望而却步。夫西师丁二方既败之后,宁不亦发生动摇而未至瓦解者,以数胜故耳。

## 东晋廿六

妖人孙恩为乱,据浙东海岛,以从事侵掠。其于浙东:

(一)入自上虞,陷会稽。会稽郡治,即今绍兴县治。

(二)寇浃口,入余姚,破上虞,进及邢浦。胡三省曰:"浃口,今在虎蹲山外。"案:虎蹲山,在今镇海县东五里。邢浦,在会稽郡城北。

(三)寇邢浦,至会稽,转寇临海,战于余姚。

（四）寇浃口，攻句章。句章县故城，在今鄞县南。

（五）寇临海。

其于浙西，攻海盐。其于江上，陷沪渎垒，入至丹徒，北破广陵，西逼白石。沪渎垒，在今上海市北。丹徒县治京口。广陵郡治，今扬州是也。白石在建康西北。其于东海海中，据郁洲。《东晋疆域志》："东海郡赣榆县有郁洲。"案：郁洲旧在海中，今已连于大陆。屡战之余，部队伤亡殆尽，恩亦投海。考恩之纵横海浦、深入大江者，恃船舶耳。然官军亦具舟楫之利，又保滨海要点，寇至则击，或战或守，绰然有余裕。而恩往来水上，资源待掠而始足，兵力待掳以补充，消耗太甚，支持逾久，故归于灭亡。

## 东晋廿七

江州刺史桓玄屯夏口，欲并荆、雍，齐刘怀珍曰："夏口，兵冲要地。"案：荆州治江陵。雍州治襄阳。上袭取巴陵积谷，巴陵县，今岳阳市。败荆州兵西江口，乘胜至零口。西江口即洞庭湖、长江合流处也，在今监利县东南。零口，距江陵二十里。雍州兵自襄阳南援江陵，玄击败之，遂并荆、雍。夫荆、雍地当上游，有顺流而下之便，即彼此互援，亦足以使夏口之敌有所惮而不敢发。然而桓氏世督荆楚，得其人心，玄又居夏口，当江、汉之交，上取巴陵，获积谷之饶，故一举而定二州。于是屯戍江陵、襄阳、夏口、湓口，形势益张。湓水，今名龙开河，在今九江县西入大江，即湓口也。朝命讨之，玄遽兴师东下，直至姑孰。姑孰城，今当涂县治。断洞浦，焚豫州舟舰，攻拔历阳，降横江、溧洲屯军。胡三省曰："豫州刺史治历阳。"今舟行，自采石东下，未至三山，江中有洌山，即洌洲也。洌、溧声相近，故又为溧洲。《三国疆域表》："洞浦，今和州西南临江。"横江，今和州治东南二十五里，直江南采石渡处。遂至新亭，官军溃于宣阳门外，玄入京师。胡三省曰："宣阳门，建康城南面西头第一门。"夫玄据国之西藩，有上流之形便，朝廷讨之，则宜为主动。向湓口进兵，乃名为挞伐，而实则逡巡，故玄直下，反取得主动。且使江东西两岸，枹鼓相应，犄角之势莫善于此，而动作又不能一致，先后各被击破，此岂足语于战略哉！

## 东晋廿八

桓玄篡晋，晋益州刺史毛璩不受命，玄遣兵戍三巴以为备。三巴，巴郡、巴东、巴西也。璩击破之，进屯白帝。张氏曰："武侯之治蜀，东屯白帝以备吴。"王应麟曰："奉节县有白帝城。"彭城内史刘裕袭取京口，其党袭取广陵，合兵讨玄，进及竹里，转战江乘罗洛桥。江乘县故城，在今句容县北六十里。胡三省曰："罗洛桥在江乘县南。"玄兵守东陵及覆舟山西，裕皆破之。《洪武京城图志》："覆舟山在今太平门内，北临玄武湖。"胡三省曰："东陵在覆舟山东北。"玄浮舟西还江陵，裕入建康。始裕党欲据会稽讨玄，裕谓地远京师，事济为难，遂起义京口，五日而入建康，惟近故耳。且裕出万死一生之计，而玄当骄蹇淫佚之余，勇懦殊途，而成败异致。玄又不事固守，弃城鼠窜，故裕易竟大功也。

东师追玄西上，胜于桑落洲，胡三省曰："桑落洲在湓城东北大江中。"克湓口，据寻阳。《晋书地道记》："寻阳南通五岭，北导长江，远行岷、汉，亦一都会也。"玄至江陵，收集荆州兵，东下反攻，大战峥嵘洲，败而西遁，峥嵘洲，在今鄂城县东江中。并弃江陵，走死枚回洲。《水经注》："江水径江陵县南，有洲曰枚回洲。"其党间东师之未至，复据江陵。东师上克巴陵，破马头、龙泉。马头戍，在今公安县东北。龙泉，在灵溪之东。益州兵亦自白帝进至枝江，东师不利于灵溪，下保寻阳，益州兵上保涪陵。《水经注》："江水自江陵县南，东径燕尾洲，北合灵溪水。江、溪之会，有灵溪戍，背阿面江，西带灵溪。"案：灵亦作零。枝江县故城，在今枝江县东百里洲上。东师旋复西上，至夏口，攻拔鲁山城偃月垒，鲁山，即今汉阳县大别山。偃月垒，盖在今汉口镇。克巴陵，屯马头。涪陵兵亦下克西陵。西陵县故城，在今宜昌县东。益州又分兵北出，克汉中。南阳兵南下克襄阳，进屯纪南，战不利。《郡国志》："江陵县北十余里有纪南城。"而东师胜于豫章口，遂入江陵。《水经注》："江水过江陵而东，得豫章口，其地去江陵城二十里。"玄党旋又自郧城入据江陵。胡三省曰："郧城，盖在涢川。"案：涢川，今涢水。云杜兵破之沙桥，始平其乱。胡三省曰："沙桥在江陵城北。"案：云杜县故城，在今沔阳县西北。桓氏世居西楚，人为尽力，东师乘玄奔败，迅与霆击，不使其有喘息之机、整顿之暇。玄名虽雄豪，内实怔怯，故走以死。假令一切持重，以江陵为窟穴，用楚人之剽疾，东锁夏口，西杜西陵，北引襄阳为援，固足以患建康。观于玄之既死，群龙无首，而其党犹两据江陵，肆其凶焰；及三方交攻，乃能犁庭扫穴，则知玄之怔怯失之也。

## 东晋廿九

南燕之据滑台，晋师与战于管城，不利。管城，在今郑州境。及其去滑台而东，破琅邪、莒城而北，《晋志》："琅邪国治开阳。"案：开阳县故城，在今临沂县北十五里。略定诸地，攻陷广固而都之。广固城，在今益都县西北八里，晋幽州时镇此。夫自滑台横出，广固与淮、泗联系中断，形成孤立，有如瓮中之鳖直待擒耳。此其战略亦犹后燕入临淄之故智耳。

南燕纳晋叛，使寇沿边，陷邹山。邹山在邹县，鲁郡治此。南燕又出兵陷宿豫，淮北骚然，晋重淮阴之防以备之。胡三省曰："宿豫城在淮北，唐改为宿迁。"刘裕旋北伐南燕，自下邳步进至琅邪。南燕撤退其莒、梁父二戍，又不守大岘。梁父城，在今泰安县南六十里。《齐乘》："大岘山，即穆陵关也，为齐南天险。"师遂直入，渡巨蔑水，克临朐，围拔广固，灭南燕。《宋书》："临朐有巨蔑水，去城四十里。"夫莒、梁父，南燕之重镇；大岘，南燕之门户。负山岳，向平原，足以威胁淮、泗。晋师一出，而彼自弃之，裕之捷似亦出于意外者。然裕自得政，四五年间，即训练士卒，用之以周旋平原，深入险阻，一异恃水为国之旧习，故实有足多者焉。

## 东晋卅

孙恩妹夫卢循复为乱，寇东阳、永嘉，东阳郡治，即今金华县治。永嘉郡，今县。官军追之至晋安，胡三省曰："晋安郡，今南安县即其地。"循浮海陷番禺，北及始兴。朝廷用循为广州刺史，其党徐道覆为始兴相，以羁縻之。《元和郡县治》："广州理番禺。"胡三省曰："始兴郡，唐为韶州。"刘裕伐南燕，循等因机自始兴北寇。循陷湘中诸郡，败荆州兵于长沙，自巴陵东下。巴陵，《通典》："今岳州。吴为重镇，鲁肃屯此。东晋使陶侃镇守。"道覆陷南康、庐陵，破江州兵于豫章，出寻阳，《东晋疆域志》："南康郡治赣。豫章郡治南昌。"案：庐陵郡治，在今吉水县东北。与循相合，败豫州兵于桑落洲，径向建康。《东晋疆域志》："彭泽有桑落洲。"胡三省曰："时豫州刺史镇故孰。"是时，裕已灭南燕南还，栅石头、断查浦以拒之。胡三省曰："查浦在大江南岸，直入秦淮口。"循攻不逞，复返寻阳，分兵上犯江陵，亦再败还。官军击循者，一自海道袭番禺，破其巢穴；一自东阳进据豫章，绝其粮道；又一收复南陵，以清江路。宋白曰："栅江口对岸，即旧南陵县地。今为繁昌县。"而裕自率大军，溯江西上，循复东下。裕以偏师杜吉阳，而自邀击，败诸大雷。吉阳，在今东流县北三十里江滨。《宋书志》云："望江县西岸有大雷江。"循还寻阳，栅断左里。追兵破之而入，杜佑曰："左里，即彭蠡湖口也。"逐循逾岭，克始兴，斩道覆。岭，今大庾岭。循攻番禺而不能拔，走死交州。观循始终，极尽驰突荡决之能事。而官军下守建康，上固江陵，以静制动，及破其巢穴，绝其粮道，始由被动转为主动。大雷一击，使循瓦解。而刘裕之用兵亦极尽磐控纵送之能事，非由于天幸，巩固江东，开启大业，良有以也。

## 东晋卅一

平西参军谯纵以蜀叛，东与晋争巴东。《东晋疆域志》："巴东郡治鱼复，有白帝城。"案：鱼复县故城，在今奉节县东北。卢循上寇江陵至江津，纵遣兵会之，下至枝江。江陵与襄阳，卒掎角击却之。胡三省曰："江津戍在江陵，南临江浒。"晋都建康，重上游之势，故江陵为西藩，而其图蜀，亦以此为策源地。所由力争巴东者，为其在三峡之上，系蜀东门，若为敌所有，则晋须退婴夷陵矣。夷陵县，即今宜昌县。扼三峡之口。晋之伐蜀，役凡三兴：至宕渠而退，此第一役也。《五代志》："南充县，旧置宕渠郡。"主力军由内水进，自垫江至黄虎，偏师由外水进，以食尽、疾疫而退，此第二役也。胡三省曰："内水，涪水也。外水，即蜀江，发源于岷山者。"案：垫江县，即今合川县。黄虎城，在今射洪县界。疑兵由内水向黄虎，当敌涪城主力军；今绵阳县，位涪水西岸，水陆要冲，即涪城也。偏师由中水破牛鞞，向广汉；《东晋疆域志》："广汉郡治雒。"案：雒县，即今广汉县。中水，今沱江。牛鞞县故城，在今简阳县西。大军由外水破平模，舍船步进，谯纵弃成都，遂克之，蜀平。此第三役也。平模，在今彭山县东十里。夫自江陵至成都，溯江接济，粮饷维艰。故东师之西伐，宜于疾航直上，利于速战速决，不幸持久，即无成功，于第二役征之矣。其卒也，分道而进以误之，乘涪城主力不及回援之际以急攻之，遂奏肤功。盖彼恃关山隘害以为守，而此非疾越险阻，迅趋平地，固不足以为攻也。

## 东晋卅二

晋之末造，敌国凡二，曰魏，曰后秦。魏居大河以北，南渡寇许昌，围彭城，不逞乃去。后秦有关中，东屯兵华阴，晋师自湖城击走之。《晋志》："华阴，华山在县南。"案：湖城即秦之湖关。后秦复为寇，攻拔上洛，因犯襄阳。《荆州记》："商州上洛县有商山，其地险阻。"又拔湖、陕二戍，进陷洛阳，淮汉以北诸城，率叛附之。时河南郡治洛阳。盖时值晋政之衰，襄阳以北且不能有，何自而保持河、洛哉？及刘裕当国，求好于后秦，获南乡、顺阳、新野、舞阴诸郡。顺阳郡故治，在今淅川县东南。舞阴郡故治，在今泌阳县西北六十里。胡三省曰："晋南乡郡，秦汉阴县及酂县之地，今为光化军。"旋纳晋叛，使侵扰襄阳。裕遂大举伐之，步军自淮、泗西向，下漆丘、项城，拔新蔡，克许昌，遂至荥阳。胡三省曰："漆丘盖在蒙县。"案：蒙县即今蒙城县。水军自汴水克仓垣，出石门入河，胡三省曰："汴水首受济，东南与淮通。"《东晋疆域志》："荥阳有石门。"案：汴水始于石门。仓垣城，在今开封县西北。**由荥阳而西，降成皋、虎牢，破柏谷坞。**《水经注》："洛水东径偃师县南，又东径柏谷坞北。"王应麟曰："晋、楚之霸也，争郑；秦之并六国也，始于韩：以虎牢、成皋之险也。"**又一师自新野下阳城而来会，遂取洛阳。**阳城县故城，在今登封县东南三十五里。**裕率水军自淮、泗，经巨野，入清河，屯兵碻磝，乃溯河而西，且上且与魏战，而至洛阳。**巨野之东为泗。《水经注》："济水自乘氏县两分，东北入于巨野。"案：济水，即清河。乘氏县故城，在今巨野县西南。济入巨野，复北流，与河合。《郡县志》："碻磝城，本秦荏平县地，西临黄河。"**由洛阳西向之师，北攻蒲坂，南攻潼关。**蒲坂西临河，潼关北临河，皆隘害处。**又一师入武关，大破后秦于青泥，**武关，即春秋少习，秦之南关。青泥城，在今蓝田县境。**阻于潼关之师，乘舟溯河入渭，抵渭桥，破长安，遂灭后秦。**渭桥当长安北门。夫后秦东南二方均属山岳地带，守易而攻难，即溯河、渭以上，亦至维艰。魏与后秦为婚姻之国，又从北面威胁河上。而裕克服一切困难，五道俱进，使其疆域，由江、淮及于河、渭，盖晋自南渡以来未始有也。

## 东晋卅三

刘裕之入长安，后秦岭北郡县镇戍，皆降于夏。夏王勃勃据安定。岭，谓九嵕山，在今醴泉县东北。安定郡故治，在今泾川县北五里。裕旋南还，以幼子义真镇关中。勃勃大举来寇，一师杜潼关，一师塞青泥，一师向长安。晋师拒诸池阳，池阳县故城，在今泾阳县西北。而其将自相诛戮。夏人乘之，陷咸阳。晋师放弃长安，南还及青泥而溃。夏并攻陷蒲坂，抑晋不能终有长安，有故焉。晋自南渡以来，久弃关中，一旦克之，人心未向，一也；关中华戎杂错，风俗劲悍，晋以荆、扬之化施之，人情未洽，二也；义真乳臭，诸将冰炭，何以御敌，三也。且夫青泥、上洛，南北冲要，潼关水陆所经，夏皆予以封锁，然后倾国南临，晋师之势宛如瓮中之鳖，又焉得不奔迸哉！

# 十六国军事地理概论

　　自刘、石崛起，晋室东迁，长、淮以北，五胡云扰，凡经一百三十六载而后定。夫舆地，譬若棋枰；战争有胜负，国家有兴亡，譬若弈之有输赢。此一百三十六载，十又六国，更迭长雄，割据区宇，譬若棋局之变化差异。然辜较论之，方域有常险，攻守有常处，则相同之点亦复多有，譬若弈者下子布势，总不离乎经边营角，或直据腹心也。且夫大河以北，右背山陵，前左平原，以迄于海，一雄区也。后赵、前燕，尝都其南之邺，后燕尝都其北之中山，用能东并青、齐，南略兖、豫，西入关中，而幽、蓟、并州一为敌有，则社以屋。故北之卢龙、蠮螉，西之晋阳、壶关，壶关，在今长治县东南。为其所必固。晋国表里山河，亦雄区也。前赵居平阳，拊洛阳之背而破晋室。然后赵来逼，国都西迁，故其东之太行、八陉，在所必守。龙城当辽水之西、燕山之外，虽远于中原，而前燕以兴。出自卢龙，席卷幽、蓟，即逮北燕，至微弱矣。近保肥如白狼，犹苟安一时。长安带河山之险，居形胜之国，一雄区也。前秦且以之统一北中国，然而北之岭北，南之青泥、上洛，东之河、渭，西之汧、陇，或为敌据，则国势岌危。统万负沙漠而临关中，赫连以之雄一时，然其亡也，由河上来袭之师。金城北负大河，与枹罕成犄角之势，当东西往来之冲要，故西秦以之倔强数十年，然夏、北凉、吐谷浑三面交攻之而亦亡。姑臧当河西之中，东西阻岭，边裔之雄区，故为五凉所争。其西酒泉，其南乐都，形势远不相逮，但东得河南、陇西则强，否则弱。要之，北中国统一，则凉州不能独抗。前凉之亡于前秦，北凉之灭于魏，足征矣。巴蜀险塞，沃野千里，民殷国富，古称天府，顾晋师直入外水，一战而亡之。青、齐凭河、济，负泰山，其为险也虽不如巴蜀，要亦雄区之一，而不守大岘，广固以破。是故建国立邦者之于雄区优势，不仅知所以取之，尤在知所以守之。人谋、地利，两大因素，若配合得宜，实足以制国家短长之命也。至此十又六国，战争之迹，或胜或负，疆场之间，一彼一此，又譬若棋劫，则概论详矣，此不具云。李诚自序。

## 前赵一

平阳、西河、太原、新兴、上党、乐平诸郡，匈奴与晋人杂居。平阳郡故治，在今临汾县西南。西河国治离石。太原国治晋阳，今太原县治。新兴郡治九原，今忻县治。上党郡故治，在今潞城县东北。乐平郡故治，在今昔阳县西南三十里。平阳郡属司州，余皆属并州。及惠帝永兴初，新兴匈奴人刘渊凭借部众，称汉王于离石左国城，发展而至大陵、中都、介休，皆汾河两岸也。大陵县故城，在今文水县东北二十五里。中都县故城，在今平遥县西北，皆属太原国。介休县属西河国。又发展向屯留、长子、泫氏，皆上党郡，形势最优之区也。泫氏县，今高平县治。由是南据太行，东下赵、魏，西南取平阳、河东。《晋志》："野王，太行山在西北。"案：野王县，即今沁阳县治。赵国故治，在今高邑县西南。魏郡治邺。河东郡治安邑。而晋曾一遣凉州兵入侵河东，并州刺史则固晋阳，由此以争壶关，打通南道。北引鲜卑，自陉北以临西河。句注一名西陉山，山北为陉北。至于河上，则东屯白马、东燕，以防径邺南下之师。白马县故城，在今滑县东二十里。东燕城，在今延津县东三十五里。西备大阳，以御蒲子。大阳县故城，在今平陆县东北十五里。蒲子县故城，在今隰县东北八十里。其北上应援之兵，亦至长平而始败。《后汉书·郡国志》："泫氏县有长平亭。"于是汉兵屡自大阳南渡以攻洛阳，其偏师亦数由洛出辗辕、成皋，辗辕山，在今偃师县东南。成皋，虎牢关也。流窜豫、兖、徐之境，与自冀州南渡之师相会，南扰荆州，东及青州。杜佑曰："豫治项。兖治廪丘。徐治彭城。冀治房子。荆初治襄阳，后治江陵。青治临淄。"案：廪丘县故城，在今范县东南七十里。房子县故城，在今高邑县西南。晋室欲东迁仓垣与寿阳，皆不及行。仓垣城，在今开封县西北。而汉兵入城，怀帝见执矣。夫汉自起离石，迄入洛阳，才八年耳。其能成功者，由席有强犷之部众，居并州形胜之区，南下即拊洛阳之背，至近至易。况大河南北，汉皆具有压倒晋人之优势，洛阳形成孤立，有不如探囊取物之易者哉。

## 前赵二

汉都平阳，欲窥关中。蒲坂，兵冲也，而晋将以此降。蒲坂县故城，在今永济县北三十里。故汉兵捷于潼关，长驱至下邽，入长安，下邽县故城，在今渭南县东北五十里。而晋安定、新平、扶风诸郡皆不下。安定郡故治，在今镇原县南五十里。扶风郡故治，在今泾阳县西北。新平郡故治，今邠县治是也。共围长安，故汉复弃之而东还。晋愍帝立于长安，与汉相争，东屯华阴、临晋，北据黄白城。华阴，今县。临晋县，为冯翊郡治，今大荔县治。胡三省曰："黄白城在池阳。"案：池阳县，扶风郡治所在。而汉以蒲坂为对关中用兵之根据地，屡陵轹渭南北，其卒拔北地，席卷渭北诸城，北地郡故治，在今耀县东南十七里。兵逼长安，愍帝衔璧。自洛阳之见破也，晋臣犹拒守者，河北有怀，河南有荥阳，有盟津，有洛北石梁坞，有宜阳一泉坞。怀县故城，在今武陟县西南。晋荥阳郡治荥阳县。盟津即孟津西北。石梁坞，在洛阳县东。合力并进，故洛阳曾一属于晋，晋师且侵汉河东，至绛。绛县，汉属河东郡，晋属平阳郡。汉扫荡诸坞壁，惟荥阳未及下耳。其在并州，晋阳始终为晋，且数引陉北鲜卑为援。晋阳在平阳北，直威胁其肩背，而陉北南下，复有居高临下之势，故汉因之旰食。其间受新兴之降，而一取晋阳，然不敌鲜卑，未能有也。

## 前赵三

汉起于离石左国城，旋南迁蒲子。蒲子县故城，在今隰县东北八十里。然皆汾西，山岭崎岖，非可久安。平阳，陶唐旧都，当汾东盆地，故定鼎焉。及渊子聪之世，其功臣石勒，屯兵并州，取晋之晋阳。聪之殂也，大将军靳准篡立，渊族子曜自长安、勒自襄国讨之。勒入平阳，自此以东，地皆属于勒。曜之立，遂不得不西都长安矣。汉改国号曰赵，史称前赵。曜既都长安，数有事于西方。

（一）晋之晋王保在秦州，屠各、氐、羌应之，秦州治上邽，故城在今天水县西南。屠各，匈奴之贵种。东陷陈仓、阴密、草壁，赵于反攻时皆拔之。陈仓县故城，在今宝鸡县东。阴密县故城，在今灵台县西五十里。草壁在阴密之东。保知不敌，西走桑城以死，桑城，在今临洮县南。胡三省曰："保欲自桑城奔河西也。"其部将以南安、陇西降。南安郡故治，在今陇西县东北渭水北。陇西郡故治，在今陇西县西南。

（二）保将陈安据上邽，陇上氐、羌皆附之，东取汧城，西围南安。汧县故城，在今陇县南。会休屠王降赵，自桑城引而东，合师败安。其所保上邽、陇城，俱不经时而下。陇县故城，在今清水县北。

（三）赵伐仇池，氐豪杨难敌称藩。仇池，在今成县西。及陈安之败，难敌惧奔汉中，仇池入赵。难敌复还，袭而取之。

（四）凉州张茂，东取南安、陇西，秦州辖陇西、南安、天水、略阳、武都、阴平六郡。军至冀城、桑壁。冀县属天水郡，故城在今甘谷县南。胡三省曰："桑壁当在南安界。"赵师自陇上西御之，陇山，在陇县、清水县之间。收复南安，临河乃还。茂仍取南安。

夫赵见逼于石勒，而都长安，其麾节所损，顾不在东而在西者，何也？盖陇上于秦州，有高屋建瓴之势，借使烟尘不靖，则东师必增后顾之忧。此赵所以屡对晋王保、陈安、张茂用兵也。然其卒仍委南安、陇西于茂而返斾，良由石氏携贰，内患未除，赵势不能近舍关东之难，增陇上之戍，旷日持久，以远与凉州争衡也。

## 前赵四

自石氏受赵洛阳之降，衅端见矣。石氏既得洛阳，又西取新安。赵退守渑池，旋亦受石氏并州之降，得其上党，石勒所置并州，治上党。开始反攻，一师济自盟津，一师自崤、渑而东，崤山在今洛宁县北，西北接陕县，东接渑池。胡三省曰："孟津戍，盖置于河阴。"会战洛阳，失利以还。凉州张氏，本畏赵之强，徙南安、陇西之民而西。及闻赵败于石氏，因乘机攻掠秦州诸郡。赵师御之，直推进至狄道，沃干岭及夹洮之战，均告胜利。狄道县故城，在今临洮县西南。沃干岭，在今兰州西南。自凉州济河，必度此岭，乃至狄道。《水经注》："洮水过狄道城西。"师遂济河，拔令居，据振武，令居县故城，在今永登县西北。振武城，在今武威县东南。河南之地，尽为赵有。夫赵之为国，虽经石氏离叛，失平阳、洛阳以东，然全有关中，又西启陇上，尽河而止，居天府之国，负山河之险，宜可以有为也。蒲坂对关中，用兵之冲要也。石氏自轵关西入攻之，赵师自卫关北济救之，大战高候，石氏败去。轵关，在今济源县西北十五里。卫关，盖即潼关。杜佑曰："闻喜县北有高候原。"赵主力军南济大阳，围金墉。金墉城，在洛阳东北。偏师东攻汲郡、河内。汲郡治汲县。石氏河内郡，盖治怀县。当是时，河之南，荥阳降，河之北，野王降。野王县，自汉以来属河内郡，后赵始置郡也。赵以十万众围金墉，百日不克，石氏之师西入成皋援之。洛西一战，赵王为俘。

夫高候之捷，赵势甚盛。向使以主力军出汲郡、河内，北向襄国，斯足以使石氏棘手。而乃顿大军于坚城之下，旷日经时，犯兵家之大忌。且石氏援军之西来，赵上不能增荥阳之戍，杜黄马之关，《水经》："黄马坂，在成皋县，河水径其北，谓之黄马关。"次不能阻洛水，皆失计之甚者也。一战而覆其师，毁其国，哀哉！赵王既见擒，其太子弃长安，保上邽。整顿既竣，复东下反攻，陇东、武都、安定、新平、北地、扶风、始平诸郡戎夏，皆起兵应之。陇东郡故治，在今平凉县西四十里。武都郡故治，在今成县西八十里。始平郡故治，在今兴平县东南十里。军至仲桥，大战义渠，卒归于溃散。仲桥，在今醴泉县东北。义渠县故城，在今宁县西北。自刘渊至曜，三世二十七年而灭。始石勒事渊，启疆拓土，蔚为功臣。及国之灭，亦由勒叛。且夫陇坻之形势，战守均可裕如，而不免于土崩瓦解。盖同一地也，兴王之与败亡者用之，其效固相异焉。

## 后赵一

石勒，武乡羯人，于汉最为骁将。武乡县故城，在今榆社县北。其基业自据襄国始。襄国为赵旧壤，依山凭险，形胜之国。襄国县故城，在今邢台县西南。是时晋臣王浚、刘琨，为其勍敌。浚在蓟，蓟县故城，在今大兴县西南。承制置冀州刺史于信都，置青州刺史于上白，置兖州刺史于定陶，勒皆击杀之。信都县，今冀县治。胡三省曰："上白城，在安平广宗县。"案：定陶，《通鉴》作定陵，县属襄城郡，故城在今舞阳县北十五里。疑勒此时兵力不及是，臆改作定陶，县属兖州济阳郡。浚引辽西鲜卑来攻，勒击却之。然后以诈谋袭蓟城，斩王浚。琨在阳曲，其兄子演在邺。阳曲县故城，在今太原县北西四十五里。邺县故城，在今临漳县西四十里。邺有三台之固，山河四绕，具喉衿之势，《水经注》："邺城之西北有三台，皆因城为基……魏武所起。"魏武用此以兴。勒之南向，拔邺走演，襄国得邺，形势益张。演奔廪丘，是晋兖州刺史之治所也。廪丘县故城，在今范县东南七十里。勒复取之，于是扩张及于河、济之间矣。勒之西向，取沾城以楔入并州之境。沾县故城，在今昔阳县西南三十里。琨穷蹙不敌，弃地鼠窜。勒因席卷，北至代郡。代郡故治，在今蔚县东。始勒为赵将，率诸胡席卷兖、豫，饮马江、淮，投鞭汉、沔。其于用兵，仿佛韩、白。然而攻城而不有其人，略地而不有其土，以中原云扰，仓卒不得驻足之所，南方低湿，又非北人所堪也。及乎反旆河朔，据有襄国，乃能建王业而展霸图。然则居逐鹿之世，具杰出之才，何尝不以得雄胜之区为先务哉？乃蓟在北扪其背，阳曲在西捣其肋，皆足以制襄国，而勒一一战胜之，其才有足多者矣。故人恃地，地亦恃人。二者缺一，则美中不足；二者具备，则相得益彰。

## 后赵二

方后赵王勒之未取廪丘也，自襄国东南出，取茌平、东武阳、濮阳、东燕、酸枣。东武阳县，唐曰朝城县。东燕县故城，在今延津县东三十五里。酸枣县故城，在今延津县北十五里。此皆河上之邑，为廪丘声援。诸邑拔，廪丘孤立，不能守矣。于是后赵之师济自长寿津，以攻梁国，争蓬关，又西则攻阳翟。长寿津，在今滑县东北。梁国治睢阳，故城在今商丘县南。蓬关，在今开封县南。阳翟县，即今禹县治。值晋将祖逖在雍丘，雍丘县，即今杞县治。后赵退屯东燕，城封丘，以取守势。

晋臣邵续、段匹䃅相继守厌次，厌次县故城，在今阳信县东十里。续尝寇渤海，又遣骑游击常山，渤海郡治南皮县。常山郡治真定县，今之正定县也。后赵屡攻之而始下。

泰山郡当兖州北境，凭泰岱以拒敌。其太守徐龛之于后赵，叛服不常。后赵攻拔之，而兖州之险举矣。

曹嶷始为前赵将，自大梁东徇青州，大梁，今开封县。青州，辖齐国济南郡、乐安国城阳郡、东莱国长广郡。克东平，破琅邪，北取齐地。东平国属兖州，故治在今东平县西北。琅邪国属徐州，故治在今临沂县北十五里。旋叛前赵，陷汶阳关公丘。《六国疆域志》："宁阳县有汶阳关公丘城。"降齐、鲁间郡县壁垒。泰山之阳，鲁也；其阴，齐也。西下祝阿、平阴，临河置戍，祝阿县故城，在今长清县东北。归于临淄，而霸有东方。及是，后赵伐之，拔其根据地广固，尽有嶷地。广固城，在今益都县西北八里。

祖逖之卒，后赵复渡河而南，取陈留，西拔襄城，东拔城父，围谯，陈留、襄城，皆郡也。谯县，今亳县治，谯郡治焉。城父县亦属谯郡，故城在今亳县东南。迫使晋豫州刺史自谯退守寿春。寿春县，今寿县治。复东侵彭城、下邳，取东海、东莞。彭城国故治，今徐州市是也。下邳国故治，在今邳县东。东海郡治郯。东莞郡故治，即今沂水县治。迫使晋徐州刺史自下邳退保盱眙，兖州刺史自彭城退保泗口。杜佑曰："泗口，在今宿迁县界。"又降许昌，掠河南。颍川郡治许昌县。河南郡治洛阳。迫使晋司州刺史自荥阳走鲁阳。鲁阳县，北周改曰鲁山。于是后赵尽有司、豫、徐、兖之地，以淮为境矣。嗣此出淮西之师，扫荡汝南。汝南郡治新息县。出淮南之师，入寿春，进及逡遒、阜陵。逡遒县故城，在今合肥县东。阜陵县故城，在今全椒县东十五里。出淮东之师，降下邳。而晋师之保邹山、䣝城、石城者，皆一一拔之。邹山在邹县。䣝城在邹山之南,去山二里。石城山,在今峄县东。其最西一路出南阳者,则降宛,取襄、樊,东扰江西。南阳国治宛县,即今南阳县治。胡三省曰:"江西,谓邾城以东至历阳也。"案:邾县故城,在今黄冈县治西北二十里。历阳县,今和县治是也。旋有涅水之战,襄、樊、新野复折而入晋。《水经注》:"涅水至新野县东入于淯。"其浮海之师,则抄南沙、娄县、武进。娄县故城,在今昆山县境。胡三省曰:"南沙县,今常熟县地。"此后赵王勒之世与晋兵争之大略也。

夫后赵挟幽、冀之势,越大河之险,用突骑之长,驰中州之野。且东有齐、鲁,声势益壮。宜乎淮、汉为之沸腾,而江上为之震惊也。

## 后赵三

勒既取阳曲,又屯兵上党。上党郡,当今山西省东南。胡三省曰:"石勒置并州刺史,治上党。"及靳准作乱平阳,勒兵先至襄陵讨平之。胡三省曰:"据《水经注》,襄陵在平阳东南。"自是,平阳以东地皆入于后赵。前后赵之相攻,其在河之北。前赵受上党之降,后赵复攻取之。盖上党者,冀州西方之屏蔽也。若隶于前赵,则襄国危而不安,故此为后赵之所争。后赵自轵关西入,击前赵河东,攻蒲坂。轵关,在今济源县西北十五里。河东郡领安邑、闻喜、垣、大阳、猗氏、解、蒲坂、河北八县。前赵倾国救之。后赵之师,不利于高候。高候,在今闻喜县境。盖蒲坂者,西向关中之兵冲也。此而有失,长安不宁。其为前赵之所必争,与后赵之于上党也同。若夫大河之南,后赵据洛阳,前赵据新安以相持。而前赵之图洛阳,始则以孟津南渡崤、渑东来之师会攻之,崤山东接渑池。继则决千金堨以灌之,千金堨,在洛阳北,旧堰谷水。皆不能下。而后赵之救援,疾入成皋,成皋,虎牢关也。春秋郑制邑。大战洛西,再举皆捷。前赵主曜,且临阵成擒。夫成皋岩邑,自古所称,于洛阳为东门,围人而不闭其救援之门,此前赵之失而后赵之所由捷也。前赵既师败君擒,其太子遂弃长安于后赵,而西保秦州。盖百二河山,固非离心离德之众所能守也。旋虽自上邽卷土重来,前赵秦州牧镇上邽,故城在今天水县西南。而义渠之战，亦卒崩溃。义渠县故城，在今宁县西北。因于时后赵，破竹之势已成，而前赵譬诸余烬，宁再燃乎？

## 后赵四

后赵王虎之世，迁都于邺。南方仍与晋为敌，其河外洛、豫、徐、兖四州，治南伐之备。后赵洛州治洛阳，豫州治许昌，徐州治彭城，兖州治城阳。城阳县故城，在今濮县东南。汉阴则攻中庐，围襄阳。中庐县故城，在今襄阳县西南。汉东则围石城，扰江夏，降义阳。石城，今钟祥县治，晋竟陵郡治此。江夏郡治安陆县。《东晋疆域志》："义阳郡盖先治安昌，后又徙治平氏。"案：安昌县故城，在今枣阳县东。平氏县故城，在今桐柏县西。江上则破邾城，捷白石。晋豫州刺史镇邾城。白石山，在含山县西南六十里。而晋人之为寇，曾东犯费县，西侵丹水。费县，山东今县。贤曰："丹水故城，在今邓州内乡县西南，临丹水。"虎之图凉州张氏也，命并、朔、秦、雍严西讨之资，《晋·地理志》："石勒平朔方，置朔州。"取其河南之武街、金城、大夏，降其枹罕。金城郡故治，在今兰州市西南。大夏郡故治，在今临县东南。枹罕县故城，今临夏县治是也。《水经注》："狄道县西南有武街城。"案：狄道县，今临洮县也。渡河者两次。其一，南略晋兴，北略广武，逾洪池岭而至曲柳。晋兴郡故治，在今乐都县东南。广武郡故治，在今永登县东南。洪池岭，在今武威县东南。曲柳，地名，在岭北。其一，城长最，以立进攻凉州之基。胡三省曰："长最，地名，在金城河北。"而皆不逞，退守金城。夫张氏在河西，河，为其东面之险。江、汉，晋恃之以为天堑。此皆立国之所赖，一有烟尘，倾国争之，斯后赵所由未得逞志者也。

其在北方，与后赵为敌者，前燕是已。虎亲以戎卒数十万围其棘城而不利，偏将重覆师于三藏口，辽西见侵。大棘城，在今义县西北。《水经注》"安州东有武列水，其水三川派合"，故目其川曰三藏川。案：武列水，即今热河。《十六国疆域志》："后赵辽西郡领阳乐、肥如、海阳、令支四县。"今抚宁、庐龙、迁安、滦县地也。虎耻其败也，令青州造船，遣卒戍海岛，运谷诣高句丽，重令支之防，屯田幽州以东，至白狼，积谷乐安，以图前燕。后赵青州刺史镇广固。令支县故城，在今迁安县西。白狼城，在今凌源县南。乐安城，在今乐亭县东北。师自令支攻凡城，自甘松攻威德城，自海上袭安平。凡城，在今平泉县境内。胡三省曰："甘松，在濡源之东，突门岭之西。"案：安平县，即今辽阳县东六十里之安平屯。威德城，俟考。而前燕之师，亦乘虚蹈隙入，自蠮螉塞以抵蓟城，破武遂津，陷高阳而后去。蠮螉塞，今居庸关也。武遂津，盖在今徐水县境。高阳，今县。当虎之世，虽三陲有事，而布防设守，畸重东北。岂不以前燕拥塞外之众，据建瓴之势，可以威胁幽、冀，有非司马氏远隔江外、张氏悬在河西比耶？

## 后赵五

虎殂国乱，其子祗及祗将刘显据襄国，养孙闵据邺，以相攻拒。前燕乘机进犯，后赵守将遂弃乐安、北平、蓟城诸重镇，而退保鲁口，营、幽遂陷。后赵营州，统辽西、北平二郡。辽西郡海阳县有乐安城。北平郡故治，在今遵化县西。《太平寰宇记》："石勒于蓟置幽州。"魏收《地形志》："饶阳县有鲁口城。"鲜卑段兰自陈留东据广固，青州入于兰。陈留郡故治，在今陈留县东北三十里。氐苻洪自枋头入关，得雍州、朔州、秦州，东降并州。枋头，在今浚县西南八十里。大河以南，徐、兖、豫、洛、荆、扬诸州，皆入于晋。《十六国疆域志》："石赵时，荆、扬二州，或攻得一郡，或得数县，又或得时得失。"燕又南徇冀州，取其章武、河间、乐陵、渤海、赵郡，章武国，今大城县治是也。河间国，今献县治是也。乐陵国治厌次县。渤海郡治南皮县。赵郡治，今赵县是也。而闵与祗、显之争，仅限于司州及冀南之境。司州领襄国、魏郡、广平、阳平、河内、汲郡、上洛、平阳、顿丘九郡。闵虽克襄国，然燕师南下，廉台之战，闵亦见擒。魏收《地形志》："无极县有廉台。"夫后赵有十五州之地，东至于海，西抵大河，南及淮、汉以南，北傍塞，固泱泱大国也。顾虎殂之后，畿内云扰，以引起四方之叛变，土崩瓦解而不可止。闵虽强梁，然譬诸病者，二竖深入，四肢已僵，其为生也宁有万一之冀耶？

## 后蜀一

秦氏李特以六郡流民起于绵竹，东南据广汉，转攻成都。秦州统陇西、南安、天水、略阳、武都、阴平六郡。绵竹县故城，在今德阳县北。广汉郡故治，在今遂宁县东北。益州刺史罗尚阻长围，缘郫水作营，自都安至犍为，连延七百里，与特相拒。郫水自灌县分岷江东流，经郫县至成都，与锦江合。都安县故城，在今灌县东二十里。犍为郡故治，在今彭山县东十里。晋师之援成都者，东北军梓潼，东南军德阳，成都亦出师军繁城，三道攻特。梓潼郡故治，今梓潼县治是也。德阳县故城，在今遂宁县东南。宋白曰："新繁县，本汉繁县。"特败繁城、德阳之师，其偏将败梓潼之师，北杜葭萌，还收巴西。葭萌县故城，在今昭化县东南五十里。巴西郡治阆中县。特旋捷毗桥，击破郫水上军而取少城。罗尚守太城，仍相持不下。毗桥，在今新都县南十里。胡三省曰："太城，今成都府子城也。少城，唯西南、北二壁，东即太城之西墉也。"晋荆州援军，既进逼德阳，而特犹分兵就食诸坞，为罗尚袭击以死。其子雄退保赤祖、涪城，涪城，今绵阳县治是也。胡三省曰："赤祖，地名。当在绵竹东。"经鏖战后，击退荆州兵，再向成都，取郫城，重入少城。郫城，在今郫县北五十里。南攻犍为，以断成都之运道。罗尚遂弃太城，由牛鞞水东走。《水经》："牛鞞水，在牛鞞县。"案：牛鞞县故城，在今简阳县西。夫益州险固，远于中原。特父子由绵竹捣成都，控制一州之心脏，近在百里之内，而朝廷发兵救之，远在千里之外，其制胜之道一矣。北杜葭萌，而梁州之师末由叩剑门，后顾无忧，其制胜之道二矣。晋梁州治南郑。剑门山，在今剑阁县北。荆州水军溯峡而上，江路险远，一败之后，接济不能及时而至，其制胜之道三矣。成都军需由南道供给，于是南攻犍为，断其转饷，其制胜之道四矣。

## 后蜀二

罗尚之东走，始驻江阳，继屯巴郡。江阳郡故治，即今泸县治。巴郡故治，即今江北县治。适梓潼、巴西皆叛成归尚，后蜀国号，始为成，卒为汉。晋之义兵又攻宕渠，克涪城，尚因机遣众，进屯安汉之宜福。宕渠县故城，在今渠县东北。安汉县故城，在今南充县北。宜福，地名。会尚之卒，成尽收复其失地。其代尚者，或东退巴东，或南保涪陵，卒为成擒。巴东郡故治，在今奉节县东北。涪陵郡故治，在今彭水县南。夫西之蜀郡，东之巴郡，两要区也。蜀郡治成都。尚之自巴图蜀，得梓潼、巴西诸城，涪城隶梓潼郡。宕渠、安汉隶巴西郡。由涪江、嘉陵江以为其声援，断成都、晋寿之交通，一时使成棘手。汉葭萌，晋改为晋寿。尚本奔败之余，得巴用之，乃足以困蜀也。尚卒而前功尽弃，即巴郡亦不能守，每况愈下矣。

成以晋寿为北门锁钥，由之以取汉中，又分兵向白水、阴平以攻武都，卒服杨难敌。白水县故城，在今昭化县西北。阴平县故城，在今文县西北。武都郡故治，在今成县西三十里。其南下也，再战于台登，一战于堂狼，台登县故城，在今冕宁县东。堂狼山，在今会泽县北一百五十里。晋有堂狼县。逮克朱提，晋之宁州归顺，遂尽有南中。朱提郡故治，在今宜宾县西南。晋宁州统云南、兴古、建宁、永昌四郡。

夫成都，刘先主龙兴之地；汉中，诸葛武侯屯聚大兵之重镇；而南中，又武侯伐魏时军资之所自出，成皆有之，故亦僭号于一时。惟是巴郡以东，虽拔巴东、建平，使晋人退保宜都，而不能守以重兵，旋归于晋。建平郡故治，今巫山县是也。宜都郡故治，在今宜昌县东。彼三峡之险，巴蜀恃为东门，既得之矣，而复失之，以较季汉之版图，殆如金瓯之有缺焉。

## 后蜀三

晋荆州水军之伐汉，既次青衣，汉乃发兵趋合水拒战。岷江、青衣江、大渡河，于今乐山县合流，所谓合水，当是此地。行及犍为，而晋人已舍舟而步，自他道直抵成都，大战笮桥，汉主势北，走葭萌以降。笮桥，在成都西南四里。计晋师自发荆州，至入成都，为期不及半载，而经惊涛骇浪之峡江，灭数叶相传之国家，可谓至捷至易矣。夫夔门之险，汉所以拒敌之区，而合水非所谓也。乃合水亦不得至，敌军长驱深入，直捣己之神经中枢，笮桥之战，不亦晚乎！成都既失，全蜀大势已去，虽走葭萌，亦不能守，则有面缚而已。盖此乃拒敌之门户，而非居人之堂奥也。

## 前燕一

鲜卑单于慕容廆始定居棘城。棘城，在今义县西北。北有宇文氏，西有段氏，皆鲜卑也。东则晋之平州，益东则高句丽，咸与廆为敌国。胡三省曰："宇文国，都辽西紫蒙川。"案：在今土默特旗以北。段氏都令支，故城在今迁安县西。《清一统志》："辽阳县东四十五里，有土堡，俗犹呼平州，相传晋时平州遗址。"宇文来围攻棘城，廆亦往破其国城，又与段氏构兵，取其徒河以为重镇，西拓地至阳乐，且一度袭入令支。徒河县故城，在今锦县西北。阳乐县故城，在今抚宁县西。晋平州刺史曾引宇文、段氏、高句丽之兵以伐棘城、徒河而不利，廆乘胜取辽东，并平郭为重镇，高句丽不敢内犯。辽东国故治，在今辽阳县北七十里。平郭县故城，在今盖平县南。棘城负山河而面瀚海，又得徒河以相犄角，足以坚守，故用此抗三国之师。及得辽东，益展其左翼。且此在辽左之中，形势优越，可以赴应东西，故使高句丽望风敛迹也。

## 前燕二

廆子皝嗣立，称燕王。弟仁据辽东抗命，皝取其襄平，又下居就、新昌，以逼仁于平郭。襄平县，辽东国治也。居就县故城，在今辽阳县西南。新昌县故城，在今海城县东。旋乘海冰，自昌黎东横海三百余里而登历林口，以袭平郭，击斩仁。昌黎郡统县二：昌黎、宾徒。昌黎县故城，在今凌源县境。宾徒县故城，在旧锦州府境。皝之横海，当自今锦县至盖平县也。历林口，今之营口。

皝世，燕与宇文、段氏仍连岁相攻。段氏之为寇，北犯柳城，南犯徒河。柳城，今朝阳县治。燕重柳城之防。柳城之西筑回水城，又西筑好城，以逼段氏东境之乙连城。柳城以北，筑安晋城以御宇文。于是约后赵共灭段氏，后赵直入令支，燕掠令支以北。

段氏既灭，燕与后赵接壤为敌。后赵来围棘城，皝固守以挫之，又败其师于三藏口。遂西筑凡城，以为防御。三藏口，在今承德县境。凡城，在今平泉县境。南下袭辽西，西南入自蠮螉塞，经蓟城而破武遂津、高阳以还。辽西郡治阳乐县。蠮螉塞，今居庸关。蓟城，在今大兴县西南，后赵幽州刺史所治。高阳县故城，在今高阳县东二十五里。胡三省曰："武遂县，易水过其南，曰武遂津。"是时后赵畏燕，至徙辽西之民于冀州之南。乐安虽屯重兵，而不敢窥徒河。乐安城，在今乐亭县东北。其反攻也，营州兵围凡城而不能下。青州兵戍海岛者，仅袭入西安平而已。后赵营州牧镇令支。西安平县故城，在今辽阳县境。

段氏既灭，为燕患者，犹有高句丽、宇文氏。高句丽有二道，北道平阔，自北置进；南道险狭，自南陕木底城进。燕之伐之，偏师由北道，大军由南道。金毓黻曰："南道应在兴京附近，循今浑河上溯可至。北道应在海龙、柳河迤东，沿辉发河而上溯。然此路亦多山岭，鲜平阔之径。南陕一路有木底，今兴京老城西四十里之木奇站是也。"遂入丸都，毁其城，又戍南苏焉。金毓黻曰："辑安县西北九十里，板石岭，高六百余丈，车马不通，疑即古之丸都山。"胡三省曰："南苏城，在南陕之东。"燕伐宇文，破其南罗城精兵。南罗城，在安晋城西北。乘胜克紫蒙川，其君走死漠北。后赵自甘松出救之，亦无及也。胡三省曰："甘松，在濡源之东，突门岭之西。"案：濡即今滦河。滦源，即今上都河也。

观于皝世，连克三国。虽段氏之地入于后赵，然燕在塞上，据高临下，居然有形制之势矣。且曩者宇文拊其背，高句丽掣其肘，及皝而除其害，得以专力一向，并吞后赵，固基于此也。

## 前燕三

皝晚岁，自棘城都龙城。《十六国春秋》："皝改柳城曰龙城。"子儁嗣立，值后赵之乱，三道出师，西道出蠮螉塞，中道出卢龙塞，东道出徒河，下乐安、徐无，与中道会临渠，入无终，进围蓟城。后赵幽州刺史南走，遂拔之以为都。卢龙塞，在今迁安县西北。徐无县故城，在今遵化县西。无终县，今蓟县治。胡三省曰："临渠城，临洵渠。"案：今洵河，绕蓟县西境。燕既有幽州之地，因南击鲁口。鲁口者，后赵冀州境之重镇也。鲁口城，在今饶阳县南。师挫于清梁，清梁城，在蠡县西二十里。遂转而之东，取章武、河间、乐陵、渤海，以张其左翼。章武国故治，今大城县治。河间国故治，今献县治。渤海郡治南皮县。燕乐陵国时治高城。贤曰："高城故城，在今盐山县南。"乃始一军下中山、赵郡，中山国故治，今定县治。赵郡故治，在今高邑县西南。一军击鲁口。而鲁口未可骤下，若事久攻，只毙士卒，故数掠其禾稼，全师而退。夫金城汤池，非粟不守。孤城之外，春取其麦，秋取其禾，彼将焉仰哉！

魏主石冉军于安喜，后赵将段勤据绎幕。安喜县故城，在今定县东三十里。绎幕县故城，在今平原县西北。燕师南下，擒闵廉台，段勤亦降。胡三省曰："廉台在魏昌界。"案：魏昌县故城，在今无极县东北。遂围邺，拔之，河北之名城举矣。又拔鲁口，其重镇亦下矣。于是燕师南临河，其东则自厌次图段龛于青州。厌次县故城，在今阳信县东十里。长驱渡河，战于淄水，困龛于广固，南屯阳都以拒晋师，卒乃克之。广固城，在今益都县西北八里。阳都县故城，在今沂水县南。夫龛之有青州，其于西北，宜重河上之防，而淄水非所谓也。一战不胜，根本之地见围，虽求援于晋，适如远水不救近火矣。

上党人冯鸯据上党安民城，燕师攻拔之。胡三省曰："安民城，在襄垣县。"是时燕自蓟都邺，若西方之敌居高临下，根本之地即时时受其威胁。上党为燕之所必争，固有以也。又入轵关，击前秦河东，轵关，在今济源县西北十五里。《十六国疆域志》："河东郡领安邑等八县。"击后赵将张平于并州，降其壁垒，南至平阳，以为重镇。并州统太原、上党、武乡、西河、乐平、雁门、新兴、上郡八郡。平阳郡故治，在今临汾县西南。夫自蓟至邺，千里平原，西得并州之地，则恃为屏障，不得，则戎马生郊，防不胜防。且重平阳之守，于以御秦之蒲坂，形胜相当矣。

燕既都邺，后赵将之据河上要邑者，有若濮阳、东燕、黎阳。而河内且欲引晋师以袭邺，燕皆一一扫除之，东燕县故城，在今延津县东三十五里。黎阳县故城，在今浚县东北。河内郡故治，今沁阳县治是也。所谓卧榻之侧不容他人鼾睡者也。

后赵之亡，燕地与晋相接，晋之来犯，陷阳都、卞城、武阳、山茌。山茌县故城，在今长清县东北四里。刘昫曰："泗水县，卞县古城也。朝城县，武阳县地也。"及败于东阿，退于高平，溃于涡、颍，燕师乘胜，遂有颍川、谯、沛诸城。东阿县故城，在今阳谷县东北五十里。高平国故治，在今金乡县西北四十里。涡河、颍水，在今皖北。颍川郡治许昌。谯郡故治，今亳县治是也。沛国故治，在今宿县西北。儁卒而子暐立，太原王恪、吴王垂相继握兵柄，东取鲁高平，鲁郡故治，今曲阜县治是也。高平国故治，在今金乡县西北四十里。东南置重兵于梁国。梁国故治，在今商丘县南。自此以西，与晋争许昌而胜，席卷陈郡、汝南。陈郡故治，今淮阳县治是也。汝南郡故治，即今汝南县治。又西拔荥阳、密城。密城，今密县也。益西，由河内渡河，屯河阴、盟津，杜成皋，然后下洛阳。西略地至崤、渑，与秦之陕城相抵拒。河阴县故城，在今孟津县东。盟，读曰孟。成皋，虎牢关也。崤，崤谷也。渑，渑池也。陕城，今陕县也。南收鲁阳，以为重镇。由此推进至宛城，且侵及竟陵。晋之反攻，燕师仍退保鲁阳。鲁阳县故城，即今鲁山县治。宛县故城，即今南阳县治。竟陵郡故城，即今钟祥县治。晋之大举寇河上，陷湖陆、金乡、谯、梁。湖陆县故城，在今鱼台县东南六十里。金乡，今县。西战黄墟、林渚，北屯武阳。杜预曰："外黄县东有黄城，兵乱之后城邑丘墟，故曰黄墟。"案：外黄县故城，在今杞县东六十里。《十六国疆域志》："长社有林渚。"案：长社县故城，在今长葛县西。遂至枋头，几对邺城作包围之势。枋头，在今浚县西南八十里。燕一面求救于秦，引其师自洛阳出颍川，一面屯石门以断晋师粮运，遂大捷于襄邑。石门在荥阳。襄邑县故城，在今睢县西一里。夫慕容氏自入塞以来，挟其骐骥之足、控弦之士，长驱平旷之野，几于无前。而况晋师巽懦，恃水为国，一远江、淮、汉、沔，即如猢狲失木，技无所施，又安所较短长于大河南北哉！

## 前燕四

前秦内乱，或据上邽、安定，或据蒲坂，或据陕城。陕城且降燕请兵。前秦天水郡治上邽，故城在今天水县西南。安定郡故治，在今泾川县北五里。蒲坂县故城，在今永济县北三十里。燕臣请以并、冀之众径趋蒲坂，许、洛之兵驰救陕城。而主暐不用，秦遂平定叛变。夫前秦乖离，国分为五，此燕肆其西封之良机也。且陕城在河南，蒲坂在河东，其为关中门户也则均。使燕因衅兴兵，则秦有战于渭南北耳，长安之危宁待论乎！

燕、秦之未失和，燕臣请重洛阳、晋阳、壶关之防，主暐亦不用。晋阳县故城，今太原县治是也。胡三省曰："慕容氏上党郡治安民城，后迁壶关城。"案：壶关县故城，在今长治县东南。秦之来伐，始则围攻洛阳，东塞成皋之险，北杜孟津之路，而后下之。燕崩败之余，且退出荥阳。秦师继出自河东，一道拔壶关，一道拔晋阳。山西河曲，古河东郡地也。燕西御之，以潞川为第一线，一战不利，秦长驱而东。阚骃曰："潞水，即漳水也。"其自河南北渡之师，亦至安阳，合兵下邺，执燕主暐。夫洛阳素称名城，杜秦人东进之路，未有逾此者。燕既失之矣，又并荥阳而弃之。自是以东，无可扼之险，而河外列城悉皆失其屏障。晋阳、壶关，互相犄角，而上党形胜，可以制敌。自古所推，其于邺也尤为生命线之所在，乃皆沦陷。则秦西下、北上两道之师齐至，燕惟灭亡是待耳。

## 前凉一

晋惠帝时，安定张轨为凉州刺史，遂霸河西。安定郡隶雍州。凉州统金城、西平、武威、张掖、西郡、酒泉、敦煌、西海、晋昌九郡，治姑臧，今武威县治是也。轨于州境，曾击斩鲜卑若罗拔能及西平太守曹袪。其击袪也，大军南行，其偏师西南出石驴，据长宁。袪遣兵拒战于黄阪，大军诡道出浩亹，战于破羌，遂斩袪。石驴在姑臧西南。长宁县故城，在今西宁县西北。黄阪当在长宁东南。浩亹县故城，在今乐都县东。破羌县故城，在乐都县西。西平郡故治，今西宁县治是也。又败秦州刺史裴苞于狭西，讨降陇西太守韩稚。陇西隶秦州，故治在今陇西县西南。轨尽忠荩于晋室，怀、愍之世，前赵寇逼洛阳、长安，轨数遣州兵入卫，尝败前赵将于河东。河东郡治安邑。

轨子寔之世，以长安不守，遣兵东击前赵。行至南安，诸羌断路，败之而还。南安郡故治,在今陇西县东北渭水北。晋南阳王保在秦州,为其将陈安所逼,寔亦再出兵救之。秦州治上邽,故城在今天水县西南。

寔弟茂之世,东取陇西、南安,而前赵方西击陇上诸县,进兵围冀城、桑壁。胡三省曰:"桑壁,当在南安界。"《晋书·地理志》:"冀,秦州故居。"案:冀县故城,在今甘谷县南。陷南安,列营临河,茂拒退之,仍克复南安。夫张氏之保据河西,及茂,凡三君矣。始进至陇西、南安,而前赵以乘胜之声威,握三秦之精锐,长驱以西,然不能直捣姑臧,由前阻大河之险,后有冀城、桑壁之城守不下也。

寔子骏畏前赵之逼,徙陇西、南安之民于姑臧。及前赵为后赵所败,因东攻秦州诸郡。前赵援军至狄道。狄道县故城,在今临洮县西南。凉州兵御之洮西,夹洮久相持。及沃干岭之战不利,沃干岭,在今兰州西南。《水经注》:"洮水过狄道城西。"前赵渡河,陷令居、振武而去,令居县故城,在今永登县西北。胡三省曰:"振武在姑臧东南。"骏遂尽失河南之地。当茂之世,取陇西、南安以为前卫阵地,区宇稍广。且由陇上东下,如阪走丸,尤得地利。及骏而放弃之,继又乘隙进兵,一处失利,几使根本动摇,首鼠两端,自贻戚已。

骏曾遣将西越流沙,击降鄯善、焉耆、龟兹。鄯善国,在鄯善县东南。焉耆国,今焉耆县也。龟兹国,在今库车、沙雅二县间。又擒晋戊己校尉,以其地为高昌郡。高昌郡,今吐鲁番县地也。其东,则因前赵之亡,复收河南地,至于狄道。与后赵为敌国,击败其师于三交城。胡三省曰:"三交城在朔方之西。"案:此城当在今宁夏东南境。而后赵之来伐,袭入武街,下金城、大夏。金城郡故治,在今兰州西南。大夏郡故治,在今临夏县东南。《水经注》:"狄道县西北有武街城。"遂渡河,一师向晋兴,一师向广武,前锋越洪池岭,至于曲柳。晋兴郡故治,在今乐都县东南。广武郡故治,在今永登县东南。洪池岭,在今武威县东南。胡三省曰:"曲柳,地名,在洪池岭北。"骏子重华已嗣立,卒拒退之,使退屯金城。而州兵之在河南者,亦坚守枹罕,以挫敌锋,使还保大夏。枹罕县故城,今临夏县治是也。后赵旋又渡河,城长最以为桥头堡,亦复不遂而去。胡三省曰:"长最,地名,在金城河北。"是后州兵虽不利于河陿,枹罕且外叛,而河西无恙如故。陿与狭同。河陿之河，亦谓金城河也。盖凉州之所恃以为国者，在东则大河耳。彼来犯之寇，虽越此险，而惮于深入，况又凭枹罕以张右翼，益使敌军有跋前疐后之惧，此后赵所以屡兴师动众而不逞也。夫前、后赵皆挟优势之兵力，以西向凉州，而卒止于河外。然则地利之于国，顾不重哉！

## 前凉二

前燕之世，其将王擢当秦陇之任。及前秦灭前燕，屯师陇东。胡三省曰："陇东，汉汧县地。"案：汧县故城，在今陇县南。重华援擢，以与秦为敌，争秦州。擢曾东拔陈仓，陈仓县故城，在今宝鸡县东。当凉王祚之世，复叛去降秦，秦入上邽。祚，骏子，始称凉王。陇西人李俨旋又据郡独立，略阳羌附之。略阳郡故治，在今秦安县东南八十里。骏子天锡立，由金城、左南、白土三道以讨俨，左南县故城，在今乐都县东南。白土县故城，在今西宁县东南。下大夏、武始，而围俨于枹罕。胡三省曰："张骏以狄道县置武始郡。"秦军救之，天锡与战，不利而退，秦入枹罕。夫上邽居陇上之要，而枹罕之城，重华曾扼守之以拒后赵。上邽失，则秦人入秦州之窔奥；枹罕陷，则秦马饮于河矣。恃河以保姑臧，而不能据陇以保河，凉之陁危，非无故也。

前秦之来伐，并济于石城津、清石津。阚骃曰："石城津，在金城西北。"胡三省曰："《五代志》：允吾县有青岩山。《水经注》：湟河至允吾，与大河会。意者清石津在青岩山之下，河会城在二河之会欤？"案：允吾县故城，在今兰州西北，黄河北岸。济自清石津者，下河会城，然后会师取缠缩城。缠缩城，在今永登县南。州兵布防，正面如杨非、清塞、洪池岭，杨非亭，在今永登县西。清塞，当在今古浪县境。侧面如赤岸、金昌城，皆节节为守。赤岸，当在今临夏县西北，黄河南岸。胡三省曰："金昌城，在赤岸西北。"而将士不能用命，杨非撤退，清塞迎降，洪池岭、赤岸之战皆不利，金昌城亦弃守。秦师逼姑臧，天锡面缚。盖于时之秦，东平前燕，南取巴蜀，较二赵为强，而凉于朘削之余，仅有河西，小大强弱之势，既迥不相侔。彼恃以为险者，河耳。敌又一旦入之，有不瓦解者哉！

## 前秦一

后赵主虎卒，邺中乱，秦、雍流民相率西归。路由枋头，氐酋苻健为之主，枋头，在今浚县西南八十里。众至十余万，遂图关中。是时京兆杜洪窃据长安，健之大众为浮梁以济孟津，其偏师自轵关入河东。孟津，在今孟县南十八里。轵关，在今济源县西北十五里。河东郡治安邑。河南之师，破潼关而入，至赤水而分其兵，一道西向阴槃，一道北渡渭水。潼关，当今秦、晋、豫交通之冲，为入关中正道。赤水在今渭南县境，北入渭。阴槃县故城，在今临潼县东十三里。河东之师，渡蒲津，会师渭北，氐、羌之屯高陵、好畤、黄白城者，相率降附。蒲津，在今永济县西。高陵，今县。好畤县故城，在今乾县东十里。黄白城，在今三原县东北十里。渭北既定，阴槃复捷。健遂克长安称帝，国号秦。夫潼关不守，蒲津不杜，长安门户已入健手矣，杜洪欲保孤城，得乎？

杜洪自长安奔司竹，引晋兵由南郑来伐。胡三省曰："盩厔县有司竹园。"案：晋梁州刺史治南郑。健拒退之于五丈原，洪北走宜秋，旋亦下之。五丈原，在今郿县西南。宜秋城，在今泾阳县西北。于是东出兵至许昌，败晋兵于颍水之诫桥。颍川郡治许昌，诫桥在许昌。始退固洛阳、陕城、弘农之防，陕城，今陕县。弘农郡治弘农，故城在今灵宝县南四十里。西攻后赵将王擢于陇西。陇山，在今陇县。擢以凉州兵来伐，拒败之龙黎，凉州时为张氏据也。《十六国疆域志》："汧县有龙黎。"案：汧县故城，在今陇县南。进取上邽而不能有，惟屯兵陇东，采取守势而已。秦州治上邽，故城在今天水县西南。胡三省曰："陇东，汧县地。"东南略定上洛，置荆州于丰阳川。上洛郡故治，今商县治是也。郡有丰阳县，即今山阳县。《太平寰宇记》："晋泰始三年，分商县地置，因丰阳川以为名。"西南攻仇池氏而不利。贤曰："仇池山，在今上禄县南。"案：上禄县故城，在今成县西北。是时乱者四起，渭北则有池阳、雍，池阳县故城，在今泾阳县西北。雍县故城，在今凤翔县南。渭南则有霸城、鄠、司竹，霸城县故城，在今西安市东。鄠，今县。揭竿称兵，且引晋人寇。健急击下池阳、鄠、司竹。而晋师已分道以至，一由武关，一由子午谷。王擢亦乘隙由秦州东下。武关，在今商县东一百八十五里。《三秦记》："长安正南，山名秦岭，谷名子午。"自武关北出之师，连陷上洛、青泥、峣柳，皆长安东南之陋塞也。胡三省曰："青泥城在蓝田县南。"《土地记》曰："蓝田县南有峣关，地名峣柳，道通荆州。"夏王买德曰："青泥、上洛，南北之险。"秦又不利于蓝田、白鹿原，晋师遂次灞上。灞水在长安东。《水经注》："霸川之西，有白鹿原。"自秦州东下之师，攻陷陈仓。陈仓县故城，在今宝鸡县东。秦袭破子午道之寇，又坚壁清野以守长安，老灞上之师，而后鏖战却之。叛于霸城者，亦随之撤退出潼关。秦遂东固宜阳，西收陈仓，取雍，下秦州。宜阳县故城，在今宜阳县西五十里。当叛者蜂午，寇兵交至，险要全失，戎马生郊，秦危急之秋也。而健能固守长安，以护根本，然后背城借一，败敌主力，而存垂亡之国。夫同一长安，健为客而攻之，杜洪逆遁；健为主而守之，卒退晋师。然则用兵之事，固贵据地利，而地利尤贵有人谋也。

## 前秦二

前燕之强，秦河内、黎阳二郡叛降之。河内郡故治，今沁阳县治是也。黎阳郡故治，在今浚县东北。燕师入轵关，攻裴氏堡，败而去。胡三省曰："裴氏堡，盖在河东界。"羌酋姚襄为晋所败，自洛阳北奔平阳，据襄陵，寇掠河东，秦退保蒲坂。平阳郡故治，今临汾县治是也。襄陵县属平阳郡。蒲坂县故城，在今永济县北三十里，属河东郡。

姚襄之图关中，自北屈进屯杏城，又据黄落。北屈县属平阳郡，故城在今吉县东北二十一里。黄落镇，在今同官县南三十。杏城，在今黄陵县西南。其偏师略地敷城，招纳羌胡。敷城，在今洛川县北。秦诱之深入，至于三原，歼之。苻坚于嶻嶭北置三原护军，今县也。

后赵之亡，其将张平据并州，与燕、秦为敌。并州治晋阳，故城即今太原县治。秦重蒲坂之防以御之。又寇边境，秦王坚自将讨之，至铜川。胡三省曰："河、汾之间有铜川。"旋前燕伐取其地，秦因机灭平。夫秦都长安，而蒲坂则为自河东攻长安之要地，故重其防守，以当屏蔽。而姚襄之为寇，自北屈西入，由避免攻此也。

## 前秦三

前燕之下晋洛阳也，西略地至崤、渑，秦王坚自屯陕城以备之。胡三省曰："崤，崤谷也。渑，渑池也。"及秦诸公叛变，西如安定、上邽，东如陕城、蒲坂，皆抗命称兵。安定郡故治，在今泾川县北五里。西师近至榆眉，陕城又请救于燕。榆眉县故城，在今汧阳县东三十里。是时为燕谋者，谓以并、冀之众趋蒲坂，许、洛之兵驰陕城，而不果用。坚分兵围蒲坂、陕城，重华阴之防，胡三省曰："华阴县在陕城之西，有潼关之险。"而急击破安定、上邽，始返斾并力以拔二城。夫二城之在河东与河南也，固燕、秦争胜之枢纽。向使燕乘秦人携贰之机，两道并进，则关中有不瓦解者乎！

晋伐前燕，至枋头。燕来求救，许赂以虎牢以西之地。虎牢关，在今汜水县西北。秦为起兵，出自洛阳，至颍川，败晋师于谯而还。颍川郡治许昌。谯郡故治，今亳县治是也。夫秦之救燕者，岂惟利洛川之地，亦惧于晋举山东，进屯洛邑，收幽、冀之众，引并、豫之粟，观兵崤、渑，故义形于色耳。

燕旋弃信，秦师东塞成皋之险，杜孟津之路而降洛阳。《晋书·地理志》："成皋有关，郑之虎牢。"燕师救之，战于石门，挺进至荥阳，卒败以去。胡三省曰："石门，在荥阳。"夫燕之救洛阳，西进须道成皋，北下须渡孟津，秦师皆已防守。其于洛阳，不啻囊括而有之，不降何待？

秦乘燕为晋所伐，国力凋敝之后，取其洛阳，继又两道攻其壶关、晋阳。魏收曰："秦置上党郡，治壶关城。"已克壶关，并力拔晋阳，然后会战潞源，败燕主力军。阚骃曰："潞水，即漳水也。"长驱围邺，而出自洛阳、北抵安阳之师，亦会于城下，遂灭前燕，有其郡县。后赵、前燕皆都邺，故城在今临漳县西四十里。夫上党，邺所恃以捍西寇也。秦急攻取之，邺有被兵之虞矣。然犹冀晋阳之甲南下以制敌后，而秦又举之矣。故邺之阽危，不待潞源之战。是役也，燕之主力军被消灭，秦之生力军方至，秦有破竹之势，燕逮三鼓之竭。邺城一下，燕国瓦解矣。

## 前秦四

晋尝来攻卢氏，秦亦尝东南向攻其南乡。南乡郡故治，在今淅川县东南。晋之叛将袁瑾据寿春来求援，为东出师至洛涧、淝水间。战不利，退屯慎城。寿春县，今寿县治是也。寿县东有淝河，又东有洛河，即洛涧也。慎县故城，在今颍上县西北。又北攻晋桃山，桃山，在今滕县东南三十里。西南攻仇池氏。晋梁州兵救焉，败之于鹫峡中，直下仇池，西县、武都皆降。仇池山，在今成县西。鹫峡在仇池北。晋梁州治汉中南郑。西县故城，在今天水县西南一百二十里。武都郡故治，在今成县西八十里。晋自梁州袭仇池而败，沮水诸戍皆溃。沮水当今沔县西入汉。胡三省曰："晋盖阻沮水列戍以备秦。"于是秦进兵汉川，捷于青谷，因拔汉中，克剑阁、涪城，击败广汉郡兵。汉川，即汉中郡之地。《东晋疆域志》："兴道县有青谷。"案：兴道县，即今洋县。《水经注》："小剑戍西去大剑山三十里，连山绝险，飞阁通衢，谓之剑阁。"案：梓潼郡治涪城，即今绵阳县治。广汉郡治雒，即今广汉县治。晋益州兵欲据守绵竹而不得，退保南中。绵竹县故城，当在今绵阳、德阳间。南中，当今滇省。秦遂有梁、益，重仇池、汉中、成都、垫江之防。垫江县，即今合川县治。其后晋尝反攻，始则推进至巴西，以深入不继而却屯巴东。《十六国疆域志》："巴西郡治阆中。巴东郡治鱼复。"案：鱼复县故城，即奉节县东之白帝城也。继则因蜀民之变，逼秦师自垫江还守五城。旋有涪西之败，而撤退以去。五城县故城，在今中江县东。涪江一曰内江，一曰内水。夫仇池之克，晋梁州西面已感受威胁，及青谷之战，东面又发现罅漏，故汉川旋入于秦，蜀不能保其第一重门户矣。剑阁、涪城，相继弃守，则成都益无以为险焉。及晋之反攻，一则孤军惮于深入，一则艰于仰攻，又一则溯流接济，其难倍蓰，故卒无成。且夫所有而不能有之，必不易于收复；未有而能有之，必不轻于放弃，此亦理之易见者也。

## 前秦五

羌敛岐以略阳叛，讨而克之，岐奔白马见擒。略阳郡故治，在今秦安县东南八十里。胡三省曰："白马，即武都白马氐之地。"会前凉围其叛将李俨于枹罕，秦分兵守侯和、白石而救之。枹罕县，即今临夏县治。白石县故城，在临夏县西南。前凉置侯和护军，其地侯考。击退前凉兵于枹罕东，遂入之。于是枹罕、金城、武始皆为重镇。金城郡故治，在今兰州西南。胡三省曰："武始郡治狄道。"旋进兵临西河，济自清石、石城二津。所谓西河，即今甘肃省境内之黄河也。清石、石城二津，当在今兰州西。破清塞、洪池，又捷于赤岸。《十六国疆域志》："广武县有清塞，姑臧县有洪池岭，枹罕县有赤岸。"案：广武县故城，在今永登县东南。因长驱下姑臧，尽有凉州。姑臧县，今武威县治是也，前凉都此。当秦之上陇取秦州，此西进之阶也。及以金城、枹罕为重镇，则与前凉界河矣。非秦西济，即凉东侵。当是时，秦已灭前燕，并梁、益，挟战胜之威，破凉州之险，则姑臧孤城宁能久倔强耶？

鲜卑索头部称代王，居云中，匈奴居朔方。云中郡故治，在今托克托县。朔方郡故治，在今鄂尔多斯右翼后旗境内。秦因戍云中之南、朔方之西以防之。匈奴曾为寇至杏城而败。其左贤王刘卫辰，且见擒于木根山以降。胡三省曰："木根山在朔方。"代与匈奴相恶，秦为匈奴戍朔方，代侵逼不已，遂大兴师，东出和龙，西出上郡，皆会云中。和龙城，今朝阳县治是也。《十六国疆域志》："上郡领阳周四县。"案：阳周县故城，在今安定县北。破石子岭而入，遂灭代。胡三省曰："石子岭当云中盛乐西南。"夫云中、朔方之胡，背负大漠，长于驰逐。使其并力南下，亦足以为秦患。秦则利其分裂，戍朔方以立灭代之基，然后东西大举，予以包围，故奏功于一役焉。

## 前秦六

嗣是与秦为敌者，惟晋而已。于是兵出鲁阳关，南向武当，会攻其襄阳。鲁阳关，在今南召县东北。武当县故城，在今均县北。其当路郡如顺阳、南阳，皆席卷以下。胡三省曰："唐邓州临湍、菊潭二县，古顺阳地。"案：临湍县故城，在今邓县西北六十里。菊潭县故城，在今内乡县北。秦又自梁州出兵拔西城，秦梁州刺史亦镇汉中。西城县故城，在今安康县西北。自洛州出兵拔淮阴、盱眙，秦洛州刺史镇洛阳。自兖州出兵拔彭城，会师拔盱眙。《晋书·地理志》："苻坚时，兖州刺史镇仓垣。"《图经》："苻秦兖州刺史镇鄄城。"案：仓垣城，在今开封县西北。鄄城县故城，在今濮县东二十里。进围三阿，而拔襄阳之师亦移向淮南，袭堂邑。堂邑县故城，在今六合县北。胡三省曰："晋侨置幽、冀、青、并四州于江北三阿。今宝应军即其地。"及晋自广陵反攻，秦师不利，退向淮北，屯彭城、湖陆、下邳，以取守势。广陵郡故治，在今江都县东北。湖陆县故城，在今鱼台县东南六十里。下邳郡故治，在今邳县东。晋又击巴中以救西城，推进至巴西而败，退屯巴东。胡三省曰："巴中即巴郡。"案：巴郡故治，今江北县是也。秦既有襄阳，进攻竟陵，不利于浈水、管城而退。竟陵郡故治，今钟祥县治是也。管城在钟祥县北。胡三省曰："管城当在浈水北。"晋师遂进逼沔南北诸城，襄阳、武当见攻，万岁、筑阳皆陷。于蜀亦陷五城，攻涪城，乃始去。胡三省曰："万岁城，盖近筑阳。筑阳县，唐为谷城县。"夫秦、晋之接壤，西起蜀，中经汉、沔，东讫淮海。秦固事扩张，而晋亦复侵轶。且秦之用师，东西不必同时，动作不必一致，疆场之间，一彼一此，故终无大利。若欲吞并江东，势有待于大举也。

秦王坚之南伐，动兵凡八十七万。其西，蜀汉舟师顺流东鹜。其东，幽、冀戎卒集中彭城。其主力军，自项城、颍口直拔寿阳。其偏将取郧城。颍口，颍水入淮之口也。《东晋疆域志》："云杜县有郧城。"案：云杜县故城，在今沔阳县西北。晋师来犯，秦之前锋阻诸洛涧，不利。又大奔于淝水，全师因之，俱溃而西。夫郧城之取，夏口告警。夏口城，在今武昌市西黄鹄山上。寿阳之拔，已掌握淮南门户。彭城南来，可以威胁建康。而蜀汉东下，江路又洞开。然则于时之秦，固占有优势也，然而前锋甫失利，大军即望风而逃。其至于败绩，由战术之错误，而非由战略也。

## 前秦七

秦既败绩淝水，变乱四起。乞伏国仁反于陇西。慕容垂称兵于河北，攻邺，电扫冀州，北进至蓟南。《十六国疆域志》："前秦冀州牧镇邺，移镇信都。"案：信都县，即今冀县治。蓟县幽州治，故城在今大兴县西南。慕容泓、冲兄弟据华阴，西向长安。姚苌聚众渭北，有北地，与冲连兵。北地郡故治，在今耀县东南。而晋亦乘机进取，东陷谯城，中收襄阳。自襄、沔北向，下鲁阳，又降丰阳。谯郡故治，今亳县治是也。《十六国疆域志》："鲁阳有鲁阳关。秦移洛州镇丰阳。"西取魏兴、上庸、新城三郡，又西自巴郡寇蜀，降涪城。魏兴郡治西城。上庸郡故治，在今竹山县东南。新城故治，今房县治是也。秦王坚伐苌而冲至，于是弃洛阳于晋，而固长安之防。夫天下，大器也，易动而难静，易放而难收。淝水之败，秦之四方动矣，放矣，而尤制其死命者，则北地、华阴之师是已。神经中枢已直接受其攻击，四体之患又遑及乎！

坚凭长安以拒慕容冲，东戍骊山，又阻之于郑、于灞上，皆不利。郑县故城，在今华县北。骊山，在今临潼县东南。灞上，在今西安市东二十五里。冲遂进据阿房城以围困坚。坚欲出陇，收兵运粮以给长安，遂奔五将山，而长安随之以陷。阿房城，在今西安市西北。《通典》："岐山县有五将山。"长安之急，梁、益二州皆弃之于晋。而姚苌自北地陷新平、安定，尽有岭北之地。秦益州牧镇成都。新平郡故治，今邠县治是也。岭，谓九嵕山也，在今醴泉县东北。因围五将，执坚弑之。当坚之末，秦岭以南入于晋，陇西据于乞伏，九嵕以北归于姚苌，慕容冲近在阿房。长安孤城，已无由用武。及出奔见执，此如瓮中之鳖，欲去安之？

## 前秦八

当秦长乐公丕之困守邺城也，幽、平二州出兵赴救。平州，镇和龙城。丁零酋翟真叛慕容垂，屯于中山、承营。中山国治卢奴县，今定县治是也。承营在县境。铁弗、刘库仁援兵至唐城。唐城，今唐县。幽、平之兵，旋失利于范阳，而不能进。范阳郡治，今涿县治是也。丕遣兵据襄国，欲通中山，复见击破，真亦归于歼灭。襄国县故城，在今邢台县西南。库仁被暗杀，其众自溃。并州则仅局促自守，而是时晋师方由淮、泗北向，据彭城、鄄城，受青州之降。徐州，镇彭城。青州，镇临淄。推进至河湄，东入碻磝，南入滑台，西入荥阳，碻磝城，在今茌平县西南。滑台城，即今滑县治。又自滑台渡河入黎阳、枋头。黎阳县故城，在今浚县东北。枋头在其西南。慕容垂败幽、平之兵而进据苏南也，二州不敌，弃守之并州。邺城饥困，丕亦西奔，继坚而立于晋阳。夫秦自淝水之战以来，人心瓦解，以幽、平形胜之地，不能席卷南下，以三台之固，不能坚守以挫敌师，可以见矣。《水经注》："邺中之西北有三台，皆因城为基，其高若山。"当众志涣散、国土日蹙之余，利于守，不利于战。而所守者，利有山川之阻，不利于平原。故与其在邺，不若在晋阳，此丕所以西奔者也。

丕在晋阳，一时响应之者，东有信都、常山、博陵，常山郡治真定县。博陵郡治，今安平县治是也。而皆见破于慕容垂。丕出兵壶关救之，无及也。西则河东、冯翊、京兆、扶风、新平、安定、平凉，迤及秦州、南秦州、河州，往往起兵，与丕桴鼓相应。冯翊郡治大荔。京兆尹治长安。扶风郡治郿。平凉郡故治在今平凉县西北。河州镇枹罕。胡三省曰："秦置秦州于上邽。仇池在其南，故置南秦州。"而秦州旋降姚苌，惟河州之师东至南安。南安郡故治，在今陇西县东北渭水北。于是丕南屯平阳，东守壶关，欲经临晋以西入关中。临晋关，在今朝邑县东黄河西岸。慕容冲已死，其臣慕容永以其众东行至闻喜。丕与战于襄陵，败绩以死。盖丕于时虽以险阻自环，而力不足于恢张，故东则不及博陵之急，西望关陇，复悬隔于大河之外。形格势禁，末由相接，黾勉以行，竟用遭遇战败灭。唐史臣论之，以为天之所废，人不能支。夫有人犹可支，丕所患乃在无人，虽据表里山河之区，复何益乎！

## 前秦九

秦主丕之败没，其臣苻纂西据杏城，贰县氐帅、新平羌皆应之，又败上郡羌。胡三省曰："贰县在杏城西北，平凉东南。"上郡故治，在今绥德县东南五十里。丕之族子登，自河州拔南安，既自立，进拔上邽。是时姚苌方以平凉、泾阳、安定、阴密为据点，泾阳县故城，在今平凉县西四十里。阴密县故城，在今灵台县西五十里。登与纂东西会师，攻泾阳而不克。苌之反攻，陷彭沛谷堡，又捷于泥源，遂入杏城。泥水，在今宁县境。胡三省曰："彭沛谷，卢水胡也。立堡于贰县。"登自瓦亭东至胡空堡，而无救于杏城之失。瓦亭，在今固原县南。胡三省曰："胡空堡，在新平界。"登之于安定，尝西屯朝那，东屯大界，南屯雍，以图之，而卒不能克。仅下平凉，而又东失大界。朝那县故城，在今平凉县西北。胡三省曰："大界，当在安定、新平之间。"雍县故城，在今凤翔县南。大界既陷，新平后又叛去。登根本之地，东则雍及胡空堡，西则平凉。登之于长安，尝因苌将叛变，杏城、李润紧张，而进至新丰。李延寿曰："冯翊东有李润镇。"新丰县故城，在今临潼县东北。又尝因郑县人作内应，而进据曲牢、繁川、马头原，皆不逞以退。郑县故城，在今华县北。曲牢、繁川，皆在长安南。马头原，在长安东。其卒克姚奴、帛蒲二堡，自六陌趣废桥，败绩而退。二堡在胡空堡之东。六陌，在今乾县东。《十六国疆域志》："池阳有废桥。"案：池阳县故城，在今泾阳县西北。雍及胡空堡皆溃，登走平凉，入马毛山，旋战死于山南。胡三省曰："马毛山，盖平凉之险要处也。"其子崇奔湟中，见逐于乞伏氏。又奔秦州，乞伏氏灭之。湟中，湟水两岸地也。夫以钳形攻势，兵乃顿于泾阳、安定之城下。乘姚苌兼顾内乱之际以渡渭，乃无如长安何。获地利、天时而未能进展，则知登之兵力果不足以取胜矣。计划无复之，惟孤军深入，以求一逞。战阵失机，而瓦解之祸随之，无足异也。至崇之丧败，又等诸"自郐无讥"焉。

## 后燕一

前秦淝水之败后，其冠军将军慕容垂讨叛至洛阳城下。垂以为洛阳四面受敌，北有大河，至于控驭燕赵，非形胜之便，不如据邺以制天下。张宾曰："邺有三台之固，西接平阳，山河四塞，有喉衿之势。"遂与叛者新安丁零酋翟斌合兵叛秦，自石门北济，长驱围邺。新安县故城，在今渑池县东。石门，在今荥泽县西北。其子农亦起兵列人，取馆陶军资器械、康台牧马，克顿丘，以应垂。列人县故城，在今肥乡县东北十五里。馆陶县故城，在今馆陶县西南四十里。顿丘县故城，在今清丰县西南二十五里。魏收《地形志》："平恩县有康台泽。"案：平恩县故城，在今邱县西。垂据肥乡、新兴城为根本，南取枋头，北降信都、高城，拔常山、中山，尽有冀州，以孤立邺城，又引漳水以灌之。汉列人县，三国魏分置肥乡县。垂于县境筑新兴城。枋头，今之淇门渡也。信都县故城，今冀县治是也。高城县故城，在今盐山县东南。常山郡治真定。中山国故治，即今定县治。益北败秦幽州兵于范阳，进据蓟南。范阳郡治涿县。前秦幽州刺史镇蓟。当邺之未拔也，丁零叛垂，走中山，屯于承营，东及鲁口。垂为弛邺围，退往新兴城。承营，地名，盖在今定县境。鲁口城，在今饶阳县南。铁弗援邺，败垂师蓟南，而至唐城。北引幽州，南连中山，以相首尾。邺中亦出兵北上，抵襄国，与相呼应。唐城，今唐县。襄国县故城，在今邢台县西南。垂师既取军资于清河、平原，遂横出襄国而截之。清河、平原，尔时皆郡也。其自信都出者，于鲁口、无极，迭败丁零，然后进拔承营。其驻蓟南者，亦反攻，取幽、平。铁弗之师适以国乱溃去，垂遂重引兵围邺。无极，今县。秦平州镇和龙，即龙城，今朝阳县治是也。而晋救至，垂复撤围，战晋兵于五桥泽而败之，乃能阻其前进。胡三省曰："五桥泽，在临漳县北。"会秦以饥困去邺，垂始取之。且夫一邺城耳，秦不辞艰苦以守之，垂不惮顿兵以围之，盖此为河北之根本。如秦不守，是举河北而弃之；若燕取邺，益以幽、平，临河南向，声势倍壮，而霸业成矣。古人所谓地有所必争者，正谓此耳。昔袁绍有言："吾南据河，北阻燕、代，南向以争天下。"于是据邺。曹操以全力斗绍，仅乃取之，以为根本而服群雄，则邺之重要非一朝也。

## 后燕二

垂之立于中山，国号燕。北以龙城为重镇。其将余岩叛据令支，龙城之师逾白狼山而南，讨平之。令支县故城，在今迁安县西。白狼山，在今凌源县东南。**高句丽陷辽东、玄菟二郡，又出师收复之，而徙平州刺史镇平郭**。辽东郡故治，在今辽阳县北七十里。玄菟郡故治，在今朝鲜半岛咸兴府东北。平郭县故城，在今盖平县南。今通化县以北迄于伊通县一带。**夫龙城，前燕之所自兴，而平郭，尝为慕容仁所据，以之跳梁辽东者也。**

燕之东南邻于晋，绎幕人尝行叛乱以引敌兵，而不遂。绎幕县故城，在今平原县西北。晋济北太守屯东阿，北固碻磝之防。东阿县故城，在今阳谷县东北五十里。碻磝城，在今茌平县西南。燕师自碻磝西渡河，击走晋人。置兖州于东阿，又下濮阳。濮阳，郡也。翟辽者，丁零酋也，取晋黎阳而据之，南击陈、颍及谯，西击荥阳，东取鄄城，以为晋患。黎阳县故城，在今浚县东北。陈郡故治，即今淮阳县治。谯郡故治，即今亳县治。颍州郡治许昌。鄄城县故城，在今濮县东二十里。东连其泰山太守张愿。愿屯瓮口以图燕，燕师败之而取历城。泰山郡故治，在今泰安县东北十七里。瓮口，在祝阿县境。祝阿县故城，在今长清县东北。历城县故治，今济南市是也。又为晋所逼，退屯黄巾固。胡三省曰："黄巾固，在今章丘城北。"辽既与燕为敌国，自黎阳屯滑台。燕境之响应之者，有高平、清河、章武及高城。滑台城，今滑县治也。高平国故治，在今金乡县西北四十里。章武郡故治，今大城县治是也。平原被寇抄，广平、乐陵见攻，广平县故治，在今鸡泽县东二十里。乐陵，山东今县。燕一一平之。辽卒，子钊又来寇邺城、馆陶。会晋克其鄄城，燕师亦南渡黎阳津，钊不能守滑台，北奔白鹿山，又奔西燕。《水经注》："河内修武县北，有白鹿山。"夫黎阳、滑台，渡河津要，无关山自固，非可据以立基。况燕逼于北，晋迩于南，皆挟持广大，而岂翟辽、钊之所能抗耶？及奔山凭险，等于绿林，规模益隘，粮缺饷乏，又何能久耶？

### 后燕三

前秦之败于淝水也，前燕济北王慕容泓、中山王慕容冲，称兵华阴。冲败前秦于郑西灞上及骊山，郑县故城，在今华县北。骊山，在今临潼县南。山之西，即灞水矣。据阿房城称帝，是为西燕。阿房城，在长安西北。进逼长安，分兵攻渭北诸垒。前秦王坚窘急出奔，冲入长安。当慕容垂之倡乱河北，使关中无叛变，前秦之平之，犹易为也。何意苍头突起于肘腋，不但东道不通，末由赴援，即神经中枢之长安，亦见围困。夫扼人之喉，又揿其胸，立制其死生之命矣。彼华阴者，亦前秦之喉也。

西燕伐后秦，败于新平南。新平郡故治，今邠县治是也。其众鲜卑也，又思东归，遂弃长安而去，中止于闻喜。前秦主苻丕在平阳，西燕击溃之襄陵，而东据长子。平阳郡故治，在今临汾县南。慕容永继立，再向洛阳，战于沁水、太行，不利，晋兵反攻至白水，乃去。《晋志》："野王，太行山在西北。"案：野王县，今沁阳县也。白水流经天井关，下游入丹河。后燕之攻翟钊于滑台，钊求救于西燕，而不为出兵。钊既见灭，后燕遂伐西燕。西燕屯兵潞川，聚粮台壁以为备。潞川，即今浊漳水。台壁，在今黎城县西南。后燕驻师邺之西南而不进，西燕疑其取道太行口及轵关也，移兵南杜。太行八陉，第一轵关陉，在今济源县西北；第二太行陉，在今沁阳县西北，即此太行口也。后燕疾自滏口入天井关，下台壁，击败其主永之援军。太行八陉，第四滏口陉，在今武安县南三十里。天井关，在武安县西八十里，《魏书》作木井关。而自井陉西进者，复下晋阳，遂拔长子，灭西燕。太行八陉，第五井陉，晋阳县故治，今太原县治是也。始永之据长子，北有晋阳，东出至沙亭，骎骎逼邺。胡三省曰："沙亭在邺西南。"后燕之必报，势有必然。且后燕居坦夷，而西燕据险峻，待其来攻也，不如往攻之，攻其国力之且强也，不如及其未强。此后燕所以急于用兵也。而上党之区，形势优越，上党者，其地极高，与天为党，今山西东南部是也。若事仰攻，只伤兵力，故驻中途以疑之。使其备于北，又骛于南，伺隙而进，夺其糒台，破其主力军。又下其北部名城，则长子弹丸，宁能拒守乎？始翟钊求救于西燕，西燕之谋臣曰："垂强钊弱，不如速救之，以成鼎足之势。今我引兵趋中山，垂必惧而自救，我冲其前，钊蹑其后，此天授之机。"而永不从。昧存亡之势，坐以待攻，其见灭也宜哉。

于是后燕转移兵力，渡河临晋，西取阳城，东取廪丘。阳城县故城，在今登封县东南三十五里。廪丘县故城，在今范县东南七十里。席卷高平、泰山、琅邪。琅邪郡故治，在今临沂县北十五里。然后北战龙水，入临淄，奄有青、兖。龙水，在今益都县境。临淄县，齐郡治也。夫自廪丘横截高平、琅邪，则于青州已不啻囊括之。晋退保淮上，且不暇遑，亦何从救之哉！且夫西燕之灭，中山与邺，已树西面之屏障。及此拓地青、兖，左翼益张。于时后燕，诚足虎视中州，气凌关右矣。

## 后燕四

魏王珪与其叔窟咄争国，铁弗、刘显助窟咄，后燕助珪，败窟咄于高柳。高柳县故城，在今阳高县西北。显据马邑，地广兵强，雄于北方，后燕之上谷、代郡皆附之。马邑县故城，即今朔县治。上谷郡故治，在今怀来县南。代郡故治，在今蔚县东。后燕讨平上谷，与魏合兵，击破显于弥泽，还定代郡。弥泽，在马邑南。胡三省曰："刘显灭而拓跋氏强矣。为慕容氏计者，莫若两利而俱存之，可以无他日亡国之祸。"吾谓胡氏此论，特由事后观之，故可云云。若当日之情势，上谷、代郡威胁幽州。马邑之于并州，复迩在句注外。句注即雁门山。故刘显为患，急似燃眉，非连拓跋，曷由去之？昔人远交近攻之论，正谓此耳。

魏叛后燕，太子宝伐之，至五原。五原郡故治，今五原县是也。欲南渡河而不得，还及参合陂，为魏所及，宝覆师焉。张相文曰："参合陂，在今大同县东南。"垂自伐魏，次猎岭。一师逾青岭，克平城。一师出天门、云中。猎岭，当在今应县东南。青岭，今涞源县东南五回岭也。平城，在今大同县东。胡三省谓五回岭之南，层崖刺天，积石之峻，壁立直上，盖即天门也。案：《晋书·载记》，天门似与青岭异道，今不可考矣。云中郡故治，即今托克托县。以垂卒于中途，遂皆旋师。魏人即至，取广宁、上谷。广宁郡故治，在今涿鹿县西。继又大举入寇，东道出军都，攻蓟。《新唐书·地理志》以为军都即居庸。其主力军由南道出马邑，逾句注，下并州，然后经井陉，拔常山。并州，镇晋阳。后燕震动，郡县奔迸，惟中山、邺、信都婴城自守，为魏所围攻。中山虽曾出攻博陵、杨城，而未获大利。博陵郡治，今安平县治是也。《郡国志》："蒲阴县有杨城。"案：蒲阴县故城，在今完县东南。又尝分兵别屯安喜、深泽、新市，而皆无力。安喜县故城，在今定县东三十里。新市县故城，在今新乐县西南四十五里。宋白曰："深泽县，以界内水泽深广为名。"战于滹沱水、泒水、义台，亦复败绩。泒水，即今沙河。魏收《地形志》："新市县有义台城。"魏先陷信都，后燕主宝北奔龙城，中山继陷。范阳王德亦放弃邺城，南守滑台，阻河以拒魏。

后燕自对魏用兵以来，而丧败若此者，何也？参合陂之战，主力消灭，一也。伐魏之役，主帅殂于军中，二也。夫战，勇气也。而败军之气，没世不振，且垂之英名久震邻敌，一旦陨命，益令国人失所凭恃，而魏抵瑕蹈隙，居高临下，飘忽以至。于是幽州婴城、并州失守，魏遂横出井陉，围攻中山，一戎以定，役不再举。假使于魏寇未逼以前，即严防句注、军都，藉崇山峻岭、鸟道羊肠之地形，犹可杀其铁骑长驱之势于什一。又使魏军由并州东向之际，即杜塞井陉，亦足令其逡巡不前。而乃以固守城池为庙谟，将平旷之地配合敌人之马蹄，则大河以北，有不任其纵横驰骋者耶？故不能根据当前地势以决定正确战略，其为丧败之因，三也。

## 后燕五

后燕之北走，建都龙城，东北以宿军为重镇，高句丽尝来攻之。胡三省曰："宿军城，在龙城东北。"后燕往伐高句丽，克新城、南苏二城，开境七百余里，以新城为重镇。新城，在今新宾县北。南苏城，在新城东北。又尝攻其辽东木底城，而皆未克。高句丽辽东郡治所在，未详。木底城，在南苏城之东。后燕复北伐契丹库莫奚，仅有虏获。《魏书》："契丹国，在库莫奚东，异种同类俱窜于松漠之间。"案：兴安岭多松，滋生遍及原麓，故名松漠，即千里松林。至于西南，即蓟城亦不能有，而以凡城、令支、肥如为重镇。凡城，在今平泉县境内。肥如县故城，在今卢龙县北。魏数来攻令支，后燕卒争取之，逮国为其臣下所篡，令支始入于魏。夫后燕自失中土以来，由大国降为小邦，其国力迥非魏敌，而犹固争令支者，盖卢龙塞为天下之险，所以屏蔽龙城。卢龙塞，在今迁安县西北。而令支则在险外。夫守险而能与敌争于险之外，此善守者也。

## 南燕一

后燕之失中山，其范阳王慕容德亦自邺撤退至滑台，阻河以拒魏，又败晋于管城。滑台，今滑县治。管城，今郑州也。滑台旋叛，魏师入之。德既失据点，是时晋幽州刺史辟闾浑在广固，德遂引而东，克薛城、梁父、琅邪、莒城，然而北向。广固城，在今益都县西北八里。薛县故城，在今滕县东南四十四里。梁父县故城，在今泰安县南六十里。琅邪郡故治，在今临沂县北十五里。莒城，今莒县。浑方保聚广固，又戍薄荀固、柳泉城，以为犄角之势。德至，薄荀固、柳泉城及渤海皆降，遂克广固，以为都，是为南燕。薄荀固，在广固城西。柳泉城，在今益都县东。渤海郡治南皮县。夫德之失滑台而不固争之者，以其北逼魏，南近晋，西接后秦，四通八达，固非可以建立根本之地也。其引兵而东，径彭城北而不取之者，以其地平夷无险，密迩江、淮，水路通浚，晋救易至，而水战，又非己之所长也。彭城，今徐州也。其欲据青州者，青、齐沃壤，号为东秦，土方二千，户余十万，右有山河之固，左有负海之饶，所谓用武之国。广武者，曹嶷之所营，山川阻峻，又足为帝王之都，故有青州，亦犹二汉之有关中、河内也。其争青州自南而北者，所以截断晋人接济广固之道，自薛城至莒城，皆攻而下之，则广固末之遁矣。

## 南燕二

南燕尝与魏战于济北，而胜之。济北郡故治，在今长清县南。南对晋启衅，拔其宿豫，扰其淮北。胡三省曰："晋立宿豫县，唐改宿迁县。"晋遂来伐，陷琅邪。南燕撤莒、梁父之守，而集中兵力于临朐。晋师入大岘，南燕败绩临朐城南。广固见围拔，主超死之。临朐，今县。杜佑曰："大岘，在沂水县北。"夫晋之北向为仰攻，南燕守险，居高临下，以逸待劳，有制人而不制于人之势。而乃大岘不防，并莒、梁父亦弃之，纵敌深入，人具决心以致死，己居散地而作战，适自败耳。且超蕲于一战以胜乎？则战于险内，曷若险外。藉使不利，犹有险在，何至临朐一败，广固即围乎？向使固守大岘，而莒、梁父两翼从旁包围，晋人惧于腹背受敌，必不敢深入矣。且夫《大易》"王公设险以守其国"之谓何，有险而弃之，亦曷足语于战略耶！

## 后凉一

淝水战后，前秦瓦解，其凉州刺史梁熙闭境自守。<small>凉州刺史镇姑臧，今武威县治是也。</small>而骁骑将军吕光方平西域东还，熙遣兵拒于酒泉，光破之安弥，遂入姑臧。<small>安弥县属酒泉郡，在今酒泉县东。</small>夫凉州西方之险，远则高梧谷口，近则伊吾关，皆可以扼据。<small>胡三省曰："高梧谷口，当在高昌西界。伊吾县有伊吾关。"案：高昌国，今吐鲁番县地。伊吾县故城，在今安西县北。</small>熙不之图，乃遮于酒泉。一战失利，而姑臧不保，太近故也。是以拒敌宜于险，又宜于远。

前凉张氏之胤大豫作乱，东陷昌松，西引祁连、建康。<small>昌松郡故治，在今古浪县西。祁连郡故治，在今张掖县西南。建康郡故治，在今高台县南。</small>进逼姑臧，光击之，大豫走临洮以死。<small>临洮县，今岷县治。</small>其党王穆犹西据酒泉，会张掖、西平亦叛，<small>西平郡治，今西宁市是也。</small>光急击西平、张掖，然后进克酒泉。夫姑臧扼河西之要，尔时粮丰城固，甲兵精锐。大豫之变，东西皆应，本有合围之势，然而兵顿于金汤之下，归于败灭。及王穆等叛据三郡，光即出兵横截其中，使东西势力不得合并。光之混一凉州，固由先有姑臧，而其用兵或攻或守，应付得宜，亦为重要之因素也。

## 后凉二

后凉之东图西秦，先取其枹罕。<small>枹罕县，今临夏县治是也。</small>既乃大举，中道自长最进拔金城，长最城，在今永登县南。金城郡故治，在今兰州西南。北道出阳武下峡，阳武下峡，在今靖远县境。南道由枹罕西克河关，东克武始，东南克临洮。好胜轻进，以致败没，前功尽弃。河关县故城，在今临夏县西。武始郡治狄道县。而南凉且乘机治兵广武，夺取金城。广武郡故治，在今永登县东南。尔后国中事故纷至，西秦因亦西犯，陷支阳、鹯武、允吾而去。支阳县故城，在今永登县南。允吾县故城，在今兰州西，大河之北，湟水之南。胡三省曰："鹯武城，当在二县之间。"夫枹罕之城，前凉曾凭之以拒后赵，石虎所叹以九州之力困于一城者也。及前秦并前凉，自取此始。然则枹罕为宿昔名城，故后凉由是以图西秦。又克金城，亦为河南重镇。尔时之势，本可以席卷，乃右翼不慎，累及全师。咎由战术，遂影响于战略矣。

### 后凉三

卢水胡沮渠蒙逊叛陷临松，屯据金山。临松郡故治，在今张掖县南。卢水在郡境。《五代史志》："删丹县有金山。"其兄男成起兵屯乐涫，共推建康太守段业为主，是为北凉。乐涫县故城，在今高台县西北。相随而为变者，姑臧附郭有东苑、休屠城，胡三省曰："姑臧有东西苑城。"《水经注》："姑臧城西，有马城东城，即休屠县故城也。"南凉且为之出援兵。姑臧见围，附郭之乱既弭，而北凉已取西郡，降晋昌、敦煌，后凉遂自张掖撤退。西郡故治，在今山丹县东南。晋昌郡故治，在今安西县东。敦煌、张掖皆郡。夫姑臧见围，根本动摇，然赖金汤之固，犹能击平寇乱。但救燃眉之急，而不暇遑于西郡之守。既为北凉所得据岭之要，因以囊括岭西诸郡矣。岭，谓删丹岭，在今山丹县东南。

### 后凉四

后凉之日趋微弱，其岭南西平、乐都、湟河、浇河四郡，东及兴城，皆降于南凉。岭南，谓洪池岭南也。岭在今武威县东南。乐都郡治，今乐都县治是也。湟河郡故治，在乐都县东南。浇河郡故治，在今贵德县境。胡三省曰："兴城，在允吾县西南。"南、北凉相倚为援。后凉尝渡浩亹河伐南凉，不利于三堆。《甘肃通志》："大通河即古浩亹河。"胡三省曰："三堆，在浩亹河南。"又屡伐北凉，破其西安，围其国都张掖，略地建康。西安郡故治，在今张掖县东南。南凉援北凉，兵至于姑臧。此际后凉之地，与盛时较，仅有三之一，而其他三之二，且连合以与己为敌。南伐则惧北凉之来，西侵而南凉即至，顾此失彼，捉襟见肘矣。

## 后凉五

西秦降后秦，后凉广武亦降之，旋又入于南凉。后秦来伐，南凉弃广武以避之。后秦直围姑臧，后凉王隆请降以退师。后秦置兵布党于魏安、晏然，乃去。魏安郡故治，在今古浪县东。班固《地理志》："休屠县，王莽改曰晏然。"而南、北凉又来伐，兵逼姑臧，南凉且陷显美，显美县故城，在今永昌县东。隆乃以姑臧入后秦。自广武之外叛，岭南门户已操诸人，而己则疆宇日蹙，崎岖二岭之间。胡三省曰："姑臧南有洪池岭，西有删丹岭。"既降后秦，魏安、晏然近在肘腋，动辄受制，国已不国。况益以南、北凉之夹攻，欲不归命于后秦，得乎？

## 后秦一

前秦瓦解，其龙骧将军姚苌，羌酋也，进屯北地，称秦王，为后秦。北地郡故治，在今耀县东南。前秦来伐，塞安公谷，堰同官水以相困，不胜而去。胡三省曰："安公谷、同官水，皆在今耀州界。"于是前秦、西燕，相持长安，后秦遂西拔新平，取安定，尽有岭北。新平郡故治，今邠县治是也。安定郡故治，在今泾川县北五里。胡三省曰："岭北谓九嵕之北，凡新平、北地、安定之地皆是也。"案：九嵕山，在今醴泉县东北。西燕败前秦，据长安，又来伐，至新平，败以去。其众鲜卑思东归，而弃长安，苌入都之。夫长安，关中之枢，争天下者所必取。《关中记》："东自函关，西至陇关，二关之间谓之关中。"苌之略有岭北，以为取长安之基也，取之于燕、秦胜负未决之时难为功，取之于秦败燕去之后易为力，此卞庄子刺虎之故智。然不先有岭北，亦曷由取长安哉！且西燕之据长安而来伐者，不惟逼乎？后秦既先有岭北以临长安，即非鲜卑之思东归，西燕亦未必能抗后秦也。

## 后秦二

后秦既有长安，陇城、冀城、赤亭诸羌皆应之。陇城，在今清水县北。冀城，在今甘谷县南。赤亭，在今陇西县西。长安之师西上，略阳复下，上邽遂降。略阳郡故治，在今秦安县东南八十里。秦州镇上邽，故城在今天水县西南。盖尔时上邽已在包围之中，欲负嵎而不可得也。

前秦主苻登自河州东下陇右，据南安。河州镇枹罕，今临夏县治是也。陇右，陇山之西，渭水上游。南安郡故治，在今陇西县东北，渭水北。后秦以见逼，自上邽撤退，北保泾阳以及平凉。平凉郡故治，在今平凉县西北。泾阳县故城，在平凉县西四十里。自是以东，则守安定、阴密，以迄长安，东西相联络。阴密县故城，在今灵台县西五十里。前秦之图泾阳，一师自上邽，一师自杏城，以取钳形攻势。杜佑曰："杏城在坊州西。"案：唐坊州，今中部县治是也。后秦拒退之，然后反攻，拔彭沛谷堡、徐嵩堡。彭沛谷堡，当在今宁县西。《十六国疆域志》："新平县有徐嵩堡。"败前秦于泥源，克和宁、杏城。泥水在今宁县境。胡三省曰："和宁在杏城之东南。"又击退西燕于河西。胡三省曰："此龙门至华阴河之西也。"此一时也。前秦西陷平凉，进攻陇东，《十六国疆域志》："陇东郡治泾阳县。"东陷新平，以逼安定。后秦袭取其辎重于大界。胡三省曰："大界，当在安定、新平之间。"前秦又自新平进据新丰之千户固，以逼长安。新丰县故城，在今临潼县境。而叛者复攻杏城、李润。后秦急平变乱，前秦因不得逞，李润，地名，盖在今大荔县东。此又一时也。夫后秦之鏖战前秦于安定、泾阳，虽竭力尽智，而要为守势。独于杏城迤及东南之地，则采取攻势，以此当长安东北一为敌有，则危及策源地矣。假使由长安、阴密、安定、泾阳、平凉西向拒敌，而杏城、和宁、李润之寇忽从后至，直捣长安，被迫而两线作战，犯兵家之忌，故以先事进讨为愈也。

前秦自雍渡渭，进据曲牢。雍县故城，在今凤翔县南。曲牢，在长安南。反侧子在郑县密应之，遂东至马头原。郑县故城，在今华县北。马头原，在长安东。后秦拒退之，又降其新平。前秦自雍攻安定不下，后秦因反攻胡空堡，且袭破平凉。胡三省曰："胡空堡，在新平界。"苌卒、子兴嗣立之际，前秦复逼废桥。《十六国疆域志》："池阳县有废桥。"案：池阳县故城，在今泾阳县西北。奋击破之，追奔至平凉、泾阳，斩前秦主登于马髦山南。胡三省曰："马髦山，盖平凉之险要处也。"后秦之所以能胜前秦者，在固守长安、阴密、安定诸据点，以互相策应、抵御攻势，然后乘隙出击，所谓先为不可胜以待敌之可胜者也。反观前秦，根本之地，如大界、平凉，皆尝不守。及乎败绩，并雍、胡空堡以往而尽弃之，穷蹙入山，不亡何待！

## 后秦三

前秦既亡，后秦西取上邽，击降略阳，遂入自南安峡以伐西秦。南安峡，在今秦安县南。西秦兵自陇西，东屯柏阳、侯辰谷以相拒。陇西郡故治，在今陇西县西南。柏阳、侯辰谷，盖在今清水县西南。破之而顺利推进，遂抵枹罕，其主乞伏乾归既奔而复来降。枹罕县故治，即今临夏县治。是时西秦虽都苑川，而枹罕实为河南之名城。克枹罕，而西秦举矣，故其主来庭也。苑川城，在今榆中县东北。河南，谓金城河之南。

后秦伐后凉，济自金城河，直围姑臧。金城郡故治，在今兰州西南。其北大河，所谓金城河也。后凉都姑臧，今武威县治。其主吕隆请降，因留兵树党于晏然、魏安，且成金城，乃还。旋征隆入朝，而取姑臧。晏然县故城，在今武威县西北七十里。魏安郡故治，在今古浪县东。彼凉州之御东师，一则临金城河以布防，一则固守广武。广武郡故治，在今永登县东南。而是时后凉所领不及此，故后秦之师长驱直入以薄其国都。及退，而又布置势力于姑臧附近，则已握后凉之命运于掌中矣，故隆卒入朝。

## 后秦四

西燕之亡，后秦之师济自龙门，入蒲坂。龙门山，在今河津、韩城两县之间。河东郡治蒲坂。而魏南下，一军至高平瓦亭，长安大震，关中诸城为之昼闭。高平城，即今固原县治。瓦亭在其南。一军自平阳寇河东。平阳郡故治，在今临汾县南。后秦由河东击魏，拔其乾壁而前，不利于永安，退保柴壁。乾壁，在今襄陵县东南。永安县故治，今霍县治是也。《十六国疆域志》："临汾县有柴壁。胡三省曰：柴壁在汾东。"魏南杜蒙坑，西作浮梁汾上取天渡以围之，《十六国疆域志》："绛邑县有蒙坑。"案：绛邑县故城，在今曲沃县西南。后秦遂丧柴壁之师。魏乘胜攻蒲坂，不下乃去。夫瓦亭当泾水之上游，顺建瓴之势以临关中，而蒲坂为河东向长安之冲要，此于后秦立国，关系甚巨，故与魏势不得不出于一战。虽柴壁失律，而卒保蒲坂，故犹能藉此以绊魏人西犯之马足也。

## 后秦五

后秦东克晋湖、陕二戍及洛阳。湖城，在今阌乡县东四十里。陕城，今陕县。东南克上洛，降顺阳，取南乡，略地至梁国，而始还师。上洛郡，今商县治是也。顺阳郡故治，在今光化县北。南乡郡故治，在今淅川县东南。《十六国疆域志》："梁国治项县。"淮汉以北诸城，多请降送质。及晋求和，后秦割顺阳、南乡、新野、舞阴等十二郡归于晋。新野，今县。舞阴郡故治，在今泌阳县西北六十里。后秦嘉南凉之来献马羊，与以姑臧。南凉旋叛，师济自金城以袭之。胡三省曰："自金城济河也。"攻姑臧不下，乃还。

后秦之地，东及洛阳，东南及汉上，则函谷、武关所以固长安者，可以无虞。秦函谷关，在今灵宝县西南里许。汉函谷关，在今新安县东北。武关，在今商县东一百八十五里。且由顺阳诸郡顺流而下，可取襄阳，置之不为，而捐地于晋，是晋人可不忧汉上之侵轶，而己势须严武关之守，此非庙谋之误者乎！至于姑臧，中河西而立，名为险固。昔汉武倾天下资力，始开拓四郡，隔绝诸戎，以断匈奴右臂。四郡，武威、张掖、酒泉、敦煌也。后秦乃贪贡奉之微而弃要区，斯又误之甚者。既与而复袭之，彼岂知形胜之地，金汤之坚，与之甚易，而拔之甚难乎！后秦之微，良有以也。

## 后秦六

后秦再伐仇池氐王杨盛，师自宕昌、下辨入，又攻其汉中，克成固，盛遂请降。仇池山，在今成县西。宕昌、下辨二县故城，当在仇池之西。成固县故城，在今城固县西北十八里。嗣晋将北寇汉中，盛乘势东南至沔口，后秦南梁州刺史退屯武兴。沔口城，在今沔县西。武兴城，今略阳县治是也。盛之北出，则尝攻陷祁山以逼秦州，后秦与战于竹岭而不利。祁山，在今西和县西北。《水经注》："汉水北，连山秀举，罗峰竞峙，是为祁山。"案：此谓西汉水也。竹岭，在今天水县西南。盛之东北出，则寇及陈仓而败去。陈仓县故城，在今宝鸡县东。后秦曾由鹫峡、羊头峡、汧城三道出师以攻之，而竟无功。鹫峡，在今成县西北。羊头峡，当在今天水、成县间。汧城，在今陇县南。夫杨氏之据仇池，延及数世，非其智勇能全也，但以地势险固耳。况又时晋之援，故能略有汉中，突破秦州之防御线，且内及陈仓也。

后秦之微，西秦复叛据苑川、枹罕，陷金城，又尝破陇西、南安、略阳诸郡及柏阳堡、水洛城。柏阳堡，《通志》："在清水县西南。"《水经注》："水洛亭，在陇山之西，汉略阳县界。"郑戬曰："水洛城，西占陇坻，通秦州往来路。"秦州既陷而复克，盖于时后秦已无力反攻，惟扼秦州，取守势，以杜西秦之东犯而已。

## 后秦七

夏人叛自朔方，西南出入高平川，转战青石原，东南攻三城以北诸戍。朔方郡故治，在今鄂尔多斯右翼后旗黄河东岸。高平川，即今发源固原县，北流至中宁县入黄河之清水河也。青石原，在今泾川县西北。魏收《地形志》："广武县有三城。"案：广武县故城，在今延安县东南。后秦尝伐之，夏退保河曲，反败后秦。胡三省曰："河曲，在朔方东北。"势益猖獗，陷黄石，固救奇堡、我罗城，攻平凉，进屯依力川。黄石县故城，在今平凉县北十里。我罗城，在黄石东。救奇堡，在黄石北。依力川，在今平凉县东南。后秦于岭北，则重杏城之守，以西则固安定之防。其间又屯贰城。贰城，盖在今正宁、宁县境。夏西南寇陇右，破白崖堡，趣略阳，陷上邽。后秦则自安定蹑其后以制之。《元丰九域志》："清水县在秦州东九十里，有白沙镇，县西又有白石堡。"夏东南陷定阳，又陷杏城。后秦则出兵北地、新平以御之。定阳县故城，在今宜川县西北。夏复陷新平南犯，后秦击却之龙尾堡。龙尾堡，在今岐山县东二十里。夏又陷阴密与雍，寇及郿城、池阳乃去。郿城，今眉县。盖夏人骋駃騠之足，驱射猎之民，风驰电赴，从事突击，迫使后秦处处采取守势，而彼则抵瑕蹈隙，多所陷落，摧残破坏，旋复弃去。后秦既无力反击，则亦惟守杏城、贰城、安定以及上邽诸据点，以作长安外围。虽云戎马生郊，而国都犹未发生危险，实由诸城星罗棋布，足使敌骑却步也。而于时之上邽，北御夏人，西防西秦，南当仇池杨氏，受三面之环攻，作西疆之屏障，实有足多者焉。

## 后秦八

晋伐谯纵于蜀，后秦救之。纵东犯晋江陵，出兵会之，又击襄阳。晋因是屯聚芍陂，有扰边之志。芍陂，在今寿县南。后秦议从淝口济淮，直捣寿春，而不果。西淝河口，在今凤台县西南。寿春县，今寿县治。晋遂来伐，其自汴入河之师，陷仓垣。仓垣城，在今开封县西北。胡三省曰："汴水首受济，东南与淮通。"其自新野北出之师，下阳城。阳城县故城，在今登封县东南三十五里。其自淮、淝西北向之师，席卷漆丘、项城、新蔡、许昌，至荥阳、成皋、虎牢，又破柏谷，洛阳遂陷。胡三省曰："漆丘盖在蒙县。"案：蒙县故城，在今商县东北二十二里。《晋书·地理志》："成皋，有关，郑之虎牢。"案：柏谷坞在今偃师县东南。彼许、颍之地，犹曰千里平原，难于防堵。若夫荥阳以西，山岳重叠，险阻多有，敌艰于仰攻，己逸于坐守，而皆望风溃者，何哉？盖于时后秦，王纲不整，四邻交攻，虽有地利，其如人心瓦解何！

**晋陷蠡城而西，后秦南守潼关，北守蒲坂、蒲津。**蠡城，在今洛宁县西。潼关当今秦、晋、豫交通之冲。蒲津，在黄河西岸，东渡即蒲坂。**潼关战败，退保定城。**郭缘生《述征记》："定城去潼关三十里，渭水径其北。"**遣兵屯大路及河北之九原，以邀绝晋之粮援，及断河上水道，战皆不利。**胡三省曰："自渑池西入关，有两道。南路由回溪阪，自汉以前皆由之。曹公恶南路之险，更开北路，遂以北路为大路。"案：河北县故城，在今芮城县东北。九原，盖临河之地名。**而晋偏师分入子午、骆谷，陷武关、上洛，至青泥。**子午谷，由洋县至长安之道也。骆谷，在今盩厔县西南。青泥城，在今蓝田县。**后秦主泓出峣柳拒战，败绩而还。**《元和郡县志》："蓝田县城即峣柳城。"**潼关之陷，晋入渭北。屯香城之师见逼西退，**胡三省曰："香城，在渭水之北，蒲津之口。"**晋水陆兼进。后秦甲兵，北败于泾上，南破于渭桥，长安遂陷。**泾水于长安东北入渭。渭桥，在长安北渭水上。**于时定城之师，由郑城、灞东，节节退守，亦归于崩溃。**灞水，在长安东。**其偏将自轵关向河内，引魏军以蹑晋后，而无及也。**轵关，在今济源县西北。《史记正义》："河北为河内，河南为河外。"**夫洛阳虽破，而东潼关、蒲坂，东南峣柳之险，犹可凭以固拒，而竟覆军亡国者，盖其守不纯于守，而欲以战辅之，鼓屡败之卒，当常胜之师，是以不获出战之良果，及累及防御之效能。且自潼关以来，彼悬军深入，有必死之心，己内外离心，怀奔进之志，大事去矣，云如之何！**

## 南凉一

**河西鲜卑酋秃发乌孤始都廉川，**廉川堡，在今乐都县东。**东治兵广武，败后凉于街亭。**广武郡故治，在今永登县东南。《水经注》："街亭在杨非亭北。"案：杨非亭，在永登县西。**降其兴城，克其金城，河南鲜卑皆附之。**金城郡故治，在今兰州西南。胡三省曰："兴城在允吾县西南。河南，金城河南也。"《水经注》："允吾县，在大河之北，湟水之南。"**西破乙弗、折掘二部鲜卑，取后凉西平。**西平郡故治，今西宁市是也。**于是乐都、湟河、浇河皆降。**乐都郡故治，今乐都县是也。湟河郡故治，在乐都县东南。浇河郡故治，在今贵德县境。**自后凉衰微，南凉乘势崛起，广武当岭南之要，而廉川去之密迩，横截而**

东，杜后凉门庭而击败之，故能拓及河南。岭，谓洪池岭。若夫西平，据湟河之要，有大小榆谷之饶，远于姑臧，而近于廉川，南凉易为攻，而后凉难为守，斯固南凉囊中物已。姑臧，后凉所都，即今武威县治。既已得之，诸郡亦遂归附。譬诸挈裘而振其领，顺者不可胜数也。

## 南凉二

后凉来伐，败诸三堆。胡三省曰："三堆，在浩亹河南。"南凉数往伐，攻其姑臧。后凉伐北凉，南凉又袭姑臧以救之，及北凉伐后凉，南凉亦救之。南凉尝败后凉于胡坑，屯兵其昌松漠口。昌松郡故治，在今古浪县西。胡三省曰："胡坑在姑臧西。"拔其显美、魏安。显美县故城，在今永昌县东。魏安县故城，在今古浪县东。其卒与北凉连合攻后凉，后凉以姑臧降后秦。南凉献马羊于后秦，而获赐姑臧。南凉始都廉川，徙都乐都及西平，旋自西平还乐都。及是，又迁于姑臧。夫南凉之用其兵力，不于东而于北者，何也？由后凉据河西形胜之地，其地足以南临，故不得不以其为唯一敌国，而思所以制之。败诸浩亹河南，则自守有余矣。与北凉缔交，则反攻有余矣。乘隙以进，鲸吞虽不足，而蚕食有余矣。及克昌松、显美、魏安，而后后凉土宇日蹙，情况日危。故后凉之亡，南凉为其勍敌，实主因也。后秦灭后凉，自长安以远有凉州，孤城独守，外逼群狄，师徒远悬，输将不易。相畀以姑臧，虽曰以贡献马羊之故，毋亦形格势禁，所谓虽鞭之长不及马腹者乎。及得姑臧，而河西重心始操之于己。且夫后凉，敌国也；北凉，与国也。然而北凉伐后凉，南凉亦救之，彼何爱于敌国哉？亦畏北凉得姑臧，据形制之势耳。

## 南凉三

方南凉之尚在岭南，尝袭北凉万岁、临松、赤泉。万岁县故城，在今山丹县境。临松郡故治，在今张掖县南。赤泉，在今张掖县东南。及北都姑臧，结好于西凉而敌北凉。西凉都酒泉，北凉都张掖。夏人来寇，掠杨非，至于支阳。尾追夏人之师，全覆诸阳武下峡。杜佑曰："唐会宁县，汉枝阳县。"案：会宁县故城，在今靖远县东北。阳武下峡，亦在靖远县境。后秦来伐，陷昌松而围姑臧，不逞始去。南凉之伐北凉，入自西峡，败于均石，西郡沦陷。西峡，山丹峡之口。西郡故治，在今山丹县东南。均石，在今张掖县东。又往掠临松，北凉反攻，至显美。继复往伐，败于穷泉，姑臧见围。穷泉，当在今永昌、山丹二县境。值叛变起于石驴，南凉惧岭南之失，遂弃姑臧而还乐都。胡三省曰："石驴山，在姑臧西南。"原河西重心，实在姑臧。南凉得之，足以称雄。连合西凉，亦足以制北凉。乃以均石之败，丧失西郡。夫自姑臧度岭而西，西郡当其要，实为西门。胡三省曰："姑臧南有洪池岭，西有丹岭，一作删丹岭。"而入于仇敌之国，使寇军得以长驱深入，根本之地受其威胁，亦无惑也。且北凉、后秦，皆尝来围姑臧矣。后秦曳兵而去，北凉唾手而下金汤。北凉实力未必胜于后秦，彼无异故，近据西郡，居高东临，易于为功。而后秦由长安以来河外，孤军远悬，难于着力也。而况南凉数败之余，主力军伤亡殆尽，国家元气无从恢复。又树敌太多，四国交攻，其放弃姑臧，退保乐都，亦形势有以相逼。获雄胜之区，而以不善用兵失之，惜哉！

## 南凉四

北凉既取姑臧，频频来伐，下湟河，侵西平，而围乐都。《水经注》："河水北径黄河城南。"或曰：即湟河之讹也。是湟河郡治在黄河北，而当乐都东南。南凉屡往伐，至番禾、苕藋，然皆不利。番禾郡故治，在今永昌县西。苕藋，在今张掖县东。吐谷浑亦尝为寇。吐谷浑，盖当南凉西南。西秦又济自金城河来伐，北战岭南，南陷白土。金城河，今兰州之黄河也。岭，洪池岭也。白土县故城，在今西宁市东南。南凉主傉檀西伐乙弗，西秦袭破乐都，傉檀降。夫姑臧弃守，疆土已蹙，乐都数围，国势阽危，不可复振已。迨白土之失，南方益紧张，乃劳师袭远，不顾本根，宜其亡也。

## 西凉一

北凉效谷令李暠据敦煌而立，为西凉。胡三省曰："效谷县，自汉以来，属敦煌郡。后周并入敦煌县。"案：效谷县故城，在今敦煌西。西击下玉门以往诸城，屯田积谷于玉门、阳关，玉门关，在今敦煌县西一百五十里，阳关之西北。东伐凉兴，并降凉宁、酒泉，遂徙都酒泉。胡三省曰："隋唐常乐县，即凉兴郡地也。"案：常乐县故城，在今安西县东。凉宁郡故治，在今玉门县界。是时河西之地，后秦灭后凉，据姑臧。北凉据张掖，南凉据乐都。姑臧，今武威县治。乐都，今县。西凉若欲与群雄角逐，称霸凉州，势须由西而东。至于敦煌，僻远之区，保守则有余，进取则不足也。

## 西凉二

西凉与南凉交好，而与北凉为敌。北凉频西寇，战马庙、解支涧，《十六国疆域志》："酒泉郡治福禄县，有马庙。建康郡有解支涧。"进至安弥，置戍建康。安弥县故城，在今酒泉县东。建康郡故治，在今高台县南。西凉多所挫败，东袭张掖，入都渎涧，君丧师覆于蓼泉。《通志》："蓼泉，在张掖县西。都渎涧，又在其西。"酒泉沦陷，敦煌亦归于北凉。夫西凉东徙酒泉，实欲渐逼张掖，而国力不足，无以图功。迨北凉置戍建康，反见逼于张掖，又不能深闭固拒，而悬军远袭，以取灭亡。根本既拔，枝叶从之，故敦煌亦不守矣。

## 西秦一

前秦之瓦解，陇西鲜卑酋乞伏国仁自立，筑勇士城而居之。勇士城，在今榆中县东北。于鲜卑不顺诸部，或败诸渴浑川，或破诸平襄鸣蝉堡，或降诸六泉。胡三省曰："渴浑川，当在勇士县东北。六泉，在高平。"案：平襄县故城，在今通渭县西南。鸣蝉堡，在今秦安县界。高平县，即今固原县治。又降枹罕、南安羌、显亲、休官，枹罕县故城，即今临夏县治。南安郡故治，在今陇西县东北渭水北。显亲县故城，在今天水县西北。休官，杂夷部落之名。讨牵屯山叛者。牵屯山，盖在今榆中县北境。西略湟中，败吐谷浑于度周川。湟中，今湟水流域也。度周川，在今青海省东南境。东争秦州，秦州故治，在今天水县西南。定都苑川，是为西秦。《水经注》：苑川在勇士县界。与西秦为敌者凡二国，西曰后凉，东曰后秦。后凉都姑臧。后秦都长安。

（一）后凉陷枹罕，三道来伐。中道陷金城，金城郡故治，在今兰州市西南。北道出阳武下峡，阳武下峡，在今靖远县，河水所经。南道枹罕之众，陷临洮、武始、河关。临洮县故城，即今岷县治。河关县故城，在今临夏县西。胡三省曰："武始郡，故狄道县地。"西秦卒拒退其师，且复枹罕，而进取支阳、鹯武、允吾。支阳县故城，在今永登县南。允吾县故城，在今兰州西河湟之间。胡三省曰："鹯武城，当在二县之间。"夫枹罕，河南名城。凉州陷之，以为东侵之基，足使西秦深怀惴惴，不得安枕。而此复败去者，由三道相去辽远，山河既阻，力不周接。西秦败其一军，而众军自退也。

（二）后秦取上邽及略阳，入南安峡来伐。上邽，秦州治也。略阳郡故治，在今秦安县东南八十里。南安峡，在今秦安县南。西秦自陇西出兵，屯柏阳、侯辰谷，一战而败。陇西郡故治，在今陇西县西南。柏阳谷，在今清水县西南，侯辰谷盖与相近。后秦进军枹罕，西秦主乾归弃苑川、金城而走，旋还降之。夫上邽，当陇右之要。后秦既有之，又以大国来伐，力不能抗，其败固宜。枹罕名城，且不能守，苑川、金城，虽曰根本，亦丧胆而末由固矣。

## 西秦二

西秦世子炽磐据嵚岩山，取枹罕。胡三省曰："嵚岩山，当在苑川西南。"案：在今兰州南。乾归自后秦逃归，保度坚山。度坚山，当距苑川不远。以渐克金城、略阳、南安、陇西。后秦复守柏阳堡、水洛城，旋亦克之。《十六国疆域志》："略阳县有水洛城，清水县有柏阳堡。"案：略阳县故城，在今秦安县东南八十里。清水，今县。然后镇马头以逼上邽，后秦见灭于晋，上邽来降，丁度曰："幡冢山在古上邽县西，有神马山。"遂都谭郊。顾祖禹曰："谭郊城，在今河州西北。"案：河州故治，即今临夏县治。夫嵚岩、度坚，相与犄角，足以待攻。取枹罕，则河南风靡；降上邽，则握陇右之重心。此所由复国也。

## 西秦三

西秦济金城河伐南凉，败其师于洪池岭南。金城河，谓今兰州北之黄河也。洪池岭，在今武威县东南，凉州之大山也。克白土，遂徙都枹罕。阚骃《十三州志》："左南津西六十里有白土城，城在大河之北，而为缘河济渡之处。"案：城当在今化隆县东南。因南凉主秃发傉檀西征之衅，袭破其国都乐都，乐都，今县。尽得南凉疆土，而分兵镇西平、广武、浩亹。西平郡故治，即今西宁市治。广武郡故治，在今永登县东南。浩亹县故城，在今乐都县东。西秦之徙都枹罕，岂独以其为河南名城哉？亦由此密迩南凉，便于进取也。况白土城，在大河之北，益近乐都，此所以一举而灭一国也。

## 西秦四

西秦既灭南凉，与北凉为邻敌。北凉来伐，陷广武，败西秦于浩亹勒姐岭。勒姐岭，在今西宁市东。西秦往伐，袭取其湟河，北凉湟河郡，盖置于今乐都县以北。深入战于五涧，胡三省曰："五涧，在洪池岭北。"破白草岭及临松，白草岭，在今大通县北。临松郡故治，在今张掖县南。攻西安、番禾。西安郡故治，在今张掖县东南。番禾郡故治，在今永昌县西。北凉因连夏以自救。夏始已陷上邽，及是，又陷南安，攻苑川、嵚岧。枹罕遂受兵，国都徙定连。案：《十六国疆域志》有定连县，故城盖在今夏河县境。兵燹西及湟河、西平，乃去。西秦亦连魏以制夏。魏克夏都统万，西秦始还都枹罕。统万城，在今横山县西。西秦之与北凉交兵，一进一退，力固相当。乃夏人始则取上邽，以据陇右之要，继则乘虚而至。夫北面须防北凉，而东面又须御夏，力之不敌，奚待蓍龟矣。

## 西秦五

西秦南界吐谷浑，尝往伐之。遂会北凉来伐，北凉陷西平，攻乐都，浇河及枹罕附近皆叛。浇河郡故治，在今黄河南岸贵德县境。西秦复退保定连，北凉、吐谷浑交攻之。请迎于魏。东迁途中，见阻于夏，保南安。其故地皆入吐谷浑。胡三省曰："自苑川至西平、枹罕，皆乞伏氏故地。"略阳降夏，夏与诸羌叠攻南安。西秦主暮末降夏。夫河湟，所以蔽枹罕而御北凉也。乃其名城，或陷或降，势不得不退往定连。而吐谷浑又自其南与之为敌，故穷蹙东奔，复见阻于夏以不达，局促孤城，有降而已。

## 夏 一

赫连勃勃，匈奴右贤王去卑之后，后秦以为五原公，配以三交五部鲜卑及杂部二万余落，镇朔方。顾祖禹曰："三交城，在榆林卫故夏州西。"案：夏州故治，在今横山县西。朔方郡故治，在今鄂尔多斯右翼后旗界内。既而叛，是为夏。西面向，杀后秦高平川镇将。高平川，旧宁夏省之清水河也。侵南凉，自支阳至于杨非，破其师阳武下峡。杜佑曰："唐会宁县，汉枝阳县。"案：会宁故城，在今靖远县东北。阳武下峡，亦在靖远县境。杨非亭，在今永登县西。攻后秦平凉，克黄石固、我罗城、敕奇堡。平凉郡故治，在今平凉县西北。黄石固，又在其西北。敕奇堡，在今平凉县北。我罗城，在黄石固东。屯依力川，进战青石原。《图经》："依力川，在平凉故城东南。"案：青石原，在今泾川县西北。下东乡，攻安定。《图经》："东乡，盖在青石岭东。"案：安定郡故治，在今泾川县北五里。又向陇右，破白崖堡。陇右，陇山之西也。《元丰九域志》："清水县西，有白崖堡。"趣清水，下略阳。清水，今县。略阳郡故治，在今秦安县东南八十里。迤东克貳城，攻三城以北诸戍。貳城，盖在今正宁、宁县境。顾祖禹曰："三城，在今延安府东南。"拔定阳，逼杏城，而略岭北郡县。定阳县故城，在今宜川县西北。杏城，在今中部县西南。顾祖禹曰："九嵕诸山以北曰岭北。"九嵕山，在今醴泉县西北六十里。后秦尝来伐，则远保河曲。后秦退去，遂筑统万城而都之。统万城，在今横山县西。胡三省曰："河曲，在朔方东北。"夫夏，起自朔方，始略高平。高平险固，山川沃饶，可以都而不都者，以大业草创，众旅未多，而于时后秦主姚兴，亦一时之杰，诸镇又用命，关中尚未可图。若已专固一城，彼必并力而来，是坐以待攻也。故不如以云骑风驰，居高临下，出其不意，救前则击其后，救后则击其前，使彼疲于奔命。后秦来伐，则飘忽远扬。后秦为之困弊，而莫可如何，然后建都统万也。

## 夏 二

后秦之且亡也，夏克其杏城，进逼池阳，池阳县故城，在今泾阳县西北。又入安定、新平、阴密。新平郡故治，今邠县治是也。阴密县故城，在今灵台县西五十里。南取雍，战于龙尾堡，进次郿城，雍县故城，在今凤翔县南。郿城，今郿县。刘昫《地理志》："岐山县，唐武德七年，移治龙尾城。"至于陇西，则入上邽。上邽县故城，在今天水县西南，秦州治也。后秦反攻，据安定。及后秦之见灭于晋也，夏乃克之，于是尽有岭北之地。后秦之兴也，以安定为根本。后得关中，以之为重镇。即洎垂亡，犹事苦守。故夏之南下，于此不免有所顾忌。安定而为己有，自此以往，可望风而靡，径济渭南，骎骎向长安矣。

## 夏 三

晋将刘裕灭后秦而东还也，夏因机规取关中。徐广曰："东函谷，南武关，西散关，北萧关，居四关之中，故曰关中。"一师南断青泥，青泥城，在今蓝田县境。一师东杜潼关，拔蒲坂，潼关当秦、晋、豫交通之冲。蒲坂县故城，在今永济县北三十里。又一师向渭阳，取咸阳。《三秦记》："地在九嵕之南，渭水之北，山水俱阳，故曰咸阳。"遂入长安，置南台，晋师进散。夫夏尽有岭北，是益逼近长安外围。其为取之，旦夕间事耳。至于青泥、上洛，南北之险要，上洛县故城，即今商县治。潼关系长安之东门，一一予以占领，然后霆击电扫，岂特长安唾手可得，即俘晋师，亦如瓮中捉鳖已。蒲坂绾毂山河，北蔽潼关，亦重镇也，故不再举而克之。且夫长安，累帝旧都，有山河四塞之固。夏得之而不都者，何也？盖于时北魏，壤土相接，去其所谓北京统万者，才数百里。若南都长安，统万即有见袭之危。故国都雄镇，大将重兵仍旧集中于此。敌人因此不敢渡河，盖求逼统万，难望成功，而直向长安，又惧统万之尾击也。

## 夏　四

夏东逾河，与魏为敌国。时魏都平城，在今大同县东。伐其蒲子，魏亦袭杀吐京护军以相报。蒲子县故城，在今隰县东北八十里。《水经注》："吐京郡，即汉土军县也。"西秦攻北凉，北凉引夏以制西秦。西秦都枹罕，今临夏县治是也。北凉都姑臧，今武威县治是也。夏为出师，攻西秦苑川、嶱崀山，苑川城，在今榆中县东北。顾祖禹曰："嶱崀，在兰州南百七十里。"克南安。南安郡故治，在今陇西县东北渭水北。会攻枹罕，入其南城，然后西略湟河西、西平。湟河郡故治，在今乐都县东南。西平郡故治，今西宁市治是也。西秦亦结魏以制夏。魏一师陷陕城，一师陷蒲坂，合取长安。陕城，今陕县，夏弘农郡治也。一师济自君子津，直抵统万城下乃去。君子津，在清水河县西北九十里黄河上。夏旋由统万争长安，魏师复至，统万遂陷。夫夏共北凉缔交，而与西秦构兵，始已得陇右中心之上邽。至是，西向扩张，及乎河湟，于远交近攻之道，固有合矣。但狡寇窥窬之师，已自后至，致危及根本，此螳螂、黄雀之喻也。且夫统万为国都，蒲坂峙于河曲，陕城临乎河上，其为攻也足以难魏，其为守也长安亦固若磐石。而魏棋争先着，三道并至，彼此不能相救。蒲坂、陕城弃守，而长安之屏蔽已撤。长安失，而统万形势孤立，亦遂不可守矣。

## 夏　五

统万之陷，夏主昌奔上邽。既见围攻，复保平凉，旋反攻安定，临阵见擒。其弟定立于平凉，击败魏师马髦岭。马髦岭，在今固原县西南四十里。逐北而东，克安定、长安，至于临晋。临晋县故城，即今大荔县治。定自攻鄜城，鄜城，在今洛川县东南七十里。魏乘虚袭平凉。定还救，败绩鹑觚原，复奔上邽。胡三省曰："鹑觚县，唐天宝元年改曰灵台县。"平凉失守，关中诸城悉随之沦陷，陇西亦降魏。陇西郡故治，在今陇西县西南。会西秦式微，遂下其略阳，克其南安，执其主乞伏暮末。而畏魏之逼，自治城济向河西，顾祖禹曰："治城，今河州西北有故城。"案：河州，今临夏县治是也。欲并北凉之地，为吐谷浑所击灭。是时吐谷浑据枹罕一带。夫立国与为寇异。为寇，东西流窜，以抄掠为资而已，无所事乎立足建业。至于立国，则须有根本之地。一旦蹉跌，人心动摇，不可为已。夫平凉之向秦川，具建瓴之势。故马髦一战，席卷而东，尽收河华。然而平凉不保，向之所克，亦冰消瓦解，则根本之地之重要可知矣。其卒退婴上邽，虽得略阳、南安，而陇西已为魏有。东西交迫，不可复守，日暮途穷，转为流寇。此固与以流寇始事者有异也。中道见截，以至灭亡，宜也。

## 北 燕

后燕主慕容宝之养子云，篡后燕而自立，仍都龙城，是为北燕。龙城，今朝阳县治是也。云旋见杀，其臣冯跋立。北燕初载，令支叛降魏。令支县故城，在今迁安县西。于是重肥如、白狼之守以防之。肥如县故城，在今卢龙县北，幽、冀二州牧镇此。白狼县故城，在今凌源县南，并州牧镇此。魏始来伐，渡濡水而攻肥如。濡水，今滦河。其次，一师缀肥如，一师陷乙连城，直攻龙城。乙连城，盖在龙城西南。且南拔建德，西下石城。建德郡，当旧锦州府境。石城郡故治，在今承德县西北。又次，肥如、凡城，亦叛降之。凡城，在今平泉县内。其卒，魏师两道并至，陷白狼，北燕主弘东迁高丽以亡。夫龙城，前燕所自兴，藉之以席卷幽、冀，以其能采取攻势也。若夫北燕，硁硁自保之局耳。令支失，则退守滦东。肥如、建德弃，则南道无屏障。石城、凡城、白狼、乙连陷，则北道无隘害。国土日蹙，龙城孤立，如之何其能固也。且尔时魏地半中国，萃大力以攻一隅，强弱之势相悬。北燕虽尝连夏结晋，以为掎角，然应援既遥，无救于燃眉之争，殆谚所谓"远水不救近火者"耶。

## 北凉一

沮渠蒙逊，临松卢水胡帅。临松郡故治，在今张掖县南。《十六国疆域志》："临松郡临松县有卢水。"后凉之世，起兵攻克临松，屯据金山。《五代史志》："删丹县有金山。"其从兄男成，亦起兵屯乐涫，攻拔酒泉，乐涫县故城，在今高台县西北。酒泉，今县。共推建康太守段业为主，建康郡故治，在今高台县南。取西郡，西郡故治，在今山丹县东南。降晋昌、敦煌。晋昌郡故治，在今安西县东。敦煌，今县。后凉遂弃张掖。张掖，今县。业徙都之，蒙逊继立，是为北凉。胡三省曰："河西西郡，张掖在北，故号北凉。"案：西郡谓武威、张掖、酒泉、敦煌也。后凉尝逾岭来伐，胡三省曰："自姑臧西北出张掖，其间有大岭。"入西安，围张掖，西掠建康。胡三省曰："北凉置西安郡于张掖东境。"北凉连南凉，故南凉袭姑臧以相救。姑臧，今武威县治，后凉都此。北凉亦尝往伐，攻姑臧。及后秦灭后凉，入姑臧，移师而西，北凉击败其前军，始乃退去。案：北凉之能仓猝立国，其要在取西郡。盖自姑臧西北出张掖，其间有大岭。度岭而西，西郡当其要。克之而据岭，断东西往来之道。于是晋昌、敦煌皆被囊括，张掖亦唾手而下，获根据之地。后凉之师进逼城下，虽以南凉救援，迫使退去，毋亦能扼西郡以为要害，而后凉有不得不却顾者耶。且后秦乘方张之势以来，而军锋受挫以旋。此无他，北凉据岭故耳。

## 北凉二

南凉来伐，南至临松，东至赤泉、万岁。赤泉在今张掖县东南。万岁县故城，在今山丹县境。及其自后秦得姑臧，西进有西郡，北凉破诸均石而复之。胡三省曰："均石在张掖之东，西峡之西，盖西郡界。"然后东伐，至显美。显美县故城，在今永昌县东。旋克姑臧，遂东都之。屡败南凉，围乐都，降湟河。乐都，今县，南凉都此。湟河郡故治，在其东南。南凉旋为西秦所灭。夫南凉之初，势本强于北凉。及得姑臧，北凉尤惴惴于东南两面之受敌。然卒全西郡以扼岭之要，又使南凉放弃姑臧。南凉之亡，由西秦乘虚进袭。而其始衰，则在此矣。至于乐都之围，湟河之降，复职由北凉。而北凉之转弱为强，实自夺回西郡始。故地有所必争，谓此也。

## 北凉三

陇西李暠叛据敦煌，为西凉。东下凉兴，胡三省曰："凉兴郡，在唐常乐县界。"案：常乐县故城，在今安西县西。晋昌、凉宁、酒泉诸郡皆附之。凉宁郡故治，在今玉门县界。暠且东都酒泉以相逼，北凉袭之至安弥，安弥县故城，在今酒泉县东。屡败其师，又城戍建康。西凉亦深入袭张掖，北凉急击杀其主歆，克酒泉、敦煌，遂灭西凉。夫北凉虽都姑臧，而视张掖为其发祥地，且以阻西凉之东进也。彼西凉之都酒泉，岂不曰以逼张掖，而北凉由张掖西城建康，酒泉反见逼焉？不计及后顾之忧，而冒昧前进，此西凉之所以亡也。

## 北凉四

南凉之亡，北凉与西秦为邻敌，东南克其广武，广武郡故治，在今永登县东南。南战于浩亹勒姐岭。浩亹县故城，在今乐都县东。勒姐岭，在今西宁市东。西秦来伐，于东，内战于五涧。五涧，在今武威县东。于南，陷湟河，出貂渠谷，破白草岭，白草岭，在今大通县北。貂渠谷，盖在白草岭南。攻临松、西安、番禾。番禾郡故治，在今永昌县西。北凉始则与夏缔交，使攻枹罕。西秦都枹罕，即今临夏县治。继则拔西平，攻乐都。西平郡故治，即今西宁市治。又继则与吐谷浑合兵直入枹罕，西秦东迁南安以亡。南安郡故治，在今陇西县东北。当西秦之来伐，逼五涧，姑臧危矣。攻临松，张掖危矣。及北凉运用其捭阖纵横之方，连夏，结吐谷浑，使西秦以一敌三，都城受攻，国力大伤，遂东迁以亡已。

## 北凉五

魏之来伐，直围姑臧。北凉求救于柔然而无及。姑臧溃，其主牧犍降。弟无讳奔敦煌，反攻克酒泉，进及张掖，屯临松。魏来伐，失酒泉。无讳弃敦煌，走据鄯善及高昌。鄯善国，在今鄯善县东南。高昌郡故治，在今吐鲁番县地。又攻取车师前部，车师前部，在今吐鲁番县西。柔然陷高昌，乃灭。于时之魏，已奄有北中国，仅凉州未隶版图耳。以强大兵力，而萃诸一隅，固宜姑臧之即下也。且姑臧未下，犹不足抗魏，而无讳欲凭沙塞之地以反攻，益为无望焉耳。

# 南北朝军事地理合论

## 序

　　国之兴亡，虽曰系乎人谋臧否，而地利得失，亦何尝不为其重要之因素哉！夫沙塞之间，其民勇敢，其俗射猎，其马駃骎，其居高燥，南向陵轹，若高屋建瓴，地势形便，后魏所由用之以混一黄河流域也。江东水国，其民轻脆，其俗娴舟楫，扬州为其财赋所资，荆江为其甲兵所聚，此南朝所以更历四姓也。北之图南，以魏太武之大举，临瓜步而不能渡。陈氏之微，北齐兵已据石头，战台城南北，犹被击退，由南朝有一衣带水可以凭耳。南之图北，经略碻磝、滑台、虎牢、洛阳四镇，阻河而止。虽欲长驱，而无其具，故封狼居胥云者，徒托之空言而已。南北交争，百有余年，北阻河而南凭江，不能相逾越，于是两淮之地，久为战场焉。然而北人武健，南人文弱，北人卒据上游，尽有江北，八道并进，江遂不可守矣。夫纷挐之世，每有豪雄崛起。而其据为根本之地，亦每有常所，人地相得，而国以立。关中河山百二，形胜之国，秦汉旧都，故周以之兴于西。邺有三台之固，北阻燕、代，南据大河，见称于魏武、石勒，故北齐以之起于东。东西分立，于是北之汾水，南之洛水，皆为用兵之区，亦犹南北之争在两淮也。其卒，平阳、晋阳皆归于周，北齐不支，何者？屏蔽尽撤焉耳。是故地理之可以支配历史，惟战争时期，最为彰明较著。此诚十年来研究军事地理时之所洞悉，而以为不容忽视者也。独惜诚近更忧患，不遑宁居，故于此编时作时辍，以致前后三卷体例未能划一。年运而往矣，精力就衰，惮于改作，此则私心所慊慊者焉。

# 宋 一

刘宋案有东晋故土，界大河与北魏为邻国。宋于大河以南，长、淮以北，置司州治虎牢，在今汜水县西北。置兖州治滑台，今滑县治。置北豫州治汝南，汝南郡治悬瓠城，即今汝南县治。置青州治东阳城，今益都县治。置徐州治彭城。彭城可以东西策应，故尤为重镇。魏于大河以北，置定州治中山，中山郡治卢奴县，今定县治。置冀州治信都，信都郡治信都县，今冀县治东北。置相州治邺。邺距河最近，故尤为重镇。

宋武帝永初三年夏五月，帝殂。秋九月，魏乘衅伐宋，其交战情形如下表：

| 中 路 |||||
|---|---|---|---|---|
| 魏明元帝泰常七年 | 冬十月 | 晋兵大将军奚斤等帅步骑二万济河，向滑台。<br>晋遗臣司马楚之聚众陈留境以降魏。<br>丁酉，尚书滑稽袭入仓垣。奚斤攻滑台。<br>壬辰，魏主将兵五万余人南下为斤等声援。 | 宋武帝永初三年 | 冬十月 | 司州刺史毛德祖遣司马翟广将步骑三千救滑台。<br>毛德祖遣兵戍邵陵、雍丘以备楚之。 |
| | 十一月 | 庚戌，奚斤拔滑台。<br>奚斤进逼虎牢。 | | 十一月 | 翟广败于土楼。 |
| | 十二月 | | | 十二月 | 北豫州刺史刘粹遣兵据项城。 |
| 魏泰常八年 | 春正月 | | 宋营阳王景平元年 | 春正月 | |
| | 二月 | | | 二月 | |

(续表)

| | | | | | |
|---|---|---|---|---|---|
| 魏泰常八年 | 三月 | 魏主自邺遣兵助奚斤攻虎牢。奚斤自虎牢将步骑三千攻入颍川而还。魏主如东郡陈留。并州刺史伊楼拔助奚斤攻虎牢。 | 宋营阳王景平元年 | 三月 | 龙骧将军沈叔狸将援兵三千人顿泜口。颍川太守李元德退入项城。李元德克颍川。 |
| | 夏四月 | 魏主自攻虎牢。 | | 夏四月 | |
| | 闰月 | 叔孙建西就奚斤攻虎牢。奚斤拔虎牢。 | | 闰月 | 刘粹军至项城,沈叔狸军至高桥,皆不敢进。 |
| | 秋九月 | 奚斤还平城,留将戍虎牢镇枋头。 | | 秋九月 | |
| | 冬十一月 | 河南镇将周几取颍川、汝阳。 | | 冬十一月 | 刘粹增兵守项城。 |
| | | 西 | 路 | | |
| 魏明元帝泰常七年 | 冬十月 | | 宋武帝永初三年 | 冬十月 | |
| | 十一月 | 黑矟将军于栗磾将三千人屯河阳,谋取金墉。 | | 十一月 | 毛德祖遣振威将军窦晃缘河拒于栗磾。 |
| | 十二月 | 于栗磾渡河,与奚斤并力败窦晃。 | | 十二月 | |
| 魏泰常八年 | 春正月 | 于栗磾拔洛阳。 | 宋营阳王景平元年 | 春正月 | |
| | 二月 | | | 二月 | |
| | 三月 | | | 三月 | |
| | 夏四月 | | | 夏四月 | |
| | 闰月 | | | 闰月 | |

(续表)

| | | | | | |
|---|---|---|---|---|---|
| 魏泰常八年 | 秋九月 | | | 秋九月 | |
| | 冬十一月 | | | 冬十一月 | |
| | | 东　路 | | | |
| 魏明元帝泰常七年 | 冬十月 | | 宋武帝永初三年 | 冬十月 | |
| | 十一月 | | | 十一月 | |
| | 十二月 | 楚兵将军叔孙建自平原济河,徇青、兖。<br>中领军娥清等将七千人会建南渡河,军于碻磝。<br>泰山、高平、金乡等郡入于魏。<br>叔孙建东入青州。 | | 十二月 | 徐州刺史王仲德将兵屯湖陆。<br>癸未,兖州刺史徐琰弃尹卯南走。 |
| 魏泰常八年 | 春正月 | 叔孙建入临淄。 | 宋营阳王景平元年 | 春正月 | |
| | 二月 | | | 二月 | |
| | 三月 | 魏主遣万余人从白沙渡河,屯濮阳南。<br>叔孙建将三万骑围东阳城。<br>娥清等攻破高平诸县。 | | 三月 | 南兖州刺史檀道济自彭城与王仲德救东阳城。 |
| | 夏四月 | 壬申,叔孙建烧营走,自东阳趋滑台。<br>青州刺史刁雍留镇尹卯。 | | 夏四月 | 己巳,檀道济军至临朐。<br>檀道济停军湖陆。 |
| | 闰月 | | | 闰月 | |
| | 秋九月 | | | 秋九月 | |
| | 冬十月 | | | 冬十月 | |

注：

  魏收《地形志》："陈留郡治浚仪县，有仓垣城。"案：浚仪县故城，在今开封县西北。

  召陵县故城，在今郾城县东三十五里。

  雍丘县，今杞县治。

  《通鉴》注："土楼，在虎牢东。"《九域志》："临河县有土楼镇。"案：宋临河县故城，在今濮阳县西六十里。

  项城县故城，在今项城县东北。

  《通鉴》注："肥口，淝水入淮之口。"

  颍川郡治许昌县。

  东郡，自汉魏以来治白马。白马，滑台之地也。

  高桥，未详所在。

  枋头，在今浚县西南八十里。

  汉汝阳县故城，在今商水县西北。宋盖于此置郡。

  平原郡治平原县，故城在今平原县南二十五里。

  湖陆县故城，在今鱼台县东南六十里。

  碻磝城，在今茌平县西南。

  《水经注》："尹卯垒在谷城县界。"案：谷城县，即今东阿县治。

  泰山郡治奉高，在今泰安县东北十七里。

  高平郡治高平，在今邹县西南。

  金乡，山东今县。

  《通鉴》注："济水之东，则青州界。"

  白沙，在今临漳县境，故邺县东南。

  临朐，山东今县。

是役也，司州之地尽入于魏。兖州自湖陆以南，豫州自项城以南，皆为宋守。推魏之用兵多而成功寡者，政略、战略均违其谋主崔浩之决策也。

（一）政略：浩主张暂不用兵，其言曰："刘裕新死，党与未离。兵临其境，必相率拒战，功不可必。不如缓之，待其强臣争权，变乱必起，然后命将出师，可以兵不疲劳坐收淮北也。"

（二）战略：浩主张略地，其言曰："南人长于守城，昔苻氏攻襄阳，经年不拔。今以大兵坐攻小城，若不时克，挫伤军势。敌得徐严而来，我怠彼锐，此危道也。不如分兵略地，至淮为限。列置守宰，收敛租谷，则洛阳、滑台、虎牢，更在军北，绝望南救，必沿河东走。否则为囿中之物，何忧其不获也！"

魏主既急于用兵，奚斤复力主攻城。于是，初则顿兵于滑台，再则顿兵于虎牢。而虎牢天险，古今所称。故合围二百余日，仅乃克之。若使宋之兵力与魏相等埒，檀道济自湖陆，刘粹自项城，沈叔狸自高桥，分道进救，则奚斤亦未必能克虎牢。夫兖、豫之交，平原弥望，极利于戎马之足。故奚斤自虎牢，以三千步骑，即长驱入颍川。颍川易入而虎牢难克，惟地形之异也。

叔孙建东徇青、兖之师，其战略错误与奚斤等。且宋自彭城北援东阳城，必由大岘。大岘以南，处处狭隘，车不得方轨，堵塞甚易。建以三万骑围东阳城，而不南守大岘。及檀道济入至临朐，遂烧营而遁，宜哉。

项城之于悬瓠，湖陆之于彭城，均具犄角之势，故宋虽败，犹力守之。若舍项城，则淮西诸郡无所凭依，弃湖陆，则魏骑逼彭城矣。

# 宋 二

宋大臣徐羡之、傅亮、谢晦等废其君为营阳王，而立文帝。文帝以羡之等专权，元嘉三年春正月丙寅，诛羡之、亮。遣中领军到彦之、征北将军檀道济西讨谢晦（晦为荆州刺史）。闰月，讨晦诸军相次西上，晦军二万发江陵东下。二月庚申，帝发建康西上。晦至江口，其长史庾登之进至巴陵。彦之至彭城洲。彦之战败，保隐圻。檀道济与到彦之合军。晦司马周超败雍州刺史刘粹于沙桥。戊辰，道济、彦之军至忌置洲尾，晦军溃。丙子，帝自芜湖东还建康。周超诣彦之降。己卯，晦走至安陆延头，见获。

注：

　　江口，即西江口，在今监利县东南。
　　巴陵郡，今岳阳县治。
　　彭城洲，在今岳阳县东北五里。
　　隐圻，在今临湘县东北。
　　沙桥，在江陵北。
　　忌置洲，在今岳阳县北。
　　安陆县故城，在今安陆县北。

　　晦在荆州，被逼应战。而北之雍州，<small>雍州治襄阳。</small>南之湘州，<small>湘州治临湘，故城在今长沙县南。</small>均受朝命，与己为敌，成夹攻之势，已足使晦狼顾。既发江陵，不能电赴星驰以向下游，使台军直抵彭城洲，此犹割刃于心腹。及败到彦之，又不能追奔逐北，使保隐圻而与檀道济合力齐上，台军声威益张，而晦形势益蹙，不溃何待！始晦谘议参军何承天为晦计曰："以王者之重，举天下以攻一州，大小既殊，逆顺又异，境外求全，上计也。其次以腹心将兵屯义阳，将军自帅大众战于夏口。若败，即趋义阳以出北境。其次也。"为晦计者，固无以易此。

　　建康地居下游，而文帝用兵，能制胜机行，遣到彦之直冲荆州之门，故仅历一时而西楚敉宁也。

# 宋　三

| 魏太武帝始光三年 | 春二月 | 南蛮校尉王慧龙帅众一万，拔思陵戍，进围项城，闻晦败乃退。 | 宋文帝元嘉三年 | 春二月 | 荆州刺史谢晦反，引魏为援。台军讨斩晦。 |
|---|---|---|---|---|---|
| 神䴥元年 | | | 五年 | 冬十月 | 徐州刺史王仲德遣步骑二千伐魏济阳、陈留。 |

（续表）

| | | | |
|---|---|---|---|
| 三年 | 春三月 | 诏冀、定、相三州造船三千艘，简幽州以南戍兵集河上，以备宋。 | 七年 | 春三月 | 诏简甲卒五万给右将军到彦之，统王仲德、竺灵秀舟师入河伐魏。<br>遣骁骑将军段宏将骑八千向虎牢，豫州刺史刘德武将兵一万继进。<br>长沙王义欣将兵三万驻彭城，为众军声援。 |
| 三年 | 夏六月 | 使丹阳王大毗屯河上，安南大将军司马楚之屯颍川，以备宋。 | | |
| 三年 | 秋七月 | 戊子，碻磝戍兵弃城去。<br>戊戌，滑台戍兵弃城去。<br>庚子，诏阳平王杜超镇邺，为诸军节度。<br>庚戌，洛阳、虎牢戍兵皆弃城去。 | 七年 | 秋七月 | 彦之自淮入泗，至须昌，溯河西上。<br>彦之裨将朱修之入滑台。<br>司州刺史尹冲入虎牢。<br>建武将军杜骥入金墉。<br>诸军进屯灵昌津，列守南岸，至于潼关。 |
| 三年 | 八月 | 遣冠军将军安颉督护诸军击到彦之，颉击败姚耸夫。<br>戊寅，遣征西大将军长孙道生会丹阳王大毗，屯河上以御彦之。 | 七年 | 八月 | 丙寅，彦之裨将姚耸夫渡河攻冶坂。 |
| 三年 | 九月 | 帝自伐夏。 | 七年 | 九月 | 与夏相约，合兵灭魏。 |
| 三年 | 冬十月 | 乙亥，安颉自委粟津渡河。<br>丙子，颉拔洛阳。<br>河北诸军会于七女津。<br>杜超击斩王蟠龙。<br>辛巳，安颉拔虎牢。 | 七年 | 冬十月 | 到彦之驻节东平。<br>彦之遣裨将王蟠龙溯流夺魏船。 |
| 三年 | 十一月 | 甲午，长孙道生等济河，攻济南。<br>戊戌，寿光侯叔孙建攻竺灵秀于湖陆，败之，还屯范城。<br>辛丑，安颉攻滑台。 | 七年 | 十一月 | 彦之引兵自清入济，南至历城。焚舟弃甲，步趋彭城。<br>竺灵秀弃须昌，南奔湖陆。 |
| 四年 | 春正月 | 叔孙建、长孙道生合拒檀道济。 | 八年 | 春正月 | 丙申，征南大将军檀道济自清水救滑台。<br>丁酉，道济至寿张。<br>道济转战至高梁亭。 |
| 四年 | 二月 | 叔孙建等焚烧道济军草谷。<br>辛酉，安颉克滑台。<br>癸酉，帝破夏，还平城。 | 八年 | 二月 | 道济进至济上。<br>道济军至历城。<br>道济军乏食，不能进。<br>道济全军而返。 |

注：

《通鉴》注："思陵戍在陈郡西北。"案：宋之陈郡，自陈县移治项县。

济阳县属陈留郡。故城在今兰封县东北。

魏河南四镇：金墉、虎牢、滑台、碻磝。

此时宋东平郡治须昌县，故城在今东平县西北。

灵昌津在延津县北，今湮。

冶坂津在今孟县西南，孟津之西。

委粟津当在黄河北岸。

《通鉴》注："七女津当在东平西北岸。"

济南郡治历城县，宋为冀州刺史治所。

范县，在今范县东南二十里。

郭缘生《述征记》曰："清河首受洪水，北流济。"

寿张县故城，在今东平县西南。

高梁亭，未详所在。


魏于大河之南，列置四镇。宋之青、兖、徐、豫遂至门户洞开。宋之必取四镇，势也。惟是宋师溯河西上，而魏即收众北渡。匝月之间，举四镇而悉复之。将士欢欣，堕魏计中而不觉。且东西列兵，径二千里，估计一处不过数千。其意本在固河自守，而力分势弱，为魏所洞知。遣偏师攻冶坂，而主将还驻东平，保持粮道，策应东西。其无意北向，又魏所悉。魏始则敛戍以去，暂葆锋芒。及天时有利，魏主所谓冬寒地净、河冰坚合者，即南向以并力一击，而宋师仓皇散走矣。

夏之击魏，兵至鄜城，<sub>鄜城县故城，在今洛川县东南七十里。</sub>宋与相约，合兵灭魏。向使到彦之定计两道北向，东道向冀州，西道冲邺，而夏亦东向，则河北谁属诚未可知。有可用之机而失之，由人事之爽耳。

## 宋 四

| | | | |
|---|---|---|---|
| 宋文帝元嘉十六年 | 春三月 | 上洛太守镡长生弃郡走。 | |
| | | | 魏太武帝太延五年 | 春三月 | 雍州刺史葛那击上洛。 |
| 十九年 | 夏五月 | 克仇池。 | |

| 宋 | | 魏 | |
|---|---|---|---|
| 宋文帝元嘉十六年 春三月 | 上洛太守镡长生弃郡走。 | 魏太武帝太延五年 春三月 | 雍州刺史葛那击上洛。 |
| 十九年 夏五月 | 克仇池。 | 太平真君三年 | 氐王杨难当来奔。 |
| | | 秋七月 | 遣安西将军古弼督陇右诸军自祁山南入，征西将军皮豹子督关中诸军自散关西入，俱会仇池。又使谯王司马文思督洛豫诸军南趋襄阳，征南将军刁雍东趋广陵。 |
| 二十年 春正月 | 将军王奂之败没。将军强玄明败死。 | 四年 春正月 | 豹子进击乐乡。王师进至下辩。 |
| 二月 | 北秦州刺史胡崇之与魏战于浊水，见擒。 | 二月 | 击擒胡崇之，取仇池。 |
| | | 夏四月 | 氐、羌推杨文德为主，据白崖，分兵取诸戍，进围仇池。 |
| 五月 | 杨文德遣使来求援。 | 五月 | 古弼发上邽、高平、汧城诸军击杨文德走之，以皮豹子为仇池镇将。 |
| 秋七月 | 文德屯葭芦城，武都、阴平氐多归之。 | | |
| 冬十一月 | 将军姜道盛与文德合众二万，攻魏浊水戍，道盛败死。 | 冬十一月 | 豹子救浊水戍，败宋师。 |
| 二十二年 | | 六年 冬十一月 | 选冀、定、相、并、幽、平六州骁骑二万，使永昌王仁、高凉王那分将之，为二道，略淮、泗以北，徙青、徐之民以实河北。 |

(续表)

| | | | | | |
|---|---|---|---|---|---|
| 七年 | 春二月 | 永昌王仁击宋,至高平,略金乡、方与,迁其民五千家于河北。高凉王那至济南东平陵,迁其民六千余家于河北。 | 二十三年 | 春二月 | 魏寇青、兖、冀三州,至清东乃还。冀州刺史申恬破之。 |
| 九年 | 春正月 | 皮豹子击走杨文德。 | 二十五年 | 春正月 | 杨文德自葭芦城奔汉中。 |
| 十一年 | 春二月 | 帝自将步骑十万南击宋,围悬瓠。 | 二十七年 | 春二月 | 南顿、颍川太守皆弃城走。行汝南郡事陈宪守悬瓠。 |
| | 三月 | 遣任城公乞地真将兵逆拒臧质。 | | 三月 | 诏南平内史臧质等自寿阳救悬瓠。质击斩乞地真。 |
| | 夏四月 | 帝引兵北还。 | | | |
| | 秋七月 | 乙亥,济州刺史王买德弃碻磝走。青州刺史张淮之弃乐安走。荆州刺史鲁爽弃长社走。 | | 秋七月 | 庚午,诏伐魏。建武司马申元吉引兵趋碻磝。青、冀二州刺史萧斌遣将军崔猛攻乐安。宁朔将军王玄谟围滑台。雍州刺史随王诞遣建威将军柳元景、建武将军薛安都、略阳太守庞法起将兵出弘农。豫州刺史南平王铄遣中兵参军胡盛之出汝南,梁坦出上蔡,向长社。铄又遣安蛮司马刘康祖进逼虎牢。 |
| | 九月 | 辛卯,帝南救滑台。庚子,发州郡兵五万,分给诸军。 | | | |
| | 冬十月 | 癸亥,帝至枋头。乙丑,帝将众号百万渡河,击败王玄谟。 | | 冬十月 | 王玄谟释滑台围,败走。前锋垣护之,亦自石济退去。萧斌使玄谟戍碻磝,护之据清口,斌还历城。 |
| | 闰月 | 永昌王仁自洛阳趣寿阳。尚书长孙真趣马头。楚王建趣钟离。高凉王那自青州趣下邳。帝自东平趣邹山。 | | 闰月 | 庞法起入卢氏。辛卯,拔弘农。丙戌,进向潼关。 |

(续表)

| | | | | |
|---|---|---|---|---|
| 十一年 | 十一月 | 辛卯,帝克邹山。<br>楚王建自清西进屯萧城,步尼公自清东进屯留城。<br>潼关戍主娄须弃城走。<br>永昌王仁克悬瓠、项城。<br>永昌王仁进逼寿阳,楚掠马头、钟离。<br>氐杨高帅阴平、平武群氐拒杨文德。<br>帝攻彭城,不克。 | 二十七年 | 十一月 | 参军马文恭向萧城,战不利。<br>军主嵇玄敬向留城。<br>甲午,柳元景等克陕城。<br>庞法起克潼关。<br>诏元景引归襄阳。<br>刘康祖引还,几没于尉武。<br>诏杨文德自汉中西入,摇动汧、陇。<br>杨文德击斩杨高,阴平、平武悉平。<br>文德伐啖提氐,不克。杨头代文德戍葭芦。 |
| | 十二月 | 丙辰朔,帝南下。<br>中书郎鲁秀出广陵,高凉王那出山阳,永昌王仁出横江。<br>己未,大兵至淮上。<br>庚午,帝至瓜步。 | | 十二月 | 戊午,建康纂严。<br>山阳城守。<br>广陵太守刘怀之帅民渡江。<br>壬午,内外戒严,自采石至于暨阳,陈舰列营。 |
| 正平元年 | 春正月 | 丁亥,帝北还。<br>克硖碌。<br>帝攻盱眙。 | 二十八年 | 春正月 | 王玄谟引还历城。 |
| | 二月 | 丙辰朔,帝解盱眙围去。<br>戊寅,帝济河。 | | | |
| 文成帝兴安元年 | 春二月 | 太武帝崩。 | | | |
| | | | 二十九年 | 夏五月 | 诏抚军将军萧思话督冀州刺史张永等向硖碌,司州刺史鲁爽将荆州甲士四万出许、洛。<br>雍州刺史臧质帅所领趣潼关。 |
| | | | | 秋七月 | 张永攻硖碌。 |
| | 九月 | 硖碌戍兵出,败张永。<br>戍主秃发幡弃长社走。<br>冠军将军封礼自洹津南渡,赴弘农。 | | 八月 | 萧思话攻硖碌不克,退屯历城。<br>鲁爽至长社。<br>臧质遣柳元景等进据洪关。<br>梁州刺史刘秀之遣参军萧道成向长安。 |

（续表）

| | | | |
|---|---|---|---|
| 文成帝兴安元年 | 高平公儿乌干屯潼关，黎公辽屯河内。 | 二十九年九月 | 鲁爽败魏豫州刺史于大索。闻碻磝败，鲁爽、柳元景引退，萧道成引趣仇池。 |
| 二年春正月 | 高平镇将苟莫于将突骑二千救武都。 | 三十年春正月 | 萧道成攻武都不克，引还南郑。 |

注：

  上洛郡，今商县治。
  祁山，在今西和县西北。
  散关，在今宝鸡县西南。
  乐乡，阙。
  下辩县故城，在今成县西。
  浊水戍，在下辩县西北。
  胡三省曰："今大安军东北八十里有白崖。"案：宋大安军，今宁羌县治。
  上邽县故城，在今天水县西南。
  高平县，今固原县治。
  汧城，在今陇县南。
  葭芦城，在今武都县东南七十里。
  武都郡故治，在今武都县西北。
  阴平郡故治，在今文县西北。
  清东，清水之也。
  青州治不其城，贤曰："不其故城在今即墨县西南。"
  兖州治须昌。
  冀州治历城。
  高平郡故治，在今邹县西南。
  金乡，山东今县。
  方与县故城，在今鱼台县北。
  济南郡治历城。
  东平陵县故城，在今历城县东七十五里。

汝南郡治悬瓠城，即今汝南县治。

南顿郡故城，在今项城县北五十里。

魏明元帝泰常八年，置济州于碻磝。

《通鉴》注："唐千乘县，此时乐安郡也。"案：唐千乘县，今广饶县治。

宋雍州刺史治襄阳，豫州刺史治寿阳。

弘农郡故治，在今灵宝县南四十里。

上蔡县故城，在今上蔡县西。

长社县故城，在今长葛县西。

虎牢，魏豫州刺史治所也。

枋头，在今浚县西南八十里。

石济，在延津县东北，即古棘津，今湮。

清口，《通鉴》注："清口南通淮、北通河，此谓清水入河之口。"案：在今东平县西。

马头郡故治，在今怀远县东南。

钟离郡故治，在今凤阳县东北二十里。

下邳郡故治，在今邳县东。

邹山，在今邹县东南二十里，宋鲁郡时治此。

卢氏县，河南今县。

萧县故城，在今萧县西北。

留县故城，在今沛县东南。

陕城，今陕县。

尉武，亭名，在寿县西。

平武县故城，在今平武县东南一百二十里。

广陵郡，今江都县治。

山阳郡，今淮安县治。

横江，在今和县东南，对江南之采石。

瓜步，在今六合县东南，东临大江。

《通鉴》注："暨阳，今江阴军。"

盱眙郡故治，在今盱眙县东北。

洪关，在今灵宝县西南。湄津，在县西北黄河津济处。

河内郡，今沁阳县治。

《括地志》："今荥阳县即大索城，又有小索城在县北。"

**魏、宋相争之地，最西为仇池，**氐杨氏数世据仇池，及难当丧败，宋有其地。而魏乘其未定，发大军二道以争之。自祁山南入，自散关西入，于是仇池又为魏有矣。宋虽利用杨文德、杨头屯葭芦以逼之，而终不能摩仇池之垒，遑云摇动汧、陇耶。盖自汉中以西，山川崎岖，不利行师。而魏又视仇池为重地，据天险，置镇将，则宋之觊觎而无所成，固其宜也。**次为上洛，**上洛在秦岭以南，当长安向襄阳之冲，故魏雍州刺史出师此道也。**次为弘农。**宋以襄阳以外接关河，置雍州焉。自此北向，道贳谷，逾熊耳。胡三省曰："贳谷，在卢氏县南山之南。熊耳山，在卢氏故县东。"而入卢氏。复进则据弘农洪关，遂东取陕城，西取潼关。于是魏之豫、雍，交通梗阻矣，故魏不得不济自洹津以援弘农。且陕城危则洛阳受威胁，潼关破则关中门户撤，故魏又不得不径三崤之险而援陕城。胡三省曰："自洛至陕，有三峡之险。"悉关中以塞潼关。**中原则为虎牢，**虎牢，魏豫州刺史治所也。以大索为门户，以长社为藩篱。长社，荆州刺史治所也。宋汝南、上蔡之师掩至，长社无险不可据，故往往弃守而阻虎牢。**为悬瓠，**宋初置司州于虎牢。及虎牢入魏，司州遂治悬瓠。东以寿阳为后援，北以项城、南顿、上蔡、颍川为前哨，进兵中原之发轫点也，故魏主尝亲用师围攻焉。**为滑台，**滑台负大河，以枋头为后援。魏之出兵也援之近，宋之围攻之也远，故宋卒不能有之。**为碻磝，**魏渡河而据碻磝，宋之青、兖不得宁矣。使宋之力足以取而守之，则东与历城相联络，南作清口之掩蔽，以通粮道。**最东为历城。**历城为宋青、冀二州刺史治所。西攻碻磝，东攻乐安，魏据乐安以图青州，而以此为策应总区。宋之能保有青、兖，由据历城故也。

是时魏恃其戎马之足，乘冬寒地净之时，驰骋于广漠无垠之野。由是宋之重镇，星罗棋布，**如邹山，**宋鲁郡治邹山。以其险也，且北与历城、南与彭城，皆可通声气。魏太武尝自东平以大军临之。**如彭城，**彭城为宋北伐诸师统帅部所在地。**如寿阳，**寿阳为宋豫州刺史治所。西援悬瓠，北向滑台，师由此出。**如盱眙，**盱眙，地当冲要。魏太武曾亲攻之而不克。**如山阳，**皆是也。山阳当魏师南下之孔道，陂泽多水。宋尝欲决之以灌魏师，故魏师过而不敢留也。

# 宋　五

文帝元嘉三十年，春正月，太子劭弑帝自立。江州刺史武陵王骏起兵讨劭。于是西则荆州刺史南谯王义宣、雍州刺史臧质、司州刺史鲁爽，北则徐、兖二州萧思话、冀州刺史张永、豫州刺史刘遵考，东则会州刺史随王诞，皆举兵应骏。

| | |
|---|---|
| 夏四月 | 癸卯朔，骏遣谘议参军柳元景统十二军发溢口，义宣遣中兵参军徐遗宝以江州之兵继进。<br>丁未，骏发寻阳。<br>壬子，劭焚秦淮南岸室屋。<br>癸丑，骏军于鹊头。<br>丙辰，元景至江宁。<br>吴兴郡应诞。<br>戊午，骏至南洲。<br>己未，骏军于溧洲。<br>癸亥，元景至新亭，依山为垒。<br>甲子，劭攻新亭垒，败退。<br>丙寅，骏至江宁，遣宁朔将军顾彬之将兵东入。<br>戊辰，骏军于新亭。<br>己巳，骏即皇帝位。 |
| 五月 | 癸酉朔，臧质以雍州兵二万至新亭。<br>刘遵考遣其将帅步骑五千军于瓜步。<br>诞遣参军刘季之与顾彬之合兵向建康。<br>诞顿兵西陵，为季之后继。<br>劭遣殿中将军燕钦拒季之。<br>季之败燕钦于曲阿，奔牛塘。<br>劭令决破岗方山埭以绝东军。<br>劭缘淮树栅以自守。<br>甲戌，帝遣鲁秀攻大航，克之。<br>劭右军参军王罗汉降，缘淮幢队奔溃。<br>劭闭守台城。<br>劭谋主萧斌自石头来降。<br>乙亥，辅国将军朱修之克东府。<br>丙子，诸军克台城，斩劭。 |

注：

  溢口，在今九江县西，溢水入江之处。

  江州，治寻阳，今九江县治。

《通鉴》注："秦淮南岸，当新亭、石头来路，北岸即台城。"

鹊头山，在今铜陵县西北十里。

江宁县故城，在今江宁县西南六十里。

吴兴郡，即今吴兴县治。

《通鉴》注："南洲属姑孰。"

溧洲，未详。

新亭，在今江宁县南。

瓜步山，在今六合县东南，东临大江。

《通鉴》注："西陵，今萧山西兴镇是也。"案：是时会州统浙东五郡，治会稽郡，今绍兴县治是也。

《通鉴》注："今武进县有奔牛镇及奔牛堰。破岗，在延陵县，西北亦有埭。"案：延陵县故城，在今丹阳县南三十五里。

大航，即朱雀航。六朝时都城正南门外之大桥，跨秦淮河上。

台城，在今玄武湖侧，与鸡鸣山相接。

石头城，在石头山后。陆游曰："清凉寺距石头里许。"《建康志》："石头山，北缘大江，南抵秦淮口，去台城九里。"

东府，在今江宁县东。《建康志》："东府在青溪桥东南，临淮水，去台城四里。"

劭既弑逆，而声讨四起，固已兆亡矣。然劭昧于兵机，故尤速寇。盖当时形势，以南军顺流而下为最急，劭之谋主萧斌为劭画策：

一则劝劭勒水军，自上决战——南军之下，事由仓猝，船舫陋小，不利水战。若劭行此计，则胜负之数必不似新亭之役。盖用兵之事，制人而不欲制于人，拒人于国外而不欲人之阑入国中。此古今之通义也。

一则保据梁山——此山夹据洪流，足资扼守，实为建康之门户。夫守险而拒人于门户之外，固犹可以立于不败之地。

斌之二策，可战可守，可进可退。而劭皆不从，只端坐台城，阻淮自固，已落下计。敌军深入，人情离散。新亭一挫，遂不可收拾。所谓事有必至者也。

劭之所以坐而观衅者，则亦有故。盖虑远出梁山，京师空弱，东军乘虚或能为患。若分兵两赴，又兵散势离。且吴兴附诞，建康之藩篱已撤，会州之形势益张，更使劭不敢他行。然南军水行，东军陆行，南军之下，即抵江宁，战于城下。而东军之至，交兵奔牛，决埭方山，战于数十百里外，远近缓急，则有间矣。夫权衡远近缓急，兵家之能事也。劭乃坐而观衅，适见其一筹莫展耳，不败何待！

# 宋 六

宋孝武帝孝建元年，江州刺史臧质奉荆湘二州刺史、南郡王义宣为主以叛，豫州刺史鲁爽、兖州刺史徐遗宝、司州刺史鲁秀皆应之。雍州刺史朱修之、冀州刺史垣护之、徐州刺史萧思话、益州刺史刘秀之皆不从乱。

| 春正月 | | 鲁爽举兵于寿阳。<br>徐遗宝自湖陆向彭城。 |
|---|---|---|
| 二月 | 癸巳，右卫将军王玄谟进据梁山洲。 | 义宣举兵于江陵。<br>臧质举兵于寻阳。<br>义宣、臧质遣将下戍大雷。 |
| 三月 | 乙亥，内外戒严。<br>垣护之击徐遗宝于湖陆。<br>殿中将军沈灵赐将百舸，破臧质前军于南陵。 | 戊申，义宣帅众十万发江津。<br>义宣遣鲁秀将万余人击朱修之。<br>徐遗宝袭彭城，不克。<br>徐遗宝弃湖陆，走归鲁爽。<br>义宣、臧质由寻阳东下。<br>鲁爽引兵趣历阳。<br>臧质逼梁山。 |
| 夏四月 | 诏左军将军薛安都戍历阳，斩鲁爽前锋将。<br>诏镇军将军沈庆之督诸将讨鲁爽。<br>丙戌，安都斩鲁爽于小岘。<br>安都克寿阳。<br>抚军将军柳元景自采石进屯姑孰。 | 鲁爽驻军大小岘。<br>鲁爽败死。<br>义宣至鹊头。 |

(续表)

| | | |
|---|---|---|
| 五月 | 朱修之断马鞍山道，据险自守。<br>柳元景遣精兵援王玄谟。<br>王玄谟大破臧质。<br>己未，解严。 | 甲辰，义宣至芜湖。<br>臧质攻取梁山西垒。<br>臧质遣兵趋南浦，战不利。<br>鲁秀攻朱修之，不克，引还江陵。<br>甲寅，义宣至梁山西岸，遣将与臧质攻梁山东城。大败，军溃。义宣、臧质西走。 |
| 六月 | 戊辰，臧质伏诛于南湖。<br>癸未，置郢州。<br>庚寅，朱修之入江陵，诛义宣。 | 臧质走寻阳，又走武昌。<br>义宣走江陵。<br>鲁秀走死。 |

注：

《通鉴》注："宋兖州治湖陆。"案：湖陆故城，在今鱼台县东南六十里。

《通鉴》注："时梁山江中有洲，王玄谟等舟师据之。"案：梁山，今东西梁山也。

大雷戍，今望江县治。

江津，在今江陵县南。

南陵戍，在今繁昌县西北。

历阳郡，今和县治。

《通鉴》注："小岘，在合肥之东。大岘又在小岘之东。"案：小岘在今合肥县东七十里，接含山县界，亦名昭关山。大岘在今含山东北十三里，亦名赤焰山。

《通鉴考异》："姑孰即南州。"案：姑孰，今当涂县治。

《通鉴》注："时王玄谟使将戍南浦。其地则今之大信港也，俗谓之扁担河。"

马鞍山，当在襄阳南。

武昌郡，今鄂城县治。南湖，在县南。

郢州，治江夏郡夏口城，城在今武昌县西黄鹄山上。州所辖江夏、竟陵、随、武陵、天门、巴陵、武昌、西阳，凡八郡。

臧质举兵，有可以凭借之势：令兖、豫精兵南屯江上，而荆江大众顺流东下，为建康者，只有迎降耳。然而湖陆之师甫出，彭城梗于前，历城乘其后，而湖陆不守矣。寿阳之甲南向，而台军即凭历阳以蔽长江，遂不得不屯驻大小岘。及大小岘之战不利，而寿阳拔矣。盖以将才之不相如也。荆、湘之众东下，而益、雍乖刺。益虽道远，雍乃密迩，故不得不留战将以固根本。及前阻于马鞍，不能直取襄阳，则有将而未得其用也。荆江士卒过十万，舳舻数百里。虽兖、豫丧师，益、雍掣肘，要可一逞。是时台军前锋进据梁山，其后援亦至南州。臧质定计，以万人缀梁山，以万人取南州，大众中江直趣石头。若此，建康犹不知所御也。义宣竟不从，举而溃之于江上一役，则有将而又未得其用也。故古今之兵争，地利与人谋相配合则胜，否则败。

# 宋 七

文帝崩，子孝武帝立。崩，太子业立，即废帝也。弟江州刺史晋安王子勋举兵寻阳。适废帝见弑，孝武帝弟湘东王彧立，为明帝，子勋亦立于寻阳。是时应寻阳者，自建康以西，有若：郢州刺史安陆王子绥，雍州刺史袁顗，梁州刺史柳元祐，荆州刺史临海王子顼，湘州行事何慧文，益州刺史萧惠开，广州刺史袁昙远。

自建康以北，有若：豫州刺史殷琰，徐州刺史薛安都，冀州刺史崔道固，青州刺史沈文秀，司州刺史庞孟虬，晋熙太守阎湛之，晋熙郡属南豫州。山阳太守程天祚。山阳郡属南兖州。

自建康以东，有若：会稽太守寻阳王子房，会稽郡属东扬州。吴兴太守王昙生，吴兴郡属扬州。义兴太守刘延熙，义兴郡属扬州。吴郡太守顾琛，吴郡属南徐州。晋陵太守袁标。晋陵郡属南徐州。

于建康已取一大包围形势，惟兖州刺史殷孝祖南下赴难，然甫行而瑕丘即失。济阴太守申阐、东平太守申纂，济阴郡属徐州，东平郡属兖州。亦尚为建业守，然孤危至极。

| | | | |
|---|---|---|---|
| 明帝泰始元年 | 冬十一月 | 废帝赐晋安王子勋死。子勋举兵于寻阳，遣将断大雷。<br>废帝见弑。 | |
| | 十二月 | 明帝立。 | |
| 二年 | 春正月 | 甲午，诏建安王休仁都督征讨诸军事。<br>休仁进屯南州。<br>直阁将军沈攸之进屯虎槛。<br>乙未，子勋即位于寻阳。萧惠开遣巴郡太守费欣寿将兵东下助寻阳。<br>甲辰，遣殷孝祖向虎槛。 | 申阐据睢陵，应建康。<br>徐州将薛索儿攻睢陵。<br>青州将刘弥之将兵赴建康，袭入下邳。<br>薛索儿击刘弥之，弥之走保北海。<br>殷孝祖赴难，还建康。<br>东平毕众敬入瑕丘，应寻阳。<br>申纂为建康据无盐。<br>辛亥，诏山阳王休祐西讨寿阳。<br>休祐进兵历阳。 | 会稽兵至永世。<br>义兴兵逼延陵。<br>诏巴陵王休若统沈怀明、张永诸将东讨。<br>会稽将孙昙瓘军于晋陵九里。沈怀明军于奔牛。巴陵王休若军于延陵。<br>永世人以县应台军。<br>建武将军吴喜破会稽兵于国山。<br>喜进屯吴城，败义兴兵，进逼义兴。<br>刘延熙栅断长桥，保郡自守。平西司马庚业叛，与延熙合，城守长塘湖口。<br>司徒参军督护任农夫自延陵出长塘，击破庚业。业走义兴。 |

（续表）

| | | | |
|---|---|---|---|
| 二年 | 二月 | 诏江方兴南击寻阳。<br>子勋、临川内史张淹由鄱阳峤道向三吴。<br>子勋前锋孙冲之率兵一万下据赭圻。<br>子勋右卫将军陶亮统郢、荆、湘、梁、雍五州兵二万人东下。<br>亮屯军鹊洲。 | 召张永北击彭城。<br>薛索儿围攻睢陵，申阐出降。<br>辅国将军刘勔进兵小岘。<br>殷琰所署南汝阴太守裴季之以合肥来降。 | 己未朔，吴喜克义兴。<br>诏积射将军江方兴、御史王道隆至晋陵视形势。<br>辛酉，道隆攻会稽军。<br>壬戌，孙昙瓘战败，弃晋陵走。<br>吴喜军至义乡，吴兴望风溃。<br>任农夫向吴郡，顾琛弃郡奔会稽。<br>诏吴喜东击会稽。<br>丁卯，喜至钱唐，遣任农夫向黄山浦。<br>会稽兵据江岸结寨，农夫击破之。<br>吴喜自柳浦取西陵。<br>戊寅，上虞令王晏起兵攻郡。<br>己卯，王晏入会稽，执寻阳王子房。 |
| | 三月 | 庚寅，台军攻赭圻，殷孝祖战死。<br>辛卯，江方兴击败孙冲之，追北至姥山而还。<br>军主张兴世攻拔冲之湖、白口二城。<br>壬辰，诏沈攸之督前锋诸军事。<br>陶亮召冲之还鹊尾，留其龙骧将军薛常宝守赭圻，敛姥山诸营寨保浓湖。<br>子勋、豫州刺史刘胡帅众三万屯鹊尾。吴喜帅众向赭圻，沈攸之围赭圻。<br>丙辰，刘胡救赭圻，攸之击走之。 | 薛索儿将马步万余人自睢陵渡淮，逼张永营。<br>丙申，诏桂阳王休范统北讨诸军事，进据广陵。诏辅国将军萧道成救张永，诏宁朔将军刘怀珍助刘勔讨寿阳。<br>前奉朝请郑黑起兵寿阳、悬瓠间以应建康。<br>刘勔兵逼死虎。 | |

（续表）

| | | | |
|---|---|---|---|
| 二年 | 夏四月 | 辛酉，攸之拔赭圻。<br>建安王休仁自虎槛进屯赭圻。<br>袁顗悉众东下。<br>上庸太守柳世隆袭襄阳，不克。 | 散骑侍郎明僧暠起兵攻沈文秀。<br>平原、乐安二郡太守王玄默据琅邪，清河、广川二郡太守王玄邈据盘阳城，高阳、勃海二郡太守刘乘民据临济城，皆应建康。<br>沈文秀遣兵攻拔北海。<br>僧暠等攻东阳城，不能克。<br>刘勔截烧死虎米车于横塘。 | |
| | 五月 | | 丁亥朔夜，死虎溃。<br>刘勔兵逼寿阳。<br>弋阳西山蛮田益之起兵应建康。<br>张永等大破薛索儿。<br>薛索儿退保石梁，食尽军溃，走死乐平。 | |
| | 六月 | 甲戌，袁顗至鹊尾。<br>始安、安成、建安、南康诸郡皆应建康，子勋以中护军殷孚为豫章太守以防之。<br>衡阳内史王应之袭长沙，何慧文击斩之。<br>广州将李万周袭番禺，斩袁昙远。<br>诏以万周行广州事。<br>费欣寿至巴东，巴东任叔儿据白帝击斩之。<br>萧惠开遣治中程法度出梁州，氐杨僧嗣断其道。 | 田益之帅万余人围义阳，庞孟虬击之，益之溃去。 | |

(续表)

| | | | |
|---|---|---|---|
| 二年 | 秋七月 | 张兴世以舟师过鹊尾西上戊戌夕,兴世遣兵趣钱溪立营寨。<br>己亥,兴世进据钱溪。<br>庚子,刘胡攻钱溪,兴世击败之。<br>辛丑,沈攸之、吴喜攻袁𫖮于浓湖。 | 龙骧将军刘道符攻山阳,程天祚请降。<br>庞孟虬救寿阳至弋阳,刘勔遣将击破之蓼潭。<br>义阳反正,孟虬走死蛮中。<br>刘胡遣将袭入合肥,刘勔遣辅国将军垣阆击之。<br>淮西郑叔举起兵击悬瓠以应郑黑。<br>崔道固降。 | |
| | 八月 | 刘胡遣别将攻钱溪,张兴世击败之。<br>刘胡遣将迎粮过贵口,任农夫等击取之。<br>台军逼刘胡营。<br>己卯,刘胡西走,袁𫖮亦走。<br>庚辰,建安王休仁入𫖮营,纳降卒十万。遣沈攸之追袁𫖮。<br>袁𫖮为其下所杀。<br>刘胡由寻阳夜趣沔口。<br>沈攸之至寻阳,斩晋安王子勋。<br>子勋鄱阳太守费晔斩张淹于上饶以降。 | | |
| | 九月 | 庚子,建安王休仁至寻阳,遣诸将平定余寇。<br>吴喜、张兴世向荆州,沈怀明向郢州,刘亮、张敬儿向雍州,孙超之向湘州,沈思任、任农夫向豫章。<br>刘胡走死石城。<br>何慧文自杀。<br>安陆王子绥、临海子顼并赐死。<br>建安王休仁还建康。 | | |

(续表)

| | | | |
|---|---|---|---|
| 二年 | 冬十月 | 柳元祐、殷孚皆乞降。 | 刘勔克合肥。<br>将军沈灵宝自庐江攻晋熙,克之。<br>乙亥,诏张永、沈攸之将兵五万北向。<br>薛安都以彭城,子勋汝南、新蔡二郡太守常珍奇以悬瓠降魏。 | |
| | 十一月 | | 毕众敬以瑕丘降魏。 | |
| | 十二月 | 萧惠开降。 | 殷琰出降。 | |
| 三年 | 春闰正月 | | 沈文秀与明僧暠相攻。<br>诏辅国将军刘怀珍救僧暠。<br>僧暠退保东莱。 | |
| | 二月 | | 怀珍进据朐城。<br>怀珍进至黔陬。<br>怀珍克不其城。<br>沈文秀请降。<br>崔道固请降。 | |

注：

《通鉴》注："虎槛,洲名,在赭圻东北江中,芜湖之西南也。"

济阴郡属徐州,治睢陵。睢陵县故城,在今盱眙县西五十里。

下邳郡,在今宿迁县东南。

北海郡,在今潍县西南。

《通鉴》注："瑕丘县,宋为兖州治所。"案：瑕丘县故城,在今滋阳县西二十五里。

无盐县故城,在今东平县东二十里,为东平郡治所。

《通鉴》注："吴分溧阳为永平县,晋更名永世,东兵欲自此进取曲阿。"案：永世县故城,在今溧阳县南十五里。曲阿县,即今丹阳县治。晋分曲阿之延陵乡立延陵县,在今丹阳县南三十五里。

晋陵郡，今武进县治。《通鉴》注："九里，在晋陵西北九里，因以为名。"

国山县故城，在今宜兴县西南五十里。

《通鉴》注："吴城当在义兴西南，《九域志》所谓泰伯城是也。"义兴，今之宜兴也。长桥，盖在荆溪之上，今宜兴县南二十步有荆溪。晋分吴兴之长城立义乡县。今湖州，古吴兴也。长兴县，古长城也，在州西北七十里。

吴郡治吴，今吴县。

钱唐县，今杭县。

《通鉴》注："黄山浦，今渔浦是也。"案：渔浦在萧山县西南，当西陵之上游。其对岸即杭县之六和塔。柳浦在今杭县凤凰山下。西陵，今之西兴。

上虞县，属会稽郡，故城在今上虞县西。

沈约曰："江左置南汝阴郡。"所治即合肥县。

鄱阳郡，在今鄱阳县北。

三吴：吴兴、吴郡、会稽也。

赭圻，在今繁昌县西北。姥山在县东北。浓湖在县西，今已湮废。荻港，其余浸也。

鹊洲，江中洲也。盖鹊尾在东，而鹊头在西。《通鉴》注："浓湖在鹊尾下。"湖、白口，巢湖口及白水口也。

杜佑曰："死虎，地名，在寿春县东四十余里。"

上庸郡，在今竹山县东南。

琅邪郡，在今临沂县东南五十里。

盘阳县，在今临朐县东南。

临济县，在今高苑县西北。

东阳城，今益都县治。

横塘，盖在死虎之南。

弋阳郡，在今潢川县西。

《通鉴》注："今六合县有石梁河，江左置石梁郡。"

《通鉴》注："江左侨立乐平县于钟离郡界。"

始安郡，今桂林县治。

安成郡，在今安福县东。

建安郡，今建瓯县。

南康郡，在今赣县西南。

豫章郡，今南昌县治。

衡阳郡，在今湘潭县南。

巴东郡，在今奉节县东北。白帝城在县东。

义阳郡，在今信阳县南四十里。

钱溪，即吾邑之梅根河，在县东四十五里。

山阳郡，今淮安县治。

汉蓼县，在今固始县东北七十里。蓼潭亦当在县境。

《通鉴》注："悬瓠，在淮水之西。"案：淮西盖淮水之上游之谓。

《通鉴》注："今贵池县之池口，即贵口也。"案：池口在吾邑城北五里。

沔口，今汉口。

上饶县，在今上饶县西北。

石城，今钟祥县治。

庐江郡，在今霍山县东北三十里。

晋熙郡，今潜山县治。

东莱郡，在今掖县东北六十里。

朐城，在今东海县南。

杜佑曰："汉黔陬县故城，在诸城县东北。"

章怀太子贤曰："不其故城，在今即墨县西南。"

夫建康形势，既陷于包围之中，而数线作战，兵家所忌。故明帝遣扼守之师，南屯虎槛，西据历阳，以固江防。而战斗之旅席卷东入，此会稽四郡所以底定至速也。于是虎槛之兵反守为攻，历阳之兵直指寿阳。又命将进驻广陵，北拟彭城，遂使寻阳溃败，晋安授首。而郢、雍、梁、荆、湘诸州相率乞降，是则明帝之用兵，可谓控纵如意矣。然而佳兵不祥，柔远无术，彭城、悬瓠、瑕丘皆以大镇迩强邻，乃以重兵临之，逼使投魏，不亦措置失当乎！其卒丧淮北四州及豫州淮西之地，良有以夫！

寻阳本孝武起兵之地，晋安藉之，建号一呼，应者四起。于是一师自鄱阳峤道入三吴，一师乘流东下。虽峤道行军维艰，粮运难继，然要可与东军成呼应之势。至于江上之师，宜可以与东军合力，直捣建康，追踪孝武。顾所遣诸将逡巡赭圻、浓湖、鹊洲之间，而虎槛先为台军所据，梁山不可得而至，况建康乎！夫称兵举事，贵在电赴星驰，一鼓作气，以立于不败之地。若旷日持久，瑕衅横生，虽欲支持，而不免竭蹶。是以沈攸之进取赭圻，张兴之上据钱溪，便使形势日蹙。而安成、南康且乘机窃发于肘腋，益类狼顾。卒之浓湖大军以粮道断绝而星散，寻阳破，晋安诛，台军乘破竹之势，而雍、梁、荆、湘厥角稽首，惟恐后矣。凡此诸州，亦有可凭之资，而群龙无首，焉得不瓦解乎！至于益州之地，外不可入，内亦难出，故东下既阻于白帝孤城，北向又厄于葭芦群氐，虽应寻阳，而实难乎为力也。

东军起自会稽。会稽，东扬州治也。故东军原拥有五郡之实力，东扬州领会稽、东阳、临海、永嘉、新安五郡。会稽，今绍兴县治。东阳，今金华县治。临海，在今临海县东南一百十五里。永嘉，今县。新安，在今淳安县西。且旌麾所指，东之吴郡，西之吴兴、义兴、晋陵，皆桴鼓相应。声势既张，会稽之甲北驻于九里，而义兴之兵亦西北向，盖欲合攻曲阿也。而台军之御之，大营驻延陵，前茅壁奔牛，以遏其锋。偏师则由永世而国山，而吴城，而义兴。义兴既下，九里孤军随之动摇，浙西遂望风崩溃。东军之却，因凭黄山浦、西陵以守江，冀固浙东。然以奔败之余御方张之师，守何可得欤！

徐州之起兵，适睢陵婴守于前，而青州将刘弥之又攻下邳，致滞师期。及薛索儿击走弥之，围攻睢陵，而台军已渡江。及睢陵既下，索儿长驱至江上，而广陵之防亦固，且孤军深入而无后继，故有石梁之却、乐平之奔。其卒大军压境，彭城四战之区，末由固守，是以薛安都以之入魏也。

殷孝祖入赴国难，毕众敬遂以兖州应寻阳。而其西北之无盐，则为建康守。故瑕丘之师不得南行，其卒继彭城、悬瓠以降魏。

台军之讨寿阳，先驻历阳以固江防，次屯小岘以扼冲要，又次则下合肥。而殷琰之兵，仅东守死虎，其西可与悬瓠相呼应，而正阳为之梗。《通鉴》注："以郑黑之东捍西拒观之，则起兵淮上，盖在东西正阳之间。"其西南可与义阳相救助，而弋阳为之梗。及死虎之溃，台军遂逼城下。而蓼潭之败，寿阳益无外援，而未遽降者，以刘胡自江上分兵袭入合肥。及合肥复为台军所有，则寿阳固不得不出降矣。

青、冀虽应寻阳，而临济、盘阳、琅邪皆为建康，力量相当。及刘怀珍自山阳进据朐城，下黔陬，克不其，东阳、历城望风降矣。

# 宋 八

| 魏文成帝太安三年 | 春二月 | 师伐宋无盐，败其东平太守刘胡。 | 宋孝武帝大明元年 | 春二月 | 太子左卫率薛安都将骑兵，东阳太守沈法系将水军，向彭城以御魏，魏师退。 |
|---|---|---|---|---|---|
| 四年 | 冬十月 | 镇西将军封敕文攻清东两城。 | 二年 | 冬十月 | 积弩将军殷孝祖筑两城于清水之东。清口戍主傅乾爱拒破魏师。诏虎贲主庞孟虬救清口。孟虬败魏兵于沙沟。 |
| | 十一月 | 征西将军皮豹子将三万骑助封敕文击宋青州。 | | 十一月 | 青、冀二州刺史颜师伯御魏师。 |
| 五年 | 春正月 | 皮豹子败宋兖州兵于高平。 | 三年 | 春正月 | 兖州兵失利于高平。 |
| 和平元年 | 春三月 | 击宋至孔堤。 | 四年 | 春三月 | 北阴平太守杨归子击破魏寇。 |
| 献文帝天安元年 | 冬十月 | 镇东大将军尉元帅骑一万向彭城。西河公石向悬瓠。师至无盐。 | 明帝泰始二年 | 冬十月 | 徐州刺史薛安都降魏。汝南太守常珍奇降魏。东平太守申纂拒守。 |

(续表)

| | | | | | |
|---|---|---|---|---|---|
| 献文帝天安元年 | 十一月 | 师至瑕丘。 | 明帝泰始二年 | 十一月 | 兖州刺史毕众敬降魏。 |
| | 十二月 | 师至柸。<br>西河公石入悬瓠。<br>师至师水。<br>尉元入彭城。<br>元击张永,破其辎重于武原。 | | 十二月 | 魏师掠义阳数千人而去。<br>镇军将军张永、中领军沈攸之进兵逼彭城,军于下磕。<br>张永攻彭城,不克而退。 |
| 皇兴元年 | 春正月 | 尉元大破张永于吕梁东。 | | 春正月 | 张永、沈攸之大败南走,遂失淮北四州及豫州淮西地。<br>沈攸之还屯淮阴。 |
| | 二月 | 西河公石自悬瓠攻汝阴,不克,引还长社。<br>平东将军长孙陵将兵向青州。<br>征南大将军慕容白曜将骑五万,为陵继援。 | | | |
| | 三月 | 白曜克无盐及肥城糜沟、垣苗等戍,围升城。 | | | |
| | 夏四月 | 白曜克升城。 | 三年 | 夏五月 | 沈攸之益师戍下邳。 |
| | 秋八月 | 东徐州刺史成固公自围城袭朐山,不克,镇东将军孔伯恭拒沈攸之。伯恭击败陈显达,又击败沈攸之。<br>尉元克下邳。<br>伯恭克宿豫。<br>将军孔大恒克淮阳。<br>将军长孙观救盘阳。<br>白曜自瑕丘攻历城。<br>长孙陵攻东阳。 | | 秋八月 | 诏攸之将兵北出。<br>攸之至焦墟,军主陈显达迎攸之至睢清口。<br>攸之军溃,还屯淮阴。<br>盘阳降魏,冀州刺史崔道固攻之。 |
| | 冬十二月 | 白曜遣兵攻宋兖州刺史刘休宾于梁邹。<br>西河公复攻汝阴,不克而还。 | | | |

(续表)

| | | | | | |
|---|---|---|---|---|---|
| 二年 | 春正月 | 宋东徐州刺史张谠以团城降，兰陵太守桓忻亦降。 | 三年 | 春正月 | 魏寇武津及义阳，豫州刺史刘勔遣兵击破之。 |
| | 二月 | 白曜克历城。刘休宾以梁邹降。 | | | |
| | 三月 | 白曜进围东阳。 | 四年 | 三月 | 辅国将军沈文静自海道救东阳。 |
| | | | | 夏四月 | 刘勔败魏兵于许昌。 |
| | 秋八月 | 师攻沈文静于不其。 | | 秋八月 | 文静至不其，保城自固。 |
| | 冬十二月 | 拔不其。 | | | |
| 三年 | 春正月 | 克东阳。 | 五年 | 春三月 | 魏人寇汝阴，太守杨文苌击却之。 |
| 五年 | 冬十一月 | 东兖州刺史于洛侯击走垣崇祖。 | 七年 | 冬十月 | 北琅邪、兰陵二郡太守垣崇祖自郁洲进据蒙山。 |
| 孝文帝延兴元年 | | | 泰豫元年 | 夏四月 | 诏垣崇祖行徐州事，徙戍龙沮。 |

**注：**

无盐县属东平郡，故城在今东平县东二十里。

《通鉴》注："清水南通淮，北通河，此谓清水入河之口。"案：

清口在今东平县西。

沙沟，在今长清县南。

高平郡治高平县，故城在今邹县西南。

《通鉴》注："此时魏人盖寇北阴平之孔堤。"《五代志》："普安郡阴平县，宋立北阴平郡。"案：五代之阴平县，在今梓潼县西北一百六十里。孔堤县，在今武都县东北。

瑕丘县故城，在今滋阳县西二十五里，宋为兖州治所。

汉稚县故城，在今城武县西北二十九里。

《南北对境图》："浉河在今信阳军罗山县西北界。"

下磕，未详所在。

《水经注》："武原县，在下邳县西北。"

《水经注》："泗水自彭城东南，过吕县南。泗水之上有石梁焉，故曰吕梁。"

《通鉴》注："淮北四州，青、冀、徐、兖。豫州淮西，汝南、新蔡、谯、梁、陈、南顿、颍川、汝南、汝阴诸郡也。"

《通鉴》注："汝阴郡盖犹治汝阴也。"当在隋蔡州新蔡县界。

长社县故城，在今长葛县西。

肥城，山东今县。

魏收《志》："糜沟、垣苗二城，亦在东太原郡太原县界。"案：太原县故城，在今长清县东北，亦曰升城。

魏收《地形志》："魏置南青州于圌城。"《通鉴》注："圌城，当在唐沂州沂水县界。"

朐山，今东海县南四里之马耳山。

《通鉴》："焦墟，去下邳五十余里。"

《通鉴》注："清水合于泗水，故泗水亦得清水之名。"《水经注》："泗水过下邳县西，又东南得睢水口。泗水又东南入于淮水，故谓之睢清口。"

宿豫县故城，在今宿迁县东南。

《通鉴》注："淮阳太守治角城。"角城，在宿迁县界。

盘阳县故城，在今临朐县东南。

历城，宋冀州治所。

东阳，宋青州治所。

梁邹县，今邹平县治。

团城，今沂水县治。
兰陵郡治昌虑县，故城在今滕县界南六十里。
武津县故城，在今上蔡县东。
不其城，在今即墨县西南。
郁洲，在今灌云县东北。本在海中，今已连于大陆。
魏收《志》："蒙山在新泰县东南。"
龙沮县故城，在今东海县南六十里。

大明之世，宋、魏疆场虽时有兵事，而宋犹能城守清东，奏捷沙沟。魏屡略地青、兖，卒不得据而有之。及泰始初，宋有内乱，彭城、悬瓠、瑕丘皆北降，而局势遂变。

悬瓠为淮西名城，宋凭之以争中原。既入于魏，魏师因以南临师水，迫义阳，东攻汝阴，而寿阳之西户遂不得不撤至汝阴矣。

彭城为宋之要藩久矣，既北降于魏，宋仓卒与争而致败，退至下邳、宿豫、淮阳一线。而下邳尤为重镇，盖向彭城，必由清泗过宿豫，历下邳。趋青州，亦由下邳、沂水经东安。东安县故城，在今沂水县南三十里。故宋益师戍之。然而败军之气，没世不振。宋之师徒是以挠败，而下邳亦失，宿豫、淮阳相随沦没。宋于是退据淮阴，形势日蹙。

瑕丘已降，自此以北，如无盐，如肥城，如升城，如糜沟、垣苗二戍，皆望风而下。及下邳、宿豫、淮阳入魏，宋之青、冀，形格势禁，益见孤危。于是魏师径东，攻拔历城、东阳，而北之梁邹，南之团城、兰陵，亦相率请降。宋虽自海道登陆据不其，然海隅孤城，实为绝地。其自朐山、郁洲进据蒙山之师，亦以侧面感受威胁，不能深入而返。然则宋欲统有三齐，而失下邳、彭城，固有无从为力者矣。

# 宋　九

后废帝元徽五年，中领军萧道成擅废立，荆州刺史沈攸之起兵讨道成。

| | | | |
|---|---|---|---|
| 宋顺帝昇明元年 | 冬十二月 | 戊辰，内外纂严。<br>庚午，诏右卫将军黄回督前锋诸军讨攸之。<br>道成世子赜奉晋熙王燮镇湓口，诏以赜为西讨都督。 | 辛酉，攸之起兵。<br>巴陵内史王文和弃郡走。 |
| | 闰月 | | 攸之遣孙同等五将以三万人为前驱，刘攘等五将以二万人次之，王灵秀等四将分兵出夏口，据鲁山。<br>癸巳，攸之至夏口。<br>乙未，攸之留攻郢州。 |
| 二年 | 春正月 | 萧赜遣军主桓敬等八军据西塞，为郢州声援。<br>建宁太守张谟将万人击公孙方平。<br>黄回军至西阳，溯流而进。<br>雍州刺史张敬儿袭入江陵。 | 攸之将皇甫仲贤陷武昌。<br>攸之将公孙方平陷西阳。<br>辛酉，方平败走。<br>丁卯夜，攸之军溃。<br>戊辰，攸之西走，缢华容界。 |

注：

湓口，湓水入江之处，在今九江县西。《晋书·地理志》："柴桑有湓口关。"

《左传》杜注："汉水曲入江处，今夏口也。"

鲁山，在今汉阳县北，即大别山。

郢州，今武昌县。

西塞山，在今大冶县东九十里。

武昌郡，今鄂城县治。

西阳郡，在今黄冈县东。

华容县，在今监利县西北。

郢州为江汉之锁钥，作建康之西屏。自荆州顺流而下者，攻之则顿兵坚城，犯兵家之大忌；不攻邃进，则不胜后顾之忧。黑子城耳，而寒叛逆者之胆。缀东下之师，形势优也。况是役也，萧赜已固湓口之守，阻西塞之山，而襄阳又复南袭江陵。攸之遂进退失据，仓皇走死。

## 宋 十

明帝崩，太子昱立，是为后废帝。江州刺史、桂阳王休范，其诸父也，元徽二年，反于寻阳。

元徽二年夏五月壬午，休范反。丙戌，休范率众二万、骑五百，发寻阳。留中兵参军毛惠连守寻阳。庚寅，大雷戍主杜道欣驰下告变。辛卯，休范前军至新林。右卫将军萧道成遣舟师拒战。壬辰，休范自新林舍舟步上，攻道成于新亭。休范将丁文豪趣台城。越骑校尉张敬儿诈降休范，遂斩之。休范将杜黑骡急攻新亭。癸巳，丁文豪破台军于皂荚桥，迫朱雀桁南。杜黑骡舍新亭，趣朱雀桁。领军刘勔战死桁南。白下、石头军皆溃。甲午，抚军长史褚澄开东府门纳南军。中书舍人孙千龄开承明门出降。萧道成遣羽林监陈显达及张敬儿等，自石头济淮，从承明门入卫官省。乙未，陈显达大破杜黑骡于杜姥宅。丙申，张敬儿大破黑骡于宣阳门，斩黑骡及丁文豪。进克东府，余党悉平。丁酉，解严。荆州刺史沈攸之、南徐州刺史建平王景素、郢州刺史晋熙王燮、湘州刺史王僧虔、雍州刺史张兴世，同起兵勤王。郢州中兵参军冯景祖袭寻阳。六月癸卯，毛惠连以寻阳降。

注：

《通鉴》注："新林浦去今建康城二十里。"案《建康志》：新林浦，在县西南三十里。新亭，在县西南十二里。

台城，在江宁县治北玄武湖侧。

《通鉴》注："皂荚桥，当在新亭之北。朱雀桥即大航也，在秦淮水上。以其在朱雀门外，故名。"

白下，在江宁县西北。石头，在县西，东府在县东。《通鉴》注："晋成帝杜皇后母裴氏，立第南掖门外，世谓之杜姥宅。"

南郡王义宣、晋安王子勋之反，均因淹缓致败。桂阳起事，自寻阳东下，六日而抵新林，殆如迅雷之发，使人不及掩耳。顾亦不免于败者，一则以诸州无响应之师，一则以桂阳信诈降而以身死。向使敬儿不得逞其计，诸州影从，桂阳身攻台城，而以偏师围新亭垒，则胜负之数必不如此。

建康本藉梁山为门户。然是役也，庚寅始知寻阳之叛。辛卯，而南军奄至，梁山已不可得而守，则近郊拒战，亦势也。萧道成策之曰："昔上流谋逆，皆因淹缓致败。休范必远惩前失，轻兵急下，乘我无备。今应变之术，不宜远出。若偏师失律，则大沮众心。宜顿新亭、白下，坚守宫城、东府、石头，以待贼至。千里孤军，后无委积，求战不得，自然瓦解。"遂自顿新亭以当敌锋，及台城之危，又遣兵救援，卒奏肤功。能转不利形势而为利，可谓将才矣。

## 齐 一

| 魏孝文帝太和三年 | | | 齐高帝建元元年 | |
|---|---|---|---|---|
| | | | 夏四月 | 帝篡宋位。 |
| | 冬十一月 | 遣假梁郡王嘉督二将出淮阴，陇西公琛督三将出广陵，河东公薛虎子督三将出寿阳，奉宋文帝子昶伐齐。乐陵镇将韦珍渡淮应接天盖，略七千余户而还。 | 冬十一月 | 义阳民谢天盖应魏。司州刺史萧景先讨天盖。 |
| | 春正月 | 陇西公琛攻拔马头戍。 | 春正月 | 魏师攻钟离，徐州刺史崔文仲击破之。又遣军主崔孝伯渡淮，攻魏茬眉戍主龙得侯，杀之。 |
| | 二月 | 假梁郡王嘉与刘昶攻寿阳。 | 二月 | 豫州刺史垣崇祖堰淝水，以灌败魏军。崔文仲遣军主陈靖拔魏竹邑，崔叔延破魏睢陵。 |
| | 三月 | 刘昶以师还。 | | |
| 四年 | 秋七月 | 齐角城戍主举城降。 | 二年 | |
| | 八月 | 梁郡王嘉迎角城戍主。郎大檀等三将出朐城，白吐头等二将出海西，元泰等二将出涟口，封延等三将出角城，镇南将军贺罗出下蔡，同伐齐。 | | |
| | | | 九月 | 汝南太守常元真降魏。 |
| | 闰九月 | 梁郡王嘉帅众十万围朐山。 | 闰九月 | 遣领军李安民循行清、泗诸戍以备魏。朐山戍主玄元度破走魏师。 |

(续表)

| | | | | | |
|---|---|---|---|---|---|
| 四年 | 冬十月 | 西道都督冯熙出义阳,贺罗出钟离,伐齐。 | 二年 | | |
| 五年 | | | 三年 | 春正月 | 魏师围角城,李安民破走之,又追败之于孙溪渚。 |
| | | | | 二月 | 游击将军桓康败魏师于淮阳。垣崇祖败魏师于淮北。 |
| 十一年 | | | 武帝永明五年 | 春正月 | 荒人桓天生据南阳故城以叛。诏丹杨尹萧景先帅步骑直指义阳,护军将军陈显达帅水军向宛、叶,以讨天生。天生引魏兵至沘阳。征虏将军戴僧静破天生于深桥。天生引魏兵寇舞阴,舞阴戍主殷公愍拒破之。 |
| | | | | 三月 | 陈显达进据舞阳城。 |
| | | | | 夏五月 | 天生引魏兵寇舞阴,公愍拒破之。 |
| 十二年 | 春三月 | 师袭角城,不克。 | 六年 | 夏四月 | 天生引魏兵出据隔城,游击将军曹虎攻拔之,天生弃平氏城走。陈显达侵魏,攻拔醴阳城。又攻沘阳,不克。 |
| | 夏四月 | 豫州刺史拓跋斤拒齐师。 | | | |
| 十八年 | 冬十二月 | 齐雍州刺史曹虎请降。遣行南将军薛真度督四将向襄阳,大将军刘昶向义阳,徐州刺史拓跋衍向钟离,平南将军刘藻向南郑。命安南将军卢渊督襄阳前锋诸军。帝伐齐,自洛阳至悬瓠。卢渊攻赭阳。 | 明帝建武元年 | | |

(续表)

| | | | | | |
|---|---|---|---|---|---|
| 十九年 | 春正月 | 拓跋衍攻钟离。<br>刘昶攻义阳。 | | 春正月 | 遣镇南将军王广之督司州,右卫将军萧坦之督徐州,尚书右仆射沈文季督豫州诸军,以拒魏。<br>徐州刺史萧惠休拒破魏兵。 |
| | 二月 | 帝以三十万众临寿阳,循淮而东,临钟离。<br>梁州刺史拓跋英会刘藻击汉中,围南郑。 | 二年 | 二月 | 左卫将军崔慧景等救钟离。<br>都督青、冀二州诸军事张冲遣兵攻建陵、驿马、厚丘、虎坑、冯时、即丘,皆拔之。<br>青、冀二州刺史王洪范遣兵袭纪城,据之。<br>黄门侍郎萧衍救义阳,破走魏军。 |
| | 三月 | 帝如邵阳,筑城洲上。<br>帝以师北还。 | | 三月 | 萧坦之攻拔邵阳二城。 |
| | 夏四月 | 拓跋英还师仇池。 | | 夏四月 | 太子右卫率垣历生救赭阳,击走魏师。<br>南阳太守房伯玉败魏将薛真度于沙堨。 |
| 二十年 | | | 三年 | 夏四月 | 魏寇栎城,戍主魏僧珉拒破之。 |
| 二十一年 | 夏六月 | 发冀、定、瀛、相、济五州兵二十万,将伐齐。 | | | |
| | 秋八月 | 庚辰,军发洛阳。 | | 秋八月 | 益兵戍赭阳、舞阴。 |
| | 九月 | 帝以众号百万南向。<br>辛丑,帝留诸将攻赭阳,自引兵南下。<br>癸卯,至宛,克其郭。<br>丁未,帝留诸将攻宛。<br>己酉,帝至新野。 | 四年 | | |
| | 冬十月 | 诸将围攻新野。 | | 冬十月 | 徐州刺史裴叔业攻虹城。<br>萧衍救雍州。 |
| | 十一月 | 败齐兵于沔北。 | | | |

(续表)

| | | | | | |
|---|---|---|---|---|---|
| 二十一年 | 十二月 | 帝南临沔水。 | 四年 | 十二月 | 崔慧景帅众二万、骑千匹，救雍州。<br>将军王昙纷攻魏黄郭戍，败没。<br>将军鲁康祚侵魏太仓口，败没。<br>裴叔业侵魏楚王戍。 |
| 二十二年 | 春正月 | 拔新野。 | 永泰元年 | 春正月 | 湖阳、赭阳、舞阴、南乡皆溃，命陈显达救雍州。 |
| | 二月 | 拔宛。 | | | |
| | 三月 | 帝如悬瓠。<br>镇南将军王肃攻义阳。<br>广陵王羽救龙亢。<br>安远将军傅永救涡阳。<br>王肃救涡阳，追败齐师。 | | 三月 | 崔慧景、萧衍败于邓城。<br>裴叔业围涡阳以救义阳，别遣将攻龙亢。<br>叔业击败魏广陵王羽。<br>叔业击败魏将傅永。<br>叔业退保涡口。 |
| | 夏四月 | 发州郡兵二十万人，期八月中集悬瓠南伐。 | | | |
| | | | | 秋七月 | 帝殂。 |
| | 秋九月 | 帝闻齐丧，乃北还。 | | | |
| 二十三年 | 春正月 | 前将军元英拒齐师。 | 东昏侯永元元年 | 春正月 | 陈显达将四万众击魏。 |
| | | | | 二月 | 显达破魏师。拔马圈、南乡。 |
| | 三月 | 庚辰，帝发洛阳。<br>癸未，帝至梁城。<br>甲申，遣五千骑救顺阳。<br>丁酉，帝至马圈，遣将断均口，邀齐兵归路，大败之。<br>己亥，追奔至汉水而还。<br>庚子，帝北返。 | | 三月 | 崔慧景攻顺阳。<br>显达为魏所乘，大败。<br>戊戌，显达南走，士卒死者三万余人。<br>慧景解顺阳围，走还。 |
| | 夏四月 | 帝病殂于途中。 | | | |

（续表）

| | | | | |
|---|---|---|---|---|
| 宣武帝景明元年 | | | 春正月 | 裴叔业以寿阳降魏。 |
| | 春二月 | 彭城王勰镇寿阳。 | | |
| | 三月 | 勰击胡松、陈伯之,破之。勰攻合肥,擒李叔献。勰攻建安,降之。 | 二年 三月 | 遣交州刺史李叔献屯合肥,裨将胡松屯死虎,骠骑司马陈伯之将水军,溯淮军于硖石。 |
| | | | 秋七月 | 伯之攻寿阳。 |
| | 秋八月 | 勰败陈伯之于泚口,走之。 | 八月 | 军主吴子阳出三关侵魏。 |
| | 九月 | 东豫州刺史田益宗败吴子阳于长风城。 | | |
| 二年 | | | 和帝中兴元年 冬十一月 | 魏东荆州刺史桓晖入寇,拔下笮戍。 |
| | 冬十一月 | 益宗败齐建宁太守黄天赐于赤亭。 | | |

注：

《通鉴》注："魏置乐陵镇于比阳,在今唐州界。"案：比阳,在今泌阳县西。

荏眉戍,在今怀远县西。

竹邑,戍也,在今宿县北二十里。

后魏睢陵县,在今灵璧县东北七十里。

角城,在今淮阴县南。

朐城、海西,皆在今东海县境。

涟口,涟水入淮之口。杜佑曰："涟水县有涟口渡。"

下蔡,今凤台县治。

朐山,在今东海县南四里。

淮阳郡，在今淮阴县西南。高闾曰："角城去淮阳十八里。"

《通鉴》注："孙溪渚在淮阳之北，清水之滨。"

沘阳县，今泌阳县。深桥距沘阳四十里。

舞阴县故城，在今泌阳县西北六十里。

舞阳县故城，在今舞阳县西。

平氏县故城，在今桐柏县西。

醴阳，盖在醴水之北。《水经注》："醴水出桐柏山，与淮同源。而别流西注，径平氏县东北，又西流注于沘水。"

赭阳故城，在今方城县东六里。

汉建陵县故城，在今沭阳县西北。宋白曰："厚丘故城，在沭阳县北四十五里。"

即丘亦汉县。贤曰："即丘故城，在今临沂县东南。"

杜预曰："赣榆县东北，有故纪城。"

邵阳洲，在钟离城北淮水中。

《通鉴》注："堨，壅也。聚沙以壅水，故以为地名，在宛县界。"

杜预曰："新蔡县东北有栎亭。"案：栎城，盖在此。

虹城，在今五河县西。

黄郭戍，在今赣榆县西北。

《通鉴》注："太仓口在魏豫州界。"是时魏置豫州于汝南新息县广陵城，与齐义阳隔淮对垒，则太仓口当在淮北岸。以魏人积仓粟于此而有是名也。

《通鉴》注："《水经注》：'铜阳县有葛陵城。'城东北有楚武王冢，民谓之楚王瑟城。魏盖于此置戍，因谓之楚王戍。"案：葛陵城，在今新蔡县西北五十里。

湖阳戍，在今泌源县南八十里。

南乡郡，在今淅川县东南。

《南北对境图》："自邓城南过新河，至樊城。"

涡阳城，今蒙城县治，时为魏南兖州治所。

龙亢县，今怀远县西北七十五里之龙亢集是也，南临涡水。

涡口，涡水入淮之口也。涡口对淮南岸，即齐马头郡。

马圈城，在今邓县东北七十里。

梁县，今临汝县治。

杜佑曰："汉顺阳故城，在穰县西。"案：穰县，今邓县也。

均口，在今均县东南，均水入汉之口也。

《通鉴》注："魏得建安，则西南可图义阳。齐司州治义阳，若增建安之兵，北断魏援，东临寿阳，则寿阳难保。"案：建安戍，当在今固始县境。

《通典》："死虎，地名，在寿春县东四十余里。"

硖石，在今凤台县西南。

淝口，今南淝河入淮处也。

三关，今武胜、平靖、黄岘关也。

《通鉴》注："长风城，在阴山关南。"下笮戍，在沔北，直襄阳东北。《隋志》："麻城县旧置建宁郡。"《水经注》："举水自湖陂城南流，径赤亭下，谓之赤亭水。西阳五水蛮，赤亭其一也。"

齐、魏构兵，齐十九取守势。其淮水下游，齐置青、冀二州于郁洲，置北兖州于淮阴。郁洲，海中易固。淮阴，地形扼要，水陆交通，易以观衅。沃野有开辟之利，方舟运漕，无他屯阻。魏之来攻，每以角城、涟口、朐山、海西为目标，以其为郁洲、淮阴之外围也。齐当淮源有警，为分魏人兵势之故，尝自郁洲北进，及于纪城、即丘。

魏太武当宋世，以数十万之众南向，而盱眙以小城相抗不下。萧齐之世，魏人迄未出兵盱眙，岂惩于往事耶？建武初，魏人尝欲筑城置戍于淮南，其相州刺史高间言："寿阳、盱眙、淮阴，淮南之本原也。胡三省曰：''寿阳、盱眙、淮阴，皆淮津之要地，齐皆以重兵守之，故云本原。''三镇不克其一，而留守孤城，其不能自全明矣。"其事遂罢。

钟离，齐徐州刺史治所。魏人尝拔马头，渡淮以攻之，欲自此斜趋广陵。又尝城邵阳洲以逼之。而齐卒拒退劲敌，且北攻茌眉、竹邑、睢陵，复击虹城，以解司、雍之寇。盖钟离北带淮水，大镇长、淮，互相凭仗，亦奚翅却寇乎！

寿阳，齐豫州刺史治所。下蔡戍在淮西，实为其桥头堡。司州有事，寿阳出兵，或西侵楚王戍，或北攻龙亢、涡阳，以为声援。淮南之重镇，固无出其右者。故魏师之攻之，或二十万，或三十万，然皆未逞志。及寿阳北附，淮南门户由是洞开，齐师陆道自合肥、水道溯淮以争之，而不能得也。

建安，亦淮南重镇，彼此要冲。魏得之则西南可图义阳，不得，则齐自义阳增建安之兵，北断魏援以东临寿阳，寿阳危矣。故魏得寿阳后，即取建安。魏置东豫州于新息广陵城，齐置司州于义阳，隔淮对垒。魏之大举南向，义阳亦为其所必攻。又其东豫州之师，南越阴山关，进据长风城及赤亭。而义阳负三关之险，曾不能北首，则魏、齐之强弱可知矣。

齐雍州治襄阳，直北为新野，为南阳，迤东北赭阳、舞阴，当方城之险，皆南阳外围。出此而取舞阳，又置叶仓。是时洛阳为魏根本地，势不能熟视患生于肘腋，故其主以百万之众直下南阳、新野也。齐师图复失地，入自均水，而水道迅急，易进难退。及均口被断，遂告覆师。夫淮、汉绵亘千里，齐所凭依，退可以守，进亦足以为战。而冲要不能保者，良由魏取攻势，易于集中力量，施行突击，而况两方强弱又远不侔乎！

魏地出于齐司、雍二州之间，有如利刃割胸者，沘阳是也。魏置东荆州及乐陵镇于此。因以东南向义阳，南陷平氏，西南拔下笮戍，北寇舞阴。齐曾攻之，而不能下。夫齐自司、雍进兵，沘阳在包围中，而未奏功者，由积弱非欤？

齐梁州治南郑，魏尝发秦州、梁州兵攻之而无成。魏秦州治上封，故城在今天水县西南。魏梁州治仇池。盖南郑悬在山外，单径千里，崎岖险阻，攻之不可猝拔，食尽艰于转运。古人有言："虽鞭之长，不及马腹。"南郑之于魏，实为马腹也。

梁之末造，寿阳既外附于魏，而襄阳又内叛，称戈东伐秣陵。魏之群臣均跃跃欲南进，有主张取襄阳者，魏镇南将军元英上书曰："臣乞躬帅步骑三万，直指沔阴，据襄阳之城，断黑水之路。昏虐君臣，自相鱼肉。我居上流，威震遐迩。长驱南出，进拔江陵，则三楚之地一朝可收，岷蜀之道自成断绝。又命扬、徐二州声言俱举。建业穷蹙，鱼游釜中。可以齐文轨而大同，混天地而为一。"有主张取义阳者，东豫州刺史田益宗上表曰："寿春虽平，三面仍梗。镇守之宜，实须豫设。义阳差近淮源，利涉津要，朝廷行师，必由此道。若江南有事淮外，须乘夏水泛长，列舟长淮。王师赴寿春，须从义阳之北，便是居我喉要，在虑弥深。义阳之灭，今实时矣。度彼不过须精卒一万二千。然行师之法，贵张形势。请使两荆之众，西拟随、雍，扬州之卒顿于建安，得捍三关之援；然后二豫之军直据南关，对抗延头，遣一都督总诸军节度。季冬进师，迄于春末，不过十旬，克之必矣。"有主张东西齐举者。车骑大将军源怀上言："萧衍内侮，宝卷孤危。广陵、淮阴诸戍，皆观望得失。斯实天启之期、并吞之会，宜东西齐举，以成席卷之势。若使萧衍克济，上下同心，岂惟后图之难，亦恐扬州危逼。何则？寿春之去建康，才七百里。山川水陆，皆彼所谙。彼若内外无虞，君臣分定，乘舟藉水，倏忽而至，未易当也。"此实北方并吞之良机，而惜乎魏之未能屡须剑及也。

# 齐　二

齐明帝世，会稽太守王敬则以高武旧将，为帝所忌，遂举兵反。

永泰元年夏四月，敬则率甲万人过浙江。吴郡太守张瓖遣兵三千，拒敬则于松江，皆溃走。敬则至晋陵，晋陵人应之。敬则前锋至曲阿。曲阿令丘仲孚凿长冈埭，泻渎水以阻敬则。敬则军以渎涸，顿兵不得进。五月，台军至，筑垒于长冈。诏屯兵湖头，备京口路。敬则攻长冈二垒，阵亡。

注：

浙江，今之钱塘江也。
松江，今之吴淞江也。
晋陵郡，今武进县治。
曲阿县，今丹阳县治。长冈在县界。
《通鉴》注："湖头，玄武湖头也。其地东接蒋山西岩下，西抵玄武湖堤，地势坦平，当京口大道。"

三吴多水，其甲卒类便于舟楫，故敬则一起，奄至曲阿。不意渎水一泻，弃舟而步，以攻壁垒。用违其长，不及二旬，至于败亡。东昏侯世，高武旧将、江州刺史陈显达又举兵反于寻阳。

永元元年，冬十一月丙辰，显达举兵于寻阳。乙丑，诏平南将军崔慧景击显达，后军将军胡松帅水军据梁山，左卫将军左兴盛督前锋军，屯杜姥宅。十二月，显达发寻阳，败胡松于采石。甲申，军于新林，左兴盛帅诸军拒之。显达潜军夜渡，袭宫城。乙酉，显达以数千人登落星冈，新亭诸军奔还宫城，显达战殁于西州。

注：

杜姥宅，《一统志》："在台城南掖门外。"
《扬州记》："金陵南沿江有新林桥。"
宫城，即台城。
《通鉴》注："石头城西有横垅，谓之落星冈。"
新亭，在宫城西南，临江。
《通鉴》注："扬州治所，在台城西，故谓之西州。"

寻阳在上游，本有足用之势。而建康之御之也，江上惟凭采石、梁山，此而不能却敌，则城郊为战场焉。顾显达至西州而败殁者，由恃一将之勇故也。显达之难既定，平西将军崔慧景又反于广陵。

永元二年春三月，慧景自广陵收众济江。江夏王宝玄以京口应慧景。台军据竹里，为数城以拒慧景，慧景攻拔之。慧景围宫城。豫州刺史萧懿发小岘，自采石济江救宫城。慧景战败。夏四月，慧景走死。

注：

广陵郡，今扬州。
京口，今镇江。
竹里山，在今句容县北。《江南通志》："六朝时，京口至建康，皆取道于此。"
小岘山，在今合肥县东七十里。

京口外附，建康形势危急，竹里沦陷，宫城遂见围，慧景殆若胜算在握已。然而顿兵坚城之下，复不能分师以杜采石之渡，情见势屈，转胜为败。军事之变化而不可测也，盖如此。

## 梁 一

齐东昏侯永元二年冬十一月，雍州刺史萧衍以其兄懿为朝廷所诛，遂自襄阳起兵，甲士万余人，马千余匹，船三千艘。衍奉荆州刺史、南康王宝融为主。是时，梁南、秦二州助衍。梁南、秦二州，俱治南郑。巴东、巴西二郡不助衍。巴东郡故治，在今奉节县东北。巴西郡，今阆中县。湘州则发兵自守。湘州，治长沙。于是荆州之兵，一向湘州，一向夏口。夏口城，在今武昌县西黄鹄山上。郢州治此。又一师屯西陵峡口，向湘州之兵，克巴陵，进军白沙，湘州降。巴陵郡，今岳阳县治。《水经注》："白沙戍，在黄陵庙北。"案：庙在今湘阴县北四十里。

明年春，雍州之兵东下。而朝廷先已屯重兵于鲁山、郢城。鲁山，在今汉阳县北，即大别山。衍遣一军会荆州兵逼郢城，而身筑汉口城以守鲁山。又以水军游遏江中，以绝郢、鲁二城信使。于是郧城、竟陵之粟方舟而下，《括地志》："安陆县，本春秋郧国城。"竟陵郡，今钟祥县治。江陵、湘中之兵相继而至。朝廷遣十三军，进援至加湖，加湖，在今黄陂县东南，去郢城三十里。亦溃败以去。秋七月，鲁山、郢城皆降。大军缘江而下，径掩柴桑。八月，寻阳降。寻阳郡治柴桑县，故城在今九江县西南。九月，自芜湖、姑孰进顿江宁。姑孰城，今当涂县治。江宁县故城，在今江宁县西南六十里。东昏新亭之师，出战屡败，新亭，在今江宁县南。《通鉴》注："晋江宁县治所，盖临江滨。"《金陵览古》云："新亭去江宁十里。"余众因凭淮自固。冬十月，朱雀航南之战又败。淮，秦淮河也。朱雀航，建康正南朱雀门外之大桥，横跨秦淮河上。《方舆纪要》谓今南京聚宝门之镇淮桥，即其故址。衍军至宣阳门，于是新亭、东府皆降。石头溃。东府城，在今江宁县东。《建康志》："城临淮水，去台城四里。"石头城，在江宁县西石头山后。东昏入保宫城，衍筑长围守之。宫城在江宁县治北玄武湖侧，亦谓之台城。京口、广陵、破墩诸军皆降。《通鉴》注:"破墩即破岗,在曲阿界。"案:曲阿县,今丹阳县治。十二月,近侍弑东昏,以宫城降。明年,衍为帝,即梁武帝也。始,巴东、巴西之师自峡口出至上明,与荆州兵相持。上明城,在今松滋县西。及建康危,亦降。

夫襄阳为西藩重镇,武帝以英武之资用之,预为舟装之备,又与荆州合纵东下,其成功之道一已。鲁山下临汉江,与郢城为犄角。东昏屯重兵于此,足扼荆、雍咽喉。向使不取之而遽东下,则粮食运输无由畅达,师可立溃,故武帝以持久困之。及加湖援军败去,二城不能不降,其成功之道二已。新亭之师,以逸待劳,而武帝卒败之,其成功之道三已。

## 梁　二

魏置荆州于穰城,穰城,今邓县。东荆州于沘阳,沘阳县,今泌阳县。豫州于悬瓠城,悬瓠城,今汝南县治。东豫州于新息,新息县,今息县。扬州于寿阳,徐州于彭城。当武帝东伐建康之际,襄阳空虚,而淮阴、广陵诸戍,皆观望得失。魏将帅计欲取义阳。齐司州治义阳,故城在今信阳县南四十里。而以二荆之众,西拟随、雍,扬州之卒顿于建安,捍三关之援,建安,待考。《南齐书·州郡志》:"义阳郡有三关之隘。"案:平靖关在西,黄岘关在中,武阳关在东,势如首尾,为南北要隘。二豫之军,直据阴山关,对抗延头。《唐志》:"麻城县东北有阴山关。"延头戍,在今黄陂县西。又计欲直接襄阳,以断梁州之路;进拔江陵,以绝岷蜀之道。然皆不果行。武帝既即位,而梁、魏之战争始矣。

**梁魏战争表**

| | | 淮东 | 淮、汉之间 | 司、雍二州 | 梁、益二州 |
|---|---|---|---|---|---|
| 梁武帝天监元年 | 夏五月 | | 魏扬州小岘戍主党法宗袭破大岘戍。 | | |
| | 冬十二月 | | | 将军张嚣之取魏木陵戍，为魏所败，魏复取木陵。 | |
| 二年 | 春三月 | | | 魏取阴山、白藁二戍。 | |
| | 冬十月 | | 魏寇东关、大岘、阜陵、淮陵、九山、关要、颍川、焦城，拔大岘、淮陵、关要、颍川、焦城。 | 魏将元英围义阳。 | |
| | 十一月 | | | 将军吴子阳与元英战于白沙，败绩。 | |
| 三年 | 春正月 | | 取魏东城。 | | |
| | 二月 | | 将军姜庆真袭寿阳。魏任城王澄攻钟离，败梁援兵于邵阳洲。 | 后军将军王僧炳救义阳，至凿岘。 | |
| | 三月 | | 任城王澄以天大雨，淮水暴涨，引还寿阳。 | 元英击败王僧炳。 | |
| | 秋七月 | 角城戍主柴庆宗以城降魏。 | | 宁朔将军马仙琕救义阳，战不利。 | |
| | 八月 | | | 义阳降魏，魏置郢州。三关守将弃城走。马仙琕筑竹敦、麻阳二城于三关南。魏攻竹敦，拔之。 | |

中国历代军事地理概论 | 0189

(续表)

| | | 淮东 | 淮、汉之间 | 司、雍二州 | 梁、益二州 |
|---|---|---|---|---|---|
| 四年 | 春正月 | | | | 汉中叛,降魏。魏镇西将军邢峦将兵赴之。 |
| | 二月 | | 卫尉卿杨公则将兵塞洛口。 | | 晋寿太守王景胤据石亭,邢峦遣将击走之。巴西叛,降魏。 |
| | 夏四月 | | | | 魏兵击破深坑、南安、石门诸戍,入剑阁。 |
| | 六月 | | 豫州刺史王超宗围小岘,败还。 | | |
| | 秋七月 | | | | 魏兵进逼涪城。 |
| | 八月 | | 姜庆真与魏战于羊石,不利。杨公则自洛口退屯马头。 | 魏中山王英寇雍州。 | 魏兵屡捷。 |
| | 九月 | | 公则为魏扬州刺史元嵩所败。 | | |
| | 冬十月 | | 临川王宏伐魏,军洛口。 | | |
| | 十一月 | | | | 魏兵引还。 |
| 五年 | 春正月 | 冀州刺史桓和击魏南青州,不克。 | | | |
| | 二月 | 将军萧㫬击魏徐州,围淮阳。 | 徐州刺史昌义之与魏战于梁城,不利。 | | |
| | 三月 | 辅国将军刘思效败魏青州刺史元系于胶水。 | | | |
| | 夏四月 | | | 江州刺史王茂袭取魏河南城,战败。魏兵追至汉水,攻拔五城。魏寇司州。 | |

(续表)

| | | 淮东 | 淮、汉之间 | 司、雍二州 | 梁、益二州 |
|---|---|---|---|---|---|
| 五年 | 五月 | 太子右卫率张惠绍侵魏徐州，拔宿豫。 | 义之拔梁城。<br>豫州刺史韦叡拔小岘、合肥，进次东陵。<br>庐江太守裴邃克魏羊石、霍丘二城。 | | |
| | 六月 | 桓和克朐山。<br>张惠绍趣彭城，围高冢戍，战不利。 | | | |
| | 秋七月 | 桓和击魏兖州，拔固城。<br>固城、蒙山、孤山诸军皆败还。<br>将军蓝怀恭败于睢口。<br>魏兵围宿豫。<br>怀恭筑城清南，守之。 | 徐州刺史王伯敖败于阴陵。 | 梁兵围义阳。 | |
| | 九月 | 魏攻拔清南城。<br>宿豫、淮阳弃守。 | 洛口军溃还，梁城弃守，魏兵攻拔马头。 | | |
| | 冬十月 | | 魏围钟离。 | 梁兵自义阳夜遁，为魏所败。 | |
| | 十一月 | | 右卫将军曹景宗都督诸军二十万救钟离。 | | 獠人引梁兵犯魏益州。 |
| 六年 | 春二月 | | 韦叡自合肥救钟离。 | | |
| | 三月 | | 魏兵战败溃去。 | | |
| | 冬十二月 | 魏淮阳太守以城降。 | | | |
| 七年 | 秋九月 | | | 魏郢州司马彭珍叛魏，引梁兵围义阳。<br>三关戍主以城降。<br>中山王英将步骑三万出汝南，救义阳。 | |

(续表)

| | | 淮东 | 淮、汉之间 | 司、雍二州 | 梁、益二州 |
|---|---|---|---|---|---|
| 七年 | 冬十月 | 魏镇东参军成景儁以宿豫降。 | | 魏悬瓠军主白早生以城降。梁兵赴之,屯楚王城。魏兵围悬瓠。 | |
| | 十一月 | 魏兵攻宿豫。 | | | |
| | 十二月 | | | 魏拔悬瓠。楚王城弃守。义阳围解。 | |
| 八年 | 春正月 | | | 魏攻取三关。韦叡救三关,城安陆。 | |
| | 三月 | | | 魏寇潺沟。 | |
| | 夏四月 | | | 魏楚王城主以城降。 | |
| 十年 | 春三月 | 朐山叛降魏。魏兵入朐山。 | | | |
| | 夏五月 | 梁兵围朐山。 | | | |
| | 冬十一月 | 拔朐山。 | 魏治兵寿阳,以分朐山之势。 | | |
| | 十二月 | 魏兵败去。 | | | |
| 十三年 | 春二月 | | | 魏人田鲁生等引梁兵攻光城以南诸戍。诏以鲁生为北司州刺史,其弟鲁贤为北豫州刺史,超秀为定州刺史。 | |
| | 三月 | | | 魏击破鲁生等。 | |
| | 冬十月 | | 梁堰淮水以灌寿阳。 | | 魏大将军高肇将十五万众寇益州,分向巴北、涪城、绵竹、剑阁。 |

(续表)

|  |  | 淮东 | 淮、汉之间 | 司、雍二州 | 梁、益二州 |
|---|---|---|---|---|---|
| 十四年 | 春二月 |  |  |  | 魏兵击巴北。宁州刺史任太洪自阴平间道入魏益州,绝魏运路。魏大军北还。太洪袭破魏东洛、除口二戍,进围关城,败还。 |
|  | 三月 |  | 魏屯兵荆山。 |  |  |
|  | 秋九月 |  | 游击将军赵祖悦袭取西硖石。 |  |  |
|  | 冬十二月 |  | 魏兵围西硖石。 |  | 葭萌民杀魏晋寿太守,以城降。 |
| 十五年 | 春二月 |  | 昌义之溯淮救硖石。魏兵守下蔡,夹淮为营。义之屯梁城,不得进。魏拔硖石。 |  |  |
|  | 夏四月 |  | 淮堰成。 |  | 巴西、梓潼太守张齐败魏兵于葭萌,进围武兴。 |
|  | 五月 |  |  |  | 魏援军至,张齐退保白水。 |
|  | 六月 |  |  |  | 张齐出白水侵魏葭萌。魏取白水,又败梁兵于阴平。 |
|  | 秋七月 |  |  |  | 张齐兵败,走还。小剑、大剑诸戍皆弃城走。 |
|  | 九月 | 淮堰坏。 |  |  |  |

（续表）

|  |  | 淮东 | 淮、汉之间 | 司、雍二州 | 梁、益二州 |
|---|---|---|---|---|---|
| 十六年 | 冬十一月 |  |  |  | 巴州刺史牟汉宠叛，降魏。 |
| 普通二年 | 夏五月 |  |  | 魏南荆州刺史桓叔兴据所部来降。 |  |
|  | 六月 |  |  | 义州刺史文僧明、边城太守田守德拥所部降魏。 |  |
|  | 秋七月 |  |  | 裴邃败魏兵于檀公岘，复取义州。 |  |
| 五年 | 夏六月 |  | 裴邃督征讨诸军事，自合肥伐魏。 |  |  |
|  | 秋八月 | 成景儁拔魏童城。 |  |  |  |
|  | 九月 | 成景儁拔魏睢陵。别将击魏淮阳。 | 北兖州刺史赵景悦围荆山。裴邃袭寿阳而还。魏河间王琛救寿阳，复荆山戍。 |  |  |
|  | 冬十月 | 散骑常侍元树拔建陵城、曲沭戍。扫虏将军彭宝孙拔琅邪、檀丘。魏东海太守韦敬欣以司吾城降。 | 裴邃拔狄城氁城、黎浆，定远将军曹世宗拔曲阳秦墟。魏守将多弃城走。 |  |  |
|  | 十一月 | 彭宝孙拔东莞。 | 马头、安城皆降。 |  |  |
|  | 十二月 |  | 荆山降。 | 武勇将军李国兴等攻克三关，进围魏郢州。魏援军至，乃引还。 |  |
| 六年 | 春正月 | 魏徐州刺史元法僧以彭城降。将军王希聘拔南阳平。 | 裴邃拔新蔡郡及郑城，寿阳兵出战，邃击败之。 | 雍州兵破魏南乡郡晋城及马圈、彤阳二城。 |  |

（续表）

| | | 淮东 | 淮、汉之间 | 司、雍二州 | 梁、益二州 |
|---|---|---|---|---|---|
| 六年 | 二月 | | 赵景悦拔龙亢。 | | |
| | 三月 | 诏豫章王综权顿彭城。 | | | 北梁州刺史锡休儒自魏兴侵魏梁州，攻直城。 |
| | 夏五月 | | | | 益州兵围小剑，败还。 |
| | 六月 | 魏兵取彭城，乘胜取宿豫。 | | | |
| | 冬十二月 | | | 将军曹义宗因群蛮围魏荆州，取顺阳、马圈，与魏兵战于淅阳。 | |
| 七年 | 秋七月 | | 梁复堰淮水以灌寿阳。梁兵北道攻黎浆，南道攻寿阳。 | | |
| | 冬十一月 | | 寿阳降。 | 曹义宗据穰城以逼新野。 | |
| 大通元年 | 春正月 | 将军彭群围琅邪。 | | 谯州刺史湛僧智围魏东豫州。司州刺史夏侯夔出义阳道，攻魏平静、穆陵、阴山三关，皆克之。 | |
| | 二月 | 成景儁攻彭城，战不利。 | | | |
| | 夏五月 | 景儁攻临潼、竹邑，拔之。东宫直阁兰钦攻萧城、厥固，拔之。 | | | |
| | 秋七月 | 彭群战没。 | | 湛僧智自东豫州还师。 | |
| | 九月 | | | 僧智复围东豫州。夏侯夔自武阳引兵助僧智。 | |

（续表）

| | | 淮东 | 淮、汉之间 | 司、雍二州 | 梁、益二州 |
|---|---|---|---|---|---|
| 大通元年 | 冬十月 | | 东宫直阁陈庆之攻涡阳，拔之，乘胜前顿城父。 | 东豫州降。夔引兵屯安阳，遣别将屠楚城。 | |
| 二年 | 夏四月 | 魏北青州刺史元世儁举州降。 | | 义阳降。夔进攻毛城，逼新蔡。豫州刺史夏侯亶围南顿，攻陈项。魏南荆州刺史李志举州降。 | |
| | 五月 | | | 曹义宗堰水以灌魏荆州。 | |
| | 秋八月 | 魏泰山太守羊侃遣使来降，诏遣兵应接。将军王弁侵魏徐州而还。 | | | |
| | 冬十月 | | 帝以魏北海王元颢为魏主，遣陈庆之送之还北。颢袭取铚城。 | 义宗兵败，为魏所擒。 | |
| | 十一月 | 羊侃南奔。 | | | |
| 中大通元年 | 夏四月 | | 庆之自铚城进拔堂城，遂至梁国，又拔考城。 | | |
| | 五月 | | 颢克梁国。庆之拔荥阳、虎牢。颢入洛阳。魏兵攻取大梁、梁国，庆之复击下之。 | | |
| | 六月 | | 颢遣兵据河内，魏兵攻取之。 | 魏淮安太守晋鸿以湖阳降。 | |

（续表）

|  |  | 淮东 | 淮、汉之间 | 司、雍二州 | 梁、益二州 |
|---|---|---|---|---|---|
| 中大通元年 | 闰月 |  | 庆之与魏将尔朱荣相持于河上。荣济自硖石，败颢于河桥。洛阳陷，颢被擒，庆之走免。颢所得诸城复降于魏。 |  |  |
|  | 秋七月 |  |  |  | 魏巴州刺史严始欣以州降。 |
| 二年 | 春正月 |  |  |  | 魏击取巴州。 |
|  | 冬十二月 |  |  | 沈庆之围悬瓠，又败魏兵于溱水楚城。 |  |
| 三年 |  |  | 魏南兖州降。 |  |  |
| 四年 | 秋七月 |  | 魏复取南兖州。 |  |  |
| 五年 | 夏五月 | 魏东徐州降。 |  |  |  |
|  | 冬十二月 |  |  | 魏寇雍州，拔下笮戍及冯翊、安定、沔阳、鄀城诸郡。电威将军柳仲礼屯谷城以拒魏。 |  |

梁、魏兵争，惟淮、汉之间为烈。盖铁蹄自河而南，舟师自江而北，相值于长、淮之外，宜乎其战伐之持久也。寿阳之去江，五百余里耳。魏于淮南，以此为重镇，西南向，则破关要、颍川。《方舆纪要》："关要，近霍山县境。"魏收《志》："霍州有北颍川郡，领颍川等三县。"《水经注》："梁立霍州，治灊县天柱山。"取阴山、白藁二戍。阴山戍即前阴山关。洪齮孙《补梁疆域志》："义阳郡有白藁戍。"东南向则

由合肥而攻清溪、东关。《补梁疆域志》："南谯郡蕲县有清溪。"案：蕲县，今巢县治。东关，在巢县东南，濡须水所经也。由小岘而攻大岘。《舆地志》："小岘山，在合肥之东。大岘，在小岘之东。"由东城而攻阜陵、白塔。秦东城县故城，在今定远县东南。魏置东扬州。阜陵戍，在今全椒县东十五里。《补梁疆域志》："高塘郡有白塔。"案：郡故治，在今来安县东北白塔镇。东北向则逼钟离，犯淮陵。《补梁疆域志》："梁北徐州镇钟离。"案：钟离故城，在今凤阳县东北二十里。《通鉴》注："梁既置徐州于钟离，则亦置淮陵于钟离界，未可知也。"略及九山、焦城。《补梁疆域志》："盱眙县有九山、焦城。"案：九山城，在今盱眙县西北。《通鉴》注："北兵渡淮之津要也。"魏于淮南而有寿阳，梁之江外，固不得高枕而卧矣。梁于淮上，以钟离为重镇。其南则凭白塔、阜陵、大岘诸戍以护江。又频断东关，欲令泛溢，以灌魏淮南诸戍。《魏书·元澄传》："巢湖周回四百余里。东关合江之际，广不过数十步。"其西南，则关要、颍川，皆置于天柱以北。自关要、颍川出者，尝取魏羊石、霍丘。羊石城，在今霍丘县南。霍丘戍，今县。自大岘出者，克合肥。自钟离而西者，夺梁城、硖石以临寿阳。《通鉴》注："梁城在寿阳东北，钟离西南。"硖石，在今凤台县西南。是故寿阳、钟离相角立者，凡二十余年。自寿阳攻钟离，利于秋冬水涸之时，而不利于春夏水生之际。魏师曾再围钟离，及三月而即溃败以去者，职此之由。自钟离攻寿阳，则反是。淮水盛涨，舟行无碍，而梁师得意焉。夫四渎，天所以节宣其气，何可久塞。《梁书·康绚传》："四渎，天所以节宣其气，不可久塞。"然梁人不顾也，屡堰淮以灌寿阳。杜佑曰："堰在濠州城西一百一十二里。"案：唐濠州，即梁钟离郡。彼盖以魏人之不宜于水，故以水困之。至普通之末，梁乘魏乱，极力图寿阳。于淮南，则克洛水之曲阳、秦墟。曲阳县，在今洛河西，益北为秦墟。洛河下注淮，谓之洛口。淝水之狄城甓城、黎浆。狄城甓城，当在今淝水旁。黎浆，在今寿县东南。淮上则克马头、安城。《通鉴》注："马头在寿阳之西，当淮津济渡之要。"案：安城当与马头相近。于淮北，则克荆山、龙亢。荆山，在今怀远县西南一里，与涂山夹淮相对。龙亢城，今怀远县西北七十五里之龙亢集。汝、颍之间，则克郑城、新蔡。郑城当在今颍上县境颍水西。新蔡郡，今县。

于是寿阳孤悬淮外，而淮堰适成，城府沉沦，其势不得不降矣。梁既下寿阳，故能北拔涡阳，逼城父，受谯城之降。涡阳县，今蒙城县治。汉城父县故城，在今亳县东南。魏南兖州治谯城。谯城故城，在今夏邑县北。而陈庆之且由铚县西向。铚县故城，在今宿县西南四十里。以数千之众，驰洰溹之野，作席卷之势，而入洛阳，立奇功。彭城、钟离、淮阴呈三角形，淮阴县故城，在今淮阴县东南。彭城，其顶点也。魏置徐州于此。梁置徐州钟离，置北兖州淮阴，视之为淮上重镇，东西呼应，以向此顶点进攻。梁师自钟离北向彭城，于彭城以南，如南阳平、僮城、临潼、竹邑、睢陵、萧城、厥固，钱大昕曰："彭城郡之谷阳县，南阳平郡所治。"案：谷阳县故城，在今灵璧县西南。临潼郡治潼城，在灵璧县东北。僮城，在今泗县东北。竹邑故城，在今宿县北二十里。睢陵县，今睢宁县治。萧城，在今萧县西北。《通鉴》注："相县有厥城。"《方舆纪要》："城在萧县北。"皆魏之据点，星罗棋布，势须予以扫荡。其自淮阴西北向彭城者，步骑经淮阳、宿豫。《通鉴》注："角城在淮水之阳。淮阳，又在角城北十八里。"宿豫县故城，在今宿迁县东南，魏南徐州治所。舟师由泗水，《水经注》："泗水南径下邳县故城西，东南流，沂水注焉。泗水又东，径角城北，而注于淮。"案：泗水亦曰清水。而淮阳、宿豫，尤为双方所争。盖魏拔淮阳，则逼淮阴；而梁取宿豫，则围彭城。以淮阳为淮阴屏蔽，而宿豫乃彭城前哨也。其自淮阴北向之师，亦尝取建陵、曲沭，建陵城、曲沭戍，皆在今沭阳县西北。深入琅邪、檀丘、东莞诸丘陵地带。魏琅邪郡治即丘，故城在今临沂县东南五十里。东莞郡治莒县，今莒县治。檀丘当在二郡间。淮阴东北海中之郁洲，郁洲，今灌云县东北云台山，旧在海中。梁利其非兵冲，且环水也，置青、冀二州。郁洲之甲亦乘机前据固城、蒙山、孤山，《通鉴》注："固城，疑即抱犊崮城也。"案：抱犊崮，在今峄县北六十里。民国十二年，土匪于临城劫津浦车，掳置中外旅客于此。蒙山之北，即今蒙阴县。《方舆纪要》："孤山在滕县东南。"侵及南青州。魏南青州领东安、东莞、义塘三郡，治团城，在今沂水县境。游击之师，且至胶水。胶水在今山东半岛。魏尝纳朐山之降以逼之。朐山城，在今东海县南四里。然朐山滨海卑湿，魏人难居。梁又以其地要近，致死争之，故魏卒不能有也。魏既置东豫州于新息，自是以南，如白沙、木陵、阴山、白藁诸关隘，又皆一一据而有之，白沙关，在今光山县西南一百四十里，接黄安县界。木陵关，在今麻城县北八十里。阴山关，在麻城县东北六十里。白藁戍，当与阴山关相近。以成居高临下之势。是时梁之义州，《清一统志》：“苞信，梁兼置义州。”案：苞信县故城，在今商城县西。虽与新息相近，然远在檀公岘之外，《水经注》："檀公岘，盖大别山之异名也。"案：今立煌县，在大别山中。转运维艰，兵力单弱，不足相拒。魏于是进图义阳，是梁之司州也。魏师东南向寿阳，须经义阳之北，畏梁人之居其喉要，故用重兵弥岁时以攻取之。又拔三关。三关，义阳之屏障也。平靖关为西关，武阳关为东关，今谓之武胜关，中为黄岘关，俱在今信阳县南。《南齐志》："义阳有三关之险。"于是梁移司州于关南，而大城安陆、竹墩、麻阳以为守。安陆，即郧城也。《通鉴》注："麻阳，即今麻城县也。"《清一统志》："竹墩城，在麻城县西北。"形势已劣，因以受兵。然梁不忘义阳，亦数出兵以图之。其间曾纳悬瓠之降，劳师徼远。顾于时寿阳属魏，梁之出兵转饷，末由溯淮而上。陆道迢遰，又有义阳间之，其功不竟。梁又曾纳魏降人，使自举水北出，《水经注》："举水西北流，径蒙笼戍南，梁定州治。又西南径湖陂城东，梁司、豫二州治。"案：举水在今麻城、黄冈县境。梁以田鲁生兄弟为定州、北司、北豫刺史。攻光山以南诸戍。《五代志》："光山县旧置光城郡。"案：光山，今县。其后梁师拔东豫州，而别帅南取平靖、木陵、阴山诸关，北取安阳、楚城，安阳县故城，在今正阳县西南。楚城，当在今信阳县东北。义阳北道断绝，孤立淮外，始穷蹙降附。夫魏之取义阳，由得东豫州始，而梁之取义阳，亦由得东豫州始，以其地近势逼也。梁既取义阳，而魏之悬瓠、新蔡、南顿、陈项，又皆受兵，南顿郡故治，在今项城县北五十里。魏陈郡治项县，故城在今项城县东北。南荆州亦南附。梁天监十一年，魏置南荆州，治安昌。案：安昌故城，在今信阳县西北七十里。大通二年，魏南荆州降梁。《通鉴》注引《五代志》："春陵郡，后魏置南荆州。"案：春陵郡，今枣阳县治。是故义阳之得失，梁、魏皆重视之。

汉江之上，梁师自襄、樊北伐，中路直抵穰城，以其为魏荆州治也。其北且至马圈、彤阳。马圈城，在今邓县东北七十里。《补梁疆域志》："穰县有彤阳。"东路则向河南城。《通鉴》注："河南郡，当在棘阳县界。"《五代志》："新野县旧曰棘阳。"西路则向南乡、顺阳。南乡郡故治，在今淅川县东南。顺阳郡故治，在今淅川县东。而魏之南寇，汉北如下笮戍、潺沟，如酂城、安定，皆蹂躏陵轹之。《补梁疆域志》："酂城郡领酂县，安定郡领思归等六县。"案：酂县故城，在今光化县北。思归县，当在襄阳之汉水北。沿汉东南下，且至沔阳、冯翊。《五代志》："蓝水县，侨立冯翊郡、沔阳郡。"案：蓝水县故城，在今钟祥县西北。梁惟于襄阳、谷城盛兵守汉，以妨其马足而已。谷城，今县。梁之梁州，置于汉中，僻在山南，固未易取。山，谓秦岭山脉。适降人引导，邢峦之师得以坦然而至。于是梁之第一道防线退至石亭。石亭戍，在今广元县北。石亭失，而晋寿下，巴西降。晋寿郡故治，在今昭化县东南五十里。巴西郡故治，今阆中县。梁之兵力，又撤至深坑、南安、石门。深坑戍，在今剑阁县北。南安郡故治，今剑阁县。《补梁疆域志》："南安郡南安县有大剑戍、小剑戍。"《水经注》："小剑戍西去大剑山三十里，连山绝险，飞阁通衢，谓之剑阁。"石门山，在今平武县东南。左思《蜀都赋》："缘以剑阁，阻以石门。"然地势之险，不足以御方张之师，故剑阁卒入于魏。夫蜀之所恃，惟在剑阁。剑阁之失，是授险于人。自剑阁向涪，方轨无碍。《通鉴》注："时梁梓潼太守治涪城。"案：涪城，今绵阳县治。

是役也，邢峦所率不过二万。向使魏能益师，则涪城可下。夫魏自剑阁向成都，涪当其冲；梁自内水上救成都，涪亦当其冲。蜀以涪江为内水。是涪实为水陆之要，魏能据之，则中分益州之地，而成都亦且不可守。盖成都、建康，相去万里。梁水军西上，旷日弥久，无及于事，情势易见。卒以魏主持重，魏师引还，而置梁州于汉中，置东益州于武兴，武兴县，今略阳县。置益州于晋寿。由晋寿西北，如东洛、除口二戍，如关城，东洛城，在今昭化县西北。《补梁疆域志》："白水县有除口戍。"案：白水县，在昭化县西北，关城又在县西北一百二十里。亦皆置兵。其功未竟，则由邢峦之计未见从也。及天监之末，魏师再起，分向巴北涪城、绵竹、剑阁，巴北，盖谓巴西郡以北也。绵竹县故城，在今德阳县北。用兵多，粮运繁。而阴平间道，梁兵从而横截之，魏是以再不竞。阴平县故城，在今梓潼县西北一百六十里。是后晋寿曾一反正。晋寿失则武兴危，故魏不得不争之。且扫荡白水、阴平，及于大、小剑，又置巴州、南梁州，以为犄角之势焉。《隋志》："清化郡旧置巴州。"案：清化郡，即今巴中县。《五代志》："巴西郡旧置南梁州。"《西魏典略》曰："此州旧有隆城，故又谓之南隆城，治古阆中。"今之阆中即其地。至于北梁之地，虽为梁有，梁置北梁州于魏兴。魏兴郡故治，在今安康县西北。然山深水恶，无用武之地，故尝一攻直城而止。直城，在今汉阴县西。此固无关于战局也。

## 梁　三

梁武在位，凡四十八年。其间亦尝有内乱，然皆不旋踵而平。

（一）天监元年，江州刺史陈伯之自浔阳反，台军讨之，而豫章又婴城拒守。豫章郡，今南昌县。伯之欲先平豫章，开通南路，多发丁力，益运资粮，然后席卷北向。豫章既不可骤拔，而台军旋至，伯之奔魏。伯之以五月叛，六月败。

（二）天监元年，益州刺史邓元起之官，旧刺史刘季连不受代，自成都反，巴西太守、涪令皆不从。巴西郡治阆中县。元起入巴西，进围成都。成都粮尽，季连降。季连以元年六月反，二年正月平。

浔阳形势虽扼江湖咽喉，然豫章与为敌，而台军复西上，是成表里受攻之势。蜀虽可据，然巴西、涪城，近在肘腋。山川之险，实共有之。是则伯之、季连之败，亦无足异矣。惟侯景之叛，至于荡覆社稷。景，东魏将，以太清二年降，梁居之寿阳。其秋叛，自寿阳南下，袭谯州，入历阳，《通鉴》注："谯州，今滁州城是也。"案：历阳郡，今和县治。凡二十六日而临江。当时朝臣为计者，谓一师急守采石，而一师袭取寿阳，使景进退失据，乌合之众自然瓦解。然不见用。景遂自横江济采石，横江，在今和县东南，对江南之采石，为津渡处。经姑孰、慈湖、湖板桥，三日而战于航南。姑孰城，今当涂县治。慈湖，在当涂县北四十里。航，谓朱雀航，跨秦淮河上。张舜民曰："出秦淮西南行，循东岸行小夹中十里，过板桥店。"白下溃，石城降。白下城，在今江宁县西北。石头城，在县西石头山后。景围台城，又克东府，获资粮。台城，在玄武湖侧，与鸡鸣山相接。东府，在江宁县东。《建康志》："东府去台城四里。"勤王之师四集，凡十余万，与景隔淮相拒，而不敢战，台城被困一百三十六日而陷，援军随方各散。方景之南向，仅马数百匹，兵八千人耳，可谓至弱。向使坐守寿阳而待台军之讨，则粮尽援绝，计惟面缚。故不得不出万死一生之策，作风驰电扫之战。及横江一渡，而形势转优。梁自天监以来，境内无事，公卿在位，及闾里士夫，罕见兵甲。景至猝迫，故白下、石城、东府，皆望风披靡。台城孤立，讵能守耶？

# 梁　四

侯景既破台城，因以渐拓地，囊括三吴，三吴，吴兴、吴郡、会稽也。自晋氏渡江，三吴最为富庶，贡赋、商旅皆出其地。置东道大行台于钱塘以镇之。钱塘县，今杭州市。而于江南姑孰，则置南道行台。姑孰城，今当涂县治。江北新秦，则置北道行台。《通鉴》注："旧置秦郡于六合。"新秦，即秦郡也。形势既张，遂遣其将任约上取晋州、江州。《五代志》："怀宁县旧置晋熙郡。"案：梁大宝元年，以晋熙为晋州。于庆南徇蠡南诸郡，蠡南，谓彭蠡湖以南也。约则更上陷西阳、武昌，入江夏。西阳县故城，在今黄冈县东。武昌县，今鄂城县。江夏郡，今武昌市。荆州之门户启矣。是时湘东王绎在江陵，其大都督王僧辩在巴陵。巴陵郡，今岳阳县治。绎策之曰："贼若水、步两道直指江陵，上策也。据夏首，积兵粮，中策也。夏首即夏口。悉力攻巴陵，下策也。巴陵城小而固，僧辩足可委任。景攻城不拔，野无所掠，暑疫时起，食尽兵疲，破之必矣。"景果自攻巴陵，而遣任约向江陵。约败而景遁。豫州刺史荀朗又自巢湖出濡须，邀破景后军。濡须水，亦名东关水，为巢湖下游，东入江。景狼狈归建康。僧辩至汉口，攻鲁山、郢州，鲁山城，在今汉阳县东北。郢州治江夏。下至湓城。而始兴太守陈霸先自西昌屯巴丘，始兴郡，今曲江县。西昌县故城，在今泰和县西。巴丘县故城，在今峡江县北。袭走于庆，与僧辩会师东下。景将侯子鉴拒战于姑孰南洲，败。景拒战于西州，又败。《通鉴》注："扬州治所，在台城西，故谓之西州。"东奔吴，其下斩之。景自破台城至败，首尾四年。寻景之败，固如湘东所策。但景起自河朔，其所统士卒，长于驰驱平原，而短于江上水战。南北势异，是以不能敌西师也。

## 梁 五

| | | | |
|---|---|---|---|
| 武帝中大通六年 | 冬十月 | | 诏镇北将军元庆和伐东魏。 |
| | 闰十二月 | | 庆和克濑乡而据之。 |
| 大同元年 | 春二月 | | 司州刺史陈庆之伐东魏，与其豫州刺史尧雄战，不利而还。 |
| | 夏四月 | | 庆和攻城父。 |
| | 五月 | | 庆和引兵逼南兖州，东魏洛州刺史韩贤拒之。 |
| | 六月 | | 庆和攻南顿，为尧雄所败。 |
| | 秋七月 | 益州、南梁州刺史合兵围晋寿。西魏东益州刺史傅敬和来降。 | 东魏行台元晏击元庆和。 |
| | 冬十一月 | 北梁州刺史兰钦攻南郑，西魏梁州刺史元罗举州降。 | |
| 二年 | 冬十月 | | 东魏南道行台侯景将兵七万寇楚州，虏刺史桓和，进军淮上，陈庆之击走之。 |
| 四年 | 秋七月 | | 东魏荆州刺史王则寇淮南。 |
| 太清元年 | 春二月 | | 侯景请降，上纳之。 |
| | 三月 | | 遣司州刺史羊鸦仁督土州刺史桓和、仁州刺史湛海珍将兵三万趣悬瓠，应接侯景。 |
| | 夏六月 | 鄱阳王范击穰城。 | 景南至悬瓠。 |
| | 秋七月 | | 诏鸦仁镇悬瓠，殷州刺史羊思达镇项城。 |

（续表）

| | | | |
|---|---|---|---|
| 太清元年 | 八月 | | 遣贞阳侯渊明伐东魏。武州刺史萧弄璋攻碛泉、吕梁二戍，拔之。 |
| | 九月 | | 渊明堰泗水于寒山，以灌彭城。 |
| | 冬十一月 | | 渊明兵败见虏，潼州刺史郭凤退保潼州。 |
| | 十二月 | | 郭凤弃城走。侯景围谯城，不下，退攻城父，拔之。东魏东南道行台慕容绍宗击景，景退保涡阳。 |
| 二年 | 春正月 | | 景败于涡水，南奔寿阳。羊鸦仁弃悬瓠，顿军淮上，羊思达弃项城。 |
| | 秋八月 | | 东魏尚书辛术帅诸将略江淮之北，侯景反。 |
| 三年 | 春正月 | | 北徐州刺史、封山侯正表以钟离降东魏，侯景将王显贵以寿阳降东魏。 |
| | 三月 | | 东徐州、北青州刺史并以地降东魏。青州刺史、山阳太守弃城走，东魏据其地。东魏入淮阴。 |
| | 秋七月 | | 鄱阳王范以合州输东魏。 |
| | 冬十一月 | 岳阳王詧求援于西魏，请为附庸。西魏将杨忠至义阳，太守马伯符以下溠城降之。 | |
| | 十二月 | 杨忠拔随郡。 | 东魏金门公潘乐等将兵五万袭司州，刺史夏侯强降之，于是东魏尽有淮南之地。 |
| 简文帝大宝元年 | 春正月 | 杨忠败司州刺史柳仲礼于漴头。安陆、竟陵皆降，于是汉东之地尽入于西魏。 | |

(续表)

| | | | |
|---|---|---|---|
| 简文帝大宝元年 | 二月 | 杨忠乘胜至石城，湘东王绎请和，乃还。 | 辛术入寇，围阳平，不克。 |
| | 冬十一月 | | 齐行台辛术又围阳平，不克，术还下邳。 |
| | 十二月 | 邵陵王纶据汝南，将图安陆。杨忠将万人救安陆。 | |
| 二年 | 春二月 | 杨忠陷汝南。 | |
| | 冬十月 | 西魏大将军达奚武将兵三万取汉中，王雄出子午谷攻上津。 | |
| 元帝承圣元年 | 春正月 | 王雄取上津、魏兴，东梁州刺史李迁哲军败，降之。 | 侯景将郭元建帅步师趣小岘，侯子鉴帅舟师向濡须，至合肥。齐人不出，乃引还。 |
| | 三月 | | 侯景败。辛术入据广陵。 |
| | 夏四月 | 潼州刺史杨乾运救汉中，败于白马。 | 齐大都督潘乐将兵五万攻阳平，拔之。 |
| | 五月 | 达奚武入南郑，于是剑北皆入于西魏。 | 齐合州刺史斛斯昭攻历阳，拔之。潘乐等围秦郡，征虏将军陈霸先等与战于士林，破走之。 |
| | 秋七月 | | 霸先围广陵。 |
| | 九月 | | 霸先引还京口。 |
| 二年 | 春三月 | 西魏大将军尉迟迥督六军，甲士万二千，骑万匹，自散关伐蜀。 | |
| | 夏五月 | 安州、潼州皆降于西魏。迥围成都。 | |
| | 秋八月 | 迥入成都。 | |
| | 冬十月 | | 筑垒东关以待齐师。 |
| | 闰月 | | 南豫州刺史侯瑱败齐师于东关。 |
| | 十二月 | | 齐宿豫民东方白额以城降，江西州郡皆起兵应之。 |

(续表)

| | | | |
|---|---|---|---|
| 三年 | 春正月 | | 陈霸先自丹徒围广陵,秦州刺史严超达自秦郡围泾州,侯瑱等出石梁为之声援。晋陵太守杜僧明帅三千人助东方白额,将军吴明彻围海西。 |
| | 三月 | 长沙王韶取巴郡。 | 齐将王球攻宿豫,杜僧明击破之。 |
| | 夏五月 | 巴州刺史牟安民降西魏。 | |
| | 六月 | | 齐冀州刺史段韶击严超达,破之。陈霸先等皆引还,韶陷宿豫。 |
| | 秋九月 | 西魏柱国、常山公于谨将兵五万入寇。 | |
| | 冬十月 | 西魏师至樊、邓,梁王詧帅众会之。 | |
| | 十一月 | 西魏陷江陵。 | |
| | 十二月 | 帝见杀。西魏立梁王詧为梁主,取其雍州,而资以荆州之地。 | |
| 敬帝绍泰元年 | 春正月 | | 齐自义阳进军临江,郢州刺史陆法和降之。侯瑱攻郢州。<br>齐立贞阳侯渊明为梁主,使其上党王涣将兵送之。 |
| | 二月 | | 上党王涣克谯部。 |
| | 三月 | | 齐军司尉瑾南侵皖城,晋州刺史萧惠降之。<br>齐克东关。 |
| | 夏五月 | | 太尉王僧辩迎渊明入建康为帝。 |
| | 六月 | | 齐割郢州还梁。 |
| | 秋九月 | | 陈霸先废渊明。<br>谯、秦二州刺史徐嗣徽以州入于齐。 |
| | 冬十月 | | 嗣徽袭据石头。 |

（续表）

| | | | |
|---|---|---|---|
| 敬帝绍泰元年 | 十一月 | 镇南将军王琳侵西魏，西魏大将军豆卢宁御之。 | 齐兵据姑孰以应嗣徽，又于胡墅度米入石头。霸先将侯安都袭烧胡墅船。 |
| | 十二月 | 前梁州刺史谯淹自东遂宁徙屯垫江。 | 霸先击破齐师，齐师北渡，嗣徽奔齐。 |
| 太平元年 | 春二月 | | 徐嗣徽袭采石。 |
| | 三月 | | 齐兵十万入寇，出栅口向梁山。 |
| | 夏四月 | | 侯安都袭齐行台司马恭于历阳，大破之。 |
| | 五月 | | 齐兵逼建康。 |
| | 六月 | | 霸先大破齐师，齐师北渡。 |

魏之分裂为东西，及侯景之降，梁人北进之一大机会也。然师伐东魏，左翼不越城父、谯城、濑乡、南顿、项城、悬瓠一线。谯城，今亳县治。东魏南兖州治此。城父县故城，在亳县东南。濑乡，在今鹿邑县境。南顿县故城，在今项城县北五十里。右翼仅逼彭城，取碛泉、吕梁二戍。魏收《志》："吕县有吕梁城。"案：吕县故城，在今铜山县北。碛泉，亦当在县境。东魏略一反攻，而淮南即受蹂躏。大同四年，东魏寇淮南。《通鉴》注："此淮南谓光城、弋阳之地，在淮水上流之南。"案：光城县，今光山县治。弋阳县故城，在今潢川县西。逮寒山失律，寒山，在彭城东南十八里。涡水不利，淮西遂以寿阳为前线。将无推锋之才，兵无转战之勇，积弱之极已。侯景之乱，罅隙莫大。北师相乘，自司州、南豫州、合州、北徐州、北兖州、东徐州、南北二青州诸刺史，南豫州，寿阳也。合州，合肥也。北徐州，钟离也。北兖州，淮阴也。《通鉴》注："下邳郡，梁置东徐州。怀仁县，梁置南北二青州。"案：怀仁县故城，在今赣榆县西二十三里。及山阳太守，《通鉴》注："山阳县旧置山阳郡。"案：山阳郡，今淮安县治。均望风投戈，虏骑骎骎欲临江。然景犹保守阳平、广陵、新秦、历阳、东关、皖城，阳平郡，当在淮阴城西。以护一衣带水。虽侘傺万状，尚锋刃稜稜向合肥。盖以不争淮南，则建康肩背单寒，宁可都乎！

承圣之初，北虽取阳平、广陵，南犹不弃谯、秦二州，以屏建康。梁谯州治，今滁县。秦州治，今六合县。北虽取历阳，南犹保谯郡，藉东关以御合肥。梁南谯郡，在今巢县界。逮宿豫南向，宿豫县故城，在今宿迁县东南。仍进围其广陵、泾州、海西，以冀一逞，石梁县故城，在今天长县西北。泾州当在石梁北。海西郡，在今涟水县北。而皆无功。至绍泰初元，江北俱失，形势全非，故齐师两次逼建康。向使非陈霸先善战，驱之北去，则石头降幡不待叔宝之世。盖自东晋以来，未有岌岌如是者。

元帝始为湘东王，在荆州，而与湘州之河东王誉、雍州之岳阳王詧、益州之武陵王纪皆不协。帝击誉，又遣将据安陆以图詧。安陆郡，今安陆县。詧恐不能自存，求援于西魏。会其丞相泰欲经略江汉，遂遣将自穰城席卷而南，于是汉东之地尽入于西魏。誉灭而侯景未平，帝亦输南郑之地以求援于西魏。西魏一师出汉中，一师出子午谷，取上津、魏兴。上津郡，在今郧西县西北一百四十里。魏兴郡，在今安康县西北。潼州之师虽北救汉中，潼州，今绵阳县治。而败绩白马，白马城，在今沔县西北。于是剑北又皆入于西魏。帝与纪构兵，因请西魏伐蜀以制纪。是时蜀兵东下，成都空虚，西魏大军入蜀，安州、潼州皆送款，成都遂下。安州，今剑阁县治。

帝之初立，以建康经乱残破，又与虏正隔一江，不可以都。而江陵全盛，意遂安之。是时西魏已立詧为梁王，而帝之北境止于武宁。武宁郡故治，在今荆门县北。西魏知江陵之易取，出师樊、邓。詧以师会之，先据江津，断东路，进克武宁。四日而围江陵。城陷，帝见杀。西魏因立詧为梁主，资以荆州之地，延袤三百里，而取其雍州。夫建都江陵，西不能有蜀，东不能有汉东，北以襄阳为敌国。帝又优于文翰，拙于韬钤，虏骑南下，江津东断，其成擒也无惑耳矣。

## 陈 一

| | | | |
|---|---|---|---|
| 陈武帝<br>永定元年 | 春二月 | | 领军将军徐度出东关，侵齐至合肥，烧齐船。 |
| | 冬十二月 | 谯淹自垫江东下，周人击斩之。 | |
| 三年 | 春二月 | | 司空侯瑱引兵焚齐舰于合肥。 |
| | 夏闰四月 | | 徐度城南皖口。 |
| | 五月 | | 齐军入新蔡城。 |
| | 冬十月 | | 叛将王琳求援于齐，请纳梁永嘉王庄。琳奉庄屯濡须口，齐师临江为之声援。 |
| 文帝<br>天嘉元年 | 春二月 | 周师袭郢州。 | 琳破败，齐师溃去。 |
| | 三月 | 周师解郢州之围而去。 | 齐师弃鲁山而去。 |
| | 秋八月 | 周军司马贺若敦陷武陵。<br>侯瑱进逼湘州。 | |
| | 九月 | 周将独孤盛将水军与贺若敦俱救湘州。<br>徐度将兵会侯瑱于巴丘。 | |
| | 冬十月 | 瑱袭破独孤盛于杨叶洲，盛登岸筑城自保。 | |
| | 十二月 | 周巴陵城主尉迟宪降。<br>独孤盛自杨叶洲遁。 | |
| 二年 | 春正月 | 周湘州城主殷亮降。<br>贺若敦自拔北归。 | |
| | 冬十一月 | 赂周以黔中地及鲁山郡。 | |
| 废帝<br>光大元年 | 夏闰六月 | 湘州刺史华皎叛，乞师于周。周襄州总管卫公直将兵助皎。 | |
| | 秋九月 | 周师大败于沌口。<br>郢州刺史程灵洗克沔州。 | |
| 宣帝<br>太建二年 | 秋七月 | 司空章昭达攻后梁，周救后梁。昭达兵不利，乃引还。 | |

（续表）

| | | | |
|---|---|---|---|
| 五年 | 春三月 | | 吴明彻都督征讨诸军事，统众十万伐齐，出秦郡。都督黄法氍出历阳。 |
| | 夏四月 | | 师败齐师于大岘，克涂水栅。<br>齐师救历阳，法氍破之。<br>齐师救秦州，明彻破之于石梁，克石梁城。 |
| | 五月 | | 瓦梁城、阳平郡降。<br>南谯太守徐槾克庐江城。<br>黄法氍克历阳。北高唐郡降。<br>南齐昌太守黄咏克齐昌外城。<br>庐陵内史任忠克东关东西二城及蕲城、谯郡城。<br>秦州及瓜步、胡墅二城皆降。 |
| | 六月 | | 郢州刺史李综克灄口城。<br>淮阳、沭阳郡皆弃城走。<br>豫章内史程文季克泾州。<br>宣毅司马湛陀克新蔡城。<br>黄法氍克合州。<br>吴明彻克仁州。 |
| | 秋七月 | | 西阳太守周炅破齐师于巴、蕲二水间，克巴州。<br>明彻军至峡口，淮北、绛城、谷阳郡皆降。 |
| | 八月 | | 山阳、盱眙及青州、东海城皆降。<br>戎昭将军徐敬辩克海安城。<br>平固侯敬泰克晋州。 |
| | 九月 | | 阳平城降。<br>高阳太守沈善庆克马头城。<br>齐安城降。<br>左卫将军樊毅克广陵、楚子城。<br>前鄱阳内史鲁天念克黄城。 |
| | 冬十月 | | 明彻克寿阳。<br>齐师至颍口，樊毅击走之。齐兵援苍陵，又破之。<br>湛陀克齐昌城。 |

(续表)

| | | | |
|---|---|---|---|
| 五年 | 十一月 | | 淮阴城降。<br>威虏将军刘桃枝克朐山城。<br>樊毅克济阴城。<br>前巴州刺史鲁广达克齐南徐州。 |
| | 十二月 | | 谯城降。<br>任忠克霍州。<br>周炅克定州。 |
| 六年 | 夏五月 | | 齐人恐王师渡淮,因屯兵西兖州以为备。 |
| 七年 | 春正月 | | 樊毅克潼州。 |
| | 二月 | | 毅克下邳、高栅等六城。 |
| | 秋九月 | | 吴明彻击彭城,败齐师于吕梁。 |

永定、天嘉之际,齐造船合肥、巢湖以图陈。陈已失江北,仅以南皖口为据点。南皖口,皖水入江之口也,今怀宁县西十五里之山口镇。会梁旧将王琳犹倔强江上,齐利用之,师出濡须。濡须口,与芜湖隔江相对,今谓之裕溪口。然陈终能却之。始江陵之陷,巴、湘之地皆入于周。巴州,今岳阳。湘州,今长沙。陈之武州,孤悬上游,而不能有。梁置武州于武陵。然侯瑱、徐度之徒鏖战湘川,周师挫败。既克巴、湘,而武陵、天门、南平、义阳、河东、宜都诸郡悉上版图。武陵郡,在今常德县西。天门郡,今石门县治。南平郡,在今公安县南。宜都郡,在今宜都县境。《五代志》:"安乡县旧置义阳郡,松滋县旧置河东郡。"华皎之外叛,周乘其会而至,复覆师徒。陈且拓地及于沔北,沔州故治,在今汉川县东南。其上游至逼江陵。逮太建中,齐政不纲,陈因大张挞伐,一师出秦郡,一师出历阳。出秦郡者,捷于石梁,北攻仁州。《通鉴》注:"梁置仁州,治赤坎城,盖在山阳县界。"案:山阳县,今淮安县。其偏师北向者,则克朐山。《五代志》:"东海郡有朐山县。"案:即今东海县治。其大军折而西,克峡口,拔寿阳。《通鉴》注:"峡口,峡石口也。夹岸筑两城以扼淮流。"案:在今凤台县西南。其偏师益西者,则克黄城。《水经注》:"柴水东径黄城西,故弋阳县也。"案:弋阳县故城,在今潢川县西。出历阳者,捷于大岘。《通鉴》注:"大岘在合肥之南,历阳之北。"

克东关，以至合肥。其偏师西向者，则克庐江。南齐庐江郡，今为县。北向者，则克齐南徐州。《通鉴》注："书齐南徐州，以别京口之南徐。齐南徐州，置于宿豫县。"案：宿豫县故城，在今宿迁县东南。西南向者，则克霍州。《五代志》："霍山县，梁置霍州。"其自江上登岸北向者，或克晋州，晋州，今潜山县治。或克齐昌、新蔡，《五代志》："蕲春县，后齐改曰齐昌，置齐昌郡。"《通鉴》注："南新蔡郡，当置于今蕲州界。"或克巴州，《通鉴》注："后齐置巴州于黄冈。"或克滠口。今黄陂县西南四十里，滠水之口也。是时，齐屯兵西兖州，以备陈师之渡淮，西兖州，治定陶。又于黎阳临河筑城戍，其惧可知矣。逾年，陈又取潼州，逼彭城，捷于吕梁。潼州治取虑城，城在今睢宁县西南。所惜师徒淹久，精力疲竭，当齐氏瓦解之际，未能与周师分功裂土耳。然而陈以破亡余烬，能支拄江表，且掩取长、淮以南，则其师武臣力，实有足多者焉。

## 陈 二

| | | |
|---|---|---|
| 太建九年 | 秋九月 | 吴明彻围周彭城。 |
| 十年 | 春二月 | 师败于清口，明彻见执。 |
| | 夏四月 | 樊毅遣军渡淮北，对清口筑城，清口城不守。 |
| 十一年 | 秋九月 | 周寇淮南。 |
| | 冬十一月 | 寿阳、黄城、广陵、霍州皆陷。 |
| | 十二月 | 周陷谯州、北徐州。自是江北之地尽没于周。<br>诏诸将分守南徐州、栅口、白下。 |
| 十二年 | 秋七月 | 周郧州总管司马消难叛周，遣质求援。 |
| | 八月 | 诏樊毅进督沔、汉诸军事，任忠趣历阳，前军都督陈慧纪趣南兖州。<br>通直散骑常侍淳于陵临江郡。<br>鲁广达克郭默城。<br>淳于陵克祐州城。<br>司马消难以鲁山、甄山二镇来降。<br>樊毅与周师战于漳口，不利，退保甄山镇。<br>陈慧纪攻广陵，不利。 |
| | 九月 | 周师援历阳，任忠击破之。 |

(续表)

| | | |
|---|---|---|
| 十三年 | 秋九月 | 将军周罗睺攻隋胡墅,拔之。<br>萧摩诃攻江北。<br>隋发兵入寇。 |
| 十四年 | 春正月 | 隋师出汉口,攻甑山。镇将陆纶救之,战不利,涢口、甑山、沌阳守将皆弃城走,遣使请和于隋,归其胡墅。 |
| 后主至德三年 | 秋九月 | 将军湛文彻侵隋和州,见俘。 |
| 祯明二年 | 春正月 | 周罗睺将兵屯峡口,侵隋峡州。 |
| | 冬十月 | 隋分兵八道入寇。 |
| | 十二月 | 隋清河公杨素破狼尾滩。 |
| 隋文帝开皇九年 | 春正月 | 大军入建康,俘陈主。 |
| | 二月 | 隋上江诸将皆降。 |

周既灭齐,鼎立之势又易为南北对峙。是时周方乘胜,难与争锋。而陈师老力疲,贸贸北向,弃舟楫之工,践车骑之地,进围彭城,而清口被截,郦道元曰:"清水即泗水之别名。"案:清口,在今淮阴县西南。以至丧师失帅。旋周南寇,长、淮之上,西自广陵、黄城、寿阳、谯州,东及北徐州,皆陷没焉。《通鉴》注:"此广陵在新息。谯州治涡阳。"《考异》曰:"陈北徐州,其实乃北齐之南徐州也。"案:北齐南徐州,本置于下邳郡宿豫县。陈知不敌,拔民内徙,江北之地遂尽失。此后虽曾据栅口,《通鉴》注:"栅口,在濡须口之东,水导巢湖,今谓之栅江口。"侵和州,克临江,临江郡故治,在今和县东北。拔胡墅,胡墅,在大江北岸,对石头城。攻广陵,而皆不竟其功。至于上游,则克郭默城,《通鉴》注:"郭默城,当在今蕲、黄二州界。"纳鲁山、甑山二镇之降,《通鉴》注:"鲁山在汉阳县界,临江,齐、梁以来为重镇。"案:甑山,在今汉川县东南。进屯峡口,侵峡州。峡州故治,在今宜昌县西北。

于时隋已代周,遂八道入寇矣。隋一军出六合,驻桃叶山,以为诸军节度。张舜民曰:"桃叶山,即今瓜步镇之地。"陈遣舟师游弈白下以御之。白下城,在今江宁县西北。隋一军出庐江，自横江济采石，攻姑孰，由新林入建康。此南道之师也。《通鉴》注："庐江，在合肥东五十里。横江浦，在和州界。新林浦去今建康城二十里，西直白鹭洲。"又一军出广陵，自瓜洲渡江攻京口，分兵断曲阿之冲，杜三吴之援，而后进据钟山，会南道兵入建康。此北道之师也。《通鉴》注："曲阿，在武进、丹徒二县之间。分兵断其冲，恐三吴之兵入救建康，掎其后也。"先是，陈老将请备京口、采石而不得，故此两道奏功至捷焉。隋一军出朐山，自海道入湖，下吴州，朐山县，今东海县治。陈置吴州于吴郡。至于上游，隋一军出蕲春，陈师则杜之于蕲口。蕲口，蕲水入江之口。隋一军出襄阳，指汉口，陈师则阻之于江夏。蕲口，蕲水入江之口。隋一军出襄阳，指汉口，陈师则阻之于江夏。江夏，陈郢州治。隋一军出永安，向三峡，陈师则拒之于狼尾滩、西陵峡、延洲，而皆不利。《通鉴》注："蜀先主败于秭归，退还白帝，起永安宫居之，故巴东有永安之名。"案：狼尾滩，在西陵峡西。延洲，在荆门下。安蜀城、公安、巴陵遂望风而靡。《唐书注》："江之南有安蜀城，地值夷陵，荆门城峙其东，皆峭险处。"案：陈荆州治公安，巴州治巴陵。于是东下汉口，而其偏师南出湘州。隋一军出江陵，向湘州。是役隋用师五十一万八千人，而陈之甲士不过十万，西自巫峡，东至沧海，分之则势悬而力弱，聚之则守此而失彼。形穷势窘，欲不亡，得乎！

## 后魏一

后魏之先，为鲜卑索头部。世居北荒，渐徙而南，居匈奴故地。至拓跋力微，迁于定襄之盛乐。汉定襄郡之盛乐县，今和林格尔县是也。嗣后分其国为三部：一居盛乐，一居代郡之参合陂北，一居上谷之北、濡源之西，东接宇文部。今蔚县、涞源、广灵，皆代郡地也。参合陂，在今大同县东南。上谷郡故治，在今怀来县南。濡音滦，濡源，今上都河也。猗㐌猗卢之世，数出兵南援晋并州，并州统太原、西河国、上党、乐平、雁门、新兴郡。击前赵于太原、西河、上党，太原国治晋阳，今太原县治是也。西河国故治，今离石县治是也。上党郡故治，在今潞城县东北。助戍新兴、晋阳，新兴郡故治,今忻县治是也。又屯兵北屈,以规取平阳,前赵为之辟易。北屈县故城,在今吉县东北二十一里。平阳,前赵所都,故城在今临汾县南。晋因是爵之以代王,且资之以陉北之地。胡三省曰:"陉谓陉岭。"案:陉岭,即句注山。代地,东有代郡,西连西河、朔方。朔方郡故治,在今鄂尔多斯右翼后旗黄河东岸。段匹磾自蓟将西保上谷,郁律御之而去。是时代以盛乐为北都,修故平城以为南都。平城,在今大同县东。郁律之世,西兼乌孙故地,东吞勿吉以西。今温宿县以北、伊宁县以南,皆乌孙国地也。今松花江以东际海,混同江以南抵长白山,皆勿吉国地也。是后尝徙都东木根山。胡三省曰:"河西有木根山,在五原郡东北。此木根山在河东,故曰东木根山。"后赵之来伐,御之于句注、陉北。不利,又迁于大宁。胡三省曰:"据《水经注》,大宁即广宁也。"案:广宁郡故治,在今涿鹿县西。及什翼犍,而都云中。《大清一统志》:"古云中,在阴山之南,黄河自西来折南流之处,即今托克托城地。"东自濊貊,西及破落那,南距阴山,北尽沙漠,率皆归服。濊貊,居今朝鲜半岛咸镜南道及江原道。《新唐书·西域传》:"宁远者,本拔汗那,或曰泼汗,元魏时谓之破落那。去长安八千里,居西鞬城,在真珠河之北。"

前燕来伐,什翼犍避去,使无所见而还。嗣燕兵来戍云中,复击走之。夫代起自塞北,本以驰驱射猎为俗,故鞭挞诸夷,长骛大漠,所至莫敢抗衡。方其南向,为晋努力,而前赵所部匈奴之众,久居并州,雕悍善战之风已杀,故亦披靡不敌。况是时前赵方图洛阳,而代自陉岭南来,藉高屋建瓴之势,走骐骥千里之足以拊其背,彼焉得不取守势哉!暨后赵之来伐,仅及陉北而止,深入之师则无闻焉。亦由广衍无垠之沙漠,来去倏忽之马蹄,有以寒敌人之胆。前燕冒昧进兵,竟使无所见而还。惟代能因其地利,用其长技也。及燕远戍孤城,劳师图功,此深陷敌中,接济困难,而代居其本土,以攻单弱之敌,固宜其奏捷已。

铁弗刘虎聚众雁门,代攻破之。雁门郡故治,在今代县西十五里。虎收其余烬,西走渡河,窜居朔方,数来侵西部。代尝乘河冰伐之。虎孙卫辰之世,附于前秦。秦戍朔方,卫辰导其师来伐。其自幽州出者十万,东出和龙、西出上郡者二十万，最西复有出自凉州之师，皆会云中。前秦幽州刺史镇蓟城，故城在今大兴县西南。和龙即龙城，今朝阳县治。故上郡治，在今绥德县东南五十里。前秦凉州刺史镇姑臧，今武威县治。代师石子岭之战不利，什翼犍奔阴山之北，胡三省曰："石子岭，当云中西南。"旋见弑。代灭于前秦。夫朔方与云中接壤，铁弗据焉，犹足以患代。及秦成之，利用卫辰，亡代之兆于是见矣。秦挟北中国之资源，遣数十万之众，数道并出。什翼犍虽无被弑之事，未必能守云中。且虽石子岭一道击退秦师，亦未必他道之皆捷也。

## 后魏二

前秦分代为二部，自河以西属卫辰，自河以东属卫辰宗人库仁。河以西，即今河套。前秦既亡，什翼犍之孙珪称魏王于定襄之盛乐，东南与库仁子显为敌。显自善无南走马邑，善无县故城，在今右玉县南。马邑县，即今朔县。且并后燕上谷、代郡。上谷郡故治，在今怀来县南。代郡故治，在今蔚县东。魏连后燕，破显弥泽，灭之。弥泽，在马邑南。胡三省曰："刘显灭，而拓跋氏强矣。为慕容氏计者，莫若两利而俱存之，可以无他日亡国之祸。"西南与卫辰为敌。南部见寇，魏师济自金津，金津，盖在今后套。直捣悦跋城，卫辰走死。悦跋城，在今鄂尔多斯左翼界内。夫盛乐，代之自兴。珪继居之，欲成大业，则河之东西其应始用兵矣。刘显据桑干流域，力量较强，故连燕以图之。显灭，卫辰孤，用一战而定。

## 后魏三

后燕击灭西燕，魏救之，至秀容而不及。西燕都长子。秀容城，在今朔县西北。后燕来伐，珪西渡河以避之。燕军至五原，临河而不能济。五原，今县，在后套。魏堵诸河南，而分兵于河东以绝其左，于河北以承其后，又断其中山之路。后燕都中山，今定县治。燕军夜遁，追歼之于参合陂。参合陂，在今丰镇县境。驻师平城，以备后燕。旋复来伐，陷平城。平城，在今大同县东。后燕、西燕之为邻国，等耳，而魏或救或敌之者，由一强一弱，弱者不能存，而强者益强，行且以其强相加，是以西燕灭而魏见伐也。魏以长河自卫而不撄其锋，听之深入而击其暮气，策略运用得宜，岂特一战而胜？嗣后克中山，并后燕，亦基乎此矣。平城据桑干上游，一进一退，均应取道，故二国交争焉。

## 后魏四

魏伐后燕，大军由南道出马邑，逾句注，句注山，即雁门关。临晋阳。后燕守将东走，遂克并州。后燕并州治晋阳，今太原县治是也。东道，先已取广宁、上谷。广宁郡故治，在今涿鹿县西。及是，偏师出军都，围蓟不克，而屯渔阳。《新唐书·地理志》："军都即居庸。"案：后燕幽州治蓟城，在今大兴县西南。渔阳郡故治，在今密云县西南。并州之师，由井陉道出，拔常山。自是以东郡县，或走或降。《元和志》："陉山在井陉县东南八十里，四面高，中央下如井，故曰井陉。"案：常山郡治真定。惟中山、信都、邺三城不下。后燕冀州治信都，今冀县治是也。三国魏置邺都，晋改为临漳。魏并力下信都，又休兵鲁口、九门。鲁口城，在今饶阳县南。九门县故城，在今藁城县西北。积租杨城，就谷河间。《魏书·地形志》："巨鹿郡治旧杨城，廮遥治杨城。"案：杨城，盖即今宁晋县治。破新城戍，《前汉志》："中山国有北新城县。"案：北新城县故城，在今徐水县西南。败后燕兵于滹沱及义台。义台，在今新乐县西南。复以渔阳之师梗其龙城救援。龙城，今朝阳县治，前燕旧都。久之，始克中山，次及于邺。于是魏迁都平城，置行台于中山、邺，而镇渤海之合口。合口，在今沧县西。夫句注之险，所以分别内外；井陉之道，所以隔阂东西。而后燕不能守，听敌直下横截，故魏有走丸于坂之利也。且拔常山、信都，而中山与邺声气不通；屯兵渔阳，而龙城、蓟城动辄受制。譬之于弈，以活着围死子，宁待绸缪乎！

## 后魏五

后秦取晋洛阳，魏亦置镇野王以防侵轶。野王县，即今沁阳县治。魏击后秦所属破多兰部于高平，追至瓦亭。高平县，即今固原县治。瓦亭又在其南。遂积谷平阳之乾壁，侵秦河东。乾壁，盖在今临汾县境。河东郡治蒲坂，今永济县是也。秦来寇，陷乾壁。师御之，围歼诸柴壁。胡三省曰："柴壁在汾东。"进攻蒲坂，不克乃还，然犹袭破蒲子。蒲子县故城，在今隰县东北八十里。魏、秦接壤，其必发生战争者，势也。其东，野王、洛阳隔河相峙。其西，魏推进至高平。虽距长安尚远，然已具建瓴之势。至于其中，平阳、蒲坂，同一流域。魏得蒲坂，则启关中之门，秦得平阳，即可威胁晋阳，故有柴壁之决战也。

## 后魏六

魏逾河取南燕滑台，滑台，今滑县治。南徇晋许昌，东围晋彭城。《魏书·地形志》："徐州，魏、晋治彭城。"及晋将刘裕伐后秦，溯河西上，入滑台，魏师曾截击诸畔城之南。《魏书·地形志》："聊城县有畔城。"及裕入关，魏师又自成皋南济，然皆不利。王应麟曰："隋改成皋县为汜水。"旋纳后秦降人，使居河、济间，扰晋徐、兖、青诸州。河、济间，兖也。青州治东阳城，今益都县治是也。夫滑台，河外重镇，为魏南略之前哨线，许昌、彭城皆在威胁下。及晋水军入河，则反在彼囊括中矣。当晋西图关、洛之际，亦魏渡河南向之秋。但其军事动作似未能与时机相配合，卒至其功不立。良由晋人倾国而来，而此仅偏师出动也。

## 后魏七

夏置戍吐京而寇蒲子，魏袭取之。胡三省曰："吐京，即汉土京县，隋为石楼县地。"及夏世祖勃勃殂，魏乘机伐之。大军渡君子津，君子津，今清水河县西北之喇嘛湾也。袭统万，不克而还。夏都统万，故城在今横山县西。偏师分两道，一克陕城，一克蒲坂，陕城，今陕县。蒲坂关，一名蒲津关。张说赞此曰："关西之要冲，河东之辐辏。"合兵入关取长安。夏师南争之。魏大军复西袭入统万，于是夏人总退却至上邽。上邽县故城，在今天水县西南。夫魏与夏距河为邻国，故蒲子受兵。及夏得蒲坂，益有以威胁南境。夏世祖殂，魏首启戎，所谓先人有夺人之心也。且夫统万距河不远，隆冬凝冱，魏有来往自如之便。即非冰期，背大河而置士卒于死地，亦坚其战斗之决心，故魏出师两次而逞志焉。陕、蒲坂，夹河南北，长安之门户。陕、蒲坂二城失，长安随之矣。长安、统万二城失，关中随之矣。

夏主昌由上邽屯平凉。魏进军安定。安定郡故治，在今泾川县北五里。昌来攻，临阵见擒。其弟定复立于平凉，魏往攻，败绩马髦岭。马髦岭，在今固原县西南四十里。于是安定、长安皆相率弃守。魏守蒲坂以堵夏人。夫以强魏击倾覆流离之夏，本若秋风扫落叶，而有马髦之败者，由于远悬孤军，深入险地。夏虽丧败，然譬诸蜂虿，宁不能致螫乎！且夫战，勇气也。一战而败，魏既丧胆而走，不凭河为险不止。夏之东进，若丸走坂，不抵于河亦不止。

夏与宋缔结，其主定来寇鄜城。鄜城，在今洛川县东南七十里。魏往围平凉，败定鹑觚原。胡三省曰："鹑觚县，唐改曰灵台县，有鹑觚原。"遂克安定、长安、临晋、武功，尽复关中。临晋县，今大荔县。定仍保上邽，其陇西守将降附。陇西郡故治，在今陇西县西南。定避之河西，吐谷浑邀击诸河上，执定以献。河西，今兰州黄河以西也。吐谷浑，本辽东鲜卑。夏失统万，即以平凉、上邽为根据地。其侧重平凉者，欲由是规复统万耳。又引宋为援。然夏望宋进，宋待夏前，譬如连鸡不得俱飞。而魏乘夏主东寇，直捣平凉，又败其回救之兵于中途，逼夏南退。夫关中既复，而陇西复降。上邽已陷于包围之中，重被逼西迁。夏，久为居国矣，因败而为行国。其于飘忽驰突之能，非一朝可具，是以旋见败亡。

## 后魏八

后燕由中山北迁龙城，盖并蓟城弃之。魏自此东向拓地，数用兵争令支，而始得之。令支县故城，在今迁安县西。北燕之世，魏师浸渐及滦东，因频繁攻龙城。北道拔乙连城，南道出辽西。乙连城，盖在今朝阳、凌源二县间。胡三省曰："燕以幽州刺史镇肥如、辽西之地。"案：肥如县故城，在今卢龙县北。石城、凡城、肥如陆续降附，石城，在今承德县西北。凡城，在今平泉县境。最后克白狼城。白狼城，在今凌源县南。北燕举国迁高丽。高丽杀其主冯弘。北燕立国龙城，以滦河为前线，以令支为重镇，故魏力取之。夫举北中国以伐一隅，理无不克，是以直攻龙城而无所惮。压力屡加，以渐蚕食，北燕卒见灭也。

## 后魏九

魏伐北凉，围姑臧，其主沮渠牧犍降，遂有凉州。凉州治姑臧，即今武威县。牧犍弟无讳保敦煌，东向反攻，陷酒泉，寇张掖。魏师往伐，收复酒泉。无讳奔流沙以西。流沙，谓敦煌以西之沙漠。魏灭北凉，与灭北燕同，以强大兵力直往围其国都而已。当北燕受攻，曾求援于宋，而北凉见伐，亦乞师于柔然。其为计迂缓而无及于事，正复不异。远水不救近火之谚，谓此矣。至于根本已拔，余子尚跳梁沙塞间，地远势弱，其无成功，不待计也。

## 后魏十

柔然居漠北为魏患者，凡百余年，每窥间伺隙以入寇。魏伐后秦，则自参合陂侵至豺山，及善无北泽。胡三省曰："豺山在善无县北。"魏伐夏，则寇云中。今和林格尔、托克托两县，皆云中也。魏伐北凉，则侵及善无七介山，及吐颓山而去。吐颓山，在今平鲁县西北。魏有大丧，又入陷云中盛乐宫。云中盛乐，即定襄盛乐。故魏有事他方，必驻军碛南，分伏要害，以防其侵轶。夫云中、平城，魏根本地也，或见陷落，或受威胁，柔然为势之猖獗，可以见矣。自此以西，屡掠五原，寇河西，五原，今县。河西，凉州地。攻晋昌、敦煌。晋昌郡故治，在今安西县东。魏既灭北凉，西击下鄯善而郡县之。《魏书》："自玉门渡流沙，西行二千里，至鄯善。"又平焉耆，讨龟兹。焉耆国，今县。龟兹国，在今库车、沙雅二县间。《魏书》："焉耆国，东去高昌九百里，西去龟兹九百里。"与悦般约击柔然。《魏书》："悦般国，住龟兹北，地方数千里，众可二十余万。"柔然陷高昌，攻于阗，以相报。高昌国，当今吐鲁番盆地。《魏书》："于阗国东去鄯善千五百里,北去龟兹千四百里。"假使西域隶柔然,则魏西、北两方适在其攻势下。西域而附于魏,魏形势益张。又藉其行国以制柔然,而柔然反为两面受敌,故不惮劳师于沙塞之外。此汉武通西域以制匈奴之故智也。魏之对柔然取攻势,尝数道并进,绝大漠,过浚稽、涿邪而北。浚稽山,在今蒙古国图拉河、鄂尔浑河之间。涿邪山,在蒙古国西部。然冬出或遇冰雪,士卒僵毙;秋出或不逢水草,人马暍死;或柔然远扬,不见一人而虚返。亦或大予惩创,亦或反被包围。盖魏起自朔荒,本为行国。及向南发展,渐过渡为居国。然驰驱射猎之习尚存,又挟北中国之资源,此所由能杀柔然之凶焰也欤?魏之对柔然取守势,于沿边置六镇。柔然为寇,倍至则入守,小至则出击。六镇之设,东至滦源,西暨五原。朝廷于每岁秋冬,复遣戍卒三道并出,屯守漠南,春仲而返。六镇,左右要害之地,后增筑九城,令东西相望,形势相接,以及汉受降城,皆储粮积仗,为征戍之资,受降城,在原绥远省境乌喇特旗北。益西则屯守敦煌。盖柔然兽集鸟散,长于野战,短于攻城,故魏以此制之。且阴山、漠南之阻,六镇九城,即凭借此山脉以堵铁蹄之长驱,为计固良得也。

若夫敦煌,介居柔然、吐谷浑之间,吐谷浑国,当今青海西。虽地在僻远,而屯兵置戍,足以隔阂二虏,使不相通。假使撤防弃守,不惟魏与西域断绝,二虏亦有交通窥觊之志。且由此骚扰凉州,即关中亦不得安枕。地有所必守,正谓此耳。柔然始夺高车地,而役属之。《魏书》:"柔然、社仑远通漠北,侵高车,深入其地。"高车,盖古夷狄之余种也。高车后乃叛走前部,胡三省曰:"前部,汉车师前王地也。"案:车师前王地,在今吐鲁番县西。与柔然相攻,互有胜负。柔然又内乱,二主皆降魏,魏处之吐若奚泉及西海故城,旋均叛去。吐若奚泉,盖在今乌喇特、茂明安二旗以北。西海故城,在酒泉之北。然自此以后,魏平六镇之变,反藉柔然力,与和亲云。

夫柔然自与高车构难,而后不振,此无异故,两面受敌耳。魏为立二主,所以分散其力量;处西主于西海,又所以防高车,皆措置得宜。至与柔然和亲，系属政略范围，不在军事地理，故不具论。

## 后魏十一

| | | | |
|---|---|---|---|
| 魏孝明帝正光四年 | 夏四月 | 慎荒镇反。<br>沃野镇民破六韩拔陵反。 | | |
| 五年 | 春三月 | 临淮王彧都督北讨诸军事讨拔陵。 | | |
| | 夏四月 | 拔陵遣别帅卫可孤攻武川、怀朔二镇，陷之。 | 敕勒酋长胡琛反，攻高平镇以应拔陵。魏将卢祖迁击走之。 | |
| | 五月 | 临淮王彧败于五原。<br>安北将军李叔仁败于白道。<br>魏以尚书令李崇为北讨大都督。 | | |
| | 六月 | | 秦州民莫折念生反。<br>南秦州民张长命、韩祖香反。<br>魏雍州刺史元志讨念生。<br>念生将卜胡陷高平。 | |
| | 秋七月 | 抚军将军崔暹败于白道。李崇引还云中。 | 西道行台元修义讨念生。<br>念生攻仇鸠、河池二戍，东益州刺史魏子建击败之。<br>凉州幢帅于菩提执刺史宋颖以叛。 | |
| | 八月 | 东西部敕勒叛附拔陵，六镇皆叛。 | 念生遣兵下陇，元志败于陇口，东保岐州。念生攻盘头郡，子建败之。 | 南北秀容反，酋长尔朱荣讨平之。 |
| | 九月 | | 齐王萧宝夤代元修义讨念生。<br>吐谷浑王救凉州，斩于菩提。 | |

(续表)

| | | | |
|---|---|---|---|
| 五年 | 冬十月 | 营州民就德兴称燕王，幽州刺史卢同屡为德兴所败。<br>李崇还平城，留其将费穆守云中。 | 胡琛寇豳、夏、北华三州，北海王颢讨之。朔方胡反，颢给夏州刺史源子雍兵，击平之。 | |
| | 十一月 | | 念生弟天生陷岐州。<br>卜胡陷泾州，高平人攻杀卜胡，共迎胡琛。<br>黄门侍郎杨昱监北海王颢军以救豳州，豳州围解。蜀贼攻雍州，昱又击走之。 | |
| | 十二月 | 京兆王继都督西道诸军以讨念生。<br>魏子建招降南秦诸氐。<br>念生遣兵攻凉州，城民执刺史以应之。 | 汾州诸胡反，章武王融讨之。 | |
| 孝昌元年 | 春正月 | | 征西将军崔延伯败天生于黑水，追奔至小陇。岐、雍及陇东皆平。<br>天生塞陇道。 | |
| | 二月 | | 念生遣兵攻仇池郡，魏子建击破之。 | |
| | 三月 | 柔然王屡破拔陵兵。 | 京兆王继班师。 | |
| | 夏四月 | | 胡琛寇泾州，崔延伯败死。 | |
| | 六月 | 拔陵围广阳王深于五原，深拔军向朔州，费穆弃云中南奔。<br>柔然大破拔陵，拔陵南徙渡河以避之。 | | |
| | 秋八月 | | | 柔玄镇民杜洛周反于上谷，围燕州刺史崔秉。 |
| | 九月 | | | 幽州刺史常景、幽州都督元谭讨洛周。 |
| | 冬十月 | | 吐谷浑王救凉州，凉州复为魏。念生兵围枹罕，吐谷浑复救之。 | |

(续表)

| | | | | |
|---|---|---|---|---|
| 孝昌元年 | 十二月 | | | 山胡刘蠡升反。 |
| 二年 | 春正月 | | | 安州石离、穴城、斛盐三戍兵反，应洛周。<br>常景兵败于军都关。<br>元谭兵溃，魏以别将李琚代谭。<br>五原降户鲜于修礼反于定州之左城。<br>大都督长孙稚、河间王琛共讨修礼。 |
| | 二月 | 西部敕勒斛律洛阳反于桑干西，与费也头牧子相连结。 | | |
| | 三月 | 尔朱荣击破洛阳于深井、牧子于河西。 | | |
| | 夏四月 | 朔州城民鲜于阿胡反。 | | 李琚与洛周战于蓟城北，败没。<br>长孙稚与修礼民战于五鹿，大败。 |
| | 五月 | | | 广阳王深为大都督以讨修礼。<br>崔秉弃城奔定州。<br>安西将军宗正珍孙讨汾州反胡。 |
| | 秋七月 | 阿胡陷平城。 | | 常景屡败杜洛周。 |
| | 八月 | | | 修礼为其下所杀，葛荣复自立。 |
| | 九月 | 就德兴陷平州。 | 拔陵诱斩胡琛，琛将万俟丑奴尽并其众。 | 章武王融为葛荣所袭，败死。<br>广阳王深为荣所杀。<br>常景败杜洛周。 |
| | 冬十一月 | | | 洛周陷范阳。 |

（续表）

| | | | |
|---|---|---|---|
| 三年 | 春正月 | | 萧宝夤败于泾州，东秦、北华、岐、豳诸州皆陷。 | 葛荣陷殷州，围冀州。 |
| | 二月 | | 秦贼据潼关。 | 东郡民赵显德反。 |
| | 三月 | | 克潼关。 | 北讨大都督源子邕救冀州。<br>广川民刘钧反。<br>清河民房项据昌国城。 |
| | 夏四月 | | | 魏将元斌击斩赵显德。 |
| | 六月 | | | 都督李叔仁讨刘钧，平之。 |
| | 秋七月 | | | 乐安王鉴以邺叛。 |
| | 八月 | | | 源子邕拔邺。 |
| | 九月 | | 秦州民杀莫折念生以降。 | |
| | 冬十月 | | 萧宝夤叛，正平民薛凤贤反。<br>薛修义围攻蒲坂，以应宝夤。<br>宗正珍孙讨凤贤等。 | |
| | 十一月 | | | 葛荣陷冀州。 |
| | 十二月 | | | 源子邕败死。<br>葛荣攻相州。 |
| 孝庄帝永安元年 | 春正月 | | 长孙稚讨宝夤，克潼关，入河东。宝夤为其下所袭，奔万俟丑奴。 | 杜洛周陷定州，入瀛州。 |
| | 二月 | | | 葛荣击杀洛周，并其众。 |
| | 三月 | | | 葛荣陷沧州。 |
| | 夏六月 | | | 葛荣兵南掠至沁水。<br>河间邢杲反于青州之北海。 |
| | 秋八月 | | | 葛荣围邺。 |

(续表)

| | | | |
|---|---|---|---|
| 孝庄帝永安元年 | 九月 | | 尔朱荣擒葛荣，冀、定、沧、瀛、殷五州皆平。 |
| | 冬十月 | | 李叔仁击邢杲于惟水，不利。 |
| | 十二月 | | 行台尚书、左仆射于晖讨邢杲。葛荣余党韩楼复据幽州反。 |
| 二年 | 夏四月 | | 上党王天穆击斩邢杲于济南。 |
| | 秋九月 | 万俟丑奴陷东秦州。 | 尖山侯渊擒韩楼。 |
| | 冬十一月 | 就德兴请降，营州平。 | |
| 三年 | 春三月 | | 丑奴围岐州，骠骑大将军尔朱天光击丑奴，丑奴走安定。 |
| | 夏四月 | | 天光擒丑奴于平凉，并执萧宝夤。 |
| | 六月 | | 丑奴行台万俟道洛走归略阳贼帅王庆云。 |
| | 秋七月 | | 天光擒庆云、道洛，于是三秦，河、渭，瓜、凉、鄯州皆降。 |
| 孝静帝天平二年 | 春正月 | | 丞相高欢大破刘蠡升。 |
| | 三月 | | 欢袭斩蠡升。 |

六镇之设，魏所以捍柔然。怀朔镇，在今五原县境。武川镇，在今武川县西。抚冥镇，在原察哈尔省右翼镶蓝旗地。柔玄镇，在今兴和县西北，正黄旗察哈尔牧地东南。怀荒镇，

在今丰镇县北。御夷镇，在今独石、多伦二县间。及末叶政乱，皆相率叛变，西及沃野，沃野镇，在今腾格里泊之南。东及营州。营州治和龙，今朝阳县治。魏之御之，道出云中、五原，宋白曰："孝文迁洛之后，于州北三百八十里定襄故城置朔州。"又曰："后魏初云中，定襄故城是。"案：唐朔州，今朔县。定襄故城，今和林格尔县。《通鉴》注："汉五原壤地甚广，唐之丰、胜、朔三州，皆汉之五原郡地。"推进至白道。《通鉴》注："武川镇北有白道谷，谷口有白道城，自城北出有高阪，谓之白道岭。"惟以孤军深入，叛者东西势合，故再战不利。退扼云中，盖以云中乃白道之冲，贼之咽喉也。叛者日益猖獗，云中弃守，而并、肆未危者，并州治晋阳，今阳曲县治。肆州治九原，在今忻县西。则由柔然南下，拊六镇之背，故其势日燖也。继六镇而跳梁者，则为关、陇。其据两秦者，魏置秦州于上邽、南秦州于仇池。上邽县故城，在今天水县西南。虽南攻仇鸠、河池二戍，盘头、仇池二郡，仇鸠水在今徽县西，河池水在徽县南，水上有戍。《五代志》："长举县，魏置盘头郡。上禄县，魏置仇池郡。"案：长举县故城，在今略阳县西北一百二十里。上禄县故城，在今成县西南。见阻于东益州之兵。魏克武兴，置东益州，今略阳县是也。西攻凉州、河州，凉州，今武威县治。河州，今临夏县治。见阻于吐谷浑之众。然其北向，则取原州。原州治高平，今固原县治。其东下也，尤具席卷之势，东秦、北华以及岐、豳，唾掌而得之。东秦州治汧城，在今陇县南。北华州治杏城，在今中部县西南。岐州治雍城，在今凤翔县南。豳州，今邠县。兵锋迫长安，偏师且取潼关。其退守也，则塞陇道，俾西上之师艰于仰攻。陇右形势之足用，其明征矣。幸其酋为民所戕，而大患得以立平。其据雍州者，东杜潼关以拒大军，北受安邑之降，据盐池，围蒲坂。魏之西讨，一师渡河壁虞坂，虞坂，在今安邑县南三十里，平陆县东北七十里。一师向潼关，而以偏师自弘农渡河据石锥壁，解蒲坂之围。弘农郡，今陕县治。《五代志》："虞乡县有石锥山。"河东定而潼关克，迤西如冯翊、北地，皆为朝廷守。《五代志》："冯翊郡，后魏置华州。"长安形势暴露，无足以守，以故其败不旋踵。其据原州者，北有灵州，灵州故城，在今灵武县西南。东扰夏、北华，魏收《地形志》："夏州治统万。"东南陷泾、豳、东秦、岐，泾州治安定，在今泾川县北五里。自武功渡渭。武功县故城，在今武功县西南。**魏师讨之，夹渭而进，顿兵汧、渭之间。**汧水至宝鸡县东注渭。**俟贼之懈，然后迅击，畏其阻险故也。六镇既叛，幽、冀亦云扰。其据上谷者，**上谷郡故治，在今广灵县西。**西出黄瓜堆，东围燕州。**黄瓜堆在今山阴县北。燕州治昌平。**魏师则阻之于卢龙塞至居庸、军都之一线。**卢龙塞在今迁安县西北。《水经注》："军都关在居庸山南。"**自此一线不守，于是蓟城被兵，范阳沦陷，**蓟县故城，在今大兴县西南。范阳郡故治，今涿县是也。**而定、瀛亦随之。**定州，今定县治。瀛州，今河间县治。**其叛自定州之左城者，**《通鉴》注："按《杨津传》，左城当在博陵界。又《水经注》：中山唐县有左人城。"案：博陵郡，即今安平县治。**始则纵横滹沱以北，继乃南陷殷、冀。**殷州故治，在今隆平县东。冀州治信都，今冀县是也。**又北并上谷之众，势益张甚。因东下沧州，**沧州故治，在今南皮县东南八十里。**南围相州，掠及沁水。**相州治邺。**而魏并州之师，出自滏口，**滏口，在今武安县南。**乘居高临下之势，予以横截，一战而定。

## 后魏十二

| | | |
|---|---|---|
| 孝庄帝<br>永安元年 | 春三月 | 尔朱荣起兵发晋阳。 |
| | 夏四月 | 北中不守，河桥小平津守将迎降，荣入洛阳。 |
| | 秋九月 | 荣击斩葛荣，冀、定、沧、瀛、殷五州皆平。 |
| 二年 | 夏五月 | 梁师纳北海王元颢，颢入洛阳，帝北渡河。 |
| | 六月 | 颢遣兵据河内，荣攻拔之。 |
| | 闰月 | 梁师守北中以拒荣，荣自马渚西峡石渡河，梁师弃洛阳，溃去。 |
| | 秋七月 | 荣遣从祖兄子天光平关、陇。 |
| | 九月 | 帝杀荣。 |
| 三年 | 冬十月 | 通直散骑常侍李苗焚断河桥。<br>汾州刺史尔朱兆起兵晋阳，徐州刺史尔朱仲远起兵彭城，皆向洛阳。<br>平州刺史侯渊起兵向洛阳，行台魏兰根邀击于中山，不利。 |

(续表)

| | | |
|---|---|---|
| 三年 | 十一月 | 仲远陷西兖州。<br>东征都督贺拔胜兵败于滑台东,降于仲远。 |
| | 十二月 | 尔朱兆攻丹谷,行台源子恭退走。<br>兆自河桥西涉渡,入洛阳,弑帝。<br>河西帅纥豆陵步藩奉帝诏袭秀容,败兆,逼晋阳。兆与晋州刺史高欢击斩之。 |
| 废帝中兴元年 | 夏六月 | 高欢起兵信都,讨尔朱氏。<br>赵郡李元忠入殷州。 |
| | 秋七月 | 尔朱兆出井陉、趣殷州,元忠奔信都。 |
| | 冬十月 | 高欢破兆于广阿。 |
| 孝武帝永熙元年 | 春正月 | 高欢拔邺。 |
| | 闰三月 | 尔朱度律自洛阳、天光自长安、兆自晋阳、仲远自东郡会邺,讨高欢。欢大破之。 |
| | 夏四月 | 欢入洛阳。<br>雍州刺史贺拔岳据长安。 |
| | 秋七月 | 欢兵自滏口、井陉击尔朱兆,兆走秀容。 |
| 二年 | 春正月 | 欢破秀容。 |

李延寿论尔朱氏之灭,谓为魏纾其难,齐以驱除,韪矣。自是以后,成齐、周对峙之局。故过渡时期之尔朱氏,亦有足叙者。尔朱之始,起于秀容。秀容城,在今朔县西北。值山东盗炽,荣东守滏口、井陉,北捍马邑以为防,马邑郡,今朔县治。尽有表里山河之险。迨女主乱政,元颢为寇,荣两次南下,取北中而渡河桥,北中城,在今孟县南。自马渚而济峡石。峡石,在今陕县境。马渚在其东黄河中。其兵威,东平冀、定五州,西暨关、陇,盖所凭借者为形胜之国,乃能尔也。及以不臣见诛,其党犹逾太行,破丹谷,捷河内,而入洛,以为荣报仇。丹谷,在今晋城县东南。河内郡,今沁阳县治。高欢之起,论信都,则非险阻之区;信都,今冀县治。论士卒,则不满三万。是时,尔朱世隆在洛阳,居中用事,天光专制关右,兆奄有并、汾,仲远擅命徐、兖,集众二十万以临之。然而韩陵一战,

<small>杜佑曰："韩陵，在安阳县东北。"</small>尔朱之众土崩瓦解。此由人才度越，又不关乎地利。尔朱既败，局促秀容，为欢所灭。以此兴，亦以此亡。

## 东魏、西魏、北齐、北周

| | | |
|---|---|---|
| 魏孝武帝永熙三年<br>东魏孝静帝天平元年 | 春正月 | 魏丞相欢击擒纥豆陵伊利于河西，迁其部落于河东。 |
| | 二月 | 秦州刺史侯莫陈悦诱斩雍州刺史贺拔岳于高平。<br>夏州刺史宇文泰赴平凉招抚岳众，遣兵袭入原州。 |
| | 三月 | 泰至原州。 |
| | 夏四月 | 泰击侯莫陈悦至秦州，悦败死。欢遣兵据蒲坂以救悦。<br>泰遣兵袭入豳州。 |
| | 六月 | 欢叛，勒兵南出。 |
| | 秋七月 | 帝西奔长安，欢入洛阳。 |
| | 八月 | 欢追帝至弘农。 |
| | 九月 | 欢克潼关，遣行台侯景入荆州。 |
| | 冬十月 | 泰攻潼关，克之。<br>欢立孝静帝，迁都于邺。 |
| | 十一月 | 兖州刺史樊子鹄据瑕丘以拒东魏。 |
| | 十二月 | 泰遣仪同李虎击灵州刺史曹泥。 |
| 西魏文帝大统元年<br>天平二年 | 春正月 | 渭州刺史可朱浑道元为宇文泰所逼，东归高欢。<br>李虎攻灵州，曹泥请降。<br>东魏行台司马子如攻潼关及华州。 |
| | 二月 | 东魏仪同三司娄昭攻拔瑕丘。 |
| 大统二年<br>天平三年 | 春正月 | 欢袭入西魏夏州。<br>曹泥降东魏，泰围之，欢迎泥以归。 |
| | 冬十二月 | 欢伐西魏，司徒高敖曹趣上洛，大都督窦泰趣潼关。 |
| 大统三年<br>天平四年 | 春正月 | 欢军蒲坂，窦泰败死于小关。敖曹克上洛，引军而还。 |
| | 秋八月 | 泰伐东魏，拔槃豆、弘农、邵郡、正平郡皆附西魏。 |
| | 闰九月 | 欢伐西魏，自蒲津济河。高敖曹围弘农。 |

（续表）

| | | |
|---|---|---|
| 大统三年<br>天平四年 | 冬十月 | 泰大破欢于沙苑，进军蒲坂，略定、汾、绛。高敖曹自弘农北渡河。西魏骠骑大将军独孤信克洛阳，荥阳、大梁、长社诸城皆降西魏。 |
| | 十一月 | 东魏行台任祥攻颍川，西魏大都督宇文贵击败之。宜阳降西魏。西魏都督韦孝宽攻东魏豫州，拔之。 |
| | 十二月 | 东魏阳州刺史段粲败西魏行台杨白驹于蓼坞。西魏荆州刺史郭鸾攻东魏东荆州刺史慕容俨。 |
| 大统四年<br>元象元年 | 春二月 | 东魏克南汾、颍、豫、广四州。 |
| | 秋七月 | 侯景围金墉。 |
| | 八月 | 泰败景于邙山，斩高敖曹而还。<br>欢克金墉，毁其城而还。 |
| | 冬十二月 | 西魏车骑大将军是云宝袭入洛阳，都督赵刚袭入广州。自襄、广以西城镇复为西魏。<br>西魏城玉壁。 |
| 大统六年<br>兴和二年 | 春二月 | 侯景出三鵶，将复荆州。西魏兵出武关，景还。 |
| | 夏五月 | 西魏行台宫延和、陕州刺史宫延庆降东魏。 |
| 大统八年<br>兴和四年 | 秋八月 | 欢击西魏，入自汾、绛。 |
| | 冬十月 | 欢围玉壁，不克而还。 |
| 大统九年<br>武定元年 | 春二月 | 东魏北豫州刺史高仲密以虎牢降西魏。<br>泰率师东出以应仲密。 |
| | 三月 | 欢与泰战于邙山。 |
| | 夏四月 | 东魏取虎牢。 |
| 大统十二年<br>武定四年 | 秋九月 | 欢围玉壁。 |
| | 冬十一月 | 欢不克玉壁而还。 |
| 大统十三年<br>武定五年 | 春正月 | 欢卒，侯景据河南叛，归于西魏。<br>东魏司空韩轨讨景。 |
| | 夏五月 | 轨围景于颍川。西魏荆州刺史王思政以荆州兵从鲁阳关向阳翟，太尉李弼引兵赴颍川。 |
| | 六月 | 轨引还邺，王思政入据颍川。景降梁。 |

（续表）

| | | |
|---|---|---|
| 大统十四年<br>武定六年 | 春三月 | 西魏同轨防长史裴宽与东魏将彭乐战，为乐所擒。 |
| | 夏四月 | 东魏攻颍川。 |
| 大统十五年<br>武定七年 | 夏四月 | 东魏堰洧水以灌颍川，西魏援兵至穰城，阻陂泽不得前。 |
| | 五月 | 东魏大将军高澄自将攻颍川。 |
| | 六月 | 澄拔颍川。 |
| 大统十六年<br>齐文宣帝天保元年 | 秋九月 | 泰伐齐。 |
| | 冬十一月 | 泰自弘农济河至建州。<br>西魏军畜产多死，泰自蒲坂还。<br>河南自洛阳、河北自平阳以东皆入于齐。 |
| 恭帝元年<br>天保五年 | 秋八月 | 齐于洛阳西南筑伐恶城、新城、严城、河南城。 |
| 恭帝二年<br>天保六年 | 春正月 | 齐攻西魏安州。 |
| 恭帝三年<br>天保七年 | 冬十月 | 泰卒。 |
| 周明帝元年<br>天保八年 | 春正月 | 齐南安城主冯显降周。 |
| 武成元年<br>天保十年 | 春二月 | 齐取周文侯镇。 |
| 武帝保定三年<br>武成帝河清二年 | 秋九月 | 周柱国杨忠与突厥自北道、大将军达奚武自南道出平阳伐齐。 |
| | 冬十二月 | 周师逼晋阳。 |
| 保定四年<br>河清三年 | 春正月 | 周师败还。 |
| | 冬十月 | 周柱国尉迟迥趣洛阳，大将军权景宣趣悬瓠，少师杨标出轵关。 |
| | 十一月 | 迥围洛阳。标出轵关，败没。 |
| | 十二月 | 景宣围悬瓠，齐豫州、永州刺史皆降。<br>齐并州刺史段韶救洛阳，败周师。<br>景宣弃豫州走。 |

(续表)

| | | |
|---|---|---|
| 天和四年<br>后主天统五年 | 秋八月 | 盗杀周孔城防主，以其地入齐。 |
| | 九月 | 周齐公宪等将兵趣宜阳，筑崇德等五城。 |
| | 冬十二月 | 齐公宪围齐宜阳。 |
| 天和五年<br>武平元年 | 春正月 | 齐太傅斛律光救宜阳。 |
| | 冬十二月 | 光出晋州道，于汾北筑华谷、龙门二城，进围定阳。筑南汾城以逼之，周释宜阳之围以救汾北。 |
| 天和六年<br>武平二年 | 春正月 | 光败周将韦孝宽于汾北。 |
| | 三月 | 齐公宪自龙门渡河，拔斛律光新筑五城。<br>段韶攻柏谷城，拔之。 |
| | 夏四月 | 周陈公纯取齐宜阳等九城。 |
| | 五月 | 段韶袭败周师于定阳城西。 |
| | 六月 | 韶拔定阳，斛律光与周师战于宜阳。 |
| 建德四年<br>武平七年 | 秋七月 | 周大举伐齐。齐王宪趋黎阳。隋公杨坚自渭入河，梁公侯莫陈悦守太行道，申公李穆守河阳道，常山公于翼出陈汝，周主自向河阴。 |
| | 八月 | 周主拔河阴大城，攻金墉，不克。<br>齐王宪拔武济，进围洛口，焚浮桥。 |
| | 九月 | 齐援军至河阳。<br>周主有疾，引还。齐王宪等所拔城皆弃而不守。 |
| 建德五年<br>隆化元年 | 冬十月 | 周主自将伐齐，克晋州。 |
| | 十一月 | 齐主御周师，周主引还。齐王攻晋州，周主救之。 |
| | 十二月 | 周克晋阳。 |
| 建德六年<br>幼主承光元年 | 春正月 | 周师入邺。 |

贺拔岳之死，秦、陇无主，北自灵州，迤南原州至秦州，皆党附高欢。灵州故城，在今灵武县西南。原州，今固原县治。秦州故城，在今天水县西南。宇文泰起自夏州，夏州治统万。西入平凉，统岳众。平凉郡故城，在今平凉县西南九十里。袭入原州，

南上陇，出木峡关。木峡关，在今固原县西南，陇山之口也。两秦瓦解。秦州治上邽，南秦治仇池。于是征豳、泾、东秦、岐四州之粟以给军，渐引而东。豳州，今邠县。泾州故城，在今泾州县北五里。东秦州，今陇县治。岐州故城，在今凤翔县南。会孝武帝与高欢相恶，欢戍建兴，聚粟邺城，益河东、济州兵东守徐州，以临洛阳。建兴郡故治，在今晋城县西北四十里。河东郡治蒲坂。济州在今茌平县西南，即碻磝城。帝亦置军于阳壶、石济、滑台。阳壶城，在今垣曲县南。石济，在今延津县东北。滑台，今滑县治。而荆、雍勤王之师，南至汝水，西至弘农。弘农郡，今陕县。欢建兴之兵趋石济，邺城之兵趣滑台，欢自趣野王济河。野王县，今沁阳县治。帝西奔长安，依宇文泰，欢亦立君而迁都于邺，由是魏分东西。夫长河万里，捍御为难。孝武欲于此取守势，理有所不许。及一处得渡，遂不得不西奔。盖洛阳北以河为险，河失而洛阳不复为用武之地矣。

夫两雄之不并立，自昔然矣。欢与泰，两雄也。泰既居秦关百二之地，欢亦据表里山河之域，各负形胜，旌旗相当，故东西之争者四十余年。其始也，东魏采取攻势：

（一）潼关、华州，长安之门户。东魏守风陵，城蒲津，西岸据杨氏壁以图之。华州，今大荔县治。《水经注》："潼关直北，隔河有层阜，巍然独秀，孤峙河阳，世谓之风陵。"案：蒲津在今永济县西。《通鉴》注："杨氏壁在龙门西岸。"当在华阴、夏阳之间。

（二）上洛在潼关之右，东魏曾出兵商山以攻之，以期自蓝田关西入长安。上洛郡，今商县治。商山在县东。《唐志》："蓝田县有蓝田关，故峣关也。"

（三）三荆棋布于襄、广以南，东魏尽取之，而拒西魏自武关东出之师于淅阳。魏置荆州于穰县，置南荆州于安昌，置东荆州于沘阳，谓之三荆。穰县，今邓县。安昌，今确山县。沘阳，今泌阳县。《通鉴》注："广州治襄城。"《五代志》："叶县后齐置襄州。"淅阳郡故治，在今淅川县东南。

（四）夏州，东魏亦袭取之，欲与西魏争灵州。卒以灵州道远，势不能及，灵州入于西魏。

西魏亦曾反攻，东拔弘农。魏收《志》："太和十一年，置陕州，治陕城，带弘农郡。"于是东魏以二十万之众西伐，涉河渡洛。西魏士卒仅万人，为背水阵，破走之于沙苑。沙苑，在大荔县南，洛、渭之间。微是战，西魏且不得立国。西魏乘战胜之威：

（一）北路进取蒲坂，东向据齐子岭，齐子岭，在今济源县西五十里。北向渡汾，略取汾、绛，嗣城玉壁以守之。汾州故治，在今隰县东北。绛州故治，在今新绛县西南二十里。玉壁，在今稷山县西南。东魏，退则藉平阳以屏藩晋阳，进则取南汾、围玉壁。平阳郡，今临汾县治。汉晋阳故城，即今太原县治，高齐移汾水东。东魏置南汾州于定阳，今吉县治是也。

（二）中路以弘农为重镇，由是而东出，推进于洛阳、荥阳。又东及梁州，南及襄、广、颍、豫。东魏梁州治大梁城，颍州治长社城，豫州治悬瓠城。然东魏济河据有虎牢，西师是以不能越险鄙远。由虎牢西向洛阳，与河桥之军相会，进至宜阳以堵弘农。宜阳郡故治，在今宜阳县西五十里。由虎牢南出三鸦，则图三荆。三鸦即鲁阳关，在今南召、鲁山二县交界处。后侯景之叛，西魏复有东荆、北荆、荆、颍、襄、广诸城，是时东魏东荆州治北阳城，北荆州治伊阳，荆州治鲁阳。且以颍为行台治所。然颍迫敌境，又无山川之固，故卒受围攻。关中之师迂回道穰城以为援，而无及于事，遂尽侯景所纳而弃之。西魏之由弘农北济河也，东趣建州，然以仰攻而不竟其功。《通鉴》注："建州当太行路，自晋阳入洛之要道也。"案：东魏以建兴郡为建州。

（三）南路出武关以取三荆。

此欢与泰交兵之大凡也。欢、泰既卒，国号易为齐、周。

周强齐弱，故主动在周。周所攻击之目标，一为晋阳。其攻晋阳也，北道兵连突厥北下，南道兵攻平阳。齐北守陉岭之隘，南固平阳。陉岭，即句注山。一为宜阳。周攻拔宜阳，齐自晋州道出兵，规汾北，拔定阳以相制。晋州，即今临汾县治。夫宜阳，当函谷之前，周欲东进，固所必取。晋阳，高齐根本之地。

陉岭、平阳，又分障南北。故周之图之，非一役所能逞志也。周又尝数道并进，山南之兵下悬瓠及永州，胡三省曰："周都长安，以褒、汉、荆、襄为山南。"《五代志》："城阳县，后齐曰永州。"案：城阳县故城，在今信阳县东北。悬瓠城，即今汝南县治。邵州之兵出轵关。邵州治，即今垣曲县治。轵关，在今济源县西北十五里。中路大军，堙断河阳路以围攻洛阳。河阳县故城，在今孟县西三十五里。又一师出沃野，连突厥南向。沃野镇故城，在原绥远省境内腾格里泊之南。齐拒破出轵关之兵，既乃下晋阳之甲。渡河南援，又破周兵洛阳下。两道既败，周弃悬瓠而还。夫齐都邺，假使周人自轵关而东，得以逞志，是无齐矣。一则孤军深入，一则自救社稷、并力迎击，此周所以败于齐也。是时突厥之骑未合，洛阳之围方急，齐得以南援。周以一师而负攻城、御敌二任，此所以再败也。

周又计为数道并进。第一路趋黎阳。黎阳津，在今滑县北。第二路，舟师自渭入河。第三路，守太行道，以断并、冀、殷、定之兵。并州治晋阳。冀州治，即今冀州县治。殷州治，在今隆平县东。定州治，即今定县治。太行陉，在今沁阳县。第四路，守河阳道，以阻其与洛阳相往来。第五路，自安州出陈、汝。安州治，即今安陆县。陈州治，在今项城县东北。《隋志》有汝南郡。及师之出，第一道主力军拔河阴大城、武济、洛口东西二城，焚河桥，围金墉而不克。河阴大城，在今孟津县东。洛水入河之口，有东、西二城。武济当在洛口西。河桥，在今孟县南。金墉城在洛阳东。第四路军克河阳三城之一。胡三省曰："河阳有三城，南城、北城、中潬是也。"齐晋阳南援之师已至，周师皆退。夫洛阳名城，河阳冲要，皆齐精兵所聚，固不易攻矣。晋阳又南援，其与洛阳有如左右手相佑助，所以周又无功也。

周复伐齐，其攻击目标为平阳。分遣诸军北守千里径、雀鼠谷、汾水关，胡三省曰："千里径，当在平阳北，要路之一也。"杜佑曰："汾州界北接太原，当千里径。"《括地志》："灵石县有雀鼠谷、汾水关。"东南守齐子岭、鼓钟镇。鼓钟镇，在今垣曲县东北六十里。西自华谷攻汾州，华谷，在今稷山县西北二十里。然后下平阳。齐人反攻，周破之城下，追北下高壁、介休，拔洛女寨。胡三省曰："高壁，岭名，在雀鼠谷南。"

案：洛女寨当在介休、灵石二县境。进克晋阳，东向邺，又克之，遂灭齐。

夫平阳，屏晋阳而蔽邺，周欲捣齐之巢穴，固将先事乎此。是以四布兵力，杜绝救援，然后下之。又致齐来攻，破其主力。且夫重镇失而主力败，齐瓦解之形已现，而周破竹之势已成矣。周兴此役，凡四月耳。而灭一国，收功至速，岂不由先下平阳哉！

# 隋代军事地理概论

## 一、平尉迟迥

杨坚将篡周，周重臣相州总管尉迟迥讨之。相州故治，在今临漳县西。迥及弟勤所统，北及赵、冀，赵州，今赵县。冀州，今冀县。东及光、胶、莒。胶州故治，即今诸城县治。沂水县，后周为莒州。《隋志》："掖县，旧置光州。"其党迥者，有荥、申、东楚、潼各州。申州故治，在今信阳县南四十里。东楚州故治，在今宿迁县东南。《五代志》："氾水县，后周置荥州。夏丘县，置潼州。"案：夏丘县故城，即今泗县治。其降迥者，有建州、兖州，有兰陵及怀县永桥镇。建州故治，在今晋城县东北。兖州故治，在今滋阳县西二十五里。兰陵县故城，在今峄县东五十里。怀县故城，在今武陟县西南。其为迥所陷者，有潞州、曹州、亳州、东郡及巨鹿、昌虑、下邑。潞州故治，即今长治县治。曹州故治，在今曹县西北七十里。亳州，今县。巨鹿县故城，在今平乡县东三十里。昌虑县故城，在今滕县东南六十里。下邑县故城，今夏邑县治。胡三省曰："东郡治白马。"白马县故城，即今滑县治。其为迥所攻围者，有恒州、汴州、沂州。恒州故治，即今正定县治。汴州故治，在今开封市北。沂州故治，即今临沂县治。迥子又处朔州。《五代志》："朔州治桑乾。"案：桑乾县故城，在今蔚县东北。是时，地不相接而亦应迥者，南有郧州总管司马消难，郧州故治，即今安陆县治。西南有益州总管王谦，及沙州之氐。益州总管府治成都。沙州故治，在今昭化县西北。其党于坚者，有并州。并州为坚北取朔州，南下潞州，并州治晋阳，即今晋源县治。而怀州亦尚附于坚。怀州故治，即今沁阳县治。迥前防在永桥镇，坚大兵东出，舍而不攻，直据武陟。武陟，地名。《五代志》："在修武县界。至隋，析置武陟县。"迥据武德。武德郡故治，当在今武陟县东南，沁水之东。沁水一战，邺下再战，遂馘迥首。沁水经武陟县入黄河。相州治邺县。迥将之在梁郡、沛县者，亦皆溃败，坚兵悉定关东。梁郡治睢阳，故城在今商丘县南。沛县故城，在今沛县东。**司马消难以郧、随、温、应、土、顺、沔、澴、岳九州及鲁山、甑山八镇降陈**。随州，今随县。温州故治，今京山县是也。应州故治，今应山县是也。土州故治，在今随县东北五十里。顺州故治，在今随县北八十里。沔州故治，在今汉川县东南。澴州故治，在今孝感县北。岳州故治，今孝感县是也。甑山镇，在今汉川县东南。胡三省曰："鲁山，在汉阳县界，临江，齐、梁以来为重镇。"**陈兵应之，上游趋沔、汉，下游分趋历阳、南兖州**。沔、汉，一水也。历阳郡故治，今和县治是也。南兖州故治，在今扬州市东北。**坚兵既平迥而反攻，败陈于漳口，陈仅保甑山**。胡三省曰："今安陆西五十里有漳水。"**王谦攻始州，又攻利州而不能下，坚兵入剑阁，下成都，谦亦授首**。始州故治，即今剑阁县治。县北大小剑山之间，有栈道，名曰剑阁。利州故治，即今广元县治。推迥之起事，据要地，拥强兵，多方响应，势足以抗坚。然而坚挟天子，保京都，先使并州压迥左翼，继遣大兵东出，行中央突破之策，捣其腹心，斩其首脑。声威所届，附和者亦瓦解冰消。坚既捷于斯役，遂移周鼎矣。

## 二、平陈

隋、陈既为邻国，疆场之间互有侵轶。**陈于下游，则陷胡墅，犯和州**。和州，今和县。胡三省曰："胡墅，在大江北岸，对石头城。"**于上游，则犯峡州**。峡州故治，在今宜昌县西北。**隋兵则出汉口，攻拔甑山镇及涢口、沌阳诸处**。汉口，汉水入江之口。涢口，涢水入汉水之口。甑山镇，盖当涢口之南。《五代志》："汉阳县有沌水。"**后梁又为隋袭公安**。后梁都江陵，系隋附庸。公安县故城，在今公安县东北油江口，陈荆州治所。**隋为灭陈之计，预作战船，开山阳渎以通运**。山阳县，今淮安县是也。山阳渎，今淮安县至扬州市之运河也。**置良将于广陵、庐江、基州、信州**，广陵郡故治，今扬州市是也。胡三省曰："庐江，在合肥东五十里。"基州故治，在今钟祥县南。信州故治，在今奉节县东北。**置淮南行省于寿春**。寿春，即寿县治。**布置既就，遂事大举。兵出八道，凡五十一万八千人。第一路，出朐山，渡海以攻南沙**。朐山县，即今东海县治。南沙县故治，在今常熟县西北。第二路，出广陵，自瓜洲渡江攻京口。瓜洲，在扬州南四十里江滨，当运河之口。京口，今镇江市也。第三路，出六合。第四路，出庐江，自横江渡，攻姑孰。横江浦，在和县东南，对江南之采石，为津渡处。姑孰城，今当涂县治是也。第五路，出蕲春，自蕲口临江津。蕲春县故城，在今蕲春县西北，有蕲水。第六路，出襄阳，向汉口。第七路，出江陵。第八路，出永安，下三峡。《五代志》："巴东郡，梁置信州。"胡三省曰："蜀先主退归白帝，起永安宫居之，故巴东有永安之名。"其第二、第四路，值京口、采石守备薄弱之际而取之。采石矶，在今当涂县西北二十里，自孙吴以来，常为重镇。第二路，一道断曲阿之冲，以杜三吴之师，一道据钟山，破陈师。胡三省曰："曲阿，在武进、丹徒二县之间。"案：《水经注》以吴兴、吴郡、会稽为三吴。钟山，今南京紫金山。第四路，拔姑孰，与第三路渡江之师会于新林，遂合力下建邺。新林，在今南京西南。建邺，陈都，故城在今南京南。第六路，阻于鄂州。胡三省曰："鄂州治江夏，中流之重镇。"案：江夏郡治，今武昌县是也。第七、第八两路，鏖战于狼尾滩、江峡、延洲而下，狼尾滩，在今宜昌县西北九十余里。江峡，谓西陵峡，在今宜昌县西北二十五里。《水经注》："荆门之下为延洲。"乃建邺讯至，陈将悉放仗。六朝立国，所凭借者江也。晚及陈世，隋已拓地至江北，天堑之险已与人共有之。况隋所据者广，兵源数倍于陈。西自巫峡，东至沧海，分道进攻。陈所有甲士不过十万，分之则势悬而力弱，聚之则守此而失彼，故卒至根本颠覆，而枝叶随之。

## 三、平汉王谅

炀帝立，其弟并州总管谅起兵相抗。《隋志》："太原郡治晋阳，置并州总管。"晋阳县故城，今太原市是也。谅辖井陉以西地，兵出数道。井陉县故城，在今井陉县北，其东北有井陉关。东道出井陉，略燕赵。今河北省，古燕赵地也。东南，一道出滏口，趣黎阳。滏口，在武安县南三十里。《元和志》："滏口即太行第四陉也。"黎阳县故城，在今浚县东北。一道出太谷，趣河阳。《水经注》："太谷，谷名。"在祁县东南。河阳县故城，在今孟县南，由此渡孟津。胡三省曰："此二军皆欲使渡河略河南。"西南道直指京师。隋都大兴，今西安市也。北道自岚州出雁门。岚州故治，在今岚县北。雁门关，在今代县西北。**谅东道兵围井陉而不能下。东南出滏口之师，攻慈州、相州，亦不能克，转攻黎州而塞白马津。**慈州，今磁县。刘昫曰："隋以安阳城为相州治所。"《隋志》："黎阳县旧置黎州。"《史记正义》："黎阳，一名白马津。"**出太谷之师，自太行抵河内。**河内郡故治，今沁阳县治是也。《隋志》："河内有太行。"**北道兵攻代州，复不能拔。**代州，今代县治。**西南道兵入蒲州，遂断河桥而不渡。**蒲州故治，今永济县治是也。胡三省曰："河桥，蒲津之桥也。"谅欲断河，谓可坐有旧齐之地耳。"**王师反攻，发幽州兵破谅，围井陉之师于抱犊山下。**幽州故治，在今大兴县西南。抱犊山，在今获鹿县西八里。**自河阴渡河之兵，一战破谅河阳之师于溴水，再战破其黎阳之师。**河阴县故城，在今孟津县东。河阳县故城，在今孟县南。溴水经孟县入黄河。**发朔州兵，由西陉破谅围代州之师。**朔州，今朔县。西陉关，在今代县西北，即雁门关西口。**渭口兵袭取蒲州后，偏裨缀晋、绛、吕三州**，晋州故治，即今临汾县治。绛州故治，即今新绛县治。吕州故治，即今霍县治。**主力径霍山，大战高壁、清源，遂下晋阳，擒谅。**霍山，在今霍县东。高壁岭，在今灵石县东南二十五里。清源县，在晋阳西南。以一隅举事，要在并力一向，卷甲疾趋，能入据京师而号令天下，大事庶乎集矣。推谅之失，一则由于兵力分散，以致处处无功。二则由于得蒲州而不进，授对方以喘息反攻之地。向使并兵于蒲州一路，以向秦川，则胜负之数必不相侔。夫秦与晋，地至相近，非此并彼，即此吞彼。谅以一隅，不行直据京师之计，而王师挟天下力，遂行长捣晋阳之策矣。

## 四、平杨玄感

**炀帝亲渡辽，征高丽。**辽，今辽河也。杜佑曰："高丽王，自东晋以后居平壤城，即汉乐浪郡王险城。"**礼部尚书杨玄感督运，起事黎阳**，《隋志》："黎阳，有仓，有关官。开皇十六年置黎州。"**有卫州、黎州。**《隋志》："汲郡，后周为卫州。"故治在今淇县东北。**是时为玄感计者，谓长驱入蓟，据临渝之险，扼其咽喉，断渡辽之师之归路，为上计。**蓟县故城，在今大兴县西南。临渝关，在今抚宁县东南三十里。胡三省曰："临渝关，隋属卢龙县，即所谓卢龙之险也。"经城勿攻，西取长安，为中计。围攻东都，为下计。东都，洛阳也。玄感用下计，河内、临清关皆拒守，遂自汲郡南渡。河内郡故治,今沁阳县治是也。《唐志》："新乡县东北有临清关。"一道自偃师南缘洛水西入，一道自白马坂逾邙山南入，围攻洛阳。胡三省曰："白马坂在邙山北,邙山在洛城北。"又分兵西守慈涧道，南守伊阙道，慈涧,今新安县东三十里。宋祁曰："伊阙,洛阳南面之险也。"东下虎牢，围荥阳。《隋志》："汜水县,旧曰成皋,即虎牢也。"梁郡及余杭皆起兵响应。梁郡故治,今商丘县南。余杭郡故治,今杭州市是也。而长安援军转战至邙山之阳，辽左归师复济自河阳，屯破陵。辽左,辽东也。《隋志》："河阳有盟津。"案:即孟津也。胡三省曰："破陵当在河阳南岸,洛城东北。"玄感乃解围西向，攻弘农亦不能下。胡三省曰："炀帝废陕州,改为弘农郡。"尾追之师，及诸葛豆，玄感败没。葛豆,今阌乡县西南三十里之盘豆镇也。是时天下方苦于征高丽，玄感因之揭竿一呼，使行上计，杜临渝，则辽左之师归路前绝，高丽后逼，有不崩溃者乎！乃用下计，顿兵坚城，适犯兵家之大忌。行而无所，又出中计，举棋不定，二三其策，故卒败亡耳。

## 五、用兵高丽

隋用兵高丽，凡四役。高丽国,都平壤城。文帝时，以其来寇辽西，故有第一役。《隋志》："辽西郡治柳城县。"故城即今朝阳县治。陆军出临渝关，临渝关,今抚宁县东南三十里。水军自东莱泛海，趣平壤城。《隋志》："东莱郡治掖县。"一则以道路水潦，馈运不继，一则以遭风飘船，皆丧师什八九而还。炀帝时，责以入朝，更事大举。陆路以蓟为兵站基地，凡江淮以南、岭南之兵力，黎阳、洛口诸仓之米，咸集中于此。《隋志》："涿郡治蓟,旧置幽州。黎阳有仓。"胡三省曰："洛水至巩县入河,谓之洛口。"岭南,五岭之南,今两广是也。其供载衣甲幔幕之戎车，则集中于高阳。高阳县故城,今高阳县东二十五里。自蓟以东，又以泸河、怀远二镇为军米委积之所。泸河、怀远二镇,当在今山海关至锦州道中。大军拔武厉逻而渡辽水。胡三省曰："高丽置逻于辽水之西,以警察渡辽者。"辽东及诸城皆拒守不下。辽东郡故城,在今辽阳县北七十里。水路以东莱为海口，凡江淮水军，咸集中于此。浮海入浿水，败于平壤城下。浿水，今大同江也。陆路自辽水，分九道作扇形推进。渡鸭绿水、萨水，士卒乏食，崩溃而还，仅存什一。此一役也。鸭绿水，即今鸭绿江。萨水，盖今清川江。由是北置通定镇，南以辽东古城望海顿为黎阳、洛口、太原等仓谷委积之所，再用师焉。通定镇，在今辽中县辽河西岸。慕容氏辽东郡治平郭，故城在今盖平县南。辽东古城，盖谓此也。胡三省曰："汾晋之粟，漕运以给京师。汾晋以北诸州，输之太原仓。"望海顿，当在辽西界。一军趣平壤，一军攻辽东，一军出扶余道，战于新城。故扶余国，今昌图县有扶余城，即其王城。新城，在今新宾县北。水军仍出东莱。及杨玄感起事黎阳，均仓皇撤退，此又一役也。陆路出临渝关，水路浮海至毕奢城。高丽请降，此最后一役也。胡三省曰："自登莱海道趋平壤，先至毕奢城。"当在今旅大市境内。计所用之师，少则三十万，多达一百一十三万。高丽北，有国曰靺鞨，附于高丽。靺鞨国，在今松花江以东际海、混同江以南抵长白山之地。南，有国曰百济，附于隋。隋伐高丽，百济亦出兵北境。百济国，约朝鲜半岛京畿、忠清、全罗三道。高丽恃其穹远以不臣，而隋之伐之，所以奏功极艰者，一则水陆两方在时间上未能密切配合，使彼得以行其各个击破之战略。一则由蓟至平壤，运输补给线太长，故师徒再以军粮不给而退。然其后泸河、怀远二镇，望海顿、辽东古城节节输送，益接近平壤。高丽之降，固由惧于大国，而始之倔强、终之稽颡者，则形势迫之使然耳。

## 六、突厥（一）

突厥原居金山之阳，及周齐之世始臻强大。金山，即阿尔泰山。始击铁勒，铁勒，居今青海以东。次击柔然于怀荒北及沃野北木赖山，柔然以灭。怀荒镇，在今丰镇县北。沃野镇，在今绥远省境内黄河西岸，腾格里泊之南。又西破嚈哒，《北周书》："嚈哒国，在于阗之西。"东走契丹，《隋书》："契丹居黄龙之北。后魏时止于白貔河。"黄龙，即今朝阳县治。白貔河，盖在今热河省西南境。北并契骨。《北史》："契骨，国于阿辅水、剑水之间。"盖在今蒙古国境内。其地东自辽海，西至西海，南自沙漠以北，可汗恒处都斤山。辽海，盖谓辽水所入之海，今渤海也。《水道提纲》："青海古名西海。"都斤山，未详所在。周、齐构兵，突厥亲周而敌齐。周之伐齐，突厥以师会之，自恒州南入，围齐晋阳。恒州故治，今忻县是也。晋阳县故城，今太原市是也。又犯齐幽州，入长城。幽州故治，在今大兴县西南。突厥伐吐谷浑，假道于周凉州，周亦以师会之。凉州故治，今武威县治是也。突厥从北道破贺真，周从南道破树敦。树敦城，在今青海省东北境。贺真城，当在树敦城之北。二城，吐谷浑之巢穴也。齐御突厥，为再筑长城。一自幽州夏口，西至恒州，九百余里。胡三省曰："幽州夏口，盖即居庸下口也。幽州军都县西北，有居庸关。湿余水出上谷沮阳县之东南，流出关，谓之下口。夏，当作下。"一自西河，东至于海。汉西河郡故治，在今绥远省鄂尔多斯左翼前旗。齐主又尝亲追击突厥于朔州，胡三省曰："齐置朔州于古马邑城。"即今朔县治。故周卒灭齐者，突厥之始能助周，乘建瓴之势，驰骁骐之足，屡次靡敝齐之国力，蹂躏齐之土地，亦未尝不为其副因也。

## 七、突厥（二）

齐之既亡，突厥复与周为敌，东寇幽州，西围酒泉。酒泉郡故治，今酒泉县是也。又卵翼齐遗臣之据和龙者，以为周患。和龙，今朝阳县治。及隋承周，复相为仇雠，东自平州，西迄凉州，靡不受其侵轶。平州故治，即今卢龙县治。《隋志》："武威郡，旧凉州。"其自木硖、石门入寇之役，胡三省曰："木硖、石门两关，皆在平高县界。"平高县，即今固原县。弘化、上郡、延安、天水、金城、武威诸郡至于六畜咸尽。弘化郡故治，今庆阳县是也。上郡故治，今鄜县是也。《隋志》："延安郡治肤施县。"胡三省曰："天水，秦州。"金城郡故治，今兰州市是也。隋之御之，修保障，峻长城。内地如咸阳，胡三省曰："咸阳在长安西北，隔渭水耳。屯兵于此，以备突厥。盖其兵势强盛，欲窥长安，此亦犹汉霸上、棘门、细柳之屯耳。"沿边如幽、并、弘化、临洮、乙弗泊，皆屯重兵。《隋志》："太原郡，后周置并州。"胡三省曰："弘化郡治合水。开皇六年，置庆州。"乙弗泊，当在鄯州之西。鄯州故治，即今乐都县治。《五代志》："后周置洮阳郡，寻立洮州。大业初，置临洮郡。"隋之诸将，亦尝破之于马邑、河北山、鸡头山、可洛峐、摩那度口。马邑郡故治，即今朔县治。胡三省曰："河北山，盖在北河之北。"北河，谓今河套之黄河也。鸡头山，即今平凉县西崆峒山。可洛峐，盖在凉州东境。摩那度口，未详所在。隋之出击，出卢龙塞，克和龙。卢龙塞，在今迁安县西北。出朔州，破之白道。《隋志》："马邑郡，旧置朔州。"白道，在今归绥市北。出凉州，破之高越原。高越原，盖在凉州西北境。又出宁州、原州。宁州，今宁县。原州故治，即今固原县治。方周、齐抗衡，突厥举足轻重，因机南制。及于隋世，北中国之势已由豆剖合而为一，地广力倍，故能北向数创突厥云。

## 八、突厥（三）

突厥分为东西，西突厥东距都斤，西越金山，胡三省曰："都斤，突厥中山名。可汗建牙于此山。"龟兹、铁勒、伊吾及西域诸胡悉附之。龟兹国，在今库车、沙雅二县间。《隋书》："铁勒种类最多，自西海之东，依据山谷，往往不绝。"西海，今青海也。胡三省曰："伊吾之地，吐屯设主之，盖突厥所署置也。"吐屯设，突厥官名。伊吾，今哈密县。隋于朔方、灵武筑长城。朔方郡故治，在今横山县西。灵武郡故治，在今灵武县西南。东距河，西经绥州，绵历七百里。绥州，今绥德县。又西自榆林，东至紫河，亦筑长城。榆林郡，今榆林县。紫河，在今和林格尔县南。复于朔方以东，缘边险要，筑数十城，皆所以防突厥也。隋为东突厥另立一可汗。东突厥由是进袭，大战长城下，渡河入蔚州。河，盖谓桑乾河。《隋志》："灵丘县，后周置蔚州。"隋处所立可汗于夏、胜两州之间，因河为固，《隋志》："朔方郡，后魏置夏州。榆林郡，开皇二十年置胜州。"杜佑曰："胜州治榆林县。"筑大利、定襄、金河诸城以居降口。大利城在朔州境。定襄郡故治，在今清水河县境。金河，今绥远省黑河。又屯兵恒安，以为防护。《旧唐志》："恒安镇，在隋云内县界。"云内县故城，在今怀仁县西南五十里。隋师出击，东自幽燕，胡三省曰："怀戎县，后齐置北燕州。后周去北字。"怀戎县故城，在今涿鹿县西南七十里。中自云朔，《隋志》："定襄郡，开皇五年置云州。"马邑郡，旧置朔州。西自灵庆河，《隋志》："灵武郡，后魏置灵州。弘化郡，开皇十六年置庆州。"河州故治，即今临夏县治。或一道独出，或数道并进，东突厥因之远走碛北。碛，今蒙古国内的戈壁沙漠。由隋所立东突厥可汗臣服于隋，然其后嗣又复叛变，围乘舆于雁门。雁门郡故治，即今代县治。隋于西突厥，亦以计分之为二。其东归者，析处其众于会宁、楼烦。胡三省曰："鸣沙县，后周置会州会宁郡。"鸣沙县故城，在今中卫县东。《隋志》："楼烦郡治静乐县。"中国之所以防北方民族者，曰河，曰长城，守此有余矣，然后出击，此东突厥所由走碛北也。然使降人得傍河塞而居，故卒有雁门之事。

# 唐代军事地理概论

## 一、李密

瓦岗农民军侵掠荥阳，李密附之以起，瓦岗，在今滑县南。《隋志》："荥阳郡，旧郑州。"北逾方山，破兴洛仓，筑洛口城以为根据地。方山，在今巩县东北。《隋志》："巩县有兴洛仓。"洛水自巩县东北洛口入于黄河。其兵锋，东及济阳，济阳县故城，在今曹县西南五十里。南及淮安、汝南、安陆，淮安郡故治，今泌阳县治。汝南郡故治，今汝南县治。《隋志》："安陆郡治安陆县。"西及陕县，北自原武济河据黎阳仓。原武县故治，旧原武县治。黎阳仓，在今浚县西南三十里。其先后降密者，近若偃师、巩、虎牢、荥阳、尉氏。偃师、巩、尉氏，皆河南今县。《隋志》："汜水，旧曰成皋"，即虎牢也。远若东北之齐郡，《隋志》："齐郡治历城。旧置济南郡。"东南之淮阳，《隋志》："淮阳郡，置陈州。"南之义阳、弋阳、永安，义阳郡故治，在今信阳县南四十里。《隋志》："弋阳治光山。永安郡治黄冈。"北之武阳、武安，武阳郡故治，在今大名县东。《隋志》："武安郡治永年。"余如梁郡，亦为密所羁縻。梁郡故治，在今商丘县南。

是时炀帝在江都，而留越王守东都。东都，洛阳也。《隋志》："江都郡，开皇九年改为扬州。"密军主力，专与东都鏖战。密之往攻，据金墉城及回洛仓，以逼东都。金墉城，在洛阳城东。回洛仓，在洛阳城北。江淮劲卒及关内、河南、河北兵援东都。又来攻洛口，交锋于洛水石子河上。石子河，在今巩县东南。隋臣宇文化及弑炀帝于江都而欲西还长安，密初阻巩洛，继保黎阳仓城以拒之，胡三省曰："洛水至巩入河，故曰巩洛。"卒破走之童山之下。《隋志》："卫县有同山。"卫县故城，在今浚县西南五十里。还，与东都兵战于偃师、北邙之间，败溃奔唐。北邙山，经偃师县北。当密与东都连兵不相下，或说以简精锐西袭长安，然后东向；或说以沿流东指，直向江都，执取独夫以号令天下。密皆不从，无亦不欲使大众离弃兴洛、黎阳、回洛数仓之粟耳。此唐太宗所由讥之为顾恋仓粟、未遑远略者也。密始既顿兵坚城，继驰于东，卒骛于西，故一蹶不振。

## 二、薛举

薛举起于金城，<sub></sub>金城县带郡，故城即今兰州市治。克枹罕，<sub></sub>隋炀帝改河州为枹罕。郡治即今临夏市治。抚有岷山羌众，<sub></sub>《隋志》："临洮县有岷山。"临洮县故城，即今岷县治。取西平、浇河，<sub></sub>西平郡故治，即今乐都县治。浇河郡故治，在今贵德县境。囊括陇西而都天水。<sub></sub>陇山在陇县。《隋志》："天水郡，旧秦州。"寻分兵南趋剑口，见阻于河池。<sub></sub>剑口，剑门关口，在今川北。《隋志》："河池郡，后周曰凤州。"今凤县治。西济河，向凉州，败于昌松。<sub></sub>《隋志》："武威郡，旧置凉州。"是时为李轨所据。昌松县故城，在今古浪县西。东与唐构兵于渭水流域，进则破汧源，围扶风。<sub></sub>汧源县，今陇县。扶风郡故治，在今凤翔县南。退则正面守陇坻，侧面扼长道。<sub></sub>《汉志》注："陇坻谓陇坂。"即今之陇山也。长道县故城，在今礼县东南。于泾水流域，则略泾州，围宁州，<sub></sub>泾州故治，在今泾川县北五里。宁州，今宁县。胜唐于浅水原而拔高墌。<sub></sub>今长武县，浅水原在其东北，高墌城在其北。仁果嗣父举立于折墌，<sub></sub>折墌城，在今泾川县东北十五里。复围泾州而战于百里细川、宜禄川。<sub></sub>百里细川，当在今长武县西北。宜禄川，亦在县境。唐大败之浅水原，围折墌，降仁果。夫陇之下秦，其势犹丸之走阪也。然唐力扼扶风、泾宁，以杀其锋。及一战而胜，乘敌人丧胆之余，围酋豪所在之地，不使其散归陇外而降之，<sub></sub>陇外，谓陇西也。斯谓识兵机矣。

## 三、李轨

李轨以鹰扬府司马据武威，有河西之地，<sub></sub>《隋书》："武威郡，旧置凉州。"河，谓今兰州黄河也。西及敦煌，南及西平，<sub></sub>《隋志》："敦煌郡，旧置瓜州。"西平郡故治，即今乐都县治。逾河而有枹罕。<sub></sub>枹罕郡故治，今临夏市治。内则破薛举兵于昌松，<sub></sub>薛举都天水。

昌松县故城，在今古浪县西。外则击走西突厥于会宁，又与吐谷浑相拒。会宁郡故治，在今靖远县东北。吐谷浑地，在西平郡西界。凉州豪族安氏贰于唐，又连结诸胡，执轨以降唐。武威远在河西，东面阻河以为固，故天下有事，易于割据以立国。而轨逾河有枹罕，又足为进取之基，然祸起萧墙，是用倾覆。

## 四、刘武周

隋末，刘武周以鹰扬府校尉起于马邑。马邑郡故治，即今朔县治。破雁门郡兵于桑乾镇，而克雁门，桑乾镇，在今山阴县南。雁门郡故治，即今代县治。及楼烦、定襄。定襄郡故治，在今平鲁县西北。《隋志》："楼烦郡治静乐县。"唐世，武周南下榆次、平遥、介休，榆次、平遥、介休，皆山西今县。介休，介州治所。败唐兵于雀鼠谷、度索原。介休县西南有雀鼠谷，东南有度索原。偏师下石州，攻浩州，胡三省曰："石州，隋之离石郡。"浩州故治，即今汾阳县治。由是尽有晋州以北城镇，《新志》："晋州平阳郡，本临汾郡。"孤立并州而下之。《新志》："太原郡，本并州。"嗣是，又南下晋州、浍州，西抵龙门，《新志》："翼城、绛县置浍州，因浍水而名。"龙门县故城，在今河津县西二里。围攻绛州。绛州故治，即今新绛县治。夏县、蒲坂皆应之。夏县故城，山西今县。蒲坂县故城，在今永济县北三十里。东南下长子、壶关。长子、壶关二县，皆属潞州。唐兵反攻，一师攻夏县，一师下蒲坂。浩州之师克石州，主力军自龙门渡河驻柏壁，柏壁，在今新绛县西南二十里。突击于美良川、安邑。美良川，在今闻喜县南四十里。安邑，今县。嗣乘武周食尽退兵，追破之吕州、雀鼠谷、介休。胡三省曰："吕州盖治霍邑。"介休、永安皆望风迎降。胡三省曰："永安，汉中阳县。"武周弃并州，北走突厥，见杀。武周乘建瓴之势南下，几于奄有大河以东。夫太原，唐王业所基，视为国之根本。河东富实，关中所资，故唐力争之。主力前驻柏壁，以作反攻基地。嗣乃乘机追击，使敌不得喘息，遂复失地。向使惧于敌人破竹之势，尽弃大河以东而谨守关西，徐图反攻。关，谓蒲津关。虽或奏捷，然用力必倍蓰矣。

## 五、窦建德

窦建德起自高鸡泊，高鸡泊，在今恩县西北。《新唐书》："高鸡泊，广袤数百里，葭苇阻奥。"收兵饶阳，《隋志》："饶阳县属河间郡。"奠基乐寿。乐寿县故城，在今献县西南。破隋涿郡兵于七里井而克河间，涿郡故治，在今大兴县西南。《隋志》："河间郡治河间县。"胡三省曰："七里井，盖其地去河间七里，故名。"又并深泽，深泽，今县。下易、定、冀诸州。易州治，今易县治。定州治，今定县。冀州治，今冀县治。戮隋逆臣宇文化及于聊城。聊城县故城，在今聊城县西北十五里。寻陷唐之沧、赵、邢、洺、相、卫、滑、黎诸州，徙都洺州。《隋志》："渤海郡治阳信，大业二年为沧州。"赵州治，今赵县治。邢州治，今邢台县治。《隋志》："武安郡治永年，后周置洺州。"安阳县，周置相州。《唐志》："卫州治汲县。"滑州治，今滑县治。黎州故治，在今浚县东北。取郑之殷州，郑，王世充也。殷州治获嘉。并张青特之济州，济州故治，在今茌平县西南。下李商胡之孟津、中潬，《容斋随笔》："河中一洲，名曰中潬。"宋白曰："中潬城，东魏所筑，仍置河阳关。"克孟海公于周桥，周桥，当在今曹县境。服徐圆朗于兖州。兖州故治，在今滋阳县西二十五里。惟屡攻唐幽州而不能克，《新志》："幽州，本涿郡。"尝凭易水以拒之。易水，在今易县境。幽州之师，且南侵及于衡水。衡水县故城，在今衡水县西南。唐突击之师又出自土门，以扰洺州。《新志》："井陉关，一名土门关。"其游击之师，复袭邺下。邺县故城，在今临漳县西四十里。唐围郑洛阳，建德自救之，陷管州及荥阳、阳翟诸县而西。管州，隋置，唐曰郑州。荥阳县，属郑州。阳翟县故城，今禹县治。唐扼虎牢以拒之。《隋志》："成皋，即虎牢也。"汜水之战，临阵擒建德，其地悉降。杜预曰："成皋县东有汜水。"

夫建德地有河北，与唐之关中、郑之河南，成鼎足之势。唐强，郑几不支，故建德救郑。当其顿兵虎牢，或说之以北济河，攻取怀州、河阳，使重将守之。是时怀州侨治济源西南之柏崖城。河阳县故城，在今孟县南。更鸣鼓建旗，逾太行，入上党，《括地志》："太行连亘河北诸州，凡数千里，始于怀而终于幽。"上党郡故治，今长治县治。徇汾晋，趣蒲津。晋水流入汾水，此谓其流域耳。胡三省曰："朝邑县有蒲津关。度河东，即蒲州城。"谓如此有三利：一则蹈无人之境，取胜可以万全；二则拓地收众，形势益强；三则关中震骇，郑围自解。而建德未能从，是以为禽。河北土地平旷，无可守之险，平时且不免见侵于幽州之突骑，况能求其自固于国中无主之际乎？其树降幡，固形势使之然也。

## 六、王世充

王世充击败李密，立于洛阳，与唐为敌国。洛阳，隋东都也。其地（一）北逾河，以怀州为重镇，怀州治，今沁阳县治。构兵于西济州、殷州、义州之域。《新志》："济源县，置西济州。汲、新乡置义州。"胡三省曰："隋于获嘉置殷州。"唐凭陕州，攻取河内堡聚，胡三省曰："陕州因武陕为名。"《隋志》："河内郡，旧置怀州。"其游师袭河阳城而毁河桥。河阳县故城，在今孟县南。河桥，又在县南黄河上。（二）东以虎牢为重镇。虎牢关，在今成皋县西北。降尉、汴、亳诸州，陷雍丘，尉州治，今尉氏县治。汴州治，今开封市治。亳州治，今亳县治。胡三省曰："雍丘县，开皇置杞州，大业废州为县。"拓地及于徐州。徐州治，今徐州市治。唐游师尝袭汜水，沉其米船。《隋志》："汜水县，旧曰成皋，即虎牢也。"（三）南陷伊州、邓州，降显州。显州故治，在今沁阳县西。胡三省曰："襄城为伊州。"《隋志》："南阳郡，开皇初改为邓州。"地及于襄州，即以为重镇。胡三省曰："襄州，襄阳也。"（四）惟西见逼于唐之穀州，屡攻而不能克。胡三省曰："新安县，开皇置穀州。"故近战于九曲，而慈涧亦被围，《水经注》："洛水自宜阳而东，径九曲南，其地十里有阪九曲。"新安有孝水，孝水东十里有水，世谓之慈涧。唐游师且袭入洛阳外郭。

唐之大举来伐，一道自太行东向怀州。太行八陉，第一轵关陉，在今济源县西北十五里，东向为怀州。一道自洛口断洛阳饷道，且南拔辕辕。隋炀帝于巩县东南原上，筑洛口仓城，周回二十余里，穿三千窖，窖容八百石。其后李密又筑洛口城，周四十里。偃师县东南有辕辕关。一道自河阴克回洛城，断河阳南桥。河阴县故城，在今孟津县东。回洛城，盖在河阴西，河桥在河阴东。一道自宜阳据龙门。宜阳县故城，在今宜阳县东六十里。龙门，在洛阳南。大军克慈涧，进屯北邙山，连战皆捷，遂围洛阳。北邙山，在洛阳东北，连亘四百余里。是时世充河南北郡县，迤及邓、显，往往降唐。襄阳与洛阳，声问亦隔绝。唐复分兵一道，南克樊城，以及沮、华。樊城，在今襄阳县北，南临汉水。胡三省曰："南漳县，后周置沮州。汉南郡，宋置华山郡，王世充盖置华州。汉南县，唐省并入宜城。"河阳、怀州，寻皆入于唐。唐洛口之师又拔虎牢，世充徐州之师会窦建德，西救洛阳，而败没于汜水之战。汜水，在虎牢东。世充欲走襄阳，而惧不能达，遂以洛阳降。

世充之都洛阳，其东、南、北三方，尚具立国规模。惟西境褊小，见逼于穀州而不能克，败亡之征伏于此矣。洛阳之于世充，犹首也。怀、襄、虎牢，犹手足也。唐师之来，分制其手足而围攻其首。首无以使其手足，手足无由护其首，有亡而已。使世充西境稍加广焉以为捍卫，唐能遽达洛阳而围攻之乎？夫洛阳府库充实，世充士卒又皆江淮精锐，唐之围之，顿兵坚城，似亦犯兵家之忌。假使置洛阳于平原旷荡之区，又外获窦建德之援兵，内外并力，不惟唐围可解，即唐师亦未始不可败。而无如巩、洛地形崎岖，虎牢之险为唐所凭，一面击溃援兵，一面使围城望绝，斯亦由唐之善于用其地利也。

## 七、萧铣

萧铣，起于巴陵，《隋志》："巴陵郡，隋平陈，改曰岳州。"取江陵以为根据地。《隋志》："南郡治江陵，旧置荆州。"版图，南面最为辽阔，有九江、豫章、长沙，迤及始安、郁林、宁越，极于交阯。九江郡治，即今九江市治。豫章郡治，即今南昌市治。始安郡治，即今桂林市治。郁林郡故治，在今贵县南。宁越郡故治，在今钦县东北五十里。交阯郡，今越南北部地。东境抵安州、鄂州，胡三省曰："萧铣盖置安州于隋安陆郡界，置鄂州于鲁山。"安陆郡治，今安陆县治。鲁山，在汉阳城北。北境抵郢州，郢州故治，在今荆门县北九十里。西境以安蜀、荆门、宜都为国防重镇。《唐书·许绍传》："江之南有安蜀城，地值夷陵，荆门城峙其东，皆峭险处，萧铣以兵戍守。"今宜都县西北五十里，大江南岸有荆门山，荆门镇置此。宜都镇，又在其东。

铣与唐为敌国，曾攻峡州，及规取巴蜀，以舟师上至西陵，而皆不逞。<sub>峡州故治，在今宜昌县西北。西陵峡，在峡州上游。所谓三峡，此其一也。巴，川东。蜀，川西。</sub>唐峡州兵破荆门镇而去，黔州兵攻拔西南州镇，<sub>黔州治，即今彭水县治。</sub>黄州兵攻拔安州，<sub>黄州治，今黄冈县治。</sub>襄州兵攻拔郢州，铣又皆不能胜。<sub>襄州，襄阳也。</sub>唐之大举来伐，一军出郢州道。<sub>郢州治，今钟祥县治。</sub>一军自黄州出夏口道，降鲁山。<sub>胡三省曰："夏口，即汉口。"</sub>一军自黔州出辰州道，<sub>胡三省曰："唐辰州，以沅陵为治所。"</sub>一军自夔州乘涨而下，<sub>夔州治，今奉节县治。</sub>拔荆门、宜都二镇，击走铣清江兵，<sub>清江，由宜都县北入于长江。</sub>降江州五郡，<sub>胡三省曰："巴山县，萧铣盖置江州于此。"巴山县故城，在今长阳县西。</sub>追奔至百里洲，入北江，进围江陵而下之。<sub>胡三省曰："百里洲在枝江县江中。江水至此分流，出百里洲北而东流者，因谓之北江。"</sub>盖铣之都江陵，北不能攫襄州，西不能取峡州，其立国之基，固已欠巩固矣。乃大敌乘涨下峡，奄至城下，虽有援军，而远悬于江湖岭峤外。燃眉之急，纵有西江之水，庸可及乎！

## 八、刘黑闼

窦建德将刘黑闼起于漳南，<sub>漳南县故治，在今恩县西北六十里。</sub>陷历亭、鄃县，<sub>历亭县故城，在今恩县西四十里。鄃县治，今夏津县治。</sub>败唐贝州、魏州兵。<sub>贝州治，今清河县治。魏州故治，在今大名县东。</sub>于是深州应之于北，<sub>深州故治，在今深县北。</sub>徐圆朗以兖州应之于南。<sub>兖州故治，在今滋阳县西。</sub>黑闼又破唐来伐之兵于饶阳，<sub>饶阳，今县。</sub>因移书赵魏，<sub>胡三省曰："以战国时赵魏大界言之。"</sub>遂席卷瀛、定以南，<sub>瀛州治，今河间县治。定州治，今定县治。</sub>黎、卫以北，<sub>黎州故治，在今浚县东北。卫州治，今汲县治。</sub>尽有窦建德故地，而都洺州。<sub>洺州治，今永年县治。</sub>

唐兵反攻，南道，自获嘉进克相州及肥乡，<sub>获嘉、肥乡，皆今县。相州治，今安阳县治。</sub>收邢州、井州，<sub>邢州治，今邢台县治。胡三省曰："井陉县置井州。"</sub>拔洺水城，列营洺水。<sub>洺水故城，在今曲周县东南。洺水流经永年县。</sub>北道，幽州兵捷于徐河，<sub>幽州故</sub>

治，在今大兴县西南。范成大曰："徐河，在清苑北十里。"克定、栾、廉、赵诸州，与南道会师洺水。定州治，今定县治。栾州治，盖今栾城县。赵州治，今赵县治。胡三省曰："藁城县置廉州。"唐奇兵断黑闼冀、贝、沧、瀛诸州粮道，遂破黑闼洺水上，冀州治，今冀县治。沧州故治，在今沧县东南四十里。而定山东。山，谓太行山也。

黑闼走突厥，引其兵内犯，重陷瀛、定，东及沧、盐，胡三省曰："盐山县置东盐州。"与唐兵遇于下博、晏城、鄃县，三战而再胜。下博县故城，在今深县南。晏城县故城，在今束鹿县西。因是席卷相州以北。黑闼复入据洺州。惟魏州犹固守为唐，唐兵反攻，幽州兵南下克廉、定，并州兵东出。《新志》："太原府、太原郡，本并州。"大军北上至昌乐，昌乐县故城，在今南乐县西北。击溃黑闼于馆陶而斩之。馆陶县故城，在今馆陶县西南四十里。徐圆朗之以兖州应黑闼，曾陷楚丘，攻虞城，楚丘县故城，在今曹县东南。虞城，今县。暂有杞州、陈州，而又失之于唐。杞州，今杞县。《新志》："陈州，淮阳郡。"

黑闼之始败，唐大军会黎阳，趋济阴，以攻圆朗。《新志》："黎阳县置黎州。"济阴县故城，在今曹县西北。及黑闼之卒败，圆朗亦穷蹙走死。河北地形，弥望千里，故黑闼席卷者再焉。席卷虽易，而无险阻关山以固守之，故其失之也亦易。唐之反攻，自黄河北岸始，又得北之幽州、西之并州以成掎角之势，此所由卒胜黑闼也欤！

## 九、杜伏威等

隋唐之际，沈法兴据毗陵，有江表十余郡。《隋志》："毗陵郡，置常州。"江表，谓江之外，即江南也。江以北，则李子通据海陵，海陵县故治，今泰州市治。陈稜据江都，《隋志》："江都郡，开皇九年改为扬州。"杜伏威据历阳。《隋志》："历阳郡，后齐立和州。"子通击走稜而入江都，又渡江克法兴之京口，京口，今镇江市治。捷于庱亭，胡三省曰："庱亭，在毗陵西北。"收丹杨、毗陵等郡。丹杨郡治，今南京市治。法兴退之吴郡，《隋志》："吴郡治吴县，陈置吴州。平陈，改曰苏州。"胡三省曰："毗陵，至吴郡百八十里。"

伏威又渡江克子通之丹杨，破之溧水。《隋志》："溧水县属丹杨郡。"胡三省曰："自丹杨至溧水，二百四十里。"子通弃江都、京口及江西之地于伏威，胡三省曰："庐、和等州，皆江西也。"东灭法兴于吴郡，收其故地。地，北抵太湖，东包会稽，西距宣城而都余杭。《隋志》："吴郡吴县有太湖。"宣城郡治宣城县。会稽郡会稽县有会稽山，即今绍兴县地。胡三省曰："余杭，杭州也。"伏威徙都丹杨，破独松岭而下杭州，执子通。胡三省曰："自广德县东南过独松岭，至湖州，岭路险狭。"寻战于新安洞口而降据黟、歙之汪华，《隋志》："新安郡，平陈置歙州。"所辖有歙县、黟县。胡三省曰："新安洞口，即歙州隘道之口。"又降据昆山之闻人遂安，马鞍山，在今昆山县西北，俗称昆山。于是伏威尽有淮南、江东之地。古之江东，略当今之苏南。逮唐定淮济之间，伏威惧而入朝。古济水，源出济源县，下游入今山东省境内，与黄河并行入海。立国江东，而拒淮南渡江之师，上则固守牛渚，牛渚山，在今当涂县西北，下临长江，其北突入江中，名曰采石矶。下则设防京口，此成例也。李子通之灭沈法兴，由得京口。杜伏威之克子通之丹杨，盖由历阳向牛渚，故皆取捷焉。子通既失于牛渚，又失于独松，以底于亡。

## 十、辅公祏

豫章帅张善安，以虔、吉等五州降唐。《新志》："豫章郡治南昌。"唐虔州，宋改曰赣州。吉州治，今吉安县治。寻叛，陷孙州，西据夏口。《新志》："武德五年，以南昌县置孙州。"夏口城，在武昌城西黄鹄山上。杜伏威将辅公祏起事于丹杨，据伏威故地，与善安相应，丹杨郡治，今南京市治。一道寇海州，海州治，今新海连市治。一道陷寿阳。寿阳，寿州治所。唐既以计俘善安，乃大出师讨公祏，交、广、泉、桂之众趣宣州，交州治，今越南之河内是也。广州治，今广州市治。泉州治，今福州市治。桂州治，今桂林市治。宣州治，今宣城县治。襄州舟师趣江州，《新志》："襄州，襄阳郡。江州，浔阳郡，本九江郡。"怀州兵出谯、亳，怀州治，今沁阳县治。《新志》："亳州谯郡。"今亳县。齐州兵出淮泗，克寿阳，次硖石。《新志》："齐州济南郡。"今济南市。《水经注》："淮水北经山硖中，谓之硖石。"在今凤台县西南。**舒州兵克猷州**，舒州治，今潜山县治。宋白曰："泾县，唐武德二年置猷州。"**徐州兵克扬子，降广陵。**扬子城，在今仪征县东南。胡三省曰："扬州，治江都，古广陵城也。"**公祐屯兵博望、青林，**博望山，亦曰东梁山，在今当涂县西南三十里。青林山，在当涂县东南三十里。**结垒江西，**今和县、含山，皆在大江以西。**仍于梁山连铁锁以断江路。**胡三省曰："天门山，在当涂县西南三十里，夹江对峙，东曰博望，西曰梁山。"**唐舟师叠破枞阳、鹊头、芜湖而下，**枞阳县故治，在今湖东县境。鹊头山，在今铜陵县西北十里。胡三省曰："芜湖时在当涂县界。"**克梁山，击溃博望、青林两戍而入丹杨，公祐走死。**公祐起于丹杨，上有夏口，北有寿阳，差具立国规模矣。而善安见俘，上游之屏蔽已撤，寿阳得而复失，淮南之门户亦洞开，不得已而近守东西梁山，一战蹉跌，国亡随之。

## 十一、高开道

高开道始事沧州，沧州故治，在今沧县东南四十里。**北引，破有临渝至怀远，**胡三省曰："临渝关，隋属卢龙县，即所谓卢龙之险也。"怀远镇，当在今山海关至锦州道中。**寻下北平，**北平郡治，今卢龙县治。**取渔阳都之。**渔阳郡治，今蓟县治。**又并怀戎，**怀戎县治，今怀来县治。**欲图唐幽州而不就。**幽州故治，在今大兴县西南。**引突厥南犯其易、定、恒、瀛诸州，**《新志》："易州治易县，恒州治真定，瀛州治河间。"定州，今县。**为突厥西拔马邑，**马邑郡故治，今朔县治。**开道将杀开道以降于唐。**案：开道所据，为塞上一线，隔阂华夷之地，故外引毡裘君长侵轶河北平原，然唐以幽州为重镇以揵其胸，遂使其志不遂焉。

## 十二、梁师都

梁师都据朔方，朔方郡故治，在今横山县西。**略定雕阴、弘化，**雕阴郡治，今绥德县治。弘化郡治，今庆阳县治。**攻破盐川。**盐川郡故治，在今盐川县北。**其与唐构兵，西击灵州，**灵州故治，在今灵武县西南。**西南克静难镇。**静难镇，在今邠县境。**南攻延州，不利，唐遂破魏州。**延州，隋之延安郡。《新志》："城平县置魏州。"城平县故城，在今清涧县西。华池叛降唐，往攻不克。华池，今县。据榆林之郭子和，亦为唐取宁朔。榆林郡故治，在今绥远省境内鄂尔多斯左翼地。宁朔县故城，在今榆林县南。师都与唐争石堡，不利。石堡，在朔方东。唐进拔朔方东城，且击败突厥来救之师，西城亦下。盖延州之于朔方，亦犹利剑之揕人胸也，师都无由夺取之以为己有，固宜亡耳。

## 十三、唐入关中

唐起于太原，《新志》："太原府，太原郡，本并州。"案：故治在汾水西。握有雁门、马邑、楼烦诸郡兵。雁门郡治，今代县治。马邑郡治，今朔县治。《隋志》："楼烦郡治静乐。"先下西河，西河郡治，今汾阳县治。继招降灵寿帅，置镇东府，以招抚山东郡县，灵寿，今县。山，谓太行山。遂定入关之计。《读史方舆纪要》："秦川亦曰关中。"偏师略离石、龙泉、文成，龙泉郡治，今隰县治。文成郡治，今吉县治。《隋志》："离石郡治离石。"主力军经雀鼠谷进屯贾胡堡。雀鼠谷，在今介休县西南。胡三省曰："贾胡堡，在霍邑西北。"隋师屯霍邑、河东以相拒。霍邑县，今霍县。河东县治，今永济县治。唐克霍邑及临汾、绛郡。临汾郡治，今临汾县治。绛郡治，今新绛县治。西行临河，郃阳帅来迎，郃阳县，今县。遂自梁山济，而分兵围河东。杜佑曰："韩城县有梁山。"于是冯翊、韩城、蒲津、中碑二城及永丰仓皆降。冯翊郡治，今大荔县治。韩城县，今县。蒲津城，在朝邑县东，黄河西岸。中碑城，在黄河中洲上。《新志》："华阴有永丰仓。"唐一军守仓扼潼关，以备东方兵，潼关，当黄河之曲，素称险要。一军徇渭北，进至泾阳。泾阳县，今县。鄠县及司竹园帅渡渭会之，鄠县，今县。《隋志》："盩厔县有司竹园。"郿县及盩厔帅，亦相响应。郿县、盩厔县，皆今县。渭北之军，因南渡渭水，屯于阿城。阿城，在长安西北。唐之大军遂自下邽西上，合围下长安。下邽县故城，在今渭南县东北五十里。隋屯兵霍邑、河东，以逸待劳，足以杜塞入关之路，而转捩战局之战，即在霍邑之易主矣。霍邑既失，河东孤立，胜算握于唐师。然使延迟不渡，直围河东，耗力于坚城之下，则唐师仍处危境。故唐之以偏裨缀河东，而主力径渡，是其再胜也。战略之于战役，顾不重哉！至于据仓得粟，渡河渡渭而获应接，均为有利条件耳，而非战胜之根本因素也。

## 十四、唐定群雄

唐既得长安，薛举父子出自秦陇，陇西郡故治，在今陇西县西南。《隋志》："天水郡，旧秦州。"犯扶风及泾州。扶风郡故治，在今凤翔县南。泾州故治，在今泾川县北五里。唐连凉州李轨以图之，《隋志》："武威郡，旧置凉州。"大败薛仁杲于浅水原，浅水原，在今长武县东北。破折墌而斩仁杲。折墌城，在今泾川县东北十五里。遂平陇右。陇右，泛指陇山以西之地。李轨僭位，唐又遣凉州豪族执诛之，遂平河西。河西，指兰州黄河以西甘肃走廊之地。此唐之有事于西也。

刘武周陷并州而南，《旧志》："太原府，隋为太原郡。唐武德元年改为并州。"西南与河东相呼应，《隋志》："蒲坂县置河东郡。"东南及潞州。潞州故治，今长治市治。唐师渡于龙门，龙门县故城，在今河津县西二里。自柏壁反攻，胡三省曰："柏壁在龙门关东北。"破武周兵于介州。武周北走，河东亦下。介州治，今介休县治。此唐之有事于汾晋也。旧太原县西南有晋水，流入汾水。

唐东收新安、宜阳二郡，以逼王世充于洛阳。新安郡，隋之穀州，今新安县。宜阳郡故治，在今宜阳县东六十里。北受幽州罗艺之降，使抗窦建德。幽州故治，在今大兴县西南。及汾晋之役结束，遂围洛阳。建德南渡河救之，唐扼虎牢，临阵擒建德。虎牢，春秋之郑、战国之韩，皆为重地，楚、汉亦相持于此。汉置成皋县。返旆下洛阳，俘世充。此唐之所由收大河南北也。

唐入关后，遣使招慰山南。顾祖禹曰："南控大江，北距商、华之山，曰山南道。商山在商山县东，即南山之脉。华山，西岳。"道出金川，金川县故城，在今安康县西北。巴、蜀皆款附。巴郡，川东。蜀郡，川西。将图萧铣，造舟舰于夔州，夔州治，今奉节县治。乘峡江方涨而下，峡，谓三峡。遂破江陵。江陵，本荆州，萧铣所都。此唐之疆域所由推及江湖、岭峤也。岭峤，谓五岭也。

窦建德将刘黑闼起兵漳南。漳南县故城，在今恩县西北六十里。乘胜席卷，尽有建德故地，都洺州。《新志》："洺州治永年县。"徐圆朗又应之于兖州。兖州故治，在今滋阳县西二十五里。唐破黑闼洺水上，尽复所陷州县。黑闼走突厥。洺水流经永年县。唐又击圆朗，声震淮泗。泗水旧自淮阴、涟水二县之间入淮。杜伏威有淮南、江东之地，亦惧而入朝。江东当今之苏南。黑闼引突厥，再陷河北。唐大军会幽、并诸师击之，破诸馆陶，斩黑闼，圆朗走死。馆陶县故城，在今馆陶县西南四十里。此唐之屡定河北且服及江淮也。

杜伏威将辅公祏起事丹杨。丹杨郡治，今南京市治。唐舟师自上游而下，克梁山，破博望、青林两戍而入丹杨。梁山，谓西梁山。博望山，谓东梁山。青林山，在博望山之东。此唐之用师于江东也。

高开道据怀戎，怀戎县故城，今怀来县治。其将杀之而降，以其地为妫州。梁师都据朔方。朔方郡故治，在今横山县西。唐取其东城以逼之，西城亦下，以其地为夏州。

于是群雄殄灭，宇内混同。夫太原，唐王业所基。长安隋都，居关右陆海之中。洛阳，隋之东都。三地构成三角形，唐皆据有之，是固尔时中国之枢纽也。奏混同之功，岂不以此乎！

## 十五、徐敬业

武后篡唐，唐英公徐敬业起于扬州讨之，得兵十余万。《新志》："扬州治江都县。"楚州所部三县应敬业，而盱眙不从。胡三省曰："三县，山阳、盐城、安宜也。"盱眙县，隋属江都郡，唐属楚州。山阳县治，今淮安县治。安宜县故城，在今宝应县西南。分兵西徇，而历阳相拒。历阳县治，今和县治。敬业遣将守江都，而自渡江拔润州。润州治，今镇江市治。武后遣兵三十万击敬业，自临淮前进。泗州治临淮县，故城在今泗县东南。敬业回师屯下阿溪，下阿溪，在高邮县西界。使前锋逼淮阴，淮阴县属楚州。别将屯都梁山，胡三省曰："盱眙县有都梁山。"西兵击其前锋别将，皆胜之。敬业阻溪拒守，复不利，溪，下阿溪。走死润州，起事凡三月而败没。方敬业初起，或劝以并力渡淮，收山东之众以取洛阳，而不从。山，太行山脉。武后居洛阳。

或说以金陵有王气，大江天堑，足以为固。故不如先取常、润为定霸之基，然后北向以图中原，进无不利，退有所归，而被采用，金陵，时属润州。常州治，今常州市治。故及于败。盖不乘初起之锐，行推锋之计，而蓄缩自谋巢穴，卒至所谋之巢穴亦不能保有也。

## 十六、高丽（一）

高丽大臣盖苏文擅弑立，侵新罗。《旧唐书》："新罗国，东及南方，俱限大海。西接百济，北邻高丽。"王之所居曰金城，盖朝鲜半岛江原、庆尚二道。唐因击之，洪、饶、江三州造船四百艘以载军粮，《新志》："洪州治南昌，饶州治鄱阳。"江州浔阳郡，本九江郡。河南诸州，运粮入海。《新志》："河南道，盖古豫、兖、青、徐之域。"兵分两道，陆师、步骑六万，及兰、河二州降胡，集中幽州。河州治，今临夏市治。幽州故治，在今大兴县西南。水师，江淮岭峡兵四万，长安、洛阳募士三千，战舰五百艘，自莱州泛海。胡三省曰："峡中诸州，夔、峡、归是也。"《新志》："莱州治掖县。"陆师经柳城，陈芳绩曰："柳城县故城，今朝阳县治。"北趣甬道，自通定济辽水，通定镇，在今辽中县辽河西岸。胡三省曰："甬道，隋起浮桥渡辽水所筑。"至玄菟。古玄菟郡，曾移治今沈阳市境内。其突击之师，且推进至新城、建安城而复。新城，在今新宾县北。胡三省曰："建安城，汉平郭县地。"平郭县故城，在今盖平县南。旋克盖牟城，胡三省曰："盖牟城，在辽东城东北。"围辽东。辽东城，即今辽阳市治。太宗亦出幽州，经北平，过辽泽、辽水而至城下，遂克辽东。北平郡治，今卢龙县治。唐时辽泽，泥淖二百余里，盖当今盘山、台安二县地。下白岩，白岩城，当在今辽阳市南。进围安市，六旬不克。安市城，在今盖平县东北。水师泛海，拔卑沙城。施突击于建安城下，又曜兵鸭绿水。卑沙城，当在今旅大市境内。鸭绿水，今鸭绿江。冬令将届，粮食且尽，唐遂班师。当白岩之下，太宗欲先取建安，而包安市于腹中。陆师主将惧于运道被截而不发，及高丽倾国争安市，唐将有以乘虚袭平壤为请者，太宗不及从。《旧唐书》："高丽都于平壤城。"及久围安市不下，众议召卑沙城水师，并力拔乌骨城，渡鸭绿水，直取平壤。乌骨城，当在今安东市以西滨海处。而军中谋臣又怯于建安、新城之众之蹑吾后，处处持重，欲以万全制敌，此所以顿兵坚城之下而以无功旋也。

## 十七、高丽（二）

唐太宗末年，于高丽不复大举，仅采取更迭扰其疆场之战略。水师，自莱州泛海而往，破其石城、泊灼城。石城，未详所在。泊灼城，盖在鸭绿江畔。又于乌胡岛置镇，贮粮及器械，以为兵站基地。乌胡岛，在今蓬莱县东北二百五十里海中。陆师，由营州出新城道，战于南苏等城下。南苏城，在今新宾县境。高宗之世，高丽击契丹，《旧唐书》："契丹居黄水之南、黄龙之北。"黄水，今西辽河。黄龙，今朝阳县治。唐松漠都督府兵败之新城。松漠都督府，亦置于黄龙以北。高丽又侵新罗北境，唐发营州兵渡辽，败高丽于贵端水。胡三省曰："贵端水，当在新城西南。"百济恃高丽而侵新罗，《旧唐书》："百济国，东北至新罗。"朝鲜半岛京畿、忠清、全罗三道地。唐伐百济之师，自成山济海，《史记》："成山斗入海，居齐东北隅。"在今荣成县东。胜于熊津江口。熊津江，盖今汉江。破其都，俘其王。《北史》："百济都俱拔城，亦曰固麻城。"伐高丽之师，胜于浿水，遂围平壤。浿水，今大同江也。陆路亦乘冰破鸭绿之防而南，然以雪解围而还。百济人起而抗唐，唐将仅守熊津城。熊津城，当在熊津江流域。嗣与新罗合势克真岘城，以通新罗运粮之路。真岘城，在熊津城以东，益东至新罗国。唐复发淄、青、莱、海之卒以益师，《新志》："淄州治淄川，青州治益都。"海州治，今新海连市治。遂破来援百济之倭兵于白江口，《旧唐书》："倭国自恶其名不雅，改为日本。"白江，盖今朝鲜半岛锦江。收周留城，尽平百济。周留城，盖在白江流域。因修屯田，储糗粮，训士卒，以图高丽。盖苏文卒，诸子内哄，唐遂伐高丽，克新城、南苏诸城。南苏城，在新城东南。北及扶余城，扶余城，在今昌图县境。破鸭绿栅，围平壤，克之。高丽悉平，置安东都护府于平壤，熊津都督府于熊津。高宗末年，徙都护府于辽东城，又徙新城，徙都督府于建安城。

高丽以偏国，而使隋、唐两朝屡劳师旅。炀帝、太宗亲莅军前，且不能令其慑伏，岂不以距中国远，中国征之，海阻风涛、陆艰转运之故欤！逮唐联新罗，取百济，使其陷于两线作战之中，势成狼顾，而后水陆并进，临其国都，彼即无内哄，亦不足以相抗也。

## 十八、奚、契丹

契丹帅为唐松漠府都督，松漠都督府，在今围场县及克什克腾旗之间。居营州城侧，遂陷之。营州治，今朝阳县治。又围檀州。《新志》："檀州，密云郡。"唐置渝关道安抚大使以备寇，渝关，即山海关。进讨兵覆于西硖石，胡三省曰："平州有西硖石、东硖石二戍。"平州治，今卢龙县治。龙山军亦败于崇州。胡三省曰："龙山，即和龙之山也。"崇州治营州之废阳师镇。和龙，即朝阳县治。由是山东近边诸州，皆置武骑团兵以事防御。山，谓太行山脉。契丹犹陷冀州，攻瀛州，河北震动。冀州治，今冀县治。瀛州治，今河间县治。唐兵进讨，驻渔阳。其前锋又败于东硖石谷。渔阳县治，今蓟县治。契丹乘胜寇幽州，屠赵州。幽州故治，在今大兴县西南。赵州，今县。突厥为唐袭松漠及新城。新城，在柳城西北四百里。柳城，在营州南。奚人亦与唐夹击契丹，其酋授首。《旧书》："奚国，东接契丹，西至突厥，自营州西北饶乐水以至其国。"饶乐水，今西喇木伦河。奚霫旋入掠渔阳、雍奴，《旧书》："霫，匈奴别种，居于潢水北，南至契丹。"潢水，亦名饶乐水。雍奴县故城，在今武清县东八里。出卢龙塞而去。卢龙塞，在今迁安县西北。奚败幽州兵于冷陉，遂与契丹寇渔阳。冷陉，盖在今迁安县东北境。

唐兵自檀州出击契丹，复败于滦水山峡。滦水流经今热河省。奚、契丹寻皆内附，唐置营州于柳城，设使屯田。《新志》："柳城县西北接奚，北接契丹。"契丹牙官可突干专其国政以敌唐，逼唐营州都督移兵入渝关，胡三省曰："渝关，古所谓临渝之险者也。"挟奚共叛，寇平卢，平卢节度使，亦治柳城。败唐于白山、都山。白山，当在今热河省境内。都山，在渝关外。唐幽州节度使以计斩可突干，又出兵紫蒙川以镇抚其众。胡三省曰："《唐书·地理志》：平州有紫蒙、白狼、昌黎等戍。"盖平州之北境，契丹之南界也。平州治，今卢龙县治。其后幽州、云中、平卢兵出击，至黄水南契丹牙帐而败。唐云中郡，辽改为大同府。黄水，即潢水。契丹遂围师州，平卢兵击却之。胡三省曰："师州治营州之废阳师镇。"

唐所恃以防御奚、契丹者，外则营州，内则幽州。营州失，敌骑无复后顾之虑，而直向河北平原矣。幽州进攻于奚、契丹驰突之余，而恢复营州，所以卒制之也。

## 十九、突厥（一）

隋之末世，外凭马邑，内加强晋阳之防，以拒突厥，然其侵轶，犹至晋阳。马邑郡故治，即今朔县治。《隋志》："太原郡治晋阳。"即旧太原县治。一时割据称雄于黄河流域者，均引突厥为援。即唐起晋阳，亦资其兵马。及唐入关中，以币请五原之地归之中国。五原郡治，在今五原县境。唐败刘武周，复得突厥力。当晋阳之克，突厥曾遣兵助守，且戍石岭以北，石岭关，在今阳曲县东北一百二十里。杜佑曰："关甚险固。"由是得寇汾阴、石州。汾阴县故城，在今荣河县北九里。《新志》："石州治离石。"突厥既与唐为敌，因利用刘黑闼扰山东，而黑闼兵溃于馆陶以死。山，谓太行山。馆陶县故城，在今馆陶县西南四十里。利用高开道据怀戎，使出入恒、定、幽、易、瀛诸州，而其下杀之以降唐。怀戎县治，今怀来县治。《新志》："恒州治真定，易州治易县，瀛州治河间。"定州治，今定县治。幽州故治，在今大兴县西南。利用刘武周将苑君璋据马邑，以为南侵之中顿，而君璋部下以城内附。复利用君璋据恒安，与之合军，寇太原之北境，而君璋卒亦降唐。恒安镇，今大同市治。利用梁师都据朔方，而入居河南地，朔方郡故治，在今横山县西。河南地，今河套也。唐遂废丰州，弃榆中。胡三省曰："唐以五原郡为丰州。"榆中，当今萨拉齐县南境。师都为突厥寇匡、延、林诸州，然唐卒灭师都。胡三省曰："延福县地置匡州。"延福县故城，在今绥德县东南。《新志》："延州，延安郡。"治肤施。《旧志》："华池县置林州。"郭子和在榆林，附于唐，突厥逼之弃城南走。榆林郡故治，在今鄂尔多斯左翼后旗黄河南流处。

突厥之为唐患也，于河北，寇幽、燕、定、廉。燕州治，今顺义县治。胡三省曰："藁城县置廉州。"于河东，河东道，当今山西省。争马邑，攻雁门，围崞县，雁门县故城，即今代县。《新志》："雁门有东陉关、西陉关。崞县有石门关。"道忻州，逾石岭，忻州治，今忻县治。驰突深入，至于并、晋。《新志》："太原府太原郡，本并州。"晋州治临汾。东南至沁、韩、潞，《新志》："沁州治沁源。武德元年，以襄垣、黎城、涉、铜鞮、武乡置韩州。"其铜鞮县故城，在今沁县西南。潞州治，今长治市治。西至蔺州。胡三省曰："蔺州当置于蔺州界。"蔺县故城，在今离石县西。唐之御之，以马邑及新城为前线。胡三省曰："新城在马邑南。"自是以南，节节设防，尤以崞县为重镇，石岭为锁钥。内复屯田并州，以接济军食。当敌骑之深入，则邀击于太谷、西河，太谷县，今县。西河县，今汾阳县。潞州、泰州出兵声援。胡三省曰："泰州时治龙门。"在今河津县西二里。而后方又守蒲州，扼太行，以备不虞。太行山，在今沁阳县西北。突厥之为寇关内，关内道，在潼关以西。东自真州、绥州，真州故治，在今葭县西一百里。绥州治，今绥德县治。中如灵州、彭州、原州、泾州、陇州，灵州故治，在今灵武县西南。彭州故治，在今庆阳县南。原州治，今固原县治。泾州故治，在今泾川县北五里。陇州治，今陇县治。西迄西会州，西会州故治，在今靖远县东北。皆所驰骛之区，而灵州、原州尤被兵。其深入也，由泾州达武功、高陵，武功、高陵，皆今县。战于泾阳，进至渭水便桥之北而后去。泾阳，今县。胡三省曰："自长安出咸阳，过渭水便桥。"使唐之议者，至欲焚长安，逾南山，而都樊、邓。胡三省曰："逾长安南山，出商州，即至樊、邓。"南山一名秦岭。樊城，在襄州襄阳郡境内。邓州治，今邓县治。

当突厥之寇并州，唐自关内之延州出兵，一趋云中以事掩击，一趋夏州邀其归路。汉云中县故城，在今托克托县境。《新志》："夏州，朔方郡。"及其寇原州，唐以宁州兵救之，又遣兵趋大木根山以邀其归路。宁州治，今宁县治。胡三省曰："大木根山，在云中河之西。"盖在今河套内鄂尔多斯界。唐复外凭灵州以争回五原，且偕交、弘之兵以截击阑入之寇。交州故治，盖在今绥德县境。弘州治，今庆阳县治。内屯守邠州、华亭、弹筝峡，以杜其深入之道。邠州治,今邠县治。华亭,今县。弹筝峡,在今平凉县西一百里。胡三省曰:"屯兵华亭、弹筝峡,皆以守陇道。"突厥之于陇右，陇右,陇山之西也。寇秦州、渭州、兰州。秦州治,今天水市治。渭州故治,在今陇西县西南。益西，寇凉、鄯、甘、肃。鄯州治,今乐都县治。《新志》:"凉州,武威郡。甘州,张掖郡。肃州,酒泉郡。"

突厥为患于唐之西北二边者具如此。然彼与唐，风俗不同，虽得唐地，亦不能守。且其阑入之际，唐州郡兵或予以邀击，或完聚入保。纵使长驱，而不免狼顾。便桥之役，唐伏兵在邠州，即其左证。射猎之族，之于土著城守之民，风驰而来，云卷以去，固惯例也。

## 二十、突厥（二）

突厥所利用，如梁师都辈，既皆见灭，所属诸部又叛去内附，唐遂兴师伐突厥，东出幽、营，营州治,今朝阳县治。中出并、代，《新志》:"代州治雁门。"一道径云中，战于白道。白道,在今归绥市北。《太平寰宇记》:"白道川,当原阳镇北。欲至山上,当路有千余步地土白如石灰色,遥去百里即见之,即阴山道也。"一道由马邑进屯恶阳岭，破定襄，战于阴山，会师白道。《隋志》:"定襄郡治大利城。"所破者,当是此城。大利城,在今清水河县境。恶阳岭,在定襄城南。阴山,今阴山山脉。突厥颉利可汗窜铁山，唐师杜碛口以袭之。颉利西走，西出灵州之师俘之以归。胡三省曰:"铁山,盖在阴山北。碛口,大碛之口,由此达漠北。"唐斥地，自阴山至大漠，西至伊吾，伊吾,今哈密县。置突厥降户于河南。胡三省曰:"河南,谓北河之南。汉卫青击匈奴所收河南地是也。"而议者以为不便，复令徙河北，为立可汗，建牙于定襄，《唐书》:"其地南大河,北白道,畜牧广衍,龙荒之最壤。"且置宁朔大使以督之。宁朔州故治,在旧榆林府境。薛延陀南逼，可汗入长城，保朔州。《唐书》:"碛以北,延陀主之。"《新志》:"朔州,马邑郡。"唐为驱薛延陀，可汗入朝，其余众迁于胜、夏之间。胜州故治,在今鄂尔多斯左翼后旗黄河西岸。

突厥之众，其西保金山者，有车鼻可汗。金山，即阿尔泰山。唐发回纥、仆骨等兵击之，至金山，俘车鼻可汗。《旧唐书》："铁勒诸部，至武德初，有回纥、仆骨等，散在碛北。"遂北置单于、瀚海二都护府。单于都护府，在云中。瀚海都护府，在漠北。

夫唐之次第剿灭群雄，奠定沿边，使突厥以华制华之计不行，此一胜也。突厥内部分裂，纷纷内附，是唐之再胜也。故两俘其酋，开府漠北。

## 二十一、突厥（三）

云中突厥立泥熟匐为可汗以叛，唐败兵仅保单于都护府。宋白曰："单于都护府，在阴山之阳，黄河之北。"突厥因寇定州，又扇诱奚、契丹侵掠营州。《旧唐书》："奚国，东接契丹，西至突厥，南拒白狼河。契丹，东与高丽邻，西与奚国接，南至营州。"白狼河，即今大凌河，发源凌源县。唐屯守井陉、龙门，以备侵轶。井陉县故城，在今井陉县北。龙门县，宋曰河津县。且发兵往讨，东道出幽州，西道出丰州。丰州故治，在今五原县境。中道出定襄，捷于黑山，泥熟匐死。胡三省曰："黑山，在振武北塞外，即杀虎山。"宋白曰："振武军，旧为单于都护府。"余众保狼山，狼山，在今五原县西北黄河北岸，属阴山山脉，故阴山亦有狼山之名。出围云州，代州兵击走之。胡三省曰："云州，北齐及后周为恒安镇。"伏念又立为可汗，寇原、庆等州，唐屯守泾、庆，庆州，原为弘州，今庆阳县治。而大军驻陉口。胡三省曰："陉口，即雁门之陉岭关口。"纵单于府兵追蹑伏念至细沙，遂执斩之。细沙，当在大碛中。盖单于府当东西之中，阻敌骑之冲，而唐据有其地，形势为优，故再有功。

## 二十二、突厥（四）

骨笃禄立为可汗，始侵单于府北境，继围单于府，唐以胜、夏二州兵赴救之。夏州故治，在今横山县西。突厥中寇朔、代、岚、并诸州，朔州治，今朔县治。代州治，今代县治。岚州故治，在今岚县北。东寇蔚、妫、幽、定诸州。妫州故治，今怀来县治。《新志》："蔚州治灵丘。"唐丰州兵乘其东寇，邀击之于朝那山北。朝那山在今萨拉齐县西北九十里。是时议者欲弃丰州而保灵、夏，然卒以丰州地居冲要，阻河为固而未果。丰州，当今后套，大河包之。《新志》："灵州，灵武郡。夏州，朔方郡。"唐大兵之击突厥，曾至紫河，紫河，盖今红河，在清水河县境。又曾胜于黄花堆，黄花堆，在今山阴县北。但亦败于忻州。忻州，今忻县。默啜继立，请降于唐。唐予之单于府之地及河曲六州突厥降户。《新唐书》："丰、胜、灵、夏、朔、代，谓之河曲六州。"

突厥复强，曾为唐讨契丹，袭松漠。契丹所居，千里松林，故曰松漠。然旋成敌国，西围北庭都护府，北庭都护府，在今孚远县。寇凉、灵、盐、夏诸州。盐州故治，在今盐池县北。《新志》："凉州，武威郡。"败唐兵于鸣沙，鸣沙县故城，在今中卫县境。进及原、会，原州治，今镇原县治。西会州更名会州，故治在今靖远县东北。掠陇右诸监牧马。自陇山以西，皆陇右道。又寇胜州，胜州故治，在今河套鄂尔多斯左翼后旗境。唐平狄军出兵救之。胡三省曰："代州北有平狄军。"突厥中寇代、忻，破石岭，寇并州，石岭关，在忻州南四十里。并州故治，在今太原市汾水西。袭静难、平狄、清夷等军，静难军，当在晋北。胡三省曰："清夷军，在妫州界。"遂东寇妫、檀，妫州治，今怀来县治。檀州治，今密云县治。径飞狐，飞狐关，在今涞源县北。陷定、赵，定州治，今定县治。赵州治，今赵县治。自五回道去。胡三省曰："岭高四十余里。二十里中，委折五回，方得达其上岭，故岭有五回之名。"时属易县界。

唐之御突厥，极西，抚有金山西之葛逻禄等，使与北庭都护府及定边道总管互相应援。金山，今阿尔泰山。定边道，阙。胡三省曰："葛逻禄，本突厥诸族，在北庭西北，金山之西。"西以凉州为重镇，又尝置灵武、萧关、朔方诸道总管。灵武县故城，在今灵武县西北。萧关，在今固原县东南。而朔方军且逾河筑三受降城，皆据津济，遥相应接。驻兵屯田，设大都护于中受降城，丰安、定远诸军均受节度。东受降城，在今托克托县境。中受降城，在今五原县境。西受降城，在今临河县西南境。杜佑曰："丰安军，在灵武西、黄河外百八十余里。定远军，在灵武东北二百里黄河外。"置烽堠于牛头朝那山北。牛头朝那山，即朝那山。前锋游奕，又戍诸真水为逻卫。胡三省曰："中受降城西二百里至大同川，北行二百四十余里，至步越多山。又东北三百余里，至帝割达城，又东北至诸真水。"

中道以并州为重镇，亦曾置代北道总管。东道以幽州为重镇，知幽、平、妫、檀防御。平州治，今卢龙县治。复置山东防御军大使，指挥沧、瀛、幽、易、恒、定等州诸军。山，谓太行山。沧州故治，在今沧县东南四十里。而河南北，又置武骑团。唐分天下为十道，有河南道、河北道。

突厥可汗默啜击拔也古于独乐水，为所杀。独乐水，在漠北。《隋书》："铁勒种类最多，独洛河北有拔也古。"丰州与单于府，突出河上，互相掎角，可以阻突厥侵轶之路。故唐之不弃丰州，是也。而予突厥以单于府之地，使丰州孤危，非也。及筑三受降城，则犹是未弃单于府以前之形势，于以西连凉州及北庭，东合幽、并，固足制虏矣。

毗伽可汗立，唐朔方帅将西发拔悉蜜，东发奚、契丹，会师掩袭其牙帐于稽落水上。胡三省曰："拔悉蜜，盖亦突厥之种也，居北庭。稽落水，盖导源稽落山。"稽落山，在废绥远省乌喇特境。拔悉蜜独出，毗伽追破之北庭，遂败河西节度使兵于删丹，胡三省曰："后魏曰山丹，隋复曰删丹。县属甘州。"寇甘、凉等州，掠契苾部落而去。胡三省曰："贞观中，契苾来降，处其部落于凉州。凉州西至甘州五百里。"唐又于定、恒、莫、易、沧五州置军以备突厥。莫州故治，在今任丘县北三十里。《新志》："恒州治真定。"胡三省曰："定州置北平军，恒州置恒阳军，莫州置唐兴军，易州置高阳军，沧州置横海军。"

毗伽可汗卒，突厥多乱，其大部回纥、葛逻禄、拔悉蜜皆内附。回纥，当在蒙古国北境。乌苏可汗立，朔方出兵碛口，拔悉蜜为唐击斩乌苏。碛口，由漠南通漠北之口也。白眉可汗立，朔方复出兵至萨河内山，回纥为唐击斩白眉，萨河内山，未详所在。突厥之地入于回纥。突厥之地，谓大漠南北。盖朔方形势既足制敌，而敌之所属又党于唐，此唐之所以卒灭突厥也。

## 二十三、薛延陀

铁勒诸部有薛延陀，在碛北。碛，今蒙古国内的戈壁沙漠。《旧唐书》："铁勒本匈奴别种。"唐连之以制突厥，因擒颉利而另立可汗于定襄。定襄城，当在今清水河县北境。薛延陀度漠南，屯白道川，据善阳岭以击突厥可汗。白道川，在今归绥市北，即阴山路也。时突厥可汗退保朔州。朔州治善阳县，即今朔县治。胡三省曰："善阳岭，在朔州善阳县北。"唐发营州骑兵及奚霫、契丹之众，压薛延陀东境，营州治，今朝阳县治。《旧唐书》："奚国东接契丹，南拒白狼河，北至霫国。自营州西北饶乐水以至其国。霫国，居于潢水北，南至契丹。契丹西与奚国接。南至营州。"白狼河，今大凌河。饶乐水，今英金河，在赤峰县境。潢水，今西喇木伦河。屯守朔州、灵武，灵武县故城，在今灵武县西北。而庆州、凉州兵又出其西。庆州治，今庆阳县治。《新志》："凉州，武威郡。"朔州兵出长城击敌，逾白道川，及诸青山，败诸诺真水。青山，盖今大青山，诺真水又在其北。唐东征高丽，遣将将突厥兵屯守夏州之北，以备薛延陀。夏州故治，在今横山县西。

薛延陀至河南，深入夏州之境。胡三省曰："河南者，北河之南。"即朔方新秦之地，亦即今之河套也。唐于是发兵镇朔州、胜州、灵州，薛延陀受创而去，胜州故治，在今鄂尔多斯左翼后旗黄河西岸。灵州故治，在今灵武县西南。回纥与仆骨、同罗又创之。回纥、仆骨、同罗，皆铁勒也，亦在碛北。唐因再遣大将度漠，至郁督军山。郁督军山，在今蒙古国杭爱山北。其营州兵、靺鞨兵、代州兵、灵胜二州突厥兵、凉州兵、胡兵，分道并进。黑水靺鞨，居今黑龙江流域。代州治，今代县治。凉州治，今武威县治。胡居凉州。太宗自至灵州以为诸军声援，遂破灭薛延陀，而置燕然都护府。《新书》："置燕然都护于古单于台。"宋白曰："在西受降城东南四十里。"盖在今临河县西南。

盖唐是时，东自营州，西迄凉州之兵力皆全面出动，而东方之奚霫、契丹、靺鞨，北方之突厥，西方之胡，又皆为用，尤以碛北之回纥、仆骨、同罗与唐并力，故薛延陀破灭也。

## 二十四、西域

唐擒突厥颉利可汗，其所属伊吾城亦内附。伊吾城，今哈密县。而高昌与西突厥击之，高昌国，今吐鲁番县地。又击焉耆。焉耆国，今焉耆县。唐约焉耆共伐高昌，破田城。田城，在今吐鲁番县东。西突厥为高昌声援，屯可汗浮图城，望风而下，西突厥可汗西走。可汗浮图城，今乌鲁木齐市治。唐遂灭高昌，以其地为西州，胡三省曰："西州治高昌县，汉车师前王庭也。"以可汗浮图城为庭州，于交河城置安西都护府。交河城，在今吐鲁番县西二十里。唐兵又自焉耆西击定龟兹，而移置安西都护府，龟兹国，在今库车、沙雅二县之间。兼统于阗、疏勒、碎叶，谓之四镇。于阗国，今和阗县。疏勒国，今疏勒县。碎叶城，在今中亚细亚巴尔喀什湖西。

西突厥咄陆可汗寇伊州，攻天山。伊州治伊吾城。胡三省曰："西州西南有南平、安昌两城，又百二十里至天山军。"逮沙钵罗可汗，又寇庭州，陷金岭城及蒲类县。金岭城，在庭州东南一百六十里。蒲类县，今镇西县。唐对西突厥之用兵，以其降酋为流沙安抚大使，自南道招集旧众。南道，在天山南。流沙，谓大戈壁也。遣行军总管发回纥等兵自北道进讨，北道，在天山北。遂破其处木昆部于金山北，金山，今阿尔泰山。败沙钵罗于曳咥河西，胡三省曰："曳咥河在伊丽河东。"伊丽河，即今伊犁河。捣其牙帐，执沙钵罗于石国。石国，在今中亚细亚锡尔河北。胡三省曰："沙钵罗牙帐，在金牙山、直石国东北。"分西突厥地，用降酋，置濛池、毗陵二都护府。胡三省曰："濛池都护府，居碎叶川西。毗陵都护府，居碎叶川东。"碎叶川，今中亚细亚之吹河，东流入伊斯色克库尔。

西突厥弓月部及疏勒，南附吐蕃，弓月部，地当在今焉耆县西北。故庭州被寇。又攻于阗，下疏勒。唐以安西、西州兵救于阗，吐蕃又与于阗进陷龟兹拨换城。拨换城，盖在龟兹国境内。唐罢四镇，旋遣将出兵，弓月、疏勒始均慑服。西突厥酋阿史那都支又与吐蕃相连，侵逼安西。唐擒都支，且城碎叶。酋阿史那车薄继叛，围弓月城。唐安西兵破之伊丽水，战于热海，始定其乱。伊丽水，即伊犁河。热海，今伊斯色克库尔。旋破吐蕃，恢复四镇。

西突厥别部突骑施据碎叶，唐发甘、凉，以西兵讨之。《新志》："凉州，武威郡。甘州，张掖郡。"突骑施遂陷安西，断四镇路。唐置军焉耆以图进取，其酋请降。胡三省曰："安西都护府，时在龟兹。"其后曾围拨换及大石城，胡三省曰："大石城，盖石国城也。"掠四镇，寇北庭，《新志》："北庭大都护府，本庭州。"又曾以碎叶、怛罗斯两城拒命。怛罗斯城，盖在碎叶川上游。唐北庭都护碛西节度使兵击定之。碛西节度使，盖治龟兹。安西都护府已废。夫伊吾、高昌、焉耆之内属，则西域门庭已为唐所有。由是北立北庭，南立安西，以与于阗、疏勒、碎叶相呼应，形势开张，枢纽在握，此所由叛乱屡起而易于戡定也欤！

## 二十五、安史之乱（一）

安禄山兼为平卢、范阳、河东节度使及河北道采访处置使，平卢节度使治营州，在今朝阳县南。范阳节度使治幽州，在今大兴县西南。河东节度使治太原府。《新志》："河北道，盖古幽、冀二州之境。"为闲厩陇右群牧等使兼总监，选拣健马，陇右道，在陇山山脉之西。筑雄武城，大贮兵器，雄武城，在今蓟县东北。由是得以叛。兵凡十五万。唐遣将诣东京、河东募兵拒之。东京，洛阳也。河东道，略当今山西省。东京兵断河阳桥，为守御之备，河阳县故城，在今孟县南。于太原置尹，胡三省曰："太原为北都，故置尹。"于陈留置河南节度使。陈留郡治，今开封市治。禄山命将守平卢、范阳、大同，胡三省曰："开元五年，分善阳县东三十里置大同军。"善阳县治，今朔县治。而自率师由范阳南下。河北皆其统内，望风降附。又遣将守土门、井陉口，以备西来诸军。土门关，即井陉故关，在今井陉县西南。井陉口，在今县东北。胡三省曰："西来诸军，谓河东路兵东向者。"遂乘冬月冰合，自灵昌渡河，陷灵昌、陈留。灵昌郡治，今滑县治。西陷荥阳，败唐兵武牢，遂入洛阳。胡三省曰："荥阳郡，郑州，西至洛阳二百六十里。"武牢，即虎牢。唐兵弃陕郡，退守潼关。陕郡，今县。潼关，古桃林塞。弘农、临汝、济阴、濮阳及云中，皆降于禄山。弘农郡故治，在今灵宝县南四十里。临汝郡，今县。济阴郡故治，在今曹县西北。濮阳郡故治，在今濮阳县东二十里。云中郡治，今大同市治。盖禄山专制三道，蓄士马，储兵器，猝起而南，天时既与以渡河之便，地利又夺取虎牢之险，而东京遂易手矣。

## 二十六、安史之乱（二）

是时平原起义，平原郡治，今德州市东南废陵县。饶阳据城不下禄山，禄山博陵兵围饶阳。饶阳郡，深州。博陵郡，定州。旋常山亦反正，断范阳路，解饶阳围，以计散井陉之众。《新志》："常山郡治真定。"邻郡相率响应为唐，其附禄山者，大河以北惟范阳、卢龙、密云、渔阳、汲、邺六郡而已。胡三省曰："《唐志》无卢龙郡，当是改平州北平郡为卢龙郡也。"卢龙郡，今县。密云郡，今县。渔阳郡治，今蓟县治。《新志》："汲郡治汲县，邺郡治安阳县。"禄山河内诸军陷常山，再围饶阳，为唐诸郡复为禄山。河内郡治，今沁阳县治。唐朔方出兵救振武军，败禄山大同军之兵，朔方节度使治灵州。杜佑曰："振武军在单于都护府城内，西去朔方千七百余里。"单于都护府，在今和林格尔县。乘胜拔静边军，攻云中。胡三省曰："静边军，当在单于府东北。"宋白曰："云中府西至静边军一百八十里。"分兵拔马邑，开东陉关。马邑郡治，今朔县治。东陉关，在今代县南。杜佑曰："东陉关甚险固，时河东、太原闭关以拒大同军。朔方军既败大同军，而关始开。"益遣将出井陉，收复常山，连战于九门、沙河、嘉山，皆捷。九门县故城，在今藁城县西北。胡三省曰："沙河在新乐、行唐二县之间。嘉山在常山郡东。"因下赵郡，围博陵，再绝范阳路。赵郡，今县。平原、清河、博平三郡合力克魏郡。清河郡，今县。《新志》："博平郡治聊城。"魏郡故治，在今大名县东。北海兵渡河来会，复克信都。《新志》："北海郡治益都，隶河南道。"信都郡治，今冀县治。平卢亦内附，遣使逾海与平原相闻。海，今之渤海也。此河北之情况也。

东平、济南，抗拒禄山。东平郡，今县。济南郡，今市。其西向也，东平兵至灵昌，济南兵至睢阳。睢阳郡治，今商丘县治。濮阳兵起，攻拔济阴。单父与真源兵合入雍丘，固守鏖战。单父县属睢阳郡，今单县。真源县属谯郡，故城在今鹿邑县东十里。雍丘县属汴州，今杞县治。颍川亦拒战。颍川郡治，今许昌县治。南阳兵屯叶北。南阳郡治，今邓县治。叶县故城，在今叶县南三十里。滍水之战不利，南阳被围，滍水在叶县北。关中兵出自蓝田救之。徐广曰："东函谷，南武关，西散关，北萧关，居四关之中，故曰关中。"蓝田县，今县。禄山方称燕帝于东京，遣将攻潼关而不能入。北路断绝，仅有汴、郑数州。北路，范阳路。《新志》："汴州，陈留郡。郑州，荥阳郡。"此河南之情况也。

朝命促潼关守将出战，遂战于灵宝西原，唐兵大败，遂失潼关。洪亮吉曰："灵宝县，秦函谷关地。西原，在县西南五十里。"河东、华阴、冯翊、上洛皆弃守。燕陷长安。河东郡，蒲州。华阴郡，华州。冯翊郡，同州。上洛郡，商州。夫河北之地，千里平原，然不得山西，终觉肩背单寒，易受侵袭。胡三省曰："常山、饶阳以并、代为山西。"代州治，今代县治。《新志》："太原府，本并州。"

禄山之自范阳南下而西入洛阳也，未及据有山西，故朔方兵得以出井陉，收复常山。东连饶阳、平原，隔断南北。如益北向，可取范阳，覆禄山巢穴。禄山欲进而潼关不战，欲退而范阳已失，则仅守洛阳，岂不犹鱼游釜中乎！乃当时朝命汲汲出师，不但使山河要隘失于一战之后，而且门户洞开，即帝京亦未由固守矣。夫军事途径，不外战守。有险可守而不守，于守失矣。因使可以进战之区亦不得不向后撤退，于战又失之。则事变扩大，庸有已矣。

## 二十七、安史之乱（三）

长安既失，唐玄宗奔蜀。《新志》："成都府，蜀郡，至德二载曰南京。"太子奔平凉，以其为散地，非屯兵之所。平凉郡治，今固原县治。以灵武兵食完富，乃奔之。即位，是为肃宗。灵州，灵武郡，今灵武县治。

朔方兵撤博陵围，留将守常山，而退入井陉，西扈驾于灵武。胡三省曰："灵武郡灵州，朔方节度使治所。"燕遂陷常山以东为唐诸郡，东至平原，奄有河北。河北道，略当今河北省。朔方兵复东出，一师守太原。燕自大同、范阳、博陵、太行四道出兵合围之，战不利而去。太行陉，在沁阳县北，北向上党。一师自洛交克河东。洛交郡治，今鄜县治。长安之失也，燕陷扶风，西胁汧、陇。《新志》："扶风郡，至德元载，更郡曰凤翔。"汧水、陇山，在凤翔以西，唐为陇州汧阳郡地。唐陈仓兵反攻扶风，克而守之。《新志》："宝鸡县，本陈仓。"燕之于关中，兵力所及者，西不过武功，北不过云阳，南不出武关。武功县，今县。云阳县故城，在今泾阳县北三十里。武关，在今丹凤县东。

肃宗自灵武至彭原，以图恢复。彭原郡治，今宁县治。反攻之师，用古车战法，中军自武功入，北军自奉天入。奉天县治，今乾县治。至便桥，败绩于陈涛斜。咸阳县之西渭桥，亦曰便桥，又曰咸阳桥。陈涛斜，在咸阳县东。南军自宜寿入，亦随之败退。天宝元年，更鄠屋县曰宜寿。自关以东，燕陷颍川，围南阳。南阳守将退保襄阳。襄阳北阻汉水。又陷鲁、东平、济阴，鲁郡故治，在今滋阳县西二十五里。《新志》："曹州，济阴郡。"将断宁陵。唐雍丘守将撤退，并力守睢阳，卒之睢阳亦陷。宁陵县属睢阳郡。灵昌撤退，东保彭城。《新志》："徐州，彭城郡。"平卢为唐袭范阳不克，又遣将以苇筏渡海，下平原、乐安。乐安郡故治，在今惠民县南七十里。

肃宗至凤翔，陇右、河西、安西、西域之兵皆会。陇右，陇山以西。河西，谓兰州黄河以西。唐置安西都护府于龟兹，其国在今库车、沙雅二县之间。西域，约当新疆。江淮庸调溯汉而上，历洋川、汉中，转运以给军。汉水经南郑，唐之汉中郡也。东经洋县，唐之洋川郡也。下达襄阳。河东之师争潼关，图陕郡而不得。燕寇河东，围安邑，攻上党亦不能克。安邑县属河东郡。上党郡治，今长治市治。河东又分兵西赴凤翔，破燕，截击之，师于白渠，白渠，经三原县境。与武功唐兵合于西渭桥，胡三省曰："唐都长安，跨渭为三桥。东曰东渭桥，中曰中渭桥，西曰西渭桥。"进屯潏西。燕兵屯京城西清渠以相拒，唐兵战不利，退壁武功。《水经注》："潏水出杜陵之樊川，过汉长安城西，而北注于渭。"清渠当在潏东。

唐突击之师败燕于骆谷，袭中渭桥，乘胜至长安苑门。骆谷，在今鄠屋县西南。于是唐挟回纥援兵大举反攻，会战于沣水之东，大破燕兵，收复长安。沣水发源于宁陕县东北秦岭，西北流经长安，纳潏水，又西北分流，并注渭河。唐先败于清渠，至此则循南山，出长安后，据地势以待燕也。

此一阶段，地利方面，有关系于胜负之数者，在关内道，一曰灵武。肃宗于此北收塞上诸兵，西发河陇骑卒。其反攻成功，实以此为基地。且于时为天下劲兵处，故肃宗藉以为骨干，使东守太原，收河东，又由河东西向会师。一曰扶风。是时财赋所产，江淮居多。其庸调溯汉而上，历洋川、汉中，转运而达扶风。使为燕据，则唐之军用有不足者矣。

在河东道，一曰太原。由太原，进可以下井陉，截断燕蓟腰膂；退可以与河东相声援，而屏蔽关中。太原坚守为唐，则燕师于河北之防不敢稍有所懈。范阳郡治蓟县，即古燕都，故曰燕蓟。一曰河东。当两京之中，逼近潼关要隘，故出则足以制敌。

在山南道，曰襄阳。阻汉水拒敌以全南夏，又使江淮庸调溯汉而上，以竟大功。山南，终南、太华之南也。古称河南省及其附近之地曰中原，或称中夏，故江汉一带曰南夏。

在河南道，曰睢阳。固守至最后方陷落，使燕不得推进至江淮财赋所产之区。

## 二十八、安史之乱（四）

唐大军自长安收复华阴、弘农。弘农郡故治，在今灵宝县南四十里。《新志》："华州，华阴郡。"兴平军败燕兵于武关，克上洛。胡三省曰："鄠县东原，先有兴平军，因置为节镇。"燕并力守陕，唐败之新店，遂入陕。新店，在陕城西。是时安禄山已死，子庆绪走邺郡，燕兵皆退保河北。《新志》："相州，邺郡。"治安阳县。唐收复东京。

始肃宗至凤翔，大兵既集，庸调亦至，时值春初，开始反攻。主军计者，以为所调集者皆西北守塞及诸胡之兵，性耐寒而畏暑，若乘其新至之锐，攻贼已老之师，其势必克两京。春气已深，贼收其余众，遁归巢穴。巢穴，谓河北道。关东地热，官军必困而思归。关，潼关。自关以西，为关内道，以东为河南道。贼休兵秣马，伺官军之去，必复南来。然则征战之势，正未有涯。不若先用之于寒乡，并塞东北，自妫、檀南取范阳。塞，长城。妫州治，今怀来县治。《新志》："檀州，密云郡。"檀州，治密云县。除其巢穴，则贼无所归，根本永绝矣。肃宗不能从，故先取两京，贼果退保河北。

## 二十九、安史之乱（五）

唐自东京进取河阳、河内，河阳县故城，在今孟县南。燕兵自邺渡沁水攻河内，败而去。沁水流经今沁阳县东。于是唐发九节度使之师讨燕，南自杏园、阳武、酸枣济，阳武县，属郑州，旧阳武县是也。酸枣县治，今延津县治。《九域志》："汲县有杏园镇。"西自河东、潞州东向。《新志》："潞州，上党郡。"自酸枣济河之师，拔魏州，《新志》："魏州，魏郡。"余师并力拔卫州，《新志》："卫州，汲郡。"治汲县。败邺兵愁思冈，遂围邺，壅漳水灌之。胡三省曰："愁思冈，在邺城西。"据欧《史》，在汤阴县。薛居正曰："汤阴县界有愁死冈。"今安阳市北有安阳河，益北有漳河。

燕将史思明自范阳遣兵驻滏阳，以为邺声援。胡三省曰："磁州治滏阳，南至邺城六十里。"又分其大军为三，一出邢、洺，邢州治，今邢台县治。《新志》："洺州，广平郡。"治永年县。一出冀、贝，冀州，信都郡治，今冀县治。贝州，清河郡治，今清河县治。一自洹水陷魏州。洹水县故城，在今魏县西南三十里。由魏州转进，击溃唐诸师于安阳河北。胡三省曰："滏水径安阳县而东流，谓之安阳河。"唐诸师或退保太原，或退河阳，或溃归本镇。李德裕曰："河阳扞蔽东都，临制魏、博。"后置魏博节度使，治魏州。

史思明入邺，杀安庆绪而自称燕帝。南取怀州，《新志》："怀州，河内郡。"西寇潞城，不克。潞城县属潞州。《新志》："潞州，上党郡。"《九域志》："潞城在潞州东北四十里。"旋复大举，自黎阳济河者取滑州，黎阳县故城，在今浚县东北。《新志》："黎阳县有白马津。"一名黎阳关，在今滑县北。济河为滑州灵昌郡，今滑县治。自濮阳、白皋、胡良济河者合陷汴州，西及郑州。濮阳郡故治，在今濮阳县东二十里。胡三省曰："白皋、胡良，皆河津济渡之要，在滑州西北岸。"《新志》："郑州，荥阳郡。"辖荥阳、荥泽诸县。唐自洛阳撤退，西守陕而北守河阳。陕郡，戴延之曰："其地南倚山原，北临大河，良为形势。"

盖自安阳之战，燕势已张，而汴、郑之陷，益如破竹。唐若守洛阳，则汜水、嵩岭、龙门皆应布防，胡三省曰："汜水有成皋之险。嵩岭在登封县。龙门则伊阙。"而于时兵力又不敷配置，故自洛阳撤退，西守陕以杜敌之西入，北守河阳，与泽、潞相连，以出敌兵西入之后路。《新志》："泽州治晋城县。"利则进取，不利则退守，使敌不敢长驱直入，此猿臂之势也。胡三省曰："猿臂可伸而长，可缩而短，故以为喻。"

## 三十、安史之乱（六）

唐守河阳及中潬，燕自洛阳往攻，唐败之城下，又败之河阳西渚。顾祖禹曰："中潬城，在孟县西南黄河中央。"燕复见兵河清，唐于野水渡备之，使不得逞。河清县故城，在今孟县西南五十里。杜佑曰："河清县南临黄河。城侧有野水渡，置戍守之，亦谓之野戍。"河阳兵东捷于沁水上，因拔怀州。怀州北倚太行，东带沁水。燕又自洛阳攻陕，亦败于永宁。永宁县，今洛宁县。于是朝命促陕、河阳会师洛阳，不利于邙山。邙山，在洛阳城东北。陕兵走保陕，河阳兵走保闻喜，河阳、怀州皆弃守。闻喜县，属绛州绛郡。燕兵西袭陕城，败于礓子岭，史思明为其子朝义所杀。礓子岭，在陕城东。盖河阳与陕，成掎角之势，虽无用战，而可以制洛阳。邙山之役乃以战失河阳，是则守有愈于战者矣。燕乘胜西向，使非内乱，陕城亦危矣哉。

## 三十一、安史之乱（七）

燕分兵四出，一徇曹州，曹州，济阴郡故治，在今曹县西北七十里。一徇兖郓，兖郓节度使治兖州，今滋阳县治。一徇陈、许，《新志》："陈州，淮阳郡。许州，颍川郡。"一徇淮西。淮西节度使治蔡州，今汝南县治。其徇兖郓者，唐兖郓、青密兵击却之。《新表》："青密节度使治北海。"《新志》："青州，北海郡。"治益都。其徇淮西者，逼申州城下。申州故治，在今信阳县南四十里。唐平卢与燕范阳相攻而不胜，引兵而南，于青州北渡河，至兖州，合力攻汴州。燕自申州还兵救之。郭崇韬曰："汴州，关东冲要。"唐置帅于临淮，《新志》："泗州，临淮郡。"遂遣兵拔许州。顾祖禹曰："许州西控汝洛，东引淮泗，舟车辐集，转输易通，原野宽平，耕屯有赖。"燕围宋州，临淮帅移镇徐州，遣兖郓兵击败之。《新志》："宋州，睢阳郡。"燕围泽州，战亦不胜。泽州据太行之雄固，实东洛之藩垣。唐陕城兵拔永宁，破渑池、福昌、长水。福昌县故城，在今宜阳县西六十里。长水县故城，在今洛宁县西四十五里。渑池县，今县。是时燕于河南，虽仍据洛阳，而西逼于陕城，南失许州，东不过汴州，盖其兵力亦渐趋于疲苶矣。

## 三十二、安史之乱（八）

于是唐大举反攻，所借回纥兵亦自大阳津渡河来会。胡三省曰："陕县北有大阳关，黄河津济之要也。"即《左传》秦孟明伐晋自茅津济，封殽尸之路。诸军之集中于陕州者自渑池入，泽潞兵自河阳入，河南兵自陈留入，胡三省曰："分道并入，以攻洛阳。"河东兵自井陉出。顾祖禹曰："井陉之险，为河北、河东之关要。"自渑池入者，破燕兵于洛阳城下，遂复洛阳，北渡河，复河阳、怀州，东复郑州、滑州。滑州，灵昌郡治，今滑县治。追击史朝义，凡卫州之战，昌乐之战，唐皆大捷。昌乐县属魏州，后唐改为南乐。燕邺郡节度使降于唐泽潞兵，恒阳节度使降于唐河东兵。燕恒阳节度使盖治真定。唐又败朝义于临清、下博，临清县，今县。下博县故城，在今深县南。追围之于莫州。莫州故治，在今任丘县北三十里。唐诸军皆会，兖郓、青淄兵亦继至，青淄节度使治青州。朝义突围走死，范阳亦降。范阳为安史根据地。洛阳为安史称帝之所，河南之重心，而朝义不能守，则大势已半去矣。河北平原，其为难守也倍蓰，唐军四集以攻之，固宜奏功也。

> 成毅论安史形势曰：安史之乱，其形势之得失，分三节而观之。自禄山之反，哥舒翰灵宝之败为一节，函谷之破至相州之败为一节，李光弼守河阳至仆固怀恩受降贼为一节。夫禄山反于范阳，进据东京，而常山、平原一时反正，郭、李之兵破贼于九门，破贼于沙河，破贼于嘉山、睢阳。吴虢义旗四应，贼之腰脊中断，至于君臣相诟，谋归范阳而不敢。当是时，使潼关不破，贼可计日而下。明皇用杨国忠速战之策以失潼关，致大驾西狩，贼势复张，此始计之一失也。相州之围，安庆绪虽愚而下，多勋思明之众，遥据范阳。以兵法言之，当使李光弼守常山，以塞思明南出之路。郭子仪独将以困相州，此太宗所以并擒王、窦者也。世主不能用人，使九

节度礼均势敌，而以观军容使统摄之，以致大军鸟散，复失东京，此中道之再失也。至于光弼守河阳，贼不得西，若用李泌之故计，使别将出飞狐以倾其根本，赏妻子以招谕之，贼必失势。世主又用鱼朝恩速战之谋，以致邙山之败，光弼去位，怀恩为将。虽朝义就戮，而藩镇势成，遂为唐室痼疾。使郭、李任事，肯以贼贻君父乎？此末路之又失也。使不战灵宝，不用军容，不废郭、李，则叛乱亦不至于藩镇之极。

## 三十三、刘展

唐以宋州刺史刘展为都统淮南东、江南西、浙西三道节度使，而密以兵图之。宋州故治，今商丘县治。胡三省曰："淮南东道，扬、楚、滁、和、舒、庐、濠、寿八州也。"顾祖禹曰："江南西道治洪州。"洪州，今南昌府。浙西，旧杭、嘉、湖等府及苏、松、太等府州地。展遂举宋州兵趣广陵，旧都统避之，南屯京口。扬州，广陵郡，今扬州市治。京口城，今镇江市治。淮南东道兵屯徐城，又溃往寿州。胡三省曰："徐城县，开元二十五年移就临淮县。"泗州，临淮郡临淮县，故城在今泗县东南。寿州，今寿县。展由泗州入广陵，分兵一道陷濠、楚，濠州故治，在今凤阳县东北二十里。楚州故治，即今淮安县治。一道陷舒、和、滁、庐，见拒于寿州而不得西。舒州故治，今潜山县治。和州，今和县。滁州，今滁县。庐州故治，今合肥市治。展自白沙济，袭下蜀，白沙洲，在今仪征县南，滨江。胡三省曰："下蜀戍在句容县北，近江津。"京口兵溃退宣城。《新志》："宣州，宣城郡。"治宣城县。展陷润州、昇州，润州治京口城。昇州治，今南京市治。南陷宣州，屯兵南陵，南陵，今县。东陷常、苏、湖三州。常、苏、湖三州，今皆为市。于是东道自苏州向杭州，西道自湖州经武康，南出会攻之。胡三省曰："自武康南出，过狗头岭，至杭州五十里。"唐杭州兵屯余杭，据险败展西道兵，常州反正。余杭县，在杭州西四十五里。唐平卢节度使兵驻任城，自彭城南下讨展。任城县治，今济宁市治。彭城县治，今徐州市治。展自广陵拒之，战于都梁山、天长皆败。都梁山，在今盱眙县东南五十里。天长县，今炳辉县。平卢兵入广陵，分道渡江，一自白沙济，西趣下蜀，一自海陵济，东趣常州，海陵县治，今泰州市治。中路自瓜洲济。展扼蒜山拒战，而西路已至下蜀，展遂败死。展党之在庐州、苏州者亦平。瓜洲，在今扬州市南四十里江滨。胡三省曰："蒜山，在润州城西三里。"

寻展始意，在据淮南东、江南东、浙西耳，故其兵力散漫，分布于大江南北。当是时也，史思明在洛阳，侵及陈、许、淮西，展若并力一向，破寿州而西，与思明连横，声势岂不可以益张乎！

李诚 全集

# 嬴秦疆域扩大考

秦在中国历史中，是一个很短促的朝代，从始皇吞并山东六国到二世亡国，只有15年，这个中央集权的一统大帝国便昙花一现地结束了。但是一回溯到它的上代，却原是历年数百方打开局面，然后成一统之大业，而不是什么一蹴而至的。所以司马迁在《史记·秦楚之际月表序》中，论周和秦经历了很多的年代才能得国，而叹息地说："以德若彼，用力如此，盖一统若斯之难也。"著者此作，系研究秦代在地理上逐渐扩张方面的一篇文字。

从秦侯到德公，共计182年，即从纪元前857年到纪元前676年（见图一）。把秦侯以上立年无考的两代估计在内，时间上为200年。

大骆居犬丘（在今天水市西南）。

周封非子于秦（在今清水县东北）。地位上是"附庸"。

庄公居犬丘。为周的西垂大夫。

襄公都汧（在今陇县东南三里）。周封秦为"诸侯"。

文公居汧、渭之会（汧、渭二水合流处）。秦地至岐（岐山，在今岐山县东北）。

宁公居平阳（《括地志》云：平阳故城，在岐山县西四十六里）。

德公居雍（在今凤翔县南）。

从现在的天水市到凤翔、岐山二县，系渭水中游。这一阶段，秦的都邑就移徙在渭水中游，其移徙特征是在逐渐地向东。

这一阶段，秦的主要敌人系西戎。文公打败了西戎，领土才扩张到岐。以后东灭荡杜（其国在泾水下游），取荡氏（待考），伐彭戏氏（在今白水县东北），西伐邽冀戎（邽县在今天水市西南，冀县在今甘谷县南），他们大都是西戎种类，又灭小虢（在今宝鸡县），系羌之别种（据《史记正义》说）。

从宣公到悼公，共计199年，即从纪元前675年到纪元前476年（见图二）。

这一阶段，西河之东的晋国成为秦的主要敌人，虽然他们之间曾短时期地和平过和合作过。秦在和晋的战争中，割有对方的河西地，加上吞并梁（梁国在今韩城县南二十里）、芮（芮国在今朝邑县南），将疆域向东推进到黄河，向东南推进到鄀（鄀国在今淅川县西），向西北伐戎，"益国十二，开地千里"。由于力量壮大，也参加了当时的"国"际事件，例如对楚的城濮（在今濮县南）之战以及重要的盟会。由于晋国西侵，所以秦对羁马（在今郃阳县东）、北徵（在今澄城县西南）、武城（在今大荔县）等地，又重新夺取，以为己有。终"春秋"之世，秦的东境算是保持了黄河作为第一线，而泾水则是它的第二线。

从厉共公到庄襄王，共计230年，即从纪元前475年到纪元前246年（见图三）。

在这一阶段的初期，秦虽然也伐过大荔，取王城（大荔，戎的别种，今大荔县。王城，在今朝邑县东一里）；伐过义渠，俘虏其王（秦置义渠县，在今宁县西北）；又南取南郑（《史记正义》云：春秋及战国时，其地属于楚）。但由于怀公到出公这一时期，君位屡易，河西之地弃于晋；在未放弃之前，是"堑河"而守；到放弃之后，只好"堑洛"而守了。代晋而起的魏国，沿着洛水筑了长城，南以郑县为起点（郑县故城，在今华县西北三里），北有上郡（上郡故治，在今绥德县东南五十里）。

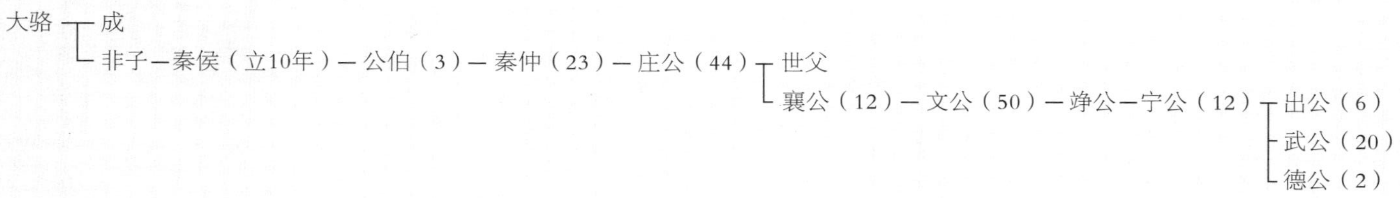

大路 ┬ 成
     └ 非子 — 秦侯（立10年）— 公伯（3）— 秦仲（23）— 庄公（44）┬ 世父
                                                              └ 襄公（12）— 文公（50）— 靖公 — 宁公（12）┬ 出公（6）
                                                                                                        ├ 武公（20）
                                                                                                        └ 德公（2）

图一

德公 ┬ 宣公（12）
     ├ 成公（4）
     └ 穆公（39）— 康公（12）— 共公（5）— 桓公（27）— 景公（40）— 哀公（36）— 夷公 — 惠公（10）— 悼公（14）

图二

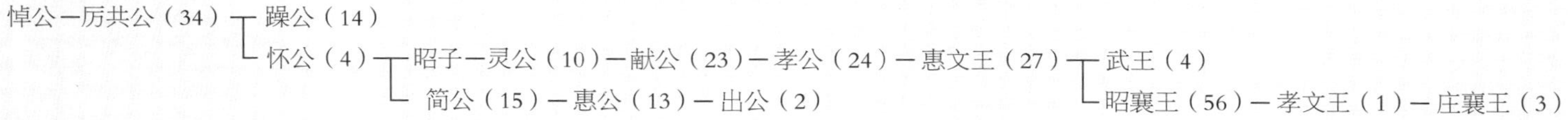

悼公 — 厉共公（34）┬ 躁公（14）
                  └ 怀公（4）— 昭子 — 灵公（4）┬ 昭子 — 灵公（10）— 献公（23）— 孝公（24）— 惠文王（27）┬ 武王（4）
                                              │                                                        └ 昭襄王（56）— 孝文王（1）— 庄襄王（3）
                                              └ 简公（15）— 惠公（13）— 出公（2）

图三

李诚 全集

西汉人文表

| 郡国 | 县 | 故城所在 | 人物 | 艺文 |
|---|---|---|---|---|
| 京兆尹 | 长安 | 今长安县西北 | 谷永 | |
| | | | 万章 | |
| | | | 许商 | 《五行传记》一篇,《许商算术》二十六卷。 |
| | 新丰 | 今临潼县东北 | | |
| | 船司空 | 今华阴县东北 | | |
| | 蓝田 | 今蓝田县西 | | |
| | 华阴 | 今华阴县东南 | 杨敞 | |
| | 郑 | 今华县北 | 田广明 | |
| | 湖 | 今阌乡县东四十里 | | |
| | 下邽 | 今渭南县北五十里 | | |
| | 南陵 | 今长安县东南二十四里白鹿原上 | | |
| | 奉明 | 今长安县北 | | |
| | 霸陵 | 今灞水东 | | |
| | 杜陵 | 今长安县东南十五里 | 苏建 | |
| | | | 张汤 | |
| | | | 杜参 | 博士弟子杜参赋二篇 |
| | | | 朱博 | |
| | | | 陈遵 | |
| 左冯翊 | 高陵 | 今高陵县 | | |
| | 栎阳 | 今临潼县东北七十里 | | |
| | 翟道 | 今中部县西北 | | |
| | 池阳 | 今泾阳县西北 | | |
| | 夏阳 | 今韩城县南 | 司马迁 | 《太史公》百三十篇,司马迁赋八篇。 |

（续表）

| 郡国 | 县 | 故城所在 | 人物 | 艺文 |
|---|---|---|---|---|
| 左冯翊 | 衙 | 今白水县东北 | | |
| | 粟邑 | 今白水县西北 | | |
| | 谷口 | 今醴泉县东北 | 郑朴 | |
| | 莲勺 | 今渭南县东北 | | |
| | 鄜 | 今洛川县东南 | | |
| | 频阳 | 今富平县东北 | | |
| | 临晋 | 今大荔县 | | |
| | 重泉 | 今蒲城县东南 | | |
| | 郃阳 | 今郃阳县东南 | | |
| | 祋祤 | 今耀县东 | 赵食其 | |
| | 武城 | 今华县东北 | | |
| | 沈阳 | 今华县东南十五里 | | |
| | 怀德 | 今朝邑县西南 | | |
| | 徵 | 今澄城县西南 | | |
| | 云陵 | 今淳化县北 | | |
| | 万年 | 吴卓信曰：万年县即治栎阳城内，无专城也。 | | |
| | 长陵 | 今咸阳县东北 | 田蚡 | |
| | | | 车千秋 | |
| | 阳陵 | 今泾、渭二水之间 | 王温舒 | |
| | | | 田延年 | |
| | | | 冯商 | 续《太史公》七篇，待诏冯商赋九篇。 |
| | 云阳 | 今淳化县西北 | 董贤 | |
| 右扶风 | 渭城 | 今咸阳县东北十七里 | | |
| | 槐里 | 今兴平县东南 | 魏尚 | |
| | 鄠 | 今鄠县北二里 | | |

（续表）

| 郡国 | 县 | 故城所在 | 人物 | 艺文 |
|---|---|---|---|---|
| 右扶风 | 盩厔 | 今盩厔县东 | | |
| | 斄 | 今武功县西南 | 赵禹 | |
| | 郁夷 | 今陇县西 | | |
| | 美阳 | 今武功县西南 | | |
| | 郿 | 今郿县东北 | | |
| | 雍 | 今凤翔县南 | | |
| | 漆 | 今邠县治 | | |
| | 栒邑 | 今栒邑县东北 | | |
| | 隃麋 | 今汧阳县东 | | |
| | 陈仓 | 今宝鸡县东 | | |
| | 杜阳 | 今麟游县西北 | | |
| | 汧 | 今陇县南 | | |
| | 好畤 | 今乾县东北 | | |
| | 虢 | 今宝鸡县东五十里 | 徐敖 | |
| | 安陵 | 今咸阳县东 | | |
| | 茂陵 | 今兴平县东北 | 杜邺 | |
| | | | 原涉 | |
| | 平陵 | 今咸阳县西北十五里 | 云敞 | |
| | | | 平当 | |
| | | | 郑宽中 | |
| | | | 李寻 | |
| | | | 郑崇 | |
| | | | 何并 | |
| | | | 王嘉 | |
| | | | 士孙张 | |
| | 武功 | 今郿县东 | | |

（续表）

| 郡国 | 县 | 故城所在 | 人物 | 艺文 |
|---|---|---|---|---|
| 弘农郡 | 弘农 | 今灵宝县南 | | |
| | 卢氏 | 今卢氏县 | | |
| | 陕 | 今陕县 | | |
| | 宜阳 | 今宜阳县西五十里 | 杨仆 | |
| | 黾池 | 今渑池县西 | | |
| | 丹水 | 今淅川县西 | | |
| | 新安 | 今渑池县东 | | |
| | 商 | 今商县东 | | |
| | 析 | 今内乡县西北 | | |
| | 陆浑 | 今嵩县东北伏流城北二十余里 | | |
| | 上雒 | 今商县治 | | |
| 河东郡 | 安邑 | 今夏县北 | | |
| | 大阳 | 今平陆县东北 | 郅都 | |
| | 猗氏 | 今猗氏县南 | | |
| | 解 | 今解县治 | | |
| | 蒲坂 | 今永济县东南 | | |
| | 河北 | 今芮城县东北里许 | | |
| | 左邑 | 今闻喜县治 | | |
| | 汾阴 | 今荣河县北 | | |
| | 闻喜 | 今闻喜县西南 | | |
| | 濩泽 | 今阳城县西 | | |
| | 端氏 | 今沁水县东北 | | |
| | 临汾 | 今新绛县东北 | | |
| | 垣 | 今垣曲县西 | | |
| | 皮氏 | 今河津县西二里 | | |
| | 长修 | 今新绛县西北三十里 | | |

（续表）

| 郡国 | 县 | 故城所在 | 人物 | 艺文 |
|---|---|---|---|---|
| 河东郡 | 平阳 | 今临汾县西南 | 卫青 | |
| | | | 霍去病 | |
| | | | 霍光 | |
| | | | 尹翁归 | |
| | | | 张敞 | |
| | 襄陵 | 今襄陵县东南十五里 | | |
| | 彘 | 今霍县东北 | | |
| | 杨 | 今洪洞县东南十五里 | 咸宣 | |
| | 北屈 | 今吉县东北 | | |
| | 蒲子 | 今隰县东北 | | |
| | 绛 | 今曲沃县西南 | | |
| | 狐讘 | 今永和县西南 | | |
| | 骐 | 今乡宁县东南 | | |
| | | | 义纵 | |
| | | | 张次公 | |
| | | | 胡建 | |
| 太原郡 | 晋阳 | 今太原县治 | | |
| | 葰人 | 今繁峙县南 | | |
| | 界休 | 今介休县东南 | | |
| | 榆次 | 今榆次县西北 | | |
| | 中都 | 今平遥县西北 | | |
| | 于离 | 未详 | | |
| | 兹氏 | 今汾阳县治 | | |
| | 狼孟 | 今阳曲县东北六十里 | | |
| | 邬 | 今介休县东北 | | |
| | 盂 | 今阳曲县东北八十里 | | |

（续表）

| 郡国 | 县 | 故城所在 | 人物 | 艺文 |
|---|---|---|---|---|
| 太原郡 | 平陶 | 今文水县西南 | | |
| | 汾阳 | 今阳曲县西北九十里 | | |
| | 京陵 | 今平遥县东 | | |
| | 阳曲 | 今定襄县治 | | |
| | 大陵 | 今文水县东北二十五里 | 卫绾 | |
| | 原平 | 今崞县南 | | |
| | 祁 | 今祁县东南五里 | | |
| | 上艾 | 今平定县治 | | |
| | 虑虒 | 今五台县东北 | | |
| | 阳邑 | 今太谷县东南十五里 | | |
| | 广武 | 今代县西十五里 | 荀彘 | |
| | | | 常惠 | |
| 上党郡 | 长子 | 今长子县城西 | | |
| | 屯留 | 今屯留县南十三里 | | |
| | 余吾 | 今屯留县西 | | |
| | 铜鞮 | 今沁县南 | | |
| | 沾 | 今昔阳县西南三十里 | | |
| | 涅氏 | 今武乡县西 | | |
| | 襄垣 | 今襄垣县北 | | |
| | 壶关 | 今长治县东南 | | |
| | 泫氏 | 今高平县治 | | |
| | 高都 | 今晋城县东北 | | |
| | 潞 | 今潞城县东北 | 冯奉世 | |
| | 猗氏 | 今安泽县东南一百里 | | |
| | 阳阿 | 今安泽县西北 | | |
| | 谷远 | 今沁源县南门外 | | |

(续表)

| 郡国 | 县 | 故城所在 | 人物 | 艺文 |
|---|---|---|---|---|
| 河内郡 | 怀 | 今武陟县西南 | | |
| | 汲 | 今汲县西南 | | |
| | 武德 | 今武陟县东南 | | |
| | 波 | 今济源县东南 | | |
| | 山阳 | 今修武县西北三十五里 | | |
| | 河阳 | 今孟县西三十五里 | 息夫躬 | |
| | 州 | 今沁阳县东南 | | |
| | 共 | 今辉县治 | | |
| | 平皋 | 今温县东 | | |
| | 朝歌旧卫 | 今淇县东北 | 蔡公 | 《易传·蔡公》二篇 |
| | 修武 | 今获嘉县治 | | |
| | 温 | 今温县西南三十里 | 石奋 | |
| | | | 蔡义 | |
| | | | 傅喜 | |
| | 樊王 | 今沁阳县治 | | |
| | 获嘉 | 今新乡县西南十二里 | | |
| | 轵 | 今济源县南十三里 | 郭解 | |
| | | | 张禹 | 《论语》之《鲁安昌侯说》二十一篇,《孝经安昌侯说》一篇。 |
| | 沁水 | 今济源县东北 | | |
| | 隆虑 | 今林县治 | | |
| | 荡阴 | 今汤阴县西南 | | |
| | | | 赵子 | |
| | | | 食子公 | |

（续表）

| 郡国 | 县 | 故城所在 | 人物 | 艺文 |
|---|---|---|---|---|
| 河南郡 | 雒阳 | 今洛阳县东北二十里 | 周王孙 | 《易传·周氏》二篇 |
| | | | 贾谊 | 《贾谊》五十八篇，贾谊赋七篇，《五曹官制》五篇。班固曰：汉制似贾谊所条。 |
| | | | 剧孟 | |
| | | | 虞初 | 《虞初周说》九百四十三篇 |
| | | | 锜华 | 雒阳锜华赋九篇 |
| | | | 贾捐之 | |
| | 荥阳 | 今荥泽县西南 | | |
| | 偃师 | 今偃师县治 | | |
| | 京 | 今荥阳县东南 | | |
| | 平阴 | 今孟津县东 | 于长 | 《天下忠臣》九篇 |
| | 中牟 | 今中牟县东 | | |
| | 平 | 今孟津县东 | | |
| | 阳武 | 今阳武县东南 | 张苍 | 《张苍》十六篇 |
| | 河南 | 今洛阳县西五里 | | |
| | 缑氏 | 今偃师县南二十里 | | |
| | 卷 | 今原武县西北 | | |
| | 原武 | 今阳武县治 | | |
| | 巩 | 今巩县西南 | | |
| | 穀城 | 今洛阳县西北 | | |
| | 故市 | 今郑县西北三十五里 | | |
| | 密 | 今密县东南二十里 | | |
| | 新成 | 今洛阳县南 | | |
| | 开封 | 今开封县南五十里 | | |
| | 成皋 | 今汜水县东北 | | |

(续表)

| 郡国 | 县 | 故城所在 | 人物 | 艺文 |
|---|---|---|---|---|
| 河南郡 | 苑陵 | 今新郑县东北 | | |
| | 梁 | 今临汝县东 | | |
| | 新郑 | 今新郑县北 | | |
| | | | 卜式 | |
| 东郡 | 濮阳 | 今濮阳县西南 | 汲黯 | |
| | 畔观 | 今观城县西 | | |
| | 聊城 | 今聊城县西北十五里 | | |
| | 顿丘 | 今清丰县西南 | 京房 | 《孟氏京房》十一篇，《灾异孟氏京房》六十六篇，《风角要占》三卷，《风角五音占》五卷。 |
| | 发干 | 今堂邑县西南 | | |
| | 范 | 今范县东南 | | |
| | 茌平 | 今茌平县西 | 尹齐 | |
| | 东武阳 | 今朝城县西 | | |
| | 博平 | 今博平县西北三十里 | | |
| | 黎 | 今郓城县西 | | |
| | 清 | 今堂邑县东南 | | |
| | 东阿 | 今阳谷县东北五十里 | | |
| | 离狐 | 今东明县东南 | | |
| | 临邑 | 今东阿县北 | | |
| | 利苗 | 未详 | | |
| | 须昌 | 今东平县西北 | | |
| | 寿良 | 今寿张县东南五十里 | | |
| | 乐昌 | 今南乐县治 | | |
| | 阳平 | 今莘县治 | | |
| | 白马 | 今滑县东二十里 | | |

（续表）

| 郡国 | 县 | 故城所在 | 人物 | 艺文 |
|---|---|---|---|---|
| 东郡 | 南燕 | 今延津县北 | | |
| | 廪丘 | 今范县东南 | | |
| 陈留郡 | 陈留 | 今陈留县治 | 假仓 | |
| | | | 许晏 | |
| | 小黄 | 今陈留县东北 | | |
| | 成安 | 今杞县东 | 韩安国 | |
| | 宁陵 | 今宁陵县南 | | |
| | 雍丘 | 今杞县治 | | |
| | 酸枣 | 今延津县北十五里 | | |
| | 东昏 | 今兰封县东北二十里 | | |
| | 襄邑 | 今睢县西一里 | | |
| | 外黄 | 今杞县东北六十里 | | |
| | 封丘 | 今封丘县治 | | |
| | 长罗 | 今长垣县北 | | |
| | 尉氏 | 今尉氏县治 | | |
| | 傿 | 今柘城县北 | | |
| | 长垣 | 今长垣县东北十余里 | | |
| | 平丘 | 今长垣县西南五十里 | | |
| | 济阳 | 今兰封县东北 | | |
| | 浚仪 | 今开封县西北 | | |
| 颍川郡 | 阳翟 | 今禹县治 | 韩王信 | |
| | | | 张良 | |
| | 昆阳 | 今叶县治 | | |
| | 颍阳 | 今许昌县西南 | | |
| | 定陵 | 今舞阳县北十五里 | | |
| | 长社 | 今长葛县西 | | |

（续表）

| 郡国 | 县 | 故城所在 | 人物 | 艺文 |
|---|---|---|---|---|
| 颍川郡 | 新汲 | 今扶沟县西南 | | |
| | 襄城 | 今襄城县西 | | |
| | 郾 | 今郾城县南 | | |
| | 郏 | 今郏县治 | | |
| | 舞阳 | 今舞阳县西 | | |
| | 颍阴 | 今许昌县治 | 灌夫 | |
| | 崇高 | 今登封县治 | | |
| | 许 | 今许昌县东二十里 | | |
| | 鄢陵 | 今鄢陵县西北 | 孙宝 | |
| | 临颍 | 今临颍县西北 | | |
| | 父城 | 今宝丰县东四十里 | | |
| | 成安 | 今临汝县东南 | | |
| | 周承休 | 今临汝县东 | | |
| | 阳城 | 今登封县东南 | 陈胜 | |
| | 纶氏 | 今登封县西南 | | |
| | | | 晁错 | 《晁错》三十一篇 |
| | | | 贾山 | 《贾山》八篇 |
| 汝南郡 | 平舆 | 今平舆县治 | | |
| | 阳安 | 今确山县东 | | |
| | 阳城 | 今商水县西 | | |
| | 㶟强 | 今临颍县东 | | |
| | 富波 | 今阜南县 | | |
| | 汝阳 | 今商水县西北 | | |
| | 鲖阳 | 今新蔡县东北七十里 | | |
| | 吴房 | 今遂平县治 | | |
| | 安成 | 今汝南县东南 | | |

（续表）

| 郡国 | 县 | 故城所在 | 人物 | 艺文 |
|---|---|---|---|---|
| 汝南郡 | 南顿 | 今项城县北五十里 | | |
| | 朗陵 | 今确山县西南三十五里 | | |
| | 细阳 | 今太和县东 | | |
| | 宜春 | 今汝南县西南 | | |
| | 汝阴 | 今阜阳县治 | | |
| | 新蔡 | 今新蔡县治 | | |
| | 新息 | 今息县东 | | |
| | 灈阳 | 今遂平县东南 | | |
| | 期思 | 今固始县西北 | | |
| | 慎阳 | 今正阳县北四十里 | | |
| | 慎 | 今颍上县西北 | | |
| | 召陵 | 今郾城县东三十五里 | | |
| | 弋阳 | 今潢川县西 | | |
| | 西平 | 今西平县西 | | |
| | 上蔡 | 今上蔡县西 | 翟方进 | |
| | 鲖 | 今沈丘县东南 | | |
| | 西华 | 今西华县南 | | |
| | 长平 | 今西华县东北十八里 | | |
| | 宜禄 | 今沈丘县北 | | |
| | 项 | 今项城县东北 | | |
| | 新郪 | 今太和县北 | | |
| | 归德 | 未详 | | |
| | 新阳 | 今太和县西北 | | |
| | 安昌 | 今确山县西 | | |
| | 安阳 | 今正阳县西南 | | |
| | 博阳 | 今商水县东北四十里 | | |

（续表）

| 郡国 | 县 | 故城所在 | 人物 | 艺文 |
|---|---|---|---|---|
| 汝南郡 | 成阳 | 今信阳县东北 | | |
| | 定陵 | 今郾城县西北六十里 | | |
| | | | 桓宽 | 《盐铁论》六十篇 |
| | | | 尹更始 | |
| 南阳郡 | 宛 | 今南阳县治 | | |
| | 犨 | 今鲁山县东南五十五里 | | |
| | 杜衍 | 今南阳县西南二十三里 | 杜周 | |
| | 酂 | 今光化县北 | | |
| | 育阳 | 今南阳县南六十里 | | |
| | 博山 | 今淅川县东 | | |
| | 涅阳 | 今镇平县南 | | |
| | 阴 | 今光化县西 | | |
| | 堵阳 | 今方城县东六里 | 张释之 | |
| | 雉 | 今南阳县北八十里 | | |
| | 山都 | 今襄阳县西北 | | |
| | 蔡阳 | 今枣阳县西南 | | |
| | 新野 | 今新野县治南 | | |
| | 筑阳 | 今谷城县东 | | |
| | 棘阳 | 今新野县东北 | | |
| | 武当 | 今均县北 | | |
| | 舞阴 | 今泌阳县西北 | | |
| | 西鄂 | 今南召县南 | | |
| | 穰 | 今邓县外城东南隅 | 宁成 | |
| | 郦 | 今内乡县东北 | | |
| | 安众 | 今镇平县东南 | | |
| | 冠军 | 今邓县西北四十里 | | |

（续表）

| 郡国 | 县 | 故城所在 | 人物 | 艺文 |
|---|---|---|---|---|
| 南阳郡 | 比阳 | 今泌阳县西 | | |
| | 平氏 | 今桐柏县西 | | |
| | 随 | 今随县 | | |
| | 叶 | 今叶县南 | | |
| | 邓 | 今襄阳县北 | | |
| | 朝阳 | 今邓县东南 | | |
| | 鲁阳 | 今鲁山县治 | | |
| | 舂陵 | 今枣阳县东 | | |
| | 新都 | 今新野县东 | | |
| | 湖阳 | 今唐河县南八十里 | | |
| | 红阳 | 今舞阳县西北红山之南 | | |
| | 乐成 | 今邓县西南三十里 | | |
| | 博望 | 今南阳县东北六十里 | | |
| | 复阳 | 今桐柏县东 | | |
| | | | 直不疑 | |
| 南郡 | 江陵 | 今江陵县治 | | |
| | 临沮 | 今当阳县西北 | | |
| | 夷陵 | 今宜昌县东 | | |
| | 华容 | 今监利县西北 | | |
| | 宜城 | 今宜城县南 | | |
| | 郢 | 今江陵县东南 | | |
| | 邔 | 今宜城县东北 | | |
| | 当阳 | 今当阳县东 | | |
| | 中卢 | 今襄阳县西南 | | |
| | 枝江 | 今枝江县东 | | |
| | 襄阳 | 今襄阳县治 | | |

(续表)

| 郡国 | 县 | 故城所在 | 人物 | 艺文 |
|---|---|---|---|---|
| 南郡 | 编 | 今荆门县西 | | |
| | 秭归 | 今秭归县治 | | |
| | 夷道 | 今宜都县西北 | | |
| | 州陵 | 今沔阳县东南 | | |
| | 若 | 今宜城县东南 | | |
| | 巫 | 今巫山县东 | | |
| | 高成 | 今松滋县南 | | |
| 江夏郡 | 西陵 | 今黄冈县西北 | | |
| | 竟陵 | 今天门县西北 | | |
| | 西阳 | 今黄冈县东 | | |
| | 襄 | 未详 | | |
| | 邾 | 今黄冈县南 | | |
| | 轪 | 今蕲水县西四十里 | | |
| | 鄂 | 今鄂城县治 | | |
| | 安陆 | 今德安县北 | | |
| | 沙羡 | 今武昌县西南 | | |
| | 蕲春 | 今蕲春县西北 | | |
| | 鄳 | 今罗山县西南九里 | | |
| | 云杜 | 今沔阳县西北 | | |
| | 下雉 | 今兴国县东南 | | |
| | 钟武 | 今信阳县东南 | | |
| 庐江郡 | 舒 | 今庐江县西 | 文翁 | |
| | | | 朱邑 | |
| | 居巢 | 今巢县东北五里 | 范增 | |
| | 龙舒 | 今舒城县治 | | |
| | 临湖 | 今无为县西南 | | |

(续表)

| 郡国 | 县 | 故城所在 | 人物 | 艺文 |
|---|---|---|---|---|
| 庐江郡 | 雩娄 | 今商城县东北 | | |
| | 襄安 | 今无为县南 | | |
| | 枞阳 | 今桐城县东南 | | |
| | 寻阳 | 今黄梅县北 | | |
| | 灊 | 今霍山县东北 | | |
| | 皖 | 今潜山县治 | | |
| | 湖陵邑 | 吴卓信曰：疑即今太湖县。 | | |
| | 松兹 | 今宿松县北 | | |
| 九江郡 | 寿春邑 | 今寿县治 | 召信臣 | |
| | | | 梅福 | |
| | 浚道 | 今合肥县治 | | |
| | 成德 | 今寿县东南 | | |
| | 橐皋 | 今巢县西北 | | |
| | 阴陵 | 今定远县西北 | | |
| | 历阳 | 今和县治 | | |
| | 当涂 | 今怀远县东南 | | |
| | 钟离 | 今凤阳县东 | | |
| | 合肥 | 今合肥县北 | | |
| | 东城 | 今定远县东南 | | |
| | 博乡 | 今霍丘县南 | | |
| | 曲阳 | 今凤台县东北 | | |
| | 建阳 | 今滁县东 | | |
| | 全椒 | 今全椒县治 | | |
| | 阜陵 | 今全椒县东南十五里 | | |
| 山阳郡 | 昌邑 | 今金乡县西北四十里 | | |
| | 南平阳 | 今邹县治 | 龚遂 | |

(续表)

| 郡国 | 县 | 故城所在 | 人物 | 艺文 |
|---|---|---|---|---|
| 山阳郡 | 成武 | 今城武县治 | | |
| | 湖陵 | 今鱼台县东南六十里 | | |
| | 东缗 | 今金乡县东北二十里 | | |
| | 方与 | 今鱼台县北 | | |
| | 橐 | 今邹县西南 | | |
| | 巨壄 | 今巨野县南 | | |
| | 单父 | 今单县南一里 | 吕后 | |
| | 薄 | 今商丘县西北 | | |
| | 都关 | 今濮县东南 | | |
| | 城都 | 今濮县南六十里 | | |
| | 黄 | 今冠县南 | | |
| | 爰戚 | 今嘉祥县西南 | | |
| | 郜成 | 今城武县东南十八里 | | |
| | 中乡 | 未详 | | |
| | 平乐 | 今单县东四十里 | | |
| | 郑 | 未详 | | |
| | 瑕 | 今滋阳县西二十五里 | 江公 | |
| | | | 陈汤 | |
| | 甾乡 | 未详 | | |
| | 栗乡 | 未详 | | |
| | 曲乡 | 未详 | | |
| | 西阳 | 吴卓信曰：阳疑为防之讹，今金乡县西有西防城 | | |
| | | | 张无故 | |
| | | | 张长安 | |
| 济阴郡 | 定陶 | 今定陶县西北四里 | 魏相 | |

（续表）

| 郡国 | 县 | 故城所在 | 人物 | 艺文 |
|---|---|---|---|---|
| 济阴郡 | 冤句 | 今菏泽县西南 | 陈豨 | |
| | 吕都 | 今菏泽县西南三十里 | | |
| | 葭密 | 今菏泽县西 | | |
| | 成阳 | 今濮县东南 | | |
| | 鄄城 | 今濮县东二十里 | | |
| | 句阳 | 今菏泽县北 | | |
| | 秺 | 今城武县西北 | | |
| | 乘氏 | 今巨野县西南 | | |
| 沛郡 | 相 | 今宿县西北 | 陈万年 | |
| | | | 薛广德 | |
| | 龙亢 | 今怀远县西 | | |
| | 竹 | 今宿县北 | | |
| | 谷阳 | 今灵璧县西南 | | |
| | 萧 | 今萧县西北 | | |
| | 向 | 今怀远县东北四十五里 | | |
| | 铚 | 今宿县西南四十六里 | | |
| | 广戚 | 今沛县东北 | | |
| | 下蔡 | 今凤台县北 | | |
| | 丰 | 今丰县治 | 高祖 | 《高祖传》十三篇，《高祖歌诗》二篇。 |
| | | | 卢绾 | |
| | 鄿 | 今鹿邑县西南七十里 | | |
| | 谯 | 今亳县治 | | |
| | 蕲 | 今宿县南 | | |
| | 虹 | 今五河县西 | | |
| | 辄与 | 今泗县北一百二十里 | | |

(续表)

| 郡国 | 县 | 故城所在 | 人物 | 艺文 |
|---|---|---|---|---|
| 沛郡 | 山桑 | 今蒙城县北四十里 | | |
| | 公丘 | 今滕县西南十四里 | | |
| | 符离 | 今宿县治 | | |
| | 敬丘 | 今永城县西北三十里 | | |
| | 夏丘 | 今泗县治 | | |
| | 洨 | 今灵璧县南五十里 | | |
| | 沛 | 今沛县东 | 萧何 | |
| | | | 曹参 | |
| | | | 王陵 | |
| | | | 周勃 | |
| | | | 樊哙 | |
| | | | 夏侯婴 | |
| | | | 周緤 | |
| | | | 周昌 | |
| | | | 任敖 | |
| | | | 高相 | |
| | | | 施雠 | 《易章句》二篇 |
| | | | 弘恭 | |
| | | | 蔡千秋 | |
| | | | 庆普 | |
| | | | 褚少孙 | |
| | | | 瞿牧 | |
| | | | 邓彭祖 | |
| | 芒 | 今永城县东北 | | |
| | 建成 | 今永城县东南 | | |
| | 城父 | 今亳县东南 | | |

（续表）

| 郡国 | 县 | 故城所在 | 人物 | 艺文 |
|---|---|---|---|---|
| 沛郡 | 建平 | 今永城县西南 | | |
| | 酂 | 今永城县西南 | | |
| | 栗富 | 今夏邑县治 | | |
| | 扶阳 | 今萧县西南 | | |
| | 高 | 未详 | | |
| | 漂阳 | 未详 | | |
| | 平阿 | 今怀远县西南 | | |
| | 东乡 | 未详 | | |
| | 临都 | 未详 | | |
| | 义成 | 今怀远县东北 | | |
| | 祁乡 | 今夏邑县东北 | | |
| 魏郡 | 邺 | 今临漳县西 | | |
| | 馆陶 | 今邱县西南四十里 | | |
| | 斥丘 | 今成安县东南 | | |
| | 沙 | 今涉县西北二里 | | |
| | 内黄 | 今内黄县西北 | | |
| | 清渊 | 今临清县西南 | | |
| | 魏 | 今大名县西 | | |
| | 繁阳 | 今内黄县东北 | | |
| | 元城 | 今大名县东 | 元后 | |
| | | | 淳于长 | |
| | 梁期 | 今磁县东 | | |
| | 黎阳 | 今浚县东北 | 贾护 | |
| | 即裴 | 今肥乡县西 | | |
| | 武始 | 今邯郸县西南 | | |
| | 邯会 | 今安阳县西北 | | |

（续表）

| 郡国 | 县 | 故城所在 | 人物 | 艺文 |
|---|---|---|---|---|
| 魏郡 | 阴安 | 今清丰县北 | | |
| | 平恩 | 今丘县西 | | |
| | 邯沟 | 今肥乡县西北 | | |
| | 武安 | 今武安县西南 | | |
| | | | 盖宽饶 | |
| 巨鹿郡 | 巨鹿 | 今平乡县治 | 路温舒 | |
| | 南䜌 | 今巨鹿县北 | | |
| | 广阿 | 今隆平县东 | | |
| | 象氏 | 今隆平县东北二十五里 | | |
| | 廮陶 | 今宁晋县西南 | | |
| | 宋子 | 今赵县北 | | |
| | 杨氏 | 今宁晋县治 | 尹赏 | |
| | 临平 | 今晋县东南 | | |
| | 下曲阳 | 今晋县西 | | |
| | 贳 | 今束鹿县西南 | | |
| | 鄡 | 今束鹿县东 | | |
| | 新市 | 今藁城县境 | | |
| | 堂阳 | 今新河县西 | | |
| | 安定 | 今束鹿县西北 | | |
| | 敬武 | 今赵县东北 | | |
| | 历乡 | 今宁晋县东二十五里 | | |
| | 乐信 | 今束鹿县东 | | |
| | 武陶 | 未详 | | |
| | 柏乡 | 今柏乡县西南 | | |
| | 安乡 | 今晋县东 | | |
| 常山郡 | 元氏 | 今元氏县西北 | | |

（续表）

| 郡国 | 县 | 故城所在 | 人物 | 艺文 |
|---|---|---|---|---|
| 常山郡 | 石邑 | 今获鹿县东南 | | |
| | 桑中 | 今平山县东南 | | |
| | 灵寿 | 今灵寿县西北 | | |
| | 蒲吾 | 今平山县东南 | | |
| | 上曲阳 | 今曲阳县西 | | |
| | 九门 | 今藁城县西北 | | |
| | 井陉 | 今井陉县北 | | |
| | 房子 | 今高邑县西南 | | |
| | 中丘 | 今内丘县西 | | |
| | 封斯 | 今赵县西北二十里 | | |
| | 平棘 | 今赵县南 | | |
| | 鄗 | 今柏乡县北 | | |
| | 乐阳 | 今获鹿县北 | | |
| | 平台 | 今平乡县东北二十里 | | |
| | 都乡 | 未详 | | |
| | 南行唐 | 今行唐县北 | | |
| | | | 王禹 | 《王禹记》二十四篇 |
| 清河郡 | 清阳 | 今清河县东 | | |
| | 东武城 | 今武城县西 | | |
| | 绎幕 | 今平原县西北 | | |
| | 灵 | 今高唐县西南 | | |
| | 厝 | 今清平县南 | | |
| | 鄃 | 今平原县西南 | | |
| | 贝丘 | 今清平县西南 | | |
| | 信成 | 今清河县西北 | | |
| | 莎题 | 今枣强县南 | | |

（续表）

| 郡国 | 县 | 故城所在 | 人物 | 艺文 |
|---|---|---|---|---|
| 清河郡 | 东阳 | 今恩县西北 | | |
| | 信乡 | 今夏津县西 | | |
| | 缭 | 今南宫县东南 | | |
| | 枣强 | 今枣强县东南 | | |
| | 复阳 | 今武城县东北 | | |
| 涿郡 | 涿 | 今涿县治 | | |
| | 逎 | 今涞水县北 | | |
| | 谷丘 | 今安平县西南 | | |
| | 故安 | 今易县东南 | | |
| | 南深泽 | 今深泽县东南五十七里 | | |
| | 范阳 | 今定兴县南 | 蒯通 | 《蒯子》五篇 |
| | 蠡吾 | 今博野县西南 | 赵广汉 | |
| | | | 王商 | |
| | 容城 | 今容城县西北 | | |
| | 易 | 今雄县西北 | | |
| | 广望 | 今清苑县西南 | | |
| | 鄚 | 今任丘县北 | | |
| | 高阳 | 今高阳县东 | 王尊 | |
| | 州乡 | 今河间县东北 | | |
| | 安平 | 今安平县治 | | |
| | 樊舆 | 今清苑县东南 | | |
| | 成 | 未详 | | |
| | 良乡 | 今房山县东 | | |
| | 利乡 | 未详 | | |
| | 临乡 | 今固安县南 | | |
| | 益昌 | 今霸县东北 | | |

(续表)

| 郡国 | 县 | 故城所在 | 人物 | 艺文 |
|---|---|---|---|---|
| 涿郡 | 阳乡 | 今固安县西北 | | |
| | 西乡 | 今涿县西北 | | |
| | 饶阳 | 今饶阳县东 | | |
| | 中水 | 今献县西 | | |
| | 武垣 | 今河间县西南 | | |
| | 阿陵 | 今任丘县东北二十里 | | |
| | 阿武 | 今献县西北 | | |
| | 高郭 | 今任丘县西十七里 | | |
| | 新昌 | 今新城县东三十里 | | |
| 渤海郡 | 浮阳 | 今沧县东南四十里 | | |
| | 阳信 | 今无棣县境 | | |
| | 东光 | 今东光县东 | | |
| | 阜城 | 今阜城县东 | | |
| | 千童 | 今沧县东南 | | |
| | 重合 | 今乐陵县西 | | |
| | 南皮 | 今南皮县东北八里 | | |
| | 定县 | 今沧县东南 | | |
| | 章武 | 今沧县东北 | | |
| | 中邑 | 今沧县境 | | |
| | 高成 | 今盐山县东南 | 鲍宣 | |
| | 高乐 | 今南皮县东南 | | |
| | 参户 | 今青县南 | | |
| | 成平 | 今交河县东 | | |
| | 柳 | 今盐山县东 | | |
| | 临乐 | 今宁津县北 | | |
| | 东平舒 | 今大城县治 | | |

（续表）

| 郡国 | 县 | 故城所在 | 人物 | 艺文 |
|---|---|---|---|---|
| 渤海郡 | 重平 | 今吴桥县南 | | |
| | 安次 | 今安次县西北 | | |
| | 修市 | 今景县西北 | | |
| | 文安 | 今文安县东 | | |
| | 景成 | 今交河县东北 | | |
| | 束州 | 今河间县东北 | | |
| | 建成 | 今交河县东 | | |
| | 章乡 | 今沧县东南 | | |
| | 蒲领 | 今阜城县东 | | |
| | | | 隽不疑 | |
| | | | 赵定 | 《雅琴赵氏》七篇 |
| 平原郡 | 平原 | 今平原县南 | | |
| | 鬲 | 今德县北 | | |
| | 高唐 | 今禹城县西南 | | |
| | 重丘 | 今德县东 | | |
| | 平昌 | 今德平县西南 | | |
| | 般 | 今德平县东北 | | |
| | 乐陵 | 今乐陵县治 | | |
| | 祝阿 | 今长清县东北 | | |
| | 瑗 | 今禹城县南 | | |
| | 阿阳 | 今禹城县东 | | |
| | 漯阴 | 今临邑县西 | | |
| | 朸 | 今商河县治 | | |
| | 富平 厌次 | 今惠民县境 | 东方朔 | 《东方朔》二十篇 |
| | 安德 | 今陵县治 | | |
| | 合阳 | 未详 | | |

(续表)

| 郡国 | 县 | 故城所在 | 人物 | 艺文 |
|---|---|---|---|---|
| 平原郡 | 楼虚 | 今茌平县东 | | |
| | 龙颔 | 今景县东三十里 | | |
| | 安 | 今吴桥县西北 | | |
| 千乘郡 | 千乘 | 今高苑县北二十五里 | 欧阳生 | 《书欧阳章句》三十一卷,《书欧阳说义》二篇。 |
| | | | 兒宽 | 《兒宽》九篇,兒宽赋二篇。 |
| | 东邹 | 今青城县境 | | |
| | 湿沃 | 今蒲台县西北 | | |
| | 平安 | 今桓台县东北四十里 | | |
| | 博昌 | 今博兴县南二十里 | | |
| | 蓼城 | 未详 | | |
| | 建信 | 今高苑县西北 | | |
| | 狄 | 今高苑县西北 | 田儋 | |
| | | | 田荣 | |
| | | | 田横 | |
| | 琅槐 | 今广饶县东北一百十里 | | |
| | 乐安 | 今博兴县北 | | |
| | 被阳 | 今高苑县治 | | |
| | 高昌 | 今博兴县西南 | | |
| | 高苑 | 今桓台、高苑两县间 | | |
| | 延乡 | 今桓台县东 | | |
| 济南郡 | 东平陵 | 今历城县东 | | |
| | 邹平 | 今邹平县北 | | |
| | 台 | 今历城县西 | | |
| | 梁邹 | 今邹平县治 | | |
| | 土鼓 | 今淄川县治 | | |

（续表）

| 郡国 | 县 | 故城所在 | 人物 | 艺文 |
|---|---|---|---|---|
| 济南郡 | 於陵 | 今长山县西南 | | |
| | 阳丘 | 今章丘县东南 | | |
| | 般阳 | 今淄川县治 | | |
| | 菅 | 今章丘县西北 | | |
| | 朝阳 | 今章丘县西北 | | |
| | 历城 | 今历城县治 | | |
| | 猇 | 今章丘县北 | | |
| | 著 | 今济阳县西南 | | |
| | 宜成 | 今济阳县西北 | | |
| | | | 伏胜 | 《书传》四十一篇 |
| | | | 张生 | |
| | | | 终军 | 《终军》八篇 |
| | | | 王䜣 | |
| | | | 石显 | |
| 泰山郡 | 奉高 | 今泰安县东北十七里 | | |
| | 博 | 今泰安县东南 | | |
| | 茌 | 今长清县东北 | | |
| | 卢 | 今长清县南 | | |
| | 肥成 | 今肥城县西 | | |
| | 蛇丘 | 今肥城县南 | | |
| | 刚 | 今宁阳县东北五十五里 | 郑弘 | |
| | 柴 | 今泰安县南 | | |
| | 盖 | 今沂水县西北七十里 | | |
| | 梁父 | 今泰安县南六十里 | | |
| | 东平阳 | 今新泰县西北 | | |
| | 南武阳 | 今费县西北七十里 | | |

（续表）

| 郡国 | 县 | 故城所在 | 人物 | 艺文 |
|---|---|---|---|---|
| 泰山郡 | 莱芜 | 今淄川县东南 | | |
| | 巨平 | 今泰安县西南 | 王章 | |
| | 嬴 | 今莱芜县西北 | | |
| | 牟 | 今莱芜县东二十里 | | |
| | 蒙阴 | 今蒙阴县西南十五里 | | |
| | 华 | 今费县东北六十里 | | |
| | 宁阳 | 今宁阳县南 | | |
| | 乘丘 | 今滋阳县西北 | | |
| | 富阳 | 今肥城县南 | | |
| | 桃山 | 今滕县东 | | |
| | 桃乡 | 今汶上县东北 | | |
| | 式 | 未详 | | |
| | | | 冥都 | |
| 齐郡 | 临淄 | 今临淄县北八里 | 主父偃 | 《主父偃》二十八篇 |
| | | | 庄安 | 《庄安》一篇 |
| | 昌国 | 今淄川县东北三十五里 | | |
| | 利 | 今博兴县东四十里 | | |
| | 西安 | 今临淄县西三十里 | | |
| | 巨定 | 今广饶县北 | | |
| | 广 | 今益都县西南四里 | | |
| | 广饶 | 今广饶县东北 | | |
| | 昭南 | 未详 | | |
| | 临朐 | 今临朐县治 | | |
| | 北乡 | 未详 | | |
| | 平广 | 未详 | | |
| | 台乡 | 今寿光县东 | | |

（续表）

| 郡国 | 县 | 故城所在 | 人物 | 艺文 |
|---|---|---|---|---|
| 齐郡 | | | 田何 | |
| | | | 刘敬 | 《刘敬》三篇 |
| | | | 田子春 | |
| | | | 辕固 | 诗内外传若干卷 |
| | | | 胡母生 | |
| | | | 邹阳 | 《邹阳》七篇 |
| | | | 服光 | 《易传·服氏》二篇 |
| | | | 臣饶<br>不知其姓 | 《待诏臣饶心术》二十五篇 |
| | | | 楼护 | |
| | | | 衡咸 | |
| 北海郡 | 营陵 | 今昌乐县东南五十里 | | |
| | 剧魁 | 今昌乐县西北 | | |
| | 安丘 | 今安丘县西南 | | |
| | 瓡 | 未详 | | |
| | 淳于 | 今安丘县东北三十里 | | |
| | 益 | 今寿光县西 | | |
| | 平寿 | 今潍县西南 | | |
| | 剧 | 今昌乐县境 | | |
| | 都昌 | 今昌邑县西二里 | | |
| | 平望 | 今寿光县东北三十里 | | |
| | 平的 | 未详 | | |
| | 柳泉 | 今益都县东 | | |
| | 寿光 | 今寿光县东 | | |
| | 乐望 | 今寿光县东五十里 | | |
| | 饶 | 未详 | | |
| | 斟 | 今潍县东 | | |

(续表)

| 郡国 | 县 | 故城所在 | 人物 | 艺文 |
|---|---|---|---|---|
| 北海郡 | 桑犊 | 今潍县境 | | |
| | 平城 | 今昌邑县东 | | |
| | 密乡 | 今昌邑县东南十五里 | | |
| | 羊石 | 未详 | | |
| | 乐都 | 未详 | | |
| | 石乡 | 未详 | | |
| | 上乡 | 未详 | | |
| | 新成 | 未详 | | |
| | 成乡 | 今安丘县北 | | |
| | 胶阳 | 今高密县西北 | | |
| 东莱郡 | 掖 | 今掖县治 | | |
| | 睡 | 今文登县西 | | |
| | 平度 | 今平度县西北六十里 | | |
| | 黄 | 今黄县东南 | | |
| | 临朐 | 今掖县北 | | |
| | 曲成 | 今掖县东北 | | |
| | 牟平 | 今黄县东南十五里 | | |
| | 东牟 | 今文登县西北 | | |
| | 㟎 | 今黄县西南 | | |
| | 育犁 | 今牟平县境 | | |
| | 昌阳 | 今莱阳县东南二十五里 | | |
| | 不夜 | 今文登县治 | | |
| | 当利 | 今掖县西南 | | |
| | 卢乡 | 今莱阳县西南四十里 | | |
| | 阳乐 | 今掖县西南 | | |
| | 阳石 | 今掖县南 | | |

（续表）

| 郡国 | 县 | 故城所在 | 人物 | 艺文 |
|---|---|---|---|---|
| 东莱郡 | 徐乡 | 今黄县西南五十里 | | |
| | | | 费直 | |
| | | | 张霸 | |
| 琅邪郡 | 东武 | 今诸城县治 | 王同 | 《易传·王氏》二篇 |
| | | | 师丹 | |
| | 不其 | 今即墨县西南 | 房凤 | |
| | 海曲 | 今日照县西 | | |
| | 赣榆 | 今赣榆县东北 | | |
| | 朱虚 | 今临朐县东 | | |
| | 诸 | 今诸城县西南三十里 | 梁丘贺 | 《易章句》二篇 |
| | 梧成 | 今安丘县西南 | | |
| | 灵门 | 今莒县北一百二十里 | | |
| | 姑幕 | 今诸城县西北五十里 | | |
| | 虚水 | 未详 | | |
| | 临原 | 今临朐县东 | | |
| | 琅邪 | 今琅邪山下 | | |
| | 祓 | 今胶县西南 | | |
| | 柜 | 今胶县西南 | | |
| | 缾 | 今临朐县东南 | | |
| | 邞 | 今胶县西南 | | |
| | 雩叚 | 今胶县西南 | | |
| | 黔陬 | 今胶县南七十里 | | |
| | 云 | 未详 | | |
| | 计斤 | 今胶县西南 | | |
| | 稻 | 今高密县西南 | | |
| | 皋虞 | 今即墨县东北 | 王骏 | 《论语鲁王骏说》二十篇 |

(续表)

| 郡国 | 县 | 故城所在 | 人物 | 艺文 |
|---|---|---|---|---|
| 琅邪郡 | 平昌 | 今安丘县南 | | |
| | 长广 | 今莱阳县东 | | |
| | 横 | 今诸城县东南四十里 | | |
| | 东莞 | 今沂水县治 | | |
| | 魏其 | 今临沂县南 | | |
| | 昌 | 今诸城县东北 | | |
| | 兹乡 | 今诸城县西北 | | |
| | 箕 | 今莒县西北九十里 | | |
| | 椑 | 今莒县南 | | |
| | 高广 | 今莒县南 | | |
| | 高乡 | 今莒县南 | | |
| | 柔 | 未详 | | |
| | 即来 | 未详 | | |
| | 丽 | 今诸城县西南三十里 | | |
| | 武乡 | 未详 | | |
| | 伊乡 | 今灌云县境 | | |
| | 新山 | 今莒县境 | | |
| | 高阳 | 今高密县西北 | | |
| | 昆山 | 今诸城县西南六十里 | | |
| | 参封 | 未详 | | |
| | 折泉 | 今诸城县西南七十里 | | |
| | 博石 | 未详 | | |
| | 房山 | 今潍县西南五里 | | |
| | 慎乡 | 未详 | | |
| | 驷望 | 未详 | | |
| | 安丘 | 今安丘县东南 | | |

(续表)

| 郡国 | 县 | 故城所在 | 人物 | 艺文 |
|---|---|---|---|---|
| 琅邪郡 | 高陵 | 未详 | | |
| | 临安 | 未详 | | |
| | 石山 | 未详 | | |
| | | | 贡禹 | |
| | | | 诸葛丰 | |
| | | | 管辂 | |
| | | | 徐良 | |
| | | | 伏理 | |
| 东海郡 | 郯 | 今郯城县西南三十里 | 后苍 | 《诗齐后氏故》二十卷,《诗齐后氏传》三十九卷,《曲台后苍》九篇,《孝经后氏说》一篇。 |
| | | | 于定国 | |
| | | | 薛宣 | |
| | 兰陵 | 今峄县东五十里 | 孟喜 | 《易章句》二篇 |
| | | | 疏广 | |
| | | | 萧望之 | 萧望之赋四篇 |
| | | | 毋将隆 | |
| | 襄贲 | 今临沂县西南一百二十里 | | |
| | 下邳 | 今邳县东 | 严延年 | |
| | | | 严彭祖 | |
| | | | 师忠 | 《雅琴师氏》八篇 |
| | | | 翼奉 | 《孝经翼氏说》一篇,《风角要候》十一卷,《翼氏占风》一卷。 |
| | 良成 | 今邳县北 | | |
| | 平曲 | 今沭阳县东北 | | |
| | 戚 | 今滕县南七十里 | 马宫 | |

(续表)

| 郡国 | 县 | 故城所在 | 人物 | 艺文 |
|---|---|---|---|---|
| 东海郡 | 朐 | 今东海县南 | | |
| | 开阳 | 今临沂县北 | | |
| | 费 | 今费县西北二十里 | | |
| | 利成 | 今临沂县东百里 | | |
| | 海西 | 今东海县南一百二十里 | | |
| | 兰祺 | 未详 | | |
| | 缯 | 今峄县八十里 | | |
| | 南成 | 今费县西南九十里 | | |
| | 山乡 | 未详 | | |
| | 建乡 | 未详 | | |
| | 即丘 | 今临沂县东南 | | |
| | 祝其 | 今赣榆县南 | | |
| | 临沂 | 今临沂县北 | | |
| | 厚丘 | 今沭阳县北 | | |
| | 容丘 | 今邳县北 | | |
| | 东安 | 今东海县西 | | |
| | 合乡 | 今滕县东 | | |
| | 承 | 今峄县西北一里 | 匡衡 | |
| | 建阳 | 今峄县西 | | |
| | 曲阳 | 今东海县西南 | | |
| | 司吾 | 今宿迁县北 | | |
| | 于乡 | 未详 | | |
| | 曲平 | 未详 | | |
| | 都阳 | 今峄县西南 | | |
| | 阴平 | 今沭阳县西北十四里 | | |
| | 郚乡 | 今泗水县东南 | | |

(续表)

| 郡国 | 县 | 故城所在 | 人物 | 艺文 |
|---|---|---|---|---|
| 东海郡 | 武阳 | 今郯城县境 | | |
| | 新阳 | 未详 | | |
| | 建陵 | 今沭阳县西北一百里 | | |
| | 昌虑 | 今滕县东南六十里 | | |
| | 都平 | 未详 | | |
| | | | 白光 | |
| | | | 段嘉 | 《京氏段嘉》十二篇 |
| | | | 徐明 | 河内太守徐明赋三篇 |
| 临淮郡 | 徐 | 今泗县西北 | | |
| | 取虑 | 今睢宁县西南 | | |
| | 淮浦 | 今涟水县西 | | |
| | 盱眙 | 今盱眙县东北 | | |
| | 厹犹 | 今宿迁县东南 | | |
| | 僮 | 今泗县东北 | | |
| | 射阳 | 今淮安县城东南 | | |
| | 开阳 | 未详 | | |
| | 赘其 | 今盱眙县西 | | |
| | 高山 | 未详 | | |
| | 睢陵 | 今盱眙县西 | | |
| | 盐渎 | 今盐城县西北 | | |
| | 淮阴 | 今淮阴县东南 | 韩信 | 《韩信》三篇 |
| | | | 枚乘 | 枚乘赋九篇 |
| | | | 枚皋 | 枚皋赋百二十篇 |
| | 淮陵 | 今盱眙县西北 | | |
| | 下相 | 今宿迁县西 | 项籍 | 《项王》一篇 |
| | 富陵 | 今盱眙县东北 | | |

西汉人文表 | 0321

(续表)

| 郡国 | 县 | 故城所在 | 人物 | 艺文 |
|---|---|---|---|---|
| 临淮郡 | 东阳 | 今天长县西北 | | |
| | 播旌 | 未详 | | |
| | 西平 | 未详 | | |
| | 高平 | 今泗县北 | | |
| | 开陵 | 未详 | | |
| | 昌阳 | 未详 | | |
| | 广平 | 未详 | | |
| | 兰阳 | 未详 | | |
| | 襄平 | 未详 | | |
| | 海陵 | 今泰县治 | | |
| | 舆 | 今江都县西四十五里 | | |
| | 堂邑 | 今六合县北 | | |
| | 乐陵 | 未详 | | |
| | | | 徐少季 | 《老子徐氏经说》六篇 |
| 会稽郡 | 吴 | 今吴县治 | 庄忌 | 庄夫子赋二十四篇 |
| | | | 庄助 | 《庄助》四篇，庄助赋三十五篇。 |
| | | | 庄忽奇 | 常侍郎庄忽奇赋十一篇 |
| | | | 朱买臣 | 朱买臣赋三篇 |
| | 曲阿 | 今丹阳县治 | | |
| | 乌伤 | 今义乌县治 | | |
| | 毗陵 | 今武进县治 | | |
| | 余暨 | 今萧山县西 | | |
| | 阳羡 | 今宜兴县南五里 | | |
| | 诸暨 | 今诸暨县治 | | |
| | 无锡 | 今无锡县治 | | |

（续表）

| 郡国 | 县 | 故城所在 | 人物 | 艺文 |
|---|---|---|---|---|
| 会稽郡 | 山阴 | 今绍兴县治 | | |
| | 丹徒 | 今镇江县东南 | | |
| | 余姚 | 今余姚县治 | | |
| | 娄 | 今昆山县东北 | | |
| | 上虞 | 今上虞县西北 | | |
| | 海盐 | 今平湖县东南 | | |
| | 剡 | 今嵊县西南 | | |
| | 由拳 | 今嘉兴县南 | | |
| | 大末 | 今龙游县治 | | |
| | 乌程 | 今吴兴县南二十五里 | | |
| | 句章 | 今慈溪县境 | | |
| | 余杭 | 今余杭县治 | | |
| | 鄞 | 今奉化县东 | | |
| | 钱唐 | 今杭县西 | | |
| | 鄮 | 今鄞县东 | | |
| | 富春 | 今富阳县治 | | |
| | 冶 | 今闽侯县东北冶山之麓 | | |
| | 回浦 | 今临海县东南一百一十五里 | | |
| | | | 郑吉 | |
| 丹阳郡 | 宛陵 | 今宣城县治 | | |
| | 於潜 | 今於潜县治北 | | |
| | 江乘 | 今句容县北 | | |
| | 春谷 | 今繁昌西北 | | |
| | 秣陵 | 今江宁县东南 | | |
| | 故鄣 | 今广德县治东北 | | |
| | 句容 | 今句容县治 | | |

(续表)

| 郡国 | 县 | 故城所在 | 人物 | 艺文 |
|---|---|---|---|---|
| 丹阳郡 | 泾 | 今泾县西 | | |
| | 丹阳 | 今当涂县东 | | |
| | 石城 | 今贵池县西七十里 | | |
| | 胡孰 | 今江宁县东南 | | |
| | 陵阳 | 今石埭县东北 | | |
| | 芜湖 | 今芜湖县东 | | |
| | 黟 | 今黟县东 | | |
| | 溧阳 | 今溧阳县西北 | | |
| | 歙 | 今歙县治 | | |
| | 宣城 | 今南陵县东四十里 | | |
| 豫章郡 | 南昌 | 今南昌县东 | | |
| | 庐陵 | 今吉安县南 | | |
| | 彭泽 | 今湖口县东三十里 | | |
| | 鄱阳 | 今鄱阳县东 | | |
| | 历陵 | 今德安县东 | | |
| | 余汗 | 今余干县东北 | | |
| | 柴桑 | 今九江县西南 | | |
| | 艾 | 今修水县西 | | |
| | 赣 | 今赣县西南 | | |
| | 新淦 | 今清江县东北 | | |
| | 南城 | 今南城县东南 | | |
| | 建成 | 今高安县治 | | |
| | 宜春 | 今宜春县治 | | |
| | 海昏 | 今永修县治 | | |
| | 雩都 | 今雩都县东北 | | |
| | 鄡阳 | 今鄱阳县西北 | | |

（续表）

| 郡国 | 县 | 故城所在 | 人物 | 艺文 |
|---|---|---|---|---|
| 豫章郡 | 南壄 | 今南康县西南 | | |
| | 安平 | 今安福县东南 | | |
| 桂阳郡 | 郴 | 今郴县治 | | |
| | 临武 | 今临武县东 | | |
| | 便 | 今永兴县治 | | |
| | 南平 | 今蓝山县东 | | |
| | 耒阳 | 今耒阳县东北四十五里 | | |
| | 桂阳 | 今连县治 | | |
| | 阳山 | 今阳山县南二里 | | |
| | 曲江 | 今曲江县西 | | |
| | 含洭 | 今英德县西 | | |
| | 浈阳 | 今英德县东 | | |
| | 阴山 | 今阳山县北 | | |
| 武陵郡 | 索 | 今常德县东北六十里 | | |
| | 孱陵 | 今公安县南 | | |
| | 临沅 | 今常德县西 | | |
| | 沅陵 | 今沅陵县西南 | | |
| | 镡成 | 今黔阳县西南 | | |
| | 无阳 | 今芷江县东南 | | |
| | 迁陵 | 今保靖县东 | | |
| | 辰阳 | 今辰溪县西 | | |
| | 酉阳 | 今永顺县南 | | |
| | 义陵 | 今溆浦县南三里 | | |
| | 佷山 | 今长阳县西 | | |
| | 零阳 | 今慈利县东 | | |
| | 充 | 今慈利县西二百四十里 | | |

（续表）

| 郡国 | 县 | 故城所在 | 人物 | 艺文 |
|---|---|---|---|---|
| 零陵郡 | 零陵 | 今全县北三十里 | | |
| | 营道 | 今宁远县西 | | |
| | 始安 | 今桂林县治 | | |
| | 夫夷 | 今新宁县东北 | | |
| | 营浦 | 今道县治 | | |
| | 都梁 | 今武冈县东北 | | |
| | 泠道 | 今宁远县东 | | |
| | 泉陵 | 今零陵县北 | | |
| | 洮阳 | 今全县北 | | |
| | 钟武 | 今衡阳县西南 | | |
| 汉中郡 | 西城 | 今安康县西北 | | |
| | 旬阳 | 今洵阳县北 | | |
| | 南郑 | 今南郑县东 | | |
| | 褒中 | 今褒城县东南 | | |
| | 房陵 | 今房县治 | | |
| | 安阳 | 今城固县东 | | |
| | 成固 | 今城固县西北 | 张骞 | |
| | 沔阳 | 今沔县东南 | | |
| | 钖 | 今白河县东 | | |
| | 武陵 | 今竹溪县东 | | |
| | 上庸 | 今竹山县东南 | | |
| | 长利 | 今郧西县西 | | |
| 广汉郡 | 梓潼 | 今梓潼县治 | | |
| | 什方 | 今什邡县南 | | |
| | 涪 | 今绵阳县东南 | | |
| | 雒 | 今广汉县北 | | |

（续表）

| 郡国 | 县 | 故城所在 | 人物 | 艺文 |
| --- | --- | --- | --- | --- |
| 广汉郡 | 绵竹 | 今德阳县北 | | |
| | 广汉 | 今遂宁县东北 | | |
| | 葭明 | 今昭化县南 | | |
| | 郪 | 今三台县南 | | |
| | 新都 | 今新都县东 | | |
| | 甸氐道 | 今文县西 | | |
| | 白水 | 今昭化县西北 | | |
| | 刚氐道 | 今平武县东 | | |
| | 阴平道 | 今文县西北 | | |
| 蜀郡 | 成都 | 今成都县治 | 司马相如 | 司马相如赋二十九篇，《凡将》一篇，《荆轲论》五篇。 |
| | | | 扬雄 | 扬雄赋十二篇，扬雄所序三十八篇，《训纂》一篇，《别字》十三篇，《苍颉训纂》一篇。 |
| | 郫 | 今郫县北 | 何武 | |
| | 繁 | 今新繁县东北 | | |
| | 广都 | 今华阳县东南 | | |
| | 临邛 | 今邛崃县治 | | |
| | 青衣 | 今雅安县北 | | |
| | 江原 | 今崇庆县东南 | | |
| | 严道 | 今荣经县治 | | |
| | 绵虒 | 今汶川县西 | | |
| | 旄牛 | 今汉源县南 | | |
| | 徙 | 今天全县东 | | |
| | 湔氐道 | 今松潘县西北 | | |
| | 汶江 | 今茂县北 | | |

(续表)

| 郡国 | 县 | 故城所在 | 人物 | 艺文 |
|---|---|---|---|---|
| 蜀郡 | 广柔 | 今汶川县西北 | | |
| | 蚕陵 | 今松潘县叠溪营西 | | |
| | | | 王褒 | 王褒赋十六篇 |
| | | | 赵宾 | |
| | | | 严遵 | 《老子指归》十一卷 |
| 犍为郡 | 僰道 | 今宜宾县治 | | |
| | 江阳 | 今泸县治 | | |
| | 武阳 | 今彭山县东十里 | | |
| | 南安 | 今夹江县西北二十里 | 邓通 | |
| | 资中 | 今资阳县北 | | |
| | 符 | 今合江县西 | | |
| | 牛鞞 | 今简阳县西 | | |
| | 南广 | 今珙县西南 | | |
| | 汉阳 | 今庆符县南 | | |
| | 郁鄢 | 今宜宾县东南 | | |
| | 朱提 | 今宜宾县西南 | | |
| | 堂琅 | 今会泽县境 | | |
| 越巂郡 | 邛都 | 今西昌县东南 | | |
| | 遂久 | 今盐源县西 | | |
| | 灵关道 | 今芦山县西北 | | |
| | 台登 | 今冕宁县东 | | |
| | 定莋 | 今盐源县南 | | |
| | 会无 | 今会理县治 | | |
| | 莋秦 | 未详 | | |
| | 大莋 | 今冕宁县西 | | |
| | 姑复 | 今永北县东南 | | |

（续表）

| 郡国 | 县 | 故城所在 | 人物 | 艺文 |
|---|---|---|---|---|
| 越嶲郡 | 三绛 | 今会理县东南 | | |
| | 苏示 | 今西昌县北 | | |
| | 阑 | 今越嶲县北 | | |
| | 卑水 | 今会理县东北 | | |
| | 潞街 | 未详 | | |
| | 青蛉 | 今大姚县治 | | |
| 益州郡 | 滇池 | 今晋宁县东 | | |
| | 双柏 | 今昆明县境 | | |
| | 同劳 | 未详 | | |
| | 铜濑 | 今曲靖县西北 | | |
| | 连然 | 今安宁县南 | | |
| | 俞元 | 今澄江县南 | | |
| | 收靡 | 今寻甸县境 | | |
| | 谷昌 | 今昆明县北 | | |
| | 秦臧 | 今富民县西北 | | |
| | 邪龙 | 今蒙化县境 | | |
| | 味 | 今曲靖县西十五里 | | |
| | 昆泽 | 今宜良县境 | | |
| | 叶榆 | 今大理县东北 | | |
| | 律高 | 今马龙县东 | | |
| | 不韦 | 今保山县北五十里 | | |
| | 云南 | 今祥云县南八十里 | | |
| | 嶲唐 | 今云龙县南 | | |
| | 弄栋 | 今姚安县北 | | |
| | 比苏 | 今云龙县西 | | |
| | 贲古 | 今建水县东南 | | |

（续表）

| 郡国 | 县 | 故城所在 | 人物 | 艺文 |
|---|---|---|---|---|
| 益州郡 | 母棳 | 今黎县境 | | |
| | 胜休 | 今建水县南 | | |
| | 建伶 | 今昆明县西北 | | |
| | 来唯 | 今文山县西 | | |
| 牂柯郡 | 故且兰 | 今平越县治 | | |
| | 镡封 | 今遵义县东南 | | |
| | 鳖 | 今遵义县城西 | | |
| | 漏卧 | 今罗平县南 | | |
| | 平夷 | 今仁怀县西南 | | |
| | 同并 | 今沾益县北 | | |
| | 谈指 | 今桐梓县西南 | | |
| | 宛温 | 今盘县西一百里 | | |
| | 母敛 | 今三江县境 | | |
| | 夜郎 | 今桐梓县东二十里 | | |
| | 毋单 | 今黎县境 | | |
| | 漏江 | 今通海县境 | | |
| | 西随 | 今元江县东 | | |
| | 都梦 | 今文山县境 | | |
| | 谈槀 | 今陆良县境 | | |
| | 进桑 | 今元江县东南 | | |
| | 句町 | 今通海县东北五里 | | |
| 巴郡 | 江州 | 今巴县西 | | |
| | 临江 | 今忠县治 | | |
| | 枳 | 今涪陵县西 | | |
| | 阆中 | 今阆中县西 | | |
| | 垫江 | 今合川县治 | | |

（续表）

| 郡国 | 县 | 故城所在 | 人物 | 艺文 |
|---|---|---|---|---|
| 巴郡 | 朐忍 | 今云阳县西 | | |
| | 安汉 | 今南充县北 | | |
| | 宕渠 | 今渠县东北 | | |
| | 鱼复 | 今奉节县东北 | | |
| | 充国 | 今南部县西北 | | |
| | 涪陵 | 今彭水县治 | | |
| 武都郡 | 武都 | 今成县西 | | |
| | 上禄 | 今成县西南 | | |
| | 故道 | 今凤县西北 | | |
| | 河池 | 今徽县西 | | |
| | 平乐道 | 今武都县东北 | | |
| | 沮 | 今略阳县东 | | |
| | 嘉陵道 | 今成县西北 | | |
| | 循成道 | 今略阳县西北 | | |
| | 下辨道 | 今成县西 | | |
| 陇西郡 | 狄道 | 今临洮县西南 | 辛庆忌 | |
| | 上邽 | 今天水县西南 | 上官桀 | |
| | | | 赵充国 | |
| | | | 段会宗 | |
| | 安故 | 今临洮县南 | | |
| | 氐道 | 今清水县西南 | | |
| | 首阳 | 今渭源县东北 | | |
| | 予道 | 未详 | | |
| | 大夏 | 今临夏县东南 | | |
| | 羌道 | 今西固县西北 | | |
| | 襄武 | 今陇西县东南 | 廉褒 | |

(续表)

| 郡国 | 县 | 故城所在 | 人物 | 艺文 |
|---|---|---|---|---|
| 陇西郡 | 临洮 | 今岷县治 | | |
| | 西 | 今天水县西南 | | |
| 金城郡 | 允吾 | 今皋兰县西北 | | |
| | 浩亹 | 今乐都县东 | | |
| | 令居 | 今永登县西北 | | |
| | 枝阳 | 今永登县南 | | |
| | 金城 | 今皋兰县西南 | | |
| | 榆中 | 今榆中县西北 | | |
| | 枹罕 | 今临夏县治 | | |
| | 白石 | 今临夏县西南 | | |
| | 河关 | 今临夏县西 | | |
| | 破羌 | 今乐都县西 | | |
| | 安夷 | 今西宁县东七十里 | | |
| | 允街 | 今永登县南 | | |
| | 临羌 | 今西宁县西 | | |
| 天水郡 | 平襄 | 今通渭县西南 | | |
| | 街泉 | 今秦安县东北 | | |
| | 戎邑道 | 今秦安县东 | | |
| | 望垣 | 今天水县西北 | | |
| | 罕开 | 今天水县南 | | |
| | 绵诸道 | 今天水县东 | | |
| | 阿阳 | 今静宁县南 | | |
| | 略阳道 | 今秦安县东北 | | |
| | 冀 | 今甘谷县南 | | |
| | 勇士 | 今榆中县东北 | | |
| | 成纪 | 今秦安县北 | 李广 | 《李将军射法》三篇 |
| | | | 李蔡 | |

（续表）

| 郡国 | 县 | 故城所在 | 人物 | 艺文 |
|---|---|---|---|---|
| 天水郡 | 清水 | 今清水县西 | | |
| | 奉捷 | 今清水县境 | | |
| | 陇 | 今清水县北 | | |
| | 獂道 | 今陇西县东北 | | |
| | 兰干 | 未详 | | |
| 武威郡 | 姑臧 | 今武威县治 | | |
| | 张掖 | 今武威县南 | | |
| | 武威 | 今民勤县北 | | |
| | 休屠 | 今武威县北 | | |
| | 揟次 | 今古浪县北 | | |
| | 鸾鸟 | 今武威县南 | | |
| | 朴劓 | 今古浪县东 | | |
| | 媪围 | 今皋兰县东北 | | |
| | 苍松 | 今古浪县西 | | |
| | 宣威 | 今民勤县南 | | |
| 张掖郡 | 觻得 | 今张掖县西北 | | |
| | 昭武 | 今张掖县西北 | | |
| | 删丹 | 今山丹县治 | | |
| | 氐池 | 今山丹县西南 | | |
| | 屋兰 | 今山丹县西北 | | |
| | 日勒 | 今山丹县东南 | | |
| | 骊靬 | 今永昌县南 | | |
| | 番和 | 今永昌县西 | | |
| | 居延 | 今额济纳旗 | | |
| | 显美 | 今永昌县东 | | |
| 酒泉郡 | 禄福 | 今酒泉县治 | | |

（续表）

| 郡国 | 县 | 故城所在 | 人物 | 艺文 |
|---|---|---|---|---|
| 酒泉郡 | 表是 | 今高台县西 | | |
| | 乐涫 | 今高台县西北 | | |
| | 天依 | 未详 | | |
| | 玉门 | 今玉门县东 | | |
| | 会水 | 今高台县镇夷城西北 | | |
| | 池头 | 今玉门县西南 | | |
| | 绥弥 | 今酒泉县东 | | |
| | 乾齐 | 今玉门县西南 | | |
| 敦煌郡 | 敦煌 | 今敦煌县治 | | |
| | 冥安 | 今安西县东 | | |
| | 效谷 | 今安西县治西 | | |
| | 渊泉 | 今布隆吉尔城东 | | |
| | 广至 | 今安西县西 | | |
| | 龙勒 | 今敦煌县西 | | |
| 安定郡 | 高平 | 今固原县治 | | |
| | 复累 | 未详 | | |
| | 安俾 | 未详 | | |
| | 抚夷 | 今镇原县北 | | |
| | 朝那 | 今平凉县西北 | | |
| | 泾阳 | 今平凉县西 | | |
| | 临泾 | 今镇原县西二里 | | |
| | 卤 | 未详 | | |
| | 乌氏 | 今平凉县西北 | | |
| | 阴密 | 今灵台县西五十里 | | |
| | 安定 | 今泾川县北十五里 | | |
| | 参䜌 | 今庆阳县西北 | | |

（续表）

| 郡国 | 县 | 故城所在 | 人物 | 艺文 |
|---|---|---|---|---|
| 安定郡 | 三水 | 今固原县北 | | |
| | 阴槃 | 今长武县西北 | | |
| | 安武 | 今镇原县南 | | |
| | 祖厉 | 今靖远县西南 | | |
| | 爰得 | 今泾川县东南 | | |
| | 眴卷 | 今中卫县东 | | |
| | 彭阳 | 今镇原县东八十里 | | |
| | 鹑阴 | 今靖远县西北 | | |
| | 月氏道 | 未详 | | |
| 北地郡 | 马领 | 今环县东南 | | |
| | 直路 | 今中部县西北二百里 | | |
| | 灵武 | 今宁朔县西北 | | |
| | 富平 | 今灵武县西南 | | |
| | 灵洲 | 今灵武县境 | | |
| | 眴衍 | 今盐池县境 | | |
| | 方渠 | 今环县南 | | |
| | 除道 | 疑与直路县相近 | | |
| | 五街 | 未详 | | |
| | 鹑孤 | 今灵台县东北 | | |
| | 归德 | 今庆阳县东北 | | |
| | 回获 | 未详 | | |
| | 略畔道 | 今合水县西南 | | |
| | 泥阳 | 今宁县东南 | | |
| | 郁郅 | 今庆阳县治 | 李息 | |
| | | | 王围 | 《强弩将军王围射法》五卷 |
| | | | 甘延寿 | |

（续表）

| 郡国 | 县 | 故城所在 | 人物 | 艺文 |
|---|---|---|---|---|
| 北地郡 | 义渠道 | 今宁县西北 | 公孙昆邪 | 《公孙浑邪》十五篇 |
| | | | 公孙敖 | |
| | | | 傅介子 | |
| | 弋居 | 今宁县东 | | |
| | 大要 | 今宁县东南 | | |
| | 廉 | 今固原县东北 | | |
| 上郡 | 肤施 | 今绥德县东南 | | |
| | 独乐 | 今米脂县北 | | |
| | 阳周 | 今安定县北 | | |
| | 木禾 | 未详 | | |
| | 平都 | 今安定县境 | | |
| | 浅水 | 今长武县北 | | |
| | 京室 | 未详 | | |
| | 洛都 | 未详 | | |
| | 白土 | 今鄂尔多斯左翼中旗南 | | |
| | 襄洛 | 今宁县东北 | | |
| | 原都 | 未详 | | |
| | 漆垣 | 未详 | | |
| | 奢延 | 今鄂尔多斯右翼前旗西南 | | |
| | 雕阴 | 今鄜县北 | | |
| | 推邪 | 未详 | | |
| | 桢林 | 今神木县东北 | | |
| | 高望 | 今鄂尔多斯右翼前旗 | | |
| | 雕阴道 | 未详 | | |
| | 龟兹 | 今榆林县北 | | |
| | 定阳 | 今宜川县西北 | | |

(续表)

| 郡国 | 县 | 故城所在 | 人物 | 艺文 |
|---|---|---|---|---|
| 上郡 | 高奴 | 今肤施县东 | | |
| | 望松 | 未详 | | |
| | 宜都 | 未详 | | |
| 西河郡 | 富昌 | 今鄂尔多斯左翼前旗界内 | | |
| | 驺虞 | 未详 | | |
| | 鹄泽 | 未详 | | |
| | 平定 | 今榆林县北 | | |
| | 美稷 | 今鄂尔多斯左翼前旗东南 | | |
| | 中阳 | 今中阳县西 | | |
| | 乐街 | 未详 | | |
| | 徒经 | 未详 | | |
| | 皋狼 | 今离石县西北 | | |
| | 大成 | 今鄂尔多斯左翼前旗界内 | | |
| | 广田 | 未详 | | |
| | 圁阴 | 今神木县南 | | |
| | 益兰 | 未详 | | |
| | 平周 | 今介休县西 | 路博德 | |
| | 鸿门 | 今神木县西南 | | |
| | 蔺 | 今离石县西 | | |
| | 宣武 | 未详 | | |
| | 千章 | 未详 | | |
| | 增山 | 今套内之南与榆林县接境 | | |
| | 圁阳 | 今神木县东 | | |
| | 广衍 | 未详 | | |
| | 武车 | 未详 | | |
| | 虎猛 | 今鄂尔多斯左翼前旗界内 | | |

(续表)

| 郡国 | 县 | 故城所在 | 人物 | 艺文 |
|---|---|---|---|---|
| 西河郡 | 离石 | 今离石县治 | | |
| | 谷罗 | 今套内之南与榆林县接境 | | |
| | 饶 | 未详 | | |
| | 方利 | 未详 | | |
| | 隰成 | 今离石县西 | | |
| | 临水 | 未详 | | |
| | 土军 | 今石楼县治 | | |
| | 西都 | 今孝义县境 | | |
| | 平陆 | 未详 | | |
| | 阴山 | 未详 | | |
| | 觬是 | 未详 | | |
| | 博陵 | 未详 | | |
| | 盐官 | 未详 | | |
| 朔方郡 | 三封 | 今套外黄河西岸 | | |
| | 朔方 | 今鄂尔多斯右翼后旗界内 | | |
| | 修都 | 今鄂尔多斯境 | | |
| | 临河 | 今临河县境 | | |
| | 呼道 | 今鄂尔多斯境 | | |
| | 窳浑 | 今阿尔泰山之南腾格里湖侧 | | |
| | 渠搜 | 今鄂尔多斯右翼后旗界内故朔方城东 | | |
| | 沃野 | 今腾格里湖之南 | | |
| | 广牧 | 今鄂尔多斯右翼后旗故朔方城西 | | |
| | 临戎 | 故朔方城西黄河北流之东岸 | | |
| 五原郡 | 九原 | 今五原县境 | 赵破奴 | |
| | 固陵 | 未详 | | |

(续表)

| 郡国 | 县 | 故城所在 | 人物 | 艺文 |
|---|---|---|---|---|
| 五原郡 | 五原 | 今乌喇特旗东近茂明安旗界 | | |
| | 临沃 | 今乌喇特旗界内 | | |
| | 文国 | 未详 | | |
| | 河阴 | 今鄂尔多斯左翼后旗界内 | | |
| | 蒲泽 | 未详 | | |
| | 南兴 | 今府谷县境 | | |
| | 武都 | 今乌喇特旗界内 | | |
| | 宜梁 | 今乌喇特旗界内 | | |
| | 曼柏 | 今乌喇特旗黄河北 | | |
| | 成宜 | 今乌喇特旗南 | | |
| | 稒阳 | 今包头附近 | | |
| | 莫䵣 | 今乌喇特旗界内 | | |
| | 西安阳 | 今乌喇特旗界内 | | |
| | 河目 | 今乌喇特旗界内 | | |
| 云中郡 | 云中 | 今托克托县境 | 李沮<br>郭昌 | |
| | 咸阳 | 今萨拉齐县境 | | |
| | 陶林 | 今左云县西北 | | |
| | 桢陵 | 今托克托县境 | | |
| | 犊和 | 今归绥县境 | | |
| | 沙陵 | 今托克托县境当黑河入黄河处 | | |
| | 原阳 | 今归化城西 | | |
| | 沙南 | 今绥远境河套内鄂尔多斯左翼后旗界内 | | |
| | 北舆 | 今武川县境 | | |
| | 武泉 | 今武川县境 | | |

(续表)

| 郡国 | 县 | 故城所在 | 人物 | 艺文 |
|---|---|---|---|---|
| 云中郡 | 阳寿 | 今归绥县境 | | |
| 定襄郡 | 成乐 | 今杀虎口北归化城南 | | |
| | 桐过 | 今清水河县境 | | |
| | 都武 | 今归绥县境 | | |
| | 武进 | 今和林格尔县东南 | | |
| | 襄阴 | 今归绥县境 | | |
| | 武皋 | 今武川县境 | | |
| | 骆 | 未详 | | |
| | 安陶 | 未详 | | |
| | 武城 | 今平鲁县西北 | | |
| | 武要 | 未详 | | |
| | 定襄 | 今归绥县东 | | |
| | 复陆 | 未详 | | |
| 雁门郡 | 善无 | 今右玉县南 | | |
| | 沃阳 | 今凉城县西 | | |
| | 繁畤 | 今浑源县西 | | |
| | 中陵 | 今平鲁县北 | | |
| | 阴馆 | 今朔县东南 | | |
| | 楼烦 | 今雁门关北 | | |
| | 武州 | 今左云县南 | | |
| | 汪陶 | 今山阴县东 | | |
| | 剧阳 | 今应县西北 | | |
| | 崞 | 今浑源县西 | | |
| | 平城 | 今大同县东五里 | | |
| | 埒 | 未详 | | |
| | 马邑 | 今朔县治 | | |

（续表）

| 郡国 | 县 | 故城所在 | 人物 | 艺文 |
|---|---|---|---|---|
| 雁门郡 | 强阴 | 今大同县西北塞外 | | |
| 代郡 | 桑干 | 今蔚县东北 | | |
| | 道人 | 今阳高县东南 | | |
| | 当城 | 今蔚县东 | | |
| | 高柳 | 今阳高县西北 | | |
| | 马城 | 今怀安县北 | | |
| | 班氏 | 今大同县东南 | | |
| | 延陵 | 今兴和县境 | | |
| | 狋氏 | 今广灵县西北 | | |
| | 且如 | 今兴和县境 | | |
| | 平邑 | 今阳高县西南 | | |
| | 阳原 | 今天镇县南 | | |
| | 东安阳 | 今蔚县西北 | | |
| | 参合 | 今阳高县东北 | | |
| | 平舒 | 今广灵县西 | | |
| | 代 | 今蔚县东 | 冯唐 | |
| | 灵丘 | 今灵丘县东 | | |
| | 广昌 | 今涞源县北 | | |
| | 卤城 | 今繁峙县东 | | |
| 上谷郡 | 沮阳 | 今怀来县南 | | |
| | 泉上 | 今怀来县境 | | |
| | 潘 | 今涿鹿县西南 | | |
| | 军都 | 今昌平县西 | | |
| | 居庸 | 今延庆县东 | | |
| | 雊瞀 | 今蔚县东 | | |
| | 夷舆 | 今延庆县东北 | | |

（续表）

| 郡国 | 县 | 故城所在 | 人物 | 艺文 |
|---|---|---|---|---|
| 上谷郡 | 宁 | 今宣化县西北 | | |
| | 昌平 | 今昌平县东南 | | |
| | 广宁 | 今宣化县西北 | | |
| | 涿鹿 | 今涿鹿县南 | | |
| | 且居 | 今宣化县东 | | |
| | 茹 | 今宣化县南 | | |
| | 女祁 | 今龙关县东 | | |
| | 下落 | 今涿鹿县西 | | |
| 渔阳郡 | 渔阳 | 今密云县西南 | | |
| | 狐奴 | 今顺义县东北 | | |
| | 路 | 今通县东 | | |
| | 雍奴 | 今武清县东 | | |
| | 泉州 | 今武清县东南 | | |
| | 平谷 | 今平谷县东北 | | |
| | 安乐 | 今顺义县西南 | | |
| | 厗奚 | 今古北口外 | | |
| | 犷平 | 今古北口潮河西 | | |
| | 要阳 | 今承德县西古白檀城西北 | | |
| | 白檀 | 今承德县西 | | |
| | 滑盐 | 今承德县西南 | | |
| 右北平郡 | 平刚 | 今平泉县境 | | |
| | 无终 | 今蓟县治 | 徐乐 | 《徐乐》一篇 |
| | 石成 | 今承德县西北 | | |
| | 廷陵 | 未详 | | |
| | 俊靡 | 今遵化县西北 | | |
| | 薋 | 今遵化县境 | | |

(续表)

| 郡国 | 县 | 故城所在 | 人物 | 艺文 |
|---|---|---|---|---|
| 右北平郡 | 徐无 | 今玉田县东北二十里 | | |
| | 字 | 今山海关西北边外子谷口 | | |
| | 土垠 | 今丰润县东 | | |
| | 白狼 | 今凌源县南 | | |
| | 夕阳 | 今滦县西南 | | |
| | 昌城 | 今滦县西南 | | |
| | 骊成 | 今乐亭县西南 | | |
| | 广成 | 今沈阳县西北 | | |
| | 聚阳 | 未详 | | |
| | 平明 | 未详 | | |
| 辽西郡 | 且虑 | 今卢龙县东 | | |
| | 海阳 | 今滦县西南 | | |
| | 新安平 | 今滦县西 | | |
| | 柳城 | 今兴城县西南 | | |
| | 令支 | 今迁安县西 | | |
| | 肥如 | 今卢龙县北 | | |
| | 宾从 | 未详 | | |
| | 交黎 | 今凌源县治 | | |
| | 阳乐 | 今抚宁县西 | | |
| | 狐苏 | 今锦县境 | | |
| | 徒河 | 今锦县西北 | | |
| | 文成 | 今卢龙县境 | | |
| | 临渝 | 今沈阳县西 | | |
| | 絫 | 今昌黎县南 | | |
| 辽东郡 | 襄平 | 今辽阳县北七十里 | | |
| | 新昌 | 今海城县东 | | |

(续表)

| 郡国 | 县 | 故城所在 | 人物 | 艺文 |
|---|---|---|---|---|
| 辽东郡 | 无虑 | 今北镇县治 | | |
| | 望平 | 今北镇县东北 | | |
| | 房 | 今北镇县东南 | | |
| | 候城 | 今沈阳县北 | | |
| | 辽队 | 今海城县西 | | |
| | 辽阳 | 今辽阳县治 | | |
| | 险渎 | 今北镇县东南 | | |
| | 居就 | 今辽阳县西南 | | |
| | 高显 | 未详 | | |
| | 安市 | 今盖平县东北 | | |
| | 武次 | 今沈阳县东 | | |
| | 平郭 | 今盖平县南 | | |
| | 西安平 | 今辽阳县东六十里 | | |
| | 文 | 未详 | | |
| | 番汗 | 未详 | | |
| | 沓氏 | 今辽阳县境 | | |
| 玄菟郡 | 高句丽 | 今中国东北部分地区及朝鲜半岛北部 | | |
| | 上殷台 | 未详 | | |
| | 西盖马 | 今朝鲜境 | | |
| 乐浪郡 | 朝鲜 | 今朝鲜平壤 | | |
| | 䛁邯 | 今朝鲜境 | | |
| | 浿水 | 今朝鲜义州 | | |
| | 含资 | 今朝鲜境 | | |
| | 黏蝉 | 今平壤西南 | | |
| | 遂成 | 今平壤南 | | |
| | 增地 | 今平壤南 | | |

(续表)

| 郡国 | 县 | 故城所在 | 人物 | 艺文 |
|---|---|---|---|---|
| 乐浪郡 | 带方 | 今平壤西南 | | |
| | 驷望 | 今朝鲜境 | | |
| | 海冥 | 今朝鲜境 | | |
| | 列口 | 今大同江之口 | | |
| | 长岑 | 今沈阳县东 | | |
| | 屯有 | 今平壤南 | | |
| | 昭明 | 今平壤南 | | |
| | 镂方 | 今辽阳县东 | | |
| | 提奚 | 今朝鲜境 | | |
| | 浑弥 | 今朝鲜境 | | |
| | 吞列 | 今朝鲜平壤东南 | | |
| | 东暆 | 今朝鲜平壤西南 | | |
| | 不而 | 今朝鲜咸兴府北 | | |
| | 蚕台 | 今朝鲜境 | | |
| | 华丽 | 今开原县南四十里 | | |
| | 邪头昧 | 今朝鲜境 | | |
| | 前莫 | 今朝鲜境 | | |
| | 夫租 | 今朝鲜境 | | |
| 南海郡 | 番禺 | 今南海县治 | | |
| | 博罗 | 今博罗县治 | | |
| | 中宿 | 今清远县西北 | | |
| | 龙川 | 今龙川县西北 | | |
| | 四会 | 今四会县治 | | |
| | 揭阳 | 今揭阳县西 | | |
| 郁林郡 | 布山 | 今贵县南 | | |
| | 安广 | 今横县境 | | |

（续表）

| 郡国 | 县 | 故城所在 | 人物 | 艺文 |
|---|---|---|---|---|
| 郁林郡 | 阿林 | 今桂平县东 | | |
| | 广郁 | 今贵县治 | | |
| | 中留 | 今武宣县西南 | | |
| | 桂林 | 今象县东南 | | |
| | 潭中 | 今马平县东南 | | |
| | 临尘 | 今邕宁县西 | | |
| | 定周 | 今宜山县西北 | | |
| | 增食 | 今宾阳县东北 | | |
| | 领方 | 今宾阳县西二十里 | | |
| | 雍鸡 | 今崇善县境 | | |
| 苍梧郡 | 广信 | 今苍梧县治 | | |
| | 谢沐 | 今永明县西南 | | |
| | 高要 | 今高要县治 | | |
| | 封阳 | 今贺县南 | | |
| | 临贺 | 今贺县治 | | |
| | 端溪 | 今德庆县治 | | |
| | 冯乘 | 今江华县西南六十里 | | |
| | 富川 | 今富川县西南 | | |
| | 荔浦 | 今荔浦县西 | | |
| | 猛陵 | 今苍梧县西北 | | |
| 交阯郡 | 羸陵 | 今越南北部 | | |
| | 安定 | 今越南北部 | | |
| | 苟漏 | 今越南北部 | | |
| | 麓泠 | 今越南北部 | | |
| | 曲阳 | 今越南北部 | | |
| | 北带 | 今越南北部 | | |

（续表）

| 郡国 | 县 | 故城所在 | 人物 | 艺文 |
|---|---|---|---|---|
| 交阯郡 | 稽徐 | 今越南北部 | | |
| | 西于 | 今越南北部 | | |
| | 龙编 | 今越南北部 | | |
| | 朱䳒 | 今越南河内东南 | | |
| 合浦郡 | 徐闻 | 今海康县治 | | |
| | 高凉 | 今阳江县西 | | |
| | 合浦 | 今合浦县东北 | | |
| | 临允 | 今新闻县南七十里 | | |
| | 朱卢 | 今琼山县治 | | |
| 九真郡 | 胥浦 | 今越南北部 | | |
| | 居风 | 今越南北部 | | |
| | 都庞 | 今越南北部 | | |
| | 余发 | 今越南境 | | |
| | 咸䮾 | 今越南北部 | | |
| | 无切 | 今越南境 | | |
| | 无编 | 今越南境 | | |
| 日南郡 | 朱吾 | 今越南南部 | | |
| | 比景 | 今越南南部 | | |
| | 卢容 | 今越南南部 | | |
| | 西卷 | 今越南南部 | | |
| | 象林 | 今越南境 | | |
| 赵国 | 邯郸 | 今邯郸县西南 | 江充 | |
| | | | 蔡癸 | 《蔡癸》一篇 |
| | 易阳 | 今永年县西十五里 | | |
| | 柏人 | 今尧山县西 | | |
| | 襄国 | 今邢台县西南 | | |

(续表)

| 郡国 | 县 | 故城所在 | 人物 | 艺文 |
| --- | --- | --- | --- | --- |
| 赵国 | | | 李左车 | 《广武君》一篇 |
| | | | 毛苌 | |
| | | | 吾丘寿王 | 《吾丘寿王》六篇，《吾丘说》一篇，吾丘寿王赋十五篇。 |
| | | | 聊苍 | 《待诏金马聊苍》三篇 |
| 广平国 | 广平 | 今鸡泽县东 | | |
| | 张 | 今任县西南 | | |
| | 朝平 | 今南和县境 | | |
| | 南和 | 今南和县治 | | |
| | 列人 | 今肥乡县东北 | | |
| | 斥章 | 今曲周县东南 | | |
| | 任 | 今任县东南 | | |
| | 曲周 | 今曲周县东北 | | |
| | 南曲 | 今丘县北 | | |
| | 曲梁 | 今永年县治 | | |
| | 广乡 | 今任县境 | | |
| | 平利 | 未详 | | |
| | 平乡 | 今平乡县西北 | | |
| | 阳台 | 未详 | | |
| | 广年 | 今永年县西北 | | |
| | 城乡 | 未详 | | |
| 真定国 | 真定 | 今正定县南 | | |
| | 藁城 | 今藁城县西南 | | |
| | 肥累 | 今藁城县西南 | | |
| | 绵曼 | 今获鹿县北 | | |
| 中山国 | 卢奴 | 今定县治 | | |

（续表）

| 郡国 | 县 | 故城所在 | 人物 | 艺文 |
|---|---|---|---|---|
| 中山国 | 北平 | 今满城县北 | | |
| | 北新成 | 今徐水县西南二十里 | | |
| | 唐 | 今唐县东北 | | |
| | 深泽 | 今深泽县东南 | | |
| | 苦陉 | 今无极县东北 | 田叔 | |
| | 安国 | 今安国县南 | | |
| | 曲逆 | 今完县东南 | | |
| | 望都 | 今望都县西北 | | |
| | 新市 | 今新乐县西南 | | |
| | 新处 | 今定县西北 | | |
| | 毋极 | 今无极县西 | | |
| | 陆成 | 今蠡县南 | | |
| | 安险 | 今定县东三十里 | | |
| | | | 李延年 | |
| 信都国 | 信都 | 今冀县治 | 秦恭 | |
| | 历 | 今故城县北 | | |
| | 扶柳 | 今冀县西南 | | |
| | 辟阳 | 今冀县东南三十里 | | |
| | 南宫 | 今南宫县西北 | | |
| | 下博 | 今深县南 | | |
| | 武邑 | 今武邑县治 | | |
| | 观津 | 今武邑县东南 | 窦婴 | |
| | 高隄 | 今枣强县东 | | |
| | 广川 | 今枣强县东三十里 | 董仲舒 | 《公羊董仲舒治狱》十六篇，《董仲舒》百二十三篇。 |
| | | | 孟但 | |

西汉人文表 | 0349

（续表）

| 郡国 | 县 | 故城所在 | 人物 | 艺文 |
|---|---|---|---|---|
| 信都国 | 乐乡 | 今深县东南 | | |
| | 平隄 | 今枣强县东 | | |
| | 桃 | 今冀县西北 | | |
| | 西梁 | 今束鹿县南六十里 | | |
| | 昌成 | 今冀县西北 | | |
| | 东昌 | 今武邑县东北 | | |
| | 修 | 今景县南 | | |
| 河间国 | 乐成 | 今献县东南 | | |
| | 候井 | 今东光县西 | | |
| | 武隧 | 今武强县东北 | | |
| | 弓高 | 今阜城县西南 | | |
| | | | 刘辅 | |
| 广阳国 | 蓟 故燕 | 今大兴县西南 | 韩婴 | 《易传·韩氏》二篇，《诗韩故》三十六卷，《诗韩内传》四卷，《诗韩外传》六卷，《诗韩说》四十一卷。 |
| | | | 韩延寿 | |
| | 方城 | 今固安县东南 | | |
| | 广阳 | 今良乡县东北 | | |
| | 阴乡 | 今宛平县西南 | | |
| 甾川国 | 剧 | 今寿光县东南三十里 | | |
| | 东安平 | 今临淄县东十里 | | |
| | 楼乡 | 未详 | | |
| | | | 杨何 | 《易传·杨氏》二篇 |
| | | | 公孙弘 | 《公孙弘》十篇 |
| | | | 长孙顺 | |
| | | | 任公 | |

（续表）

| 郡国 | 县 | 故城所在 | 人物 | 艺文 |
|---|---|---|---|---|
| 胶东国 | 即墨 | 今平度县东南 | | |
| | 昌武 | 未详 | | |
| | 下密 | 今昌邑县东 | | |
| | 壮武 | 今即墨县西 | | |
| | 郁秩 | 今平度县治 | | |
| | 挺 | 今莱阳县西北 | | |
| | 观阳 | 今莱阳县东七十里 | | |
| | 邹卢 | 未详 | | |
| 高密国 | 高密 | 今高密县西南 | | |
| | 昌安 | 今安丘县治 | | |
| | 石泉 | 今诸城县东北 | | |
| | 夷安 | 今高密县治 | | |
| | 成乡 | 今安丘县北 | | |
| 城阳国 | 莒 | 今莒县治 | | |
| | 阳都 | 今沂水县南一百二十里 | | |
| | 东安 | 今沂水县南三十里 | | |
| | 虑 | 今沂水县西南 | | |
| 淮阳国 | 陈 | 今淮阳县治 | 郑当时 | |
| | 苦 | 今鹿邑县东十里 | | |
| | 阳夏 | 今太康县治 | 吴广 | |
| | | | 黄霸 | |
| | | | 彭宣 | |
| | 宁平 | 今鹿邑县西南五十里 | | |
| | 扶沟 | 今扶沟县东北五十里 | | |
| | 固始 | 今淮阳县西北 | | |
| | 圉 | 今杞县南 | 郦食其 | |

（续表）

| 郡国 | 县 | 故城所在 | 人物 | 艺文 |
|---|---|---|---|---|
| 淮阳国 |  |  | 郦商 |  |
| | 新平 | 今淮阳县东北 |  |  |
| | 柘 | 今柘城县北 |  |  |
| |  |  | 冷丰 |  |
| 梁国 | 砀 | 今砀山县南 |  |  |
| | 甾 | 今考城县东南 |  |  |
| | 杼秋 | 今砀山县东 |  |  |
| | 蒙 | 今商丘县东北 |  |  |
| | 己氏 | 今曹县东南四十里 |  |  |
| | 虞 | 今虞城县西南三里 |  |  |
| | 下邑 | 今砀山县东 |  |  |
| | 睢阳 | 今商丘县南 | 灌婴 |  |
| | | | 栾布 |  |
| | | | 申屠嘉 |  |
| | | | 丁宽 | 《易传·丁氏》八篇 |
| | | | 焦延寿 |  |
| | | | 龙德 | 《雅琴龙氏》九十九篇 |
| | | | 戴德 |  |
| | | | 戴圣 |  |
| | | | 桥仁 |  |
| | | | 杨荣 |  |
| | | | 陈翁生 |  |
| 东平国 | 无盐 | 今东平县东二十里 |  |  |
| | 任城 | 今济宁县治 | 周仁 |  |
| | 东平陆 | 今汶上县北 |  |  |
| | 富城 | 今东平、平阴二县间 |  |  |

(续表)

| 郡国 | 县 | 故城所在 | 人物 | 艺文 |
|---|---|---|---|---|
| 东平国 | 章 | 今东平县东六十里 | | |
| | 亢父 | 今济宁县南五十里 | | |
| | 樊 | 今滋阳县西南 | | |
| | | | 夏侯胜 | 《书大夏侯章句》二十九卷，《论语鲁夏侯说》二十一篇。 |
| | | | 夏侯建 | 《书小夏侯章句》二十九卷，《大小夏侯解故》二十九篇。 |
| | | | 王式 | |
| | | | 唐长宾 | |
| 鲁国 | 鲁 | 今曲阜县治 | 朱家 | |
| | | | 高堂生 | |
| | | | 孔臧 | 《太常蓼侯孔臧》十篇，太常蓼侯孔臧赋二十篇。 |
| | | | 徐生 | |
| | | | 申公 | 《诗经鲁故》二十五卷，《诗经鲁说》二十八卷。 |
| | | | 毛亨 | 《毛诗故训传》三十卷 |
| | | | 孔安国 | |
| | | | 夏侯始昌 | |
| | | | 丙吉 | |
| | | | 朱云 | |
| | | | 孔光 | |
| | | | 史丹 | |
| | 汶阳 | 今宁阳县东北 | | |
| | 卞 | 今泗水县东五十里 | | |

（续表）

| 郡国 | 县 | 故城所在 | 人物 | 艺文 |
| --- | --- | --- | --- | --- |
| 鲁国 | 蕃 | 今滕县治 | 眭弘 | 眭弘赋一篇 |
| | 驺 | 今邹县东南二十六里 | 韦贤 | |
| | 薛 | 今滕县东南四十四里 | 叔孙通 | |
| | | | 颜安乐 | 《公羊颜氏记》十一篇 |
| 楚国 | 彭城 | 今铜山县治 | | |
| | 留 | 今沛县东南 | | |
| | 梧 | 未详 | | |
| | 傅阳 | 今峄县南五十里 | | |
| | 吕 | 今铜山县北 | | |
| | 武原 | 今邳县西北 | | |
| | 甾丘 | 今宿县东北六十里 | | |
| | | | 季布 | |
| | | | 季心 | |
| | | | 陆贾 | 《楚汉春秋》九篇，《陆贾》二十三篇，陆贾赋三篇。 |
| | | | 朱建 | 《平原君》七篇，朱建赋二篇。 |
| | | | 袁盎 | |
| | | | 伍被 | |
| | | | 曹羽 | 《曹羽》二篇 |
| | | | 龚胜 | |
| | | | 龚舍 | |
| | | | 申章昌 | |
| 泗水国 | 凌 | 今宿迁县东南五十里 | | |
| | 泗阳 | 今泗阳县东 | | |
| | 于 | 今东海县西 | | |

（续表）

| 郡国 | 县 | 故城所在 | 人物 | 艺文 |
|---|---|---|---|---|
| 广陵国 | 广陵 | 今江都县东北 | | |
| | 江都 | 今江都县西南 | | |
| | 高邮 | 今高邮县治 | | |
| | 平安 | 今宝应县西南 | | |
| 六安国 | 六 | 今六安县北 | 黥布 | |
| | 蓼 | 今固始县东北 | | |
| | 安丰 | 今霍丘县西南 | | |
| | 安风 | 今霍丘县西南 | | |
| | 阳泉 | 今霍丘县西 | | |
| 长沙国 | 临湘 | 今长沙县南 | | |
| | 罗 | 今湘阴县东北 | | |
| | 连道 | 今湘乡县西 | | |
| | 益阳 | 今益阳县东 | | |
| | 下隽 | 今沅陵县东北 | | |
| | 攸 | 今攸县东 | | |
| | 酃 | 今衡阳县东 | | |
| | 烝阳 | 今衡阳县西 | | |
| | 湘南 | 今湘潭县西六十里 | | |
| | 昭陵 | 今邵阳县治 | | |
| | 茶陵 | 今茶陵县东五十里 | | |
| | 容陵 | 今攸县北 | | |
| | 安成 | 今安福县西 | | |

## 后 记

抗日战争期间,诚居山中,得《汉书》读之,因作《西汉人文表》,其释地名,仅依据李兆洛《历代地理志韵编今释》。嗣是置稿行箧,缺漏未遑修订,迄今将三十年矣。而日迫崦嵫,又不复能礼堂写定。及吾生前,于此稿犹敝帚自珍;自兹以后,其或存或亡,亦唯听之而已。东坡诗中,以雪泥鸿爪喻人生:呜呼!鸿且不存,爪痕又于何有?一九七二年秋,李诚自记。

李 誠 全集

# 三国人表

## 司州人物

### 河南尹

**洛阳** 孟光，蜀大司农。锐意三史，长于汉家旧典。好《公羊春秋》而讥诃《左氏》。

**河南** 杜夔，善钟律，魏太祖使参太乐事。夔教习讲肄，备作乐器，绍复先代古乐，皆自夔始也。

赵达，治九宫一算之术，应机立成，对问若神；至计飞蝗，射隐伏，无不中效。孙权行师征伐，每令达有所推步，皆如其言。

征崇，居吴，为笃学立行之士。

**偃师** 郤正，蜀后主时秘书令。文辞灿烂，有张、蔡之风。

**中牟** 任峻，魏太祖使为典农中郎将，数年中，所在积粟，仓廪皆满。

潘勖，汉尚书左丞。

**开封** 郑浑，明帝时将作大匠。

### 河东郡

焦先，隐者。

杜挚，魏郎中令。

**安邑** 卫觊，魏尚书。

**闻喜** 裴潜，明帝时尚书令。

毌丘俭，高贵乡公时镇东将军，起兵淮南以讨司马师，败死。

**解县** 关羽。

## 平阳郡

**襄陵** 贾逵，文帝时豫州刺史。

**杨县** 徐晃，太祖以为平寇将军。

## 河内郡

韩浩，魏太祖以为中护军。

荀纬，魏越骑校尉。

王象，魏常侍。

**温县** 司马芝，魏文帝时河南尹。魏世为河南尹者莫及芝。

司马懿。懿兄朗，魏太祖以为兖州刺史。

常林，魏明帝时光禄勋太常。

**获嘉** 杨俊，魏文帝时南阳太守。

**修武** 张范，魏太祖以为议郎，参丞相军事。

## 弘农郡

**弘农** 杨修，魏太祖以为主簿。

董遇，魏大司农。

# 豫州人物

## 颍川郡

司马徽，高士。

胡昭，养志不仕。

繁钦，为魏太祖主簿。

徐庶，魏御史中丞。

石韬，魏典农校尉。

邯郸淳，魏博士给事中。

**许昌** 陈群，寔之孙，魏御史中丞，累官司空，录尚书事。

**长社** 钟繇，为魏太祖平定关右，以善书与晋王羲之并称钟王。子会，平蜀。

**阳翟** 郭嘉，深通算略，事魏太祖，早卒。

赵俨，魏世累官至司空。与同郡辛毗、陈群、杜袭并知名，号曰辛、陈、杜、赵。

辛毗，魏世入为侍中，出为大将军军师。

**颍阴** 荀彧，彧从子攸，皆事魏太祖。评者以为彧有王佐之风，攸庶乎算无遗策，良、平之亚。

**定陵** 杜袭，魏文帝时尚书，明帝时大将军军师。

## 汝南郡

孟建，诸葛亮友。

应玚，建安七子之一。

　　　　　玚弟璩，亦能文章。魏侍中。

　　　　　陈到，蜀征西将军。名位常亚赵云。

　　　　　陈祗，蜀镇军将军。

**平舆**　许靖，刘先主为汉中王，靖为太傅。

**西平**　和洽，魏明帝时太常。

**南顿**　程秉，孙权以其名儒，拜太子太傅。

**富陂**　吕蒙，为孙权将，谲郝普、擒关羽，最其妙者。

**细阳**　吕范，孙权以为前将军。

**汝阳**　袁绍，绍从弟术。

**固始**　胡综，吴偏将军。

## 陈郡

**阳夏**　何夔，魏文帝时封咸阳亭侯。

**柘县**　梁习，魏并州刺史，政治常为天下最。

**扶乐**　袁涣，魏太祖以为郎中令，行御史大夫事。

## 沛国

　　　　　史涣，魏太祖以为中领军。

　　　　　丁仪，魏太祖辟为掾。

　　　　　丁廙，建安中黄门侍郎。

　　　　　丁谧，魏尚书。

　　　　　朱建平，善相术。

　　　　　桓范，魏大司农。

**沛县**　刘先主甘后，后主母。

**丰县**　张鲁，据汉中。

相县　刘馥，魏太祖以为扬州刺史。

竹邑　薛综，吴太子少傅。

蕲县　楼玄，吴宫下督。

## 谯郡

谯县　曹操。

　　　夏侯惇，魏文帝拜为大将军。

　　　惇族弟渊，魏太祖拜为征西将军。

　　　许褚，马超谓为虎侯。

　　　华佗，精方药针灸之术，又能破腹背、湔肠胃，以除其疾秽。

　　　曹冏，魏宗室。

铚县　嵇康，魏中散大夫。

## 鲁国

鲁县　刘琰，蜀车骑将军。

　　　孔融，建安七子之一。

# 冀州人物

## 魏郡

胡潜，蜀博士。

## 广平郡

广平　沮授，袁绍以为监军、奋威将军。

邯郸　刘劭，魏文帝时尚书散骑侍郎，废帝时赐爵关内侯。

## 阳平郡

卫国　乐进，魏太祖以为右将军。

## 巨鹿郡

巨鹿　田丰，袁绍以为别驾。

　　　张臶，养志不仕。

　　　李孚，魏太祖以为阳平太守。

## 常山郡

真定　张燕，据黑山。

　　　赵云。

## 中山国

　　　李康，魏寻阳长。

## 安平郡

观津　牵招，魏太祖以为雁门太守，治边有声。

博陵　崔州平，诸葛亮友。

平原　祢衡。

　　　王烈，汉末高士。

　　　刘惇，以明天官、达占数，显于南土。

　　　管辂，明《周易》及风角占相之道，卜筮多奇验。

高唐　华歆，明帝时拜太尉。

## 河间郡

**鄚县**　邢颙，魏太常。

　　　　张郃，魏征西车骑将军。

## 清河郡

**东武城**　崔琰，魏太祖以为中尉，后又杀之。

　　　　　从弟林，魏司空。

# 兖州人物

## 陈留郡

**陈留**　阮瑀，建安七子之一。

　　　　路粹，魏太祖以为秘书令。

　　　　苏林，魏博士给事中。

　　　　吴壹，蜀车骑将军，妹为刘先主穆皇后。

　　　　濮阳兴，吴侍中。

**襄邑**　卫臻，魏司徒。

**平丘**　毛玠，魏国初建，为尚书仆射。

**圉县**　高柔，魏太尉。

**己吾**　典韦，魏太祖以为校尉。

## 东郡

**廪丘**　王观，魏司空。

**发干**　潘璋，吴右将军。

东阿　程昱，魏卫尉。

## 济阴郡

　　吴质，魏朝歌长，官至振威将军。

定陶　董昭，魏司徒。

## 山阳郡

　　仲长统，汉末尚书郎，著《昌言》。

　　伊籍，蜀昭文将军。

　　王弼，魏尚书郎，注《易》及《老子》。

昌邑　凉茂，魏太祖以为中尉。

　　满宠，魏征东将军。

高平　刘表，汉荆州牧。

　　王粲，建安七子之一。

## 任城国

任城　吕虔，魏徐州刺史威虏将军。

　　栈潜，魏太祖世历县令。

　　孙该，魏陈郡太守。

## 东平国

　　刘桢，建安七子之一。

　　毕轨，魏司隶校尉。

寿张　张邈，汉陈留太守。

## 泰山郡

孙观，魏太祖以为振威将军。

巨平　于禁，魏安远将军。

平阳　鲍勋，魏宫正。

高堂隆，魏光禄勋。

华县　臧霸，魏执金吾。

# 徐州人物

## 彭城国

彭城　张昭，吴辅吴将军。

严畯，吴尚书令。

樊阿，华佗弟子。

## 东海国

王朗，魏司空。朗子肃。

缪袭，魏尚书光禄勋。

朐县　糜竺，刘先主以为安汉将军。

利城　唐咨，吴左将军。

## 琅邪国

吴主权王夫人，生孙和。

阳都　诸葛瑾，吴大将军左都护。

瑾弟亮。

诸葛诞，魏征东大将军，以寿春抗司马昭败死。

莒县　徐盛，吴安东将军。

## 东莞郡

东莞　徐弈，魏太祖以为中尉。

## 广陵郡

广陵　陈琳，建安七子之一。

　　　吴普，华佗弟子。

　　　张纮，孙权以为长史。

海陵　吕岱，吴大司马。

射阳　臧洪，汉东郡太守。

东阳　陈矫，魏司徒。

海西　徐宣，魏左仆射。

## 下邳郡

下邳　陈登，汉伏波将军。

　　　桓威，著《浑舆经》。魏安成令。

　　　裴玄，吴太中大夫。

东城　鲁肃。

淮阴　吴主权步夫人。

　　　步骘，吴丞相。

# 青州人物

## 乐安郡

**乐安**　周宣,善占梦。

**盖县**　国渊,魏太祖以为太仆。

## 北海国

徐幹,建安七子之一。

孙乾,刘先主以为秉忠将军。

**营陵**　王修,魏太祖以为奉常。

是仪,吴尚书仆射。

**朱虚**　邴原,与管宁俱以操尚称。

管宁。

**剧县**　滕胤,吴卫将军。

孙皓滕夫人,胤之族女。

## 东莱郡

**黄县**　太史慈,孙策以为折冲中郎将。

**牟平**　刘繇,汉扬州牧。

**曲成**　王基,魏征南将军。

# 荆州人物

## 南阳郡

许攸，袁绍谋臣，后降魏太祖。

娄圭，魏太祖谋臣。

李胜，魏河南尹。

州泰，魏征虏将军。

黄忠。

张存，刘先主以为广汉太守。

郭攸之，蜀侍中。

陈震，蜀尚书令。

吕乂，蜀尚书令。

李严，蜀中都护。

王连，蜀屯骑校尉。

许慈，蜀博士。

吴主权王夫人，生孙休。

**宛县** 文聘，魏后将军。

何晏，魏侍中尚书。

**堵阳** 韩暨，魏司徒。

**安众** 宗预，蜀镇军大将军。

刘廙，魏侍中。

## 义阳郡

**义阳** 刘邕,蜀监军后将军。

董厥,蜀大将军平台事。

樊建,蜀侍中守中书令。

傅彤,蜀将。

魏延。

胡济,蜀右骠骑将军。

**新野** 来敏,蜀执慎将军。

邓芝,蜀车骑将军。

**棘阳** 邓艾。

## 江夏郡

**鄳县** 费祎,蜀大将军录尚书事。

费观,蜀扬威将军。

**平春** 李通,魏太祖以为汝南太守。

**竟陵** 刘焉,汉益州牧。传子璋。

## 襄阳郡

**襄阳** 庞德公,隐者。

黄承彦,沔南名士。

庞统。

辅匡,蜀右将军。

习祯,蜀南广汉太守。

杨仪,蜀中军师。

杨颙,仪宗人,蜀丞相主簿。

|宜城| 廖化，蜀右车骑将军。

马良，蜀侍中。

良弟谡，蜀丞相亮参军。

向朗，蜀左将军。

## 南郡

邓方，蜀安远将军。

冯习，蜀领军。

|枝江| 董和，蜀掌军中郎将。和子允。

霍峻，蜀梓潼太守。

## 零陵郡

|泉陵| 黄盖，孙权以为偏将军。

刘敏，蜀扬威将军。

|湘乡| 蒋琬，蜀大将军录尚书事。

|烝阳| 刘巴，刘先主以为尚书令。

## 武陵郡

|临沅| 廖立，蜀长水校尉。

|汉寿| 潘濬，吴太常。

## 长沙郡

|临湘| 桓阶，魏太常。

|罗县| 刘封，刘先主以为副军将军。

# 扬州人物

## 淮南郡

　　　　仓慈,魏敦煌太守。
寿春　蒋钦,孙权以为津右护军。
　　　　胡质,魏征东将军。
平阿　蒋济,魏太尉。
成德　刘晔,魏侍中。
下蔡　周泰,吴奋威将军。

## 庐江郡

　　　　王蕃,吴常侍。
舒县　周瑜。
安丰　丁奉,吴右大司马左军师。
松滋　陈武,孙权以为偏将军。

## 丹阳郡

　　　　陶谦,汉徐州牧。
　　　　唐固,吴议郎,称为儒者。
故鄣　朱治,吴安国将军。
　　　　朱然,吴车骑将军。
句容　孙和何姬,生皓。

## 会稽郡

**山阴** 吴主权谢夫人。

阚泽,吴太子太傅。

贺齐,吴后将军。

贺邵,吴中书令。

钟离牧,吴前将军。

**乌伤** 骆统,吴偏将军。

**长山** 留赞,吴左将军。

**上虞** 吴范,治历数,知风气。孙权以为骑都尉,领太史令。

**余姚** 董袭,孙权以为偏将军。

虞翻,孙权以为骑都尉。

**句章** 吴主权潘夫人,生亮。

## 吴郡

**吴县** 孙破虏吴夫人,吴主权母。

孙韶,吴镇北将军。

孙桓,吴建武将军。

顾雍,吴丞相。

朱桓,吴前将军。

朱据,吴骠骑将军。女孙休朱夫人。

张温,吴辅义中郎将。

陆绩,吴偏将军。

陆逊。逊弟瑁,吴议郎选曹尚书。

陆凯,吴左丞相。凯弟胤,吴安南将军。

**乌程** 徐详,孙权封为亭侯。

吾粲，吴太子太傅。

**余杭** 凌统，吴偏将军。

**富春** 孙坚。

吴主权徐夫人。

**阳羡** 周鲂，吴裨将军。

**钱唐** 全琮，吴右大司马左军师。

孙亮全夫人。

**武进** 华覈，吴东观令。

**云阳** 韦昭，吴侍中。

# 雍州人物

## 京兆郡

隗禧，魏郎中。

韦诞，魏光禄大夫。

金祎，起事讨魏太祖，不成而死。

**杜陵** 杜畿，魏尚书仆射。

## 冯翊郡

**万年** 杨沛，魏太祖以为京兆尹。

**高陵** 张既，魏凉州刺史。

## 扶风郡

马钧，有巧思，制连弩等。

　　　　　孟达，蜀宜都太守，魏新城太守。
**郿县**　法正，刘先主以为尚书令护军将军。
**武功**　蓟则，魏侍中。
**茂陵**　马超。

## 北地郡

　　　　　李傕，汉车骑将军。
**泥阳**　傅嘏，魏尚书。

## 陇西郡

**临洮**　董卓。

## 天水郡

**冀县**　杨阜，魏将作大匠。
　　　　　姜维。
**西县**　阎温，魏西域戊己校尉。

## 南安郡

**狟道**　庞德，魏太祖以为立义将军。

# 凉州人物

## 金城郡

　　　　　边章，汉末与韩遂作乱凉州。

韩遂。

## 武威郡

**姑臧**　贾诩，魏太尉。

**祖厉**　张绣。

## 张掖郡

郭汜，汉后将军。

## 酒泉郡

**表氏**　庞淯，魏中散大夫。母娥英。

## 敦煌郡

**敦煌**　周生烈，魏徵士。

张恭，魏西域戊己校尉。

# 并州人物

## 太原郡

孙资，魏侍中。

令狐愚，魏兖州刺史。

**晋阳**　王昶，魏司空。

**阳曲**　郭淮，魏车骑将军。

**祁县**　温恢，魏凉州刺史。

王凌，魏太尉。司马懿袭之于寿春，凌降而死。

## 雁门郡

**马邑**　张辽，魏前将军。

## 五原郡

**九原**　吕布。

## 云中郡

**云中**　张杨，汉河内太守。

# 幽州人物

## 涿郡

　　刘放，魏骠骑资卫将军。
　　张飞。后主敬哀皇后、后主张皇后，皆飞女。
　　简雍，刘先主以为昭德将军。
**涿县**　刘备。
　　卢毓，魏司空。
**容城**　孙礼，魏司空。

## 燕国

**蓟县**　徐邈，魏光禄大夫。

## 渔阳郡

  雍奴 田豫，魏太中大夫。

## 右北平郡

  土垠 程普，孙权以为荡寇将军。

  无终 田畴，魏太祖拜为议郎。

## 辽西郡

  令支 公孙瓒。

    韩当，吴昭武将军。

## 辽东郡

  襄平 公孙度，据辽东。

# 益州人物

## 蜀郡

    张裕，晓占候及相术。

  成都 张裔，蜀辅汉将军。

    杜琼，蜀太常。

  江原 常播，郪长。

  郫县 何宗，蜀大鸿胪。

## 犍为郡

- **武阳** 杨洪，蜀越骑校尉。
  - 张翼，蜀左车骑将军。
  - 杨戏，蜀射声校尉。
- **南安** 费诗，蜀谏议大夫。
- **资中** 王嗣，蜀镇军将军。

## 汉嘉郡

- 王谋，蜀少府。
- **严道** 卫继，蜀奉车都尉尚书。

## 广汉郡

- **广汉** 彭羕，刘璋以为蜀郡太守。刘先主以为治中从事。
- **绵竹** 秦宓，蜀大司农。
- **郪县** 王士，蜀益州太守。
  - 从弟甫，蜀荆州议曹从事。
  - 李朝，蜀别驾从事。弟邵，蜀治中从事。

## 梓潼郡

- **涪县** 杜微，蜀谏议大夫。
  - 尹默，蜀太中大夫。
  - 李譔，蜀中散大夫。
  - 李福，蜀尚书仆射。

## 巴郡

临江　甘宁，孙权以为折冲将军。

## 巴西郡

阆中　周群，刘先主以为儒林校尉。

　　　黄权，蜀镇北将军。降魏，为车骑将军。

　　　马忠，蜀镇南大将军。

　　　程畿，刘先主以为从事祭酒。

　　　马勋，蜀益州别驾从事。

　　　马齐，蜀尚书。

西充国　谯周，蜀光禄大夫。

南充国　张嶷，蜀荡寇将军。

宕渠　王平，蜀镇北大将军。

安汉　龚禄，蜀越巂太守。

汉中　陈术，仕蜀，历三郡太守。

汉昌　句扶，蜀左将军。

## 建宁郡

俞元　李恢，蜀安汉将军。

## 永昌郡

不韦　吕凯，蜀云南太守。

# 交州人物

## 苍梧郡

**广信** 士燮，以交州附吴。

# 附 古（三国）今地名对照表

## 司州

  洛阳县  今河南省洛阳市东北二十里

  河南县  今洛阳市西五里

  偃师县  河南省今县

  中牟县  今河南省中牟县东

  开封县  今河南省开封市南

  弘农县  今河南省灵宝县南四十里

  获嘉县  今河南省新乡市西南十二里

  修武县  今河南省获嘉县治

  温　县  今河南省温县西南三十里

  安邑县  今山西省夏县北

  闻喜县  山西省今县

  解　县  今山西省临猗县西南

  襄陵县  今山西省襄汾县北

  杨　县  今山西省洪洞县东南十五里

## 豫州

  颍阴县  今河南省许昌市治

  许昌县  今许昌市西南，为颍川郡治

  长社县  今河南省长葛县西

阳翟县　今河南省禹县治

定陵县　今河南省舞阳县北十五里

平舆县　今河南省平舆县治

汝阳县　今河南省商水县西北

南顿县　今河南省项城县北五十里

固始县　今河南省沈丘县东南三十里

西平县　今河南省西平县西四十五里

阳夏县　今河南省太康县治

扶乐县　今河南省太康县西北三十五里

柘　县　今河南省柘城县北

沛　县　今江苏省沛县东

丰　县　今江苏省丰县治

富陂县　今安徽省阜南县

细阳县　今安徽省太和县东

相　县　今安徽省宿县西北

竹邑县　今宿县北二十里

蕲　县　今宿县南

铚　县　今宿县西南四十六里

谯　县　今安徽省亳县治

鲁　县　今山东省曲阜县治

## 冀州

中山国　今河北省定县治

博陵县　今河北省蠡县南

鄚　县　今河北省任丘县北三十五里

真定县　　今河北省正定县南

观津县　　今河北省武邑县东南二十五里

巨鹿县　　今河北省平乡县治

广平县　　今河北省鸡泽县东二十里

邯郸县　　今河北省邯郸县西南十里

魏　郡　　今河北省临漳县西南四十里

东武城县　今山东省武城县西十里

平原县　　今山东省平原县南二十五里

高唐县　　今山东省禹城县西南四十里

卫国县　　今山东省范县西

## 兖州

定陶县　　今山东省定陶县西北四里

昌邑县　　今山东省金乡县西北四十里

巨野县　　今山东省巨野县南

任城县　　今山东省济宁市治

平阳县　　今山东省邹县治

高平县　　今邹县西南

华　县　　今山东省费县东北六十里

寿张县　　今山东省东平县西南

巨平县　　今山东省泰安县西南

廪丘县　　今山东省范县东南七十里

东阿县　　今山东省阳谷县东北五十里

发干县　　今山东省聊城县西

平丘县　　今河南省长垣县西南五十里

陈留县　今河南省开封市东南

圉　县　今河南省杞县西南五十里

襄邑县　今河南省睢县

己吾县　今河南省宁陵县西南四十里

徐州

彭城县　今江苏省徐州市治

下邳县　今江苏省邳县东

朐　县　今江苏省连云港市西南

海西县　今江苏省灌云县

淮阴县　今江苏省清江市东南

射阳县　今江苏省淮安县城东南

广陵县　今江苏省江都县

海陵县　今江苏省泰州市治

东莞县　今山东省沂水县治

莒　县　山东省今县

阳都县　今山东省沂南县

利城县　今山东省临沭县北

东城县　今安徽省定远县东南

东阳县　今安徽省天长县西北七十里

青州

乐安县　今山东省博兴县北

盖　县　今山东省沂水县西北八十里

朱虚县　今山东临朐县东六十里

| 营陵县 | 今山东省昌乐县南五十里 |
| 剧　县 | 今山东省寿光县东南 |
| 曲成县 | 今山东省掖县东北六十里 |
| 黄　县 | 今山东省黄县东南 |
| 牟平县 | 今山东省蓬莱县东南九十里 |

荆州

| 宛　县 | 今河南省南阳市治 |
| 安众县 | 今河南省镇平县东南 |
| 新野县 | 今河南省新野县南 |
| 棘阳县 | 今新野县东北 |
| 堵阳县 | 今河南省方城县东六里 |
| 义阳县 | 今河南省桐柏县东 |
| 平春县 | 今河南省信阳市西北 |
| 鄳　县 | 今河南省罗山县西南九里 |
| 襄阳县 | 今湖北省襄阳市治 |
| 宜阳县 | 今湖北省宜城县南 |
| 竟陵县 | 今湖北省天门县西北 |
| 枝江县 | 今湖北省枝江县南百里洲上 |
| 罗　县 | 今湖南省湘阴县东北六十里 |
| 临沅县 | 今湖南省常德市西 |
| 汉寿县 | 今常德市东北六十里 |
| 临湘县 | 今湖南省长沙市治南 |
| 湘乡县 | 湖南省今县 |
| 烝阳县 | 今湖南省衡阳市西一百七十里 |

泉陵县　今湖南省零陵县

## 扬州

　　安丰县　今河南省固始县东

　　寿春县　今安徽省寿县治

　　成德县　今寿县东南

　　下蔡县　今安徽省凤台县治

　　平阿县　今安徽省怀远县西南六十里

　　舒　县　今安徽省庐江县西

　　松滋县　今安徽省宿松县北五十里

　　句容县　江苏省今县

　　武进县　今江苏省镇江市治

　　云阳县　今江苏省丹阳县治

　　阳羡县　今江苏省宜兴县治南

　　吴　县　今江苏省苏州市治

　　富春县　今浙江省富阳县治

　　钱唐县　今浙江省杭州市治

　　余杭县　浙江省今县

　　故鄣县　今浙江省安吉县西北十五里

　　乌程县　今浙江省吴兴县南二十五里

　　山阴县　今浙江省绍兴市治

　　上虞县　今浙江省上虞县西北

　　余姚县　浙江省今县

　　句章县　今浙江省慈溪县西三十五里

　　乌伤县　今浙江省义乌县治

长山县　今浙江省金华县治

## 雍州

　　杜陵县　今陕西省西安市东南

　　万年县　今陕西省临潼县东北

　　郿　县　今陕西省郿县东北

　　高陵县　陕西省今县

　　茂陵县　今陕西省兴平县东北

　　武功县　今陕西省武功县西南

　　泥阳县　今陕西省耀县东南十七里

　　西　县　今甘肃省天水市西南

　　冀　县　今甘肃省甘谷县南

　　狟道县　南安郡治獂道县，当即是狟道县，今甘肃省陇西县东北渭水北

　　临洮县　今甘肃省岷县治

## 凉州

　　金城郡　今甘肃省兰州市西北黄河北岸

　　祖厉县　今甘肃省靖远县西南

　　姑臧县　今甘肃省武威县治

　　表氏县　今甘肃省高台县西

　　敦煌县　甘肃省今县

## 并州

　　祁　县　今山西省祁县东南

　　晋阳县　今山西省清徐县东北

阳曲县　山西省今县

九原县　今山西省忻县治

云中县　今山西省原平县北

马邑县　今山西省朔县治

幽州

容城县　今河北省容城县西北

涿　县　河北省今县

蓟　县　今河北省大兴县西南

雍奴县　今河北省武清县东八里

无终县　今河北省蓟县

土垠县　今河北省丰润县东十里

令支县　今河北省迁安县西

襄平县　今辽宁省辽阳市北七十里

益州

成都县　四川省今市

江原县　今四川省崇庆县东十里

武阳县　今四川省彭山县东十里

南安县　今四川省夹江县西北二十里

严道县　今四川省荥经县治

资中县　今四川省资阳县北

绵竹县　今四川省德阳县北

涪　县　今四川省绵阳县治

郪　县　今四川省三台县南

广汉县　今四川省遂宁县东北

汉昌县　今四川省苍溪县北

阆中县　今四川省阆中县西

南充国县　今四川省南部县治

西充国县　今南部县西北四十里

安汉县　今四川省南充县北

宕渠县　今四川省渠县东北

临江县　今四川省忠县治

俞元县　今云南省澄江县南

不韦县　今云南省保山县北五十里

## 交州

广信县　今广西梧州市治

李诚 全集

# 三国战争志

# 引　言

三国鼎立的局面，从220年魏受汉禅开始，到280年，才以西晋灭吴而结束，时间凡六十年。其实从董卓擅行废立以后，汉即名存实亡，入于地方势力割据混战互相兼并的局面，时间凡三十年，成为三国的序幕。我们看陈寿《三国志·魏武帝纪》始于汉献帝初平元年（190），列传人物以董卓为首，就可以知道叙述三国历史须从献帝初年说起。而且像定下后来三国局面的赤壁鏖兵那样富有关键性的战争，也在此序幕中。假如三国历史只叙220年以下而不及以上，那就等于画无首的人物了。

在这九十年中，只是连续不断的战争，本编就是专把战争概要记述下来，而尤其侧重于战争策略和战争地理的一本书。每国自成一个长编，有原有委，按年纪录，每年有纲有目，实际是包罗了纪传、纪事、本末、编年以及编年体中的纲目的多种体裁而为书。

本编系根据陈寿《三国志》、司马光《资治通鉴》和《三国志》的裴松之注、《通鉴》的胡三省注而成，凡是与战争无关的一些事件一概从略。因为根据旧史，势须因袭原文而略为通俗。如全易为语体，一面既怕失去原意，一面又觉得将字数增加，篇幅拉长，对稍有文化水平的读者时间也有所不利。

关于古代地名，随文释以今县。读者只须备一本较详细的《中国分省地图》和《中国地名索引》，略一翻检，就可以明了当时的地理了。

本编不妥和错误的地方，尚望读者随时指正。

李诚1957年10月于合肥市

### 东汉十三部表

| 州 | 郡国 | 州治 | 今地 |
|---|---|---|---|
| 司隶 | 河南、河内、河东、弘农、京兆、冯翊、扶风 | 河南 | 洛阳市治 |
| 豫 | 颍川、汝南、梁国、沛国、陈国、鲁国 | 谯 | 亳县治 |
| 冀 | 魏郡、巨鹿、常山、中山、安平、河间、清河、赵国、渤海 | 鄗 | 柏乡县北 |
| 兖 | 陈留、东郡、东平、任城、泰山、济北、山阳、济阴 | 鄄城 | 濮县东二十里 |
| 徐 | 东海、琅邪、彭城、广陵、下邳 | 郯 | 郯城县西南三十里 |
| 青 | 济南、平原、乐安、北海、东莱、齐国 | 临淄 | 临淄县治 |
| 荆 | 南阳、南郡、江夏、零陵、桂阳、武陵、长沙 | 汉寿<br>襄阳 | 常德县东四十里<br>襄阳县治 |
| 扬 | 九江、丹阳、庐江、会稽、吴郡、豫章 | 历阳<br>寿春<br>合肥 | 和县治<br>寿县治<br>合肥市治 |
| 益 | 汉中、巴郡、牂柯、越巂、益州、永昌<br>广汉,广汉属国<br>蜀郡,蜀郡属国<br>犍为,犍为属国 | 雒<br>绵竹<br>成都 | 广汉县治<br>德阳县北三十五里<br>成都市治 |
| 凉 | 陇西、汉阳、武都、金城、安定、北地、武威、酒泉、敦煌<br>张掖,张掖属国<br>居延,居延属国 | 陇<br>冀 | 秦安县东北<br>甘谷县 |
| 并 | 上党、太原、上郡、西河、五原、云中、定襄、雁门、朔方 | 晋阳 | 太原市汾水西太原镇 |
| 幽 | 涿郡、广阳、代郡、上谷、渔阳、右北平、辽西、玄菟、乐浪<br>辽东,辽东属国 | 蓟 | 大兴县西南 |
| 交 | 南海、苍梧、郁林、合浦、交阯、九真、日南 | 广信 | 梧州市治 |

## 三国州郡表

| 州 | | 郡 | 州治 | 今地 |
|---|---|---|---|---|
| 魏 | 司隶 | 河南、河内、河东、弘农、平阳、朝歌 | 河南 | 洛阳市治 |
| | 雍 | 京兆、冯翊、扶风、安定、北地、新平 | 长安 | 西安市治 |
| | 豫 | 颍川、梁郡、沛郡、陈郡、鲁郡、汝南、谯郡、弋阳、阳安 | 谯 颍川 | 亳县治 许昌县东北四十里 |
| | 冀 | 赵郡、巨鹿、安平、渤海、河间、清河、中山、常山、魏郡、平原、乐陵、阳平、广平 | 邺 | 临漳县西四十里 |
| | 兖 | 陈留、东郡、济阴、山阳、任城、东平、济北、泰山 | 鄄 | 濮县东二十里 |
| | 徐 | 下邳、彭城、东海、琅邪、广陵、东莞 | 彭城 | 徐州市治 |
| | 青 | 齐郡、济南、乐安、东莱、城阳 | 临淄 | 临淄县治 |
| | 荆 | 南阳、江夏、襄阳、南乡、魏兴、新城、上庸、义阳 | 襄阳 宛 | 襄阳县治 南阳市治 |
| | 扬 | 淮南、庐江、安丰 | 合肥 寿春 | 合肥市治 寿县治 |
| | 凉 | 金城、武威、张掖、酒泉、敦煌、西平、西郡、西海 | 武威 | 武威县治 |
| | 秦 | 陇西、汉阳、武都、南安、广魏、阴平 | 上邽 | 天水市西南 |
| | 并 | 太原、上党、西河、雁门、乐平、新兴 | 晋阳 | 太原市汾水西太原镇 |
| | 幽 | 范阳、燕郡、右北平、上谷、代郡、辽西、辽东、玄菟、乐浪、昌黎、带方 | 蓟 | 大兴县西南 |
| 蜀 | 益 | 蜀郡、犍为、汶山、越嶲、牂柯、永昌、江阳、汉嘉、朱提、建宁、云南、兴古 | 成都 | 成都市治 |
| | 梁 | 汉中、广汉、巴郡、梓潼、涪陵、巴东、巴西、宕渠、阴平、武都 | 汉中 | 汉中市治 |

（续表）

| 州 | | 郡 | 州治 | 今地 |
|---|---|---|---|---|
| 吴 | 荆 | 南郡、武陵、零陵、桂阳、长沙、宜都、临贺、衡阳、湘东、建平、天门、邵陵、始安、始兴 | 南郡 | 公安县东北 |
| | 郢 | 武昌、蕲春、安成 | 江夏 | 鄂城县治 |
| | 扬 | 丹阳、吴郡、会稽、豫章、庐江、庐陵、鄱阳、新都、临川、临海、建安、吴兴、东阳 | 建业 | 南京市东南 |
| | 交 | 日南、交阯、九真、合浦、新昌、武平、九德 | 龙编 | 越南北部 |
| | 广 | 南海、苍梧、郁林、高凉、高兴、桂林、合浦 | 番禺 | 广州市治 |

**注：**

三国州郡表系根据《读史方舆纪要》制成。

# 蜀

东汉献帝兴平元年，刘备领徐州牧。备，字玄德，涿郡涿县人，涿，河北今县。汉景帝子中山靖王胜之后也。依奋武将军公孙瓒，为平原相。平原郡故治，在今平原县南二十里。备少与河东关羽、涿郡张飞相友善，使羽、飞为别部司马，分统部曲。使常山赵云主骑兵。曹操击徐州，备救之。徐州牧陶谦表备为豫州刺史，屯小沛。《通鉴》注："沛国治相县，而沛自为县，属沛国，时人谓沛县为小沛由此。"故城在今沛县东。而谦病笃，谓别驾麋竺曰："非刘备不能安此州也。"谦死，竺率州人迎备，备未敢当。下邳陈登谓备曰："今汉室陵迟，海内倾覆，立功立事，在于今日。彼州殷富，户口百万，欲屈使君抚临州事。"备曰："袁公路近在寿春，可以州与之。"袁术，字公路。登曰："公路骄豪，非治乱之主，今欲为使君合步骑十万，上可以匡主济民，下可以割地守境。若使君不见听许，登亦未敢听使君也。"北海相孔融谓备曰："袁公路岂忧国忘家者耶？冢中枯骨，何足介意。今日之事，百姓与能。天与不取，悔不可追。"备遂领徐州。徐州本治郯，及是徙治下邳。

建安元年，备失徐州。夏六月，袁术来攻，争徐州。备使张飞守下邳，下邳国故治，在今邳县东。自将拒术于盱眙、淮阴，盱眙县故城，在今盱眙县东北。淮阴县故城，在今淮阴县东南。相持经月，互有胜负。下邳相曹豹，陶谦故将也，与张飞相失，飞杀之，城中乖乱。先是，吕布与曹操相攻，布败奔备。备使布屯下邳西。及是，袁术与布书，令袭下邳，许助以军粮。布喜，引军水陆东下。或开门迎之，张飞败走。备闻之，引还。比至下邳，兵溃。备收余兵，东取广陵。广陵郡故治，在今扬州市东北。与袁术战，又败，屯于海西。海西县故城，在今东海县南。

饥饿困蹙，请降于布。布亦忿袁术运粮不继，乃召备，复以为豫州刺史，而自称徐州牧，与并势击术，使备屯小沛。备复合兵，得万余人，布恶之。冬，布出兵攻备，备败，走归曹操。操厚遇之，以为豫州牧，遂益其兵，给粮食，使东至沛，收散兵以图吕布。

三年，备从曹操击擒吕布。吕布复与袁术通，遣其将高顺、张辽来攻备。曹操遣将军夏侯惇救备，为顺等所败。秋九月，顺等破沛城，备单身走归操。冬十月，从操东击布，围布于下邳，生擒布，从操还许。献帝既都许，改曰许昌。操表备为左将军。

四年，备入据下邳。袁术欲经徐州北就袁绍，曹操遣备督将军朱灵、路招要击术。未至，术病死。备未出时，与献帝舅董承谋诛曹操。会见使未发，事觉，承伏诛。备据下邳，灵等还。冬，备遂杀徐州刺史车胄，留关羽守下邳，而身还小沛。东海帅昌豨及郡县多叛操为备。东海郡治郯县，故城今郯城县西南三十里。备众数万人，遣使与袁绍连兵，操遣司空长史刘岱、中郎将王忠击之，不克。备谓岱等曰："使汝百人来，无如我何。曹公自来，未可知耳。"

五年，备败，奔袁绍。春正月，曹操东击备。是时，操方与袁绍相持于官渡。官渡，在今中牟县东北。备谓操不遽东，而候骑告曹公自来。备大惊，然犹未信，自将数十骑出望操军。见麾旌，便弃众而走。操尽收其众，并擒关羽以归。备走投袁绍于邺，驻月余日，所失亡士卒稍稍来集。袁、曹久相持，汝南黄巾刘辟等叛曹操应袁绍。汝南郡故治，在今汝南县东南六十里。秋七月，绍遣备将兵与辟等略许下，关羽亡归备。曹操遣从弟仁将兵击备。备还绍军，阴欲离绍，乃说绍南连荆州牧刘表。绍遣备将本兵复至汝南，合众数千人，曹操遣将蔡杨击之，为备所杀。

六年，备奔刘表。曹操既破袁绍，冬，自击备于汝南。备奔刘表。表益备兵，使屯新野。新野县故城，在今新野县南。荆州豪杰归备者日益多，表疑其心，阴御之。

七年，备击败夏侯惇。刘表使备北侵至叶。叶县故城，在今叶县南三十里。曹操遣夏侯惇等拒之，备一旦烧屯去，惇等追之。裨将军李典曰："贼无故退，疑必有伏，南道窄狭，草木深，不可追也。"惇等不听，使典留守而追之，果入伏里，兵大败。典往救之，备乃退。

十二年，备见诸葛亮于隆中。曹操北征乌丸，备说刘表袭许，表不能用，及操还师，表谓备曰："不用君言，故为失此良机。"备曰："今天下分裂，日寻干戈，事会之来，岂有终极乎？若能应之于后者，则此未足为恨也。"初，琅邪诸葛亮，亮，阳都人。阳都县属琅邪郡，故城在今沂水县南。寓居襄阳隆中，《汉晋春秋》："亮家于南阳之邓县，在襄阳城西二十里，号曰隆中。"每自比管仲、乐毅。备在荆州，访士于襄阳司马徽。徽曰："儒生俗士，岂识时务？识时务者在乎俊杰。此间自有伏龙、凤雏。"备问为谁。曰："诸葛亮、庞统也。"颍川徐庶亦言亮于备。备三诣亮，既见，乃屏人问计。亮曰："自董卓已来，豪杰并起，跨州连郡者不可胜数。曹操比于袁绍，则名微而众寡，然操遂能克绍以弱为强者，非惟天时，抑亦人谋也。今操已拥百万之众，挟天子以令诸侯，此诚不可与争锋。孙权据有江东，已历三世，国险而民附，贤能为之用，此可与为援，而不可图也。荆州北据汉沔，利尽南海，东连吴会，西通巴蜀，此用武之国，而其主不能守，此殆天所以资将军，将军岂有意乎？益州险塞，沃野千里，天府之土，高祖因之以成帝业。刘璋暗弱，张鲁在北，民殷国富，而不知存恤，智能之士思得明君。将军既帝室之胄，誉著四海，总揽英雄，思贤若渴，若跨有荆、益，保有岩阻，西和诸戎，南抚夷越，外结好孙权，内修政治，天下有变，则命一上将将荆州之军以向宛、洛，宛，今南阳县治。洛，洛阳。将军身率益州之众，以出秦川，《读史方舆纪要》："陕西谓之秦川。"百姓孰敢不箪食壶浆以迎将军者乎？诚如是，则霸业可成，汉室可兴矣！"备大善之。于是与亮情好日密，曰："孤之有孔明，亮，字孔明。犹鱼之有水也。"

十三年，破曹操于赤壁。秋七月，曹操南击刘表。八月，表卒，表少子琮代立。九月，遣使降操。时备屯樊，樊城，在襄阳东北，临汉水。不知曹公猝至，至宛，乃闻之。遂将其众去，过襄阳。诸葛亮说备攻琮，荆州可有。备不从而行，荆州人多归备。比至当阳，当阳县故城，在今当阳县北。众十余万，辎重数千辆，日行十余里。别遣关羽乘船数百艘，使会江陵。江陵，南郡治所。或谓备曰："宜速行保江陵，今虽拥大众，被甲者少，若曹公兵至，何以拒之？"备复不忍弃其众。曹操以江陵有军实，恐备据之，乃释辎重，轻军到襄阳。闻备已过，操将精骑五千急追之，一日一夜行三百余里，及于当阳之长坂。盛弘之《荆州记》："当阳县东有栎林长坂。"备弃妻子，与诸葛亮、张飞、赵云等数十骑走，操大获其人众辎重。张飞将二十骑拒后。飞据水断桥，瞋目横矛曰："身是张益德也，张飞，字益德。可来共决死。"操兵无敢近者。备斜趣汉津，东趋汉水津渡处。适与羽船会，得济沔。《通典》："汉水亦曰沔水。"遇刘表长子江夏太守琦众万余人，与俱到夏口。《通鉴》注："今汉阳军，即夏口也。"曹操进军江陵。诸葛亮言于备曰："事急矣，请奉命求救于孙将军。"时孙权拥军在柴桑，柴桑县故城，宋白曰："在瑞昌县。"观望成败。亮说权曰："海内大乱，将军起兵，据有江东，刘豫州亦收众汉南，与曹操并争天下。今操芟夷大难，略已平矣。遂破荆州，威震四海。英雄无所用武，故豫州遁逃至此。将军量力而处之，若能以吴越之众与中国抗，不如早与之绝；若不能当，何不案兵束甲，北面而事之？今将军外托服从之名，而内怀犹豫之计，事急而不断，祸至无日矣。"权曰："苟如君言，刘豫州何不遂事之乎？"亮曰："田横，齐之壮士耳，犹守义不辱。况刘豫州，王室之胄，英才盖世，众士慕仰，若水之归海。若事之不济，此乃天也。安能复为之下乎？"权勃然曰："吾不能举全吴之地，十万之众，受制于人，吾计决矣。非刘豫州莫可以当曹操者。然豫州新败之后，安能抗此难乎？"亮曰："豫州军虽败于长坂，今战士还者，及关羽水军精甲万人，刘琦合江夏战士，亦不下万人。曹操之众，远来疲敝，闻追豫州，轻骑一日一夜行三百余里，此所谓强弩之末势不能穿鲁缟者也。故兵法忌之。曰：必蹶上将军。且北方之人不习水战。又荆州之民附操者，逼兵势耳，非心服也。今将军诚能命猛将统兵数万，与豫州合谋同力，破操军必矣。操军破，必北还。如此，则荆吴之势强，荆谓备，吴谓权。鼎足之形成矣。成败之机在于今日。"权大悦，即遣其将周瑜、程普、鲁肃等水军三万，随亮诣备，并力拒曹操。冬十二月，与操战于赤壁，赤壁，在今嘉鱼县东北江滨。大破之，焚其舟船。备与吴军水陆并进，追至南郡。时又疾疫，北军多死，操引还邺。备南徇武陵、长沙、桂阳、零陵四郡，皆降附。武陵郡故治，在今常德县西。长沙国，今长沙市。桂阳郡，今郴县治。零陵郡故治，在今零陵县北二里。庐江营帅雷绪率部曲数万口归备。备以诸葛亮为军师中郎将，使督零陵、桂阳、长沙三郡，调其赋税以充军实，使赵云领桂阳太守。

十四年，备领荆州牧。孙权以备领荆州牧，周瑜分南岸地以给备。《通鉴》注："荆江之南岸，则零陵、桂阳、武陵、长沙四郡地也。"备立营于油口，改名公安。油口，油水口也，在今公安县东北。权稍畏之，进妹固好。

十五年，备借吴荆州。刘表故吏士多归备。备以周瑜所给地少，不足以容其众，乃自诣京见孙权，权时居京。京，京口城，今镇江市治。求都督荆州。周瑜既以江南四郡给备，备又欲得江汉间地。周瑜上疏于权曰："刘备以枭雄之姿，而有关羽、张飞熊虎之将，必非久屈为人用者。愚谓大计宜徙备置吴，盛为筑宫室，多其美女玩好，以娱其耳目。分此二人各置一方，使如瑜者得挟与攻战，大事可定也。今猥割土地以资业之，聚此三人俱在疆场，恐蛟龙得云雨，终非池中物也。"权以曹操在北，方当广揽英雄，不从。备还公安，久乃闻之，叹曰："天下智谋之士所见略同。时孔明谏孤莫行，其意亦虑此也。孤方危急，不得不往。此诚险途，殆不免周瑜之手。"会瑜卒，鲁肃代瑜领兵，劝权以荆州借刘备，曰："多操之敌，而自为树党，计之上也。"权即从之。曹操闻权之以土地业备也，方作书，落笔于地。备又得庞统，以为军师中郎将，亲待亚于诸葛亮。

十六年，备西向益州。扶风法正为益州牧刘璋军议校尉，璋不能用。益州别驾张松与正善，自负其才，忖璋不足与有为，常窃叹息。松劝璋结刘备。璋遣正使备，还，为松说备有雄略，密谋奉戴以为州主。会曹操遣司隶校尉钟繇向汉中，<small>汉中郡治南郑。</small>璋闻之，内怀恐惧。松因说璋曰："曹公兵无敌于天下，若因张鲁之资以取蜀土，谁能御之？刘豫州，使君之宗室，而曹公之深仇也。善用兵，若使之讨鲁，鲁必破矣。鲁破，则益州强。曹公虽来，无能为也。今州中诸将庞羲、李异等皆恃功骄豪，意欲外附。不得豫州，则敌攻其外，民攻其内，必败之道也。"璋然之，遣法正迎备。主簿黄权谏曰："刘豫州有骁名，今请到，欲以部曲遇之，则不满其心；欲以宾客礼待，则一国不容二君。若客有泰山之安，则主有累卵之危。不若闭境以待时清。"璋不听。正至荆州，阴献策于备曰："以将军之英才，乘刘牧之懦弱，张松，州之股肱，响应于内，以取益州，犹反掌也。"备疑未决，庞统言于备曰："荆州荒残，人物殚尽，东有孙权，北有曹操，难以得志。今益州户口百万，土沃财富，诚得以为资，大业可成也。"备曰："今与吾为水火者，曹操也。操以急，吾以宽。操以暴，吾以仁。操以谲，吾以忠。每与操反，事乃可成耳。今以小利而失信义于天下，奈何？"统曰："乱离之时，固非一道所能定也。且兼弱攻昧，逆取顺守，古人所贵。若事定之后，封以大国，何负于信？今日不取，终为人利耳。"备以为然。先是，孙权遣使云，欲共取蜀。或以为宜报听许，吴终不能越荆有蜀，蜀地可为己有。主簿殷观进曰："若为吴先驱，进未能克蜀，退为吴所乘，即事去矣。今但可赞成其伐蜀，而自说新据诸郡未可与动，吴必不敢越我而独取蜀。如此，进退之计，可以收吴蜀之利。"备从之。权果辍计。

及是，备因法正而知蜀中阔狭、兵器、府库、人马众寡及诸要害道里远近，乃定计入蜀，留诸葛亮、关羽等守荆州，以赵云领留营司马。备自将步卒数万人西上益州，至巴郡。<small>巴郡治江州县，即今江北县。</small>巴郡太守严颜拊心叹曰：

"此所谓独坐穷山，放虎自卫者也。"备自江州北由垫江水诣涪。庾仲雍曰："江州县对二水口，右则涪内水，左则蜀外水。"垫江水，盖即涪内水也。涪县，即今绵阳县治。璋来会，张松令法正白备，便于会袭璋。备曰："此事不可仓猝。"庞统曰："今因会执之，则将军无用兵之劳而坐定一州也。"备曰："初入他国，恩信未著，此不可也。"既会，璋增备兵，厚加资给，使击张鲁，又令督白水军。白水关，在今昭化县西北一百二十里，亦曰关头，最为要隘。刘璋置军屯守，即杨怀、高沛之军也。备并军三万余人，车甲、器械、资货甚盛。璋还成都，备北到葭萌，葭萌县故城，在今昭化县东南。未即讨鲁，厚树恩德以收众心。

十七年，备据涪城。备在葭萌，庞统言于备曰："今阴选精兵，昼夜兼道，径袭成都，刘璋既不武，又素无豫备，大军猝至，一举便定，此上计也。杨怀、高沛，璋之名将，各仗强兵，据守关头。即白水关头也。闻屡有笺谏璋，使发遣将军还荆州。将军遣与相闻，说荆州有急，欲还救之，并使装束，外作归形。二子喜将军之去，计必乘轻骑来见。将军因此执之，进取其兵，乃向成都，此中计也。退还白帝，白帝城，在今奉节县东。连引荆州，徐还图之，此下计也。若沉吟不去，将致大困，不可久矣。"备然其中计。会曹操攻孙权，权呼备自救。备贻璋书曰："孙氏与孤，本为唇齿，而关羽兵弱，今不往救，则曹操必取荆州，且可转侵益州界，其忧甚于张鲁。鲁自守贼，不足虑也。"因求益万兵及资粮。璋但许兵四千，其余皆给半。备因激怒其众曰："吾为益州征强敌，师徒劳瘁，而积财吝赏，何以使士大夫死战乎？"适张松兄肃发松谋，璋收斩松，敕关戍诸将，文书皆勿复得与备关通。备大怒，召璋白水军督杨怀、高沛，责以无礼，斩之。勒兵径至关头，并其兵，进据涪城。此用庞统之中计。

十八年，备进围雒城。益州从事郑度闻刘备举兵，谓刘璋曰："备悬军袭我，兵不满万，士众未附，军无辎重，野谷是资。其计莫若尽驱巴西、梓潼民，巴西郡故治，在今阆中县西。梓潼县属广汉郡，今梓潼县。纳涪水以西，涪水亦曰内水，源出松潘县东北,至合川县入嘉陵江。其仓廪野谷一皆烧除。高垒深沟,静以待之。彼至请战,勿许。久无所资,不过百日,必将自走。走而击之,此必擒耳。"备闻而恶之,以问法正。正曰:"璋终不能用,无忧也。"璋果谓其群下曰:"吾闻拒敌以安民,未闻动民以避敌也。"不用度计。璋遣其将刘璝、冷苞、张任、邓贤、吴懿等拒备,皆败,退保绵竹。绵竹县故城,在今德阳县北,为由涪入成都必经之要道。懿诣军降。璋复遣护军李严、费观督绵竹诸军。严、观亦率其众降于备。备军益强,分遣诸将平下属县。刘璝、张任与璋子循退守雒城。雒城,即今广汉县治。备进军围之,任勒兵出战于雁桥。雁桥,在雒城南。军败,任死。

十九年,备入成都,领益州牧。诸葛亮留关羽守荆州,与张飞、赵云将兵溯流,克巴东。巴东郡故治,在今奉节县东北。至江州,破巴郡太守严颜,生获之。分遣赵云从外水定江阳、犍为,四川有内水、外水。内水即涪江,亦曰内江。外水即岷江,亦曰蜀江。江阳郡故治,即今泸县。犍为郡故治,在今彭山县东。飞定巴西、德阳。谯周《巴记》:刘璋分巴郡、垫江以上为巴西。德阳县在今遂宁县境。备围雒城且一年,庞统为流矢所中,卒。法正笺与刘璋,为陈形势强弱,谕以迎降。璋不答。夏,雒城溃,备进围成都。诸葛亮、张飞、赵云引兵来会。凉州将马超又自氐中密书请降于备,备潜以兵资超。超到,令引军屯城北,城中震怖。备围城数十日,使人入说刘璋。时城中尚有精兵三万人,谷帛支一年,吏民咸欲死战,璋不肯,遂出降。备迁璋于公安。备入成都,领益州牧。

二十年,与孙权分荆州。备留关羽守江陵,鲁肃与羽邻界。羽数生疑贰,肃常以欢好抚之。及备已得益州,权遣使从备求荆州诸郡。备不许,曰:"吾方图凉州。凉州定,乃尽以荆州相与耳。"权曰:"此假而不返,乃欲以虚词延长岁月也。"遣吕蒙督兵二万以取长沙、零陵、桂阳三郡。备闻之,自蜀引兵五万下公安,令关羽入益阳。益阳县属长沙郡。宋白曰:"益阳故城,在今益阳县东八十里。"会闻曹操将攻汉中,备惧失益州,使使与权连和。遂分荆州,以湘水为界,长沙、江夏、桂阳以东属权,南郡、零陵、武陵以西属备。胡三省曰："班《志》，湘水出零陵阳海山，至酃入江，过郡二，行二千五百三十里。吴蜀分荆州，长沙、桂阳、零陵、武陵，以湘水为界耳。南郡、江夏各自依其郡界。"备引军还江州，而操至阳平。阳平关，在今沔县西北。张鲁奔南山，入巴中。汉中之南有米仓山，与大巴山相连，自汉中经此达巴中县，不过五百余里，称米仓道。张鲁南奔，由此道。黄权言于备曰："若失汉中，则三巴不振，三巴：巴东、巴西、巴郡。此为割蜀之股臂也。"备乃以权为护军，率诸将迎鲁。鲁旋还降操。夏，操使都护将军夏侯渊督张郃、徐晃诸将守汉中而还。张郃徇三巴，欲徙其民于汉中，进军宕渠。宕渠县故城，在今渠县东北。冬，备使张飞与郃相拒，五十余日。飞袭击郃，大破之。郃走还南郑，备亦还成都。

二十二年，进兵汉中。法正说备曰："曹操一举而降张鲁，定汉中，不因此势以图巴蜀，而留夏侯渊、张郃屯守，身遽北还，此非智不逮、力不足也，必将内有忧逼故耳。今策渊、郃才略，不胜国之将帅，举众往讨，必可克之。克之之日，广农积谷，观衅伺隙，上可以倾覆寇敌，尊奖王室；中可以蚕食雍、凉，广拓境土；后汉凉州刺史治陇，今秦安县东北故陇城。一云治冀，今伏羌县冀城。三国魏移治武威。雍州治长安。下可以固守要害，为持久之计。此盖天以与我，时不可失也。"备善其策，乃率诸将进兵汉中，遣张飞、马超、吴兰等屯下辨。汉下辨道，后汉为县，故城在今成县西。曹操遣都护将军曹洪拒之。

二十三年，师不利。曹洪击斩吴兰。春三月，张飞、马超却走。备自屯阳平关，与夏侯渊、张郃、徐晃相拒。备遣其将陈式等绝马鸣阁道，马鸣阁，在今昭化县西北。为徐晃所败。张郃屯广石，《通鉴》注："广石当在巴汉之间。"备攻之不能克，急书发益州兵。诸葛亮以问从事杨洪。洪曰："汉中，益州咽喉，存亡之机会。若无汉中，则无蜀矣。此家门之祸也，发兵何疑？"

二十四年，取汉中。孙权夺荆州。春，备自阳平南渡沔水，缘山稍前，营于定军山。定军在今沔县东南。渊引兵争之。法正曰："可击矣。"备使讨虏将军黄忠乘高鼓噪攻之，渊军大败，遂斩渊。三月，曹操自长安举众南来。备曰："曹公虽来，无能为也。我必有汉川矣。"乃敛众拒险，终不交锋。操运米北山下，黄忠引兵欲取之，过期不还。赵云将数十骑出营视之，值操扬兵大出，云猝与相遇，遂前突其阵，且斗且却。魏兵散而复合，追至营下。云入营，更大开门，偃旗息鼓。魏兵疑云有伏，引去。云雷鼓震天，惟以劲弩于后射魏兵。魏兵惊骇，自相蹂践，堕汉水中，死者甚多，备明旦自来至云营，视昨战处，曰："子龙一身都为胆也。"操与备相守积月，魏军士多逃。

夏五月，操悉引出汉中诸军还长安，备遂有汉中。秋七月，自称汉中王。使镇远将军魏延镇汉川，乃还成都。使宜都太守孟达从秭归北攻房陵，杀房陵太守蒯祺。秭归县,湖北今县。房陵郡故治,今房县是也。又遣副军中郎将刘封自汉中乘沔水下，统达军，与达会攻上庸。上庸太守申耽举郡降。上庸郡故治,在今竹山县东南。关羽使南郡太守糜芳守江陵，将军傅士仁守公安，而自率众攻曹仁于樊。仁使左将军于禁、立义将军庞德等屯樊北。八月，大霖雨，汉水溢，平地数丈。于禁等七军皆没，禁与诸将登高避水。羽乘大船就攻之，禁等穷迫，遂降。庞德在堤上，被甲持弓，箭不虚发，自平旦力战，至日过中，羽攻益急。矢尽，短兵接。德战益怒，气愈壮，而水渐盛，吏士尽降。德乘小船，欲还仁营。水盛船覆，为羽所得。不屈，羽杀之。羽乘船临樊，立围数重，外内断绝。羽又遣别将围将军吕常于襄阳。荆州刺史胡修、南乡太守傅方皆降于羽。南乡郡故治,在今淅川县东南。梁、郏、陆浑群盗或遥受羽印号，为之支党。梁县故城,在今临汝县东。郏县,河南今县。陆浑县故城,在今嵩县东北。羽威震华夏。

曹操议徙许都以避其锐，其丞相、军司马司马懿、西曹属蒋济以为关羽得志，孙权必不愿也。可遣人劝权蹑其后，许割江南以封权，则樊围自解。操从之。先是，权遣使为子索羽女，羽骂辱其使，不许婚。权大怒。又糜芳、傅士仁素皆嫌羽轻己，羽之出军，芳、仁供给军资，不悉相及，羽言还当治之。芳、仁咸惧，于是权阴诱芳、仁。芳、仁使人迎权，而曹操遣徐晃救曹仁。羽不能克，引军退还。权已据江陵，尽虏羽士众妻子，羽军遂散。权遣将逆击羽，冬十二月，斩羽于临沮。临沮县故城，在今当阳县西北。

二十五年，房陵、上庸、西城三郡皆陷于魏。孟达屯上庸，与刘封不协，封侵陵之，达率部曲四千余家降魏。魏遣徐晃与达共袭刘封，申耽亦复叛附魏。封破，走还成都。

蜀汉先主章武元年，伐孙权。往岁曹操死，子丕称尊号。汉中王于是亦即皇帝位。耻关羽之没也，将击孙权。赵云曰："国贼曹操，非孙权也。若先灭魏，则权自服。今操身虽毙，子丕篡盗，当因众心，早图关中，居河渭上游，以讨凶逆，关东义士必裹粮策马以迎王师。不应置魏先与吴战，兵势一交，不得猝解，非策之上也。"先主不听。会张飞帐下将张达、范强杀飞，以其首奔孙权。秋七月，先主遂率诸军四万余人伐吴。孙权遣使请和，先主盛怒不许。吴将陆逊、李异、刘阿等屯巫、秭归，贤曰：巫故城，在今巫山县北。将军吴班、冯习自巫攻破异等，军次秭归。武陵五溪蛮夷遣使请兵。洪溪源出城步县，入沅水。明溪源出永顺县，入酉水。酉溪即酉水，于沅陵县入沅水。武溪源出乾城县，入沅水。辰溪即辰水，源出江口县，入沅水。此五溪也。

二年，吴败我师。先主自秭归将进击吴。黄权谏曰："吴人悍战，而水军沿流，进易退难。臣请为先驱以当寇，陛下宜为后镇。"先主不从，以权为镇北将军，使督江北诸军，自率诸将自江南缘山截岭，军于夷道猇亭。夷道县故城，在今宜都县西北。自佷山通武陵，孟康曰："长阳县有佷山。"遣侍中马良安慰五溪蛮夷，咸相率响应。夏闰六月，陆逊大破先主军于猇亭。将军冯习、张南等皆没。先主自猇亭还秭归，收合离散兵，遂弃船舫，由步道还永安。永安即白帝城，在今奉节县东。吴将李异、刘阿等踵蹑先主，屯驻南山。南山，当在巫山、奉节二县界。秋八月，收兵还巫。先主既败走，黄权在江北，道绝不得还，遂率其众降魏。初，诸葛亮与法正好尚不同，而以公义相取。亮每奇正智术，及先主伐吴而败，时正已卒。亮叹曰："孝直若在，正，字孝直。必能制主上东行。就使东行，必不倾危矣。"《通鉴》注："观亮此言，不以先主伐吴为可，然而不谏者，以先主怒盛而不可阻，且得上流可以胜也。兵势无常，在于观变出奇，故曰：孝直在，必不倾危。"

三年，先主崩。汉嘉太守黄元为诸葛亮所不善，闻先主疾病，惧有后患，故举郡反，烧临邛城。汉嘉郡故治，在今雅安县北。临邛县属汉嘉郡，即今邛崃县治。时亮东行省疾，成都单虚，元益无所惮。杨洪启太子，遣将军陈曶、郑绰讨元。众议以为元若不能围成都，当由越嶲据南中。越嶲郡故治，在今西昌县东南。南中，汉益州、永昌二郡之地。洪曰："元素性凶暴，无他恩信，何能办此？不过乘水东下，冀主上平安，面缚归死。如其有异，奔吴求活耳。但敕曶、绰于南安峡口邀遮，即便得矣。"南安县故城，在今夹江县西北。元军败，果顺江东下。曶、绰生获，斩之。夏四月，先主崩于永安，太子禅即位。政事无巨细，咸决于亮。初，益州郡耆帅雍闿杀太守正昂，以求附于吴。益州郡故治，在今晋宁县东。又执太守张裔以与吴。吴以闿为永昌太守。永昌郡故治，在今保山县北五十里。永昌吏民闭境拒守，闿不能进。使郡人孟获诱扇诸夷，诸夷皆从之。牂牁太守朱褒、越嶲夷王高定皆叛应闿。牂牁郡故治，即今平越县治。亮以新遭大丧，皆抚而不讨。务农殖谷，闭关息民。《通鉴》注："闭越嶲之灵关也。"民安食足，而后用之。尚书邓芝言于亮曰："今主上幼弱，初即尊位，宜遣大使重申吴好。"亮善之，遣芝修好于吴。至吴，时吴王权犹未与魏绝，狐疑，不时见芝。芝乃自表请见曰："臣今来，亦欲为吴，非但为蜀也。"吴王见之，曰："孤诚愿与蜀和亲，然恐蜀主幼弱，国小势逼，为魏所乘，不自保全耳。"芝对曰："吴、蜀二国，四州之地，四州，荆、扬、梁、益也。大王命世之英，诸葛亮亦一时之杰，蜀有重险之固，《通鉴》注："重险，谓外有斜骆、子午之险，内有剑阁之险也。"吴有三江之阻，韦昭曰："三江，吴松江、钱塘江、浦阳江也。"《吴地记》云："松江东北行七十里，得三江口，东北入海为娄江，东南入海为东江，并松江为三江。"合此二长，共为唇齿，进可并兼天下，退可鼎足而立，此理之自然也。大王今若委质于魏，魏必上望大王之入朝，下求太子之内侍，若不从命，则奉词伐叛，蜀亦顺流见可而进。如此，江南之地非复大王之有也。"吴王默然良久，曰："君言是也。"遂绝魏，专与汉连和。

后主建兴四年，丞相亮南征四郡。春三月，亮率众讨雍闿。参军马谡送之数十里。亮曰："虽共谋之历年，今可更惠良规。"谡曰："南中恃其险远，不服久矣。虽今日破之，明日复反耳。今公方倾国北伐，以事强贼。彼知国势内虚，其叛亦速。若殄尽遗类，以除后患，既非仁者之情，且不可仓猝也。夫用兵之道，攻心为上，攻城为下。心战为上，兵战为下。愿公服其心而已。"亮纳其言。秋，至南中，所在战捷。亮由越嶲入，斩雍闿及高定，使庲降督李恢由益州入，门下督马忠由牂牁入，击破诸县，复与亮合。孟获收闿余众以拒亮。获素为夷汉所服，亮募生致之。既得，使观于营阵之间。问曰："此军何如？"获曰："向者不知虚实，故败。今蒙赐观营阵，若只如此，即定易胜耳。"亮笑，纵使更战。七纵七擒，而亮犹遣获。获止不去，曰："公，天威也。南人不复反矣。"亮遂至滇池。滇池亦曰昆明池。昆明、呈贡、昆阳、晋宁四县环之。秋，益州、永昌、牂牁、越嶲四郡皆平。亮即其渠帅而用之。或以谏亮，亮曰："若留外人，则当留兵。兵留则无所食，一不易也。加夷新伤破，父兄死丧，留外人而无兵者，必成祸患，二不易也。又夷屡有废杀郡将之罪，自嫌衅重，若留外人，终不相信，三不易也。今吾欲使不留兵，不运粮，而纲纪粗定，夷汉粗安故耳。"亮于是悉收其俊杰孟获等以为官属，出其金银、丹漆、耕牛、战马以给军国之用。自是终亮之世，夷不复反。冬十二月，亮还成都。

五年，亮北驻汉中。亮将伐魏。春三月，率诸军北驻汉中，屯于沔北阳平石马。《水经注》："沔水径白马戍南，谓之白马城，一名阳平关。又有白马山，山石似马，望之逼真。"

六年春，伐魏。亮出攻祁山。冬，复出散关。春，亮将出师伐魏，与群臣计议。是时魏征西将军夏侯楙镇长安。亮司马魏延曰："闻夏侯楙，魏主婿也，怯而无谋。今假延精兵五千，负粮五千，直从褒中出，褒中县故城，在今褒城县东南十里。循秦岭而东，《三秦记》："秦岭东起商雒，西尽汧陇，东西八百里。"当子午而北，《长安志》："子午谷长六百六十里，北口曰子，在府南百里。南口曰午，在洋县东一百六十里。"不过十日，可到长安。楙闻延奄至，必弃城逃走。长安中惟御史、京兆太守耳。横门邸阁与散民之谷，足周食也。比东方相合聚，尚二十多日，而公从斜谷来，斜谷，在今郿县南。亦足以达。如此，则一举而咸阳以西可定矣。"亮因遣魏延诸军并兵东下。亮惟留万人守阳平。会魏荆州都督司马懿率二十万众自宛由西城西上以拒亮。西城郡故治，在今安康县西北。而与延军错道，径至前，距亮六十里。侦候白懿，说亮在城中，兵少力弱。亮亦知懿垂至，已与相逼，欲前赴延军，相去既远，追延返救，势又不及。将士失色，莫知其计。亮意气自若，敕军中皆卧旗息鼓，不得妄出。又令大开四城门，扫地却洒。懿常谓亮持重，而猥见势弱，疑其有伏兵，于是引军北趣山。明日食时，亮拊手大笑，谓参佐曰："司马懿必谓吾有强伏，循山走矣。"候逻还白，如亮所言。亮于是促延回军，以为不如安从坦道，可以平取陇右，陇右，陇山之西也。十全，必克而无虞。遂扬声由斜谷道取郿。郿县故城，在今郿县东北。使赵云、邓芝为疑军，据箕谷。箕谷，在今褒城县西北。魏大将军曹真举众拒之，而亮身率大军攻祁山，祁山，在今西和县西北。戎阵整齐，赏罚肃而号令明。始魏以蜀汉先主既死，数岁寂然无闻，是以略无豫备。而猝闻亮出，朝野恐惧，于是天水、南安、安定皆叛应亮，天水郡故治，在今甘谷县南。南安郡故治，在今陇西县东北渭水北。安定郡故治，在今镇原县南。关中响震。

初，参军马谡才器过人，好论军计，亮深加器异。先主临终谓亮曰："马谡言过其实，不可大用，君其察之！"亮犹谓不然。每引见谈论，自昼达夜。及出军祁山，亮不用魏延为先锋，而以谡督诸军在前，与张郃战于街亭。街亭，在今秦安县东北。谡违亮节度，举措烦扰，舍水上山，不下据城。张郃绝其汲道，击大破之，士卒离散。亮进无所据，乃拔西县千余家还汉中，西县故城，在今天水县西南。收谡杀之。亮自临祭，为之流涕。参军蒋琬谓亮曰："昔楚杀得臣，文公喜可知也。天下未定，而戮智计之士，岂不惜乎！"亮流涕曰："孙武所以能制胜于天下者，用法明也。是以扬干乱法，魏绛戮其仆。四海分裂，兵交方始，若复废法，何用讨贼耶！"谡之未败也，裨将军王平连规谏谡，谡不能用。及败，众尽星散，惟平所领千人鸣鼓自守。张郃疑其有伏兵，不往逼也。于是平徐徐收合诸营遗迸，率将士而还。赵云、邓芝兵亦败于箕谷。云敛众固守，故不大伤。亮问邓芝曰："街亭军退，兵将不复相录。箕谷军退，兵将初不相失。何故？"芝曰："赵云身自断后，军资什物，略无所弃，兵将无缘相失。"云有军资余绢，亮使分赐将士。云曰："军事无利，何为有赐？其物请悉入赤岸库，<small>赤岸在今褒城县西北，褒斜阁道所经，蜀置库于此，以储军资。</small>待十月为冬赐。"亮大善之。

于是亮上疏请自贬三等。或劝亮更发兵者。亮曰："大军在祁山、箕谷，皆多于贼，而不破贼，乃为贼所破，此病不在兵少也，在一人耳。<small>谓兵之胜败在将也。</small>今欲减兵省将，明罚思过，校变通之道于将来。若不能然者，虽兵多何益！自今以后，诸有忠虑于国者，但勤攻吾之阙，则事可定，贼可灭，功可跷足而待矣。"于是考微劳，甄壮烈，引咎责躬，布所失于境内。厉兵讲武，以为后图。戎士简练，民忘其败矣。亮之出祁山也，魏天水参军姜维诣亮降。亮美维胆智，使典军事。

冬，亮闻魏扬州牧曹休与吴战而败，魏兵东下，关中虚弱，欲出兵击魏。群臣多以为疑，亮上言于后主曰："先帝深虑以汉贼不两立，王业不偏安，故托臣以讨贼。以先帝之明，量臣之才，固知臣伐贼，才弱敌强。然不伐贼，王业亦亡。惟坐而待亡，何如伐之？是故托臣而弗疑也。臣受命之日，寝不安席，食不甘味，思惟北征，宜先入南。故五月渡泸，<small>《元和志》："泸水，在西泸县西。"案：西泸县故治，在今西昌县。</small>深入不毛，臣非不自惜也，但以王业不可偏全于蜀都，故冒危难以奉先帝之遗意也。而议者以为非计。今贼适疲于西，又务于东。兵法乘劳，此进趋之时也。谨陈其事如下：高帝明并日月，谋臣渊深，然涉险被创，危然后安。今陛下未及高帝，谋臣不如良、平，而欲以长计取胜，坐定天下，此臣之未解一也。《通鉴》注："解读曰懈。"刘繇、王朗各据州郡，论安言计，动引圣人，群疑满腹，众难塞胸。今岁不战，明年不征，使孙策坐大，遂并江东，此臣之未解二也。曹操智计殊绝于人，其用兵也，仿佛孙、吴。然困于南阳，险于乌巢，危于祁连，逼于黎阳，几败伯山，殆死潼关，然后伪定一时耳。况臣才弱，而欲以不危定之，此臣之未解三也。曹操五攻昌霸不下，四越巢湖不成。任用李服，而李服图之。《通鉴》注："李服，盖王服也。与董承谋杀操被诛。"委夏侯，而夏侯败亡。先帝每称操为能，犹有此失。况臣驽下，何能必胜？此臣之未解四也。自臣到汉中，中间期年耳。然丧将校七十余人，骑兵一千余人。皆数十年之内，纠合四方之精锐，非一州之所有。若复数年，则损三分之二，当何以图敌？此臣之未解五也。今民穷兵疲，而事不可息。则住与行，劳费正相等。而不乘虚图敌，欲以一州之地与贼持久，此臣之未解六也。夫难测者，事也。昔先帝军败于楚，当此时，曹操拊手，谓天下已定。然后先帝东连吴越，西取巴蜀，举兵北征。夏侯授首，此操之失计而汉事将成也。然后吴更违盟，关羽毁败，秭归蹉跌，曹丕称帝，凡事如此，难可逆料。臣鞠躬尽瘁，死而后已。至于成败利钝，非臣之明所能逆睹也。"十二月，亮引兵出散关。散关，在今宝鸡县东南。围陈仓，陈仓县，即今宝鸡县治。曹真拒之，亮粮尽而还。魏将王双率骑追亮。亮与战，破之，斩双。

七年，攻取武都、阴平。春，亮遣其将陈式攻武都、阴平二郡。武都郡治下辨。阴平郡故治，在今文县西北。魏雍州刺史郭淮率众欲击式。亮自出至建威，建威城，在今成县西北。淮退还。亮遂平二郡。后主复策拜亮为丞相。冬，亮徙府营于南山下原上，筑汉城于沔阳，筑乐城于成固。《通鉴》注："南郑县东南百八十里，有梁州山，与孤云、两角山相接，大山四围，其中三十里许甚平。或云，古梁州治也。"案：沔阳县故城，在今沔县东南。成固县故城，在今城固县西北十八里，汉城在南郑西，乐城在南郑东。是岁孙权称帝，遣使以并尊二帝之议来告。或以为交吴无益，而名体弗顺，宜显明正义，绝其盟好。亮曰："权有僭逆之心久矣。国家所以略其衅情者，求掎角之援也。今若加显绝，仇我必深，当更移兵东戍，与之角力，须并其土，乃议中原。彼贤才尚多，将相和睦，未可一朝定也。顿兵相守，坐而待老，使北贼得计，非算之上者。昔孝文卑词匈奴，先帝优与吴盟，皆应权通变，深思远益，非若匹夫之忿者也。今议者咸以权利在鼎足，不能并力，且志望已满，无北向之情。推此，皆似是而非也。何者？其智力不侔，故限江自保。权之不能越江，犹魏贼之不能渡汉，非力有余而利不取也。若我破魏，彼高当分裂其地，以为后规。下当略民广境，示武于内，非端坐者也。若就其不动而睦于我，我之北伐，无东顾忧，而魏则须留河南之众以防吴，不得尽西，此之为利亦已多矣。权僭逆之罪，未宜明也。"乃遣使如吴，贺称尊号。吴与汉盟，约中分天下，以豫、青、徐、幽属吴，兖、冀、并、凉属汉。其司州之土，以函谷关为界。

八年，魏来伐。秋，魏使司马懿由西城、张郃由子午、曹真由斜谷，欲攻汉中。亮闻魏兵至，次于成固赤坂以待之。大雨道绝，真等皆还。是岁亮使魏延西入羌中，延与郭淮战于阳溪。阳溪，待考。淮大败。

九年，亮出围祁山。春二月，亮复出军围祁山。始以木牛运。魏司马懿、张郃救祁山。亮分兵留攻祁山，自逆懿于上邽。上邽县故城，在今天水县西南。郭淮等徼亮，亮破之。因大芟刈其麦，与懿遇于上邽之东。懿敛军依险，兵不得交。亮引还，懿等寻亮后，至于卤城。卤城，在今天水、甘谷二县之间。夏五月，懿使张郃攻南围，南围，蜀兵围祁山之南屯。而自案中道向亮。亮使魏延等逆战，魏兵大败，汉获甲首三千。懿还保营。六月，亮以粮尽退军。懿遣张郃追之。郃进至木门，木门山，在今天水县西南九十里。与亮战，亮乘高布伏，弓弩乱发，飞矢中郃右膝而卒。

十二年，亮出斜谷，卒于渭滨。亮劝农讲武，作木牛流马，运米集斜谷口，治斜谷邸阁，息民休士三年，而后用之。春二月，亮悉大众十万，由斜谷出，遣使约吴同时大举。夏，至郿，据武功五丈原，与司马懿对于渭南。《水经注》：" 五丈原在郿县西，渭水径其北。"亮以前者数出，皆由运粮不继，使己志不伸。乃分兵屯田，为久驻之基。耕者杂于渭滨居民之间，而百姓安堵，军无私焉。亮与懿相守百余日，亮屡挑战，懿不出。亮乃遗懿巾帼妇人之服。懿怒，上表请战。魏明帝使卫尉辛毗杖节为军师以制之。姜维谓亮曰："辛毗杖节而至，贼不复出矣。"亮曰："彼本无战情，所以固请战者，以示武于其众耳。将在军，君命有所不受。苟能制吾，岂千里而请战耶？"秋八月，亮疾病，卒于军。长史杨仪整军而出。百姓奔告司马懿，懿追之。姜维令仪反旗鸣鼓，若将向懿者。懿敛军退，不敢逼，于是仪结阵而去。百姓为之谚曰："死诸葛走生仲达。"懿，字仲达。懿闻之，笑曰："吾能料生，不能料死故也。"懿案行亮之营垒处所，叹曰："天下奇才也。"追至赤岸，不及乃去。魏延与杨仪争权不和，举兵相攻。延败走，斩延首。仪率诸军还成都。后主使车骑将军吴壹督汉中，使蒋琬为尚书令，总统国事。吴闻亮卒，恐魏承衰取蜀，增巴丘守兵万人。此巴丘，即巴陵也。在今岳阳县治西南隅。一欲以为救援，二欲以事分割。汉闻之，亦增永安之守以防非常。汉使宗预至吴，吴主问焉，对曰："臣以为东益巴丘之戍，西增白帝之守，皆事势宜然，俱不足以相问也。"

延熙元年，蒋琬出屯汉中。

六年，琬徙屯涪。琬以诸葛亮数出秦川，《通鉴》注："关中之地，沃野千里，秦之故国，谓之秦川。"道险运艰，竟不能克。不若乘水东下，乃多作舟船，欲由汉、沔袭魏兴、上庸。魏兴郡，即后汉西城郡，故治在今安康县西北。会旧疾连动，未时得行。而众论咸谓如不克捷，还路甚难，非长策也。后主遣尚书令费祎喻指。琬乃上言："今魏跨带九州，根蒂滋蔓，平除未易，若东西并力，首尾掎角，虽未能速得如志，且当分裂蚕食，先摧其枝党，然吴期二三，不能决意进兵。臣辄与费祎等议，以凉州胡塞之要，进退有资，且羌胡乃心思汉，宜以姜维为凉州刺史。《通鉴》注："凉州之地，蜀惟得武都、阴平二郡而已。"若维前行，衔制河右，臣当率军为维后继。今涪水陆四通，惟急是应。若东北有虞，赴之不难，请徙屯涪。"涪县,今绵阳县治,傍涪江。后主从之。

七年，魏犯汉中。春三月，魏大将军曹爽、征西将军夏侯玄等率十余万人向汉中。汉中守兵不满三万，诸将皆恐，欲守城不出，以待涪兵。自蒋琬屯涪,蜀之重兵在焉。是时，王平督汉中，曰："汉中去涪垂千里，贼若得关，便为深祸。《通鉴》注:"关,关城也。杜佑曰:关城俗名张鲁城。在西县西四十里。呜呼,王侯设险以守其国,其后关城失守,钟会遂平行至汉中。王平谓贼若得关,遂为深祸。斯言验矣。"案:唐西县故城,在今沔县西四十里。今宜先遣刘护军据兴势，兴势山,在今洋县北。平为后拒，若贼分向黄金，洋县东北山,有黄金峭、黄金谷,有黄金戍,傍山依峭,险折七里。平率千人下自临之。比尔间，涪军亦到，此计之上也。"诸将皆疑，惟护军刘敏与平意同。遂率所领据兴势，多张旗帜，弥亘百余里。闰月，后主遣费祎督诸军救汉中。将行，光禄大夫来敏诣祎别，求共围棋。于时羽檄交至，人马擐甲，严驾已讫。祎与敏对弈，色无厌倦。敏曰："向聊观试君耳。君信可人，必能办贼者也。"涪军及费祎兵相继至。夏五月，曹爽引军走，祎进据三岭以截爽。胡三省曰:"自骆谷出扶风,隔以中南山,其间有三岭,一曰沈岭,近芒水,一曰衙岭,一曰分水岭。"爽争险苦战，仅乃得过。

十年，雍、凉羌胡来降。雍、凉羌胡叛魏来降。姜维将兵出陇右以应之，与郭淮及讨蜀护军夏侯霸等战于洮西。洮水在今甘肃省西南境,尔时郡县皆在洮东,若洮西,则羌虏所居也。胡王治无戴等举部落降，维将还安处之。

十一年，费祎出屯汉中。蒋琬卒，祎当国，出屯汉中。

十二年，姜维出攻雍州。秋，姜维出攻雍州，依麴山筑二城。麴山,在今岷县东南一百里,魏雍州西南界。使牙门将句安、李歆等守之。魏人进兵围麴城，断运道及城外流水。安等挑战，魏人不应。将士困窘，分粮聚雪，以引日月。维引兵救之，出自牛头山。魏收《地形志》:"阶陵县有牛头山。"案:阶陵县故城,在今成县西北。魏人又截维还路，维急引却，安等孤危，遂降于魏。

十三年，维复出西平，西平郡故治,即今西宁县治。不克而还。

十六年，维出围狄道。维自以练西方风俗，兼负其才武，欲诱诸羌胡以为羽翼，谓自陇以西可断而有，每欲兴军大举。费祎常裁制不从，与其兵不过万人，曰："吾等不如丞相，亦已远矣。丞相犹不能定中夏，况吾等乎！不如且保国治民，谨守社稷，如其功业，以俟能者。无为希冀徼幸，决成败于一举。若不如志，悔之无及。"及祎死，维得行其志。夏四月，将数万人，出石营，围狄道。石营在今西和县西北。狄道县故城，在今临洮县西南。魏救至，维粮尽退还。

十七年，维出陇西。夏六月，维复率众出陇西，守狄道。陇西郡治狄道县。魏狄道长李简举城降，进围襄武。襄武县故城，在今陇西县西南。与魏将徐质交锋，斩首破敌，魏军败退。维乘胜，多所降下。冬，拔河关、狄道、临洮三县民还。河关县故城，在今临夏县西。临洮县，今岷县治。

十八年，维出狄道。维复议出军。征西大将军张翼廷争，以为国小民劳，不宜黩武。维不听，率魏降将夏侯霸及翼同进。秋八月，维将数万人至枹罕。枹罕县，今临夏县治。趋狄道，大破魏雍州刺史王经于洮西，经众死者数万人。经退保狄道城。张翼谓维曰："可以止矣。不宜复进，进或毁此大功，为蛇画足。"维大怒，遂进围狄道，而魏救至。九月，维退驻钟提。钟提城，在今成县西北。

十九年，维出南安。秋七月，维复率众出祁山。闻魏已有备，乃回。从董亭趣南安，董亭，在今天水县东南。魏将邓艾据武城山以据维。维与艾争险不克，其夜渡渭东行，缘山趣上邽。武城山，在今武山县西南。与艾战于段谷。杜佑曰："上邽县有段谷水。"维与其镇西大将军胡济期会上邽。济失期不至，故败，士卒星散，死者甚众。蜀人由是怨维，而陇以西，亦骚动不宁。

二十年，维出骆谷。维闻魏大将军诸葛诞据寿春以叛魏，魏分关中兵以赴淮南。欲乘虚向秦川，率数万人出骆谷，径至沈岭。时长城积谷甚多，而守兵乃少，闻维方到，众皆惶惧。魏大将军司马望拒之，邓艾亦自陇右，皆军于长城。维前驻芒水，芒水出南山芒谷，入于渭，在今盩厔县东南。皆倚山为营。望、艾傍渭坚围，维数下挑战，望、艾不应。是时维数出兵，蜀人愁苦。中散大夫谯周作《仇国论》以讽之曰："或问往古能以弱胜强者，其术如何？曰，吾闻之，处大无患者常多慢，处小有忧者常思善。多慢则生乱，思善则生治，理之常也。故周文养民，以少取多；勾践恤众，以弱毙强，此其术也。或曰，曩者项强汉弱，相与战争，项羽与汉约分鸿沟，各归息民。张良以为民志已定，则难动也，率兵追羽，终毙项氏。岂必由文王之事乎？曰，当商周之际，王侯世尊，君臣久固，民习所专，深根者难拔，据固者难迁。当此之时，虽汉祖，安能杖剑鞭马而取天下乎？及秦罢侯置守之后，民疲秦役，天下土崩，或岁易主，或月易公。鸟惊兽骇，莫知所从。于是豪强并争，虎裂狼分。疾搏者获多，迟后者见吞。今我与彼，皆传国易世矣，既非秦末鼎沸之时，实有六国并据之势，故可为文王，难为汉高。夫民之疲劳，则骚扰之兆生，上慢下暴，则瓦解之形起。谚曰：'射而屡失，不如审发。'是故智者不为小利移目，不为意似改步。时可而后动，数合而后举。故汤武之师，不再战而克，诚重民劳而度时审也。如遂黩武穷兵，土崩势生，不幸遇难，虽有智者，将不能谋之矣。"及诸葛诞破败，维闻之，引还。

初，先主留魏延镇汉中，皆实兵诸围，以御外敌。敌若来攻，使不得入。及兴势之役，王平捍拒曹爽，皆承此制。及维用事，建议以为错守诸围，虽合《周易》重门之义，然适可御敌，不获大利。不若使闻敌至，诸围皆敛兵聚谷，退就汉、乐二城，听敌入平地，而重关头镇守以捍之。令游军旁出以伺其虚，敌攻关不克，野无散谷，千里运粮，自然疲乏。引退之日，然后诸城并出，与游军并力搏之，此殄敌之术也。于是后主令督汉中胡济却驻汉寿，汉葭萌县，蜀改曰汉寿。监军王含守乐城，护军蒋斌守汉城。

景耀五年，维出洮阳。维将出军，右车骑将军廖化曰："兵不戢，必自焚，伯约之谓也。维，字伯约。智不出敌，而力小于寇，用之无厌，将何以存？"冬十月，维率众出洮阳。《通鉴》注："洮阳，洮水之阳也。洮水之阴，魏不置郡县，维渡洮而攻之也。"与邓艾战于侯和，侯和，盖在洮水北。为艾所破，还驻沓中。沓中，在今临潭县之西，青海省东南境。维本羁旅托国，累年攻战，功绩不立，而宦官黄皓等弄权于内，右大将军阎宇与皓协比，而皓阴欲废维树宇，维亦疑之，故自危惧，不复还成都。

六年，魏来伐，蜀汉亡。先是夏侯霸自魏来降，谓姜维曰："魏有钟会者，其人虽少，若管朝政，吴、蜀之忧也。"及是维表后主，闻钟会治兵关中，欲规进取，宜并遣张翼、廖化督诸军分护阳安关口，《通鉴》注："阳安关口，意即阳平关也。"及阴平之桥头，阴平桥在今文县南门外，跨白水河上。以防未然。黄皓信巫鬼，谓敌终不自致，启后主寝其事，群臣莫知。秋八月，魏大兴徒众来伐，钟会向骆谷，邓艾向沓中，后主始遣廖化诣沓中为维援。张翼、董厥等诣阳安关口以为诸围外助。敕诸围皆不得战，退保汉、乐二城。用姜维之言也。城中各有兵五千人。翼、厥北至阴平，闻魏将诸葛绪向建威，故驻待之。月余，维为邓艾所摧，还驻阴平。钟会攻围汉、乐二城，遣别将进攻关口。蒋舒开城出降，傅佥格斗而死。会攻乐城不能克，闻关口已下，长驱而前。翼、厥甫至汉寿，维、化亦舍阴平而退，适与翼、厥合，皆还保剑阁以拒会。维列营守险，会不能克，粮运悬远，将议还归。而邓艾自阴平，由景谷道傍入。景谷，在今昭化县西北。冬十月，破诸葛瞻于绵竹，蜀人闻艾已入平土，百姓扰扰，皆迸山泽，不可禁制。后主使群臣会议，或以为蜀之与吴，本为与国，宜可奔吴。或以为南中七郡，越嶲、朱提、牂牁、云南、兴古、建宁、永昌也。险阻斗绝，易以自守，宜可奔南。谯周以为自古以来，无寄他国为天子者。若入吴国，亦当臣服。且治政不殊，则大能吞小，此数之自然也。由此言之，则魏能并吴，吴不能并魏，明矣。等为称臣，为小，何如为大？再辱之耻，何如一辱？且若欲奔南，则当早为之计。今大敌已近，祸败将及，群小之心，无一可保。恐发足之日，其变不测，何至南之有乎？后主犹欲入南，狐疑未决。周上疏曰："南方远夷之地，平常无所役使，犹数反叛。自丞相亮以兵威逼之，穷乃率从。今若至南，外当拒敌，内供服御，费用浩大，他无所取，耗损诸夷，其叛必矣。"后主乃遣侍中张绍等奉玺绶以降于艾。子北地王谌怒曰："若理穷力屈，祸败将及，便当父子君臣背城一战，同死社稷，以见先帝可也。奈何降乎！"后主不听，谌哭于先主之庙而自杀。张绍等见邓艾于雒。雒县，属广汉郡，西南至成都八十余里。艾大喜，报书褒纳，后主因别敕姜维，使降钟会。又遣使送士民簿于艾，户二十八万，口九十四万，甲士十万二千，吏四万人。艾至成都城北，后主出降。姜维等初闻诸葛瞻败，未知后主所向，乃引军东入于巴，巴，即巴中也。钟会进军至涪，遣胡烈等追维。维至郪，郪县故城，在今三台县南。得后主敕命，乃令兵悉放仗，自从东道与廖化、张翼、董厥等同诣会降。将士咸怒，拔刀斫石，于是诸郡县围守，皆被后主敕，罢兵降。后主入魏，封安乐公。

汪琬曰："刘备之入蜀，与高祖同。然高祖遂定天下，而备不能越汉中以讫于亡者，何也？天下之势，不在蜀而在秦，曹氏能守关中，而刘氏不能争。此废兴之所系。"

# 魏

东汉灵帝中平六年，曹操始起兵于己吾。己吾县故城，在今宁陵县西南四十里。曹操，沛国谯人也。谯县，今亳县治。父嵩，为中常侍曹腾养子，不能审其生出本末，或云夏侯氏子也。操才武绝人，博览群书，特好兵法，抄集诸家兵法，名曰《接要》。又注《孙武》十三篇。梁国桥玄谓操曰："天下将乱，非命世之才，不能济也。能安之者，其在君乎！"南阳何颙见操，叹曰："汉室将亡，安天下者必此人也。"汝南许劭好核论人物，评操曰："治世之能臣，乱世之奸雄。"董卓之擅废立，表操为骁骑校尉，欲与计事。操乃变易姓名，间行东归，至陈留，陈留郡故治，即今陈留县治。散家财，合义兵，将以诛卓。冬十二月，始起兵于己吾。

献帝初平元年，讨董卓。春正月，后将军袁术、冀州牧韩馥、豫州刺史孔伷、兖州刺史刘岱、河内太守王匡、渤海太守袁绍、陈留太守张邈、东郡太守桥瑁、山阳太守袁遗、济北相鲍信，同时俱起兵讨卓。众各数万，推绍为盟主，操行奋武将军。二月，卓闻兵起，乃徙帝都长安，卓留屯洛阳，遂焚宫室。是时，绍屯河内。河内郡故治，在今武陟县西南。邈、岱、瑁、遗与操屯酸枣，酸枣县故城，在今延津县北十五里。术屯南阳，术据南阳，以鲁阳为治所。伷屯颍川，颍川郡故治，即今禹县治。馥在邺。邺县故城，在今临漳县西南。卓兵强，绍等莫敢先进。操曰："举义兵以诛暴乱，大众已合，诸君何疑？向使董卓倚王室，据旧京，东向以临天下，虽以无道行之，犹足为患。今焚烧宫室，劫迁天子，海内震动，不知所归。此天亡之时也，一战而天下定矣。"遂引兵西，将据成皋。张邈遣将卫兹分兵随之，进至荥阳汴水。班《志》："汴水在荥阳西南。"遇卓将徐荣，与战，操兵败，为流矢所中，所乘马被创。从弟洪以马与操，操不受。洪曰："天下可无洪，不可无君。"遂步从操，夜遁去。荣见操所将兵少，力战尽日，谓酸枣未易攻也，亦引兵还。操到酸枣，诸军十余万，日置酒高会，不图进取。操责让之，因为谋曰："诸君能听吾计，使渤海引河内之众临孟津，酸枣诸将守成皋，据敖仓，塞轘辕大谷，<sub>轘辕山在今偃师县东南，接巩、登封二县界。大谷在洛阳南。</sub>全制其险，使袁将军率南阳之军军丹、析，<sub>丹水县故城，在今淅水县西丹水之阳。析县故城，在今内乡县西北一百二十里。</sub>入武关，以震三辅。<sub>汉以京兆、左冯翊、右扶风为三辅。</sub>皆高垒深壁，勿与战，益为疑兵，示天下形势，以顺诛逆，可立定也。今兵以义动，持疑不进，失天下望，窃为诸君耻之。"邈等不能用，操乃与司马夏侯惇等诣扬州募兵，得千余人，还屯河内。顷之，酸枣诸军食尽众散。刘岱与桥瑁相恶，岱杀瑁，以王肱领东郡太守。

二年，操为东郡太守。秋七月，袁绍胁韩馥，取冀州。鲍信谓操曰："绍为盟主，因权专利，将自生乱，是复有一卓也。若抑之，则力不能制，只以构难，且可规大河之南以待其变。"操善之，会黑山于毒、白绕、眭固等十余万众略东郡，<sub>黑山，在今沙河县北。</sub>王肱不能御，操引兵入东郡，击白绕于濮阳，破之。<sub>濮阳县故城，在今濮阳县南。</sub>袁绍因表操为东郡太守，治东武阳。<sub>东武阳县故城，在今朝城县西四十里。</sub>

三年，操领兖州牧。春，操军顿丘。<sub>顿丘县故城，在今清丰县西南二十五里。</sub>毒等攻东武阳，操乃引兵西入山，攻毒等本屯。诸将皆以为当还自救，操曰："孙膑救赵而攻魏，耿弇欲走西安攻临淄。使贼闻我西而还，武阳自解也。不还，我能败其本屯。贼不能拔武阳必矣。"遂行。毒闻之，弃武阳还。操要击眭固，破之。匈奴南单于子於夫罗抄略诸郡为寇，操又击破之于内黄。<sub>内黄县故城，在今内黄县西北。</sub>夏四月，中郎将吕布刺杀董卓。卓将李傕、郭汜攻布，布走出武关。傕等擅朝政。青州黄巾寇兖州，刘岱欲击之。鲍信谏曰："今贼众百万，百姓皆震恐，士卒无斗志，不可敌也。然贼军无辎重，惟以钞略为资。

今不若蓄士众之力，先为固守，彼欲战不得，攻又不能，其势必离散。然后选精锐，据要害，击之可破也。"岱不从，遂与战，果为所杀。操部将陈宫谓操曰："州今无主，而王命断绝。宫请说州中纲纪，明府寻往牧之，资之以收天下，此霸王之业也。"宫因往说别驾治中曰："今天下分裂，而州无主。曹东郡，命世之才也，若迎以牧州，必宁生民。"鲍信等亦以为然，乃与州吏至东郡，迎操领兖州牧。操遂进兵击黄巾于寿张东，不利。寿张县故城，在今东平县西南。黄巾精悍，操兵寡弱。操抚循激励，明设赏罚，承间设奇，昼夜会战，战辄擒获。黄巾退走，操追至济北，黄巾乞降。冬，受降卒三十余万，男女百余万口。收其精锐者，号为青州兵。袁术与绍有隙，术求援于公孙瓒。瓒使刘备屯高唐，单经屯平原，陶谦屯发干，以逼绍。高唐县故城，在今禹城县西南。平原县故城，在今平原县南二十里。发干县故城，在今堂邑县西南二十三里。操与绍会击，皆破之。治中从事毛玠言于操曰："今天下分崩，乘舆播荡，生民废业，饥馑流亡。公家无经岁之储，百姓无安固之志，难以持久。夫兵，义者胜，守位以财，宜奉天子以令不臣，修耕植以蓄军资。《通鉴》注："操之所以芟群雄者，在迎天子都许，屯田积谷而已。"二事乃玠发其谋也。如此，则霸王之业可成也。"操纳其言。

四年，操击袁术、陶谦。春，操军鄄城。鄄城县故城，在今濮县，兖州治此。袁术为荆州牧刘表所逼，引军入陈留，陈留属兖州。屯封丘。封丘属陈留郡，河南今县。黑山别部及於夫罗等皆附之。术使将刘详屯匡亭，《后汉书·郡国志》："长垣有匡城。"案：匡亭当在长垣县境。操击详，术救之。与战，大破之。术退保封丘，遂围之。未合，术走襄邑。襄邑县故城，在今睢县西一里许。追至太寿，太寿当在今睢、宁陵二县之间，临汳渠。决渠水灌城，走宁陵。宁陵县故城，在今宁陵县南。又追之，走九江。九江郡故治，在今定远县西北六十五里。夏，操还军定陶。定陶县故城，在今定陶县西北四里。下邳阙宣，聚众数千人，自称天子。徐州牧陶谦与共举兵，取泰山华、费，略任城。华县故城，在今费县东北六十里。费县故城，在今费县西北二十里。皆属泰山郡。任城国故治，即今济宁县治。秋，操引兵击谦，攻拔十余城。至彭城，大战。彭城县，今铜山县治。谦兵败，走保郯。郯县属东海郡，徐州刺史治所。是岁，孙策受袁术使渡江，数年间，遂有江东。

兴平元年，张邈叛迎吕布。春，操自徐州还。初，操父嵩去官后还谯，董卓之乱，避难琅邪，为陶谦所害。故操志在复仇东伐。夏四月，操使司马荀彧、寿张令程昱守鄄城，鄄城县属济阴郡。《水经注》："兖州旧治，魏武创业始于此。河上之邑，最为峻固。"宋白曰："汉献帝于鄄城置兖州，曹操以刺史始治此。"复往攻谦，遂略地至琅邪、东海，琅邪郡故治，在今临沂县北十五里。东海郡治郯县，在今郯城县西南三十里。还，击破刘备于郯东。谦恐，欲走归丹阳。谦，丹阳人。丹阳郡治，今宣城县治。会张邈叛操，迎吕布，操乃引军还。操将陈宫，性刚直壮烈，内尝自疑，欲叛操，往说张邈曰："今天下分崩，雄杰并起。君以千里之众，当四战之地，《汉书》："陈留，天下之冲，四通五达之郊也。"抚剑顾盼，亦足以为人豪，而反受制于人，不亦鄙乎！今州军东征，其处空虚。吕布壮士，善战无前，若权迎之，共牧兖州。观天下形势，俟时事之变，此亦纵横之一时也。"邈从之。

时操使宫将兵留屯东郡，遂以其众潜迎布为兖州牧。布自河内至，邈乃使告荀彧曰："吕将军来助曹使君击陶谦，宜亟供其军食。"众疑惑。彧知邈为乱，即勒兵设备，急召夏侯惇于濮阳。惇来，布遂据濮阳。时操悉军攻陶谦，留守兵少，而督将大吏多与邈、宫通谋。惇至，其夜诛谋叛者数十人，众乃定。豫州刺史郭贡率众数万来至城下，或言与吕布同谋，众甚惧。贡求见荀彧，彧将往。惇等曰："君，一州镇也，往必危，不可。"彧曰："贡与邈等，分非素结也。今来速，计必未定。及其未定说之，纵不为用，可使中立。若先疑之，彼将怒而成计。"贡见彧无惧意，谓鄄城未易攻，遂引兵去。是时兖州郡县皆应布，惟鄄城、范、东阿不动。范县故城，在今范县东南二十里。东阿县故城，在今阳谷县东北五十里。陈宫自将兵取东阿，使汜嶷取范。吏民皆恐，程昱本东阿人，或谓昱曰："今举州皆叛，惟有此三城。宫等以重兵临之，非有以深结其心，三城必动。君，民之望也，宜往抚之。"昱乃归，过范，说其令靳允曰："闻吕布执君母弟妻子，孝子诚不可为心。今天下大乱，英雄并起，必有命世能息天下之乱者，此智者所宜详择也。得主者昌，失主者亡。陈宫叛迎吕布，而百城皆应，似能有为。然以君观之，布何如人哉？夫布，粗中少亲，刚而无礼，匹夫之雄耳。宫等以势假合，不能相与定君臣之分也。兵虽众，终必无成。曹使君智略不世出，殆天所授，君必固范，我守东阿，则田单之功可立，孰与违忠从恶而母子俱亡乎！惟君详虑之。"允流涕曰："不敢有贰心。"时氾嶷已在县，允乃见嶷，伏兵刺杀之。归，勒兵自守，昱又遣别骑绝仓亭津。《述征记》曰："仓亭津在范县界，去东阿六十里。"陈宫至，不能渡。昱至东阿，东阿令枣祇已率厉吏民，拒城坚守，卒完三城以待操。操还，执昱手曰："微子之力，吾无所归矣。"使昱屯范。吕布攻鄄城，不能下，西屯濮阳。操曰："布一旦得一州，不能据东平，断亢父、泰山之道，乘险要我。亢父在今济宁县南。《国策》："亢父之险，车不得方轨，骑不得并行。"《通鉴》注："东平国当亢父、泰山之道。"案：东平国故治，在今东平县东二十里。而乃屯濮阳，吾知其无能为也。"

秋八月，进攻之。布有别屯在濮阳西，操夜袭破之。未及还，会布至，身自搏战，自旦至日昃，数十合，相持甚急。操募人陷阵。司马典韦将应募者进当之。布弓弩乱发，矢至如雨。韦不视，谓其人曰："虏来十步，乃白之。"其人曰："十步矣。"又曰："五步乃白。"其人惧，疾言"虏至矣"。韦持戟大呼而起，所抵无不应手倒者。布众退，会日暮，操乃得引去。濮阳大姓田氏为反间，操得入城，烧其东门，示无反意。及战，军败，布骑得操而不识，问曰："曹操何在？"操曰："乘黄马走者是也。"布骑乃释操而追黄马者。操突火而出，至营，自力劳军，令军中促为攻具，进复攻之。与布相守百余日，蝗虫起，百姓大饿，布粮食亦尽，各引去。九月，操还鄄城。布到乘氏，乘氏县故城，在今巨野县西南。为其县人李进所破，东屯山阳。山阳郡故治，在今金乡县西北四十里。冬十月，操至东阿。袁绍使人说操，欲使操遣家居邺。操新失兖州，军食尽，将许之。程昱曰："意者将军殆临事而惧。不然，何虑之不深也？夫袁绍有并天下之心，而智不能济也。将军自度能为之下乎？将军以龙虎之威，可为之韩、彭耶？今兖州虽残，尚有三城，能战之士不下万人。以将军之神武，与文若、昱等收而用之，荀彧，字文若。霸王之业可成也。愿将军更虑之。"操乃止。是岁，谷一斛五十余万钱，人相食，乃罢吏兵新募者。陶谦死，刘备代之。

二年，操击走吕布。春，操败吕布于定陶。夏，布将薛兰、李封屯巨野。巨野县故城，在今巨野县南。操攻之，布救兰等，不胜而走。操遂斩兰等。操军乘氏以陶谦已死，欲遂取徐州还，乃定布。荀彧曰："昔高祖保关中，光武据河内，皆深根固本，以制天下。进足以胜敌，退足以坚守。故虽有困败，而终济大业。将军本以兖州首事，平山东之难，百姓无不归心悦服。且河、济，天下之要地也。《禹贡》"兖州之域"，孔安国曰："东南据济，西北距河。"今虽残坏，犹易以自保。是亦将军之关中、河内也，不可以不先定。今已破李封、薛兰，若分兵东击陈宫，宫必不敢西顾。以其间收熟麦，约食蓄谷，一举而布可破也。破布，然后南结扬州，谓结刘繇也。共讨袁术，以临淮泗。若舍布而远征，多留兵则不足用，少留兵则民皆保城，不得樵采。布乘虚寇暴，民心益危，惟鄄城、范、卫可全，卫谓濮阳。杜预曰："濮阳，古卫地。"其余非己之有，是无兖州也。若徐州不定，将军当安所归乎？且陶谦虽死，徐州未易亡也。彼惩往年之败，将惧而结合，相为表里。今东方皆已收麦，必坚壁清野以待将军。攻之不拔，略之无获，不出十日，则十万之众未战而先自困耳。前讨徐州，多所屠戮。其子弟念父兄之仇，必人自为守而无降心。纵破其兵，犹不能有其地也。夫事固有弃此取彼者，以大易小可也，以安易危可也，权一时之势，不患本之不固可也。今三者莫利，惟将军熟虑之。"操乃止。

布复从东缗，宋白曰："今金乡县，本汉东缗县。"与陈宫将万余人来战。操兵皆出收麦，在者不能千人，屯营不固。屯西有大堤，其南，树木幽深。操隐兵堤里，出半兵堤外。布益进，乃令轻兵挑战。既合，伏兵乃悉登堤，步骑并追，大破之，追至其营而还。布夜走。操复攻拔定陶，分兵平诸县。布东奔刘备。张邈从布，使其弟超守雍丘。雍丘县，即今杞县治。秋八月，操围雍丘。冬十月，天子拜操为兖州牧。十二月，雍丘溃，超自杀。邈诣袁术请救，为其下所杀。兖州平，遂东略陈地。陈国故治，即今淮阳县治。是岁长安乱，天子东迁。

建安元年，操迎天子都许。春正月，操临武平。武平县属陈国，故城在今鹿邑县西北。袁术所置陈相袁嗣降。操至许，谋迎天子。众以为山东未定，韩暹、杨奉负功恣睢，暹，白波帅。奉，李傕将。时皆扈驾。未可猝制。荀彧曰："昔晋文公纳周襄王，而诸侯影从。汉高祖为义帝缟素，而天下归心。自天子蒙尘，将军首唱义兵，徒以山东扰乱，未遑远赴。今銮驾旋轸，东京榛芜。义士有存本之思，兆民怀感旧之哀。诚因此时奉主上以从人望，大顺也；秉至公以服天下，大略也；仗大义以致英俊，大德也。四方虽有逆节，其何能为？韩暹、杨奉何足忧哉！若不时定，使豪杰生心，后虽为虑，亦无及矣。"操乃遣曹洪将兵西迎天子，卫将董承等据险拒之，洪不得进。议郎董昭在天子侧，而委心于操，以杨奉兵马最强，而少党援，为操作书与奉，致款曲，且曰："将军当为内主，吾为外援。今吾有粮，将军有兵，有无相通，足以相济。死生契阔，相与共之！"奉喜，语诸将曰："兖州诸军，近在许耳。有兵有粮，国家所当依仰也。"夏六月，共表操为镇东将军。

秋七月，杨奉、韩暹以天子还洛阳。奉别屯梁。梁县故城，在今临汝县东。操遂至洛阳，卫京都，暹遁走。天子假操节钺，录尚书事。董昭言于操曰："此间诸将，人殊意异，未必服从。今留匡弼，事势不便，惟有移驾幸许耳。然朝廷播越，新还旧京，远近跂望，冀一朝获安。今复徙驾，不厌众心。夫行非常之事，乃有非常之功，愿将军算其多者。"操曰："此孤本志也。杨奉近在梁，耳闻其兵精，得无为孤累乎？"昭曰："奉少党援，心相凭结，将军宜时遣使厚遗答谢，以安其意。说京都无粮，欲车驾暂幸鲁阳，今鲁山县有鲁山，故汉置鲁阳县。鲁阳近许，转运稍易，可无悬乏之忧。奉为人勇而寡虑，必不见疑。

比使往来，足以定计，奉何能为累？"操曰善，即遣使诣奉。九月，车驾出辕辕而东，《元和志》："山路险阻，凡十二曲，将去复还，故曰辕辕。"遂迁都许，以操为大将军。天子之东也，奉自梁欲要之，不及。冬十月，操击奉。奉南奔袁术，遂攻其梁屯，拔之。于是以袁绍为太尉，绍耻班在操下，不肯受。操惧，以大将军让绍。天子拜操司空，行车骑将军。操问荀彧以策谋之士，彧荐其从子攸及颍川郭嘉。操与攸语，大悦曰："此非常人也。吾得与之计事，天下当何忧哉！"初，颍川郭嘉往见袁绍，绍甚敬礼之。居数十日，谓绍谋臣辛评、郭图曰："夫智者审于量主，故百全而功名可立。袁公徒欲效周公之下士，而不知用人之机。多端寡要，好谋无决，欲与共济天下大难，定霸王之业，难矣！吾将更举而求主，子盍去乎？"二人曰："袁氏有恩德于天下，人多归之。且今最强，去将何之？"嘉去绍诣操，操与论天下事，喜曰："使孤成大业者，必此人也。"嘉出，亦喜曰："真吾主也。"自中平以来，天下乱离，民弃农业，诸军并起，率乏粮谷，无终岁之计。饥则寇掠，饱则弃余，瓦解流离，无敌自破者不可胜数。袁绍在河北，军人仰食桑椹。袁术在江淮，取给蒲蠃。民多相食，州里萧条。操曰："定国之术，在于强兵足食。秦人以急农兼天下，孝武以屯田定西域，此先代之良式也。"是岁，乃募民屯田许下，得谷百万斛。于是州郡例置田官，所在积谷，仓廪皆满。故操征伐四方，无运粮之劳。吕布袭徐州牧刘备，取下邳。备来奔。程昱说操曰："观刘备有雄才，而甚得众心，终不为人下，不如早图之！"操曰："方今收英雄时也，杀一人而失天下之心，不可。"遂益其兵，给粮食，使东至沛，收散兵以图吕布。

二年，操击张绣、袁术。董卓部将张济自关中走南阳。济死，从子绣领其众。春正月，操讨绣军于淯水。淯水，今南阳白河也。绣举众降，既而悔之，复反。操与战，军败，为流矢所中。操收散兵，还住舞阴。舞阴县故城，在今泌阳县西北六十里。绣率骑来追，操击破之。绣奔穰，与刘表合。穰县故城，在今邓县外城东南隅。操谓诸将曰："吾降张绣，失在不便取其质，以至于此。吾知所以败,诸卿观之,自今已后不复败矣。"是役,诸军大乱,平房校尉于禁独整众而还。道逢青州兵劫掠人,禁数其罪而击之。青州兵走诣操。禁既至,先立营垒,不时谒操。或谓禁,青州兵已诉君矣,宜促诣公辨之。禁曰:"今贼在后,追至无时,不先为备,何以待敌?且公聪明,谮诉何缘得行?"徐凿堑安营讫,乃入谒,具陈其状。操悦,谓禁曰:"淯水之难,吾犹狼狈。将军在乱能整,讨暴坚垒,有不可动之节。虽古名将,何以加之?"遂引军还许,而袁绍书来,词语骄慢。操谓荀彧、郭嘉曰:"今将讨绍,而力不敌,何如?"对曰:"刘、项之不敌,公所知也。汉祖惟智胜项羽,故羽虽强,终为所擒。今绍有十败,公有十胜。绍虽强,无能为也。绍繁礼多仪,公体任自然,此道胜也。绍以逆动,公奉天子以率天下,名正言顺,此义胜也。桓、灵以来,政失于宽。绍以宽济宽,故不能整顿;公纠之以猛,上下知制,此治胜也。绍外宽内忌,用人而疑之,所任惟亲戚子弟;公外易简而内机明,用人无疑,惟才所宜,不问远近,此度胜也。绍多谋少决,失在后事;公得策辄行,应变无穷,此谋胜也。绍高议揖让,以收名誉,士之好言饰外者多归之;公以至心待人,不为虚美,士之忠正远见而有实者皆愿为用,此德胜也。绍见人饥寒,恤念之形于颜色,其所不见,虑或不及;公于目前小事时有所忽,至于大事,与四海接,恩之所加,皆过其望,虽所不见,虑无不周,此仁胜也。绍大臣争权,谗言惑乱;公御下以道,浸润不行,此明胜也。绍是非不可知;公所是,进之以礼,所不是,正之以法,此文胜也。绍好为虚势,不知兵要;公以少克众,用兵如神,军人恃之,敌人畏之,此武胜也。"

是时,绍方北击公孙瓒。嘉又曰:"可因绍远征,东取吕布。若绍为寇,布为之援,此深害也。"彧曰:"不先取吕布,河北未易图也。"《通鉴》注:"绍攻公孙瓒,而操乘间东取吕布。操击刘备,而绍不能袭许,此其所以败也。"操曰:"然。吾所惑者,又恐绍侵扰关中,西乱羌胡,南诱蜀汉,是我独以兖、豫抗天下六分之五也。为将奈何?"彧曰:"关中将帅以十数,莫能相一,惟韩遂、马腾最强。彼见山东方争，必各拥众自保。今若抚以恩德，遣使连和，虽不能久安，比公安定山东，足以不动。侍中尚书仆射钟繇，有智谋，若属以西事，公无忧矣。"操乃表繇以侍中守司隶校尉，持节督关中诸军，特使不拘科制。繇至长安，移书腾、遂等，为陈祸福。腾、遂各遣子入侍。袁术称帝于淮南。秋九月，术侵陈，操东击之。术闻操自来，弃军走，留其将桥蕤等于蕲以拒操。蕲县故城，在今宿县境。操击破蕤等，皆斩之。术走渡淮，操还许。操之徇淮汝，沛国许褚以众归操。褚，勇力绝人，淮汝陈梁间皆畏惮之。操曰："此吾樊哙也。"引入宿卫。操之自舞阴还也，南阳、章陵诸县复叛为绣。章陵县故城，在今枣阳县东。操遣曹洪击之，不利，还屯叶，叶县故城，在今叶县南三十里。数为绣、表所侵。冬十一月，操自至宛。宛县，今南阳县治。表将邓济据湖阳，湖阳县故城，在今沘源县南八十里。攻拔之，生擒济。攻舞阴，又下之。

三年，操击斩吕布。春正月，操还许。三月，将复击张绣。荀攸曰："绣与刘表相恃为强，然绣以游军仰食于表，表不能供也，势必乖离，不如缓军以待之，可诱而致也。若急之，其势必相救。"操不从，围绣于穰。夏五月，刘表遣兵救绣，以绝军后。会袁绍亡卒诣操云："田丰劝绍袭许。"操将引还，绣兵来，操军不得进，连营稍前。操与荀彧书曰："贼来追，吾虽日行数里，吾策之，到安众，安众，侯国故城，在今镇平县东南。破绣必矣。"到安众，绣与表兵合守险，操军前后受敌。操乃夜凿险为地道，悉过辎重，设奇兵。会明，绣、表谓操为遁，悉军来追。乃纵奇兵、步骑夹攻，大破之。秋七月，操还许。荀彧问前策敌必破，何也。操曰："敌遏吾归师，而与吾死地，吾是以知胜矣。"吕布与袁术通，遣其将高顺、张辽攻刘备。操遣夏侯惇救之，为顺等所败。秋九月，顺等破沛城，备单身走。操欲自击布。诸将皆曰："刘表、张绣在后，而远袭吕布，其危必矣。"荀攸曰："表、绣新破，势不敢动。布骁猛，又恃袁术，若纵横淮泗间，豪杰必应之。今乘其初叛，众心未一，往可破也。"操曰善。比行，泰山屯帅臧霸、孙观、吴敦、尹礼、昌豨等皆附于布。操与刘备遇于梁，梁国故城，在今商丘县南。进至彭城。陈宫谓布，宜逆击之，以逸待劳，无不克也。布曰："不如待其来，蹙著泗水中。"

冬十月，操屠彭城。广陵太守陈登率郡兵为操先驱，进至下邳。布自将，屡与操战，皆大败，还保城，不敢出。陈宫曰："操远来，势不能久。将军若以步骑出屯于外，宫将余众闭守于内。若向将军，宫引兵而攻其背；若但攻城，则将军救于外。不过旬月，操军食尽，击之可破也。"布然之，欲使宫与高顺守城，自将骑断操粮道。布妻不信宫，又以为宫、顺素不和，必不同心共城守也。布乃止。操掘堑围下邳积久，士卒疲敝，欲还。荀攸、郭嘉曰："吕布勇而无谋，今屡战皆败，锐气衰矣。三军以将为主，主衰，则军无奋志。陈宫有智而迟，今及布气之未复，宫谋之未定，急攻之，布可拔也。"乃引沂、泗灌城。《通鉴》注："泗水东南流，过下邳县西。沂水南流亦至下邳县西，而南入于泗，故并引二水以灌城。"月余，布将宋宪、魏续等举城降，生擒布、宫，皆杀之。张辽将其众降，又获臧霸。操使霸招吴敦、尹礼、孙观等，皆诣操降。操乃分琅邪、东海为城阳、利城、昌虑郡，城阳属琅邪，郡治即今莒县治。利城、昌虑皆属东海。利城郡治在今临沂县东百里。昌虑郡治在今滕县东南六十里。悉以霸等为守相。

四年，操进军黎阳。黑山贼眭固以其众属袁绍，屯射犬。射犬聚，在今沁阳县东北。夏四月，操进军临河，使曹仁、史涣渡河击之。固自将兵北诣袁绍求救，与仁、涣遇于犬城。犬城，未详所在。仁、涣击斩之。操遂济河围射犬，射犬降。操还军敖仓，以魏种为河内太守，属以河北事。是时袁绍既并公孙瓒，兼四州之地，众十余万，将进军攻许。诸将以为不可敌，操曰："吾知绍之为人，志大而智小，色厉而胆薄，忌克而少威，兵多而分画不明，将骄而政令不一。土地虽广，粮食虽丰，适足以为吾奉也。"秋八月，操进军黎阳，使臧霸等将精兵入青州，以扞东方，留于禁屯河上。九月，操还许，分兵守官渡。《北征记》："中牟台下临汴水，是为官渡。"《通鉴》注："官渡在今中牟县北。"袁绍遣人招张绣，绣欲许之。是时武威贾诩为绣谋主，诩于绣座上显谓绍使曰："归谢袁本初，绍，字本初。兄弟不能相容，谓绍、术交恶。而能容天下国士乎？"绣惊惧曰："何至于此？"窃谓诩曰："若此，当何归？"诩曰："不如从曹公。"绣曰："袁强曹弱，又先与曹为仇，从之如何？"诩曰："此乃所以宜从也。夫曹公奉天子以令天下，其宜从一也。绍强盛，我以少众从之，必不以我为重。曹公众弱，其得我必喜，其宜从二也。夫有霸王之志者，固将释私怨以明德于四海，其宜从三也。"

冬十一月，绣率众降操。操执绣手，与欢宴，为子娶绣女。关中诸将以袁、曹方争，皆中立顾望。凉州牧韦端使从事杨阜诣许。阜还，关右诸将问，袁、曹胜败孰在？阜曰："袁公宽而不断，好谋而少决。不断则无威，少决则失后事。今虽强，终不能成大业。曹公有雄才远略，决机无疑，法一而兵精，能用度外之人，所任各尽其力，必能济大事者也。"操使治书侍御史卫觊镇抚关中。时四方大有还民，关中诸将多引为部曲。觊书与荀彧曰："关中膏腴之地，顷遭荒乱，人民流入荆州者十万余家。闻本土安宁，皆企望思归。而归者无以自业，诸将各竞招怀，以为部曲。郡县贫弱，不能与争，兵家遂强。一旦变动，必有后忧。夫盐，国之大宝也，乱来放散，宜如旧置使者监卖，以其值多购犁牛。若有归民，以供给之。勤耕积粟，以丰殖关中。远民闻之，必日夜竞还。则诸将日削，官民日盛，此强本弱敌之利也。"或以白操，操从之，始遣谒者仆射监盐官，《通鉴》注："河东安邑盐池，旧有盐官。"关中由是服从。刘表在荆州，于袁、曹俱无所助，欲保江汉间，观天下变。从事中郎韩嵩、别驾刘先说表曰："今两雄相持，天下之重在于将军。若欲有为，起乘其敝可也。如其不然，固将择所宜从。岂可拥甲十万，坐观成败，求援而不能助，见贤而不肯归。此两怨必集于将军，恐不得中立矣。曹操善用兵，贤俊多归之。其势必败袁绍，然后移兵以向江汉，恐将军不能御也。今之上计，莫若举荆州以附曹操，操必重德将军，长享福祚，垂之后嗣，此万全之策也。"表大将蒯越亦劝表，表卒狐疑不断。十二月，操复屯官渡。袁术自败于陈，稍困。袁绍子谭自青州遣迎之，术欲从下邳北过。操遣刘备督朱灵诸将要之。会术病死。初，备来降，郭嘉言于操曰："备有雄才，而甚得众心。张飞、关羽者，皆万人之敌也，为之效命。以嘉观之，备终不为人下，其谋未可测也。古人有言，一日纵敌，数世之患。宜早为之所。"及操使备要击袁术，嘉与程昱俱驾而谏操曰："放备，变作矣。"时备已去，遂举兵以叛。操遣司空长史刘岱、中郎将王忠击之，不克。

五年，操击败袁绍。春正月，操欲自讨刘备。诸将皆曰："与公争天下者，袁绍也。今绍方来，而弃之东。绍乘人后，若何？"操曰："刘备，人杰也。今不击，必为后患。"郭嘉曰："绍性迟而多疑，来必不速。备新起，众心未附。急击之，必败。"操师遂东，击备破之。备走奔绍。进拔下邳，擒备将关羽。昌豨叛为备，又攻破之。操还官渡，绍卒不出。二月，绍遣其将颜良攻东郡太守刘延于白马。白马县故城，在今滑县东二十里。绍引兵至黎阳，将渡河。夏四月，操北救延。荀攸曰："今兵少不敌，必分其势乃可。公到延津，杜预曰："酸枣县北有延津。"若将渡兵向其后者，绍必西应之，然后轻兵袭白马，掩其不备，颜良可擒也。"操从之。绍闻兵渡，即分兵西邀之。操乃引军兼行趣白马，未至十余里，良大惊，来逆战。操使张辽、关羽先登击之。羽望见良麾盖，策马刺良于万众之中，斩其首而还，绍军莫能当者。遂解白马之围，徙其民循河而西。绍于是渡河，追操军至延津南。操勒兵驻营南阪下，使登垒望之，曰："可五六百骑。"有顷，复白："骑稍多，步兵不可胜数。"操曰："勿复白。"令骑解鞍放马。是时白马辎重就道，诸将以为敌骑多，不如还保营。荀攸曰："此所以饵敌，如何去之？"操顾攸而笑。绍骑将文丑与刘备将五六千骑前后至。诸将复白："可上马。"操曰："未也。"有顷，骑至稍多，或分趣辎重。操曰："可矣。"乃皆上马，时骑不满六百，遂纵兵击，大破之，斩丑。丑、良，皆绍名将也。再战悉斩之，绍军夺气。操还军官渡。绍进保阳武。阳武县故城，在今阳武县东南二十八里。关羽亡归刘备。

秋八月，绍连营稍前，依沙堆为屯，东西数十里。操亦分营与相当，合战不利，复还坚壁。绍为高橹，起土山，射营中。营中皆蒙楯而行。操乃为霹雳车，发石以击绍，楼皆破。绍复为地道攻操，操辄于内为长堑以拒之。时操粮少，与荀彧书，议欲还许以致绍师。彧报曰："绍悉众聚官渡，欲与公决胜败。公以至弱当至强，若不能制，必为所乘。是天下之大机也。且绍布衣之雄耳，能聚人而不能用，以公之神武明哲，而辅以大顺，何向而不济？今谷食虽少，未若楚汉在荥阳、成皋间也。是时刘、项莫肯先退者，以为先退则势屈也。公以十分居一之众，画地而守之，扼其喉而不能进已半年矣。情见势竭，必将有变，此用奇之时，不可失也。"操从之。

孙策闻操与绍相持，乃谋袭许。未发，为刺客所杀。弟权立。汝南刘辟等既降操而叛应绍，略许下。绍使刘备助辟。备略汝颍之间，自许以南，吏民不安，操患之。从弟仁曰："南方以大将军方有目前急，其势不能相救。刘备以强兵临之，其背叛故宜也。备新将绍兵，未能得其用，击之可破也。"操乃使仁将骑击备，破走之，遂破辟屯。袁绍运谷车数千乘至，荀攸言于操曰："绍运车旦暮至，其将韩猛锐而轻敌，击可破也。"操乃遣偏将军徐晃与史涣邀击猛，破走之，尽烧其车。操与绍相拒连月，虽比战斩将，然众少粮尽，士卒疲乏。操见运者，抚之曰："后十五日，为汝破绍，不复劳汝矣。"冬十月，绍遣车运谷，使其将淳于琼等将兵万余人送之，宿绍营北四十里。会绍谋臣许攸来奔，操闻攸来，跣出迎之，抚掌笑曰："子远攸字。卿来，吾事济矣。"既入座，谓操曰："袁氏军盛，何以待之？今有几粮乎？"操曰："尚可支一岁。"攸曰："无是。更言之。"又曰："可支半岁。"攸曰："足下不欲破袁氏耶？何言之不实也。"操曰："向言戏之耳。其实可一月，为之奈何？"攸曰："公孤军独守，外无救援，而粮谷已尽，此危急之日也。袁氏辎重万余乘，在故市乌巢。据《水经》，乌巢泽在酸枣县东南。屯军无严备，若以轻兵袭之，不意而至，燔其积聚。不过三日，袁氏自败也。"操大喜，乃留曹洪、荀攸守营，自将步骑五千人，皆用袁军旗帜，衔枚缚马口，夜从间道出，人抱束薪。所历道有问者，语之曰："袁公恐曹操钞略后军，遣兵以益备。"闻者信以为然，皆自若。既至围屯，大放火，营中惊乱。会明，琼等望见操兵少，出阵门外，操遂攻之。绍初闻操之击琼，谓子谭曰："就操破琼，吾拔其营，彼固无所归矣。"遣轻骑救琼，而令其将张郃、高览等以重兵攻操营，不能下。绍骑至乌巢，操左右或言贼骑稍近，请分兵拒之。操怒曰："贼在背后乃白！"士卒皆殊死战，遂大破之，斩琼等，尽燔其粮谷。士卒千余人，皆割其鼻，牛马割唇舌，以示绍军，绍军将士皆恟惧。郃等闻琼破，遂来降，绍众大溃。绍及谭弃军走渡河，追之不及，尽收其辎重、图书、珍宝。余众降者操尽坑之，前后所杀七万余人。操收绍书中，得许下及军中人书，皆焚之，曰："当绍之强，孤犹不能自保，况众人乎！"冀州诸郡多举城邑降者。

六年，操击走刘备。操就谷于安民，据《水经》，东平寿张县西界有安民亭，亭在济水东，亭北对安民山。以袁绍新破，欲以其间击刘表。荀彧曰："绍既新败，其众离心，宜乘其困遂定之。若绍收其余烬，乘虚以出人后，则公事去矣。"操乃止。夏四月，操扬兵河上，击袁绍仓亭军，破之。绍归，复收散卒，攻定诸叛郡县。秋九月，操还许。绍之未破也，使刘备略汝南，汝南、共都等应之。操遣其将蔡扬击都，不利，为都所破。操乃南击备，备闻操自行，走奔刘表。都等皆散。操又遣督军校尉夏侯渊及张辽围昌豨于东海。山东旧兖州府东南，至江苏邳县以东，皆汉东海郡。数月，粮尽，议引军还。辽谓渊曰："数日已来，每行诸围，豨辄属目视辽，又其射矢更稀，此必豨计犹豫，故不力战。辽欲挑与语，傥可诱也。"乃使谓豨曰："公有命，使辽传之。"豨果下与辽语，辽为说操神武，方以德怀四方，先附者受大赏。豨乃随辽降操。

七年，操击袁谭、袁尚。春，操进军官渡。袁绍自军破后，发病呕血，夏五月死，小子尚代。长子谭自号车骑将军，屯黎阳。秋九月，操击之，连战，谭、尚数败，退而固守。匈奴南单于据平阳应尚，平阳县故城，在今临汾县南。

钟繇率诸军围之未拔。而尚所置河东太守郭援及并州刺史高幹到河东，众甚盛，诸将议欲释之去。繇曰："袁氏方强，援之来，关中阴与之通，所以未悉叛者，顾吾威名故耳。若弃而去，示之以弱，所在之民谁非寇仇？纵吾欲归，其得至乎？此为未战先自败也。且援刚愎好胜，必易吾军。若渡汾为营，及其未济击之，可大克也。"先是，尚发使与关中诸将马腾等连兵，腾等阴许之。繇使新丰令张既说腾，为言利害，腾疑未决。有傅幹者说腾曰："古人有言，顺德者昌，逆德者亡。曹公奉天子诛暴乱，法明政治，上下用命，可谓顺道矣。袁氏恃其强大，背弃王命，驱胡虏以陵中国，可谓逆德矣。今将军既事有道，阴怀两端，欲以坐观成败。吾恐成败既定，奉词责罪，将军先为诛首矣！"于是腾惧。幹因曰："智者转祸为福，今曹公与袁氏相持，而高幹、郭援合攻河东。曹公虽有万全之计，不能禁河东之不危也。将军诚能引兵讨援，内外击之，其势必举。是将军一举断袁氏之臂，解一方之急，曹公必重德将军。将军功名无与比矣。"于是腾遣子超将兵万余人与繇会。援至，果径前渡汾。众止之，不从。济水未半，繇击，大破之，斩援，南单于遂降。

八年，操击谭、尚。春二月，操攻黎阳，与谭、尚战于城下。谭、尚败走还邺。夏四月，操追至邺，收其麦。诸将欲乘胜遂攻之，郭嘉曰："袁绍爱此二子，莫适立也。今权力相侔，各有党与。急之则相保，缓之则争心生。不如南向荆州以待其变，变成而后击之，可一举定也。"操善之。五月，还许，留其将贾信屯黎阳。己酉，令曰："《司马法》，'将军死绥'，绥，却也。故赵括之母，乞不坐括。是古之将者军破于外，而家受罪于内也。自命将征行，但赏功而不罚罪，非国典也。其令诸将出征，败军者抵罪，失利者免官爵。"庚申，令曰："议者或以军吏虽有功能，德行不足任郡国之选，所谓'可与适道，未可与权'。管仲曰：'使贤者食于能，则上尊斗士；食于功，则卒轻于死。二者设于国，则天下治。'未闻无能之人、不斗之士并受禄赏而可以立功兴国者也。故明君不官无功之臣，不赏不战之士。治平尚德行，有事赏功能，议者之言，一似管中窥豹欤！"

秋八月，操击刘表，军西平。西平县故城，在今西平县西四十五里。操之去邺而南也，谭、尚争冀州。谭为尚所败，走保平原。尚攻之急，谭遣辛毗乞降请救。毗至西平，见操致谭意。群下多以为刘表强，宜先平之，谭、尚不足忧也。荀攸曰："天下方有事，而刘表坐保江汉之间，其无四方之志可知矣。袁氏据四州之地，带甲数十万。绍以宽厚得众心，使二子和睦以守其成业，则天下之难未息也。今兄弟构恶，其势不两全。若有所并则力专，力专则难图。及其乱而取之，天下定矣。此时不可失也。"操善攸之言，亦曰："我攻吕布，表不为寇。官渡之役，不救袁绍。此自守之贼也，宜为后图。谭、尚狡猾，当乘其乱，纵谭挟诈，不终束手。使我破尚，偏收其地，利自多矣。"后数日，操更欲先平荆州，使谭、尚自相敝。辛毗望操色，知有变，以语郭嘉。嘉白操，操谓毗曰："谭必可信，尚必可克否？"毗对曰："明公无问信与诈也，但当论其势耳。袁氏本兄弟相伐，其初计不谓他人能乘其间，乃谓并青、冀为一，则可乘势以定天下耳。今谭一旦求救于明公，其势穷可知。尚见谭困而不能取，其力竭亦可知。兵革败于外，谋臣诛于内，兄弟阋墙，国分为二。连年战伐，介胄生虮虱。加以旱蝗、饥馑并臻，天灾应于上，人事困于下。民无愚智，皆知土崩瓦解。此乃天亡尚之时也。今往攻邺，尚不还救，即不能自守；还救，即谭踵其后。以明公之威，应困穷之敌，击疲敝之寇，无异迅风之振秋叶矣。天以尚与明公，明公不取而伐荆州。荆州丰乐，国未有衅。仲虺有言，取乱侮亡。方今二袁不务远略而内相图，可谓乱矣。居者无食，行者无粮，可谓亡矣。朝不谋夕，民命靡继，而不绥之，欲待他年。他年或丰穰，又自知亡而改修厥德，失所以用兵之要矣。今因其请，救而抚之，利莫大焉。且四方之寇，莫大于河北。河北平，则六军盛而天下震矣。"操曰善，乃许救谭。冬十月，操至黎阳，尚闻操渡河，乃释平原还邺。尚将吕旷、高翔叛归操。谭阴刻将军印以假旷、翔，旷、翔受印送之。操曰："我固知谭之有小计也。欲使我攻尚，得以其间略民聚众。比尚之破，可得自强，以乘我弊也。尚破我盛，何弊之乘乎！"然犹为子整聘谭女以安之，而引军还。

九年，操拔邺。春正月，操济河。遏淇水入白沟，以通粮道。《水经注》："淇水东，过内黄县南为白沟。"二月，尚复攻谭于平原，留其将审配、苏由守邺。操进军至洹水，《水经》："洹水径邺县南。"由降。既至，攻邺，为土山地道。尚武安长尹楷屯毛城，毛城在今武安县西。以通上党粮道。夏四月，操留曹洪攻邺，自将击楷，破之而还。尚将沮鹄守邯郸，又击拔之。易阳令韩范、涉长梁岐皆举县降。易阳县故城，在今永年县西十五里。涉县故城，在今涉县西北二里。徐晃言于操曰："二袁未破，诸城未下者倾耳而听。宜旌赏二县以示诸城。"操从之，范、岐皆赐爵关内侯。五月，毁土山地道，作堑围城，周回四十里。《通鉴》注："土山地道，急攻也。知非急攻可拔，故凿堑围城，绝其内外以久困之。"初令浅，示若可越。配望见笑之，不出争利。操一夜浚之，广深二丈，引漳水以灌之。《水经注》："漳水过邺县西。"城中饿死者过半。秋七月，尚将万余人还救邺。诸将皆以为此归师，人自为战，不如避之。操曰："尚从大道来，当避之。若循西山来者，此成擒耳。"《通鉴》注："从大道来，则人怀救根本，不顾胜败，有必死之志。循山而来，则其战可前可却，人有依险自全之心，无同力致命之意。操所以料尚者如此，兵法所谓观敌之动者也。"尚果循西山来，临滏水为营。《文选》注："邺北有滏水。"夜遣兵犯围，操逆击，破走之。遂围其营，未合，尚惧，遣使求降。操不听，围之益急，尚夜遁保蓝口。贤曰："安阳县有蓝嵯山，与邺相近，盖蓝山之口。"追击之，其将马延、张颌等临阵降，众大溃。尚走中山。尽获其辎重，得尚印绶节钺，以示城中，城中崩沮。

八月，审配兄子荣夜开所守城东门纳兵，配逆战败，生擒配，斩之。邺定。初，袁绍与操共起兵，绍问操曰："若事不辑，则方面何所可据？"绍曰："吾南据河，北阻燕代，兼戎狄之众，南向以争天下，庶可以济乎！"操曰："吾任天下之智力，以道御之，无所不可。且汤武之王，岂同土哉？若以险固为资，则不能应机而变化也。"九月，天子以操领冀州牧，操让还兖州。冬十月，高幹以并州降操，复以幹为并州刺史。操之围邺也，谭略取甘陵、安平、渤海、河间。清河国治甘陵县，故城在今清河县东南。安平国故治，今冀县治是。渤海郡治南皮县，故城在今南皮县东北八里。河间国故治，今献县治是。尚败还中山，谭攻之，尚奔故安，贤曰："故安故城，在今易县南。"遂并其众。操遗谭书，责以负约，与之绝婚，然后进军。谭惧，拔平原，走保南皮，临清河而屯。据《水经》，清河过南皮县西。十二月，操入平原，略定诸县。

十年，操击斩袁谭。春正月，操攻南皮。谭出战，士卒多死，操欲缓之。议郎曹纯曰："今悬师深入，难以持久。若进不能克，退必丧威。"操乃自执枹鼓以率攻者，遂克之，斩谭，冀州平。是月，袁熙大将焦触、张南等叛攻熙、尚，熙、尚奔辽西乌桓，触等举其县降。夏四月，黑山张燕率其众十余万降，皆封为列侯。乌桓攻犷平。犷平县故城，在今密云县东北。秋八月，操渡潞河救之，乌桓奔走出塞。潞河，即今通县东之白河也。冬十月，高幹闻操讨乌桓，复以并州叛，举兵守壶关口。壶关口，在今长治县东南。操遣其将乐进、李典击之，幹还守壶关城。

十一年，操击斩高幹。春正月，操击幹。幹闻之，乃留其别将守城，走入匈奴，求救于单于，单于不受。操围壶关三月，拔之。幹遂走荆州，上洛都尉王琰捕斩之。

十二年，操击乌桓。乌桓承天下乱，破幽州，略有汉民，合十余万户，袁绍皆立其酋豪为单于，以家人子为己女妻焉。辽西乌桓蹋顿尤强，为绍所厚，故尚兄弟归之，数入塞为害。操将击之，凿渠，自呼沲入泒水，名平虏渠。泒河，即今沙河，为猪龙河之上游。又从泃河口凿入潞河，名泉州渠，以通海。泃河经今三河县东，下流入蓟运河。春二月丁酉，操令曰："吾起义兵诛暴乱，于今十九年，所征必克，岂吾功哉？乃贤士大夫之力也。天下虽未悉定，吾要当与贤士大夫共定之。而专飨其劳，吾何以安焉？其促定功行封。"于是大封功臣二十余人，皆为列侯。又令曰："昔赵奢、窦婴之为将也，受赐千金，一朝散之。故克成大功，永世流声。吾读其文，未尝不慕其为人也。与诸将士大夫共从戎事，幸赖贤人不爱其谋，群士不遗其力，是以夷险平乱，而吾得窃大赏。追思昔人散金之义，今分所受租与诸将掾属及故戍于陈、蔡者，庶以酬报众劳，不擅大惠也。宜差死事之孤，以租谷及之。若年丰用足，租俸毕入，将大与众人共飨之。"

操遂欲自击乌桓。诸将皆曰："袁尚亡虏耳，夷狄贪而无亲，岂能为尚用？今深入征之，刘备必说刘表以袭许。万一为变，事不可悔。"郭嘉曰："公虽威震天下，胡恃其远，必不设备。因其无备击之，可破灭也。且袁绍有恩于民夷，而尚兄弟生存，今四州之民徒以威附，德施未加，舍而南征。尚因乌桓之资，招其死主之臣，胡人一动，民夷俱应，以生蹋顿之心，成觊觎之计，恐青、冀非己之有也。表，坐谈客耳。自知才不足以御备，重任之则恐不能制，轻任之则备不为用。虽虚国远征，公无忧矣。"操从之，行至易。易县故城，在今雄县西北十五里。郭嘉曰："兵贵神速。今千里袭人，辎重多，难以趋利。且彼闻之，必为备。不如留辎重，轻兵兼道以出，掩其不意。"夏五月，至无终。无终县，今蓟县治。时方水雨，而滨海洿下，泞滞不通。乌桓复遮守蹊要，军不得进。操患之，以问无终人田畴。畴曰："此道秋夏每常有水，浅不通车马，深不载舟船，为难久矣。旧北平郡治在平冈，道出卢龙，达于柳城。平冈县，今平泉县治。卢龙道在今迁安县西北。《太平寰宇记》："卢龙道，亦谓之卢龙塞。"清高宗《滦水考》："卢龙塞，即今之潘家口也。"柳城县故城，在今兴城县西南。自建武以来，陷坏断绝，垂二百载，而尚有微径可从。今虏将以大军当由无终，不得进而退，懈弛无备。若嘿回军，从卢龙口越白檀之险，西汉白檀县故城，在今承德县西。白檀山，当在今平泉县喜峰口之间。出空虚之地，路近而便，掩其不备，蹋顿可不战而擒也。"操曰善，乃引军还。而署大木表于水侧路傍曰："方今夏暑道路不通，且俟秋冬，乃复进军。"虏候骑见之，诚以为大军去也。操令畴为向导，上徐无山。徐无山，在今玉田县北二十里。堑山堙谷五百余里，经白檀，历平冈，涉鲜卑庭，《通鉴》注："此时鲜卑庭，已在右北平郡界。"东指柳城。未至二百里，虏乃知之。尚、熙与蹋顿及辽西单于楼班、右北平单于能臣抵之等，将数万骑逆军。八月，操登白狼山，白狼山，在今凌源县东南。今大凌河，古谓之白狼水。猝与虏遇，众甚盛。操车重在后，披甲者少，左右皆惧。操登高望虏阵不整，乃纵兵击之。使张辽为前锋，虏众大崩，斩蹋顿及名王已下。胡汉降者二十余万口，尚、熙奔辽东太守公孙康。九月，操引军自柳城还。康斩尚、熙，传其首。冬，时天寒且旱，二百里无水，军又乏食，杀马数千匹以为粮。凿地入三十余丈方得水。既还，科问前谏者，众莫知其故，人人皆惧。操皆厚赏之，曰："孤之北征，乘危以徼幸。虽得之，天所佐也，但不可以为常。诸君之谏，万安之计，是以相赏，后勿难言之。"

十三年，操南击荆州，至赤壁，不利。春正月，操还邺。作玄武池以肄舟师。夏六月，天子以操为丞相。秋七月，操南击刘表。八月，表卒。其子琮代屯襄阳，刘备屯樊。九月，操到新野，琮遂降，备走夏口。操进军江陵。冬十二月，孙权为备攻合肥。合肥县故城，在今合肥县北。操自江陵征备，至巴丘。巴丘，今岳阳县。遣其将吴喜救合肥。未至，扬州别驾蒋济密白刺史伪得喜书。云步骑四万，已到雩娄。雩娄县故城，在今商城县东北。遣主簿迎喜。三部使赍书语城中守将，一部得入城，二部为权兵所得。权信之，遽烧围走。操至赤壁，于是大疫，吏士多死者。与备战，又不利，船舰为备所烧，乃引军从华容道步归。杜佑曰："古华容，在监利县。"遇泥泞，道不通，天又大风，悉使羸兵负草填之，骑乃得过。羸兵为人马所蹈藉，陷泥中，死者甚众。军既得出，操大喜。诸将问之，操曰："刘备，吾俦也，但得计稍晚。向使早放火，吾徒无类矣。"备寻亦放火而无所及。操引军北还，备遂有荆州江南诸郡。

十四年，操至合肥。春三月，军至谯。作轻舟，治水军。秋七月，自涡入淮。今涡河出通许县东南，至怀远县入淮。出肥水，军合肥，开芍陂屯田。肥水源出合肥县紫蓬山，北流二十里，分为二，一东流入巢湖，一北流入淮。今发源处中断，遂为二水。芍陂，在今寿县南。《水经注》："芍陂，楚相孙叔敖所造，后汉刘馥、曹操复开。"冬十二月，军还谯。

十五年，操下令求贤。春，下令曰："今天下尚未定，此求贤之急时也。孟公绰为韩魏老则优，不可以为滕薛大夫。若必廉士而后可用，则齐桓其何以霸世？今天下得无有披褐怀玉而钓于渭滨者乎？又得无盗嫂受金而未遇无知者乎？二三子其佐我明扬仄陋，惟才是举，吾得而用之。"

十六年，操击败马超等。春三月，操遣钟繇讨汉中张鲁，使夏侯渊等将兵出河东与繇会。仓曹属高柔谏曰："大兵西出，韩遂、马超疑为袭己。超，腾子也。必相扇动，宜先招集三辅。三辅苟平，汉中可传檄而定也。"操不从，关中诸将果疑之。《通鉴》注："操舍关中而远征张鲁，伐虢取虞之计也。盖欲讨超、遂而无名。先张讨鲁之势以速其反，然后加兵耳。"马超、韩遂、侯选、程银、杨秋、李堪、张横、梁兴、成宜、马玩十部皆反。其众十万，屯据潼关。《水经注》："河在关内南流，潼激关山，因谓之潼关。晋所谓桃林之塞，秦所谓阳华是也。"操遣曹仁拒之，敕令坚壁勿与战。命世子丕留守邺，程昱参丕军事。秋七月，操自将击超等。议者多言关西兵习长矛，非精选前锋，不可当也。操曰："战在我，非在贼也。贼虽习长矛，将使不得以刺。诸君但观之。"八月，操至潼关，与超等夹关而军。恐不得北渡，召问徐晃。晃曰："公盛兵于此，而贼不复别守蒲坂，蒲坂县，在今永济县北三十里，蒲坂津在县西。知其无谋也。今假晃精兵，渡蒲坂津为军先，以截其里，贼可擒也。"操善之，使晃以步骑四千人渡津。据河西，河西，即唐之蒲津关。作堑栅，未成，梁兴夜将步骑五千余人攻晃。晃击走之。闰月，操自潼关北渡，未济。超将步骑万余人，赴船急战。校尉丁斐因放牛马以饵贼。贼乱取牛马，操乃得渡。遂自蒲坂渡西河，循河为甬道而南，超等退拒渭口。《通鉴》注："渭口之东，即潼关也。"操乃多设疑兵，潜以舟载兵入渭，为浮桥。夜，分兵结营于渭南，超等夜攻营，伏兵击破之。超等屯渭南，遣使求割河以西请和，操不许。

九月，操进军悉渡渭，超等数挑战，又不许。固请割地，求送质子。贾诩以为可伪许之。操复问计策，诩曰："离之而已。"操曰："解矣。"韩遂请与操相见。操与遂有旧，于是交马语移时，不及军事，但说京都旧故，拊手欢笑。时秦胡观者，前后重沓。操笑谓之曰："尔欲观曹公耶？亦犹人耳。非有四目两口，但多智耳。"既罢，超等问遂，操何言。遂曰："无所言也。"超等疑之。他日，操又与遂书，多所点窜，如遂改定者。超等愈疑遂。操乃与克日会战，先以轻兵挑之。战良久，乃纵虎骑夹击，大破之，斩成宜、李堪等。遂、超奔凉州，杨秋奔安定，关中平。凉州治陇,故城在今秦安县东北。一云治冀,今甘谷县冀城。

诸将问操曰："初，贼守潼关，渭北道缺而不备，不从河东击冯翊，而反向潼关，引日而后北渡，何也？"操曰："若吾入河东，贼必引守诸津，则西河未可渡。吾故盛兵向潼关，贼悉众南守，西河之备虚，故徐晃得擅取西河，然后引军北渡。贼不能与吾争西河者，以徐晃之军也。连车树栅，为甬道而南，既为不可胜，且以示弱。渡渭为坚垒，虏至不出，所以骄之也。故贼不为营垒而求割地，吾顺言许之，所以从其意，使自安而不为备。因蓄士卒之力，一旦击之，所谓疾雷不及掩耳。兵之变化，固非一道也。"始关中诸将，每一部到，操辄有喜色。诸将问其故，操曰："关中长远，若贼各依险阻，征之不一二年，不可定也。今皆来集，其众虽多，莫相归服。军无适主，一举可灭。为功差易，吾是以喜。"冬十月，军自长安北征杨秋。围安定，秋降。十二月，自安定还，留夏侯渊屯长安。遂、超之叛也，弘农、冯翊县邑多应之，河东民独无异心。操与超等夹渭为军，军食一仰河东。

十七年，击斩梁兴。梁兴复寇钞冯翊，诸县恐惧，皆寄治郡下。议者以为当移就险阻。左冯翊郑浑曰："兴等破散，藏窜山谷，虽有随者，率胁从耳。今当广开降路，宣谕威信，而保险自守，此示弱也。"乃聚吏民，治城郭，为守备，募民逐贼，得其财物妇女，十以七赏。民大悦，皆愿捕贼。贼之失妻子者，皆求降。浑责其得他妇女，然后还其妻子。于是转相寇盗，党与离散。又遣吏民有恩信者，分布山谷告谕之，出者相继。乃使诸县长吏各还本治，以安集之。兴等惧，将余众聚鄜城。鄜县故城，在今洛川县东南。操使夏侯渊助浑讨之，遂斩兴，余党悉平。冬十月，操东击孙权。荀彧卒。

十八年，操击孙权。春正月，操进军濡须口。濡须口，盖即今和县南之裕溪口也。号步骑四十万，攻破孙权江西营，《通鉴》注："大江东北流，故自历阳至濡须口，皆谓之江西，而建业谓之江东。"获权都督公孙阳，乃引军还。夏五月，天子封操为魏公。初，操追马超至安定，会闻河间民有反者，安定郡故治，在今镇原县南五十里。今献县，河间国故治也。乃引军还。杨阜言于操曰："超有信、布之勇，甚得羌胡心。若大军还不设备，陇上诸郡，非国家之有也。"陇西、南安、汉阳、永阳，皆陇上诸郡也。操还，超果率羌胡击陇上诸郡县，郡县皆应之，惟冀城奉州郡以固守。冀县属汉阳郡，郡及凉州刺史皆治焉。超尽兼陇右之众。张鲁复遣大将杨昂助之，凡万余人攻冀城。自正月至八月，城乃下。夏侯渊救冀，未到而冀败。渊去冀二百余里，超来逆战，渊军不利。氐王千万反应超，屯兴国。氐王千万，略阳清水氐种也。兴国城，在今秦安县东北。渊引军还。杨阜外兄天水姜叙为抚夷将军，拥兵屯历城。《水经注》："历城在西县，去仇池一百二十里，后改为建安城。"案：西县故城，在今天水县西南一百二十里。阜说叙，叙乃与同郡赵昂、尹奉等合谋讨超。又使人至冀，结安定梁宽、南安赵衢，使为内应。九月，阜与叙进兵入卤城。《通鉴》注："卤城当在西县、冀县之间。"昂、奉据祁山以讨超。祁山，在今西和县西北。《水经注》："山上有城，极为严固。"赵衢因谲说超，使自出击之。超出，衢与梁宽闭冀城门，超进退失据。杨阜与超战，超兵败，遂南奔张鲁。

十九年，平陇右。春，马超从张鲁求兵北取凉州。鲁遣超还围祁山。姜叙告急于夏侯渊，诸将议欲待魏公操节度。渊曰："公在邺，反复四千里。比报，叙等必败，非救急也。"遂行，使张郃督步骑五千为前军，超败奔蜀。韩遂在显亲，显亲县故城，在今天水县西北。渊欲袭取之。遂走，渊追至略阳城。略阳县故城，在今秦安县东北九十里。去遂三十余里，诸将欲攻之。或言当攻兴国氐。渊以为遂兵精，兴国城固，攻不可猝拔，不如击长离诸羌。长离水在今秦安县，《水经注》："烧当等羌居之。"长离诸羌多在遂军，必归救其家。若遂拥兵自守，舍羌不救，则其势孤。救长离，则官兵得与野战，必可虏也。渊乃留督将守辎重，自将轻兵到长离，攻烧羌屯。遂果救长离，诸将见遂兵众，欲结营作堑乃与战。渊曰："我转斗千里，今复作营堑，则士众疲敝，不可复用。"乃鼓之，大破遂军，进围兴国。氐王千万奔马超，余众悉降，转击高平、屠各，皆破之。高平县，今固原县治。秋七月，操击孙权。参军傅幹谏曰："往者天下大乱，上下失序，明公用武攘之，十平其九。未承王命者，吴与蜀也。吴有长江之险，蜀有崇山之阻，难以威服。今又举十万之众，顿之长江之滨。若贼负固深藏，则士马不能逞其能，奇变无所用其权，则大威有屈。惟明公思所以全威养德，以道制胜。"操不从，军亦无功。初，枹罕宋建因凉州乱，自号河首平汉王。枹罕县，今临夏县治。《通鉴》注："赐支河，首在金城河关之西，建自以居河上流，故以为号。"胡渭曰："汉人谓积石为河首。"冬十月，夏侯渊自兴国讨建，围枹罕，拔之，斩建。渊别遣张郃等渡河入小湟中。《通鉴》注："夹湟两岸之地，通谓之湟中。又有湟中城，在西平、张掖之间，小月氏之地也，故谓之小湟中。"河西诸羌皆降，陇右平。操自合肥还。

二十年，操击降张鲁。春三月，操自将击张鲁。将自武都入氐，今武都、文成、徽、宁羌等县，皆汉武都郡地。氐人塞道，遣张郃、朱灵等攻破之。夏四月，操自陈仓出散关，至河池。陈仓县故城，在今宝鸡县东。散关，在宝鸡县西南。河池县故城，在今徽县西。氐王窦茂众万余人，恃险不服。五月，攻屠之。西平、金城诸将麴演、蒋石等，共斩送韩遂首。西平郡故治，即今西宁县治。金城郡故治，在今皋兰县西北黄河北岸。秋七月，操至阳平。阳平关，在今沔县西北，南北朝谓之白马戍。张鲁使弟卫与将杨昂等率众数万人，拒关坚守，横山筑城十余里。初，操承凉州从事及武都降人之词，说张鲁易攻，阳平城下，南北山相远，不可守也，信以为然。及往临履，不如所闻。乃叹曰："他人商度，少如人意。"攻阳平山上诸屯，山峻难登，既不时拔，士卒伤夷者多，军食且尽。操意沮，乃引军还。令主簿刘晔督后诸军，使以次出。晔策鲁可克，如粮道不继，虽出军，犹不能皆全。驰白操，不如致攻，操从之。贼见大军退，其守备解散。操乃密遣勇士乘险夜袭，大破之，斩其将杨任。进攻卫，卫等夜遁，鲁溃奔巴中。操军入南郑。

是时刘备已得益州，又与孙权争荆州。丞相主簿司马懿言于操曰："刘备以诈力虏刘璋，蜀人未附，而远争江陵，此机不可失也。今克汉中，益州震动。进兵临之，势必瓦解。圣人不能违时，亦不可失时也！"刘晔曰："刘备，人杰也。有度而迟，得蜀日浅，蜀人未恃也。今破汉中，蜀人震恐，其势自倾。以公之神明，因其倾而压之，无不克也！若稍缓之，诸葛亮明于治国而为相，关羽、张飞勇冠三军而为将，蜀民既定，据险守要，则不可犯矣。今不取，必为后忧。"操不从。居七日，蜀降者说蜀中一日数十惊，守将虽斩之，而不能安也。操问晔曰："今尚可击否？"晔曰："今已小定，未可击也。"

八月，孙权率众十万围合肥。时张辽、李典、乐进将七千余人屯合肥。操之征张鲁也，为教与合肥护军薛悌，署函边曰："贼至乃发。"及权至，发教，教曰："若孙权至者，张、李将军出战，乐将军守，护军勿得与战。"操以辽、典勇锐，使之战。乐进持重，使之守。薛悌文吏，使勿得与战。诸将以众寡不敌疑之，张辽曰："公远征在外，比救至，彼破我必矣。是以教指及其未合逆击之，折其盛势，以安众心，然后可守也。"进等莫对。辽怒曰："成败之机，在此一战。诸君若疑，辽将独出！"李典素与辽不睦，慨然曰："此国家大事，顾君计何如耳？吾可以私憾而忘公义乎，请从君而出。"于是辽夜募敢从之士，得八百人，椎牛犒飨。明旦，辽披甲持戟，先登陷阵，杀数十人，斩二大将，大呼自名，冲垒入。至权麾下，权大惊，不知所为。走登高冢，以长戟自守。辽叱权下战，权不敢动。望见辽所将众少，乃聚围辽数重。辽急击围开，将麾下数十人得出。余众号呼，辽复还突围，拔出余众。权人马皆披靡，无敢当者。自旦战至日中，吴人夺气，众心乃安。权顿兵合肥十余日，城不可拔，乃引退。辽率诸军追击，几复获权。冬十一月，张鲁自巴中出降，刘备遂据巴中。遣张郃击之。十二月，操自南郑还，留夏侯渊屯汉中。

二十一年，操治兵击孙权。天子进操爵为魏王。冬十月，魏王操治兵击孙权。十一月，至谯。

二十二年，操击孙权。春正月，操军居巢。《太平寰宇记》："古居巢城，陷为巢湖。"二月，进军屯江西郝溪。郝溪，当在今巢县东关之间。权在濡须口，筑城拒守，遂逼攻之，权退走。三月，操引军还，留夏侯惇，都督曹仁，张辽等二十六军屯居巢。冬十月，刘备遣张飞、马超、吴兰等屯下辨。下辨县故城，在今成县西。遣曹洪拒之。

二十三年，击斩吴兰。洪将击吴兰，张飞屯固山，声言欲断军后，众狐疑。骑都尉曹休曰："贼实断道者，当伏兵潜行。今乃先张声势，此其不能明矣。宜及其未集，急击兰。兰破，飞自走矣。"洪从之，进击破兰，斩之。春三月，张飞、马超走。夏，刘备屯阳平关，夏侯渊、张郃、徐晃等与之相拒。秋七月，操治兵，遂西击刘备。九月，至长安。

二十四年，操击刘备。夏侯渊与刘备相拒连年。春正月，备夜烧围鹿角，渊使张郃护东围，自将轻兵护南围。备挑郃战，郃军不利。渊分所将兵半助郃，为备所袭，渊遂战死。初，渊虽数战胜，操常戒之曰："为将当有怯弱时，不可但恃勇也。将当以勇为本，行之以智计。但知任勇，一匹夫敌耳。"是时新失元帅，军中扰扰，不知所为。督军杜袭、司马郭淮收敛散卒，号令诸军曰："张将军国家名将，刘备所惮。今日事急，非张将军不能安也！"遂权宜推郃为军主，郃出勒兵按阵，诸将皆受郃节度，众心乃定。明日，备欲渡汉水来攻，诸将以众寡不敌，欲依水为阵以拒之。郭淮曰："此示弱而不足挫敌，非算也。不如远水为阵，引而致之。半济而后击之，备可破也。"既阵，备疑不渡，淮遂坚守，示无还心。三月，操自长安出斜谷，以临汉中，遂至阳平。备因险拒守。

夏五月，操悉引出汉中诸军还长安。秋，关羽来攻，围将军吕常于襄阳，围曹仁于樊。八月，汉水暴溢。于禁等七军屯樊北，皆没。羽急攻樊城。城得水，往往崩坏，众皆恟惧。或谓曹仁曰："今日之危，非力所支，可及羽围未合，乘轻船夜走。"汝南太守满宠曰："山水速疾，冀其不久。闻羽遣别将已在郏下。自许以南，百姓扰扰，羽所以不敢遂进者，恐吾军掎其后耳。今若遁去，大河以南非复国家有也。君宜待之。"是时城中兵马才数千人，城不没者数板。羽乘船临城，围数重。外内断绝，粮食欲尽，救兵不出。仁激厉将士，示以必死。将士感之，皆无二。于是操以汉帝在许近贼，欲徙都。丞相军司马司马懿、西曹属蒋济言于操曰："于禁等为水所没，非战攻之失，于国家大计未足有损。刘备、孙权，外亲内疏。关羽得志，权必不愿也。可遣人劝权蹑其后，许割江南以封权，则樊围自解。"操从之。

先是操遣徐晃屯宛以助曹仁。及于禁陷没，晃前至阳陵陂，阳陵陂,当在今新野县境。关羽遣兵屯偃城。偃城,在今襄阳县北。晃既到，诡道作长堑，示欲截其后，羽兵烧屯走。晃得偃城，连营稍前，余救兵未到，晃所督不足解围，而诸将呼责晃促救仁。议郎赵俨谓诸将曰："今贼围素固，水潦犹盛。我徒卒单少，而仁隔绝不得同力，此举适所以敝内外耳。当今不若前军逼围，遣谍通仁，使知外救，以励将士。计北军不过十日，尚足坚守。然后表里俱发，破贼必矣。"孙权为笺与操，请以讨羽自效，及乞不漏，令羽有备。操问群臣，群臣咸言宜密之。董昭曰："军事尚权，期于合宜，宜应权以密而内露之。羽闻权上，若还自护，围则速解，便获其利，可使两贼相持，坐待其敝。秘而不露，使权得志，非计之上。又城中将吏不知有救，计粮怖惧，倘有他意，为难不小，露之为便。且羽为人强梁，自恃江陵、公安守固，必不速退。"操曰善。是时徐晃营距羽围三丈所，操即敕晃，以权书射入城中及羽营。城中闻之，志气百倍，羽果犹豫不能去。

冬十月，操自洛阳南救襄、樊。群下皆谓王不亟行，今败矣。侍中桓阶独曰："大王以曹仁、吕常为足以料事势否耶？"曰："能。""大王恐二人遗力耶？"曰："不然。""然则何为自往？"曰："吾恐虏众多而徐晃等势不便耳。"阶曰："今仁等处重围之中，而守死无贰者，诚以大王远为之势也。夫居万死之地，必有死争之心。内怀死争，外有强救，大王案六军以示余力，何忧于败而欲自往！"操善其言，乃驻军摩陂。摩陂，在今郏县东南。前后遣兵十二营诣晃，关羽围头有屯，又别屯四冢。晃乃扬声当攻围头屯，而密攻四冢，欲坏。羽自将步骑五千出战，晃击之，退走。羽围堑鹿角十重，晃追羽，与俱入围中，破之。羽遂撤围退，然舟船犹据沔水，襄阳隔绝不通。及江陵、公安皆为孙权所袭破，羽始走南还。曹仁会诸将议，咸曰："今因羽危惧，可追擒也。"赵俨曰："权乘关羽与我连兵之会，欲掩制其后。顾羽还救，恐我乘其两疲，故顺词求自效，乘衅因变，以观利钝耳。今羽已势孤奔迸，更宜存之以为权害。若便追擒关羽，权则改虞于彼，将生患于我矣，王必以此为深虑。"仁乃解严。操闻羽走，恐诸将追之，果疾敕仁如俨所策。孙权击斩羽，传其首。

魏文帝黄初元年，易汉为魏。春正月，魏王操薨于洛阳，太子丕嗣位。王自统御海内，芟夷群丑，其行军用师，大较依孙、吴之法，而因事设奇，谲敌制胜，变化如神，与敌对阵，意思安闲，如不欲战。然及至决机乘胜，气势盈溢，故每战必克，军无幸胜。冬十月，丕受汉帝禅，即皇帝位，都洛阳。

二年，封孙权为吴王。帝诏群臣，令料刘备当为关羽出报孙权否，众议咸云："蜀小国耳，名将惟羽。羽死军破，国内忧惧，无缘复出。"刘晔独曰："蜀虽狭弱，而备之谋欲以威武自强，势必用众以示有余。且羽与备，义为君臣，恩犹父子。羽死，不能为兴军报敌，于终始之分不足矣。"秋八月，孙权遣使称臣，朝臣皆贺。晔独曰："权无故求降，必内有急。权前袭杀关羽，刘备必大兴师伐之。外有强寇，众心不安，又恐中国往乘其衅，故委地求降，一以却中国之兵，二假中国之援以强其众而疑敌人耳。天下三分，中国十有其八，吴蜀各保一州。谓吴保扬、蜀保益也。阻山依水，有急相救，此小国之利也。今还自相攻，天亡之也。宜大兴师，径渡江袭之，蜀攻其外，我袭其内，吴之亡不出旬日矣。吴亡则蜀孤，若割吴之半以与蜀，蜀固不能久存。况蜀得其外，我得其内乎！"帝曰："人称臣降而伐之，疑天下欲来者心。不若且受吴降，而袭蜀之后也。"对曰："蜀远吴近，又闻中国伐之，便还军，不能止也。今备已怒兴兵击吴，闻我伐吴，知吴必亡，将喜而进与我争割吴地，必不改计抑怒救吴也。"帝不听，遂受吴降，拜孙权为吴王。晔曰："不可。权虽有雄才，故汉骠骑将军南昌侯耳。官轻势卑，今不得已受其降，可进其将军号，封十万户侯，不可即以为王也。彼但为侯，江南士民，未有君臣之分。我信其伪降，而封之以王，夫王位去天子一阶耳，崇其位号，定其君臣，是为虎傅翼也。后或伐之，彼乃告其民曰，中国欲残我国家，俘我人民以为仆妾，吴民无缘不信其言也。信其言而感怒，上下同心，战加十倍矣。"又不听。

　　三年，伐吴。夏闰六月，孙权破刘备于夷陵。初，帝闻备兵东下与权交战，树栅连营七百余里。谓群臣曰："备不晓兵，岂有七百里营可以拒敌者乎？苞原隰险阻而为军者，为敌所擒，此兵忌也。孙权上事今至矣。"后七日，权破备书到。秋，帝责权质子，权不肯。帝怒，欲伐之。刘晔曰："彼新得志，上下齐心，而阻带江湖，不可仓猝制也。"帝不从。九月，命曹休、张辽、臧霸出洞口，《通鉴》注："洞口在历阳江边。"案：历阳县，今和县是也。曹仁出濡须，曹真、夏侯尚、张郃、徐晃围南郡。权临江拒守。冬十一月，帝如宛。曹休在洞口，自陈："愿将锐卒，虎步江南，因敌取资，事必克捷。若其无臣，不须为念。"帝恐休便渡江，驿马止之。董昭侍侧曰："窃见陛下有忧色，独以休济江故乎？今者渡江，人情所难。就休有此志，势不独行，当待诸将。臧霸等既富且贵，无复他望，但欲终其天年，保守禄祚而已，何肯乘危自投死地，以求徼幸？苟霸等不进，休意自沮。臣恐陛下虽有敕渡之诏，犹必沉吟，未便从命也。"顷之，会暴风吹吴船绠缆悉断，直诣休等营下，斩首获生以千数，吴兵迸散。帝闻之，敕诸军急渡。军未时进，吴救船遂至，收军还江南。曹休使臧霸追之，不利，将军尹卢战死。

四年，师还。春正月，曹真使张郃击破吴兵，遂夺据江陵中洲。<sub>江陵中洲，即今松滋县北之百里洲也。</sub>二月，曹仁遣其子泰攻濡须城，分遣将军常雕、王双等乘油船别袭江中洲。洲，吴将朱桓部曲妻子所在也。蒋济曰："贼据西岸，列船上流，而兵入洲中，是为自纳地狱，危亡之道也。"仁不从，自将万人留橐皋，<sub>《通鉴》注："橐皋在居巢县，今日柘皋，在濡须北。"</sub>为泰等后拒。泰遇吴兵败退，雕等陷没，夏侯尚等攻江陵未拔。时江水浅狭，尚欲乘船将步骑入中洲安屯，作浮桥，南北往来，议者多以为城必可拔。董昭上疏曰："武皇帝智勇过人，而用兵畏敌，不敢轻之若此也。<sub>武皇帝，操也。</sub>夫兵，好进恶退，常然之数。平地无险，犹尚艰难。就当深入，还道宜利。兵有进退，不可如意。今屯中洲，至深也。浮桥而济，至危也。一道而行，至狭也。三者兵家所忌，而今行之。贼频攻桥，或有蹉跌，中洲精锐，非魏之有，将转化为吴矣。加江水向长，一旦暴增，何以防御？就不破贼，尚当自完。奈何乘危不以为惧，惟陛下察之！"帝即诏尚等促出，吴人两头并前，魏兵一道引去，不时得泄，仅而获济。吴将潘璋已作荻筏，欲以烧浮桥，会尚退而止。后旬日，江水大涨。帝谓昭曰："君论此事，何其审也！"会天下大疫，帝悉召诸将还。初，帝问贾诩曰："吾欲伐不从命以一天下，吴、蜀何先？"对曰："吴、蜀虽蕞尔小国，依山阻水。刘备有雄才，诸葛亮善治国。孙权识虚实，陆逊见兵势，据险守要，泛舟江湖，皆难猝谋也。用兵之道，先胜后战，量敌论将，故举无遗策。臣窃料群臣无备、权对，虽以天威临之，未见万全之势也。"帝不纳，军竟无功。

五年，帝至广陵。秋七月，帝东巡如许昌，欲大兴军伐吴。辛毗谏曰：

"方今天下新定，土广民稀，而欲用之，臣诚未见其利也。先帝屡起锐师，临江而旋。今六军不增于故，而复修怨，此未易也。今日之计，莫若养民屯田，十年然后用之，则役不再举矣。"帝曰："如卿意，更当以虏遗子孙耶！"对曰："昔周文王以纣遗武王，惟知时也。"帝不从，留司马懿镇许昌。八月，为水军，亲御龙舟，循蔡、颍、浮淮，如寿春。蔡河今日贾鲁河，于扶沟县入颍。魏收《地形志》："扶沟县有蔡河。"九月，至广陵。广陵郡故治，在今扬州市东北。帝御龙舟，会暴风漂荡，几至覆没。帝问群臣："权当自来否？"咸曰："陛下亲征，权恐怖，必举国而应。又不敢以大众委之臣下，必当自来。"刘晔曰："彼谓陛下欲以万乘之重牵己，而超越江湖者在于别将，必勒兵待事，未有进退也。"大驾停住积日，权果不至，帝乃旋师。是时曹休表得降贼词，孙权已在濡须口。中领军卫臻曰："权恃长江，未敢抗衡，此必畏怖伪词耳。"考核降者，果守将所作也。

六年，击吴。春二月，诏镇军大将军陈群随车驾董督众军。司马懿留许昌，督后台文书。三月，帝行如召陵，通讨虏渠，召陵县故城，在今郾城县东三十五里。遂以舟师复击吴。宫正鲍勋谏曰："王师屡征而未有所克者，盖以吴、蜀唇齿相依，凭阻山水，有难拔之势故也。往年龙舟漂荡，隔在南岸，圣躬蹈危，臣下破胆。今又劳兵袭远，日费千金，中国虚耗，令黠虏玩威，臣窃以为不可。"帝不听。夏五月，如谯。秋八月，以舟师自谯循涡入淮。蒋济表言水道难通，帝不从。冬十月，如广陵故城。《通鉴》注："广陵故城，谓之芜城，今其处不可考。"临江观兵，戎卒十余万，旌旗数百里，有渡江之志。吴人严兵固守。时大寒冰，舟不得入江。帝见波涛汹涌，叹曰："嗟乎，固天所以限南北也！"遂归。于是战船数千，皆滞不得行。议者欲就留兵屯田，蒋济以为东近湖，北临淮，若水盛时，贼易为寇，不可安屯。帝从之。车驾即发，还至精湖。《通鉴》注："精湖在山阳，山阳在淮阴县界。"水稍尽，尽留船付济。船连延在数百里中，济更凿地作四五道，蹴船令聚，豫作土埭，遏断湖水，皆引后船，一时开遏，入淮中，乃得还。

七年，吴寇江夏。夏五月，帝殂，太子叡嗣。曹真、陈群、司马懿并受遗诏辅政。吴王闻魏有大丧，秋八月，自将攻江夏郡。太守文聘坚守石阳。石阳城，在今黄陂县西。朝议欲发兵救之。帝曰："权习水战，所以敢下船陆攻者，冀掩不备也。今已与聘相拒，夫攻守势倍，终不敢久也。"先是朝廷遣治书侍御史荀禹慰劳边方。禹到江夏，发所经县兵及所从步骑千人，登山举火，吴王遁走。吴左将军诸葛瑾等寇襄阳，司马懿击破之，斩其部将张霸。曹真又破其别将于寻阳。寻阳县故城，在今黄梅县北。

明帝太和二年，司马懿击斩孟达，与吴、蜀交兵。文帝世蜀将军孟达自上庸来降，文帝遣夏侯尚、徐晃与达还袭蜀副军中郎将刘封、上庸太守申耽。封走耽降。诏合房陵、上庸、西城三郡为新城，房陵郡故治，即今房县。上庸郡故治，在今竹山县东南。西城郡故治，在今安康县西北。孟达为新城太守，治西城。以达领新城太守，委以西南之任。刘晔曰："达有苟得之心，而恃才好术，必不能感恩怀义。新城与孙、刘接连，《通鉴》注："蜀之汉中，吴之宜都，皆与新城接连。"案：宜都郡故治，在今宜都县西北。若有变态，为国生患。"文帝不听。达至新城，登白马塞，白马塞，在今竹山县西南三十里。叹曰："刘封、申耽，据金城千里而失之乎！"及文帝崩，达自以羁旅，久在疆场，心不自安，蜀诸葛亮闻而诱之。达数与通书，阴许归蜀。达与魏兴太守申仪有隙。《通鉴》注："魏兴，蜀之西城郡也，文帝改曰魏兴。"仪密表告之，达闻之惶惧，欲举兵叛。司马懿时屯宛，以书慰解之。达犹豫未决，懿乃潜军进讨。诸将言达与吴、蜀交通，宜观望而后动。懿曰："达无信义，此其相疑之时也。当及其未定促决之。"乃倍道兼行，八日到其城下。吴、蜀各遣偏将，向西城安桥木阑塞以救达。据《水经注》，木阑塞在西城县东。《通鉴》注："盖蜀兵向安桥，而吴兵向木阑塞也。"案：安桥，在今安康县西汉水北。懿分诸将以拒之。初，达与亮书曰："宛去洛八百里，去吾一千二百里。闻吾举事，当表上天子，比相反复，一月间也。则吾城已固，诸军足办，吾所在深险，司马公必不自来。诸将来，吾无患矣。"及兵到，达又告亮曰："吾举事八日，而兵到城下，何其神也！"

春正月，懿攻新城，旬有六日，拔之，斩达。先是蜀诸葛亮出在南郑，时议者以为可因大发兵，就讨之。帝意亦然，以问散骑常侍孙资。资曰："昔武皇帝征南郑，取张鲁，阳平之役，危而后济。又自往拔出夏侯渊军，屡言南郑直为天狱，中斜谷道，为五百里石穴耳。言其深险，喜出渊军之词也。又武皇帝圣于用兵，察蜀贼栖于山岩，视吴虏窜于江湖，皆曲避之，不责将士之力，不争一朝之忿，诚所谓见胜而战，知难而退也。今若进军就南郑讨亮，道既险阻，计用精兵夫役及镇守南方四州，荆、徐、扬、豫也。防御水贼，凡十五六万人。必且更有所兴发，天下骚动，费力广大，此诚陛下所宜深虑。夫守战之力，力役三倍，但以今日现兵，分命大将据诸要险，威足以震慑强寇，静镇疆场。将士虎睡，百姓无事，数年之间，中国日盛，吴、蜀二虏必自疲敝。"帝乃止。

吴人彭绮又举义江南。议者以为因此伐之，必有所克。帝问资，资曰："鄱阳宗人前后数有举义者，众弱谋浅，旋辄丧败。昔文皇帝尝密论贼形势，言洞口得船千数。数日间，船人复还江南。江陵被围历月，权才以千数百兵住东门，而其土地无崩解者，是其法禁严密，上下相维之明验也。以此推绮，惧未能为权腹心大疾也。"绮果败亡。及是，亮出兵寇边，曹真都督关右诸军军郿，而天水、南安、安定皆叛应亮。朝臣未知计所出，帝曰："亮阻山为固，今者自来，既合兵书致人之术。且亮贪三郡，知进而不知退，今因此时，破亮必也。"乃勒兵马，步骑五万，遣张郃督之，西拒亮。帝亦西镇长安。郃击亮于街亭，大破之，亮败走。曹真讨天水等三郡，皆平。真以亮惩于祁山，后必出从陈仓，乃使将军郝昭等守陈仓，治其城。陈仓当雍、凉之冲，汉魏以来为攻守要地。

夏四月，帝还洛阳。曹休为扬州牧。魏扬州治寿春。扬州属江津要害之地，多为吴所据。吴鄱阳太守周鲂诈以郡降，求兵应接。休率步骑十万向皖以应鲂。皖县，今潜山县治。帝又使司马懿向江陵，建威将军贾逵向东关，东关，在今巢县东南，淮南铁路所经。《方舆胜览》："濡须山，谓之东关。七宝山，谓之西关。"三道俱进。秋八月，休与吴师遇。蒋济言于帝曰："休深入虏地，与权精兵对，而朱然等在上流乘休后，臣未见其利也。"前将军满宠亦上疏曰："休虽明果，而希用兵，今所从道，背湖旁江，易进难退，此兵之绊地也。绊，胃也。言其地险，师行由之，为所胃挂，进退不可也。《孙子·地形篇》曰："地形有通者，有挂者。我可以往，彼可以来曰通。可以往，难以返曰挂。"若入无强口，《通鉴》注："无强口，在夹石东南。"宜深为之备。"休遇吴师，知见欺，而恃己众，师战于石亭，《通鉴》注："其地当在今怀宁、桐城二县之间。"大败。贾逵从西阳向东关，西阳县故城，在今光山县西二十里。至五将山，度贼无东关之备，必并军于皖，休深入与贼战，必败。乃部署诸将水陆并进，行二百里，获吴人，言休战败，吴遣兵断夹石。夹石，在今桐城县北。诸将不知所出，或欲待后军。逵曰："休兵败于外，路绝于内，进不能战，退不得还，安危之机不及终日。贼以军无后继故至此，今疾进出其不意，此所谓先人以夺其心也。贼见吾兵必走，若待后军，贼已断险，兵虽多，何益！"乃兼道进军，多设旗鼓为疑兵。吴人之欲断夹石者，望而惊走，休乃得还。逵据夹石，以兵粮给休，休军乃振。

逵前为豫州刺史时，孙权在东关，当豫州东南，去江四百余里。每出兵为寇，辄西从江夏，东从庐江。魏江夏郡，今黄陂县。庐江郡故治，在今霍丘县西。而魏之击吴，亦由淮、沔。由淮御犯庐江之师，由沔御犯江夏之师也。沔水即汉水。是时州军在项，项县在今项城县东北。汝南、弋阳诸郡，守境而已。汝南郡故治，在今汝南县东南六十里。弋阳郡故治，在今潢川县西。权无北方之虞，东西有急，并军相救，故常少败。逵以为宜开直道临江，若权自守，则二方无救；若二方无救，则东关可取。乃移屯潦口。潦口，未详所在。陈攻取之计，帝甚善之。蜀诸葛亮闻曹休败，魏兵东下，关中虚弱。冬十二月，亮引兵出散关，围陈仓。陈仓已有备，亮不能克。亮自以有众数万而昭兵才千余人,又度东救未能便到,乃进兵攻昭,起云梯冲车以临城。昭于是以火箭逆射其梯。梯燃,梯上人皆烧死。昭又以绳连石磨,压其冲车,冲车折。亮乃更为井阑百尺,以射城中。以土丸填堑,欲直攀城,昭又于内筑重墙。亮又为地道,欲踊出于城里,昭又于城内穿地横截之。昼夜相攻拒二十余日。时张郃屯方城。《续汉志》:"叶县南有长山曰方城,屈完所谓'楚国方城以为城'者,即此也。"帝召使击亮,置酒送郃河南城。河南城在洛阳西。问曰:"待将军到,亮得无已得陈仓乎?"郃知亮深入无谷,屈指计曰:"比臣到,亮已走矣。"郃晨夜进道,未至,亮粮尽引去。

四年,伐蜀,旋班师。吴寇边。曹真以蜀数入寇,请由斜谷伐之,诸将数道并进,可以大克。帝从之。秋七月,诏司马懿溯汉水由西城入,与真会汉中。诸将或由子午谷,或由武都。陈群谏曰:"太祖昔到阳平攻张鲁,多收豆麦以益军粮,鲁未下而食犹乏。今既无所因,且斜谷阻险,难以进退转运,必见钞截。多留兵守要,则损战士,不可不熟虑也。"帝从群议,真复表从子午道,群又陈其不便,并言军事用度之计。真锐于伐蜀,遂据诏出师。会天大雨三十余日,栈道断绝。杨阜上疏曰:"诸军始进,便有天雨之患,稽碍山险,已积日矣。转运之劳,担负之苦,所费已多。若有不继,必违本图。《传》曰:'见可而进,知难而退,军之善政也。'徒使六军困于山谷之间,进无所略,退又不得,非王兵之道也。"散骑常侍王肃上疏曰:"前志有之:'千里馈粮,士有饥色。樵苏后爨,师不宿饱。'此谓平途之行军者也。又况于深入险阻,凿路而前,则其为劳必相百也。今又加之以霖雨,山坂峻滑,众迫而不展,粮远而难继,实行军者之大忌也。闻曹真发已逾月,而行才半谷。治道功夫,战士悉作。是贼偏得以逸待劳,乃兵家之所惮也。言之前代,则武王代纣,出关而复还。论之近事,则武文征权,临江而不济。岂非所谓顺天知时、通于权变者哉!兆民知圣上以水雨艰难之故,休而息之,后日有衅,乘而用之,则所谓悦以犯难,民忘其死者矣。"九月,诏真等班师。冬,吴主扬声欲至合肥。时满宠都督扬州诸军事，表召兖、豫诸军皆集，吴寻退还，诏罢其兵。宠以为今贼大举而还，非本意也。此必欲伪退以罢吾兵，而倒还乘虚，掩不备也。表不罢兵。后十余日，吴果更到合肥城，不克而去。

五年，蜀寇边。春三月，诸葛亮寇天水。帝命司马懿西屯长安，督张郃、费曜、戴陵、郭淮等以御之。懿使曜、陵留精兵四千守上邽，上邽县故城，在今天水县西南。余众悉出西救祁山。张郃欲分兵驻雍、郿，雍县故城，在今凤翔县南。郿县故城，在今郿县东北。懿曰："料前军能独当之者，将军言是也。若不能当，而分为前后，此楚之三军所以为黥布擒也。"遂进。亮分兵留攻祁山，自逆懿于上邽。郭淮等徼亮，不利。亮与懿遇于上邽之东。懿敛军依险，兵不得交，亮引还。懿等寻亮后，至于卤城。张郃曰："彼远来逆我，请战不得，谓我利在不战，欲以长计制之也。且祁山知大军已在近，人情自固，可止屯于此。分为奇兵，示出其后，不宜进前而不敢逼，坐失民望也。今亮孤军少食，亦行去矣。"懿不从，故寻亮。既至，又登山掘营，不肯战。诸将咸请战。夏五月，懿乃使张郃攻南围，南围，蜀兵围祁山之南屯。自由中道向亮。既战，不利，懿还保营。六月，亮以粮尽退军。懿使郃追之。郃曰："军法，围城必开出路，归军勿追。"懿不听。郃不得已，遂进，中矢，卒。

冬十月，吴主使中郎将孙布诈降，以诱扬州刺史王凌。吴主伏兵于阜陵以俟之。杜佑曰："汉阜陵县，在全椒县南。"布遣人告凌云："道远不能自致，乞兵见迎。"凌上布书，请兵马迎之。满宠以为必诈，不与兵，而为凌作报书曰："知识邪正，欲避祸就顺，去暴归道，甚相嘉尚。今欲遣兵相迎，然计兵少则不足相卫，多则事必远闻，且先密计以成本志，临时节度其宜。"会宠被书入朝，敕留府长史："若凌往迎，勿与兵也。"凌于后索兵不得，乃单遣一督将步骑七百人往迎之。布夜掩击，督将迸走，死伤过半。

六年，吴寇边。吴将陆逊向庐江。论者以为宜速赴之。满宠曰："庐江虽小，将劲兵精，足以固守。又贼舍船二百里来，后尾空绝，不来，尚欲诱致，今宜听其遂进，但恐走不可及耳。"乃整军趋杨宜口。杨宜口，盖在今霍丘县境。吴人闻之夜遁。是时，吴人岁有来计，宠上疏曰："合肥城南临江湖，北远寿春，《通鉴》注："魏扬州治寿春，距合肥二百余里。"贼攻围之，得据水为势。官兵救之，当先破贼大股，然后围乃得解。贼来甚易，而兵往救之甚难。宜移城内之兵，其西三十里有奇险可依，更立城以固守，此为引贼平地，而掎其归路，于计为便。"蒋济议以为，既示天下以弱，且望贼烟尘而坏城，此为未攻而自拔，吴必劫掠无限，而我且阻淮以守也。帝未许。宠重表曰："孙子言，兵者，诡道也。故能而示之不能，骄之以利，示之以怯，此为形实不必相应也。又曰，善动敌者形之。今贼未至，而移城却内，所谓形而诱之也。引贼远水，择利而动，举得于外，则福生于内矣。"尚书赵咨以宠策为长，诏遂报听。

青龙元年，吴寇边。吴主出兵欲围合肥新城。以其远水，积二十余日，不敢下船。满宠谓诸将曰："孙权闻吾移城，必于其众中有自大之言。今大举来，欲要一切之功。虽不敢至，必当上岸耀兵，以示有余。"乃潜遣步骑六千伏洦水隐处以待之，吴主果上岸耀兵，宠伏兵猝起击之，斩首数百，或有赴水死者。吴主又使其将全琮攻六安，亦不克。

二年，吴蜀入寇。夏四月，诸葛亮出斜谷，军于渭水之南。司马懿引军渡渭，背水为垒以拒之。谓诸将曰："亮若出武功依山而东，诚为可忧。若西上五丈原，武功县故城，在今郿县东。五丈原，在今郿县西。诸将无事矣。"亮果屯五丈原。郭淮言于懿曰："亮必争北原，宜先据之。"议者多谓不然。淮曰："若亮跨渭登原，连兵北山，隔绝陇道，摇荡民夷，此非国之利也。"懿乃使淮屯北原。堑垒未成，蜀兵大至，淮逆击却之。五月，吴主入居巢湖口，今巢县城，即扼巢湖之口。向合肥新城，即太和六年满宠所筑新城也。众号十万。又遣将陆逊、孙韶各将万余人入淮、沔。

六月，满宠欲率诸军救新城。殄夷将军田豫曰："贼悉众大举，非图小利，欲质新城以致大军耳。宜听使攻城，挫其锐气，不当与争锋也。城不可拔，众必疲怠。疲怠然后击之，可大克也。若贼窥知吾计，必不攻城，势将自走。若今便进兵，适合其欲，又大军相向，当使难知，不当使自画也。"时东方吏士皆番休，宠表请召中军兵，并召所休将士，须集击之。散骑常侍刘劭议以为贼众新至，心专气锐，宠以少人自战其地，若便进击，必不能制。宠请待兵，未有所失也。愚以为可先遣步兵五千、精骑三千先军前发，扬声进道，震曜形势。骑到合肥，疏其行队，多其旌鼓。曜兵城下，引出贼后，拟其归路，要其粮道。贼闻大军来，骑断其后，必震怖遁走。不战自破矣。帝从之。宠欲拔新城守致贼寿春，帝不听，曰："昔汉光武遣兵据略阳，终以破隗嚣。先帝东置合肥，南守襄阳，西固祁山，贼来辄破于三城之下者，地有所必争也。纵权攻新城，必不能拔。敕诸将坚守，吾将自往征之。比至，恐权走也。"乃使征蜀护军秦朗督步骑二万，助司马懿御诸葛亮。敕懿："但坚壁拒守，以挫其锋。彼进不得志，退无与战，久停则粮尽，虏略无所获，则必走。走而追之，全胜之道也。"

秋七月，帝御龙舟东征。满宠募壮士焚吴攻具，射杀吴主之弟子泰。又吴吏士多疾病，帝未至数百里，疑兵先至。吴主始谓帝不能出，闻大军至，遂遁。陆逊、孙韶等亦退。群臣以为司马懿方与诸葛亮相持未解，车驾可西幸长安。帝曰："权走，亮胆破，大军足以制之，吾无忧矣。"懿与亮相守百余日，亮数挑战，懿坚垒不应。亮遣使者至懿军，懿问其寝食及事之烦简，不问戎事。使者对曰："诸葛公夙兴夜寐，罚二十以上，皆亲览焉。所啖食不至数升。"懿告人曰："诸葛孔明食少事烦，其能久乎？"八月，亮卒，其军退还。

景初元年，吴寇边。秋七月，吴主遣将朱然等二万人围江夏郡。荆州刺史胡质等击之，然退走。

齐王芳正始二年，吴入寇。夏四月，吴将全琮寇芍陂。《华夷对境图》："芍陂周回三百二十四里,开沟引淯水为子午渠,灌田万顷。"诸葛瑾攻柤中。杜佑曰:"柤中,在南漳县界。"而朱然以五万人围樊。王凌与全琮战于芍陂,琮败走。胡质以轻兵救樊。或曰:"贼盛不可迫。"质曰:"樊城卑兵少,故当进军为之外援,不然危矣。"遂勒兵临围,城中乃安。五月,吴兵犹在荆州。司马懿曰:"柤中民夷十万,隔在水南,流离无主。樊城被攻,历月不解,此危事也,请自讨之。"六月,懿督诸军救樊。至,懿以南方暑湿,不宜持久,乃令诸军休息洗沐,简精锐,募先登,申号令,示必攻之势。朱然等闻之,夜遁,追至三州口,《通鉴》注:"三州口,谓荆、豫、扬三州之口。"魏荆州之地,东至江夏。豫州之地,南至弋阳。扬州之地,西至六安。三州口当在其间。大获而还。朝廷欲广田蓄谷于扬、豫之间,使尚书郎邓艾行陈项以东至寿春,陈县,即今淮阳县治。艾以为田良水少,不足尽地利。宜开河渠,可以引水浇溉,大积军粮,又通漕运之道。乃著《济河论》以喻其指。又以为昔太祖破黄巾,因为屯田,积谷许都,以制四方。今三隅已定,事在淮南。每大军出征,运兵过半,功费巨亿,以为大役。陈、蔡之间,土下田良,可省许昌左右诸稻田,并水东下。《通鉴》注:"汝水、颍水、蒗荡渠水、涡水,皆经陈、蔡之间而东入淮。"案:蒗渠即蔡河,今日贾鲁河。令淮北二万人,淮南三万人,什二分休,常有四万人,且田且守。益开河渠,以增灌溉,通漕运,计除众费,岁完五百万斛,以为军资。六七年间,可积二千万斛于淮上,此则十万之众五年食也。以此乘吴,无不克矣。司马懿善之。是岁始广开漕渠,每东南有事,大兴军众,泛舟而下,达于江淮,资食有余,而无水害。

四年,吴寇边。春正月,吴抚越将军诸葛恪袭六安。六安县故城,在今六安县北十三里。又遣谍观径要,欲图寿春。冬十一月,司马懿将兵入舒,舒县故城,在今庐江县西。欲攻恪,恪退屯柴桑。宋白曰:"瑞昌县盖柴桑之旧城。"是岁征东将军都督荆豫诸军事王昶上言:"地有常险,守无常势。今屯宛,去襄阳三百余里,有急不足相赴。"遂徙屯新野。

五年,击蜀。春三月,大将军曹爽西至长安,发卒十余万人击蜀,与征西将军夏侯玄自骆口向汉中。骆口，骆谷口也。骆谷在汉中成固县东北，北达郿县。入谷行数百里，蜀人因山为固，兵不得进。关中及氐羌转输不能供，参军杨伟为爽陈形势，宜急还，不然将败。司马懿与玄书曰："昔武皇帝再入汉中，几至大败，君所知也。今兴势至险，蜀已先据，若进不获战，退见邀绝，覆军必矣。将何以任其责？"玄惧，言于爽。夏五月，引军还。蜀人据三岭以截爽。三岭，沈岭、衙岭、分水岭也。自骆谷出达郿县，须逾此三岭。爽争险苦战，仅乃得过，所发牛马运转者，死失略尽。羌胡怨叹，关右悉虚耗矣。

七年，吴寇边。吴朱然寇柤中，杀略数千人。柤中民吏万余家渡沔。司马懿谓曹爽曰："若便令还，必复致寇，宜权留之。"爽曰："今不修守沔南，留民沔北，非长策也。"懿曰："不然，凡物置之安地则安，危地则危。故兵书曰：'成败，形也；安危，势也。'形势御众之要，不可不审。设令贼二万人断沔水，三万人与沔南诸军相持，万人陆钞柤中，君将何以救之？"爽不听，卒令还，朱然后袭破之。有袁淮者，言于爽曰："吴楚之民，脆弱寡能，英才大贤，不出其土。比技量力，不足与中国相抗。然自上世以来，常为中国患者，盖以江汉为池，舟楫为用。利则陆钞，不利则入水。攻之道远，中国之长技无所用之也。孙权自十数年以来，大畋江北，缮治甲兵，精其守御，数出寇抄，敢远其水，陆次平土。夫用兵者，贵以饱待饥，以逸击劳。师不欲久，行不欲远。守少则固，力专则强。当今宜损淮汉以南，退却避之。若贼能入居中央，来侵边境，则暴露其所短，而中国之长技得用矣。若不敢来，则边境得安，无寇抄之忧矣。今襄阳孤在汉南，贼循汉而上，则断而不通，不攻而自服。故置之无益于国，亡之不足为辱。自江夏以东，淮南诸郡，三后以来，所亡实多，则以近贼疆界易受抄掠之故也。若徙之淮北，远绝其间，则民人安乐，何鸣吠之惊乎！"

嘉平元年，蜀寇边。秋，蜀卫将军姜维寇雍州，依麴山筑二城，使牙门将句安、李歆等守之。聚羌胡质子，侵逼诸郡。郭淮、陈泰御之。泰曰："麴城虽固，去蜀险远，当须运粮。羌夷患维劳役，必未肯附。今围而取之，可不血刃而拔其城。虽其有救，山道阻险，非行兵之地也。"淮乃使泰与邓艾进兵围麴城，断其运道及城外流水。安等挑战不许，将士困窘，分粮聚雪以引日月。维引兵救之，出自牛头山，《五代志》："牛头山在上禄县界。"案：上禄县故城，在今成县西北，然据形势推之，山应在麴山东南，白水之北。与泰相对。泰曰："兵法贵在不战而屈人。今绝牛头，维无返道，则我之禽也。"敕诸军各坚垒勿与战，遣使白淮，使淮趣牛头，截其还路。淮从之，进军洮水，维惧遁走，安等孤绝遂降。淮因西击诸羌。艾曰："贼去未远，或能复还，宜分诸军以备不虞。"于是留艾屯白水北。《水经注》："白水出陇西临洮县西南，西倾山东南。"三日，维遣其将廖化自白水南向艾结营。艾谓诸将曰："维今猝还，吾军人少，法当来渡而不作桥，此维使化持吾，令不得还。维必自东袭取洮城。"洮城在水北，去艾屯六十里。艾即夜潜军，径到。维果来渡，而艾先至据城，得以不败。蜀军遂还。是岁司马懿诛曹爽，擅朝政。

三年，击吴。往岁冬，王昶上言："孙权流放良臣，嫡庶分争，可乘衅击吴。"朝廷从之，遣新城太守州泰袭巫、秭归，巫县故城，在今巫山县东。秭归，湖北今县。荆州刺史王基向夷陵。夷陵县故城，在今宜昌县东。昶向江陵。吴大将施绩引沮漳之水浸江陵以北之地，以限魏兵。昶引竹絙为桥，渡水击之，绩夜遁入江陵。昶欲引致平地与战，乃先遣五军案大道发还，使吴望见而喜。又以所获铠马甲首环城以怒之，设伏兵以待之。绩果来追，昶与战，大破之。及春正月，王基、州泰击吴兵，又破之。基始为安丰太守，时吴主大发众集建业，扬声欲入寇。扬州刺史诸葛诞使基策之。基曰："今陆逊等已死，孙权年老，内无贤嗣，中无谋主。权自出，则惧内衅猝起，痈疽发溃。遣将则旧将已尽，新将未信。此不过略事整顿，还自保护耳。"已而吴果不出。是岁秋，司马懿卒，子师复专制朝政。

四年，击吴。初，孙权筑东兴堤以遏巢湖。后征淮南，坏不复修。是岁诸葛恪帅军更于堤左右结山夹筑两城，《通鉴》注："今栅江口有两山，濡须山在和州界，谓之东关。七宝山在无为军界，谓之西关。两山对峙，中为石梁，凿石通水。"使全端、刘略守之，引军而还。诸葛诞言于司马师曰："致人而不致于人者，此之谓也。今因其内侵，使王昶逼江陵，毌丘俭向武昌，俭时为镇南将军。以羁吴之上流。然后简精卒攻其两城，比救至，可大获也。"是时王昶、毌丘俭、胡遵等各献征吴之计。遵时为征东将军。朝廷以其筹议各异，诏问尚书傅嘏。嘏对曰："议者或欲泛舟径济，横行江表，收民略地，因粮于寇。或欲四道并进，攻其城垒，诱间携贰，待其崩溃。或欲大佃疆场，观衅而动，诚皆取贼之常计也。然贼新丧渠帅，渠帅谓孙权也。利存退守，若罗船津要，坚城清野，以防猝攻，横行之计，殆难必施。贼之为寇，几六十年。君臣伪立，吉凶同患，若恪蠲其弊，天去其疾，崩溃之应不可猝待。今边壤之守，与贼相远。贼设烽燧，远候望，又特严密，间谍不行，耳目无闻。夫军无耳目，考察未详，而举大众以顿之城垒之下，此为希幸徼功，先战而后求胜，非全军之长策也。惟有进军大佃，差为完牢。可诏昶、遵等择地居险，审所措置，及令三方，一时前守。夺其肥壤，使还耕瘠土，一也。兵出民表，寇钞不至，二也。招怀近路，降附日至，三也。警戒远设，刺探不来，四也。贼既退守，佃作易立，五也。坐食积谷，士不运输，六也。衅隙时闻，讨袭速决，七也。凡此七者，军事之急务也。不据，则贼擅其便。据之，则利归于国。不可不察也。夫屯垒相逼，形势已交，智勇得陈，巧拙得用，策之而知得失之计，角之而知有余不足，虏之情伪将焉所逃？夫以小敌大，则役烦力竭。以贫敌富，则敛重财匮。故敌逸能劳之，饱能饥之，此之谓也。"司马师不从。冬十一月，遣王昶等三道击吴。十二月，昶攻南郡，毌丘俭向武昌，胡遵、诸葛诞攻东兴。吴诸葛恪拒战，遵等不利而还。王昶、毌丘俭闻东军败，亦各烧屯走。

五年，吴、蜀入寇。春三月，吴诸葛恪将二十万人围合肥新城。夏四月，蜀姜维将数万人围狄道。司马师问于虞松曰："今东西有事，二方皆急，而诸将意沮，若之何？"松曰："昔周亚夫坚壁昌邑，而吴、楚自败。事有似弱而强，或似强而弱，不可不察也。今恪悉其锐众，足以肆暴，而坐守新城，欲以致一战耳。若攻城不拔，请战不得，师老力疲，势将自走。诸将之不径进，乃公之利也。姜维悬军应恪，后无转饷，拟麦为食，非深根之寇也。且谓我并力于东，西方必虚，是以径进。今若使关中诸军倍道急赴，出其不意，殆将走矣。"师曰善。乃使郭淮、陈泰悉关中之众，解狄道之围，敕毋丘俭案兵自守，以新城委吴。陈泰进至洛门。洛门，在今甘谷县西。姜维粮尽退还。

扬州牙门将张特守新城，吴人攻之连月，城中兵合三千人，疾病战死者过半。而恪起土山急攻城，城将陷，不可护，特以降诳吴。吴人退，特乃投夜彻诸屋材栅，补其缺为二重。明日，谓吴人曰："我但有斗死耳。"吴人大怒，进攻之，不能拔。诸将伺知吴兵已疲，乃进救兵。秋七月，恪退还。邓艾言于司马师曰："孙权已没，大臣未附，吴名宗大族皆有部曲，阻兵仗势，足以违命。诸葛恪新秉国政，而内无其主。不念抚恤上下，以立根基，竞于外事，虐用其民。悉国之众顿于坚城，死者万数，载祸而归。此恪获罪之日也。昔伍员、吴起、商鞅、乐毅，皆见任时君，主没犹败。况恪才非四贤，而不虑大患，其亡可待也。"八月，吴人杀恪。

高贵乡公髦正元元年，蜀寇边。蜀姜维自狄道进拔河关临洮。《通鉴》注："河关临洮，在狄道西。姜维自狄道西拔河关临洮，意欲收魏之边县以自广耳。"将军徐质与战，杀其荡寇将军张嶷，蜀兵乃还。是岁司马师废芳立髦。髦，文帝曾孙也。

二年，毋丘俭、文钦叛，讨平之。春正月，镇东将军毋丘俭、扬州刺史文钦起兵寿春，移檄州郡，以讨司马师。是时诸葛诞都督豫州，邓艾为兖州刺史，俭遣使邀之，皆不从。俭、钦将五六万众渡淮，西至项。俭坚守，使钦在外为游兵。师问计于河南尹王肃，肃曰："昔关羽虏于禁于汉滨，有北向争天下之志。后孙权袭取其将士家属，羽士众一旦瓦解。今淮南将士父母妻子皆在内州，但急往抵御，使不得前，必有关羽土崩之势矣。"时师新割目瘤，创甚，或以为师不宜自行，不如遣诸将拒之。惟王肃、傅嘏与中书侍郎钟会劝师自行。师疑未决。嘏曰："淮楚兵劲，寿春故楚都，时为淮南重镇，以南备吴，劲兵聚焉。而俭等负力远斗，其锋未易当也。若诸将战有利钝，大势一失，则公事败矣。"师蹶然起曰："我请舆病而东。"

戊午，师率中外诸军以讨俭、钦，使弟昭留镇洛阳，召三方兵会于陈、许。师又问计于光禄勋郑袤。袤曰："毌丘俭好谋而不达事情，文钦勇而无算，今大军出其不意，江淮之卒锐而不能固，宜深沟高垒以挫其气，此周亚夫之长策也。"师称善。师以王基为行监军，假节统许昌军。《通鉴》注："魏屯重兵于许昌，以为东南二方根本。"基言于师曰："淮南之逆，非吏民思乱也。俭等诳诱迫胁，畏目下之戮，是以尚屯聚耳。若大军一至，必土崩瓦解。俭、钦之首，不终朝而致于军门矣。"师从之。以基为前军，既而复敕基停驻。基以为俭等举军，足以深入。而久不进者，是其诈伪已露，众心疑沮也。今不张示威形，以副民望，而停军高垒，有似畏懦，非用兵之势也。若俭、钦虏略民人以自益，又州郡兵家为贼所得者，更怀离心，俭等所迫胁者，自顾罪重，不敢复还。此为措兵无用之地，而成奸宄之源。吴寇因之，则淮南非国家之有，谯、沛、汝、颍危而不安，此计之大失也。军宜速进据南顿，南顿县故城，在今项城县北五十里。南顿有大邸阁，计足军人四十日粮。保坚城，因积谷，先人有夺人之心，此平贼之要也。基屡请乃听，进据㶏水。《水经注》："㶏水东流至南顿县北，入于颍。"闰月甲申，师次于㶏桥。俭将史招、李续相次来降。基复言于师曰："兵闻拙速，未睹为巧之久也。方今外有强寇，内有叛臣，若不时决，则事之深浅未可测也。议者多言将军持重。持重是也，停军不进非也。持重非不行之谓，进而不可犯耳。今保壁垒，以积实资虏，而远运军粮，甚非计也。"师犹未许。基曰："将在军，君令有所不受。彼得亦利，我得亦利，是谓争地，南顿是也。"遂辄进据南顿。俭等从项亦欲往争，发十余里，闻基先到，乃复还保项。师命诸军皆深壁高垒，以待东军之集。东军，青、徐、兖之军也。诸将请进军攻项，师曰："诸君知其一未知其二，淮南将士本无反志。俭、钦说诱，与之举事，谓远近必应。而事起之日，淮北不从。淮北，谓豫、兖也。史招、李续，前后瓦解，内乖外叛，自知必败。困兽思斗，速战更合其志。虽云必克，伤人亦多。且俭等欺诳将士，诡变万端，小与持久，诈情自露，此不战而克之术也。"乃遣诸葛诞督豫州诸军自安风向寿春，安风县故城，在今霍丘县西南一百三十里。胡遵督青、徐诸军出谯、宋之间，《通鉴》注："宋谓梁国之地，梁国都睢阳，故宋都也。"绝其归路，师屯汝阳。汝阳县故城，在今商水县西北。俭、钦进不得斗，退恐寿春见袭，计穷不知所为。淮南将士家皆在北，众心沮散，降者相属，惟淮南新附农民为之用。

会邓艾将兵万余人，自兖州兼道趋乐嘉城，据《水经注》，乐嘉城在南顿县北四十里。作浮桥以待师。文钦将兵袭之，师自汝阳潜兵就艾于乐嘉。钦猝见大军，惊愕未知所为。钦子鸯，年十八，勇力绝人，谓钦曰："及其未定击之，可破也。"于是分为二队，夜夹攻军，鸯率壮士先至鼓噪，军中震扰，师惊骇，所病目突出，恐众知之，啮被皆破。钦失期不应。会明，鸯见兵盛，乃引还。师曰："贼走矣，可追之。"诸将曰："钦父子骁猛，未有所屈，何苦而走。"师曰："夫一鼓作气，再而衰。鸯鼓噪失应，其势已屈，不走何待？"钦将引而东，鸯曰："不先折其势，不得去也。"乃与骁骑十余，摧锋陷阵，所向皆披靡，遂引去。师使骁骑八千，张左右翼追之。鸯以匹马入数千骑中，辄杀伤百余人，乃出。如此者六七，追骑莫敢逼。是日，毌丘俭闻钦退，恐惧夜走，众遂大溃。钦还至项，以孤军无继，不能自立，欲还寿春。寿春已溃，遂奔吴。吴丞相孙峻欲袭寿春，至东兴，闻俭等败。壬寅，进至橐皋。橐皋在巢县界，亦谓之柘皋。文钦父子诣军降。毌丘俭走，比至慎县，贤曰："慎县故城，在颖上县西北。"士卒稍弃俭去，俭藏水边草中。甲辰，安风津民就杀之，杜佑曰："安风津，在霍丘城北。"诸葛诞至寿春，司马师舆疾还。辛亥，卒于许昌，弟昭复秉朝政。

秋八月，蜀姜维将数万人至枹罕，枹罕县，今临夏县治。趋狄道。陈泰敕雍州刺史王经进屯狄道，待泰军到，东西合势乃进。泰军陈仓，经所统诸军，于故关与蜀人战，不利。《通鉴》注："故关，谓汉时故边关也，在洮水西。"经辄渡洮水，泰以经不坚据狄道，必有他变，率诸军以继之。经已与维战于洮西，大败，以万余人保狄道城，余皆奔散，死者万计。维进围狄道。辛未，诏邓艾行安西将军，与陈泰并力拒维。泰进军陇西，诸将皆曰："王经新败，贼众大盛。将军以乌合之众，当乘胜之锋，殆必不可。古人有言：'蝮蛇螫手，壮士解腕。'《孙子》曰：'兵有所不击，地有所不守。'盖小有所失，而大有所全故也。不如据险自保，观衅待敝，然后进救，此计之得者也。"泰曰："维提轻兵深入，正欲与我争锋原野，求一战之利。王经当高壁深垒，挫其锐气。今乃与战，使贼得计。经既破走，维若以战克之威，进兵东向，据略阳积谷之实，放兵收降，招纳羌胡，东争关陇，传檄四郡，陇西、南安、天水、广魏四郡也。此我之所恶也。而乃以乘胜之兵，挫峻城之下，锐气之卒，屈力致命，攻守势殊，客主不同。兵书曰：'修橹轒辒，三月乃成。拒堙，三月而后已。'诚非轻军远入之利也。今维孤军远侨，粮谷不继，是我速进破贼之时，所谓疾雷不及掩耳，自然之势也。洮水带其表，维等在其内，今乘高据势，临其项领，不战而走。寇不可纵，围不可久，君等何言如是？"遂进军度高城岭。高城岭，在今渭源县西十五里。潜行，夜至狄道东南高山上，多举烽火，鸣鼓角，狄道城中将士见救至，皆愤踊。维不意救兵猝至，缘山急来攻之。泰与交战，维退。泰引兵扬言，欲向其还路，维惧。九月甲辰，维遁走，城中将士乃得出。王经叹曰："粮不至旬，向非救兵速至，举城屠裂，覆丧一州矣。"陇西四郡，秦州也。泰慰劳将士，前后遣还。更择军守，并治城垒，还屯上邽。泰每以一方有事，而虚声扰动天下，故希简上事，驿书不过六百里。狄道至洛阳，二千二百余里，而驿书不过六百里，盖传入近里郡县，使如常邮筒以达洛阳也。司马昭称："泰沉勇能断，荷方伯之重，救将陷之城，而不求益兵，又希简上事，必能办贼者也。都督大将，不当尔耶！"

甘露元年，蜀入寇。姜维在钟提，《通鉴》注："钟提当在羌中，蜀之凉州界也。"议者多以为维力已竭，未能更出。邓艾曰："洮西之败，非小失也。士卒凋残，仓廪空虚，百姓流离。今以策言之，彼有乘胜之势，我有虚弱之实，一也。彼上下相习，五兵犀利，我将易兵新，艾自谓初代王经也。器仗未复，二也。彼以船行，吾以陆军，劳逸不同，三也。《通鉴》注："蜀船自涪戍白水，可以上沮水，由沮水入武都下辨。自此而西北，水路渐峻狭，小舟犹可入也。魏军度陇而西，皆陆行。"狄道、陇西、南安、祁山，各当有守，彼专为一，我分为四，四也。从南安、陇西，因食羌谷，若趣祁山，熟麦千顷，为之外仓，五也。贼有黠计，其来必矣。"秋七月，姜维果率众出祁山。闻邓艾已有备，乃回。从董亭趣南安，《水经注》："董亭在南安郡西南。"案：南安郡故治，在今陇西县东北渭水北。艾据武城山以拒之。《水经注》："渭水过獂道南。"獂道，南安郡治也。又东径武城县西，武城川入之，盖以山名县也。维与艾争险，不克。其夜渡渭东行，缘山趣上邽。艾与战于段谷。《水经注》："上邽之南有段溪水。"大破之。

二年，诸葛诞叛。诞都督扬州，倾帑藏振施，曲赦有罪，以收众心。蓄养扬州轻侠数千人，以为死士。因吴人欲向徐堨，《通鉴》注："徐堨，即徐塘，在东关之东。"请十万众以守寿春，又求临淮筑城，以备吴寇。司马昭初秉政，长史贾充请遣参佐慰劳四征，魏置征东将军屯淮南，征南将军屯襄沔，以备吴；征西将军屯关陇，以备蜀；征北将军屯幽并，以备鲜卑。皆授以重兵。且观其志。昭遣充至淮南，还曰："诞在扬州，得士众心。今召之，必不来，然反疾而祸小。不召，则反迟而祸大。不如召之。"昭遂以诏召诞。夏五月，诞不就征，发兵反。敛淮南北郡县屯田口十余万官兵，扬州新附胜兵者四五万人，聚谷足一年食，为闭门自守之计。遣子靓至吴，称臣请救。六月，昭奉帝及太后讨诞。靓至吴，吴使将军全怿、全端、唐咨将三万众，与文钦同救诞。甲子，车驾次项。昭督诸军二十六万，进屯丘头，是役也，司马昭改丘头曰武丘，以旌武功。武丘，唐为沈丘县。使王基围寿春。基始至，围城未合。文钦、全怿等从城东北因山乘险，得将其众突入城。寿春城北有八公山。昭敕基敛军坚壁。基累求进讨，会吴朱异率三万人进屯安丰为文钦外势，《通鉴》注："今安丰县在寿春南八十里。"诏基引诸军转据北山。基谓诸将曰："今围垒转固，兵马向集，但当精修守备，以待越逸。而更移兵守险，使得放纵，虽有智者，不能善其后矣。"遂守便宜上疏曰："今与贼对敌，当不动如山。若迁移依险，人心摇荡，于势大损。诸军并据深沟高垒，众心皆定，不可倾动，此御兵之要也。"书奏报听，于是基等四面合围，表里再重，堑垒甚峻。文钦等数出犯围，逆击却之。司马昭又使奋武将军监青州诸军石苞督州泰、胡质，简锐卒为游军，以备外寇。泰击破朱异于阳渊，异走。阳渊县故城，在今霍丘县西。泰追之，杀伤二千人。

秋七月，吴大将军孙綝屯镬里，镬里，当在巢县界。复遣异率师解寿春之围。异进屯黎浆，黎浆亭，在今寿县南。苞、泰又击破之。太山太守胡烈以奇兵五千袭焚异资粮于都陆。都陆，在黎浆南。异将余众，食葛叶，走归綝。綝斩之，而引兵还建业。司马昭曰："异不得至寿春，非其罪也。而吴人杀之，欲以谢寿春而坚诞意，使其犹望救耳。今当坚围，备其逸越，而多方以误之。"乃纵反间，扬言吴救方至，大军乏食，分遣羸疾就谷淮北，势不能久。诞等益宽恣食，俄而城中乏粮，外救不至。将军蒋班、焦彝，皆诞腹心谋主也，言于诞曰："朱异等以大众来而不能进，孙綝杀异而归江东。外以发兵为名，内实坐待成败。今宜及众心尚固，士卒思用，并力决死，攻其一面。虽不能尽克，犹有可全者，空坐守死无为也。"文钦不肯，固言之。钦怒，诞欲杀班、彝。冬十一月，班、彝逾城来降。全怿兄子辉仪在建业，与其家内争讼，携其母将部曲数十家来奔。于是怿、端皆在围城中，司马昭用钟会策，为辉仪作书，使辉仪所亲信赍入城告怿等，说吴中怒怿等不能突出重围，欲尽诛诸将家，故逃来归命。十二月，怿等率其众数千人开门出降，城中震惧。蜀姜维闻魏分关中兵以赴淮南，欲乘虚向秦川，秦地四塞以为固，渭水贯其中，渭川左右，沃壤千里，世谓之秦川。率数万人出骆谷，至沈岭。时长城积谷甚多，而守兵少。征西将军都督雍凉诸军事司马望及邓艾进兵据之，以拒维。维壁于芒水，《水经注》："骆谷水出郿坞东南山骆谷。北流径长城西，又北流注于渭。渭水又东，芒水从南来注之。水出南山芒谷，北径鳌屋县竹圃中，又北流注于渭。"数挑战，望、艾不应。

三年，击斩诞。春正月，文钦谓诸葛诞曰："蒋班、焦彝，谓我不能出而走，全怿、全端又率众迎降。此敌无备之时也，可以战矣。"诞及唐咨等皆以为然，遂大为攻具，昼夜五六日攻南围，欲决围而出。围上诸军临高发炮车火箭，逆烧破其攻具，矢石雨下，死伤蔽地，血流盈堑，复还城。城内食转竭。钦欲尽出北方人省食，与吴人坚守。诞不听，由是争恨。又素有隙，诞遂杀钦。钦子鸯、虎逾城来降，军吏请诛之。司马昭曰："城未拔而杀鸯、虎，是坚守者之心也。"乃赦之，使将数百骑巡城呼曰："文钦之子犹不见杀，其余何惧！"又表鸯、虎皆为将军，赐爵关内侯。城内皆喜，且日益饥困。昭身自临围，见城上持弓者不发，曰："可攻矣。"乃四面进军，同时鼓噪登城。二月乙酉，克之，击斩诞。

始文帝时，利成郡兵反，利成郡故治，在今临沂县东百里。杀太守，推郡人唐咨为主，败。咨亡入吴，吴以为将军。及是，咨复降。吴兵万众，器仗山积。昭初围寿春，王基、石苞等皆欲急攻之，昭以为寿春城固而众多，攻之必力屈。若有外寇，表里受敌，此危道也。今三叛相聚于孤城之中，三叛，诞、钦、唐咨也。天其或者使同就戮。吾当以全策縻之，但坚守三面。若坚守三面，若吴贼陆道而来，军粮必少，吾以游兵轻骑绝其转输，可不战而破也。吴贼破，钦等必成擒矣。乃命诸军案甲而守之，卒不烦攻而破。昭遗王基书曰："初议者云须据北山，时未临履，亦谓宜然。将军深算利害，独秉固志，上违诏命，下拒众议，终至制敌擒贼，虽古人所述，不是过也。"昭欲遣诸军轻兵深入，招迎唐咨等子弟，因衅有灭吴之势。基谏曰："昔诸葛恪乘东关之胜，竭江表之兵以围新城，城既不拔，而众死者大半。姜维因洮西之利，轻兵深入，粮饷不继，军败段谷。夫大捷之后，上下轻敌，轻敌则虑患不深。今贼新败于外，又内患未弭，是其修备设虑之时也。且兵出逾年，人有归志。今俘馘十万，罪人斯得。自历代征伐，未有全兵独克如今之盛者也。武皇帝克袁绍于官渡，自以所获已多，不复追奔，惧挫威也。"昭乃止。是役钟会谋画居多，昭因委以腹心之任，时人比之子房。姜维闻诸葛诞败，亦引去。

陈留王奂景元元年，司马昭弑髦立奂。奂，武帝曾孙也。

二年，诏王基出师迎吴降者。不果行。春三月，襄阳太守胡烈表言，吴将邓由等请降，欲令郡兵临江迎拔。诏王基部分诸军，径造沮水以迎之。今沮水经远安、当阳、江陵诸县入江。若由等如期到者，便当因此震荡江表。基驰驿遗司马昭书，说由等可疑之状，且当稍俟，未宜便举重兵深入应之。又曰："夷陵东西皆险狭，竹木丛蔚，使敌人于要害之地设伏邀击，则弩马不得陈其力。今者筋角濡弱，弓人为弓，春液角，夏治筋，以阳煦而筋角濡弱也。冬析干，秋合三材，以阴凝而坚致也。春夏之交，阳气蒸润，筋角濡弱，则弓弩之力不劲。水潦方降，废盛农之务，要难必之利，此事之危者也。姜维之趣上邽，文钦之据寿春，皆深入求利以取覆没。此近事之鉴戒也。嘉平以来，屡有内难，当今之宜，当务镇安社稷，抚宁上下，力农务本，怀柔百姓，未宜动众以求外利也。"昭因敕诸军已上道者，且权停住所在，以待后命。基复遗诏书曰："昔汉祖纳郦生之说，欲封六国。寤张良之谋，而急销印。基谋虑浅短，诚不及留侯，亦惧襄阳有食其之谬。"昭于是罢兵，既而由等果不降。

三年，蜀寇边。冬十月，姜维入寇洮阳。杜佑曰："临洮郡城，本洮阳城，临洮水。"案：唐临洮郡故治，在今临潭县西南。邓艾与战于侯和，破之，维退住沓中。《通鉴》注："侯和之地在塞内，沓中之地在羌中。"司马昭欲大举伐蜀，朝臣多以为不可，独钟会劝之。昭谕众曰："自定寿春以来，息役六年，治兵缮甲以拟二虏。今吴地广大而下湿，攻之用功差难。不如先定巴蜀，三年之后，因顺流之势，水陆并进，此灭虢取虞之势也。计蜀战士九万，居守成都及备他境不下四万，然则余众不过五万。今绊姜维于沓中，使不得东顾。直指骆谷，出其空虚之地以袭汉中，以刘禅之暗，而边城外破，士女内震，其亡可知也。"乃以钟会为镇西将军，都督关中。

四年，伐蜀，灭之。夏五月，诏诸军大举伐蜀，邓艾督三万余人，自狄道趣甘松、沓中，《通鉴》注："甘松本生羌之地，以甘松岭为名。"杜佑曰："甘松岭，江水发源之地。"《新唐书》曰："甘松山在洮水之西，吐谷浑居山之阳。"以连缀姜维。雍州刺史诸葛绪督三万余人，自祁山趣武街桥头，绝维归路。贤曰："下辨县旧名武街城。"案：在今成县西。《水经注》："白水出临洮县西倾山东南，径阴平故城南，又东北径桥头。"钟会统十余万众，分从斜谷、骆谷、子午谷趣汉中。秋八月，军发洛阳。蜀令诸围皆不得战，退保汉、乐二城，汉城在南郑西，乐城在南郑东。会率诸军平行至汉中，蜀监军王含守乐城，护军蒋斌守汉城，兵各五千。会使护军荀恺、前将军李辅各统万人围二城。会径过，西趣阳安口，使前锋攻破关城，得库藏积谷。邓艾遣天水太守王颀直攻姜维营，陇西太守牵弘邀其前，金城太守杨欣趣甘松。维闻钟会诸军已入汉中，引兵还。欣等追蹑于强川口，大战。阚骃曰："强水出阴平西北强山，一曰强川。邓艾遣王颀追败姜维于强口，即是地也。"维败走，闻诸葛绪已塞道屯桥头，乃从孔函谷入北道，欲出绪后。绪闻之，却还三十里。维入北道三十余里，闻绪军却，寻还从桥头过。绪趣截维，较迟一日，已不及维。维遂还至阴平。阴平县故城，在今文县西北。合集士众，欲赴关城。闻其已破，退趣白水，与蜀将张翼、廖化等合兵守剑阁以拒会。《水经注》："小剑戍西去大剑山三十里，连山绝险，飞阁通衢，故谓之剑阁。"邓艾进至阴平，简选精锐，欲与诸葛绪自江油趣成都。宋白曰："龙州江油郡北逾山至文州，三百三十里。文州，汉阴平地也。邓艾自阴平，行无人之地延津县七百里即此。"《元丰九域志》："龙州治江油县，南至绵州二百余里。"绪以本受节度邀姜维，西行非本诏，遂引军向白水，此白水关，关在今宁羌县境。与会合。

会欲专军势，密白绪畏懦不进，槛车征还，军悉属会。维列营守险，会攻之不能克，粮道险远，军食乏，欲引还。艾上言："贼已摧折，宜遂乘之。

若从阴平由斜径经德阳亭，德阳亭在今梓潼县北。《通鉴》注："此道即所谓阴平景谷道也。"趣涪，出剑阁西百里，去成都三百余里，奇兵冲其腹心，出其不意，剑阁之守必还赴涪，则会并轨而进。剑阁之军不还，则应涪之兵寡矣。"遂自阴平行无人之地七百余里，凿山通道，造作桥阁。《通鉴》注："今阴平县北六十里有马阁山，峻峭崚嶒，极为艰险。邓艾军行至此，路不得通，乃悬车束马，造作栈阁，始通江油，因名马阁。"山谷高深，至为艰险。又粮运将匮，濒于危殆。艾以毡自裹，推转而下，将士皆攀木缘崖，鱼贯而进，先登至江油。江油戍，在今江油县东，南至涪城二百余里。蜀守将马邈降。蜀卫将军诸葛瞻督诸军拒艾。至涪，停住不进。陈寿曰："涪去成都三百六十里。"尚书郎黄崇屡劝瞻，宜速行据险，无令敌得入平地。瞻犹豫未纳，艾遂长驱而前，击破瞻前锋，瞻退住绵竹，绵竹县故城，当在今绵阳、德阳二县之间。列阵以待艾。艾遣子忠出其右，司马师纂出其左，战不利，并引还。曰："贼未可击。"艾怒曰："存亡之分在此一举，何不可之有！"叱忠、纂将斩之。忠、纂驰还更战，大破，斩瞻。艾进军到雒。雒县，今广汉县治是也。蜀主遣使奉皇帝玺绶为笺诣艾请降。冬十一月，艾至成都。姜维闻诸葛瞻败，率其众东入于巴。钟会乃进军至涪，维旋得蜀主敕命诣会降。蜀既灭，艾深自矜伐，以书言于司马昭曰："兵有先声而后实者，今因平蜀之势以乘吴，吴人震恐，席卷之时也。然大举之后，将士疲劳，不可便用，且徐缓之。留陇右兵二万人，蜀兵二万人，煮盐兴冶，为军农要用。并作舟船，豫为顺流之事。然后发使告以利害，吴必归化，可不征而定也。"钟会内有异志，因艾承制专事，密白艾有反状。

咸熙元年，钟会反，即平。春正月壬辰，诏以槛车征艾。司马昭恐艾不从命，敕会进军成都。又遣中护军贾充将兵入斜谷，昭自将大军至长安。初，会将伐蜀，西曹属邵悌言于昭曰："今遣会率十余万伐蜀，愚谓会单身无质，不若使余人行也。"昭笑曰："我宁不知此耶？蜀数为边寇，师老力疲，我今伐之，如反掌耳。而众言蜀不可伐，夫人心豫怯，则智勇并竭，智勇并竭而强使之，适所以为敌擒耳。惟会与人意同，今遣伐蜀，蜀必可灭。灭蜀之后，就如卿虑，何忧其不能平耶！夫蜀已破亡，遗民震恐，不足与图事。中国将士各自思归，不肯与同也。会若作乱，只自灭族耳，卿不须忧此。"及昭将之长安，悌复曰："会所统兵，五六倍于艾，但可敕会取艾，不须自行。"昭曰："卿忘前言耶？而云不须行乎！虽然，所言不可宣也。我要当以信义待人，但人不当负我耳。我岂可先人生心哉？近日贾充问我，颇疑会否。我答言，如今遣卿行，宁可复疑卿耶？充亦无以易我语也。我至长安，则自了矣。"监军卫瓘既收艾。丙子，会至成都，送艾赴京师。会所惮惟艾，艾既擒，会独统大众，威震西土，自谓功名盖世，不可复为人下，加猛将锐卒皆在己手，遂谋反。欲使姜维将五万人出斜谷为前驱，会自将大众随其后。既至长安，令骑士从陆道，步兵从水道，顺流浮渭入河，以为五日可到孟津，与骑兵会洛阳，一旦天下可定也。会得昭书，云："恐艾不就征，今遣贾充将步骑万人，径入斜谷，屯乐城，吾自将十万屯长安，相见在即。"会惊语所亲曰："但取邓艾，相国知我独办之。今来太重，必觉我异矣。便当速发，事成可得天下，不成退保蜀汉，不失作刘备也。"丁丑，会悉请护军、郡守、牙门骑督以上集蜀朝堂，矫诏使会起兵废司马昭。更使所亲信代领诸军，所请群官，悉闭著益州诸曹屋中。己卯，魏将士愤发，共鼓噪杀会，姜维亦遇害，卫瓘部分诸将，数日乃定。邓艾本营将士追出艾于槛车，迎还。瓘自以与会共陷艾，恐其为变，乃遣兵袭斩艾于绵竹西。

二年，晋受魏禅。秋八月，司马昭卒，太子炎嗣。冬十二月，炎受魏禅，是为晋。

## 附 二袁

东汉献帝初平元年，袁绍等讨董卓。董卓擅废立，关东州郡皆起兵以讨之，推渤海太守袁绍为盟主。绍，司空逢之孽子，爱士养名，故豪杰归心焉。绍因自号车骑将军，屯河内，河内郡治怀县，在今武陟县西南。后将军袁术屯鲁阳。鲁阳县，今鲁山县治。术，逢之子，于绍为弟。

二年秋，绍据冀州。董卓弃洛阳，挟帝西入关。绍还军延津。延津，在今延津县北。是时韩馥为冀州刺史，绍客逢纪谓绍曰："将军举大事，而仰人资给，不据一州，无以自全。"绍曰："冀州兵强，吾士饥乏，设不能办，无所容立。"纪曰："韩馥庸才，可密要公孙瓒，使取冀州，馥必骇惧，因遣辩士为陈祸福。馥迫于仓猝，必肯逊让。"绍然之，即以书与瓒。瓒为降虏校尉，统戎马屯蓟城以备边。蓟县故城，在今大兴县西南。既得绍书，即引兵而至。外托讨董卓，而阴谋袭馥。馥与战不利，绍使馥所亲荀谌言于馥曰："公孙瓒将燕代之卒，乘胜来南，而诸郡应之，其锋不可当。袁车骑引兵东向，其意未可量也。窃为将军危之。"馥惧，谌因说馥献冀州于袁氏，曰："如此则身安。"馥然其计。其下皆曰："冀州带甲百万，谷支十年。袁绍孤客穷军，仰我鼻息，譬如婴儿在股掌之上，绝其哺乳，立可饿杀，奈何欲以州与之！"馥从事赵浮、程涣将强弩万张屯孟津，闻之，率兵驰还。时绍在朝歌清水口，朝歌县故城，在今淇县东北。清水口即淇口。浮等从后来，船数百艘，众万余人，整兵鼓夜过绍营。绍甚恶之。浮等到，谓馥曰："袁绍军无斗粮，离散可待，请以现兵击之，旬日之间必土崩瓦解。"馥皆不听，而送印绶于绍，绍遂领冀州牧。冀州治邺，故城在今临漳县西南。是时关东州郡务相兼并，以自强大，袁绍、袁术亦自离贰，成衅隙。乃各外交党援，以相图谋。术结公孙瓒以蹙绍，绍以荆州刺史刘表在襄阳，亦连表以制术。

三年，绍败公孙瓒。春，公孙瓒屯磐河，李贤曰："磐河，即《尔雅》九河钩磐河也。"《通鉴》注："其枯河在今乐陵县东南。"威震河北，冀州诸城无不望风响应。绍乃自击之，与瓒战于界桥南二十里。界桥，在今威县北。瓒兵三万，列为方阵，分突骑万匹翼军左右，其锋甚锐。绍令其将麹义领精兵八百先登，强弩千张夹承之。瓒轻其少，纵骑腾之。义兵伏楯下不动，未至十数步，一时同发，欢呼动地，瓒军大败，获甲首千余级。追至界桥，瓒敛兵还战，义复破之。遂到瓒营，拔其牙门，余众皆走。冬，瓒复遣兵击绍，至龙凑，龙凑，地名，在平原界。绍击破之。瓒遂还幽州，不敢复出。是岁，中郎将吕布诛董卓。

四年春，术入寿春。术之据南阳，《考异》曰："术据南阳，犹户口数百万，而术奢淫肆欲，征敛无度，百姓苦之，稍稍离散。又以鲁阳为治所也。"为刘表所逼，引兵屯封丘，封丘县，今封丘县治。为曹操所败，遂走九江。九江郡治阴陵县，今定远县西北。扬州刺史陈瑀拒术不纳，《汉官》云："寿春县，刺史治。"案：今寿县治也。术退保阴陵，集兵于淮北，复进向寿春。瑀走，术遂领其州，兼称徐州伯。

兴平二年，绍遣使朝天子。关中乱，天子至河东，绍遣颍川郭图使焉。图还，说绍迎天子都邺，绍客沮授亦曰："将军累叶台辅，世济忠义，今朝廷播越，宗庙残毁。观诸州郡，虽外托义兵，内实相图，未有忧国恤民之意。今州域粗定，兵强士附，西迎大驾，就宫邺都，挟天子而令诸侯，畜士马以讨不庭，谁能御之！"绍将淳于琼曰："汉室陵迟，为日久矣，今欲兴之，不亦难乎！且英雄并起，各据州郡，连徒聚众，动有万计。所谓秦失其鹿，先得者王。今迎天子自近，动辄表闻，从之则权轻，违之则拒命，非计之善者也。"授曰："今迎朝廷，于义为得，于时为宜，若不早定，必有先之者矣。"绍不从。

建安元年，绍有青州。绍遣其长子谭入青州。青州统济南、平原、乐安、北海、东莱、齐国六郡，治临淄。谭攻北海太守孔融于都昌，都昌县故城，在今昌邑县西二里。自春至夏，融战士所余才数百人。城破，融出走。谭初至青州，其土自河以西，不过平原。平原郡故治，在今平原县西南五十里。谭北排田楷，东破孔融，威惠甚著。楷者，公孙瓒所用之青州刺史也。曹操迎天子都许。许县故城，在今许昌县西南。乃下诏书于绍，责以地广兵多，而不勤王。绍上书深自陈诉。冬，诏以绍为太尉。是时操为大将军，绍耻班在其下，辞不受。颍川郭往见绍，绍甚敬礼之。居数十日，谓绍谋臣辛评、郭图曰："袁公徒欲效周公之下士，而不知用人之机。多端寡要，好谋无决，欲与共济天下大难。定霸王之业，难矣。吾将更举而求主。"遂奔操。

二年，诏拜绍大将军，兼督冀、青、幽、并四州。术称帝。绍既督冀、青、幽、并四州，遂以长子谭为青州刺史，中子熙为幽州刺史，外甥高幹为并州刺史。袁术称帝于寿春。是时吕布据下邳，下邳县，今邳县东三里。执术使送许。术怒，遣其将张勋、桥蕤攻布，大败而还。术又率兵击陈国。陈国治陈县，今淮阳县治。秋九月，曹操自讨之。术闻操来，弃军走，留桥蕤等于蕲以拒操。蕲县，今宿县南。操击斩蕤等。术走渡淮，时天旱岁荒，士民冻馁，术由是遂衰。

三年，绍攻公孙瓒。绍每得诏书，患其有不便于己者，欲移天子自近。使说曹操以许下埤湿，洛阳残破，宜徙都鄄城以就全实。鄄城县，今濮县东二十里。《水经注》："鄄城在河南岸十八里。河之上邑，最为险固。"操拒之。别驾田丰说绍曰："徙都之计，既不克从。宜早图许，奉迎天子，动托诏书，号令海内，此算之上者。不尔，终为人所擒，虽悔无益也。"绍不从，而北攻公孙瓒于易京。易京，今雄县西北。先是，瓒自蓟徙镇易，为围堑十重，于堑内筑京，《尔雅》："绝高谓之京。"皆高五六丈，为楼其上。中堑为京，特高十丈，自居焉。以铁为门，而曰："今日兵革方始，非我所决。不如休兵力耕，以救凶年。兵法，百楼不攻。今吾诸营楼橹数十重，积谷三百万斛，食尽此谷，足以待天下之事矣。"瓒、绍尝相攻。瓒曰："当今四方虎争，无有能坐吾城下相守经年者明矣。绍其若我何！"及是，绍大兴兵以攻瓒。瓒别将尝为敌所围，瓒不救，曰："救一人，使后将恃救，不肯力战。"故绍兵之至，瓒南界别营，自度守则不能自固，又知必不见救，因或降或溃，绍兵径至易。瓒请救于黑山诸帅，黑山，在今沙河县北。而欲自将突骑出傍西山。西山，指今冀西太行山脉。拥黑山之众，侵掠冀州，横断绍后。长史关靖谏曰："今将士莫不怀瓦解之心，所以犹能相守者，顾恋其居处老少，而恃将军为主故耳。坚守旷日，或可使绍自退。若舍之而出，后无镇重，易京之危可立待也。"瓒乃止，绍渐相攻逼，瓒众日蹙。

四年，绍灭瓒。术走死。春，瓒子续以黑山之众十万，分三道救瓒。未至，瓒密使行人赍书告续，使起火为应，瓒自内出战。绍候得其书，如期举火。瓒以为救至，遂出战，绍设伏击之，瓒大败，复还自守。绍为地道，穿其楼下，施木柱之，度足达半，便烧之，楼辄倾倒，稍至中京。瓒自度必无全，乃引火自焚。关靖叹曰："前若不止将军自行，未必不济。吾闻君子陷人于危，必同其难，岂可以独生乎！"亦斗死。袁术资实空尽，不能自立，乃依其部曲陈简等于灊山。李贤曰："灊县之山也。"案：灊县，今霍山县东北。被拒，遂大穷，士卒散走，乃归帝号于绍，欲从下邳往青州。曹操遣将邀之，术不得过，复走寿春。夏六月，病死江亭。袁绍既灭瓒，并四州之地，众数十万。于是简精兵十万，骑万匹，欲以攻许。以审配、逢纪统军事，田丰、荀谌、许攸为谋主，颜良、文丑为将帅。沮授进说曰："近讨公孙，师出历年，百姓疲敝，仓库无积，未可动也。宜务农息民，然后进屯黎阳，黎阳县，今浚县东北。渐营河南，益作舟舡，缮修器械，分遣精骑抄其边鄙。令彼不得安，我取其逸。如此，可坐定也。"《通鉴》注："使绍能用授言，曹其殆乎！"郭图、审配曰："兵书之法，十围五攻，敌则能战。今明公引河朔之强众，以伐曹操，易如覆手，何必乃尔！"授曰："曹操法令既行，士卒精练，非公孙瓒坐而受攻者也。今弃万安之术，而兴无名之师，窃为公惧之。"图、配曰："兵加曹操，何云无名？且以公今日之强，将士思奋，不及时以定大业，所谓天与不取，反受其咎。此越之所以霸，吴之所以灭也。授之计，在于持牢，而非见时知几之变也。"绍纳图言。图等因谮授。时授为监军，绍乃分监军为三都督，使授及郭图、淳于琼各典一军。未及行，许下诸将闻绍将攻许，皆惧。曹操曰："吾知绍之为人，志大而智小，色厉而胆薄，忌刻而少威，兵多而分画不明，将骄而政令不一，土地虽广，粮食虽丰，适足以为吾奉也。"少府孔融谓侍中荀彧曰："绍地广兵强，田丰、许攸，智士也，为之谋。审配、逢纪，忠臣也，任其事。颜良、文丑，勇将也，统其兵。殆难克乎！"彧曰："绍兵虽多，而法不整。田丰刚而犯上，许攸贪而不治，审配专而无谋，逢纪果而自用。此数人者，势不相容，必生内变。颜良、文丑，一夫之勇耳，可一战而擒也。"秋八月，操进军黎阳。是时张绣据宛。绍遣使结好，绣拒之而降操。绍遣使求助于刘表，表许之而竟不至。

五年，绍为曹操所败。春正月，左将军刘备据沛以背曹操。沛县，今沛县东。操自将征备。田丰说绍曰："与公争天下者，曹操也。操今东击刘备，兵连未可猝解。今举军而袭其后，可一往而定。兵以几动，斯其时也。"绍辞以子疾，未得行。丰举杖击地曰："嗟乎！遭难遇之时，而以婴儿病失其会。惜哉，事去矣。"绍闻而怒之，从此遂疏焉。曹操畏绍过河，乃急击破备。备奔绍，绍于是进军攻许。田丰以为既失前几，不宜便行。谏绍曰："操既破备，则许下非复空虚。且操善用兵，变化无方，众虽少，未可轻也。今不如以久持之，将军据山河之固，拥四州之众，外结英雄，内修农战。然后简其精锐，分为奇兵，乘虚迭出，以扰河南，救右则击其左，救左则击其右，使敌疲于奔命，我未劳而彼已困。不及三年，可坐克也。今释庙胜之策，而决成败于一战，若不如志，悔无及也。"绍不从。丰强谏，绍以为沮众，械系之。二月，进军黎阳，沮授临行，散资财与其宗族，曰："事成则威无不加，事败则不保一身，哀哉！"其弟曰："曹操士马不敌，君何惧焉？"授曰："以曹操之明略，又挟天子以为资。我虽克公孙，众实疲敝，而主骄将忲，军之破败在此举矣。"绍遣颜良攻曹操别将刘延于白马。白马县，今滑县东二十里。授曰："良性促狭，虽骁勇，不可独任。"绍不听。夏四月，曹操北救刘延，击良斩之，遂解白马之围。循河而西，绍渡河追之。授谏曰："胜负变化，不可不详。今宜留屯延津，分兵官渡，杜佑曰："中牟县北十二里，有中牟台，是为官渡城，袁、曹相持之所。"若其克获，大军续进。今冒昧以众渡河，设有不幸，惧弗可还。"绍弗从，授临济叹曰："上盈其志，下务其功，悠悠黄河，吾其济乎！"遂以疾辞，绍不许而意恨之，复省其所部并属郭图。绍渡河，壁延津南，使刘备、文丑挑战，操又击斩丑。颜良、文丑，皆绍名将也。再战失之，绍军夺气。操还屯官渡，绍进保阳武。阳武县，在官渡水北。沮授说绍曰："北兵虽众，而劲果不及南。南军谷少，而资储不如北。南幸于急战，北利在缓师。宜徐持久，旷以日月。"绍不从。

秋八月，绍进营稍前，依沙塠为屯，东西数十里。操亦分营与相当。九月，操出兵与绍战。不胜，复还坚壁。绍为高橹，起土山，射营中，营中皆蒙楯而行。操乃为霹雳车，发石以击绍，楼皆破。绍复为地道攻操，操辄于内为长堑以拒之。绍运谷车数千乘至官渡，操遣将邀击之，烧其辎重。冬十月，绍复遣车运谷，使淳于琼等将兵万余人护之。沮授说绍："可遣将蒋奇别为支军于外，以绝曹操之抄。"绍不从。许攸曰："曹操兵少，而悉师拒我，许下余守，势必空弱。若分遣轻军，星行掩袭，许可拔也。"绍不从，曰："吾要当先取操。"攸不得志，遂奔操，而说使袭取淳于琼等。琼等时宿乌巢，乌巢，在今延津县东南。去绍军四十里，操自将步骑五千人，夜往攻琼等。初，绍闻操击琼，谓其子谭曰："就操破琼，吾拔其营，彼固无所归矣。"乃使其将高览、张郃等攻操营。郃曰："曹操精兵往，必破琼等。琼等破，则事去矣，请先往救之。"郭图固请攻操营。郃曰："曹操营固，攻之必不拔。若琼等见擒，吾属尽为虏矣。"绍但遣轻骑救琼而以重兵攻操营，不能下。绍骑至乌巢，则操已斩琼等，尽燔其粮谷矣。于是绍军将士皆恟惧。郭图惭其计之失，复谮张郃于绍曰："郃快军败。"郃忿惧，遂与高览焚攻具，诣操营降。绍军因惊扰大溃，绍幅巾乘马与八百骑渡河，至黎阳北岸，操追之不及，尽获其辎重，余众降者，操尽坑之。前后所杀七万余人。沮授被执，死焉。逢纪谮田丰于绍曰："丰闻将军之败，抚手大笑。"绍遂杀丰。初，曹操闻丰不从戎，喜曰："绍必败矣。"及绍奔还，复曰："向使绍用丰计，尚未可知也。"绍为人宽雅有局度，喜怒不形于色，而性矜愎自高，短于从善，故至于败。

七年，绍卒。曹操攻黎阳。绍以军败，惭愤发病，夏五月，卒。逢纪、审配立绍少子尚。谭长，不得立，自称车骑将军。由是谭、尚有隙。谭屯黎阳，尚少与之兵，而使逢纪随之。谭杀纪。秋九月，曹操渡河攻谭，尚使审配守邺，自将助谭，与操相拒。连战，谭、尚数败，退而固守。

八年，谭与尚相攻。春二月，曹操与谭、尚战于黎阳城下。谭、尚败走还邺。夏四月，操追至邺。五月，操还许，留其将贾信屯黎阳。谭谓尚曰："我铠甲不精，故前为曹操所败。今操军退，人怀归志，及其未济，出兵掩之，可令大溃，此策不可失也。"尚疑之，既不益兵，又不易甲。谭怒，攻尚，战于邺门外。谭败，引还南皮。南皮县，渤海郡治。今南皮县东北八里。青州诸城皆叛谭。秋八月，尚自将攻谭，大破之。谭奔平原，平原郡治平原县，今平原县南。婴城固守。尚围之急，谭请救于曹操，操遂救谭。冬十一月，至黎阳，尚闻操渡河，乃释平原还邺，操亦引去。

九年，曹操拔邺。春二月，尚复往攻平原，留审配守邺。曹操渡河，进至邺，为土山地道以攻之。尚武安长尹楷屯毛城，武安县，今武安县西南。以通上党粮道。上党郡治长子县，今长子县西。夏四月，操留其将曹洪攻邺，自将击楷，破之而还。又击尚将沮鹄于邯郸，拔之。五月，操毁土山地道，凿堑围城，周回四十里。初令浅，示若可越，配望见笑之，不出争利。操一夜浚之，广深二丈，引漳水以灌之。《水经注》："漳水过邺县西，魏武堨以围邺。"秋七月，尚将兵万余人还救邺，去邺十七里，临滏水为营。《魏都赋》曰："北临漳滏。"夜举火以示城中，城中亦举火相应。配出兵城北，欲与尚对决围。操逆击之，败还。尚亦破走，依曲漳为营。<sub>李贤曰："漳水之曲。"</sub>操进围之，尚奔中山，<sub>中山国治卢奴县，今定县治。</sub>城中崩沮。八月，操拔邺，杀审配。操之围邺也，袁谭复背之，略取甘陵、安平、渤海、河间，<sub>清河国治甘陵县，今清平县南。安平国治信都县，今冀县治。河间国治乐成县，今献县东南。</sub>攻袁尚于中山，尚败走故安，<sub>故安县，今易县东南。</sub>从袁熙。谭悉收其众，还屯龙凑。冬十二月，操讨谭，军其门。谭夜遁，奔南皮，临清河而屯。<sub>《水经》："清河过南皮县西。"</sub>

十年，袁谭败死。春正月，曹操急攻南皮。谭出战，未合而破，遂斩谭，并诛郭图。熙、尚为其将焦触、张南所攻，奔辽西乌桓。触自号幽州刺史，驱率诸郡太守令长背袁向曹。

十一年，曹操平并州。先是高幹以并州降，旋复叛，举兵守壶关口。<sub>李贤曰："上党县有壶山口，因其险而置关焉。"案：唐上党县，今长治县治。</sub>春正月，曹操自将击幹，围壶关。三月，壶关降，高幹自入匈奴求救，单于不受。幹独与数骑亡，卒被捕斩，并州悉平。

十二年，熙、尚伏诛。曹操征辽西，<sub>辽西郡治阳乐县，今抚宁县西。</sub>击乌桓。熙、尚与乌桓逆战，败走，乃与亲兵数千人奔公孙康于辽东。熙、尚谋击康，曰："且据其郡，犹可以自广也。"康亦心规取熙、尚以为功，伏壮士而后见熙、尚，遂擒斩之，送首于操。

## 附　辽东

东汉献帝初平元年，公孙度为辽东太守。朝命以公孙度为辽东太守。度，辽东襄平人也。襄平县，辽东郡治，故城在今辽阳县北七十里。到官，以法诛灭郡中名豪大姓百余家，又东伐高句丽，西击乌丸，威行海外。是时中国扰攘，度语所亲吏曰："汉祚将绝，当与诸卿图王耳。"于是分辽东为辽西中辽郡，各立太守，越海收东莱诸县，东莱郡故治，在今黄县东南。置营州刺史，自立为辽东侯、平州牧，籍田治兵。

建安九年，度卒，子康嗣位。曹操尝表度为武威将军，封永宁乡侯。度曰："我王辽东，何永宁也？"

十二年，袁尚、熙来奔，康斩其首送曹操。曹操北击袁尚、袁熙，尚、熙奔康，其众尚有数千骑。或劝操遂击之，操曰："吾方使康斩送尚、熙首，不烦兵矣。"遂引兵南还。康欲取尚、熙以为功，乃先置精勇于厩中，然后请尚、熙入。未及坐，康叱伏兵擒之，遂斩尚、熙首送操。诸将或问操："公还而康斩尚、熙，何也？"操曰："彼素畏尚、熙，吾急之，则并力；缓之，则自相图。其势然也。"封康襄平侯，拜左将军。

魏明帝太和二年，拜公孙渊为扬烈将军、辽东太守。初，康卒，子渊幼，弟恭立。渊长，胁夺恭位，上书于魏言状。魏侍中刘晔曰："公孙氏汉时所用，遂世官相承。水则由海，陆则阻山，外连胡夷，绝远难制。而世权日久，今若不诛，后必生患。若怀贰阻兵，然后致诛，于事为难。不如因其新立，有党有仇，先其不意，以兵临之。开设赏募，可不劳师而定也。"魏帝不从，拜渊扬烈将军、辽东太守。

六年，魏伐辽东。渊阴怀贰心，屡与吴通。魏帝使汝南太守田豫督青州诸军自海道，幽州刺史王雄自陆道，往击渊。散骑常侍蒋济谏曰："凡非相吞之国，不侵叛之臣，不宜轻伐。伐之而不能制，是驱使为贼也。故曰：'虎狼当路，不治狐狸。先除大害，小害自已。'今海表之地，累世委质，而议者先之，正使一举便克，得其民不足益国，得其财不足为富。倘不如意，是为结怨失信也。"魏帝不听，豫等往皆无功，遂引还。

青龙元年，魏拜渊大司马，封乐浪公。渊遣使宿舒、孙综奉表称臣于吴，吴主大悦。遣使张弥、许晏等赍金玉珍宝，乘海授渊，封渊为燕王。吴臣皆谏，以为渊未可信，而宠待太厚，但可遣吏兵护送舒、综而已。吴主不听。辅吴将军张昭曰："渊背魏惧讨，远来求援，非本志也。若渊改图，欲自明于魏，两使不返，不亦取笑于天下乎！"权卒遣弥、晏往。至，渊知吴远难恃，乃斩弥、晏首送魏。悉没其兵资珍宝。冬十二月，魏拜渊大司马，封乐浪公。吴主闻之大怒，欲自往征之。上大将军陆逊上疏曰："陛下以神武之资，诞膺期运，破操乌林，败备西陵，擒羽荆州。斯三虏者，当世雄杰，皆摧其锋。圣化所绥，万里草偃，方荡平华夏，总一大猷。今不忍小忿，而发雷霆之怒，违垂堂之戒，轻万乘之重，此臣之所惑也。臣闻之，行万里者，不中道而辍足；图四海者，不怀细而害大。强寇在境，荒服未庭，陛下乘桴远征，必致窥窬。戚至而忧，悔之无及。若使大事时捷，则渊不讨自服。今奈何独欲捐江东万安之本业而不惜乎！"尚书仆射薛综上疏曰："昔汉元帝欲御楼船，薛广德请刎颈以血染车。何则？水火之险至危，非帝王所宜涉也。今辽东戎貊小国，无城隍之固、备御之术，器械殊钝，犬羊无政，往必擒克，诚如明诏。然其方土寒瘠，谷稼不殖，民习鞍马，转徙无常。猝闻大军之至，自度不敌，鸟惊兽骇，狼奔鼠窜，一人匹马，不可得见。虽获空地，守之无益，此不可一也。加又洪流滉漾，有成山之难。成山，今山东半岛成山角。海行无常，风波难免，倏忽之间，人船异势。虽有尧舜之德智无所施，贲育之勇力不得设，此不可二也。加以郁雾冥其上，咸水蒸其下，常生流肿，转相传染。凡行海者，稀无此患，此不可三也。天生神圣，当乘时平定中国，今乃违必然之图，寻至危之事，忽九州之固，肆一朝之忿。既非社稷之重计，又开辟以来所未尝有。斯诚群僚之所倾身侧息、坐卧不安者也。"选曹尚书陆瑁上疏曰："北寇与国壤地连接，苟有间隙，应机而至。夫国所为越海而曲意于渊者，为赴目前之急，除腹心之疾也。而更弃本追末，捐近治远，忿以改规，激以动众，斯乃北寇所愿闻，北寇，谓魏。非大吴之至计也。又兵家之术，以功役相疲，劳逸相待，及事后之觉，而得失相去远矣。且沓渚去渊，道里尚远，《通鉴》注："辽东郡有沓氏县，西南临海渚。"案：沓渚，当在今辽东湾东北。今到其岸，兵势三分，使强者进取，次当守船，又次运粮。行人虽多，难得悉用。加以单步负粮，经远深入，贼地多马，邀截无常。若渊狙诈，与北寇未绝，动众之日，唇齿相济，若实子然无所凭赖，其畏怖远避或难猝灭。使天诛稽于朔野，山房乘间而起，山房，谓山越也。恐非万安之长虑也。"吴主未许。瑁重上疏曰："夫兵革者，固前代所以诛暴乱，威四夷也。然其役皆在奸雄已除，天下无事，从容庙堂之上，以余议议之耳。至于中夏鼎沸，九域分据之时，率须深根固本，爱力惜费，未有正于此时舍近治远，以疲军旅者也。昔尉佗叛逆，僭号称帝，于时天下治安，百姓康阜，然汉文犹以远征不易，告喻而已。今北寇未灭，疆埸犹警，未宜以渊为先。愿陛下抑威任计，暂宁六师，潜神嘿规，以为后图，天下幸甚。"吴主乃止。

景初元年，渊败魏师，称燕王。渊无礼于魏使者，又屡对魏国宾客出恶言，魏帝欲讨之。幽州刺史毌丘俭上疏曰："吴、蜀恃险，未可猝平，聊以此方无用之士，克定辽东。"光禄大夫卫臻曰："俭所陈皆战国细术，非王者之事也。吴频岁称兵，寇乱边境，而犹按甲养士，未果致讨者，诚以百姓疲劳故也。渊生长海表，相承三世，外抚戎夷，内修战射，而俭欲以偏军长驱，朝至夕卷，知其妄矣。"魏帝不听，使俭帅诸军及鲜卑、乌桓屯辽东南界，玺书征渊。渊遂发兵逆俭于辽隧。辽隧县，在今海城县西六十里。会天雨十余日，辽水大涨，俭与战不利，引军还右北平。右北平郡故治，在今丰润县东。渊因自立为燕王，遣使假鲜卑单于玺，封拜边民，诱呼鲜卑以侵扰魏国北方。

二年，渊败亡。春正月，魏帝召太尉司马懿于长安，使将兵四万讨辽东。议臣或以为四万兵多，役费难供。帝曰："四千里征伐，《续汉志》：辽东郡在洛阳东北三千六百里。虽云用奇，亦当任力，不当稍计役费也。"帝谓懿曰："公孙渊将何计以待君？"对曰："渊弃城豫走，上计也。据辽水拒大军，其次也。坐守襄平，此成擒耳。"襄平县，汉辽东郡治所，公孙渊所都。帝曰："然则三者何出？"对曰："唯明智能审量彼我，乃豫有所割弃。此既非渊所及，又谓今往，孤军远征，不能支久，必先拒辽水，后守襄平也。"帝曰："还往几日？"对曰："往百日，攻百日，还百日，以六十日为休息。如此，一年足矣。"渊闻之，复遣使称臣求救于吴。吴人欲戮其使，羊道曰："不可，是肆匹夫之怒，而捐霸王之计也。不如因而厚之，遣奇兵潜往以要其成。若魏伐不克，而我军远赴，是恩结遐夷，义形万里。若兵连不解，首尾离隔，则我虏其傍郡，驱略而归，亦足以致天之罚，报雪曩事矣。"吴主曰善。乃大勒兵以示渊，使之且往救也。魏帝问于蒋济曰："孙权其救辽东乎？"济曰："彼知我方防备已固，利不可得，深入则非力所及，浅入则劳而无获。权虽子弟在危，犹将不动。况异域之人，兼以往者之辱乎！今所以外扬此声者，谲其行人，疑之于我。我之不克，冀其折节事己耳。然沓渚之间，去渊尚远。若大军相守，事不速决，则权之浅谋，或以轻兵掩袭，未可测也。"

夏六月，懿军至辽东。渊使大将军卑衍、杨祚将步骑数万屯辽隧，围堑二十余里。诸将欲击之，懿曰："贼所以坚壁，欲老吾兵也。今攻之，正堕其计。且贼大众在此，其巢窟空虚，直指襄平，破之必矣。"乃多张旗帜，欲出其南。衍等尽锐趣之。懿潜济水，出其北，直趣襄平。衍等恐，引兵夜走。诸军进至首山，首山，在襄平西南。渊复使衍等逆战，懿击，大破之，遂进围襄平。秋七月，大霖雨，辽水暴涨，运船自辽口径至城下，辽口，今辽河之口也。雨月余不止，平地水数尺。三军恐，欲移营。懿令军中敢有言徙者斩。都督令史张静犯令斩之，军中乃定。城中人恃水，樵牧自若。诸将欲取之，懿皆不听。司马陈珪曰："昔攻上庸，八部俱进，昼夜不息，故能一旬之半拔坚城，斩孟达。事见太和二年。今者远来，而更安缓，愚窃惑焉。"懿曰："孟达众少而食支一年。将士四倍于达，而粮不一月，以一月图一年，安可不速？以四击一，正令失半而克，犹当为之。是以不计死伤与粮竞也。今贼众我寡，贼饥我饱，水雨乃尔，功力不设，虽当促之，亦何所为。自发京师，不忧贼攻，但恐贼走。今贼粮垂尽，而围落未合，掠其牛马，抄其樵采，此故驱之走也。夫兵者诡道，而善用之者因事变化。贼凭众恃雨，故虽饥困，未肯束手，当示无能以安之。取小利以惊之，非计也。"魏国闻师遇雨，廷议咸欲罢兵。魏帝曰："司马懿临危制变，擒渊可计日待也。"雨霁，懿乃合围，作土山地道，楯橹钩冲，昼夜攻之，矢石如雨。渊窘急，粮尽，人相食，死者甚多，其将杨祚等降。八月，渊使相国王建、御史大夫柳甫请解围却兵，当君臣面缚。懿命斩之。渊复遣侍中卫演乞克日送质子，懿谓演曰："军事大要有五，能战当战，不能战当守，不能守当走，余二事，但有降与死耳。汝不肯面缚，此为决就死也，不须送质。"壬午，襄平溃，渊将数百骑突围东南走，大兵急击之，斩渊于梁水之上。金毓黻曰："梁水，今之太子河也。"辽东、带方、乐浪、玄菟四郡皆平。公孙康置带方郡，以带水为名。带水乃今之汉江也。乐浪郡治，今平壤。金毓黻曰："魏玄菟郡，治高句丽县，在今铁岭左右。"始度以初平元年据辽东，至渊三世，凡五十年而灭。

# 吴

东汉献帝初平元年，孙坚起兵讨董卓。坚，吴郡富春人。富春县，浙江今县。为长沙太守。长沙郡故治，今长沙市是也。卓擅朝政，诸州郡并兴义兵讨卓。坚亦举兵，前到鲁阳。鲁阳县故城，今鲁山县治是也。与后将军袁术相见，术表坚行破虏将军，领豫州刺史，遂治兵于鲁阳城。坚尝与官属会饮于城东，卓步骑数万猝至，坚方行酒谈笑，整顿部曲，无得妄动。后骑渐益，坚徐徐罢坐，导引入城。乃曰："向坚所以不即起者，恐兵相蹈藉，诸君不得入耳。"卓兵见其整，不敢攻而去。

二年，坚入雒阳。坚移屯梁东，为卓将徐荣所败，复收散卒，进屯阳人。梁县即今临汝县治。阳人聚，在梁县西。卓遣东郡太守胡轸督步骑五千击之，以中郎将吕布为骑督。轸与布不相得，坚出击，大破之，枭其都督华雄，遂进军大谷，距雒九十里。大谷在雒阳南，张衡《东京赋》"盟津达其后，大谷通其前"是也。卓自出，与坚战于诸陵间。卓败走，却屯渑池，渑池县，即河南今县。聚兵于陕。坚进至雒阳，击吕布，复破走。因分兵出新安、渑池间以要卓。新安县故城，在今渑池县东。卓谓长史刘艾曰："关东军败数矣，皆畏孤，无能为也。惟孙坚小戆，颇能用人。当语诸将，使知忌之。"坚旋引军还鲁阳。

三年，坚死。袁术使坚击荆州牧刘表，表遣其将黄祖逆战于樊、邓之间。樊城，在汉水北。邓县故城，当在今新野、襄阳二县之间。坚击破之，追渡汉水，遂围襄阳。单马行岘山，岘山去襄阳十里。为祖军士所射杀。

兴平二年，孙策定丹阳。坚长子策，依袁术于寿春，欲复父仇。术甚奇之，然未肯还其父兵。术先已用策舅吴景为丹阳太守，策从兄贲为丹阳都尉。

术乃谓策曰："彼精兵之地，可还往召募。"策遂诣曲阿依舅，曲阿县，即今丹阳县治。因缘召募，为泾县大帅祖郎所袭，泾县故城，在今泾县西。几至危殆。于是复往见术，术以坚余兵千余人还策。表拜怀义校尉刘繇之为扬州刺史，州旧治寿春。寿春术已据之，繇乃渡江治曲阿，迫逐景、贲。景、贲退舍历阳。历阳县，即今和县治。繇遣将樊能、于麋屯横江，张英屯当利口以拒之。横江在今和县东南，对江南之采石。当利浦在和县东十二里。袁术乃自用故吏惠衢为扬州刺史，与景、贲共将兵击英等，连年不克。策说术曰："家有旧恩在东，愿助舅讨横江。横江拔，因投本土召募，可得三万兵，以佐明使君定天下。"术许之，表策为折冲校尉，将兵千余人，骑数十匹。行收兵，比至历阳，众五六千，进攻横江、当利，皆拔之。策遂渡江转斗，所向皆破，莫敢当其锋。而军令整肃，百姓怀之。是时，策年二十一，美资颜，性阔达听受，善于用人，是以人乐为致死。策攻刘繇牛渚营，《通鉴》注："今当涂县北三十里有牛渚山是也。"尽得邸阁粮谷战具。时彭城相薛礼、下邳相笮融依繇为盟主，礼据秣陵城。《元丰九域志》："江宁县有秣陵镇。"融屯县南，策皆击破之。又破繇别将于梅陵。梅陵，今南京市聚宝山。转攻湖熟、江乘，皆下之。湖熟县，今南京市东南湖熟镇。江乘县故城，在今句容县北六十里。进击繇于曲阿。繇与策战，兵败，遂溯江南保豫章。豫章郡治，即今南昌市治。策入曲阿，招徕降附，又告谕诸县，民乐从军者，一身行，除其门户赋役。不乐者不强。旬日之间，四面云集，得现兵二万余人，马千余匹，威震江东。冬十二月，袁术表策行殄寇将军。策将吕范言于策曰："今将军事业日大，士众日盛，而纲纪犹有不整者。范愿暂领都督，佐将军部分之。"便出，释袆衣，着骑服，执鞭诣阁下启事，自称领都督。策乃授符传，委以众事。由是军中肃睦，威禁大行。

建安元年，策定会稽。策将取会稽，吴人严白虎等众各万余人，处处屯聚。诸将欲先击白虎等，策曰："白虎等群盗，非有大志，此成擒耳。"遂引兵渡浙江。会稽功曹虞翻说太守王朗曰："策善用兵，不如避之。"朗不从，发兵拒策于固陵。固陵，今浙东之西兴镇也。范蠡所筑，可以固守，谓之固陵。策数渡水战，不能克。策叔父静说策曰："朗负阻城守，难可猝拔。查渎南去此数十里，宜从彼据其内，所谓攻其无备出其不意者也。"从之。夜多燃火为疑兵，分军投查渎道，袭高迁屯。查渎在今萧山县境。裴松之曰："永兴县有高迁桥。"案：永兴县故城，在今萧山县西。朗大惊，遣兵逆击，策破之。朗遁走，浮海至东冶。东冶，今闽侯县东北冶山之麓，汉置冶县于此。《晋志》："建安郡，故秦闽中郡。汉高祖五年，以立闽越王。及武帝灭之，徙其人，名曰东冶。"策追击，大破之。朗乃诣策降。策自领会稽太守。

二年，策击走吴郡太守陈瑀。袁术僭号于寿春，策以书责而绝之。夏，汉朝遣议郎王辅拜策骑都尉，领会稽太守，使与徐州牧吕布、吴郡太守陈瑀共讨术。策行到钱唐，钱塘县，今杭州市。瑀阴图袭策，潜结祖郎、严白虎等，使为内应。策觉之，遣兵攻瑀于海西。海西，盖谓海以西之地。瑀败，单骑奔冀州。

三年，策击降祖郎、太史慈。袁术遣间使，赍印绶与丹阳宗帅祖郎等，使激动山越，共图孙策。刘繇之奔豫章也，同郡人太史慈遁于芜湖山中，芜湖县故城，在今芜湖市东。自称丹阳太守。策已定宣城以东，惟泾以西六县未服。宣城县故城，在今南陵县东四十里青弋江上。慈因进住泾县，大为山越所附。于是策自讨擒祖郎于陵阳，降之。陵阳县，今青阳县陵阳镇是也。又讨擒太史慈于勇里，解缚捉其手曰："今日之事，当与卿共之。闻卿有烈义，天下智士，孤是卿知己，勿忧不如意也。"会刘繇卒于豫章，士众万余人未有所附。策命慈往抚安之，并观豫章太守华歆所以牧御方规何如。慈行而返，谓策曰："歆，良德也，然非筹略才，无他方规，自守而已。"策遂有兼并之志。是岁，曹操表策为讨逆将军，封吴侯。

四年，策定豫章。袁术死，大将张勋等将其众欲就策，庐江太守刘勋要击，皆虏之。勋以袁术部曲众多，不能赡，遣从弟偕求米于上缭诸宗帅。不能满数，《通鉴》注："时鄱阳县民数千家，自相结聚，作宗伍，壁于上缭。"案：上缭水，今奉新江也。偕召勋使袭之。孙策恶勋兵强，伪卑词以事勋，曰："上缭宗民，数欺鄙郡，欲击之，路不便。上缭甚富实，愿君伐之，请出兵以为外援。"且以珠宝、葛布赂勋，勋喜。淮南刘晔言于勋曰："上缭虽小，城坚池深，攻难守易，不可旬日而举也。兵疲于外，而国内虚，策乘虚袭我，则后不能独守。是将军进屈于敌，退无所归。若军必出，祸今至矣。"勋不听，遂伐上缭，至海昏。《通鉴》注："海昏县，当豫章大江之口。"案：今永修县治。宗帅知之，皆空壁逃迁，勋了无所得。时策引兵西击黄祖，行及石城。宋白曰："贵池、石埭二县，皆汉石城县之地。"闻勋在海昏，乃分遣从兄贲辅将八千人屯彭泽，今彭泽、都昌、星子诸县，皆汉彭泽县地。自与其将周瑜将二万人袭皖城，克之，皖县，今潜山县治是也。得勋部曲三万余人。勋还至彭泽，贲辅邀击破之。勋走保流沂，《通鉴》注："流沂，地名，近西塞。"案：西塞山，在今大冶县东九十里。求救于黄祖，祖遣其子射率舟师五千人助勋。策复就攻勋，大破之。勋北归曹操，射亦遁走。策收得勋兵二千余人，船千艘，遂进击黄祖。冬十二月，策军至沙羡。沙羡县故城，在今武昌县西南。刘表遣从子虎及南阳韩晞将长矛五千来救祖。策与战，大破之，斩晞。祖脱身走，获其妻子及船六千艘，士卒杀溺死者数万人。策盛兵将徇豫章，屯于椒丘。椒丘去南昌市数十里。谓虞翻曰："华歆自有声誉，然非吾敌也。若不开门让城，金鼓一震，不得无所伤害。卿便在前具宣孤意。"翻诣歆，歆自知不敌，葛巾迎策。

五年，策卒，权立。曹操闻策平定江南，意甚难之，常呼"猘儿难与争锋也"。及操与袁绍相拒于官渡，策阴欲袭许，迎汉帝，密治兵部署诸将，未发，会为许贡客所刺。贡，旧为吴郡太守，上表于汉帝曰："孙策骁雄，与项籍相似，宜召还京邑。若放于外，必作世患。"策候吏得贡表以示策，策杀贡。策被刺创甚，召长史张昭等谓曰："中国方乱，以吴越之众，三江之固，郭景纯曰：'三江者，岷江、松江、浙江也。'"案：岷江即今长江，松江即今吴淞江也。足以观成败，公等善相吾弟。"呼弟权佩以印绶，谓曰："举江东之众，决机于两阵之间，与天下争衡，卿不如我。举贤任能，各尽其心，以保江东，我不如卿。"

夏四月，策卒，时年二十六。时策虽有会稽、吴郡、丹阳、豫章、庐陵、庐江，庐陵郡故治，在今吉安县西。然深险之地犹未尽从，流寓之士皆以安危去就为意，未有君臣之固，而张昭、周瑜等谓权可与共成大业，遂委心而服事焉。曹操表权为讨虏将军，领会稽太守，屯吴。吴郡故治，即今吴县。权年少，初统事，太夫人忧之，问扬武都尉董袭，对曰："江东有山川之固，而讨逆明府，恩德在民；讨虏承基，大小用命，张昭秉众事，袭等为爪牙，此地利人和之时也，万无所忧。"周瑜荐临淮鲁肃于权，权谓曰："今汉室倾危，孤思有桓文之功，君何以佐之？"肃对曰："昔高帝欲尊事义帝而不获者，以项羽为害也。今之曹操，犹昔项羽。将军何由得为桓文乎？肃窃料之，汉室不可复兴，曹操不可猝除。为将军计，惟有保守江东以观天下之衅耳。若因北方多务，剿除黄祖，进伐刘表，竟长江所极据而有之，此王业也。"权既统事，遂部分诸将，镇抚山越，讨不从命。

七年，曹操来责质子。操下书责权质子。周瑜曰："昔楚国初封，不满百里之地，继嗣贤能，广土开境，遂据荆扬，传业延祚九百余年。今将军承父兄余资，兼六郡之众，兵精粮多，将士用命，铸山为铜，煮海为盐。境内富饶，人不思乱，有何逼迫，而欲送质？质一人，不得不与曹氏相首尾。与相首尾，则命召不得不往。如此，便见制于人也。极不过一侯印，仆从十余人，车数乘，马数匹，岂与南面称孤同哉！不如勿遣，徐观其变。若曹氏能率义以正天下，将军事之未晚。若图为暴乱，彼自亡之不暇，焉能害人！"遂不送质。

九年，击山越。权西击黄祖，破其舟师，惟城未克，而山越复动。权还过豫章，使其将吕范平鄱阳。鄱阳县，江西今县。程普讨乐安，乐安县故城，在今德兴县东。太史慈领海昏，慈为建昌都尉，治海昏。黄盖、韩当、周泰、吕蒙等，守艰剧之县令长，讨山越，悉平之。

十一年，权击山贼麻、保二屯，平之。《水经注》："江水过陆口而东，左得麻屯口，南直蒲圻洲，水北入百有余里，吴所屯也。"案：陆口，在西南，今嘉鱼县。

十二年，权击黄祖。虏其人民而还。

十三年，击曹操，败之赤壁。黄祖将甘宁来奔，献策于权曰："今汉祚日微，曹操终为篡盗。南荆之地，山川形便，诚国之西势也。宁观刘表，虑既不远，儿子又劣，非能承业传基者也。至尊当早图之，不可后操。图之之计，宜先取黄祖。祖今昏耄已甚，财谷并乏，左右贪纵，吏士心怨。舟船战具，毁坏不修。怠于耕农，军无法伍。至尊今往，其破可必。一破祖军，鼓行而西据楚关，楚关，扞关也。蜀伐楚，楚为扞关以拒之，故曰楚关。大势弥广，即可渐规巴蜀矣。"权深纳之。春，西击黄祖。祖横两蒙冲，挟守沔口。汉入江处，谓之沔口，今汉口。盖汉、沔本一水也。以大棕绳系石为矴，上有千人，以弩交射，飞矢雨下，军不得前。偏将军董袭、别部司马凌统俱为前部，各将敢死百人，人披两铠，乘大舸，突入蒙冲里，以刀断绳，蒙冲横流，大兵遂进。祖令都督陈就以水军逆战，吕蒙勒前锋，亲枭就首。于是将士乘胜，水陆并进，傅其城，尽锐攻之，遂屠其城。祖挺身走，追斩之，虏其男女数万口。秋，刘表卒，鲁肃言于权曰："荆州与国邻接，江山险固，沃野万里，士民殷富，若据而有之，此帝王之资也。今表新亡，二子不协，军中诸将各有彼此。刘备，天下枭雄，与曹操有隙，寄寓于表。表恶其能而不能用也。若备与彼协心，上下齐同，则宜抚安，与结盟好。如有离违，宜别图之，以济大事。肃请得奉命吊表二子，并慰劳其军中用事者，及说备使抚表众，同心一意，共治曹操。备必喜而从命，如其克谐，天下可定也。今不速往，恐为操所先。"权即遣肃行，到夏口。庾仲雍曰："夏口一曰沔口，或曰鲁口。"闻操已向荆州，晨夜兼道，比至南郡，而表子琮已降曹操，备惶遽奔走，欲南渡江。肃径迎之，到当阳长坂。长坂，在今当阳县东北。与备会，宣腾权旨，及陈江东强固，劝备与权并力。备遂到夏口，遣诸葛亮使权，肃亦反命。

权在柴桑。柴桑县故城，在今九江市西南二十里。是时曹操遗权书曰："近者奉辞伐罪，旌麾南指，刘琮束手。今治水军八十万众，方与将军会猎于吴。"权以示臣下，莫不响震失色。张昭等曰："曹公，豺虎也。挟天子以征四方，动以朝廷为词。今日拒之，事更不顺。且将军大势可以拒操者，长江也。今操得荆州，奄有其地。刘表治水军，蒙冲斗舰，乃以千数。操悉浮以沿江，兼有步兵，水陆俱下。此为长江之险已与我共之矣。而势力众寡又不可论，愚谓大计不如迎之。"鲁肃私言于权曰："向察众人之议，专欲误将军，不足与图大事。今肃可迎操耳，如将军不可也。何以言之？今肃迎操，操当以肃还付乡党，品其名位，犹不失下曹从事，乘犊车，从吏卒，交游士林，累官故不失州郡也。将军迎操，欲安所归乎？"

时周瑜受使至鄱阳，肃劝权召瑜还。瑜至，谓权曰："操虽托名汉相，其实汉贼也。将军以神武雄才，兼仗父兄之烈，割据江东，地方数千里，兵精足用，英雄归心，当横行天下，为汉家除残去秽。况操自送死，而可迎之耶？请为将军筹之。今北土未平，马超、韩遂尚在关西，为操后患。而操舍鞍马，仗舟楫，与吴越争衡。今又盛寒，马无藁草，驱中国士众，远涉江湖之间，不习水土，必生疾病。此数者，用兵之患也。而操皆冒行之，将军擒操，宜在今日。瑜请得精兵数万人，进住夏口，《通鉴》注："曰夏口，以夏水得名。曰沔口，以沔水得名。曰鲁口，以鲁山得名。实一处也，其地在江北。"保为将军破之。"权大悦瑜言。

是夜，瑜复见权曰："诸人徒见操书言水步八十万，而各恐慑，不复料其虚实，便开此议，甚无谓也。今以实校之，彼所将中国人，不过十五六万，且已久疲。所得表众，亦极七八万耳，尚怀狐疑。夫以疲病之卒，御狐疑之众，众数虽多，甚未足畏。瑜得精兵五万，自足制之。愿将军勿虑！"权与计曰："五万兵难猝合，已选三万人，船粮战具俱办。卿与鲁肃、程普便在前发，孤当续发人众。多载资粮，为卿后援。卿能办之者诚快，或不如意，便还就孤，孤当与孟德决之。"遂以周瑜、程普为左右督，将兵与刘备并力逆操。以鲁肃为赞军校尉，助画方略。刘备在樊口，日遣逻吏于水次候望权军。吏望见瑜船，驰往白备。备遣人慰劳之，瑜曰："有军任，不得弃置。倘能屈威,诚副其所望。"备乃乘单舸见瑜,曰:"今拒曹公,战卒有几?"瑜曰:"三万人。"备曰:"恨少。"瑜曰:"此自足用。豫州但观瑜破之。"备欲呼鲁肃等共会语,瑜曰:"受命不得妄弃置。若欲见肃,可别过之。"备深愧喜。进,与操遇于赤壁。《武昌志》:"赤壁山,在今嘉鱼县,对江北之乌林。"时操军众已有疾疫,初一交战,操军不利,引次江北。瑜等在南岸,瑜部将黄盖曰:"今寇众我寡,难与持久。操军方连船舰,首尾相接,可烧而走也。"乃取蒙冲斗舰十艘,载燥荻枯柴,灌油其中,裹以帷幕,上建旌旗,豫备走舸系于其尾。先以书遗操,诈云欲降。时东南风急,盖以十舰最著前,中江举帆,余船以次俱进。操军吏士皆出营立观,指言盖降。去北军二里余,同时发火,火烈风猛,船往如箭,烧尽北船,延及岸上营落。顷之,烟焰张天,人马烧溺死者甚众。瑜等率轻锐继其后,雷鼓大震,北军大坏,曹操退走。瑜与刘备水陆并进,追操至南郡。操留曹仁守江陵城,径自北归。周瑜、程普将数万众与仁隔江,未战。甘宁请先径进取夷陵。夷陵县故城,在今宜昌县东。往即得其城,因入守之。仁遣兵围甘宁。宁困急,求救于周瑜。诸将以为兵少不足分。吕蒙谓周瑜、程普曰:"留凌统于江陵,蒙与君行。解围释急,势亦不久,蒙保统能十日守也。"瑜从之,大破仁兵于夷陵,获马三百匹而还。于是将士形势自倍,瑜乃渡江屯北岸,与仁相拒。冬十二月,孙权自将围合肥,使张昭攻九江之当涂。昭兵不利。当涂县故城,在今怀远县东南。

十四年,拔江陵。权围合肥久不下,率轻骑欲身往突敌。长史张纮谏曰:"夫兵者凶器,战者危事。今麾下恃盛壮之气,忽强暴之虏,三军之众莫不寒心。虽斩将搴旗,威震敌场,此乃偏将之任,非主将之宜也。愿抑贲育之勇,怀霸王之计。"权乃止。曹操遣张喜将骑赴合肥,未至,权退。周瑜攻曹仁岁余,所杀伤甚众,仁委城走。权以瑜领南郡太守,屯据江陵。程普领江夏太守,治沙羡。刘备表权行车骑将军,领徐州牧。备领荆州牧,屯公安。《水经注》:"油水西北注于江,曰油口,刘备立营之处也。"案:油水在今公安县境。

十五年，周瑜卒。是时刘璋为益州牧，外有张鲁寇侵。瑜诣京见权，《通鉴》注："京，京口城也。权时居京，后都秣陵，于京口置京督，又曰徐陵督。"案：今镇江市治。曰："今曹操新败，忧在腹心。未能与将军连兵，乞与奋威俱进取蜀，而并张鲁，因留奋威固守其地，与马超结援。瑜还与将军据襄阳以蹙操，北方可图也。"权许之，奋威者，孙坚弟子奋威将军瑜也。周瑜还江陵，为行装，于道病困，与权笺曰："修短，命矣，诚不足惜。但恨微志未展，不复奉教命耳。方今曹操在北，疆埸未静。刘备寄寓，有似养虎。天下之事未知终始，此朝士旰食之秋，至尊垂虑之日也。鲁肃忠烈，临事不苟，可以代瑜。倘所言可采，瑜死不朽矣。"卒于巴丘，裴松之曰："瑜所卒之处，应在今之巴陵。"巴陵郡，今岳州也。权因令肃代瑜领兵，屯陆口。《水经》："江水左径乌林南，又东右岸，得蒲矶口，即陆口也。"肃劝权以荆州借刘备，与共拒曹操，权从之。初，苍梧士燮为交阯太守，交阯郡故治，在今越南境内。其弟壹领合浦太守，合浦郡治，今合浦县治。䵋领九真太守，九真郡故治，在今越南北部。武领南海太守，南海郡治，今广州市。燮体器宽厚，中国士人多往依之。雄长一方，偏在万里，威尊无上，出入仪卫甚盛，震服百蛮。及是，权以临淮步骘为交州刺史。交州刺史治龙编，在今越南河内省。燮率兄弟奉承节度，由是岭南始服属于权。

十六年，权徙治秣陵。

十七年，城石头，作濡须坞。初，张纮以秣陵山川形胜，劝权以为治所。及刘备东过秣陵，亦劝权居之。权于是作石头城，徙治秣陵，改秣陵为建业。张舜民曰："石头城者，天生城壁，有若城然。在清凉寺北，覆舟山上，江行自北来者，循石头城转入秦淮。"陆游曰："清凉寺，距石头里余。"吕蒙闻曹操欲东兵，说权夹濡须水口立坞。《通鉴》注："濡须水出巢湖，在今无为军北二十五里。濡须坞，在今巢县东南四十里。"诸将皆曰："上岸击贼，洗足入船，何用坞为？"蒙曰："兵有利钝，战无百胜。如有邂逅敌步骑蹙人不暇及水，其得入船乎！"权曰善，遂作濡须坞。

十八年，曹操来攻。春正月，操进军濡须口，号步骑四十万。权率众七万御之，相守月余。操望权军，叹其整肃，权为笺与操，说春水方生，公宜速去。别纸言"足下不死，孤不得安"。操语诸将曰："孙权不欺孤。"乃撤军还。

十九年，拔皖城。初，操遣庐江太守屯皖，大开稻田。吕蒙言于权曰："皖田肥美，若一收熟，彼众必增，宜早除之。"夏闰五月，权亲攻皖城。诸将欲作土山，添攻具。蒙曰："治攻具及土山，必历日乃成。城备既修，外救必至，不可图也。且吾乘雨水以入，若留经日，水必向尽，还道艰难，蒙窃危之。今观此城，不能甚固，以三军锐气，四面并攻，不移时可拔。及水以归，全胜之道也。"权从之。蒙荐甘宁为升城督。宁手持练，身缘城，为士卒先。蒙以精锐继之，手执枹鼓，士卒皆腾踊，侵晨进攻，食时破之。获朱光，既而魏将张辽至夹石，夹石，在今桐城县北四十七里。闻城已拔，乃退。

二十年，与刘备分荆州。初，备在荆州，甘宁等数劝权取蜀。权遣使谓备曰："刘璋不武，不能自守。若使曹操得蜀，则荆州危矣。今欲先攻取璋，次取张鲁，一统南方。虽有十操，无所忧也。"备报曰："益州民富地险，刘璋虽弱，足以自守。今暴师于蜀汉，转运于万里，欲使战克攻取，举不失利，此孙吴所难也。议者见曹操失利于赤壁，谓其力屈，无复远念。今操三分天下已有其二，将欲饮马于沧海，观兵于吴会，会，会稽郡也。何肯坐老乎！而同盟无故自相攻伐，使敌乘其隙，非长计也。且璋，吾宗也。"权不听，遣孙瑜率水军住夏口。备不听军过，使关羽屯江陵，张飞屯秭归，秭归县，湖北今县。诸葛亮据南郡，南郡本治江陵，吴得荆州，置南郡于江南。亮所据，盖为此也。此南郡当在今公安、南乡二县界。备自往孱陵。孱陵县故城，在今公安县南。权不得已，召瑜还。及备西攻刘璋，权曰："猾虏乃敢挟诈如此！"备留关羽守江陵。鲁肃与羽邻界，羽数生疑贰，肃常以欢好抚之。及备已得益州，权令中司马诸葛瑾从备求荆州诸郡。备不许，曰："吾方图凉州，凉州定，乃尽以荆州相与耳。"权曰："此假而不返，乃欲以虚词延引岁时也。"遣吕蒙督兵二万以取长沙、零陵、桂阳三郡。蒙移书长沙、桂阳，皆望风归服，惟零陵太守郝普城守不降。刘备闻之，自蜀亲至公安，遣关羽争三郡。孙权进住陆口，为诸军节度，使鲁肃将万人，屯益阳以拒羽。宋白曰："益阳故城，在今益阳县东八十里。"飞书召吕蒙，使舍零陵，急还助肃。蒙得书，秘之。夜召诸将，授以方略。晨当攻零陵，顾谓郝普故人南阳邓玄之曰："郝普闻世间有忠义事，亦欲为之，而不知时也。今左将军在汉中，为夏侯渊所围。关羽在南郡，至尊身自临之。彼方首尾倒悬，救死不给，岂有余力复营此哉！今吾计力度虑而以攻此，曾不移日而城必破。城破之后，身死何益于事。度普不得外问，谓援可恃，故至于此耳。君可见之，为陈祸福。"玄之见普，具宣蒙意，普惧而出降。既降而知备在公安、羽在益阳也，惭恨入地。蒙留孙河委以后事，即日引军赴益阳。会曹操将攻汉中，刘备闻之，惧失益州，遣使来求和。权令诸葛瑾报，更寻盟好，遂分荆州。权返白陆口。秋八月，率众十万围合肥，合肥未下，撤军还。兵皆就路，权与凌统、甘宁等在逍遥津北，《水经注》："合肥东有逍遥津，水上旧有梁。"为张辽所袭，统等以死扞权。权乘骏马，越津桥得去。

二十一年，曹操来攻。冬，操次于居巢，遂攻濡须。居巢县故城，在今巢县东北五里。

二十二年，与操修好。春，权令都尉徐详诣操请降。操报使修好，誓重结婚。权留周泰督濡须。鲁肃卒，权使吕蒙代镇陆口。定威校尉陆逊言于权曰："方今克敌宁乱，非众不济，而山寇跳梁，依阻深地。夫腹心未平，难以图远。可大为部伍，择取精锐。"会丹阳贼帅费栈作乱，扇动山越，权命逊讨栈破之，遂部伍东三郡。东三郡，谓吴、会稽、丹阳也。强者为兵，羸者补户，得精卒数万人。宿恶荡除，所过肃清，还屯芜湖。

二十四年，袭取荆州。初，鲁肃尝劝权以曹操尚存，宜且抚辑关羽，与之同仇，不可失也。及吕蒙代肃屯陆口，以为羽素骁雄，有兼并之心。且居国上流，其势难久。密言于权曰："今令孙皎守南郡，潘璋住白帝，蒋钦将游兵万人，循江上下，应敌所在。蒙为国家前据襄阳，如此何忧于操？何赖于羽？且羽君臣矜其诈力，所在反复，不可以腹心待也。今羽所以未便东向者，以至尊圣明，蒙等尚在也。今不于强壮时图之，一旦僵仆，欲复陈力，其可得耶？"权曰："今欲先取徐州，<sub>自广陵以北，皆徐州之地。</sub>然后取羽，何如？"对曰："今操远在河北，抚集幽、冀，未暇东顾。徐土守兵，闻不足言，《通鉴》注："曹操审知天下之势，虑此熟矣。此兵法所谓城有所不守也。"往自可克。然地势陆通，骁骑所骋。至尊今日取徐州，操后旬必来争。虽以七八万人守之，犹当怀忧。《通鉴》注："吕蒙自量吴国之兵力，不足北向以争中原者，知车骑之地非南兵之所便也。"不如取羽，全据长江，形势益张，易为守也。"权善之。

秋，羽围樊，留兵将备公安、南郡。蒙上疏曰："羽讨樊而多留备兵，必恐蒙图其后故也。蒙常有病，乞分士众还建业，以治疾为名。羽闻之，必撤备兵尽赴襄阳。大军浮江昼夜驰上，袭其空虚，则南郡可下而羽可擒也。"<sub>此南郡谓江陵。</sub>遂称病笃，权乃露檄召蒙还。阴与图计，蒙下至芜湖，陆逊谓蒙曰："关羽接境，如何远下，后不当可忧也！"蒙曰："诚如言，然我病笃。"逊曰："羽矜其骁气，陵轹于人。始有大功，意骄志逸，但务北进，未嫌于我。有相闻病，必益无备。今出不意，自可擒制。下见至尊，宜好为计。"蒙曰："羽素勇猛，既难为敌。且已据荆州，恩信大行，兼始有功，胆势益盛，未易图也。"蒙至都，权问谁可代卿者。蒙曰："陆逊意思深长，才堪负重，观其规虑，终可大任。而未有远名，非羽所忌，无复是过也。若用之，当令外自韬隐，内察形便，然后可克。"权遂使逊代蒙。逊至陆口，为书与羽，称其功美，深自谦抑，为尽忠自托之意。羽意大安，无复所嫌，稍撤兵以赴樊。逊具启形状，陈其可擒之要。

羽得魏将于禁等人马数万，粮食乏绝，擅取权湘关米。<sub>吴、蜀分荆州，以湘水为界，故置关。</sub>权闻之，冬闰十月，发兵袭羽。权欲令孙皎与吕蒙为左右大督。蒙曰："若至尊以皎能，宜用之。以蒙能，宜用蒙。昔周瑜、程普为左右部督，督兵攻江陵，虽事决于瑜，普自恃久将，且俱是督，遂共不睦，几败国事。此目前之戒也。"权寤，谢蒙曰："以卿为大督，命皎为后继可也。"蒙至寻阳，寻阳县故城，在今黄梅县北。尽伏其精兵船中，使白衣摇橹，作商贾人服，昼夜兼行。羽所置江边屯候，尽收缚之，是故羽不闻知。至公安，蒙令故骑都尉虞翻为书说其守将傅士仁，士仁得书即降。翻谓蒙曰："此谲兵也，当将仁行，留兵备城。"遂将仁至南郡。糜芳城守，蒙以仁示之，芳遂开门出降。蒙入江陵，尽得关羽及将士家属，皆抚慰之。令军中不得干历人家有所求取，蒙麾下士与蒙同郡人，取民家一笠以覆官铠，官铠虽公，蒙犹以为犯军令，不可以乡里故而废法，遂垂涕斩之。于是军中震栗，道不拾遗。关羽闻南郡破，即走南还。羽数使人与蒙相闻，蒙辄厚待其使，周游城中，家家致问，或手书示信。羽人还，私相参讯，咸知家门无恙，见待过于平时。故羽吏士无斗心，孙权寻至，使陆逊别取宜都，宜都郡治夷道，在今宜都县西北。获秭归、枝江、夷道，枝江县故城，在今枝江县东百里洲上。还屯夷陵，守峡口以备蜀。峡口，西陵峡口也。《荆州记》："自夷陵溯江二十里，入峡口，名为西陵峡，长二十里。"案：峡口，在今宜昌县西北。关羽自知孤穷，乃西保麦城。麦城，在今当阳县东南五十里。权使诱之，羽伪降。立幡旗，为象人于城上。因遁走，兵皆解散，才十余骑。权先使朱然、潘璋断其径路。十二月，璋司马马忠获羽于章乡，斩之，章乡在今当阳县东北。遂定荆州。曹操表权为骠骑将军，假节领荆州牧。是岁，吕蒙以疾卒。

魏文帝黄初二年，蜀来伐。是时魏文帝已受汉禅，而刘备亦称帝。夏四月，权徙武昌。秋七月，备帅军来伐。权遣使求和，备不听。军至巫山、秭归，巫山在川东鄂西，汉有巫县。使使诱导武陵蛮夷，假与印传，许之封赏。于是诸县及五溪民皆反为蜀。权以陆逊为大都督，假节督将军朱然、潘璋、宋谦、韩当、徐盛、鲜于丹、孙桓等五万人拒之。八月，权遣使称臣于魏。魏遣太常邢贞奉策即拜权为吴王。贞至吴，吴人以为宜称上将军九州伯，不当受魏封。权曰："九州伯，于古未闻也。昔沛公亦受项羽封为汉王，盖时宜耳，复何损耶！"遂受之。遣中大夫赵咨往谢。魏主问曰："吴王何等主也？"对曰："纳鲁肃于凡品，是其聪也。拔吕蒙于行阵，是其明也。获于禁而不害，是其仁也。取荆州，兵不血刃，是其智也。据三州，虎视于天下，三州，荆、扬、交也。是其雄也。屈身于陛下，是其略也。"又问吴可征否，对曰："大国有征伐之兵，小国有备御之固。"问吴难魏乎，对曰："带甲百万，江汉为池，何难之有！"魏主遣使求珍玩于吴，吴臣议勿与。权曰："方有事于西，而恃魏为援。彼所求者，于我瓦石耳。"具以与之。

吴大帝黄武元年，大破蜀军，魏来伐。蜀军初出，吴将皆欲迎击之。陆逊曰："备举军东下，锐气始盛，且乘高守险，难可猝攻。攻之纵下，犹难尽克。若有不利，损我大势，非小故也。今但且奖励将士，广施方略，以观其变。若此间是平原旷野，当恐有颠沛交逐之忧。今缘山行军，势不得展，自当疲于木石之间，徐制其敝耳。"诸将不解，以为逊畏之，各怀愤恨。刘备旋从巫峡、建平连营至夷陵界，建平郡故治，今巫山县是也。《通鉴》注："《水经注》：巫峡首尾一百六十里。巫峡正在建平郡界。"立数十屯，以冯习为大督，张南为前部督，辅匡、赵融、廖淳、傅彤等，各为别督。先遣吴班将数千人于平地立营，欲以挑战。吴将帅又皆欲击之。逊曰："此必有谲，且观之。"备知其计不行，乃引伏兵八千从谷出。逊曰："所以不听诸君击班者，揣之必有巧故也。"逊上疏曰："夷陵要害，国之关限。《通鉴》注："自三峡下夷陵，连山叠嶂，江行其中，回旋湍激。至西陵峡口，始漫为平流。夷陵正当峡口，故以为吴之关限。"虽为易得，亦复易失。失之非徒损一郡之地，荆州可忧。今日争之，当令必谐。备犯天常，不守窟穴，而敢自送。臣当使其挫败在即，无可忧者。臣初嫌彼水陆俱进，今及舍船就步，处处结营，察其布置，必无他变。伏愿至尊高枕不以为念也。"

夏闰六月，逊将进攻蜀军。诸将并曰："攻备当在初，今乃令入五六百里，相守经七八月，其诸要害皆已固守，击之必无利矣。"逊曰："备是猾虏，更尝事多，其军始集，思虑精专，未可犯也。今住已久，不得我便，兵疲意沮，计不复生，掎角此寇，正在今日。"乃先攻一营，不利。诸将皆曰："空杀兵耳。"逊曰："吾已晓破之之术。"乃敕各持一把茅，以火攻拔之。一尔势成，通率诸军同时俱攻，斩张南、冯习及胡王沙摩柯等首，破其四十余营。蜀将杜路、刘宁等穷逼请降。刘备升马鞍山，夷陵县有马鞍山。陈兵自绕。逊督促诸军四面蹙之，土崩瓦解，死者万数。备夜遁，仅得入白帝城。白帝城在今奉节县东。其舟船器械，水步军资，一时略尽，尸骸塞江而下。备大惭恚曰："吾乃为陆逊所折辱，岂非天耶！"《通鉴》注："依险行兵，敌扼其冲，情见势屈，敌乘其懈，至于失师，此非天也。"初，安东中郎将孙桓，别击汉前锋于夷道，为汉所围，求救于逊。逊曰："未可。"诸将曰："孙安东公族，见围已困，奈何不救？"逊曰："安东得士众心，城牢粮足，无足忧也。待吾计展，欲不救安东，安东自解。"及方略大施，刘备果奔溃。桓后见逊曰："前实怨不见救，及至今日，乃知调度自有方耳。"

初，逊为大都督，诸将或孙策时旧将，或公室贵戚，各自矜持，不相听从。逊按剑曰："刘备天下知名，曹操所惮。今在疆界，此强对也。诸君并荷国恩，当相辑睦，共翦此虏，上报所受，而不相顺，何也？仆虽书生，受命主上。国家所以屈诸君使相承望者，以仆尺寸可称、能忍辱负重故也。各在其事，岂复得辞！军令有常，不可犯也。"及至破备，计多出逊，诸将乃服。孙权问逊曰："公何以初不启诸将违节度者耶？"对曰："受恩深重，任过其才，又此诸将，或任腹心，或堪爪牙，或是功臣，皆国家所当与共克定大事者，臣窃慕蔺相如、寇恂相下之义，以济国事。"初，权外托事魏，而诚心不款，魏欲遣侍中辛毗、尚书桓阶至吴，与权为盟誓，并征质子，权不受命。秋九月，魏乃命曹休、张辽、臧霸出洞口，洞口在今和县江边。曹仁出濡须，曹真、夏侯尚、张郃、徐晃围南郡。权遣吕范等督五军，以舟军拒休等；诸葛瑾、潘璋、杨粲救南郡；朱桓以濡须督拒仁。时杨越蛮夷多未平集，内难未弭，故权卑词上书，求自改厉。魏仍责质子，权遂改年，临江拒守。冬十一月，大风，范等兵溺死者数千，余军还江南。曹休使臧霸以轻船五百、敢死万人袭攻徐陵，《南徐州记》："京口先为徐陵。"杀略数千人，将军全琮、徐盛追斩魏将尹卢，杀获数百。十二月，权使太中大夫郑泉聘刘备于白帝，备使太中大夫宗玮来报，吴、蜀复通。备遗陆逊书曰："贼今已在江汉，吾将复东，将军谓其能然否？"逊答曰："但恐军新破，创痍未复，始求通亲，且当自补，未暇穷兵耳。若不推算，欲复以倾覆之余远送以来者，无所逃命。"

二年，击退魏师。春正月，曹真分军据江陵中洲，是月城江夏山。江夏山，在今武昌县东南六十里。三月，曹仁以步骑数万向濡须，先扬声欲东攻羡溪，杜佑曰："羡溪在濡须东三十里。"朱桓分兵赴之。既行，仁以大军径进。桓闻之，追还羡溪兵，兵未到而仁奄至。时桓手下及所部兵在者，才五千人。诸将业业各有惧心。桓喻之曰："凡两军交对，胜负在将，不在众寡。诸君闻曹仁用兵行师，孰与桓耶？兵法所以称客倍而主人半者，谓俱在平原，无城隍之守，又谓士卒勇怯齐等故耳。今仁既非智勇，加其士卒甚怯，又千里步涉，人马疲困，桓与诸君共据高城，南临大江，北背山陵，以逸待劳，为主制客，此百战百胜之势。虽曹丕自来，尚不足忧，况仁等耶！"桓乃偃旗鼓，外示虚弱以诱致仁。仁遣其子泰攻濡须城，分遣将军常雕、王双等乘油船别袭中洲。中洲者，桓部曲、妻子所在也。仁自将万人留橐皋，橐皋，即今巢县西北之柘皋镇。为泰等后援。桓遣别将击雕等，而身自拒泰，泰烧营退。桓遂斩常雕，生虏王双，临阵杀溺死者千余人。曹真等围江陵，守将朱然在城中。权遣将军孙盛督万人备洲上，立围坞，为然外援。张郃渡兵攻盛，盛不能拒，即时却退。郃据洲上围坞，然中外断绝，权遣潘璋、杨粲等进攻而围不解。时然城中兵多肿病，堪战者才五千人。真等起土山，凿地道，立楼橹临城，弓矢雨注，将士皆失色。然晏如无恐意，方厉吏士，伺间隙，攻破魏两屯。魏兵围然凡六月。江陵令姚泰领兵备城北门，见外兵盛，城中人少，谷食且尽，惧不济，谋为内应，然觉而杀之。真等不能克，乃彻攻退还。魏军皆退。

夏四月，刘备薨于白帝。初，戏口守将晋宗以众叛如魏，魏以为蕲春太守。蕲春郡故治，在今蕲春县西北。数犯边境，权以为忿。因军初罢，六月盛夏，出其不意，诏将军贺齐袭蕲春，生虏宗。冬十一月，蜀使中郎将邓芝来聘。

三年，魏来伐。夏，遣辅义中郎将张温聘于蜀。自是吴、蜀信使不绝。秋九月，魏主至广陵，有渡江之志。徐盛建计，植木衣苇，为疑城假楼，自石头至于江乘，《通鉴》注："江乘县在建业东北。"案：在今句容县北六十里。联绵相接数百里，一夕而成，又大浮舟舰于江。时江水盛长。魏主临望叹曰："魏虽有武骑千群，无所用之，未可图也。"乃还。

四年，魏来伐。冬，魏主至广陵，临江观兵，兵有十余万，旌旗弥数百里。权严兵固守。时大寒冰，舟不得入江。魏主见波涛汹涌，叹曰："嗟乎！固天所以限南北也。"遂归。孙韶遣将高寿等率敢死之士五百人，于径路夜要之。魏主大惊，寿等获副车羽盖以还。

五年，攻魏江夏。陆逊以所在少谷，表令诸将增广农亩，权从之。秋七月，闻魏主丕殂。八月，权自将攻江夏，围石阳。《通鉴》注："临嶂山在汉阳军西六十里，意石阳即此地。"不克而还。

七年，败魏曹休。权使鄱阳太守周鲂，密求山中旧族名帅为北方所闻知者，令谲挑魏扬州牧曹休。鲂曰："民帅小丑，不足杖任。事或漏泄，不能致休。乞遣亲人赍笺以诱休，言被谴惧诛，欲以郡降北，求兵应接。"权许之。时频有郎官诣鲂诘问诸事，鲂因诣郡门下，下发谢。为是以谲曹休也。休闻之，率步骑十万向皖以应鲂。秋八月，权至皖，以陆逊为大都督，以朱桓、全琮为左右督，各督三万人以击休。休知见欺，而恃其众，欲遂与吴战。朱桓言于权曰："休本以亲戚见任，非智勇名将也。今战必败，败必走，走当由夹石、挂车，今桐城、舒城二县间之大关、小关，即夹石也。挂车山在桐城西北三十里。此两道皆险厄，若以万兵柴路，则彼众可尽，休可生虏，臣请将所部以断之。若得以休自效，便可乘胜长驱，进取寿春，割有淮南，以规许洛。此万世一时，不可失也。"权以问陆逊，逊以为不可，乃止。战于石亭，逊自为中部，令朱桓、全琮为左右翼，三道并进，冲休伏兵，因驱走之。追亡逐北，径至夹石，斩获万余，牛马、驴骡、车乘万两。

黄龙元年，权即皇帝位，迁都建业。秋九月，权迁都建业，征陆逊辅太子掌武昌留事，并掌荆州及豫章、鄱阳、庐陵三郡事，董督军国。三郡本属扬州，而地接荆州，又有山越，易相扇动，故使逊兼掌之。

二年，俘夷洲数千人。春，权使将军卫温、诸葛直将甲士万人浮海，求夷洲、亶洲，《后汉书·东夷传》："会稽海外，有夷洲及亶洲。"沈莹《临海水土志》："夷洲在临海东，去郡二千里。"案：盖今之琉球群岛也。欲俘其民以益众。陆逊、全琮皆谏，以为桓王创基，权追尊兄策为长沙桓王。兵不一旅，今江东见众，自足图事。不当远涉不毛，万里袭人。风波难测，又民易水土，必致疾疫，欲益更损，欲利反害。且其民犹禽兽，得之不足济事，无之不足亏众。权不听。温、直军行经岁，士卒疾疫死者什八九。亶洲绝远，卒不可得至，得夷洲数千人还。

三年，败魏一督将。冬十月，权使中郎将孙布诈降，以诱魏扬州刺史王凌。权伏兵于阜陵以待之，布遣人告凌云："道远不能自致，乞兵见迎。"凌遣一督将步骑七百人迎布，布夜掩击，督将进走，死伤过半。

嘉禾二年，侵魏。权向魏合肥新城，新城在故城西三十里。又使全琮攻六安，皆不克还。

三年，伐魏。夏五月，权入居巢湖口。《通鉴地理通释》："巢湖之名，为巢县地，后陷为湖。"向合肥新城，众号十万。又遣陆逊、诸葛瑾将万余人入江夏、沔口，向襄阳；将军孙韶、张承入淮，向广陵、淮阴。是时蜀相诸葛亮出武功，武功县故城，在今郿县东。权谓魏明帝不能远出，而帝遣兵助司马懿拒亮，自率水军东拒权。权退还，孙韶亦罢。陆逊遣亲人韩扁奉表诣权，魏逻者得之。诸葛瑾闻之，甚惧，书与逊。云："大驾已还，贼得韩扁，具知吾虚实，且水干，宜急去。"逊未答，方催人种葑豆，与诸将弈棋射戏如常。瑾曰："逊多智略，其必当有以。"乃自来见逊。逊曰："贼知大驾已还，无所复忧，得专力于吾。又已守要害之处，故我军将士不免意动，且当镇静以安之。施设变术，然后出耳。今便示退，贼当谓吾怖，仍来相蹙，必败之势也。"乃密与瑾立计，令瑾督舟船，逊悉上兵马以向襄阳城。魏人素惮逊名，遽还赴城。瑾便引船出，逊徐整部伍，张拓声势，步趣船，魏人不敢逼。行到白围，《通鉴》注："盖立围屯于白河口，因以为名。"托言住猎，潜遣将击江夏、新市、安陆、石阳，新市县故城，在今京山县东北。安陆县故城，在今安陆县北。二县皆属江夏郡。沈约曰："江夏曲陵县，本名石阳。"案：曲陵县故城，在今应城县东南。斩获千余人而还。诸葛瑾之子恪，以丹阳山险，民多果劲，虽前发兵，徒得外县平民而已，其余深远，莫能擒尽。屡自求为官出之，三年可得甲士四万。众议咸以为丹阳地势险阻，与吴郡、会稽、新都、鄱阳四郡邻接，丹阳郡故治，即今宣城县。新都郡故治，在今淳安县西。周旋数千里，山谷万重。其幽邃人民，未尝入城邑，对长吏，皆仗兵野逸，白首于林莽。逋亡宿恶，咸共逃窜。山出铜铁，自铸甲兵，俗好武习战，高尚气力，其升山越险，驰突丛棘，若鱼之走渊，猿狖之腾木也。时观间隙，出为寇盗。每致兵征伐，寻其窟藏。其战则蜂至，败则鸟窜，自前世以来不能羁也。皆以为难。恪盛陈其必捷。秋八月，权以恪为丹阳太守，使行其策。先是武陵五溪蛮夷叛乱盘结，权以南土清定，召交州刺史吕岱还屯长沙沤口，沤水于资兴县境入耒水。又假太常潘濬节，使与岱督军五万人进讨，数年中斩获数万。自是群蛮衰弱，一方宁静。冬十一月，濬平蛮夷事毕，还武昌。

六年，袭魏六安，不克。魏庐江主簿吕习密使人来请兵，欲开门为内应。冬十月，权使全琮、朱然等赴之。既至，事露，军还。诸葛恪至丹阳，移书四郡属城长吏，令各保其疆界，明立部伍。其从化平民，悉令屯居。乃使诸将入扼幽阻之地，但缮藩篱，不与交锋。俟其谷稼将熟，辄纵兵芟刈，使无遗种。旧谷既尽，新谷不收，平民屯居，略无所入，于是山民饥穷，渐出降首。恪乃复敕下曰："山民去恶从化，皆当抚慰。徙出外县，不得嫌疑，有所拘执。"白阳长胡伉得降民周遗，丹阳郡境内有石白湖，白阳岂即傍湖之县耶？遗旧恶民，困迫暂出，伉缚送府。恪以伉违教，遂斩以徇。民闻伉坐执人被戮，知官惟欲出之而已，于是大出。岁期人数，皆如本规。恪自领万人，余分给诸将。恪徙屯庐江皖口。皖口，今怀宁县西十五里之山口镇。

赤乌四年，伐魏。春，权将伐魏。零陵太守殷札言于权曰："今天弃曹氏，丧诛累见，虎争之际，而幼童莅事。陛下身自御戎，取乱侮亡，宜涤荆扬之地，举强羸之数，使强者执戟，羸者转运。西命益州，军于陇右。益州，谓蜀也。授诸葛瑾、朱然大众直指襄阳，陆逊、朱桓别征寿春，大驾入淮阳，谓淮水之阳。历青徐、襄阳、寿春，困于受敌。长安以西，务御蜀军。许洛之众，势必分离。掎角并进，民必内应。将帅对向，或失便宜；一军败绩，则三军离心。便当秣马脂车，陵蹈城邑，乘胜逐北，以定华夏。若不悉军动众，循前轻举，则不足大用，易于屡退，民疲威消，时往力竭，非上策也。"权不能用。夏四月，遣全琮略淮南，决芍陂。芍陂，在今寿县南。贤曰："陂径百里，灌田万顷。"诸葛恪攻六安，朱然围樊，诸葛瑾攻柤中。琮与魏将王凌战于芍陂，不利。五月，魏太傅司马懿救樊。六月，诸军皆还。秋八月，陆逊城邾。邾城在今黄冈县西北二十里。

六年，袭魏六安。春，诸葛恪袭六安，破魏将谢顺营，收其民人。恪又远遣谍人，观相径要，欲图寿春。司马懿将兵入舒，欲攻恪。杜预曰："今庐江南有舒城。"恪自皖迁于柴桑。

九年，侵魏柤中。春二月，朱然侵魏柤中，斩获千余。是岁分荆州为二部，吕岱督右部，自武昌以西至蒲圻。武昌郡治武昌，今鄂城县治。蒲圻县故城，在今嘉鱼县西南。诸葛恪督左部。陆逊前卒，恪代逊镇武昌。

十一年，城江陵。春正月，朱然城江陵。然旋卒。然长不盈七尺，气候分明，内行修洁。终日钦钦，若在战场。临急胆定，过绝于人。虽世无事，每朝夕严鼓。兵在营者，咸行装就队。以此玩敌，使不知所备，故出辄有功。

十三年，魏来犯。冬十月，魏庐江太守文钦伪叛，以诱偏将军朱异，欲使异自将兵迎己。异知其诈，表上权，以为钦不可迎。权曰："方今北土未一，钦欲归命，宜且迎之。若嫌其有谲者，但当设计网以罗之，盛重兵以防之耳。"乃遣偏将军吕据督二万人，与异并力。至北界，钦果不降。十一月，权遣军十万，作堂邑涂塘以淹北道。贤曰："堂邑，今六合县。"《通鉴》注："堂邑在魏吴两界之间，为弃地。淹北道以绝魏兵之窥建业。吴主老矣，良将多死，为自保之规摹而已。"十二月，魏大将军王昶围南郡。荆州刺史王基攻西陵，遣将军戴烈、陆凯往拒之，皆引去。

太元二年，权薨，魏来伐。夏四月，权薨，太子亮即位，诸葛恪辅政。初，权筑东兴堤以遏巢湖，后征淮南，败以内船，由是废不复修。谓赤乌四年芍陂之败也，遏巢湖所以利舟师，而反为湖内之船所败，故废不复修。冬十月，恪会众于东兴，更作大堤，左右结山夹筑两城，东兴，在今含山县西南，接巢县界。濡须山为东关，七宝山为西关，此左右结山，夹筑两城，为东兴堤。各留千人，使将军全端守西城，都尉留略守东城，引军而还。魏以吴军入其疆土，耻于受侮。十一月，命大将胡遵、诸葛诞等率众七万，欲攻围两坞，图坏堤遏。王昶攻南郡，毌丘俭向武昌。十二月，恪兴军四万，晨夜兼行救东兴。胡遵等敕诸军作浮桥以渡，阵于堤上，分兵攻两城。城在高峻，不可猝拔。恪使冠军将军丁奉与吕据、留赞、唐咨为前部，从山西上。奉谓诸将曰："今诸军行缓，若贼据便地，则难以争锋。我请趋之。"乃自率麾下三千人径进。时北风，奉举帆二日，即至东关，遂据徐塘。《通鉴》注："徐塘，盖近东关。"时天雪寒，胡遵等方置酒高会。奉见其前部兵少，谓其下曰："取封侯爵赏，正在今日。"乃使兵皆解铠去矛戟，但兜鍪刀楯，倮身缘遏。魏人望见大笑之，不即严兵。吴兵得上，便鼓噪斫破魏前屯，吕据等继至。魏军惊扰散走，争渡浮桥，桥坏绝，自投于水，更相蹈藉，死者数万。获车乘、牛马、骡驴各以千数，资器山积。王昶、毌丘俭闻东军败，各烧屯走。

孙亮建兴二年，伐魏。恪既败魏军，遂有轻敌之心，复欲出军。诸大臣以为数出疲劳，同词谏恪。恪不听，因著论以谕众曰："凡敌国欲相吞，即仇雠欲相除也。有雠而长之，祸不在己，则在后人，不可不为远虑也。昔秦但得函谷以西耳，尚以并吞六国。今以魏比古之秦，土地数倍，以吴与蜀比古六国，不能半也。然今所以能敌之者，但以操时兵众，于今适尽，而后生者未及长大，正是贼衰少未盛之时。加司马懿先诛王凌，续自陨毙。其子幼弱，而专彼大任，虽有智计之士，未得施用。当今伐之，是其厄会。圣人急于趋时，诚谓今日。若顺众人之情，怀偷安之计，以为长江之险可以传世。不论魏之终始，而以今日，遂轻其后，此吾所以长叹息者也。今闻众人或以百姓尚贫，欲务闲息，此不知虑其大危，而爱其小勤者也。昔汉祖幸已有三秦之地，何不闭关守险以自娱乐？空出攻楚，身被创痍，介胄生虮虱，将士厌困苦，岂甘锋刃而忘安宁哉？虑于长久不得两存者耳。每鉴荆邯说公孙述以进取之图，近见家叔父表陈与贼争竞之计，家叔父谓诸葛亮。未尝不喟然叹息也。夙夜反侧，所虑如此。"太常滕胤谓恪曰："君受伊、霍之托，入安本朝，出摧强敌，名声振于海内，天下莫不震动。万姓之心，冀得蒙君而息。今猥以劳役之后，兴师出征，民疲力屈，远主有备，若攻城不克，野略无获，是丧前劳而招后责也。不如案甲息师，观隙而动。且兵者大事，事以众济，众苟不悦，君独安之？"恪曰："诸云不可，皆不见计算，怀居苟安者也，而子复以为然，吾何望乎！夫以曹芳暗劣，而政在私门。彼之民臣，固有离心。今吾因国家之资，借战胜之威，则何往而不克哉！"丹阳太守聂友素与恪善，以书谏恪曰："大行皇帝本有遏东关之计，计未施行，寇远自送。将士凭赖威德，出身用命，是以一旦有非常之功，宜且案兵养锐，观衅而动。今乘此势，欲复大出，天时未可，而苟任盛意，私心以为不安。"恪答之曰："足下虽有自然之理，然未见大数。"

春三月，恪大发州郡二十万众伐魏。以滕胤为都下督，掌统留事。恪意欲曜威淮南，驱略民人，而诸将或难之曰："今引军深入，疆场之民必相率远逼，恐兵劳而功少，不如止围合肥新城。新城困，救必至。至而图之，乃可大获。"恪从其计。夏五月，回军还围新城。攻守连月，城不拔。士卒疲劳，因暑饮水，泄痢流肿，病者大半，死伤涂地。诸营吏日白病者多，恪以为诈，欲斩之，自是莫敢言。恪内思失计，而耻城不下，忿形于色。将军朱异以军事迕恪，恪立夺其兵。都尉蔡林数陈军计，恪不能用，策马奔魏。魏知战士疲病，乃进救兵。秋七月，恪引军去，流曳道路，或顿仆坑壑，或见略获，存亡哀痛，大小嗟呼。恪出住江渚一月，图起田于浔阳。《浔阳记》："浔阳，春秋为吴之西境、楚之东境，在大江之北。"诏召相衔，徐乃旋师。由是众庶失望，怨讟兴矣。八月，恪还建业。冬十月，大飨，武卫将军孙峻伏兵杀恪于殿堂。峻为丞相大将军，督中外诸军事。

五凤二年，及魏战。春正月，魏镇东将军毌丘俭、前将军文钦以淮南之众叛魏，西入战于乐嘉。乐嘉城，在今商水县境。闰月壬辰，峻及吕据、留赞率兵袭寿春。军及东兴，闻钦等败。壬寅，兵进于橐皋，钦诣峻降。魏镇东大将军诸葛诞入寿春，峻引军还。二月，及魏将军曹珍遇于高亭，交战，珍败绩。留赞为诞别将蒋班所败于菰陂，高亭、菰陂，皆未详所在。赞及将军孙楞、蒋修等皆遇害。三月，使朱异袭安丰，不克。秋，城广陵。安丰县故城，在今固始县东。广陵县故城，在今扬州市东北。

太平二年，师出至镬里。夏五月，魏诸葛诞以淮南之众保寿春城以叛魏，遣将军朱成称臣上疏，又遣子靓、长史吴纲诸牙门子弟为质。六月，使文钦、唐咨、全端等步骑二万救诞，入寿春。魏围之，孙峻前卒，从弟綝领中外诸军事。秋七月，綝大发兵出屯镬里，使朱异为前部督，与丁奉等将甲士五万解围。异进战不利，资粮尽失，走归綝。綝使异更死战。异以士卒乏食，不从綝命。綝怒，九月己巳，綝斩异于镬里。辛未，引兵还建业，魏遂克寿春。綝既不能拔出诸葛诞，而丧败士众，自戮名将，由是吴人莫不怨之。

三年，诛孙綝。秋九月，綝废亮立休。休，权第六子。冬十二月，休诛綝。

孙休永安六年，伐魏以救蜀。冬十月，蜀以魏见伐来告。甲申，使丁奉督诸军向寿春，留平就施绩于南郡，议兵所向。丁封、孙异向沔中，皆救蜀。蜀主刘禅降魏问至，然后罢。魏之伐蜀也，吴人或谓襄阳张悌曰："司马氏得政以来，大难屡作，百姓未服，今又劳力远征，败于不暇，何以能克？"悌曰："不然。曹操虽功盖中夏，民畏其威而不怀其德也。丕、叡承之，刑繁役重，东西驰驱，无有宁岁。司马懿父子累有大功，除其烦苛，而布其平惠；为之谋主，而救其疾苦。民心归之，亦已久矣。故淮南三叛，而腹心不扰。曹髦之死，四方不动。任贤使能，各尽其心。其本根固矣，奸计立矣。今蜀阉宦专朝，国无政令，而玩戎黩武，民劳卒敝，竞于外利，不修守备。彼强弱不同，智算亦胜，因危而伐，殆无不克。噫，彼之得志，我之忧也。"吴人笑其言，至是乃服。蜀既亡，武陵五溪夷与蜀接界，朝议惧其叛乱，乃以越骑校尉钟离牧领武陵太守。魏已遣汉葭县长郭纯试守武陵太守，率涪陵民入蜀迁陵界，涪陵县，今彭水县治。迁陵县故城，在今保靖县东。屯于赤沙，诱动诸夷，进攻酉阳，《通鉴》注："赤沙，盖在迁陵、酉阳之间。酉阳县在酉溪之阳。"案：酉阳县故城，在今永顺县南。郡中震惧。牧问郡吏曰："西蜀倾覆，边境见侵，何以御之？"皆对曰："今二县山险，诸夷阻兵，不可以军惊扰，惊扰则诸夷盘结。宜以渐安，可遣恩信吏宣教慰劳。"牧曰："外境内侵，诳诱人民，当及其根柢未深而扑取之。此救火贵速之势也。"敕外严装，抚夷将军高尚谓牧曰："昔潘太常督兵五万，然后讨五溪夷。事见嘉禾三年。是时刘氏连和，诸夷率化，今既无往日之忧，而郭纯已据迁陵。而明府欲以三千兵深入，尚未见其利也。"牧曰："非常之事，何得循旧！"即帅所领晨夜进道，缘山险行，垂二千里，斩恶民怀异心者魁帅百余人，及其支党凡千余级。纯等散走，五溪皆平。

七年，攻永安。魏将钟会、邓艾乱于蜀，皆败，百城无主。休闻之，有兼蜀之志。而蜀将罗宪守永安，永安县故城，在今奉节县东，即白帝城。兵不得过。春二月，使抚军步协率众以西围攻永安。宪遂降魏。协与战，不利。休怒，复遣镇军将军陆抗等帅众三万人增宪之围。抗，逊之子也。时方都督西陵，围永安凡六月。魏使将军胡烈步骑二万侵西陵以救罗宪。秋七月，抗等引军退。休薨，皓立。皓，权孙、和子也。

孙皓甘露元年，徙都武昌。秋九月，徙都武昌。先是魏相国司马昭遣使衔命，赍书陈事势利害，以申喻皓。于是皓遣光禄大夫纪陟往报聘。至，昭问吴之戍备几何。陟对曰："自西陵以至江都，五千七百里。"又问曰："道里甚远，难为坚固。"对曰："疆界虽远，而其险要必争之地，不过数四。犹人虽有八尺之躯，靡不受患，其防护风寒，亦数处耳。"冬十二月，晋受禅。

宝鼎元年，还都建业。五官中郎将丁忠使晋而还，说皓曰："北方守战之具不设，弋阳可袭而取。"弋阳郡故治，在今潢川县西。皓访群臣，镇西大将军陆凯曰："夫兵不得已而用之耳。且三国鼎立已来，更相侵伐，无岁宁居。今强敌新并巴蜀，有兼土之实，而使节适至，欲息兵役，不可谓其求援于我。今敌形势方强，而欲徼幸求胜，未见其利也。"车骑将军刘纂曰："天生五才，谁能去兵？谲诈相雄，有自来矣。若其有阙，庸可弃乎！宜遣间谍，以观其势。"皓阴纳纂言，虽不出兵，然遂与晋绝。皓居武昌，扬州之民溯流供给，甚苦之。武昌属荆州。又奢侈无度，公私穷匮。陆凯上疏曰："今四边无事，当务养民丰财，而更穷奢极欲，无灾而民命尽，无为而国财空，臣窃忧之。昔汉室既衰，三家鼎立。曹失纲纪，晋有其政。又益州险阻，兵多精强，闭门固守，可保万世。而刘氏与夺乖错，赏罚失所，君恣意于奢侈，民力竭于不急，是以受伐，君臣见虏。此目前之明验也。臣愚但为陛下惜国家耳。愿陛下息大功，损百役，务宽荡，忽苛政。又武昌土地，实危险而墝确，非王都安国养民之处。船泊则沉漂，陵居则峻危。故童谣云：'宁饮建业水，不食武昌鱼。宁还建业死，不止武昌居。'此足明人心之所向矣。"冬十二月，皓还都建业。

三年，伐晋。秋九月，皓出东关。冬十月，使施绩入江夏，万彧向襄阳。晋使义阳王司马望统中军步骑二万屯龙陂，龙陂在今郏县东南，即摩陂也。为二方声援。绩与晋胡烈战，不利。十一月，丁奉、诸葛靓出芍陂，攻合肥。晋使汝阴王司马骏拒却奉等。

建衡二年，侵晋。春正月，丁奉入涡口。涡水入淮之口，在今怀远县东北。为晋扬州刺史牵弘所击，奉走还。夏四月，皓使陆逊都督信陵、西陵、夷道、乐乡、公安诸军事，治乐乡。信陵县故城，在今秭归县东。西陵县故城，在今宜昌县东。宋白曰："乐乡城，陆抗所筑，在松滋县界。"《水经注》："江水自夔城而东，径信陵县南，又东过夷陵县南。夷陵，即西陵也。"抗以皓政事多阙，上疏曰："臣闻德均则众者胜寡，力侔则安者制危。此六国所以并于秦，西楚所以屈于汉也。今敌之所据，非但关右之地，鸿沟以西，而国家外无连横之援，内非西楚之强，庶政陵迟，黎民未义。议者徒恃长江峻山，限带封域，此乃守国之末事，非智者之所先也。臣每念及此，中夜抚枕，临餐忘食。夫事君之义，犯而勿欺，谨陈时宜十七条以闻。"《陆抗传》云：十七条失本，不载。皓不纳。是时晋主有灭吴之志，以尚书左仆射羊祜都督荆州诸军事，镇襄阳；征东大将军卫瓘都督青州诸军事，镇临淄；镇东大将军王佒都督徐州诸军事，镇下邳。祜绥怀远近，甚得江汉之心，与吴人开布大信，降者欲去，皆听之。减戍逻之卒，以垦田八百余顷。其始至也，军无百日之粮，及其季年，乃有十年之积。祜在军常轻裘缓带，身不被甲。铃阁之下，侍卫不过十数人。

三年，平交阯。蜀亡之岁，交阯郡吏吕兴等反，遣使至魏，请太守及兵，九真、日南皆应之。皓立之岁，魏置交阯太守杨稷之郡，吴交州刺史刘俊、大都督脩则、将军顾容，前后三攻交阯，皆不利。郁林复附于稷。稷遣将军毛炅、董元攻合浦，战于古城，《通鉴》注："古城，盖合浦郡古城也。"吴师败绩，刘俊、脩则皆死，余兵散还合浦。稷表炅为郁林太守，元为九真太守。皓乃大出兵，一由荆州道，一由建安海道，建安郡治，今建瓯县是也。《通鉴》注："从荆州道，逾岭而入交广也。从建安海道，泛海而南也。"皆会于合浦，以击交阯。是岁夏四月，交州刺史陶璜袭董元，杀之。秋七月，大都督薛珝与璜等兵十万，共攻交阯。城中粮尽援绝，遂拔之。斩杨稷、毛炅，九真、日南皆还属，州境皆平。

凤凰元年，讨平步阐。秋七月，皓征西陵督步阐。阐世在西陵，猝被征，自以失职，且惧有谗。九月，据城降晋。陆抗闻阐叛，亟遣将军左弈、吾彦等讨之。晋亦遣荆州刺史杨肇迎阐，又遣羊祜帅步军出江陵，徐胤帅水军击建平以救阐。陆抗敕西陵诸军筑严围，自赤溪至于故市，《水经注》："江水出西陵峡。东南流，径故城洲，洲北附岸，洲头曰郭洲。上有步阐故城。故城洲上城周里，阐父骘所筑也。"《通鉴》注："故市即步骘故城。"案：赤溪，未详所在。内以围阐，外以御晋兵，昼夜催促，如敌已至，众甚苦之。诸将谏曰："今宜及三军之锐急攻阐，比晋救至，必可拔也，何事于围以敝士民之力？"抗曰："此城处势既固，粮谷又足，且凡备御之具，皆抗所宿规。今反攻之，不可猝拔。北兵至而无备，表里受难，何以御之？"诸将皆欲攻阐，抗欲服众心，听令一攻，果无利，围备始合，而羊祜兵五万至江陵，诸将咸以抗不宜上。抗曰："江陵城固兵足，无足忧者。假令敌得江陵，必不能守，所损者小。若晋据西陵，则江南诸山群夷皆当扰动，其患不可量也。"乃自帅众，自乐乡上赴西陵。初，抗以江陵之北，道路平坦，敕江陵督张咸作大堰，遏水漫平土，以绝寇叛。羊祜欲因所遏水以船运粮，扬声将破堰以通步军。抗闻之，使咸亟破之，诸将皆惑，屡谏不听。祜至当阳，闻堰败，乃改船以车运粮，大费功力。

冬十一月，杨肇至西陵，抗令公安督孙遵循南岸拒羊祜，防南岸，使祜军不得渡而已。水军督留虑拒徐胤，恐胤顺流东下，故以水军拒之。抗自将大军凭围对肇。凭长围以对之，则彼为客，我为主。营都督俞赞亡诣肇，抗曰："赞，军中旧吏，知吾虚实。吾常虑夷兵素不简练，若敌攻围，必先此处。"即夜易夷兵，皆以精兵守之。明日，肇果攻故夷兵处，抗命击之，矢石雨下，肇众死者相属。十二月，肇计屈夜遁，抗欲追之，而虑步阐蓄力伺间，兵不足分。于是但鸣鼓戒众，若将追者。肇众凶惧，悉解甲挺走。抗使轻兵蹑之，肇兵大败，祜等皆引军还。抗遂拔西陵，诛阐，东还乐乡，貌无矜色，谦冲如常。既克西陵，皓自谓得天助，志益张大，使术士筮取天下。对曰："吉。庚子岁，青盖当入洛阳。"其后吴亡，皓入洛，岁在庚子。皓喜，不修德政，专为兼并之计。羊祜归自江陵，务修德信以怀吴人。每交兵，刻日方战，不为掩袭之计。将帅有欲进谲计者，辄饮以醇酒，使不得言。祜出军行吴境，刈谷为粮，皆计所侵，送绢偿之。每会众江沔游猎，常止晋地。若禽兽先为吴人所伤，而为晋兵所得者，皆送还之。于是吴边人皆悦服。《通鉴》注："凡祜所为，皆縻吴也。"祜与抗对境，使命常通。抗遗祜酒，祜饮之不疑。抗疾，求药于祜，祜以成药与之，抗即服之。人多谏抗，抗曰："岂有酖人羊叔子哉！"祜字叔子。抗告其边戍曰："彼专为德，我专为暴，是不战而自服也。各保分界而已，毋求小利。"皓闻二境交和，以诘抗。抗曰："一邑一乡，不可以无信义，况大国乎！臣不如此，正是彰其德，于祜无伤也。"

皓用诸将之谋，数侵盗晋边。抗上疏曰："昔有夏多罪，而殷汤用师。纣作淫虐，而周武授钺。苟无其时，虽复大圣，亦宜养威自保，不可轻动也。今不务力农富国，而听诸将徇名，穷兵黩武，动费万计，士卒凋瘁，寇不为衰，而我已大病矣。今争帝王之资，而昧十百之利，此人臣之奸便，非国家之良策也。昔齐鲁三战，鲁人再克，而亡不旋踵。何则？大小之势异也。况今师所克获不补所丧乎。"皓不从。是时晋主与羊祜阴谋伐吴，祜以为伐吴宜借上流之势，密表留王濬为益州刺史，使治水军。濬尝为祜参军，祜深知之。或白濬为人志大奢侈，不可专任，宜有以裁之。祜曰："濬有大才，将以济其所欲，必可用也。"晋主寻加濬龙骧将军，监益梁诸军事，诏濬罢屯田军，大作舟舰。别驾何攀以为屯田兵不过五六百人，作船不能猝办，后者未成，前者已腐。宜召诸郡兵合万余人造之，岁终可成。濬欲先上待报，攀曰："朝廷猝闻召万兵，必不听。不如辄召而后奏，设使见驳，功夫已成，势不得止。"濬从之，令攀典造舟舰器仗。于是作大舰，长百二十步，受二千余人，以木为城，起楼橹，开四出门，其上皆得驰马往来。时作船木柹蔽江而下。吾彦在建平，<sub>杜佑曰："吴置建平郡于秭归。"</sub>取流柹以白皓曰："晋必有攻吴之计，宜增建平兵以塞其冲要。"皓不从，彦乃为铁锁横断江路。

三年，陆抗卒。夏，抗疾病，上疏曰："西陵建平，国之藩表，既处上流，受敌二境，<sub>谓二郡之境，西距巴夔，北接魏兴、上庸，二面皆受敌也。</sub>若敌泛舟顺流，星奔电迈，非可恃援他部以救倒悬也。此乃社稷安危之机，非徒封疆侵陵小害也。臣父逊昔在西垂上言，西陵国之西门，虽云易守，亦复易失。若有不守，非但失一郡，荆州非吴有也。如其有事，当倾国争之。臣前乞屯精兵三万，而主兵者循常，未肯差赴。自步阐以后，益更损耗。今臣所统千里，外御强敌，内怀百蛮，而上下现兵才有数万，羸敝日久，难以待变。臣愚以为诸王幼冲，无用兵马，以妨要务。又黄门宦官，开立占募，兵民避役，逋逃入占。乞特诏简阅，一切料出，以补疆场受敌常处。使臣所部足满八万，省息众务，并力备御，庶几无虞。若其不然，深可忧也。臣死之后，乞以西方为属。"秋，遂卒。抗既卒，羊祜上疏于晋主，请伐吴，曰："先帝西平巴蜀，南和吴会，庶几海内得以休息，而吴复背信，使边事更兴。夫期运虽天所授，而功业必因人而成。不一大举扫灭，则兵役无时得息也。蜀平之时，天下皆谓吴当并亡。自是以来，十有三年矣。夫谋之虽多，决之欲独。凡以险阻得全者，谓其势均力敌耳。若轻重不齐，强弱异势，虽有险阻，不可保也。蜀之为国，非不险也，皆云一夫荷戟，千人莫当。及进兵之日，曾无藩篱之限，乘胜席卷，径至成都。汉中诸城，皆鸟栖而不敢出，非无战心，诚力不足以相抗也。及刘禅请降，诸营堡索然俱散。今江淮之险不如剑阁，孙皓之暴过于刘禅，吴人之困甚于巴蜀，而大晋兵力盛于往时。不于此际平壹四海，而更阻兵相守，使天下困于征戍，将士衰于营阵，不可长久也。今若引梁、益之兵，水陆俱下；荆楚之众，进临江陵，平南豫州，直指夏口。<sub>胡奋为平南将军，王戎为豫州刺史。</sub>徐、扬、青、兖，并会秣陵。<sub>徐、扬，王浑所统。青、兖、琅邪，王伷所统。</sub>以一隅之吴，当天下之众，势分形散，所备皆急。巴汉奇兵出其空虚，一处倾坏，则上下震荡。虽有智者，不能为吴谋矣。吴缘江为国，东西数千里，所敌者大，无有宁息。孙皓恣情任意，与下多忌，将疑于朝，士困于野，无有保世之计。一定之心，平常之日，犹怀去就。兵临之际，必有应者，终不能齐力致死，已可知也。其俗急速，不能持久。弓弩戟楯，不如中国。唯有水战，是其所便。一入其境，则长江非复所保。还趣城池，去长入短，非吾敌也。官军悬进，人有致死之志，吴人内顾，各有离散之心。如此，军不逾时，克可必矣。"晋主深纳之，而朝议固持，以为不可。祜叹曰："天下不如意事，十常居七八。天与不取，岂不令更事者有后时之恨哉！"唯度支尚书杜预、中书令张华赞成其计。

　　天纪元年，侵晋。夏，夏口督孙慎出江夏，<sub>晋江夏郡故治，即今安陆县，属荆州。</sub>略千余家而还。晋主诘羊祜不追讨之意，并欲移荆州。祜曰："江夏去襄阳八百里，比知贼问，贼已去经日，步军安能追之。劳师以免责，非臣志也。昔魏武帝置都督，类皆与州相近，<sub>如扬州刺史治寿春，都督扬州诸军事，亦治寿春之类。</sub>以兵势好合恶离故也。疆埸之间，一彼一此，慎守而已。若辄徙州，贼出无常，亦未知州之所宜据也。"

　　二年，晋陷皖城。皓大佃皖城，欲谋伐晋。晋都督扬州诸军事王浑遣扬州刺史应绰来攻，破之，斩首五千级，焚积谷百八十余万斛，践稻田四千余顷，毁船六百余艘。是岁，晋羊祜有疾，见晋主，面陈伐吴之计，曰："孙皓暴虐已甚，于今可不战而克。若皓不幸而没，吴人更立令主，虽有百万之众，长江未可窥也，将为后患矣。"晋主欲使祜卧督诸将，祜曰："取吴不必臣行，但既平之后，有所付授，愿审择其人耳。"疾笃，举杜预自代。冬，祜卒。预至镇，简精锐来袭西陵督张政，政大败。政，名将也，耻以无备取败，不以实告皓。预欲间之，乃表还其所获。皓因召政还，遣武昌监留宪代之。

　　三年，晋来伐。王濬上疏于晋主曰："孙皓荒淫凶逆，宜速征伐。若一旦皓死，更立贤主，则强敌也。臣作船七年，日有朽败，臣年七十，死亡无日。三者一乖，则难图也，诚愿陛下无失事机。"晋主于是决意伐吴。会王浑表皓欲北上，边戍皆戒严，晋朝臣乃更议明年出师。适何攀奉使在洛，上疏，称皓必不敢出，宜因戒严掩取甚易。杜预上表曰："自闻七月以来，贼但敕严，下无兵上。以理势推之，贼之穷计，力不两完，必保夏口以东，以延视息。无缘多兵西上，空其国都。而陛下过听，便用委弃大计，纵敌患生，诚可惜也。向使举而有败，勿举可也。今事为之制，务从完牢。若或有成，则开太平之基；不成，不过费损日月之间，何惜而不一试之。若复延迟，天时人事，不得如常，臣恐其更难也。今有万安之举，无倾败之虑，臣心实了，不敢以暧昧之见，自取后累，惟陛下察之。"旬月未报，预复上表曰："羊祜不先博谋于朝臣，而密与陛下共施此计，故益令朝臣多异同之议。凡事当以利害相较，今此举之利十有八九，而其害一二，止于无功耳。而朝臣言其不可，但以计不出己，功不在身，各耻其前言之失而固守之耳。自秋已来，讨贼之形颇露，今若中止，孙皓或怖而生计，徙都武昌，更完修江南诸城，远其居民，城不可攻，野无所掠，则明年之计或无所及矣。"晋主方与张华围棋，预表适至，华推枰敛手曰："陛下圣武，国富兵强。吴主淫虐，诛杀贤能，当今讨之，可不劳而定，愿勿以为疑。"晋主乃许之。以华为度支尚书，量计运漕。太尉贾充等固争之，皆不得。冬十一月，晋大举来伐。遣琅邪王伷出滁中，《通鉴》注："吴主权作堂邑滁塘，即其地。盖从今滁州取真州路。"王浑出江西，《通鉴》注："今和州出横江渡路。"王戎出武昌，胡奋出夏口，杜预出江陵，王濬下巴蜀，东西凡二十余万，强命贾充为使，持节假黄钺大都督，将中军南屯襄阳，为诸军节度。

四年，吴亡。春正月，杜预向江陵，王浑出横江，攻吴镇戍，所至皆陷。二月戊午，王濬击破丹阳监盛纪，《通鉴》注："丹阳城，在秭归县东八里。"吴人于江碛要害之处，并以铁锁横截之。又作铁锥，长丈余，暗置江中，以逆拒舟舰。濬作大筏数十，方百余步，缚草为人，被甲持仗，令善水者以筏先行。遇铁锥，锥辄著筏而去。又作大炬，长十余丈，大数十围，灌以麻油，在船前，遇锁，燃炬烧之，须臾融液断绝，于是船无所碍。庚申，濬陷西陵，杀都督留宪等。壬戌，陷荆门、夷道二城，荆门在西陵之东，夷道之西。杀夷道监陆晏。杜预遣牙门周旨等帅奇兵八百，泛舟夜渡江，袭乐乡，多张旗帜，起火巴山。巴山，在今松滋县。都督孙歆惧，与江陵都督伍延书曰："北来诸军，乃飞渡江也。"旨等伏兵乐乡城外，歆遣军出拒王濬，大败而还。旨等发伏兵随歆军而入，歆不觉，直至帐下，虏歆而去。乙丑，水军都督陆景为王濬所击杀。杜预进攻江陵。甲戌，陷之，斩伍延。于是沅湘以南，接于交、广州郡，皆望风送印绶。预杖节称诏而绥抚之。凡所斩获吴都督监军十四，牙门郡守百二十余人。胡奋克江安，江安即公安，吴南郡治焉。杜预既定江南，改曰江安。乙亥，晋主诏王濬，既定巴丘，与胡奋、王戎共平夏口、武昌，顺流长骛，直造秣陵。杜预当镇静零、桂，怀辑衡阳。衡阳郡故治，在今湘潭县西六十里。大兵既过，荆州南境固当传檄而定。预等各分兵以益濬，太尉充移屯项，王戎遣兵与王濬合攻武昌，江夏太守刘朗督武昌诸军虞昺皆出降。杜预与众军会议，或曰："百年之寇，未可尽克。方春水生，难于久驻，宜俟来冬，更为大举。"预曰："昔乐毅借济西一战，以并强齐。今兵威已振，譬如破竹，数节之后，皆迎刃而解，无复著手处也。"遂指授群帅方略，径造建业。皓始闻王浑南下，使丞相张悌督丹阳太守沈莹、护军孙震、副军师诸葛靓帅众三万，渡江逆战。至牛渚，沈莹曰："晋治水军于蜀久矣，上流诸军素无戒备，名将皆死，幼少当任，恐不能御也。晋之水军必至于此，宜蓄众力以待其来。与之一战，若幸而胜之，江西自清。大江北流，自建业言之，历阳、皖城，皆为江西。今渡江与晋大军战，不幸而败，则大事去矣。"悌曰："吴之将亡，贤愚所知，非今日也。吾恐蜀兵至此，众心骇惧，不可复整。及今渡江，犹可决战。若其败丧，同死社稷，无所复恨。若其克捷，北敌奔走，兵势万倍，便当乘胜南上，逆之中道，不忧不破。若如子计，恐士众散尽，坐待敌至，君臣俱降，无一人死难者，不亦辱乎！"

三月，悌等济江，围浑部将张乔于杨荷。干宝《晋纪》："杨荷，桥名。"乔众才七千，闭栅请降。诸葛靓欲屠之，悌曰："强敌在前，不宜先事其小，且杀降不祥。"靓曰："此属以救兵未至，力少不敌，故且缓降以缓我，非真服也。若舍之而前，必为后患。"悌不从，抚之而进。悌与晋扬州刺史周浚结阵相对。沈莹帅丹阳锐卒，刀楯五千，三冲晋兵不动。莹引退，其众乱，晋人因其乱而乘之，吴兵以次奔溃，将帅不能止，张乔复自后至，吴兵遂败绩于版桥，诸葛靓遁，张悌死焉。晋兵并斩孙震、沈莹等七千八百级，吴人大震。初，晋主诏书，使王濬下建平，受杜预节度。至建业，受王浑节度。预至江陵，谓诸将曰："若濬得建平，则顺流长驱，威名已著，不宜令受制于我。若不能克，则无缘得施节度。"濬至西陵，预与之书曰："足下既摧其西藩，便当径取建业，讨累世之逋寇，释吴人于涂炭，振旅还都，亦旷世一事也。"濬大悦，表陈预书。及张悌败死，扬州别驾何恽谓周浚曰："悌举全吴精兵，殄灭于此。吴之朝野莫不震慑。今王龙骧既破武昌，乘胜东下，所向辄克，王濬为龙骧将军。土崩之势见矣。谓宜速引兵渡江，直指建业。大军猝至，夺其胆气，可不战擒也。"浚善其谋，使白王浑。恽曰："浑暗于事机，而欲慎已免咎，必不我从。"浚固使白之，浑果曰："受诏但令屯江北以抗吴军，不使轻进。贵州虽武，岂能独平江东乎？今者违命，胜不足多。若其不胜，为罪已重。且诏令龙骧受我节度，但当具君舟楫，一时俱济耳。"恽曰："龙骧克万里之寇，以既成之功来受节度，未之闻也。且明公为上将，见可而进，岂得一一待诏令乎？今乘此渡江，十全必克，何疑何虑而淹留不进，此鄙州上下所以恨恨也。"浑不听。王濬自武昌顺流径趣建业，皓遣游击将军张象帅舟师万人御之。象众望旗而降，濬兵甲满江，旌旗烛天，威势甚盛，吴人大惧。先是皓遣徐陵督陶濬将七千人往广州，至武昌，闻晋兵大入，引军东还，至建业。皓引见，闻水军消息，对曰："蜀船皆小，今得二万兵，乘大船以战，自足破之。"于是合众授濬节钺，明日当发。其夜，众悉逃溃。时王浑、王濬及琅邪王伷皆临近境，吴司徒何植、建威将军孙晏悉送印节诣浑降。皓用光禄勋薛莹、中书令胡冲等计，分遣使者奉书于浑、濬、伷以请降。壬寅，濬舟师过三山，<sub>陆游曰："三山距金陵才五十里。"</sub>王浑遣信使邀濬暂过论事，濬举帆直指建业，报曰："风利不得泊也。"是日，濬戎卒八万，方舟百里，鼓噪入于石头，<sub>石头城，在今南京西石头山后。</sub>皓诣军门降。濬收其图籍，克州四，郡四十三，户五十二万三千，兵二十三万。濬之东下也，吴城戍皆望风款附，独吾彦在建平，婴城不下，闻吴亡乃降。

  吕祖谦曰：孙权起于江东，拓境荆楚，北图襄阳，西图巴蜀而不得。北敌曹操，西敌刘备。二人皆天下英雄，所用将帅，亦一时之杰。权左右胜之，而后能定其国。及权国既定，曹公已死，丕、叡继世，中原有可图之衅。权之名将，死丧且尽，权亦老矣。世人谓权之所以为固者，东南之地，所以为强者，东南之兵。此大不然。夫东南之地，天下至弱，而孙氏之地，又为六朝最弱，独权守之而固。东南之兵，天下至弱，而孙氏之兵，又为六朝最弱，独权用之而强。长江而上，达于江陵，转江陵之南，厄于巫峡，上下千里，可航而渡者凡几？可扼而守者凡几？道路坦然，非有潼关、剑门之阻也。自广陵而渡京口，自历阳而渡采石，自郝城而渡武昌，易若反手。江陵破则上流无结草之固，濡须破则江上不知所以为计。地之形势，可谓弱矣。权之兵众，皆江南舟子，绵力薄材之人，区区捃拾盗贼，驱猎山越，以实行伍，兵亦可谓弱矣。然权用之，如此之固且强，何也？盖权之所以自立者，有谋而已。不独用其臣之谋，而又自出其谋。内以谋用众，外以谋应敌，所以地狭兵少，处天下之至弱，而抗衡中原，成三分之势者欤。

  始权之初立，曹操下荆州，移书吴会，举国震骇。权闻鲁肃之言，翻然而悟，闻周瑜之言，奋然而起，一举而走曹操，存刘备，基王霸之业。此用周瑜、鲁肃之谋也。及刘备借荆州而不返，关羽颉颃于上流，权谓养关羽使北吞许、洛，全有江、汉，回舟东下，谁能御之？欲图之，惧曹操之乘其弊也。乘羽北逼许、洛，曹公以朝命见招，权乃上笺击羽以自效，使吕蒙、陆逊一袭而得之，全有荆楚。西闭刘备于三峡，北释曹公之患，以安江东。此用吕蒙、陆逊之谋也。方曹丕已禅汉，天下愤怒切齿之时，权知刘备必报关羽，恐曹氏之掎其后也，乃于是时释其愤切之心，而称臣于魏，受其爵封，击备而走之。此权之谋也。及魏责质子，而权不遣，西患未解，而北患复起，权之计宜乎穷也。权知刘备以复汉为名，而曹丕篡位之罪甚于杀关羽，备亦欲结己为与国，而专意北图，于是遣使讲和，以中备之欲，遂得息肩于西，而专意于北，拒魏而退之。此权之谋也。方曹操之返自乌林，愤权而东征，谓权恃水以自固，故以舟师下合肥。权若拒之于江南，则曹公水军入江，权军不战自溃矣。故逆拒之于濡须，使操虽有水军无所施。步骑虽多，濒阻江、沔，春水方生，义无所用，操叹息而退。此又权之谋也。操之既退，自他人观之，大则追军逐北，小则自足称雄。今权不然，反请降于魏。盖权料操之内忧尚多，北有未定之河北，西有未复之关中，操欲伐之而虑东南之变，非大定不往也。故称降以稍厌其意而安之，使操不复虞东南，而尽力西北，己得于其间益缮战守之备，以待其再来。此权之谋也。方曹丕之责质子不得而南征也，权见丕之用兵不如其父，而老臣宿将亦不尽力如操之时，始却之于濡须而再来，权之意以谓丕不知兵，非使之深入，疲竭上下之力则不止，非使之临江而返则丕必不休。故开而致之，濒江而不与之战，挑之而又不应，使之力尽而自还。义小发以警之，魏自是不复敢南出。此又权之谋也。权又以为兵久不用则士气钝，疆埸久守则人心逸，且使敌人宴然，积以岁月，坐以成资，非计之得，故两谲淮南之将，致而击之，所虏足以自资，而敌人之资又为之破坏。此亦权之谋也。权又以为所用多南兵，便于舟楫，短于陆战。故用兵未尝一日舍舟楫而乘胜逐北，亦不肯远水以逐利。虽有大举长驱之计，亦不敢行，以侥一时之幸。故曹休败而不敢追，殷札献言而不敢用。此亦权之谋也。权之受封吴王也，尽恭以受其爵命，使其国中知己为百姓屈也。与邢贞为盟，阴以怒其群下，方且为进取之计，而自卑屈如此。此亦权之谋也。故权之为国，自奋亦用谋，自屈亦用谋，胜亦用谋，危亦用谋，动无非谋也。故能以一江为阻，而与曹、刘为敌。

然权徒知割据为雄耳，不能兴汉室以倾天下之心。使当汉末大乱，权能招徕中原之士，广募西北之兵，缉马步之锐，挟舟楫而用之，鼓行北出，水陆并进，孰能当之哉？当曹丕之立也，权又能求汉室子孙而辅之，出师问罪，刘备亦必连横而掎角。中原之士挟思汉之民，必有起而应我者矣。不能出此，徒自尊于崎岖蛮夷山海之间，故虽力为计谋诡诈，然基业仅足以终其身，而无足以遗子孙，仅足以保其国，而不足以争衡天下。惜哉！然使权不为计谋以自立，则虽其身不能终也，况子孙乎？其国不能保也，况天下乎？何以言之？权没未几，诸葛恪一用之而仅胜，再用之而大败。孙綝用之，又败江淮之间，惴惴而已。上流借陆抗之贤，挟以重兵，仅能支襄阳一面，抗死则亦惴惴然矣。借使孙皓不为暴虐，亦岂能久存也哉？后世不察权以计谋自立，而区区欲效权之画江为守，是不察夫形势甲兵之最弱也。古人惟陆抗知此，抗言于孙皓曰：'长江峻川，限帝封域，乃守国之常事，非智者之所先。'审抗此言，则当时之形势为不足言，而所谓智者所先，则有道焉。抗可谓善论孙氏形势者矣。

李诚 全集

南中七郡

后汉时，牂牁、越巂、益州、永昌、犍为属国，皆益州属。

建安二十年，蜀先主以犍为属国置朱提郡。

建兴三年，丞相亮南征，四郡皆平，改益州郡为建宁郡。分牂牁、永昌、越巂、建宁，置云南郡。分建宁、牂牁为兴古郡。

是为南中七郡。立庲降都督以总摄之。

亮之平南中，出其金银丹漆，耕牛战马，以给军国之用。

景耀六年，魏将邓艾伐蜀，后主使群臣会议，或以为南中七郡，险阻斗绝，易以自守。光禄大夫谯周曰："南方远夷之地，平常无所供为，犹数反叛；自丞相亮以兵威逼之，穷乃率从。今若至南，外当拒敌，内供服御，费用扩大，耗损诸夷必甚，其必速叛。"

## 朱提郡

**大事：**

汉建安二十年，蜀先主以犍为属国置。

**领县五：**

朱提，今昭通县治。

南广，今叙永县北。

    大事：延熙中，即县立南广郡，旋废。

汉阳，今庆符县西南。

堂琅，今巧家县东以车汛。

南昌，地缺。

大事：建安十九年，先主定蜀，置庲降都督，统南中诸郡，治南昌。旋徙治平夷（牂牁郡属县）。

# 建宁郡

大事：

章武中，益州郡杀太守正昂，耆帅雍闿恩信著于南土，使命周旋，远通孙权。汉以张裔为益州太守，闿缚以与吴，据郡不宾。建兴三年，诸葛亮讨雍闿，先由越巂，而使庲降都督李恢由益州入。诸夷大相纠合，围恢军于昆明。时恢众少敌倍，又未得亮消息，诈谓南人曰："官军粮尽，欲规退还，吾中间久离乡里，乃今得旋，不能复北，欲与汝等同计谋，故以诚相告。"南人信之，故围守怠缓。于是恢出击，大破之，追奔逐北，南至槃江，东接牂牁，与亮声势相连，南土平定。改益州郡为建宁郡。后军还，南夷复叛，杀害守将。恢身往扑讨，锄尽恶类，徙其豪帅于成都，赋出叟濮耕牛战马，金银犀革，充继军资，于时费用不乏。

领县十八：

味县，今宜良县南。

大事：庲降都督旧驻平夷县，建兴、延熙间，马忠为庲降都督，乃移味县，处民夷之间。延熙十二年，忠卒。忠处事能断，恩威并立，是以蛮夷畏而爱之。及卒，莫不自致丧庭，流涕尽哀，为之立庙祀。是时忠在南，邓芝在东，王平在北，咸著名迹。

昆泽，今宜良县北，大赤江之北。

存䭾，今宜良县西北一百六十里。

大事：雍闿之反，结垒于县山。

毋单，今华宁县地。

铜濑，今陆良县西北。

建伶，今昆明市西北。

氏族：爨，方土大姓。

谷昌，今昆明市北。

牧靡，今武定县治。

双柏，今昆阳县西北。

俞元，今澄江县治。

人物：李恢，蜀安汉将军。

同并，今澄江县地。

修云，今江川县治。

滇池，今晋宁县治。

山川：有滇池，一名昆明。诸夷围李恢于昆明，诸葛亮南征至滇池，即此也。

同劳，今马龙县西南。

连然，今安宁县治。

秦臧，今禄丰县治。

新定，地缺。

泠丘，地缺。

## 牂牁郡

**大事：**

建兴元年夏，牂牁太守朱褒拥郡反。三年，诸葛亮南征，由越嶲入，使门下督马忠由牂牁入，击破诸县，复与亮合。牂牁既平，亮拜忠为牂牁太守，忠承朱褒叛乱之后，抚育恤理，甚有威惠。十二年，牂牁兴古獠种复反，牙门将张嶷领诸营往讨，嶷招降得二千人，悉传诣汉中。

**领县六：**

且兰，今福泉县治。

谈指，今大定县治。

夜郎，今郎岱县治。

> 大事：蜀亡之时，安南将军霍弋以强卒镇夜郎。

毋敛，今惠水县城西南。

鳖，今遵义市西。

平夷，今富源县治。

> 大事：章武元年，以别驾从事李恢为庲降都督，使持节领交州刺史，住平夷县。

## 越嶲郡

**大事：**

建兴元年夏，越嶲夷王高定反。三年，诸葛亮南征，由越嶲入，斩高定，平之。自亮讨高定之后，叟夷数反，杀太守龚禄、焦璜，是后太守不敢之郡，只住安上县，去郡八百余里，其郡徒有名而已。时论欲复旧郡，除牙门将张嶷为越嶲太守。嶷将所领往之郡，诱以恩信，蛮夷皆服，颇来降附。北徼捉马最骁劲，不承节度，嶷乃往讨，生缚其帅魏狼，又解纵告喻，使招怀余类。表拜狼为邑侯，种落三千余户，皆安土供职。诸种闻之，多渐降服。斯都耆帅李求承，昔手杀龚禄，嶷求募捕得，数其宿恶而诛之。嶷又诛苏祁邑君冬逢、逢弟隗渠。始嶷以郡郭宇颓坏，更筑小坞。在官三年，徙还故郡，缮治城郭，夷种男女，莫不致力。嶷收定莋、台登、卑水三县盐铁，使器用周赡。又通道旄牛，以达成都。在郡十五年，邦域安穆。

**领县十二：**

邛都，今金矿县打冲河东岸。

会无，今会理县治。

山川：有泸水。金沙江合打冲河后，通得泸水之名。诸葛亮南征，"五月渡泸"即此。

三绛，今会理县西南。

定莋，今盐源县南。

台登，今冕宁县东。

卑水，今会东县北会通河之西。

物产：盐、铁、漆。定莋、台登、卑水三县，旧出盐、铁、漆，而夷徼久自固食。太守张嶷率所领夺取，署长吏焉。嶷之到定莋，定莋帅豪狼岑，系槃木王舅，甚为蛮夷所信任。嶷以不来谒杀之。种类咸面缚谢过。嶷遂获盐铁，器用周赡。

苏祁，今西昌县北六十里。

大事：苏祁邑君冬逢、逢弟隗渠等已降复叛，太守张嶷诛逢；而渠逃入西徼。渠刚猛捷悍，为诸种所畏惮，嶷又以计捕得诛之，诸种皆安。

潜街，今西昌县东南邛池西。

阐，今越巂县北二十里。

安上，今呷洛县境。

大事：诸葛亮南征，由安上水路入越巂。即由今峨边悬篙河至越巂，复由冕宁县顺安宁河渡金沙江。自亮讨高定之后，叟夷数反，杀太守龚禄、焦璜。是后太守不敢之郡，只住安上县，去郡八百余里，其郡徒有名而已。延熙二年，张嶷自安上还旧郡，兴复七县。

马湖，今雷波县北。

新道，今雷波县西北。

大事：章武元年，越巂夷帅高定遣军围新道县，犍为太守李严驰往赴救，贼皆破走。

# 永昌郡

**大事：**

先主薨于永安，益州郡有大姓雍闿反，拒蜀降吴，吴遥署闿为永昌太守。永昌既在益州郡之西，道路壅塞，与署隔绝，而郡太守改易，五官掾功曹吕凯与府丞王伉率厉吏民，闭境拒闿。建兴三年，丞相亮南征平闿，上表曰："永昌郡吏吕凯、府丞王伉等，执忠绝域，雍闿、高定等逼其东北，而凯等守义，不与交通。臣不意永昌风俗，敦直乃尔！"永昌郡夷獠恃险不宾，数为寇害。延熙中，护军统事霍弋领永昌太守，率偏军讨之，遂斩其豪帅，破坏邑落，郡界宁静。

**领县八：**

不韦，今保山县北三十里凤溪山下。

人物：吕凯，蜀云南太守。

哀牢，今保山县治东。

比苏，今云龙县西。

嶲唐，今云龙县东。

博南，今永平县南。

雍乡，地缺。

南涪，地缺。

永寿，地缺。

## 云南郡

**大事：**

建兴三年，分牂柯、永昌、越嶲、建宁，置云南郡。建兴中，云南太守吕凯为叛夷所害。

**领县七：**

弄栋，今姚安县治。

云南，今祥云县治。

青蛉，今大姚县治。

姑复，今大姚县东北、元谋县西北。

邪龙，今楚雄县南。

叶榆，今大理县治。

遂久，今永仁县北。

## 兴古郡

**大事：**

建兴三年，丞相亮南征，分建宁、牂柯为兴古郡。

**领县十一：**

宛温，今罗平县北。

律高，今弥勒县南盘江北。

西丰，今弥勒县南。

句町，今兴义县治。

漏卧，今师宗县南。

贲古，今建水县东南。

胜休，今建水县南。

镡封，今泸西县东、马别河西。

西随，今元江县东。

进乘，今元江县东南。

　　大事：魏元帝咸熙元年，吴将吕兴自交阯，遣都尉唐谱等诣进乘县，因南中都督霍弋上表自陈。

汉兴，今开远县南。

　　山水：有盘江。

　　大事：建兴三年，诸葛亮入南，战于盘东。庲降都督李恢追奔逐北，南至盘江。

李誠 全集

民族纪年

# 民族纪年

（40年）[东汉]建武十六年，交阯麓泠县雒将女子征侧甚雄勇，交阯太守以法绳之。二月，征侧与妹征贰起事，九真、日南、合浦蛮俚皆应之，凡略六十五城，自立为王。

《交州外域记》：交阯昔未有郡县之时，土地有雒田，民垦食其田，因名为雒民，设雒王雒侯，主诸郡县，县有雒将。《读史方舆纪要》：麓泠城，在今安南国太原府西。

（43年）建武十九年，伏波将军马援击斩征侧、征贰，峤南悉平。援所过辄为郡县治城郭，穿渠灌溉，以利其民。与越人申明旧制以约束之，自后骆越奉行马将军故事。

贤曰：骆者，越别名。田汝成《炎徼纪闻》：马人，本林邑蛮，相传随马援北还，散处南海，其人深目猴喙，以采藤捕蛎为业。《梁书》：林邑国南界，水步道二百余里，有西国夷，亦称王，马援植两铜柱，表汉界处也。

（411年）[东晋]义熙七年，卢循为刘裕所败，走交州，俚獠五千余人应之，为交州刺史所败，循死。

田汝成《炎徼纪闻》：马人，散处南海，或曰卢循遗种，故又名卢亭。

（前277年）楚顷襄王时，使将军庄蹻将兵循江上，略巴黔中以西，至滇池，地方三百里，其傍平地肥饶数千里。蹻以兵威定之属楚，欲归报，会秦击夺楚巴黔中郡，道塞不通，因还以其众王滇，变服从其俗以长之。

（前221年）秦时，尝通五尺道，于西南夷诸国，颇置吏焉。

颜师古曰：其处险陿，故道才广五尺。沈钦韩曰：庆符县南五里，即古五尺道。

（前201年）汉兴，弃西南夷诸国，而关蜀故徼。

颜师古曰：西南之徼，犹北方塞也。

（前130年）[西汉]元光五年，番阳令唐蒙建言通夜郎道，诏拜蒙为中郎将，将千人、辎重万余人，从符关入，见夜郎侯，约为置吏，遂置犍为郡。发巴蜀卒治道，自僰道指牂牁江。

王念孙曰：今合江县南有符关。夜郎国，在今贵州省桐梓县东。犍为郡治僰道，在今四川省宜宾、庆符两县之间。牂牁江，即今贵州省定番县之蒙江，南入北盘江。

（前206年）巴有賨人剽勇，高祖为汉王，阆中人范目说高祖募取賨人定三秦。

秦巴郡，今之川东。

（前201年）阆中人范目曾说高祖募取賨人定三秦，及是，封目为阆中慈凫乡侯，并复除目所发賨人卢朴沓鄂度夕袭七姓不供租赋。阆中有渝水，賨人左右居，锐气喜舞；高祖乐其猛锐，数观其舞，后令乐府习之。

嘉陵江流经旧渝州（今重庆），故亦称为渝水。

（74年）白狼夷，在汉寿西界，汉明帝时，其王作诗三章以颂汉德，益州刺史朱辅译而献之。辅宣示汉德，威怀远夷，自岷山以西，前世所不至，正朔所未加，皆举种称臣奉贡。

汉葭萌县，三国蜀改名汉寿，故城在今四川省昭化县南。

（前403年）兴州，战国时为白马羌之地，汉置武都郡，梁为兴州，因武兴山而名。

兴州故治，即今陕西省略阳县。武兴山在县北。

（前108年）分徙武都氐于酒泉。

（前111年）白马氐，元鼎六年开，分广汉西部，合以为武都。土地险阻。氐人勇戆抵冒，贪货死利，居于河池，一名仇池，方百顷，四面斗绝。

仇池山，在今甘肃省成县西，武都郡故治在此。鱼豢《魏略》：汉置武都郡，排其种人，分窜山谷，或称青氐，或称白氐。

冉駹夷，武帝所开，元鼎六年以为汶（音岷，古字通用）山郡，其山有六夷、七羌、九氐，各有部落，土气多寒，故夷人冬则避寒入蜀为佣，夏则违暑返其邑。

汶山郡故治，在今四川省茂县北。

筰都夷，武帝所开，以为筰都县。其人皆被发左衽，言语多好譬类，居处略与汶山夷同。元鼎六年，以为沈黎郡。

沈黎郡故治，在今四川省汉源县东南。

（前182年）高后六年，开青衣。

青衣县故城，在今四川省雅安县北。《水经注》：青衣县，故青衣羌国。

（前97年）[西汉]天汉四年，罢沈黎郡，置两部都尉：一治旄牛，主外羌；一治青衣，主汉民。

沈黎郡故治，在今四川省汉源县东南。青衣县故城，在今四川省雅安县北。

段注《说文》：今四川清溪县（案：今汉源县）大相岭之外，有地名旄牛，产旄牛；而清溪县南抵宁远府（案：今西昌县），西抵打箭炉（案：今康定县），古西南夷之地，皆产旄牛。

（前111年）邛都夷，武帝所开，以为邛都县，元鼎六年，置越嶲郡。

邛都县故城，在今四川省西昌县东南。

（51年）[东汉]建武二十七年，哀牢夷诣越嶲求内属。

哀牢夷，在今云南省保山县。

（69年）[东汉]永平十二年，哀牢夷内附，以其地置哀牢、博南二县，始通博南山，渡兰仓水。

哀牢县故城，在今云南省保山县东。博南县故城，在今云南省永平县东。博南山，在永平县西南四十里。兰仓水，即澜沧江。

（120年）[东汉]永宁元年，掸国遣使朝贺献乐及幻人，能变化吐火，自支解，易牛马头，又善跳丸，数乃至千，自言我海西人。海西，即大秦也。掸国西南通大秦。

掸国，今泰国。

（前109年）滇王者，庄蹻之后也，元封二年，武帝平之，以其地为益州郡。

益州郡故治，在今云南省晋宁县东。

（20年）王莽末，广汉文齐为益州太守，造起陂池，开通溉灌，垦田二千余顷，率吏兵马，修障塞，降集群夷，甚得其和。

益州郡治滇池，在今云南省。

（前111年）日南郡，故秦象郡，后复为骆越诸种国，属尉佗，元鼎六年开。

日南郡，当今越南顺化一带。

（192年）林邑建国，起自汉末初平之乱，人怀异心，象林功曹姓区，有子名逵，自号为王。

林邑国，当今越南顺化一带。《晋书》：林邑国，本汉时象林县，则马援铸柱之处也。

（225年）吴交州刺史吕岱遣从事南宣国化，扶南林邑诸王，各遣使奉贡。

（315年）范文，本扬州人，少被掠为奴，卖堕交州，为日南西卷县夷帅范椎奴。椎尝使文远行商贾，北至上国，多所闻见，以晋愍帝建兴中，南至林邑，教王范逸，制造城池，缮治戎甲，经始庙略。

（331年）林邑王范逸死，其臣范文自立为王。文，本扬州人。

（446年）晋宋之世，林邑侵暴日南、九真、九德诸郡。林邑少田，贪日南地肥沃，又略日南民户。宋元嘉二十三年，宋师入林邑，大获珍异而还。

（460年）广州诸山并狸獠，种类繁炽，前后屡为侵暴，历世患苦之。宋大明中，合浦大帅陈檀归顺。是岁，通朱崖道，竟无功。

（605年）[隋]大业元年，隋平林邑分其地为三州。从其都得佛经合五百六十四夹，一千三百五十余部，并昆仑书。隋师还，林邑王复其故地。林邑乐有琴、笛、琵琶、五弦，颇与中国同。

（645年）晋愍帝建兴中，扬州人范文南至林邑为其国王，传之子孙。贞观十九年，其臣灭其宗，范姓绝。林邑之南大浦，有五铜柱，山形若倚盖，西重岩，东涯海，汉马援所植也。又有西屠夷，盖援还留不去者才十户，隋末，孳衍至三百，皆姓马，俗以其寓，故号马留人。与林邑分唐南境。

（757年）[唐]至德后，林邑更号环王。环王一曰占不劳，亦曰占婆。

（809年）[唐]宪宗元和四年，林邑入侵驩、爱等州，败去，遂弃林邑，南徙于占，号占城国。

占，今平顺。

（963年）[北宋]乾德初，交阯十二州大乱，摄驩州刺史丁部领平之，部领自为交州帅，号曰大胜王，国号瞿越，定都花间。

法人马司帛洛《占婆史》：花间，今安庆府宁平县境。

（975年）[北宋]开宝八年，封丁部领为交阯郡王。自汉武置交阯、九真、日南诸郡以来，越南北圻入于中国版籍者，凡一千零九十二年。至是始列为外藩。

（979年）[北宋]太平兴国四年，瞿越十道将军黎桓废其嗣主而自为。

（983年）越人刘继宗，初为管甲，因事奔占婆，为占婆御瞿越。

（986年）刘继宗因占婆王死，遂自立为占婆王。儋州上言：占城人蒲罗遏为交州所逼，率其族百口来附。

（987年）封黎桓为交阯郡王。广州上言：雷恩州关送占城夷一百五十人来归，分隶南海清远县。

（988年）广州言：占城夷三百一人来附。

（995年）遣使至广州，询问占城夷，愿还本国者，悉听其行。

（1006年）瞿越头首黄庆集等千余人来投廉州，诏以隶三班厘务于郴州。

（1009年）瞿越大校李公蕴废其王自立，是为李朝太祖。

（1171年）占婆与真腊战，皆乘大象，胜负不能决，时宋有泛海官吉阳军者，飘至占城，见之，乃说王以骑战，教之弓弩骑射。其王大悦，具舟送之吉阳军，厚赏随以买马，得数十匹，以战则克。

吉阳军，今广东省崖县。

（439年）突厥之先，平凉杂胡也，姓阿史那氏。后魏太武灭沮渠氏，阿史那以五百家奔柔然。因世居金山，工于铁作。金山状如兜鍪，俗呼兜鍪为突厥，因以为号。

（前219年）会稽海外有夷洲及澶洲，传言秦始皇遣方士徐福将童男女数千人入海，求蓬莱神仙不得，徐福畏诛，不敢还，遂止此洲。世世相承，有数万家，人民时至会稽市。会稽东冶县人有入海行遭风流移至澶洲者。所在绝远，不可往来。

（前82年）始元五年，罢临屯真番，以并乐浪玄菟，玄菟复徙居句丽，其地悉属乐浪。

夫余国属玄菟，在玄菟北千里，南与高句丽，东与挹娄，西与鲜卑接，北有弱水，地方二千里，户八万，本濊地，有古濊城。其王葬用玉匣，汉朝常豫以玉匣付玄菟郡，王死则迎取以葬焉。其人强勇，会同揖让之仪，有似中国。其俗：居丧，男女皆纯白，妇女着布面衣，去环佩，大体与中国相仿佛。

（49年）［东汉］建武二十五年，夫余王遣使奉贡。

（136年）［东汉］永和元年，夫余王来朝京师。

（190年）夫余本属玄菟，汉末，公孙雄张海东，威服外夷，夫余更属辽东。时句丽、鲜卑强，度以夫余在二虏之间，妻以宗女。

（前201年）挹娄，古肃慎之国也，在夫余东北十余里，东滨大海，南与北沃沮接，不知其北所极。汉兴以后，臣属夫余。

（前108年）高句丽，在辽东之东千里，南与朝鲜濊貊，东与沃沮，北与夫余接。地方二千里，户三万。东夷相传，以为夫余别种。故言语法则多同。武帝灭朝鲜，以高句丽为县，使属玄菟，赐鼓吹伎人。常从玄菟郡受朝服衣帻，高句丽令主其名籍。其人性凶急，有气力，习战斗，好寇钞，沃沮东濊皆属焉。

（12年）王莽更名高句丽王为下句丽侯。

（32年）［东汉］建武八年，高句丽遣使朝贡，光武复其王号。

（122年）鲜卑濊貊，连年寇钞，驱略汉人，动以千数。诏送还生口者，皆予赎值：人缣四十匹，小口半之。

（132年）［东汉］阳嘉元年，置玄菟郡屯田六部。

（前108年）倭在韩东南大海中，依山岛为居，凡百余国，自武帝灭朝鲜，使驿通于汉者，三十许国，国皆称王，世世传统。其大倭王居邪马台国。

（57年）［东汉］建武中元二年，倭奴国奉贡朝贺，光武赐以印绶。

（107年）［东汉］安帝永初元年，倭国王帅升等献生口百六十人，愿请见。

（前十二世纪）箕子违衰殷之运，避地朝鲜，施八条之约，使人知禁，遂乃邑无淫盗，门不夜扃，回顽薄之俗，就宽略之法。

（前323年）箕子之后，朝鲜侯见周衰，燕自尊为王，朝鲜侯亦自称为王。

（前282年）燕全盛时，遣将秦开攻朝鲜西方，取地二千余里，至满潘汗为界，朝鲜遂弱。燕又略属真番。于是置吏筑鄣塞。

（前214年）秦筑长城到辽东，朝鲜服属于秦。

（前208年）秦二世二年，陈项起，天下乱，燕、齐、赵民愁苦，稍稍逃往朝鲜，朝鲜置之西方。

（前195年）汉兴，复修辽东故塞，至浿水为界，属燕。燕人卫满亡命，聚党数千人，魋结蛮夷服，而东走出塞，渡浿水，居秦故空地上下鄣，稍役属真番朝鲜蛮夷及故燕、齐亡命者。遂逐朝鲜王而自王，都王险。朝鲜自箕子施八条之约，行数百千年，通以柔谨为风。其后通接商贾，渐交上国。迨卫满扰杂其风，于是从而浇异焉。

（前188年）［东汉］孝惠高后时，天下初定，辽东太守约朝鲜王卫满为外臣，保塞外蛮夷，无使盗边；以故满用兵威财物侵降其傍小邑真番、临屯，方数千里。

（前108年）朝鲜所诱汉亡人滋多，元封三年，汉定朝鲜为真番、临屯、乐浪、玄菟四郡。

（285年）［西晋］太康六年，慕容廆破夫余，驱万人而归。

（286年）［西晋］太康七年，夫余复国。尔后慕容廆屡掠其种人卖于中国，晋帝诏以官物赎还，下司、冀二州，禁市夫余之口。

（44年）［东汉］建武二十年，韩国人率众诣乐浪内附。韩有三种：一曰马韩，二曰辰韩，三曰弁韩。马韩在西，其北与乐浪、南与倭接，三韩以马韩为最大，共立其种为辰王，尽王三韩之地；辰韩在东，其北与濊貊接；弁韩在辰韩之南，其南亦与倭接。

（188年）［东汉］灵帝末，韩濊并盛，州县不能制，百姓苦乱，多流亡入韩者。

（前221年）辰韩在马韩之东，自言秦之亡人，避役入韩，韩割东界居之。其言语有类秦人，非但燕、齐之名物也。由是或谓之秦韩。辰韩常奉马韩人作主，虽世世相承，而不得自立，明其流移之人，故为马韩所制也。

（205年）桓、灵之末，汉人多流入韩濊。建安中，公孙康分屯有县以南荒地为带方郡，收集遗民，遗民稍出。

周太王之世，太伯仲雍自周往荆蛮，文身断发，自号句吴，荆蛮归之千余家，立以为吴太伯。

《皇览》：太伯冢在吴县北梅里聚，去城十里。

《吴地记》：仲雍冢在常熟县西海虞山上。

倭人在带方东南大海中，依山岛为国，自谓太伯之后。

周武王时，肃慎献其楛矢石砮。肃慎一名挹娄，在不咸山北。

不咸山，即今吉林省长白山。

（284年）吐谷浑，慕容廆之庶长兄，其父涉归分部落一千七百家以隶之。涉归卒，廆嗣位，吐谷浑西附阴山。

（312年）吐谷浑因永嘉之乱，度陇而西，据洮水之西，极于白兰，地方数千里。

白兰山，在今青海省西南。

（前138年）［西汉］武帝建元三年，东瓯请举国内徙，因悉举众来处于江淮之间。

东瓯国故都，在今浙江省永嘉县西南。

（1370年）［明］洪武三年，遣使往祀占城国山川。寻颁科举诏。其国人买卖交易，使用七成淡金或银，于中国青磁盘碗等品、纻丝绫绢烧珠等物甚爱之，则将淡金换易。

（1293年）［元］至元三十年，命将高兴、史弼领兵万众，驾巨舶往阇婆国，即爪哇也。遭风至于交栏山下，其船多损，随登此山，造船百号而后行。而病卒百余，留养不归，传育于此，故其后民居，有中国人杂处。

交栏山，在南越沿海。

（1370年）［明］洪武三年，命使臣吕宗俊等赍诏谕暹罗。暹罗，即隋、唐赤土国。其国男子，听其妇苟合无序，遇中国男子甚爱之，必置酒饮待，欢歌留宿。道士诵经持斋，服色略似中国。以海贝代钱，每万个准中统钞二十贯。

（1371年）[明]洪武四年，暹罗遣使奉表，随明使臣吕宗俊贡方物。

（1403年）[明]永乐元年，遣中官尹庆使满刺加，其地无王，亦不称国，其酋服属于暹罗。其人身肤黑漆，间有白者，唐人种也。

（1405年）三年，满剌加酋遣使随中官尹庆入朝贡方物，诏封其酋为王，使者请封其山为一国之镇，帝从之，制碑文勒山上。

（1409年）九洲山与满剌加国接境，产沉香、黄熟香，林木丛生，枝叶茂翠。永乐七年，正使太监郑等差官兵入山采香，得径八九尺、长八九丈者六株，香味清远，黑花细纹，为世所罕见。

九洲山，在马来半岛。

那孤儿，在苏门答腊之西，壤相接，地狭，止千余家。永乐中，郑和使其国，其酋长常入贡方物。那孤儿一山产硫磺。明海船驻扎苏门答腊，差人船于其山采取硫磺，货用缎帛磁漆之属。

（1409年）锡兰山国有高山参天，其下有佛寺，称为释迦佛涅槃真身侧卧在焉。永乐七年，郑和等赍诏敕，以金银供器、彩妆、织金、宝幡布施于寺，及建石碑。

此碑于民国初年发现，首曰"大明皇帝遣太监郑和、王清濂等昭告于佛世尊"云云，后列布施金银等物，末题"永乐七年岁次己丑二月甲戌朔日谨记"。下有番字，其一为波斯文。

（1372年）琉球居东南大海中，自古不通中国，元世祖遣官诏谕之不能达。洪武初，其国有三王，曰中山，曰山南，曰山北，皆以尚为姓，而中山最强。洪武五年，命行人杨载以即位建元诏告其国，其中山王遣使随载入朝贡方物。其人能习读中国书，好古画铜器，作诗效唐体。

三岛在琉球东，其男子常附舶至泉州贸易，然罄其资，身归本处，乡人称为能事，延之上座，虽父老亦不得与争焉。盖习俗以其至唐故贵之也。

（977年）浡泥国，在西南大海中，去阇婆四十五日程，去三佛齐四十日程，去占城三十日程，皆计顺风为则。太平兴国二年，有商人蒲卢歇船泊其水口，言自中国来，比诣阇婆国，遇猛风破其船，不得去。其国即造船舶，令蒲卢歇导达入朝。其国凡见唐人至，甚为敬爱，有醉者则扶归家寝宿，以礼待之，有若故旧。

（1417年）苏禄，地近浡泥阇婆。永乐十五年，其国东王、西王、峒王来朝。

（1421年）[明]永乐十九年，苏禄东王遣使贡大珠一，重七两五钱，罕古莫能有也。

（1405年）[明]永乐三年六月，中官郑和及其侪王景弘等通使西洋，将士卒二万七千八百余人，多赍金币，造大舶，长四十四丈、广十八丈者，六十二艘，自苏州刘家河泛海至福建，复自福建五虎门扬帆，首达占城，以次遍历诸番国，因给赐其君长。

西洋，指今印度洋。

（1407年）[明]永乐五年九月，郑和自西洋还，诸国使者随和朝见。

（1409年）[明]永乐七年九月，郑和复使西洋，驾驶海舶四十八号。

（1411年）[明]永乐九年六月，郑和还自西洋。是役太仓费信随行，归志其事为书，曰《星槎胜览》。

（1412年）[明]永乐十年，郑和四使西洋。

（1415年）[明]永乐十三年七月，郑和还自西洋。是役会稽马欢随行，归志其事为书，曰《瀛涯胜览》。

（1417年）[明]永乐十五年，郑和五使西洋。

（1419年）[明]永乐十七年七月，郑和自西洋还。

（1421年）［明］永乐十九年冬，郑和六使西洋。

（1422年）［明］永乐二十年八月，郑和还自西洋。

（1424年）［明］永乐二十二年正月，郑和赍敕印往赐旧港酋长。冬，还。

（1431年）［明］宣德六年，郑和、王景弘复奉命往西洋，历忽鲁谟斯等十七国。

（1433年）［明］宣德八年七月，郑和等自西洋还。和先后七奉使，所历三十余国。自和后，凡将命海表者，莫不盛称和以夸外番，故俗传三保太监下西洋为明初盛事云。

（1381年）［明］洪武十四年，爪哇遣使贡黑奴三百人。至爪哇者，先至一处名杜板，约千余家，其间多有中国广东及汀、漳人流居焉。于杜板投东行半日许，至新村，原系沙滩之地，盖因中国人来此创居，遂名新村。明初村主，广东人也。约有千余家，各处番人多到此买卖。自新村投南，船行二十余里，到苏鲁马益，番人千余家，其间亦有中国人。爪哇国有三等人，一等回回人，皆是西番各国商贾流落此地，衣食诸事皆清致；一等唐人，皆是广东、漳、泉等处人窜居此地，食用亦美洁，多有从回回教门受戒持斋者；一等土人，吃食秽恶。国人最喜中国青花磁器，并麝香、销金、纻丝、烧珠之类，则用铜钱买易。买卖交易，行使中国历代铜钱。

（1382年）［明］洪武十五年，爪哇贡黑奴男女百人。

（1369年）旧港，古名三佛齐，东接爪哇国，西接满剌加，南距大山，北临大海。广东、漳、泉人多逃居此地。市中交易，亦使中国铜钱。洪武二年，广东人陈祖义全家逃于此处，充为头目，甚为豪横，且劫夺客船财物。

（1407年）［明］永乐五年，郑和自西洋还，过旧港，有施进卿者，广东人，来报陈祖义凶横等情，和诛祖义。就赐进卿冠带，为旧港大头目，以主其地。然进卿虽受朝命，犹服属爪哇，其地狭小，非故时三佛齐比也。

（1424年）［明］永乐初，朝命设旧港宣慰司，以广东人施进卿为使。

二十二年，进卿卒，子嗣职。或云其女施二姐为王。

（1370年）暹罗，即隋、唐赤土国。洪武三年，命使臣吕宗俊等赍诏谕其国。国人为僧为尼姑者极多，僧尼服色与中国颇同。其俗：男子不禁其妻与中国人通好。国语颇似广东乡谈音韵。国之西北可二百里，有一市镇，名上水，可通云南后门。若中国宝船至暹罗，彼人亦用小船往与交易。

（1371年）[明]洪武四年，暹罗遣使与明使吕宗俊等偕来贡方物。

（607年）赤土国，扶南之别种。炀帝募能通绝域者，大业三年，屯田主事常骏、虞部主事王君政等请使赤土，十月，自南海郡乘舟往赤土。

（610年）赤土国王遣王子随隋使常骏贡方物，六年春至隋。

（1403年）满剌加，在占城南，顺风八日到龙牙门；又西行，二日即到。或云即古顿逊、唐哥罗富沙。永乐元年，遣中官尹庆使其地。其地止有头目而无王，亦不称国，因海有五屿，遂名曰五屿。

龙牙门，今新加坡海峡。

（1409年）[明]永乐七年，命正使太监郑和等统宝船赍诏敕，赐五屿头目双台银印冠带袍服，建碑封城，遂名满剌加国。凡中国宝船到彼，则立排栅如城垣，设四门更鼓楼，夜则提铃巡警。内又立重栅如小城，盖造仓藏仓廒，一应钱粮，顿在其内。去各国船只，回到此处聚齐，打整番货，装载船内，等候南风正顺，于五月中旬，开洋回还。

（1403年）苏门答腊国，即古须文达那国，其处乃西洋之总路。成祖初，遣使以即位诏谕其国。

此苏门答腊国，指苏门答腊岛西北角之亚齐。

（1403年）锡兰山，或云即古狼牙修，梁时曾通中国。永乐中，郑和使西洋，至其地。其国人甚喜爱中国麝香、纻丝、色绢、青磁盘碗、铜钱、樟脑，则将宝石珍珠换易。

（1403年）柯枝，或言即古盘盘国，宋、梁、隋、唐皆入贡。永乐元年，遣中官尹庆赍诏抚谕其国。其国财主，专一收买宝石、珍珠、香货之类，候中国宝船或别国番船客人来买。

（1403年）古里，西洋大国，诸番要会。永乐元年，命中官尹庆奉诏抚谕其国。

（1405年）[明]永乐三年，古里酋遣使从尹庆入朝，诏封其酋为国王。

（1407年）[明]永乐五年，朝廷命正使太监郑和赍诏敕赐古里国王诏命银印给赐，升赏各头目品级冠带。起建碑庭，立石云：此去中国，十万余程，民物咸若，熙皞同风，刻石于兹，永示万世。其二大头目，受中国朝廷升赏，若宝船到彼，全凭二人主持买卖。

（1412年）[明]永乐十年，郑和至溜山国，宝船亦从彼收买龙涎香、椰子等物，乃一小邦也。

溜山国王都，今印度洋中马尔代夫群岛之马累是也。

（1421年）[明]永乐十九年，祖法儿入贡，命郑和赍玺书赐物报之。中国宝船到彼，国人皆将乳香、血竭、芦荟、没药、安息香、苏合油、木鳖子之类，来换易纻丝、磁器等物。

（1416年）[明]永乐十四年，阿舟遣使贡方物，辞还，命郑和赍敕及彩币偕往赐之。前世梁、隋、唐时，并有丹丹国，或言即其地。和船之至，其国人出珍宝互易。

（1421年）[明]永乐十九年，正使太监李兴赍诏敕衣冠往赐阿丹国王酋，到苏门答腊国，分艅内官周姓者领驾宝船到阿丹。在彼买得猫睛石，重二钱许，珊瑚树高二尺者数枝，又大珠、金珀、诸色雅姑异宝，麒麟、狮子、花福鹿、金钱豹、驼鸡、白鸠以归，他国所不及也。

（1430年）[明]宣德五年，郑和往各番国开读赏赐，分艅到古里时，内官太监洪姓见本国差人往天方国，因选差通事等七人，赍带麝香、磁器等物，附本国船只到彼。

（1433年）内官太监洪姓遣通事到天方国，往回一年，买到各色奇货异宝、麒麟、狮子、驼鸡等物，并画天堂图真本。宣德八年，天方国王亦遣使将方物随通事献于朝廷。

（1408年）榜葛剌，即汉身毒国，东汉曰天竺，其后中天竺贡于梁，南天竺贡于魏，唐亦分五天竺，又名五印度，宋仍名天竺，榜葛剌，则东印度也。其国亦有医卜阴阳，百工技艺，悉如中国，盖皆前世所流入也。永乐六年，其王遣使朝贡。

（1412年）［明］永乐十年，少监杨敕等使榜葛剌国。

（1415年）［明］永乐十三年，中官侯显使榜葛剌国。

（1412年）［明］永乐十年，满剌加王遣其侄入谢，及辞归，命中官甘泉偕往。

沼纳朴儿，其国在榜葛剌之西，或言即中印度，古所称佛国也。永乐十年，遣使者赍敕抚谕其国。

（1420年）［明］永乐十八年，榜葛剌使者诉沼纳朴儿屡举兵相侵，诏中官侯显赍敕谕以睦邻保境之义。

（1369年）［明］洪武二年，命使臣刘叔勉以即位诏谕西洋琐里。

（1370年）［明］洪武三年，平定沙漠，复使使臣颁诏西洋琐里。西洋琐里遣使随刘叔勉入贡。

（1403年）［明］永乐元年，命副使闻良辅、行人宁善使西洋琐里。已复命中官马彬往使。其国即遣使来贡，附载胡椒与民市。

（1370年）琐里，近西洋琐里而差小。洪武三年，命使臣塔海帖木儿赍诏抚谕其国。

（1372年）［明］洪武五年，琐里入贡，并献其国土地山川图。

（1370年）浡泥，宋太宗时始通中国。洪武三年八月，命御史张敬之、福建行省都事沈秩往使，自泉州航海，阅半年，抵阇婆；又逾月，至其国。

（1371年）［明］洪武四年八月，浡泥使者从张敬之入朝。

（1408年）［明］永乐六年八月，浡泥国王率妃及弟妹子女来朝。十月，王卒于馆，葬之安德门外。其子袭封国王，辞归，以中官张谦、行人周航护行。王乞封其国之后山为一方镇，乃封为长宁镇国之山，御制碑文赐之。

（1411年）［明］永乐九年，命张谦以币往赐浡泥国王。

（1412年）［明］永乐十年，浡泥国王来朝。

（1505年）暹罗、占城、琉球、爪哇、浡泥五国来贡，往日均道东莞；后因私携贾客，多绝其贡。

（1596年）［明］万历中，漳州人张姓者为浡泥国显贵，为其女主所杀。是后浡泥不复朝贡中国，而商人往来不绝。中国商旅之于爪哇，亦往来不绝；其流寓者，服食鲜华。

（1566年）自占城四十日可至浡泥，华人多流寓其地。嘉靖末，闽粤海寇遗孽逋逃至此，积二千余人。

（1378年）阇婆，古曰阇婆达，宋元嘉时，始朝中国。唐曰诃陵，又曰社婆，其王居阇婆城，宋曰阇婆，皆入贡。洪武十一年，其王遣使入贡。

阇婆城，在今马来半岛吉打北纬六度之间。

（1369年）［明］洪武二年，遣使以即位诏谕爪哇。

（1370年）［明］洪武三年，以平定沙漠，颁诏于爪哇。其王遣使朝贡。

（1372年）［明］洪武五年，爪哇遣使随朝使常克敬来贡。

（1402年）［明］建文四年，成祖即位，诏谕爪哇。

（1403年）［明］永乐元年，遣副使闻良辅、行人宁善使爪哇；既行，而爪哇西王遣使入贺，复命中官马彬等赐以镀金银印。爪哇东王亦遣使朝贡请印，命遣官赐之。

（1405年）［明］永乐三年，郑和使爪哇。

（1408年）［明］永乐六年，郑和使爪哇。永乐中，使爪哇者，尚有中官吴宾、吴庆。

（1411年）爪哇国有新村，最号饶富，中华及诸番商舶，辐辏其地，宝货填溢。村主即广东人，永乐九年，自遣使表贡方物。

（1408年）［明］永乐六年，郑和使满剌加国。

（1411年）［明］永乐九年，满剌加王来朝。

（1821年）法前帝拿破仑殂于圣赫勒那岛，返葬巴黎。今巴黎拿破仑墓后废军院陈列拿破仑遗物，中有厦门土产。

（1786年）谢清高，嘉应州人，乾隆末，随番舶出洋，航海十有四年，归而述其见闻，为《海录》，凡三卷。当航海时，曾至东北海之开于，采买海虎、灰鼠、狐狸各皮，其地居人甚希，而形似中国，极喜中国皮箱，见则以皮交易而去。

冯承钧曰：开于，殆为千岛中之一岛。

《海录》之记南海诸岛：雷哩国，在柔佛西南海中，潮州人多贸易于此。

冯承钧曰：雷哩，殆指今之廖内岛。

呢是国，民似中国而小。

呢是，今苏门答腊岛西岸之尼亚斯岛。

旧港国，即三佛齐，产锡，闽粤人到此采锡者甚众。

旧港，今苏门答腊岛东端之巴邻旁。

噶喇叭，在南海中，自广东往，经噶喇叭峡，到头次山，即噶喇叭边境，上有中华人所祀土地祠。继至海次山，有数岛，一以居中华之为木工者。凡木工多用风锯。继至噶喇叭，南海中一大都会也。东西诸国，莫不罄珍宝货物，商贩于此。中华人在此贸易，不下数万人，有传至十余世者。

噶喇叭，今雅加达。噶喇叭峡，当即今加斯珀海峡。

咕哒国所辖地，有山狗王，为粤人贸易耕种之所。

咕哒国，当是今婆罗洲西海岸之曼帕瓦。山狗王，今山口洋。

吧萨国，一名南吧哇，在咕哒东南，地不产金，中华人居此者，惟以耕种为生。

（1777年）[清]乾隆中，粤人罗方伯贸易于昆甸国，其为人豪侠善技击，颇得众心；是时常有土番窃发，商贾不安其生，方伯屡率众平之，华夷敬畏，尊为客长。

昆甸国，今婆罗洲西海岸之坤甸。

（1795年）粤人罗方伯居昆甸国，华夷尊为客长，及是卒，华夷祀之，血食不衰。

戴燕国，在昆甸东南。乾隆末，国王暴乱，粤人吴元盛因民之不悦，刺而杀之，国人奉以为主，华夷皆取决焉。其后元盛死，妻袭其位。

昆冈国，在吧萨东南；万喇国，在昆甸东山中。自咕哒至万喇，连山相属，闽、粤到此淘金沙钻石及贸易耕种者，常有数万人。当其初至，所娶妻妾，皆黎子女，其后生齿日繁，始自相婚配，鲜有以黎女为妻者矣。其地土著，于衣服饮食，亦稍学中国；富者之衣，至以中国丝绸为之。

三巴郎国，闽、粤人至此者亦多。

三巴郎，在今爪哇岛北岸。华侨附会郑和事迹，而名之曰三宝垄。

麻黎、茫咖萨二国，俱用中国钱，历代制钱俱有存者。

麻黎国，今巴厘岛。茫咖萨国，今望加锡。

地问，闽、粤人亦有于此贸易者。

地问，今帝汶岛。

文来国土番，喜穿中国布帛。

文来国，在今加里曼丹岛东北。

小吕宋，本名蛮哩喇，为吕宋所辖，故名小吕宋，中华人亦多贸易于此者。其东北海中，别峙一山，名耶黎，亦属吕宋，其人形似中国。

吕宋，谓西班牙时据有吕宋岛。小吕宋，即吕宋岛。蛮哩喇，今马尼拉。

《海录》之记大陆沿岸诸地：暹罗国，岁以土物贡中国。颇知尊中国文字,闻客人有能作诗文者,国王多罗致之,而供其饮食。商贾多中国人。

太泥国,其山多金,由咭囒丹港口入,三四日可至,故中华人到此淘金者,船多泊咭囒丹港门,以其易于往来也。

太泥国,当今泰国最南部北大年一带。

咭囒丹国,在太泥东南,其山产金,中国人至此者岁数百;闽人多居埔头,粤人多居山顶,山顶则淘取金砂,埔头则贩卖货物及种植胡椒。居咭囒丹山顶淘金欲回中国者,至埔头必先见王,纳黄金一两,然后许。年老不复能营生者减半。若呷咇丹知其贫而为之请则免。呷咇丹者,华人头目也。居埔头者则俱免。国俗淫乱,而禁妇女嫁中华人,故闽、粤人至此鲜娶者,有妻皆暹罗女也。诸国有赌风,而食鸦片烟,则咭囒丹为甚,客商鲜不效尤者。

埔头即埠头。

咭囒丹国东南,有丁咖啰国;丁咖啰国南,有邦项(项,读平声),闽、粤人多往来贸易者。

邦项,《明史》作彭亨。在今马来半岛东海岸。

沙喇我国,在麻六呷西北。闽、粤人亦有到此者。

沙喇我国,今马来半岛西海岸雪兰莪之旧译。

新埠,海中岛屿,闽、粤到此种胡椒者万余人。

新埠,今槟榔屿。

吉德国,在新埠西北,闽、粤人亦有至此贸易者。闽人又常偕吉德土番往呢咕吧拉,采海参及龙涎香。

吉德国,今马来半岛西海岸之吉打。呢咕吧拉,今印度洋之尼古巴群岛。

乌土国,在暹罗蓬牙西北,属邑有佗歪,广州人有客于此者;有备姑,备姑乡中有孔明城,周围皆女墙,参伍错综,莫知其数,相传为武侯南征时所筑。乌土国北境,与云南、缅甸接壤,云南人多在此贸易。

佗歪,在缅甸东南之塔瓦。今缅甸昔分二国,北曰缅,南曰白吉,白吉即备姑，约当仰光以西。

明呀喇，英咭利所辖地。所产鸦片有二种：皮色黑，最上，皮色赤，次之，皆中华人所谓乌土也。

明呀喇，旧印度孟加拉邦。

曼哒喇萨，英咭利所辖地。其地客商，多阿哩敏番，即来粤东戴三角帽者是也。鸦片出曼哒喇萨者，亦有二种：金花红为上，油红次之，皆中华人所谓红皮也。

曼哒喇萨，旧印度马德拉斯邦。

孟买，英咭利所辖地。唧肚国在其西北。其国人之来中国贸易，俱附英咭利船。鸦片出孟买及唧肚者，为白皮，入中华者最多，闽、粤亦有传种者。自明呀喇至唧肚，中国总称为小西洋。

唧肚国，今印度卡提阿瓦尔半岛。

（1875年）[清]光绪元年，设出使驻英大臣、驻美日秘大臣。日，谓日斯巴尼亚，即西班牙。是为中国遣驻使之始。

（1876年）[清]光绪二年，设出使驻日本大臣。

（1877年）[清]光绪三年，设出使驻德大臣。

（1878年）[清]光绪四年，设出使驻俄大臣。出使驻英大臣兼为出使法国大臣。

（1881年）[清]光绪七年，出使驻德大臣兼为出使意国、荷国、奥国大臣。

（1884年）[清]光绪十年，设出使法、德、意、荷、奥五国大臣。

（1885年）[清]光绪十一年，出使法、德、意、荷、奥五国大臣兼为出使比国大臣。

（1887年）[清]光绪十三年，出使俄国大臣兼为驻德使臣，以奥、荷两国附之。出使英国大臣兼为驻法使臣，以意、比两国附之。

（1895年）[清]光绪二十一年，专设出使法国大臣。

（1896年）[清]光绪二十二年，专设出使德国大臣。

（1897年）[清]光绪二十三年，出使德国大臣兼为出使荷国大使。

（1874年）[清]同治十三年，丹麦始派驻华公使。

（1875年）[清]光绪元年，秘鲁始派驻华公使。

（1897年）[清]光绪二十三年，瑞典、挪威始派中国公使，兼使日本。

（1902年）[清]光绪二十八年，葡萄牙、韩国始派驻华公使。

（1905年）[清]光绪三十一年，墨西哥始派来护理驻使。

（1663年）[清]康熙二年三月，荷兰国遣使请助师讨台湾。十月，清师会荷兰师船克厦门，取浯屿、金门二岛。

（1898年）[清]光绪二十四年，设出使韩国大臣。

（1902年）[清]光绪二十八年，专设出使比、意、奥大臣。

（1903年）[清]光绪二十九年，出使法国大臣兼出使日斯巴尼亚国大臣。出使美、秘大臣，兼出使墨西哥国大臣。

（1905年）[清]光绪三十一年，专设出使荷国大臣。撤驻韩国出使大臣。

（1907年）[清]光绪三十三年，出使美、秘、墨大臣，兼出使古巴。

（1861年）[清]咸丰十一年，俄、英、法始派驻华公使。

（1862年）[清]同治元年，美、德始派驻华公使。

（1866年）[清]同治五年，比利时始派驻华公使。

（1868年）[清]同治七年，日斯巴尼亚始派驻华公使。

（1869年）[清]同治八年，意大利始派驻华公使。

（1871年）[清]同治十年，奥国始派驻华公使。

（1872年）[清]同治十一年，日本始派驻华公使。

（1873年）[清]同治十二年，荷兰始派驻华公使。

李誠 全集

历代自然灾害年表

# 先　秦

## 第一章

### 一

下表根据范祥雍的《古本竹书纪年辑校订补》，杜预的《春秋经传集解》，顾栋高的《春秋大事表》，司马迁的《史记》，班固的《汉书·五行志》编订。

又参考了司马光的《资治通鉴·周纪》《资治通鉴·秦纪》，刘恕的《通鉴外纪》，郑樵的《通志·灾祥略》，马端临的《文献通考·物异考》，清编《古今图书集成·庶征典》，罗泌的《路史》，马骕的《绎史》，李锴的《尚史》。

### 二

西周以前的古籍流传下来的，本来很少，关于自然灾害的资料，更属寥寥。东周以后，有一部《春秋》，但又仅仅是鲁国二百四十二年（公元前七二二至前四八一）中的一些事情，而很少涉及其他诸国。到了战国，因为"秦既得意，烧天下《诗》《书》，诸侯史记尤甚……独有《秦记》，又不载日月，其文略不具"（见《史记·六国表序》）。所以战国时期虽说后于春秋时期，但是自然灾害的资料是不成片段的，因而也是难于论证的。

1. 在春秋时代，单就鲁国而论，雨水之年凡九。两次之间，相距年份长短，很不一致。长的达六十多年，短的只一二年。雨水的出现，一般是在五、

六、七三个月。战国至秦的阶段,有三次三个月的霖雨,一在韩,一在蜀,一在秦和黄河中游。虽说限于某些地区,但这种雨的联绵性,也是百年或五六十年而一见的。

2. 公元前八二八到公元前八二二年,旱情的多而且久,为古今所罕见。到了春秋,鲁国的干旱也不少,凡二十六次。两次干旱相距,长的达四十多年,短的只一二年,其中以相距七年的为较多。而旱灾的出现,以一年中的秋季(即夏历的五、六、七月)为最多。

从鲁国的灾情来看,雨水九年,干旱二十六年,说明这一时期总的情况是旱多于水。又如公元前六七〇年、公元前六〇〇年两次水,中间相距达七十年,而有九次旱;公元前五八七年、公元前五五〇年两次水,中间相距三十多年,而有六次旱;从总的情况来看,也是旱多于水。但是公元前七〇八年、公元前六六四年两次旱,中间相距四十多年,而有五次水,这说明春秋初年有过水多于旱的阶段。

3. 在先秦史籍不多和记载很零星的情况下,也还可以看到黄河流域诸国——秦、晋、鲁的气候,出现若干高温和低温现象。高温现象,如冬无冰或桃李开花结实,计公元前八世纪一次,公元前七世纪二次,公元前六世纪二次,公元前五世纪一次,公元前四世纪三次。低温现象,雪降于四月,在公元前的三世纪;降于六月,在公元前的五世纪和四世纪;降于八月,在公元前的八世纪和六世纪;降于秋冬之间,在公元前的七世纪;而十月至正月的大雪,在公元前的五世纪。霜降于八月,在公元前的八世纪。寒而至于江汉俱冻,在公元前的八世纪以前;寒而至于木冰,在公元前的六世纪;寒年蝉联,在公元前的三世纪末。总之,高温低温也是参差出现的。

4. 《春秋》记鲁饥凡五次,其中由于大水的二次,由于大旱的一次,由于虫灾的一次,由于收成不好的一次。战国至秦,饥凡四次,其中一次由于虫灾,饥而导致了人相食。疫,以秦初的一次灾面为最广——天下大疫。

5.《春秋》记鲁地震凡五次,震次相距,远的达六十年,近的只三年。西周,"三川(泾、渭、洛)皆震",震面较广;战国初年的晋地,秦时的代地,震状均较烈。

## 第二章

各地区灾情分记:

虞时三苗国,在今鄱阳、洞庭二湖之间。

灾情:三苗将亡时,夏有冰。地坼及泉。

夏都安邑。

灾情:桀末年,冰生于朝。社震裂。

商都朝歌,今河南省黄河北之朝歌镇。

灾情:帝辛时,天大曀。

西周都丰镐,徐广曰:"丰在鄠县东,镐在上林昆明北,去丰二十五里。"皆在长安南数十里。

灾情:文王八年,丰地震。

昭王六年,十二月,桃李华。

十九年,天大曀。

孝王七年①,冬雹。江、汉俱冻。

夷王七年,冬雹。

公元前八二八,大旱。秋,又大旱。

公元前八二七,天下大旱。

公元前八二二,自公元前八二六不雨,至于是岁。

公元前七八〇,三川竭。三川皆震。岐山崩。

公元前七七二,九月,桃杏实。

---

① 书稿原文。

东周都洛邑，今洛阳市。

灾情：公元前七一七，周京饥。

公元前四一二，自去年十月至正月，大雪。

公元前三二六，洛溢。

公元前三一四，周衰，无寒岁。

鲁国都曲阜。

灾情：公元前七二三，八月，螽。

公元前七一九，九月，螟。

公元前七一六，九月，螟。

公元前七一五，三月，霖雨，雪。

公元前七一二，秋，大水。

公元前七〇八，秋，旱。

公元前七〇五，十月，雪。

公元前七〇〇，夏，大水。

公元前六九九，正月，无冰。

公元前六八九，秋，螟。

公元前六八八，秋，大水。

公元前六七八，冬，多麋。

公元前六七七，秋，有蜮。

公元前六七一，秋，大水。

公元前六七〇，秋，大水。

公元前六六七，冬，饥。

公元前六六六，秋，螽。

公元前六六四，冬，不雨。

公元前六五九，十月，霜。

公元前六五八，冬春夏，旱。

公元前六五一，冬，大雪。

公元前六五〇，八月，旱。

公元前六四八，九月，旱。

公元前六四六，八月，螽。

公元前六四〇，夏，大旱。饥。

公元前六三二，秋，雹。

公元前六二八，十一月，霜，李梅实。

公元前六二六，去冬十二月不雨，至于七月。

公元前六二〇，十月，螽。

公元前六一九，九月，地震。

公元前六一八，正月至七月，不雨。

公元前六一五，正月至七月，不雨。

公元前六〇四，八月，螽。

公元前六〇三，秋，大旱。

公元前六〇〇，秋，大水。冬，饥。

公元前五九七，秋，螽。

公元前五九五，秋，螽。冬，蝝。饥。

公元前五九一，二月，无冰。

公元前五八九，秋，旱。

公元前五八七，秋，大水。

公元前五八五，冬，旱。

公元前五七六，正月，雨，木冰。

公元前五六九，秋，旱。

公元前五六七，八月，螽。

公元前五六六，九月，旱。

公元前五五八，五月，地震。秋，旱。

公元前五五七，九月，旱。

公元前五五〇，七月，大水。冬，大饥。

公元前五四六，春，无冰。八月，旱。

公元前五四〇，八月，旱。冬，雹。

公元前五三九，正月，雹。

公元前五三七，九月，旱。

公元前五三五，秋，旱。

公元前五二七，九月，旱。

公元前五二四，五月，地震。

公元前五二〇，八月，地震。

公元前五一九，八月，旱。

公元前五一八，七月，大旱。

公元前五一〇，九月，旱。十月，霜。

公元前五〇四，秋，大旱。

公元前四九九，秋，旱。

公元前四九三，四月，地震。

公元前四八四，十二月，螽。

公元前四八三，九月，十二月，螽。

公元前四八一，八月，旱。

卫国，都帝丘，即濮阳。

灾情：公元前六〇三，河徙。

郑国，都新郑。

灾情：公元前五四五，五月，饥。

宋国，都商丘。

灾情：公元前六八四，大水。

公元前六四五，正月，大风。

公元前六一二，饥。

公元前五四五，五月，饥。

晋国，都绛，在今山西省。

灾情：公元前七三〇，不雨雪。

公元前六四八，冬，荐饥。

公元前六四七，九月，沙麓崩（沙，山名。麓，山足。在今河北省大名县）。

公元前五八七，夏，梁山崩（在今陕西省韩城县西）。

公元前四六六，地震。

公元前四三五，大风。

公元前四三一，大旱。

公元前四二八，九月，桃杏实。

公元前三八七，大风。

楚国，都郢，在今湖北省江陵县。

灾情：公元前六一二，八月，大饥。

燕国，都蓟，即今河北省大兴县。

灾情：公元前二二八，上谷（上谷郡治，在今河北省怀来县）饥。

韩国，都新郑。

灾情：公元前三六二，大雨三月。

公元前三三四，旱。

赵国，都邯郸。

灾情：公元前三七三，六月，雪。

公元前三五五，邯郸四瞪。

公元前二三一，代（代，在今河北省蔚县）地大震。

公元前二三〇，大饥。

魏国，都大梁，在今河南省开封市西北。

灾情：公元前三九九，虢山（虢山，在今河南省卢氏县）崩。

公元前三二五，十月，霖雨，疾风，河溢。

公元前二八二，大水。

公元前二七二，河溢。

秦国，都雍，在今陕西省凤翔县。徙都栎阳，在今陕西省临潼县。最后都咸阳。

灾情：公元前六四七，冬，饥。

公元前四三五，六月，雪。

公元前三六九，桃冬花。大疫。

公元前三四六，桃李冬华。

公元前三〇一，天雨三月。

公元前二八〇，地动。

公元前二六九，蜂食苗稼。上郡大饥。

公元前二四四，大饥。

公元前二四三，七月，大蝗。天下疫。

公元前二四二，冬，雷。

公元前二三八，四月，雪，寒。

公元前二三五，夏秋间，天下大旱。地动。

公元前二三〇，大饥。

公元前二二六，大雪。

公元前二〇八，秋，霖雨三月。秦灭，无燠年。

| 公元前 | 年代 | 雨水 | 旱蝗 | 风霜冰雪寒暑 | 饥疫 | 地震 |
|---|---|---|---|---|---|---|
|  | 虞（三苗将亡） |  |  | 夏有冰 |  | 地坼及泉 |
|  | 夏（桀末年） |  |  | 冰生于朝 |  | 社震裂 |
|  | 商（帝辛） |  |  | 天大曀 |  |  |
|  | 周 文王八年 |  |  |  |  | 地动东西南北，不出国郊。 |
|  | 昭王六年 |  |  | 十二月（夏十月），桃杏华。 |  |  |
|  | 十九年 |  |  | 天大曀 |  |  |
|  | 孝王七年 |  |  | 冬，大雨，雹，牛马死，江、汉俱冻。 |  |  |
|  | 夷王七年① |  |  | 冬，雨雹，大如砺。 |  |  |
| 八二八 | 共和十四年 |  | 大旱。秋，又大旱。 |  |  |  |
| 八二七 | 宣王元年 |  | 天下大旱 |  |  |  |
| 八二二 | 六年 |  | 自二年不雨，至于是岁。 |  |  |  |
| 七八〇 | 幽王二年 |  | 三川竭 |  |  | 三川皆震。岐山崩。 |
| 七七二 | 十年 |  |  | 九月（夏七月），桃杏实。 |  |  |

---

① 书稿原文。

（续表）

| 公元前 | 年代 | 雨水 | 旱蝗 | 风霜冰雪寒暑 | 饥疫 | 地震 |
|---|---|---|---|---|---|---|
| 七三〇 | 平王四十一年 | | 晋不雨雪 | | | |
| 七二三 | 四十八年 | | 八月（夏六月），鲁有蜚，不为灾。 | | | |
| 七一九 | 桓王元年 | | 九月（夏七月），鲁螟。 | | | |
| 七一七 | 三年 | | | | 周京饥 | |
| 七一六 | 四年 | | 九月（夏七月），鲁螟。 | | | |
| 七一五 | 五年 | 三月（夏正月），癸酉（初十），鲁大雨霖，震。电。 | | 三月（夏正月）庚辰（十七），鲁大雨雪。 | | |
| 七一二 | 八年 | 秋，鲁大水。 | | | | |
| 七〇八 | 十二年 | | 秋，鲁大雩（雩，求雨之祭）。螽。 | | | |
| 七〇五 | 十五年 | | | 十月（夏八月），鲁雨雪。 | | |
| 七〇〇 | 二〇年 | 夏，鲁大水。 | | | | |
| 六九九 | 二十一年 | | | 正月（夏十一月），鲁无冰。 | | |
| 六八九 | 庄王八年 | | 秋，鲁螟。 | | | |

（续表）

| 公元前 | 年代 | 雨水 | 旱蝗 | 风霜冰雪寒暑 | 饥疫 | 地震 |
|---|---|---|---|---|---|---|
| 六八八 | 九年 | 秋（夏五月，周之秋），鲁大水。无麦苗。 | | | | |
| 六八四 | 十三年 | 秋，宋大水。 | | | | |
| 六七八 | 釐王四年 | | 冬，鲁多麋（泽兽害五稼）。 | | | |
| 六七七 | 五年 | | 秋，鲁有蜮（蜮，射工，盖以含沙射人为灾）。 | | | |
| 六七一 | 惠王六年 | 秋，鲁大水。 | | | | |
| 六七〇 | 七年 | 秋，鲁大水。 | | | | |
| 六六七 | 十年 | | | | 鲁大水，无麦禾，冬饥。 | |
| 六六六 | 十一年 | | 秋，鲁有蜚。 | | | |
| 六六四 | 十三年 | | 秋，鲁不雨。 | | | |
| 六五九 | 十八年 | | | 十月（夏八月），鲁陨霜，不杀草。 | | |
| 六五八 | 十九年 | | 鲁自去年十月（夏八月）不雨，至于五月（夏三月）。 | | | |

（续表）

| 公元前 | 年代 | 雨水 | 旱蝗 | 风霜冰雪寒暑 | 饥疫 | 地震 |
|---|---|---|---|---|---|---|
| 六五一 | 襄王元年 | | | 冬(夏八月、九月、十月)，鲁大雨雪。 | | |
| 六五〇 | 二年 | | 八月（夏六月），鲁大雩。 | | | |
| 六四八 | 四年 | | 九月（夏七月），鲁大雩。 | | 冬，晋荐饥。 | |
| 六四七 | 五年 | | | | 冬,秦饥。 | 九月（夏七月）辛卯（初六），晋沙麓崩。 |
| 六四六 | 六年 | | 八月（夏六月），鲁蟊。 | | | |
| 六四五 | 七年 | | | 正月（夏十一月），六鹢遇迅风而退飞,过宋都。 | | |
| 六四〇 | 十二年 | | 夏,鲁大旱。 | | 鲁饥而不害。 | |
| 六三二 | 二〇年 | | | 秋，鲁大雨雹。 | | |
| 六二八 | 二十四年 | | | 十一月（夏九月），鲁陨霜,不杀草,李梅实。 | | |
| 六二六 | 二十六年 | | 鲁自去年十二月(夏十月)不雨,至于七月（夏五月）。 | | | |

（续表）

| 公元前 | 年代 | 雨水 | 旱蝗 | 风霜冰雪寒暑 | 饥疫 | 地震 |
|---|---|---|---|---|---|---|
| 六二〇 | 三十二年 | | 十月（夏八月），鲁螽。 | | | |
| 六一九 | 三十三年 | | | | | 九月（夏七月）癸酉（初一），鲁地震。 |
| 六一八 | 顷王元年 | | 鲁自正月（夏十一月）不雨，至于七月（夏五月）。 | | | |
| 六一五 | 四年 | | 鲁自正月（夏十一月）不雨，至于七月（夏五月）。 | | | |
| 六一二 | 匡王元年 | | | | 八月（夏六月），楚大饥。 | |
| 六〇四 | 定王三年 | | 八月（夏六月），鲁螽。 | | | |
| 六〇三 | 四年 | | 秋，鲁大旱。 | | | |
| 六〇二 | 五年 | 河徙故道。 | | | | |
| 六〇〇 | 七年 | 秋，鲁大水。 | | | 冬，鲁饥。 | |
| 五九七 | 十年 | | 秋，鲁螽。 | | | |
| 五九五 | 十二年 | | 秋，鲁螽。冬，鲁蝝生。 | | 冬，鲁饥。 | |

（续表）

| 公元前 | 年代 | 雨水 | 旱蝗 | 风霜冰雪寒暑 | 饥疫 | 地震 |
|---|---|---|---|---|---|---|
| 五九一 | 十六年 | | | 二月（夏十二月），鲁无冰。 | | |
| 五八九 | 十八年 | | 秋，鲁大雩。 | | | |
| 五八七 | 二〇年 | 秋，鲁大水。 | | | | 夏，晋梁山崩，壅河三日不流。 |
| 五八五 | 简王元年 | | 冬，鲁大雩。 | | | |
| 五七六 | 十年 | | | 正月（夏十一月），鲁雨，木冰。 | | |
| 五六九 | 灵王三年 | | 秋，鲁大雩。 | | | |
| 五六七 | 五年 | | 八月（夏六月），鲁螽。 | | | |
| 五六六 | 六年 | | 九月（夏七月），鲁大雩。 | | | |
| 五五八 | 十四年 | | 秋，鲁大雩。 | | | 五月（夏三月）甲子（十三），鲁地震。 |
| 五五七 | 十五年 | | 九月（夏七月），鲁大雩。 | | | |
| 五五〇 | 二十二年 | 七月（夏五月），鲁大水。 | | | 冬，鲁大饥。 | |

（续表）

| 公元前 | 年代 | 雨水 | 旱蝗 | 风霜冰雪寒暑 | 饥疫 | 地震 |
|---|---|---|---|---|---|---|
| 五四六 | 二十六年 | | 八月（夏六月），鲁大雩。 | 鲁春无冰 | | |
| 五四五 | 二十七年 | | | | 五月（夏三月），郑、宋饥。 | |
| 五四〇 | 景王五年 | | 八月（夏六月），鲁大雩。 | 冬，鲁大雨雹。 | | |
| 五三九 | 六年 | | | 正月（夏十一月），鲁大雨雹。 | | |
| 五三七 | 八年 | | 九月（夏七月），鲁大雩。 | | | |
| 五三五 | 十年 | | 秋，鲁大雩。 | | | |
| 五二七 | 十八年 | | 九月（夏七月），鲁大雩。 | | | |
| 五二四 | 二十一年 | | | | | 五月（夏三月）己卯（十六），鲁地震。 |
| 五二〇 | 二十五年 | | | | | 八月（夏六月）乙未（廿七），鲁地震。 |
| 五一九 | 敬王元年 | | 八月（夏六月），鲁大雩。 | | | |
| 五一八 | 二年 | | 七月（夏五月）上辛（初四），鲁大雩。季辛（廿四）又雩。 | | | |

(续表)

| 公元前 | 年代 | 雨水 | 旱蝗 | 风霜冰雪寒暑 | 饥疫 | 地震 |
|---|---|---|---|---|---|---|
| 五一〇 | 十年 | | 九月（夏七月），鲁大雩。 | 十月（夏八月），鲁陨霜杀菽。 | | |
| 五〇四 | 十六年 | | 秋，鲁大雩。九月（夏七月）大雩。 | | | |
| 四九九 | 二十一年 | | 秋，鲁大雩。 | | | |
| 四九三 | 二十七年 | | | | | 四月（夏二月）甲午朔，鲁地震。 |
| 四八四 | 三十六年 | | 十二月（夏十月），鲁螽。 | | | |
| 四八三 | 三十七年 | | 九月（夏七月），鲁螽。十二月（夏十月），鲁螽。 | | | |
| 四八一 | 三十九年 | | 八月（夏六月），鲁大雩。 | | | |
| 四六六 | 贞定王三年 | | | | | 晋空桐震七日，台舍皆坏，人多死。 |
| 四三五 | 考王六年 | | | 六月，秦雨雪。是岁，晋大风坏垣。 | | |
| 四三一 | 十年 | | 晋大旱 | | | |
| 四二八 | 十三年 | | | 九月，晋桃杏实。 | | |

（续表）

| 公元前 | 年代 | 雨水 | 旱蝗 | 风霜冰雪寒暑 | 饥疫 | 地震 |
|---|---|---|---|---|---|---|
| 四一二 | 威烈王十四年 | | | 周自十三年十月至正月，大雨雪。 | | |
| 三九九 | 安王三年 | | | | | 虢山崩，壅河。 |
| 三八七 | 十五年 | | | 晋国大风，昼昏，自旦至中。 | | |
| 三七三 | 烈王三年 | | | 六月，赵雨雪。 | | |
| 三六九 | 七年 | | | 秦，桃冬花。 | 秦民大疫 | |
| 三六二 | 显王七年 | 韩，大雨三月。 | | | | |
| 三五五 | 十四年 | | | 邯郸四瞳，室坏多死。 | | |
| 三四六 | 二十三年 | | | 秦，桃李冬华。 | | |
| 三三四 | 三十五年 | | 韩旱 | | | |
| 三二六 | 四十三年 | 洛入成周，山水大出。 | | | | |
| 三二五 | 四十四年 | 十月，魏大霖雨，疾风，河水溢酸枣郭。 | | | | |
| 三一四 | 赧王元年 | | | 周衰，无寒岁。 | | |

(续表)

| 公元前 | 年代 | 雨水 | 旱蝗 | 风霜冰雪寒暑 | 饥疫 | 地震 |
|---|---|---|---|---|---|---|
| 三〇一 | 十四年 | 秦天雨三月，蜀道不通。 | | | | |
| 二八二 | 三十三年 | 魏大水 | | | | |
| 二八〇 | 三十五年 | | | | | 秦，地动坏城。 |
| 二七二 | 四十三年 | 河水出，魏大潦。 | | | | |
| 二六九 | 四十六年 | | 秦山木尽死，蜂食人苗稼，民无所食。 | | 秦上郡大饥，人相食。 | |
| 二四四 | 秦王政三年 | | | | 岁大饥 | |
| 二四三 | 四年 | | 七月，蝗蔽天。 | | 天下疫 | |
| 二四二 | 五年 | | | 冬，雷。 | | |
| 二三八 | 九年 | | | 四月，雨雪，寒冻有死者。 | | |
| 二三五 | 十二年 | | 天下大旱，六月至八月，乃雨。 | | | |
| 二三二 | 十五年 | | | | | 秦地动 |

（续表）

| 公元前 | 年代 | 雨水 | 旱蝗 | 风霜冰雪寒暑 | 饥疫 | 地震 |
|---|---|---|---|---|---|---|
| 二三一 | 十六年 | | | | | 代地大动，自乐徐以西，北至平阴，台屋墙垣太半坏，地坼东西百三十步。 |
| 二三〇 | 十七年 | | | | 赵大饥，秦大饥。 | 秦地动 |
| 二二八 | 十九年 | | | | 上谷大饥 | |
| 二二六 | 二十一年 | | | 秦地大雨雪，深二尺五寸。 | | |
| 二〇八 | 二世二年 | 七月，大霖雨，三月不见星。 | | 秦灭，无燠年。 | | |

# 西 汉

### 第一章

#### 一

下表根据班固的《汉书》本纪、《五行志》，荀悦的《汉纪》，旧题葛洪的《西京杂记》，王益之的《西汉年纪》编订。

又参考了司马光的《资治通鉴·汉纪》，郑樵的《通志·灾祥略》，马端临的《文献通考·物异考》，清编《古今图书集成·庶征典》，石仁镜的《天象灾祥分类考》，文焕然的《秦汉时代黄河中下游气候研究》。

#### 二

前汉，从公元前二〇六年起，到公元二四年，共二百三十年。

1. 计雨水之年凡三十三。其中灾面最广，如公元前一四五年的天下大潦，公元前十二年的郡国五十有余雨水，公元前三、公元前二年的郡国四十一雨水（当时郡国一〇三）。此外，如公元前一二〇年、公元前四八年、公元前二三年诸年，关东或山东都出现大水。当时所谓关东，是指函谷关以东，山东是指太行山以东，它的地面也是相当广大的。以上这些水灾，都发生在夏秋两季。这二百三十年，关中地区的霖雨，时间之长是异乎寻常的。如公元前八六年的连绵四个月，公元前一七九年的连绵一百日，公元二〇年的连绵六十余日，公元前一六一年的连绵四十五日，公元前三〇年的连绵三十余日，霖雨的发生也在夏秋两季。只有公元前五一年、公元前四一年的霖雨，发生在冬季。

河流为害，以黄河为最著，共计十一次，在公元前一六八、公元前一三八、公元前一三二、公元前一一五、公元前一〇七、公元前三九、公元前二九、公元前二六、公元前一七，公元四、一一等年。余如汉水溢三次，在公元前一八五、公元前一八〇、公元前一六一等年。江水溢三次，在公元前一八五、公元前一八〇、公元前一一五等年。伊洛溢三次，在公元前一八五、公元前一八四、公元前七等年。汝水溢三次，在公元前一八五、公元前一八四、公元前三九等年。颍水溢二次，在公元前三九、公元前七等年。北海海溢一次，在公元前四七年。

2. 干旱之年凡三十五。其中特殊干旱的，所谓"天下大旱"的两次，在公元前一七七、公元前一五八年；南北皆旱的一次，在公元前一九〇年；东西皆旱的一次，在公元前七一年。凡干旱，夏季占次数最多，秋次之，春冬仅有少的次数出现。

总计西汉一代，水旱次数大略相当——水年三十三，旱年三十五，而且是参差出现。不过公元前一八五至公元前一七九年，七年而四水；公元前一〇九至公元前九二年，十八年而九旱，都比较集中地出现。

3. 总计西汉一代，秋冬两季气温较高之年：

秋，桃李华，公元前一八七年。

秋，桃李实，公元前二九年。

冬，雷，桃李华，公元前一九三年。

十月，雷，桃李华，枣实，公元前一九〇年。

十月，桃李华，公元前一七四年。

冬，雷，桐华，公元九年。

十月，雨水无冰，公元前一一七年。

冬，无冰，公元前八六年。

十一月、十二月，雷，公元前一四一、公元前一〇八、公元前七六年，公元一〇年。

又统计低温之年：

春寒，公元前二三年。

二月，大雪，大寒，公元一六年。

三月，大雪，公元前一四四、一一五年。

三月，雪，大寒，公元前三五年。

三月，雪，夏寒，公元前四三年。

三月，水冰，四月，雪，公元前一一四年。

四月，雪，大寒，公元前二九、公元前二一年。

六月，大雪，公元前一七六年。

八月，大寒，公元一七年。

十一月，齐、楚大雪，公元前三七年。

十二月，大雪，大寒，公元前一二二年。

冬，晋阳以北大雪，大寒，公元前二〇〇年。

大寒，公元前一〇九年。

大雪，公元前八九年。

低温之年十六，高温之年十二，也是参差出现，而不是某些年份多低温，到了某些年份又多高温。

关于霜，初霜期早到九月初，终霜期迟到四月。

九月二日霜，公元前四三年。

秋霜，公元二一年。

四月霜，公元前一三一年，公元一四年。

4. 二百三十年中，轻重饥荒凡十七次。其中严重的，至于人相食，计有九次（即公元前二〇五、公元前一三八、公元前一一四、公元前四八、公元前四七、公元前一五年，公元一四、一九、二二年）。饥荒的原因：水灾占五次

（即公元前一三八、公元前一二〇、公元前一一五、公元前四八、公元前一五年）。旱灾占一次（即公元一九年）。旱蝗占一次（即公元二一年）。未详为何种灾害占一次（即公元前四四年）。兵灾占两次（即公元前二〇五年，公元二二年）。其余七次，不详原因。饥荒年份的米价：公元前二〇五年，米斛万钱。公元二二年，米斛黄金一斤。公元前四七年，谷石三百余。饥荒面：天下大饥一次（即公元前四四年），关东地区占十一次（即公元前一三八、公元前一二〇、公元前一一五、公元前一一四、公元前四八、公元前四七、公元前四四、公元前一五年，公元一九、二一、二二年）。关中地区占一次（即公元前二〇五年）。缘边占一次（公元一四年）。其余三次，因为汉都关中，也把它归入关中地区。

5. 西汉都长安，所以凡记地震而不言某地地震的，大概都就长安及其附近地区而言，总计为二十一次。两次地震之间的时间间隔，最长的达四十年，最短的只一两年。震的频率：或一日之内数震，或一季之内数震。烈度：如公元前一四三年，邻近的蓝田、安陵都山崩壅水。又如公元前七年，自长安至北边郡国三十余处坏城郭、压杀人。陇山以西地震凡三次（即公元前一九三、公元前一八六、公元前四七年），烈度至于山崩和城郭毁坏。尤其中间一次，震期之长达八个月。齐、楚地震凡二次（即公元前一七九、公元前三七年），尤其是第一次，烈度二十九山同日崩。犍为地震一次（即公元前二六年）。烈度：山崩和城郭毁坏。震期：积二十一日，一百二十四震。上庸地震一次（即公元前一四三年），震期二十二日。西汉一代，震面之广，损失之巨，当推公元前七〇年一次，此次自河南以东四十九郡，山崩和城郭毁坏，死六千余人。

## 第二章

各州郡灾情分记：

司隶校尉部，察郡七。

灾情：公元前一七七秋，天下大旱。

公元前一五八，四月，天下大旱蝗。

公元前一四五，六月，天下大潦。

公元前一二〇秋，山东（亦即关东，所谓毂函以东）大水，饥。

公元前一一五，关东郡国十余饥。

公元前一〇四，秋，关东大蝗，西飞。

公元前七一，五月，大旱，东西数千里。

公元前七〇，四月，河南以东四十九郡同日地震山崩。

公元前四八，九月，关东郡国十一大水。大饥。

公元前四七，六月，关东饥。

公元前四四，关东饥，疫。

公元前四三，天下大饥。

公元前二三，秋，关东大水。

公元一四，四月，霜。

一六，二月，关东大雪。

一九，关东饥旱连年。

二一，秋，关东蝗，大饥。

二二，二月，关东大饥。

京兆尹，治长安。

灾情：公元前二〇五，六月，关中大饥。

公元前一九三，五月，大旱。冬，雷，桃李华。

公元前一九〇，夏，大旱。十月，雷，桃李华，枣实。

公元前一八七，秋，桃李华。

公元前一七九，积霖百日。

公元前一七六，六月，大雪。

公元前一七五，二月，地震。

公元前一七四，十月，桃李华。

公元前一七一，春，大旱。

公元前一六二，地动。

公元前一六一，秋，霖雨。

公元前一五八，秋，螟。

公元前一五七，雹。

公元前一五一，十二月，雷，霖雨。

公元前一四九，地震。

公元前一四七，四月，地震。秋，大旱。九月，蝗。

公元前一四六，夏蝗。

公元前一四五，秋，地动。

公元前一四四，三月，雪。

公元前一四三，五月，地动。

公元前一四二，正月，地震。秋，大旱。

公元前一四一，十二月，晦，雷。

公元前一三七，六月，旱。十月，地震。

公元前一三六，五月，大蝗。

公元前一三四，二月，京师雹。

公元前一三一，四月，霜。五月，地震。

公元前一三〇，七月，大风。八月，螟。

公元前一二九，夏，大旱，蝗。

公元前一二四，春，大旱。

公元前一二二，十二月，大雪，大寒。

公元前一二〇，夏，大旱。

公元前一一七，十月，雨水，无冰。

公元前一一五，三月，大雪。

公元前一一二，秋，蝗。

公元前一〇九，六月，旱。冬，大寒。

公元前一〇八，夏，旱。十二月，雷，雹。

公元前一〇七，夏，大旱，酷热。

公元前一〇五，五月，旱。秋，大旱，蝗。

公元前一〇三，秋蝗。

公元前一〇二，秋，蝗、旱。

公元前一〇〇，夏，大旱。

公元前九八，四月，大旱。

公元前九五，秋，大旱。

公元前九二，夏，大旱。

公元前九一，四月，大风。八月，地震。

公元前九〇，秋蝗。

公元前八九，夏蝗。冬，大雪。

公元前八八，七月，地震。

公元前八六，七月至十月，大雨水。冬，无冰。

公元前八一，夏，大旱。

公元前七六，夏，大旱。十一月，大雷。

公元前七三，四月，地震。

公元前六七，夏，京师雹。九月，地震。

公元前六一，秋，大旱。

公元前四八，春，地动。六月，疫。

公元前四六，夏，旱。

公元前四三，三月，雪，霜。夏，寒。九月，霜。

公元前四一，饥。十一月，雨水，雾。地震。

公元前三五，三月，雪，大寒，饥。蓝田地震。

公元前三三，大雾。

公元前三二，四月，黄雾。十二月，大风。

公元前三一，夏，大旱。

公元前三〇，夏秋间，三辅（京兆尹、左冯翊、右扶风）霖雨大水。十二月，地震。

公元前二九，四月，雪，大寒。秋，桃李实。九月，大雨水。

公元前二八，三月，大风。旱，饥。

公元前二三，春寒。

公元前二一，四月，雪，大寒。

公元前一八，四月，大旱。

公元前一三，夏，大旱。地震。

公元前七，九月，自京师至北边郡国地震。

公元前五，夏秋，旱。冬，无雪，旱。

公元前三，正月，大旱。夏，雹。冬，大风雹。

公元前二，京师雨水。

公元四，冬，大风。

八，春，地震。

九，冬，雷。桐华。

一〇，十二月，雷。

一四，六月，黄雾。七月，大风雹。

一六，二月，大雪。地震。

一七，八月，大寒。

二〇，七月，烈风雷雨。九月，大雨。

二一，夏，枯旱。秋，严霜。

二二，夏，大蝗。

二三，三月，大风。

左冯翊，领高陵等县。

灾情：公元前二〇五，六月，关中大饥。

公元前三〇，夏秋间，三辅霖雨，大水。

右扶风，领渭城（渭城，秦咸阳）等县。

灾情：公元前二〇五，六月，关中大饥。

公元前三〇，夏秋间，三辅霖雨，大水。

河东郡，领安邑（在今山西省）等县。

灾情：公元前一四二，疫。

河内郡，治在今河南省武陟县。

灾情：公元前一八〇，夏，大水。

河南郡，领洛阳等县。

灾情：公元前一八五，秋，伊水、洛水溢。

公元前一八四，秋，大水，伊、洛大溢。

豫州刺史部，察郡国五。

灾情：公元前一七七，秋，天下大旱。

公元前一五八，四月，天下大旱，蝗。

公元前一四五，六月，天下大潦。

公元前一二〇，秋，大水，饥。

公元前七一，五月，大旱。

公元前四三，天下大饥。

公元前二九，九月，河决泛滥。

颍川郡，治即今河南省禹县治。

灾情：公元前三九，夏秋，大水。

　　　公元前七，秋，大水。

汝南郡，领平舆等县。

灾情：公元前一八五，秋，汝水溢。

　　　公元前一八四，秋，汝水大溢。

　　　公元前三九，夏秋，大水。

梁国都，在今河南省商丘县境。

灾情：公元前一三二，春，以河溢大水。

　　　公元前一五，有水灾，饥。

冀州刺史部，察郡国十。

灾情：公元前一七七，秋，天下大旱。

　　　公元前一五八，四月，天下大旱，蝗。

　　　公元前一四五，六月，天下大潦。

　　　公元前四三，天下大饥。

　　　公元一一，滨河郡蝗生。

魏郡，治在今河南省临漳县。

灾情：公元前一○七，河决于馆陶。

　　　公元一一，河决。

常山郡，领元氏等县。

灾情：公元九，雹。

清河郡

灾情：公元前三九，河决于灵县（在今山东省高唐县西南）。

　　　公元前一七，秋，河溢。

　　　公元一一，河决泛滥。

赵国，都邯郸。

灾情：公元一五，邯郸以北大雨，水。

真定国，真定，今正定。

灾情：公元九，雹。

信都国，都在今河北省冀县。

灾情：公元前一七，秋，河溢。

兖州刺史部，察郡国八。

灾情：公元前一七七，秋，天下大旱。

　　　公元前一五八，四月，天下大旱，蝗。

　　　公元前一四五，六月，天下大潦。

　　　公元前一二〇，秋，大水，饥。

　　　公元前七一，五月，大旱。

　　　公元前七〇，四月，地震。

　　　公元前四三，天下大饥。

　　　公元前二九，河决，泛滥。

陈留郡

灾情：公元前一六八，十二月，河决酸枣（今河南省延津县）。

　　　公元四，河、汴决坏（河，黄河；汴，汴渠）。

淮阳国，都陈。

灾情：公元前三九，夏秋，大水。

山阳郡，治在今山东省金乡县。

灾情：公元前六六，五月，雹。

济阴郡，领定陶等县。

灾情：公元前六六，五月，雹。

东郡，领濮阳等县。

灾情：公元前一三二，河决。

一一五，夏，大水。

二九，九月，河决金堤（在今河南省浚县、滑县境）。

泰山郡，治在今山东省泰安县。

灾情：公元前一一五，夏，大水。

徐州刺史部，察郡国六。

灾情：公元前一七九，四月，齐、楚地大震（自泰山山脉以南，皆故楚）。

公元前一七七，秋，天下大旱。

公元前一五八，四月，天下大旱，蝗。

公元前一四五，六月，天下大潦。

公元前一二〇，秋，大水，饥。

公元前七一，五月，大旱。

公元前七〇，四月，地震。

公元前四三，天下大饥。

公元前三七，十一月，齐、楚地大雪。地震。

公元一四，四月，严霜。

琅邪郡，治即今山东省诸城县治。

灾情：公元前七〇，四月，地大震。

公元前四七，六月，大饥。

楚国，都彭城，即今江苏省徐州市治。

灾情：公元前二〇五，四月，灵璧（在彭城南）东睢水上大风。

公元前一七五，十月，彭城大风。

公元前一三二，春，以河决大水。

公元前二七，四月，雹。

广陵国，都江都，即今江苏省扬州市治。

灾情：公元前一五二，五月，江都大风。

青州刺史部，察郡国九。

灾情：公元前一七九，四月，齐、楚地大震（泰山山脉以北，齐地）。

　　　公元前一七七，秋，天下大旱。

　　　公元前一五八，四月，天下大旱，蝗。

　　　公元前一四五，六月，天下大潦。

　　　公元前一二〇，秋，大水，饥。

　　　公元前七一，五月，大旱。

　　　公元前七〇，四月，地震。

　　　公元前四七，六月，齐地大饥。

　　　公元前四三，天下大饥。

　　　公元前三七，十一月，齐、楚地大雪。地震。

　　　公元二，夏，大旱，蝗。

　　　一一，滨河郡蝗生。

　　　一四，四月，严霜。

平原郡

灾情：公元前一三八，春，河溢，大饥。

　　　公元前一一五，夏，大水。

　　　公元前二九，九月，河决泛滥。

　　　公元前二六，河决。

　　　公元前一五，水灾，饥。

千乘郡，治在今山东省高苑县。

灾情：公元前二九，九月，河决泛滥。

　　　公元前二六，河决泛滥。

济南郡

灾情：公元前二九，九月，河决泛滥。

公元前二六，河决泛滥。

北海郡，治在今山东省昌乐县。

灾情：公元前七〇，四月，地大震。

公元前四七，海溢。

荆州，察郡国七。

灾情：公元前一八五，夏，汉水、江水大溢。

公元前一八〇，夏，汉水、江水大溢。

公元前一七七，秋，天下大旱。

公元前一六一，秋，汉水溢。

公元前一五八，四月，天下大旱，蝗。

公元前一四五，六月，天下大潦。

公元前一一五，秋，江南水潦。

公元前四三，天下大饥。

南阳郡

灾情：公元前一八〇，夏，大水。

南郡，领江陵等县。

灾情：公元前一八五，夏，大水。

公元前一八〇，夏，大水。

江夏郡，治在湖北省云梦县。

灾情：公元前一五五，秋，衡山雹（衡山国国都，在江夏郡邾县，今湖北省黄冈县西北）。

公元前一四九，衡山雹。

公元前一四二，衡山国疫。

扬州，察郡国六。

灾情：公元前一七七，秋，天下大旱。

公元前一五八，四月，天下大旱，蝗。

公元前一四五，六月，天下大潦。

公元前一一五，秋，江南水潦。

九江郡，治寿春县，即今安徽省寿县治。

灾情：公元前一七八，六月，寿春大风。

庐江郡，治在今安徽省庐江县。

灾情：公元前三九，夏秋，大水。

会稽郡，治吴县。

灾情：公元前一七五，吴暴风雨。

益州，察郡九。

灾情：公元前一七七，秋，天下大旱。

公元前一五八，四月，天下大旱，蝗。

公元前一四五，六月，天下大潦。

公元前四三，天下大饥。

汉中郡

灾情：公元前一八〇，夏，大水。

公元前一四三，五月，上庸（今湖北省竹山县）地动。

蜀郡，领成都等县。

灾情：公元前一〇，正月，岷山崩。

犍为郡，治在今四川省宜宾市。

灾情：公元前二六，二月，地大震。

越巂郡，治在今四川省西昌县。

灾情：公元前三〇，十二月，山崩。

凉州，察郡九。

灾情：公元前一七七，秋，天下大旱。

公元前一五八，四月，天下大旱，蝗。

公元前一四五，六月，天下大潦。

公元前七一，五月，大旱。

公元前四三，天下大饥。

公元一四，缘边大饥。

陇西郡，领狄道等县。狄道县，今甘肃省临洮县。

灾情：公元前一九三，正月，地大震。

公元前一八六，正月至八月，羌道（在今甘肃舟曲县）地震。

公元前四七，二月，地大震。七月，复震。

天水郡，治在今甘肃省通渭县。

灾情：公元前四七，地震，败豲道县城（豲道县，在今甘肃省陇西县）。

武都郡

灾情：公元前一八六，正月，武都道山崩（武都道，在今甘肃省成县，系郡治）。

并州，察郡九。

灾情：公元前一七七，秋，天下大旱。

公元前一五八，四月，天大旱，蝗。

公元前一四五，六月，天下大潦。

公元前四三，天下大饥。

公元一四，缘边大饥。

太原郡

灾情：公元前二〇〇，冬，晋阳（在今山西省太原市汾水西，系太原郡治）以北大寒，大雪。

上郡，治在今陕西省绥德县。

灾情：公元前一四七，四月，上郡以西旱。

云中郡，治即今内蒙古自治区托克托县。

灾情：公元前一四二，疫。

幽州，察郡国十一。

灾情：公元前一七七，秋，天下大旱。

公元前一五八，四月，天下大旱，蝗。

公元前一四五，六月，天下大潦。

公元前四三，天下大饥。

公元一四，四月，严霜，缘边大饥。

勃海郡，治在今河北省沧县。

灾情：公元前一一五，夏，大水。

公元前一七，秋，河溢。

广阳国，都蓟，在今河北省大兴县。

灾情：公元前八〇，蓟大风。

交州，察郡七。

灾情：公元前一七七，秋，天下大旱。

公元前一五八，四月，天下大旱，蝗。

公元前一四五，六月，天下大潦。

公元前四三，天下大饥。

朔方郡，今内蒙古鄂尔多斯地区。

灾情：公元一四，缘边大饥。

| 公元前 | 年号 | 雨水 | 旱蝗虫灾 | 风霜冰雪寒暑 | 饥疫 | 地震 |
|---|---|---|---|---|---|---|
| 二〇五 | 高祖二年 | | | 四月,楚围汉王灵璧东睢水上,会大风从西北起,折木发屋,扬沙石,窈冥昼晦,汉王遁去。 | 六月,关中大饥,米斛万钱,人相食,死者过半,令民就食蜀汉。 | |
| 二〇〇 | 七年 | | | 冬,晋阳以北大寒,雨雪,汉士卒击匈奴堕指者什二三。 | | |
| 一九三 | 惠帝二年 | | 五月,大旱。 | 冬,雷。桃李华。 | | 正月,陇西地震,压四百余家。 |
| 一九〇 | 五年 | | 夏大旱,江河水少,溪谷水绝。 | 十月,雷。桃李华,枣实。 | | |
| 一八七 | 高后元年 | | | 秋,桃李华。 | | |
| 一八六 | 二年 | | | | | 正月乙卯(廿七),地震羌道,武都道山崩,杀七百六十人。地震至八月乃止。 |
| 一八五 | 三年 | 夏,汉水、江水溢,流四千余家。秋,伊水、洛水、汝水溢。 | | | | |
| 一八四 | 四年 | 秋,河南大水,伊洛流千六百余家,汝水流八百余家。 | | | | |

(续表)

| 公元前 | 年号 | 雨水 | 旱蝗虫灾 | 风霜冰雪寒暑 | 饥疫 | 地震 |
|---|---|---|---|---|---|---|
| 一八〇 | 八年 | 夏,汉中南郡大水出,流六千余家。河内南阳大水,流万余家。 | | | | |
| 一七九 | 文帝元年 | 文帝初,多雨积霖,至百日而止。 | | | | 四月,齐、楚地震,二十九山同日崩,大水溃出。 |
| 一七八 | 二年 | | | 六月,寿春大风,毁民屋杀人。 | | |
| 一七七 | 三年 | | 秋,天下大旱。 | | | |
| 一七六 | 四年 | | | 六月,大雨雪。 | | |
| 一七五 | 五年 | | | 吴暴风雨坏城府宫室。十月,彭城大风,从东南来,毁市门杀人。 | | 二月,地震。 |
| 一七四 | 六年 | | | 十月,桃李华。 | | |
| 一七一 | 九年 | | 春,大旱。 | | | |
| 一六八 | 十二年 | 十二月,河决酸枣,东溃金堤,东郡大兴卒塞之。 | | | | |
| 一六二 | 后元二年 | | | | | 地动 |

（续表）

| 公元前 | 年号 | 雨水 | 旱蝗虫灾 | 风霜冰雪寒暑 | 饥疫 | 地震 |
|---|---|---|---|---|---|---|
| 一六一 | 三年 | 秋，大雨，昼夜不绝，四十五日。蓝田山水出，流一百余家；汉水出，坏民室八十余家，所杀三百余人。 | | | | |
| 一五八 | 六年 | | 四月，天下大旱，蝗。秋，螟。 | | | |
| 一五七 | 七年 | | | 雨雹如桃李，深者厚三尺。 | | |
| 一五五 | 景帝二年 | | | 秋，衡山雨雹，大者五寸，深者二尺。 | | |
| 一五二 | 五年 | | | 五月，江都大暴风从西方来，坏城十二丈。 | | |
| 一五一 | 六年 | 十二月，雷，霖雨。 | | | | |
| 一四九 | 中元元年 | | | 衡山原都雨雹，大者尺八寸。 | | 地震 |
| 一四七 | 三年 | | 四月，上郡以西旱。秋，大旱。九月，蝗。 | | | 四月，地震。 |
| 一四六 | 四年 | | 夏，蝗。 | | | |
| 一四五 | 五年 | 六月，天下大潦。 | | | | 秋，地动。 |

（续表）

| 公元前 | 年号 | 雨水 | 旱蝗虫灾 | 风霜冰雪寒暑 | 饥疫 | 地震 |
|---|---|---|---|---|---|---|
| 一四四 | 六年 | | | 三月，雨雪。 | | |
| 一四三 | 后元元年 | | | | | 五月，丙戌（初九），地动，其旱食时复动。上庸地动二十二日，坏城垣。 |
| 一四二 | 二年 | | 秋，大旱。 | | 衡山国、河东、云中郡民疫。 | 正月，地一日三动。 |
| 一四一 | 三年 | | | 十二月晦，雷。 | | |
| 一三八 | 武帝建元三年 | 春，河水溢于平原。 | | | 以河溢，春大饥，人相食。 | |
| 一三七 | 四年 | | 六月，旱。 | | | 十月，地动。 |
| 一三六 | 五年 | | 五月，大蝗。 | | | |
| 一三四 | 元光元年 | | | 二月，京师雨雹。 | | |
| 一三二 | 三年 | 春，河水徙从顿丘东南流。五月，复决濮阳瓠子，注巨野，通淮、泗，泛郡十六，而梁、楚之地尤甚。 | | | | |
| 一三一 | 四年 | | | 四月，陨霜杀草。 | | 五月，地震。 |

（续表）

| 公元前 | 年号 | 雨水 | 旱蝗虫灾 | 风霜冰雪寒暑 | 饥疫 | 地震 |
|---|---|---|---|---|---|---|
| 一三〇 | 五年 | | 八月，螟。 | 七月，大风拔木。 | | |
| 一二九 | 六年 | | 夏，大旱，蝗。 | | | |
| 一二四 | 元朔五年 | | 春，大旱。 | | | |
| 一二二 | 元狩元年 | | | 十二月，大雨雪，民多冻死。 | | |
| 一二〇 | 三年 | 秋，山东大水。 | 夏，大旱。 | | 山东民多饥乏 | |
| 一一七 | 六年 | | | 十月，雨水无冰。 | | |
| 一一五 | 元鼎二年 | 夏，大水，平原、勃海、太山、东郡溥被灾害。秋，江南水潦。 | | 三月，大雨雪，平地厚五尺。 | 大水，关东饥死者千数。 | |
| 一一四 | 三年 | | | 三月，水冰。四月，雨雪。 | 关东郡国十余饥，人相食。 | |
| 一一二 | 五年 | | 秋，蝗。 | | | |
| 一〇九 | 元封二年 | | 六月，旱。 | 大寒，雪深五尺，野鸟兽皆死，牛马皆蜷缩如猬，三辅人民冻死者十有二三。 | | |
| 一〇八 | 三年 | | | 夏，旱。 | 十二月，雷，雨雹大如马头。 | |

(续表)

| 公元前 | 年号 | 雨水 | 旱蝗虫灾 | 风霜冰雪寒暑 | 饥疫 | 地震 |
|---|---|---|---|---|---|---|
| 一〇七 | 四年 | 河决于馆陶 | | 夏,大旱,民多暍死。 | | |
| 一〇五 | 六年 | | | 五月,旱。秋,大旱,蝗。 | | |
| 一〇四 | 太初元年 | | | 秋,关东蝗大起飞,西至敦煌。 | | |
| 一〇三 | 二年 | | | 秋,蝗。 | | |
| 一〇二 | 三年 | | | 秋,蝗。频年苦旱。 | | |
| 一〇〇 | 天汉元年 | | 夏,大旱。 | | | |
| 九八 | 三年 | | | 四月,大旱。 | | |
| 九五 | 太始二年 | | | 秋,大旱。 | | |
| 九二 | 征和元年 | | | 夏,大旱。 | | |
| 九一 | 二年 | | | 四月,大风发屋折木。 | | 八月癸亥(廿),地震。 |
| 九〇 | 三年 | | 秋,蝗。 | | | |
| 八九 | 四年 | | 夏,蝗。 | 大雪,松柏皆折。 | | |
| 八八 | 后元元年 | | | | | 七月,地震,往往涌泉出。 |

(续表)

| 公元前 | 年号 | 雨水 | 旱蝗虫灾 | 风霜冰雪寒暑 | 饥疫 | 地震 |
|---|---|---|---|---|---|---|
| 八六 | 昭帝始元元年 | 大雨水，自七月至十月，渭桥绝。 | | 冬，无冰。 | | |
| 八一 | 六年 | | 夏，大旱。 | | | |
| 八〇 | 元凤元年 | | | 蓟大风雨，拔燕王宫中树七围以上十六株，坏城楼。 | | |
| 七六 | 五年 | | 夏，大旱。 | 十一月，大雷。 | | |
| 七三 | 宣帝本始元年 | | | | | 四月庚午（初十），地震。 |
| 七一 | 三年 | | 五月，大旱，东西数千里。 | | | |
| 七〇 | 四年 | | | | | 四月壬寅（廿九），河南以东四十九郡同日地震，或山崩。北海、琅邪坏城郭室屋，杀六千余人。 |
| 六七 | 地节三年 | | | 夏，京师雨雹。 | | 九月壬申（十九），地震。 |
| 六六 | 四年 | 秋，郡国颇被水灾。 | | 五月，山阳济阴雹如鸡子，深二尺五寸，杀二十余人，飞鸟皆死。 | | |
| 六一 | 神爵元年 | | 秋，大旱。 | | | |

（续表）

| 公元前 | 年号 | 雨水 | 旱蝗虫灾 | 风霜冰雪寒暑 | 饥疫 | 地震 |
|---|---|---|---|---|---|---|
| 四八 | 元帝初元元年 | 九月，关东郡国十一大水。 | | | 六月，民疾疫。九月，关东以大水饥，或人相食。 | 春，地数动。 |
| 四七 | 二年 | 北海水溢，流杀人民。 | | | 六月，关东饥，齐地谷石三百余，民多饿死。琅邪郡人相食。 | 二月戊午（廿八），陇西地震，败獂道县城郭官寺及民室屋，压杀人众。山崩地裂，水泉涌出。七月己酉，地复震。 |
| 四六 | 三年 | | 夏，旱。 | | | |
| 四四 | 五年 | | | | 关东连遭灾害，民饥寒疾疫。 | |
| 四三 | 永光元年 | | | 三月，雨雪。陨霜杀桑。九月二日，陨霜杀稼。是岁夏寒，日青无光。 | 天下大饥。 | |
| 四一 | 三年 | 仲冬，雨水。 | | 仲冬，雨水，大雾。 | 饥。 | 十一月己丑（初八），地震。 |
| 三九 | 五年 | 夏及秋大水，颍川、汝南、淮阳、庐江雨坏乡聚民舍，及水流杀人。河决于清河灵鸣犊口。 | | | | |

(续表)

| 公元前 | 年号 | 雨水 | 旱蝗虫灾 | 风霜冰雪寒暑 | 饥疫 | 地震 |
|---|---|---|---|---|---|---|
| 三七 | 建昭二年 | | | 十一月，齐、楚地大雨雪，深五尺，树折屋坏。 | | 十一月，齐、楚地震。 |
| 三五 | 四年 | | | 三月，雨雪，燕多死。 | 饥 | 蓝田地震，山崩，沙石壅灞水。安陵岸崩，壅泾水，水逆流。 |
| 三三 | 竟宁元年 | | | 大雾，树皆白。 | | |
| 三二 | 成帝建始元年 | | | 四月壬寅（初九），黄雾四塞。十二月，大风拔甘泉畤中大木十围以上。 | | |
| 三一 | 二年 | | 夏，大旱。 | | | |
| 三〇 | 三年 | 夏秋间，大水，三辅霖雨三十余日，郡国十九雨，山谷水出，凡杀四千余人，坏官寺民舍八万三千余所。 | | | | 十二月戊申朔夜，地震未央宫殿中。越嶲山崩。 |
| 二九 | 四年 | 九月，大雨水十余日，河决于东郡金堤，泛滥兖豫及平原、千乘、济南，凡灌四郡三十二县，水居地十五万余顷，深者三丈，坏败官亭室庐且四万所。 | | 四月，雨雪，燕多死。秋，桃李实。 | | |

（续表）

| 公元前 | 年号 | 雨水 | 旱蝗虫灾 | 风霜冰雪寒暑 | 饥疫 | 地震 |
|---|---|---|---|---|---|---|
| 二八 | 河平元年 | | 三月，旱伤麦。 | 三月癸未大风，折拔树木，毁坏槛屋。 | 民食榆皮 | |
| 二七 | 二年 | | | 四月，楚国雨雹，大如斧，飞鸟死。 | | |
| 二六 | 三年 | 河复决平原，流入济南千乘，所坏败者半建始时。 | | | | 二月丙戌（廿七），犍为地震，山崩，雍江水，水逆流坏城，杀十二人。地震积二十一日，百二十四动。 |
| 二三 | 阳朔二年 | 秋，关东大水。 | | 春，寒。 | | |
| 二一 | 四年 | | | 四月，雨雪，燕雀死。 | | |
| 一八 | 鸿嘉三年 | | 四月，大旱。 | | | |
| 一七 | 四年 | 秋，勃海、清河、信都河水涌溢，灌县邑三十一，败官亭民舍四万余所。 | | | | |
| 一五 | 永始二年 | | | | 梁国平原郡比岁伤水灾，人相食。 | |
| 一四 | 三年 | | 夏，大旱。 | | | |
| 一三 | 四年 | 秋，郡国二十一伤于水灾。 | 夏，大旱。 | | | 地震 |

（续表）

| 公元前 | 年号 | 雨水 | 旱蝗虫灾 | 风霜冰雪寒暑 | 饥疫 | 地震 |
|---|---|---|---|---|---|---|
| 一二 | 元延元年 | 夏，大水泛滥郡国五十有余。 | | | | |
| 一〇 | 三年 | | | | | 正月丙寅（十一），蜀郡岷山崩，壅江三日，江水竭。 |
| 七 | 绥和二年 | 秋，河南颍川郡水出，流杀人民。 | | | | 春，郡国频频地震。九月庚申（廿五），地震，自京师至北边郡国三十余处，坏城郭，凡压杀四百余人。 |
| 五 | 哀帝建平二年 | | 夏秋旱。冬无大雪，旱气为灾。 | | | |
| 三 | 四年 | 郡国四十一雨水。 | 正月，大旱。 | 夏，大雨雹。又冬，大风雨雹。 | | |
| 二 | 元寿元年 | 京师及郡国四十一雨水。 | | | | |

| 公元 | 年号 | 雨水 | 旱蝗虫灾 | 风霜冰雪寒暑 | 饥疫 | 地震 |
|---|---|---|---|---|---|---|
| 二 | 平帝元始二年 | | 夏，郡国大旱，蝗，青州尤甚，民流亡。 | | | |
| 四 | 四年 | 河汴决坏 | | 冬，大风，吹长安城东门屋瓦且尽。 | | |
| 八 | 初始元年 | | | | | 春，地震。 |

（续表）

| 公元 | 年号 | 雨水 | 旱蝗虫灾 | 风霜冰雪寒暑 | 饥疫 | 地震 |
|---|---|---|---|---|---|---|
| 九 | 始建国元年 | | | 冬,雷,桐华。真定常山大雨雹。 | | |
| 一〇 | 二年 | | | 十二月,雷。 | | |
| 一一 | 三年 | 河决魏郡,泛清河以东数郡。 | 滨河郡蝗生 | | | |
| 一四 | 天凤元年 | | | 四月,陨霜杀草木,海滨尤甚。六月,黄雾四塞。七月,大风拔树,飞北阙直城门屋瓦。雨雹杀牛羊。 | 缘边大饥,人相食。 | |
| 一五 | 二年 | 邯郸以北大雨,水出,深者数丈,流杀数千人。 | | | | |
| 一六 | 三年 | | | 二月,大雨雪,关东尤甚,深者一丈,竹柏或枯。 | | 二月乙酉,地震。 |
| 一七 | 四年 | | | 八月,大寒,人马有冻死者。 | | |
| 一九 | 六年 | | 关东连年旱 | | 关东连年饥 | |
| 二〇 | 地皇元年 | 九月,大雨六十余日。 | | 七月壬午,烈风雷雨,发屋折木。 | | |
| 二一 | 二年 | | 夏,枯旱。秋,关东蝗。 | 秋,陨霜杀菽。 | 关东大饥 | |
| 二二 | 三年 | | 夏,蝗从东方来,飞蔽天。 | | 二月,关东人相食。是时黄金一斤易粟一斛。 | |
| 二三 | 淮阳宪王始更元年 | | | 三月辛丑（廿一）,大风发屋折木。 | | |

历代自然灾害年表 | 0601

# 东 汉

### 第一章

**一**

下表根据袁宏的《后汉纪》，范晔的《后汉书·本纪》《后汉书·五行志》等编订，又参考了司马光的《资治通鉴·后汉纪》，郑樵的《通志·灾祥略》，马端临的《文献通考·物异考》，清编《古今图书集成·庶征典》，石仁镜的《天象灾祥分类考》，文焕然的《秦汉时代黄河中下游气候研究》。

**二**

后汉，从二五年到二二〇年，共一百九十六年。

1. 计雨水之年凡五八，其中灾面最广者，以郡国来计算，如一〇七、一〇九两年的四十一郡国，一〇八年的四十郡国，一〇六年的三十七郡国（当时郡国一〇五）；以州来计算，如一〇六、一六九两年的六州，九八、一二九两年的五州（当时州十三）。其中霖雨日期最长者，如一八九年的八十余日，一七二年的七十余日，一六八年的六十余日，一五九年的五十余日。其中海溢凡五年，即一二二、一四六、一六七、一七一、一七三年；黄河溢凡四年，即一二二、一五三、一五四、一五五年；汉水溢凡二年，即一九七、二一九年。灾情的连续，有的至于连续六年，年年有水灾，如九八至一〇三、一〇六至一一一，皆是；其次，连续五年，如一二〇至一二四、一七一至一七五，皆是；又次，连续三年、二年，则比比而是。灾情的间距期，有的长达二十三年，中间没有水灾，如六六至八八；其次长达十二年，如四二至五三；至于间距九年、八年，或更短年份，又属比比而是。

2. 计干旱之年凡七八。其中灾面最广者，如一七六年蝗之普及天下，次如七五、八九年之三州，一〇三年之郡国二十二。灾期之长，冬春夏连旱占一年——一三三年，春夏秋连旱占一年——八四年，春夏连旱占七年——七五、八五、九五、一〇八、一一一、一三四、一四五年，冬春连旱占三年——七六、一三二、一三五年，夏秋连旱占两年——七九、一九四年，一年两旱，夏旱冬复旱占一年——六〇年。灾情的连续，如一〇七至一一六连续十年，无一年无旱灾，此例较为特殊。至于连续三年或连续四年，其例甚夥。灾情的间距，以四五至五七的十三年中无旱灾期间为最长；其次，自九年、七年以至四年、三年的间距，参差出现；以间距两年、一年就有灾情的事例为最多。

一年之内，水旱相因的例子：

先旱后水：

八九年，春旱，七月水。

一六七年，二月旱，八月水。

九四年，夏旱，七月水。

一一〇年，夏旱，七月水。

一〇七年，夏旱，十月水。

一八三年，夏旱，秋水。

二一四年，四月旱，五月水。

三〇年，六月旱，九月水。

一〇八年，春夏旱，六月水。

一一一年，春夏旱，秋水。

先水后旱：

六五年，秋水，冬旱。

一七五年，四月水，以后旱。

旱夹水：

六〇年，夏旱，秋水，冬旱。

隔年水旱相因的例子：

先水后旱：

三二年，秋水；三三年，春旱。

一一七年，七月淫雨；一一八年，三月旱。

一二六年，秋水潦；一二七年，三月旱。

一二九年，五月淫雨；一三〇年，四月旱。

一三一年，秋淫雨；一三二年，冬春旱。

一九三年，夏雨水；一九四年，夏秋旱。

先旱后水：

二七年，秋旱；二八年，水。

一五八年，六月旱；一五九年，夏霖雨。

九九年，冬旱；一〇〇年，春旱，六月大水。

水夹旱：

一二〇年，三月至十月雨水；一二一年，夏旱，秋淫雨。

一二三年，九月连雨；一二四年，冬春旱，夏雨水。

3. 霜：

五八年六月卅日，极端初霜。

一六六年夏，极端终霜。

一六五年春，杀霜。

雹的出现期：

特殊例子：

三九年十二月，在巨鹿。

三四年十月，在乐浪上谷。

寒：

只有一六四、一六五、一六六年，一个春寒与两个冬寒，接连在三年中出现。其余，两个寒的中间，一般总是距离十多年、二十多年或三十多年。至于特殊的冬寒，如一八三年的井水成冰。特殊的夏寒，如一九三年的风如冬时。但是一一二至一二一年，冬温较高，十年之中就有八年冬雷，而其余高温之年，则是与低温之年交叉出现。

4. 在一百九十六年中，饥而至于人相食，凡七次。最初出现于二六年，当汉业再建的开端；在一〇八、一〇九年，已经是汉业中衰的时期；及至一五一、一五五年，到了桓、灵末世；一九四、一九七年，是汉末群雄角逐的时期。

饥年的物价：一〇八年，米石二千；七六年，米石七八万（十斗为一石）；一九四年，谷一斛五十万，豆麦一斛二十万（十斗为一斛）。

在一百九十六年中，大疫凡七次，局部地方疫凡七次。它的出现时间：计春令七次，夏令一次，冬令一次，时间不详五次。另外，牛疫两次。

5. 一百九十六年中，凡五十三年有地震，而震年又集中在九二至一九四近一百年之间。震面之广者，如一一九年的郡国四十二和一二一年的郡国三十五（当时郡国一〇五）。震状之烈，至于地裂水涌，城崩屋坏。造成伤亡者，则数一一九、一二一、一二八、一三八、一四三、一四七、一八〇诸年，而一四三、一四四及一八〇诸年，震期尤其长。

## 第二章

各州郡灾情分记：

司隶，治河南，河南即洛阳，领郡七。

灾情：一一〇，蝗。

一二九，五月，淫雨，大水。

一五五，二月，大饥。

一六六，三月，大饥。

一七六，四月，大旱。

河南尹，治洛阳。

灾情：二七，七月，洛阳大旱。

二九，四月，旱，蝗。

三〇，六月，旱。九月，大雨。

三一，正月，多霜。春，多寒。夏，雨水，洛水溢。

三三，春，旱。

三六，五月，旱。河南雹。

四一，洛阳暴雨。

四二，五月，旱。

四五，六月，旱。

四六，三月，京师蝗。九月，地震。

四七，京师蝗。

五八，五月，旱。六月，霜。

六〇，秋，京师大水。夏，旱。冬，无宿雪。

六一，春寒不润泽。

六五，秋，多雨。冬，旱。

六八，八月，旱。

七一，春，洛阳大旱。

七二，八月，旱。

七五，京师春夏大旱。牛疫。

七六，冬春，大旱。

七七，夏，洛阳旱。

七九，夏，旱。秋，雨泽不适。

八〇，春，旱。

八二，京师螟。

八三，旱。京师螟。夏，多寒。

八四，春夏秋旱。

八五，春夏旱。

八八，五月，京师旱。

八九，牛疫。

九二，夏旱，蝗。

九四，夏，京师旱。七月，大水。

九五，九月，京师地震。

九六，九月，京师蝗。

九七，六月，旱。夏秋蝗。

九八，五月，京师大雨水。

九九，冬，无宿雪。

一〇〇，春旱。

一〇一，淫雨。

一〇四，七月，旱。

一〇六，夏寒。十月，雹。

一〇七，春夏之间寒。十月，新城（在今洛阳市南）大水。

一〇八，春夏之间，京师旱。六月，京师大水、风、雹。

一〇九，三月，京师大饥。关东（关，函谷关）水潦，饥。五月，京师雨水、风、雹。

一一〇，夏旱。

一一一，春夏旱。

一一二，五月，旱。

一一三，夏秋蝗。八月，大风。

一一四，四月，京师旱，蝗。

一一五，三月，京师大风。五月，京师旱，河南蝗。六月，洛阳及新城地震裂。

一一六，四月，京师旱。

一一七，七月，京师淫雨。

一一八，三月，京师旱。

一一九，二月，京师地震。五月，京师旱。

一二〇，京师大雨水。

一二一，秋，京师淫雨。

一二二，京师雨水。七月，京师地震。

一二三，京师地震。冬，无宿雪。

一二四，京师地震。春旱。

一二五，冬，京师大疫。十一月，地震。

一二六，水潦，疫疠。

一二七，三月，旱。

一二八，正月，京师地震。六月，大旱。

一三〇，四月，京师旱，蝗。

一三二，自去冬至今春，京师旱。

一三三，自去冬至今年春夏，旱。正月，大风寒。四月，京师地震。六月，地圻。

一三四，河南春夏连旱。

一三五，自去冬旱至于二月。十二月，京师地震。

一三六，夏，洛阳大水。七月，偃师蝗。

一三七，四月、十一月，京师地震。

一三八，二月、闰四月，京师地震。

一三九，三月，京师地震。

一四〇，缺雨。二月，京师地震。

一四四，九月，京师地震。

一四五，春夏大旱。

一四六，二月，京师旱。

一四七，夏旱，京师大风。四月、九月，京师地震。

一四八，七月，京师地震。

一四九，八月，京师大水。九月，地震。

一五一，正月，京师疾疫。四月，京师旱。十一月，京师地震。

一五一，正月、十月，京师地震。

一五四，二月，地震。六月，京师蝗。

一五五，六月，霖雨，大水。

一五六，十二月，京师地震。

一五七，六月，京师蝗。

一五八，五月，京师蝗。六月，旱。

一五九，夏，京师霖雨。

一六一，正月，大疫。六月，京师雹。七月，京师旱。

一六二，五月，京师地震。

一六三，秋，多雨。

一六四，春寒。五月，雹。冬，大寒。

一六五，春寒。五月，缑氏（在今偃师县南）地裂。九月，京师地震。

一六六，春夏霜雹雷雨。十二月，大寒。

一六七，五月，洛阳地裂。

一六八，夏，京师霖雨。

一六九，京师风、雹。

一七〇，风、雹。

一七一，二月，地震。三月，大疫。五月，雹。山水暴出。

一七二，夏，霖雨。

一七三，正月，大疫。

一七四，秋，洛水溢。

一七五，旱。

一七七，四月，大旱。关东大困。十月，京师地震。

一七八，二月、四月，地震。冬旱。

一七九，春，大疫。

一八一，六月，雹。

一八二，夏旱。

一八三，夏大旱。

一八五，正月，大疫。四月，风、雹。

一八八，六月，大风。

一八九，夏，霖雨。

河内郡，治在今河南省武陟县西南。

灾情：九五，春夏大旱。

九六，五月，蝗。

弘农郡，治在今河南省灵宝县南四十里。

灾情：五三，四月，蝗。

一五五，六月，大水。

一七五，六月，螟。

一九三，六月，华山崩裂。

河东郡，治安邑。

灾情：三六，平阳（在今山西省临汾县南）雹。

一○六，五月，垣（今山西省垣曲县）山崩。

一○七，六月，杨（今山西省洪洞县东南十五里）地陷。

一一四，六月，地陷。

一五七，七月，地裂。

一七一，五月，地裂。

京兆尹，治长安。

灾情：二六，九月，关中（京兆尹、左冯翊、右扶风，皆在关中）大饥。

五三，四月，京兆蝗。

八九，春，三辅（京兆尹、左冯翊、右扶风）少雨。

一三四，三辅春夏连旱。

一五五，六月，三辅霖雨，大水。

一六一，六月，京兆地震。

一七五，六月，三辅螟。

一七六，四月，大旱。

一七九，三月，京兆地震。

一八五，七月，三辅螟。

一九一，六月，地震。

一九二，长安冬春霖雨。

一九三，夏，霖雨，寒。十月、十二月，长安地震。

一九四，夏秋，三辅旱、蝗、饥。六月，地震。九月，桑复生椹。

一九五，四月，大旱、蝗、饥。

左冯翊，治高陵。

灾情：一五八，七月，云阳（今陕西省淳化县西北）地裂。

右扶风，治在今陕西省兴平县东南十里。

灾情：一〇五，五月，雍（今陕西省凤翔县南）地裂。

一六一，六月，地震。

一九三，六月，大风，雹。

豫州，治谯，今安徽省亳县，领郡国六。

灾情：七二，蝗。

七五，春夏大旱。

一〇二，秋，淫雨。

一〇三，秋，雨水。

一〇六，九月，大水。

一〇七，正月，饥。

一一〇，蝗。

一二二，六月，蝗、螽。

一二九，五月，淫雨。

一六六，三月，大饥。

一七六，四月，天下大旱。

颖川郡，治即今河南省禹县治。

灾情：七六，饥。

一〇〇，六月，舞阳大水。

一九七，五月，蝗。

二〇四，四月，旱。

二〇七，七月，大水。

二一二，七月，洧水、颖水溢。螟。

二一三，夏秋，许（今许昌）大雨水。

二一四，四月，旱。五月，许大雨水。

二一七，大疫。

汝南郡，治平舆。

灾情：七六，饥。

一一六，十月，冬雷。

梁国，治在今河南省商丘县南。

灾情：一五一，四月，大饥。

一八八，六月，大水。

沛国，治在今安徽省宿县西北。

灾情：一一九，四月，风、雹。

一八八，六月，大水。

鲁国，治即今山东省曲阜县治。

灾情：七一，春，大旱。

冀州，治在今河北省柏乡县北，领郡国九。

灾情：一〇三，秋，雨水。

一〇六，九月，大水。

一〇七，正月，饥。

一一〇，蝗。

一二二，雨水河溢。

一二九，五月，淫雨，大水。

一三一，秋，淫雨。

一五三，秋，河大溢。大饥。

一五四，夏，河溢。

一五五，二月，大饥。

一七六，四月，天下大旱。

魏郡，治在今河北省临漳县西南四十里。

灾情：五三，四月，蝗。

　　　一二二，被水，年饥。

巨鹿郡，治在今河北省宁晋县西南二十九里。

灾情：三九，十二月，雹。

　　　一四九，八月，漳水溢。

常山国，治元氏。

灾情：一八〇，五月，旱。

清河国，治在河北省清河县。

灾情：五三，四月，蝗。

赵国，治邯郸。

灾情：九五，七月，易阳（在今河北省永年县西）地裂。

勃海郡，治南皮。

灾情：一一九，四月，风雹。

　　　一六七，八月，勃海溢。

兖州，治在今山东金乡县西北，领郡国八。

灾情：七二，蝗。

　　　七五，春夏大旱。

　　　九四，三月，济河之域饥。

　　　一〇二，秋，淫雨。

　　　一〇三，秋，雨水。

　　　一〇六，九月，大水。

　　　一〇七，正月，饥。

　　　一一〇，蝗。

　　　　　一二二，六月，蝗、蠓。

　　　　　一七二，五月，淫雨。

　　　　　一七六，四月，天下大旱。

陈留郡，治陈留县。

灾情：九六，五月，蝗。

东郡，治濮阳。

灾情：二八，郡以北水。

东平国，治在今山东省东平县。

灾情：七六，三月，地震。

任城国，治即今山东省济宁市治。

灾情：一五一，四月，大饥。

泰山郡，治在今山东泰安县。

灾情：七二，蝗。

　　　　　一六一，六月，山崩。

山阳郡，治在今山东省金乡县西北，亦州刺史治所。

灾情：七六，大饥。三月，地震。

　　　　　一一三，饥。

　　　　　一八八，六月，大水。

济阴郡，治定陶县。

灾情：一六七，二月，大旱。

徐州，治郯，今山东省郯城县，领郡国五。

灾情：三七，大疫。

　　　　　七五，春夏大旱。

　　　　　一〇三，秋，雨水。

　　　　　一〇六，九月，大水。

　　　　一〇七，正月，饥。

　　　　一一〇，蝗。

　　　　一二二，海溢。

　　　　一六六，旱，饥。

　　　　一七六，四月，天下大旱。

东海郡，亦治郯。

灾情：一五四，六月，朐（在今江苏省东海县南）山崩。

　　　　一八三，冬，大寒。

　　　　一八八，六月，大水。

琅邪国，治在今山东省临沂县。

灾情：一八三，冬，大寒。

　　　　一八八，六月，大水。

彭城国，治今江苏省徐州市治，旧为楚郡。

灾情：七一，春，大旱。

　　　　一一三，饥。

　　　　一八八，六月，大水。

广陵郡，治在今江苏省扬州市。

灾情：一一三，饥。

　　　　一九七，大饥。

下邳国，治在今江苏省邳县。

灾情：一一三，饥。

　　　　一八八，六月，大水。

青州，治临淄，领郡国六。

灾情：四六，蝗。

　　　　五八，旱。饥。

　　　　一〇六，九月，大水。

　　　　一〇七，正月，饥。

　　　　一一〇，蝗。

　　　　一二二，雨水，河溢。

　　　　一六六，旱。饥。

　　　　一七六，四月，天下大旱。

乐安国，治在今山东省高苑县。

灾情：一四六，五月，海溢。

北海国，治在今山东省寿光县。

灾情：一四六，五月，海溢。

　　　　一七三，六月，海溢。地震。

东莱郡，治黄县。

灾情：一七三，六月，海溢。

　　　　一七七，十月，大雷。

　　　　一八三，冬，大寒。

荆州，治在湖南省常德市，领郡七。

灾情：一〇一，八月，雨水。

　　　　一〇二，秋，淫雨。

　　　　一一三，饥。

　　　　一二二，稻收俭薄。

　　　　一二九，五月，淫雨。

　　　　一四七，二月，饥。

　　　　一七六，四月，天下大旱。

　　　　一九七，九月，汉水溢。

　　　　二〇九，十月，地震。

　　　　二一九，秋，霖雨，汉水溢。

南阳郡

灾情：三一，六月，淅水溢。

　　　　四六，九月，地震，大震。

　　　　一〇三，五月，大风。

　　　　一五五，六月，大水。

南郡，治江陵县。

灾情：一〇〇，秭归山崩。

扬州，治历阳，今安徽省和县。

灾情：三七，大疫。

　　　　一二二，稻收俭薄。

　　　　一四七，二月，饥。

　　　　一六六，连水、旱、蝗。

　　　　一七六，四月，天下大旱。

九江郡，治寿春，今安徽省寿县。

灾情：一一三，饥。

　　　　一五一，二月，大疫。

　　　　一九七，大饥。

庐江郡，治舒，在今安徽省庐江、舒城界。

灾情：一一三，饥。

　　　　一五一，大疫。

　　　　一九七，大饥。

丹阳郡，治今安徽省宣城县治。

灾情：三七，疫尤甚。

　　　　一〇三，旱。

　　　　　一二三，七月，山崩。

吴郡，治吴县。

灾情：三七，疫尤甚。

　　　　　一三三，二月，饥。

会稽郡，治今浙江省绍兴市治。

灾情：三七，疫尤甚。

　　　　　三八，大疫。

　　　　　八九，七月，山崩。

　　　　　一一九，大疫。

　　　　　一三三，二月，饥。

豫章郡，治南昌县。

灾情：七二，蝗，大饥。

　　　　　一一二，六月，山崩。

益州，治今四川省广汉县治，领郡九。

灾情：一七六，四月，天下大旱。

广汉郡，治今广汉县治。

灾情：一五〇，七月，梓潼山崩。

蜀郡，治成都县。

灾情：一二五，十月，山崩。

巴郡，治今四川省江北县治。

灾情：一二四，六月，阆中山崩。

　　　　　一五五，六月，山崩。

汉中郡

灾情：一六〇，五月，山崩。

越巂郡，治在今四川省西昌县。

灾情：六四，十月，雷。

一二五，十月，山崩。

益州郡，治滇池县。

灾情：一一〇，九月，地震。

一五五，六月，山崩。

凉州，治在今甘肃省清水县，领郡属国十二。

灾情：八九，春少雨。

一〇九，大饥。

一二二，河西大雨雹。

一四三，地大震。

一四四，地大震。

一六一，六月，地震。

一七六，四月，天下大旱。

安定郡，治在今甘肃省镇原县。

灾情：一六七，五月，高平（今固原县）地裂。

汉阳郡，治在今甘肃省甘谷县。

灾情：一二八，正月，地震。

陇西郡，治在今甘肃省临洮县。

灾情：九三，二月，地震。

九七，三月，地震。

一三八，二月，地震。

金城郡，治在今甘肃省兰州市黄河北岸。

灾情：一三八，二月，地震。

一八三，秋，河溢。

武威郡

灾情：五三，四月，蝗。

酒泉郡

灾情：五三，四月，蝗。

六一，十二月，大蝗。

一八〇，秋，地大震。

并州，治晋阳县，在今山西省太原市西南汾水西，领郡九。

灾情：八九，春少雨。

一〇六，九月，大水。

一〇七，正月，饥。

一〇九，大饥。

一七六，四月，天下大旱。

太原郡

灾情：一三九，八月，旱。

一四四，九月，地震。

上党郡，治长子县。

灾情：一六七，五月，泫氏（今山西省高平县）地裂。

雁门郡

灾情：一四四，九月，地震。

五原郡

灾情：一八三，秋，山岸崩。

幽州，治在今河北省大兴县，领郡属国十一。

灾情：一七六，四月，天下大旱。

一九七，频年旱。

上谷郡，治在今河北省怀来县。

灾情：三四，十月，雹。

辽东郡，治在今辽宁省辽阳市。

灾情：三四，冬雷，草木实。

乐浪郡，治即今朝鲜平壤。

灾情：三四，十月，雹。

一一六，十月，冬雷。

交州，治即今广西梧州市治，领郡七。

灾情：一七六，四月，天下大旱。

日南郡，今越南顺化一带地。

灾情：一一四，正月，地坼。

| 公元 | 年号 | 雨水 | 旱蝗 | 风霜冰雹寒暑 | 饥疫 | 地震 |
|---|---|---|---|---|---|---|
| 二六 | 光武帝建武二年 | | | | 九月，关中饥，人相食。 | |
| 二七 | 三年 | | 七月，洛阳大旱。 | | | |
| 二八 | 四年 | 东郡以北伤水 | | | | |
| 二九 | 五年 | | 四月，旱、蝗。 | | | |
| 三〇 | 六年 | 九月，大雨连月，苗稼更生，鼠巢树上。 | 六月，旱。 | | | |
| 三一 | 七年 | 夏，连雨水，六月戊辰（初六），洛水、浙水盛溢，溺民伤稼，坏庐舍。 | | 正月多霜，迄三月，多寒日。 | | |
| 三二 | 八年 | 秋，郡国七大水。 | | | | |

（续表）

| 公元 | 年号 | 雨水 | 旱蝗 | 风霜冰雹寒暑 | 饥疫 | 地震 |
|---|---|---|---|---|---|---|
| 三三 | 九年 | | 春,旱。 | | | |
| 三四 | 十年 | | | 十月戊辰,乐浪、上谷雨雹伤稼。辽东冬雷,草木实。 | | |
| 三六 | 十二年 | | 五月,旱。 | 河南平阳雨雹,大如杯,坏败吏民庐舍。 | | |
| 三七 | 十三年 | | | | 扬、徐部大疾疫,会稽江左尤甚。 | |
| 三八 | 十四年 | | | | 会稽大疫 | |
| 三九 | 十五年 | | | 十二月乙卯（十二）,巨鹿雨雹伤稼。 | | |
| 四一 | 十七年 | 雒阳暴雨,坏民庐舍,压杀人,伤害禾稼。 | | | | |
| 四二 | 十八年 | | 五月,旱。 | | | |
| 四五 | 二十一年 | | 六月,旱。 | | | |
| 四六 | 二十二年 | | 青州蝗。是岁三月,京师郡国十九蝗。 | | | 九月戊辰（初五）,地震,南阳尤甚。 |
| 四七 | 二十三年 | | 京师郡国十八大蝗,旱,草木尽。 | | | |
| 五〇 | 二十六年 | | | | 郡国七大疫 | |

（续表）

| 公元 | 年号 | 雨水 | 旱蝗 | 风霜冰雹寒暑 | 饥疫 | 地震 |
|---|---|---|---|---|---|---|
| 五二 | 二十八年 | | 三月，郡国八十蝗。 | | | |
| 五三 | 二十九年 | | 四月，武威、酒泉、清河、京兆、魏郡、弘农蝗。 | | | |
| 五四 | 三〇年 | 五月，郡国大水，坏城郭，伤禾稼，杀人民。 | 六月，郡国十二大蝗。 | | | |
| 五五 | 三十一年 | 五月，大水为灾。 | 夏，郡国大蝗。 | | | |
| 五六 | 建武中元元年 | | 三月，郡国十六大蝗。 | | | |
| 五八 | 明帝永平元年 | | 五月，旱。 | 六月乙卯（卅），霜。 | 青州民以旱饥 | |
| 六〇 | 三年 | 秋，京师及郡国七大水。 | 夏，旱。冬，无宿雪。 | 八月，郡国十三雨雹伤稼。 | | |
| 六一 | 四年 | | 十二月，酒泉大蝗，从塞外入。 | 春，寒，不润泽。 | | |
| 六四 | 七年 | | | 十月丙子（廿七），越巂雹。 | | |
| 六五 | 八年 | 秋，多雨，郡国十四大水，伤稼。 | 冬，旱。 | | | |
| 六七 | 十年 | | 郡国十八蝗 | 郡国十八雨雹 | | |
| 六八 | 十一年 | | 八月，旱。 | | | |

（续表）

| 公元 | 年号 | 雨水 | 旱蝗 | 风霜冰雹寒暑 | 饥疫 | 地震 |
|---|---|---|---|---|---|---|
| 七一 | 十四年 | | 春，洛阳、鲁国、楚郡大旱。 | | | |
| 七二 | 十五年 | | 八月，旱。蝗起泰山，遍及兖、豫，豫章亦遭蝗。 | | 豫章遭蝗，谷不收，民饥死，县数千百人。 | |
| 七五 | 十八年 | | 京师及兖、豫、徐三州春夏大旱。 | | 牛疫 | |
| 七六 | 章帝建初元年 | | 冬春大旱 | | 饥，山阳米石七八万，百姓穷困。颍川、汝南民流四散。 | 三月甲寅（十二），山阳、东平地震。 |
| 七七 | 二年 | | 夏，洛阳旱。 | | | |
| 七九 | 四年 | | 夏，旱。秋，雨泽不适。 | | | |
| 八〇 | 五年 | | 春，旱，伤麦。 | | | |
| 八二 | 七年 | | 京师及郡国螟 | | | |
| 八三 | 八年 | | 旱。京师及郡国螟。 | 夏，多寒。 | | |
| 八四 | 元和元年 | | 春，夏，秋，旱。 | | | |
| 八五 | 二年 | | 春、夏旱。 | | | |
| 八八 | 章和二年 | | 五月，京师旱。 | | | |

（续表）

| 公元 | 年号 | 雨水 | 旱蝗 | 风霜冰雹寒暑 | 饥疫 | 地震 |
|---|---|---|---|---|---|---|
| 八九 | 和帝永元元年 | 七月，郡国九大水，伤稼漂人民。 | 春，三辅并凉少雨，麦根枯焦。 | | 牛死日甚 | 七月乙未（十一），会稽山崩。 |
| 九〇 | 二年 | | 郡国十四旱 | | | |
| 九二 | 四年 | | 夏，旱、蝗伤稼。 | | | 六月丙辰（十九），郡国十三地震。 |
| 九三 | 五年 | | | 六月丁酉（初六），郡国三雨雹，大如鸡子。 | | 二月戊午（廿五），陇西地震。 |
| 九四 | 六年 | 七月，大水漂杀人民，伤五谷。 | 夏，京师旱。 | | 三月，济河之域，民凶馑流亡。 | |
| 九五 | 七年 | | 河内春、夏大旱。 | | | 七月乙巳（廿六），赵国易阳地裂。九月癸卯（廿五），京师地震。 |
| 九六 | 八年 | | 五月，河内陈留蝗。九月，京师蝗。 | | | |
| 九七 | 九年 | | 六月，旱。蝗虫从夏至秋，飞过京师。 | | | 三月庚辰（初十），陇西地震。 |
| 九八 | 十年 | 五月，京师大雨，南山水流出，至东郊，坏民庐舍。十月，五州雨水。是岁淫雨伤稼。 | | | | |

(续表)

| 公元 | 年号 | 雨水 | 旱蝗 | 风霜冰雹寒暑 | 饥疫 | 地震 |
|---|---|---|---|---|---|---|
| 九九 | 十一年 | | 冬,无宿雪。 | | | |
| 一〇〇 | 十二年 | 六月,颍川、舞阳大水,伤稼。 | 春,旱。 | | | 四月戊辰(十六),南郡秭归山高四百丈,崩,填溪,杀百余人。 |
| 一〇一 | 十三年 | 八月,荆州雨水。是岁淫雨伤稼。 | | | | |
| 一〇二 | 十四年 | 秋,兖、豫、荆三州淫雨伤稼。 | | | | |
| 一〇三 | 十五年 | 秋,兖、豫、徐、冀四州雨水伤稼。 | 丹阳郡国二十二旱。 | 五月戊寅(十四),南阳大风。 | | |
| 一〇四 | 十六年 | | 七月,旱。 | | | |
| 一〇五 | 元兴元年 | | | 十一月壬午(初三),郡国四冬雷。 | | 五月癸酉(廿一),右扶风雍地裂。 |
| 一〇六 | 殇帝延平元年 | 六月,郡国三十七雨水伤稼。九月,青、兖、豫、徐、冀、并六州大水。十月,四州大水。 | | 夏,寒。十月,雨雹。 | | 五月壬辰(十六),河东垣山崩,长七丈,广四丈。 |

(续表)

| 公元 | 年号 | 雨水 | 旱蝗 | 风霜冰雹寒暑 | 饥疫 | 地震 |
|---|---|---|---|---|---|---|
| 一〇七 | 安帝永初元年 | 郡国四十一水出,漂没民人,伤稼。十月辛酉,河南新城山泉水大出,坏民田。 | 夏,郡国八旱。 | 春夏之间,寒。郡国二十八大风。 | 正月,青、兖、豫、徐、冀、并民饥。 | 郡国十八地震。六月丁巳(初二),河东杨地陷,东西百四十步,南北百二十步,深三丈五尺。 |
| 一〇八 | 二年 | 六月,京师及郡国四十大水。 | 春、夏,京师旱三月。 | 六月,京师及郡国四十八大风雨雹,雹大如芋魁鸡子,风拔树发屋。 | 州郡大饥,米石二千,人相食,老弱相弃于道路。 | 郡国十二地震。 |
| 一〇九 | 三年 | 五月,京师及郡国四十一雨水。 | 郡国八旱 | 雨雹,大如雁子,伤稼。五月癸丑(廿四),京师大风,拔南郊道梓树九十六株。 | 三月,京师大饥,人相食。关东水潦,民饥。并、凉二州大饥。人相食。 | 十二月辛酉(初五),郡国九地震。 |
| 一一〇 | 四年 | 七月乙酉(十四),三郡大水。 | 夏旱。司隶、豫、兖、徐、青、冀六州蝗。 | | | 三月癸巳(廿),郡国九地震。九月甲申(十三),益州郡地震。 |
| 一一一 | 五年 | 秋,郡国八雨水。 | 春、夏,旱。九州蝗。 | | | 正月丙戌(初七),郡国十二地震。 |
| 一一二 | 六年 | | 三月,十州蝗。五月,旱。 | 十月丙戌(十七),郡六冬雷。 | | 六月壬辰(廿一),豫章山崩。 |
| 一一三 | 七年 | | 夏,旱。夏,秋,蝗,飞过洛阳。 | 八月丙寅(初二),京师大风。十月戊子(廿五),郡国三冬雷。 | 南阳、广陵、下邳、彭城、山阳、庐江、九江饥。 | 正月壬寅(初四),二月丙午,郡国十八地震。 |

（续表）

| 公元 | 年号 | 雨水 | 旱蝗 | 风霜冰雹寒暑 | 饥疫 | 地震 |
|---|---|---|---|---|---|---|
| 一一四 | 元初元年 | | 四月，京师及郡国五旱、蝗。 | 十月癸巳（初六），郡国三冬雷。 | | 正月己卯（十七），日南地坼，长一百八十二里，广五十六里。六月丁巳（廿八）河东地陷。是岁，郡国十五地震。 |
| 一一五 | 二年 | | 五月，京师旱。河南及郡国十九蝗。 | 三月癸亥（初八），京师大风。 | | 六月丙戌（初二），洛阳新城地震裂。十一月庚申（初九），郡国十地震。 |
| 一一六 | 三年 | | 四月，京师旱。 | 十月辛亥（初五），汝南、乐浪冬雷。 | | 二月，郡国十地震。十一月癸卯（廿八）郡国九地震。 |
| 一一七 | 四年 | 七月，京师及郡国十淫雨，伤稼。 | | 六月戊辰（廿六），三郡大雨雹，大如盂杯及鸡子，杀六畜。十月辛酉（廿一），郡国五冬雷。 | | 郡国十三地震 |
| 一一八 | 五年 | | 二月，京师及郡国五旱。 | | | 郡国十四地震 |
| 一一九 | 六年 | | 五月，京师旱。 | 四月，沛国勃海雨雹，大风拔树三万余株。十月丙午，郡国五冬雷。 | 四月，会稽大疫。 | 二月乙巳（十二），京师及郡国四十二地震，或坼裂，水泉涌出。十二月，郡国八地震。 |

历代自然灾害年表 | 0629

(续表)

| 公元 | 年号 | 雨水 | 旱蝗 | 风霜冰雹寒暑 | 饥疫 | 地震 |
|---|---|---|---|---|---|---|
| 一二〇 | 永宁元年 | 自三月至十月,京师及郡国三十三大风雨,水伤稼。 | | 十月,郡国七冬雷。 | | 郡国二十三地震 |
| 一二一 | 建光元年 | 秋,京师及郡国二十九淫雨伤稼。 | 夏,郡国四旱。 | 十月,郡国七冬雷。 | | 十一月己丑(十二),郡国三十五地震,或坼裂。 |
| 一二二 | 延光元年 | 京师及郡国二十七雨水,大风杀人,青、冀之域,以雨水河溢,徐、岱之滨,海水溢溢。 | 郡国五旱,伤稼。六月,兖、豫蝗蟓滋生。 | 四月,郡国二十一雨雹,大如鸡子,伤稼。是岁,河西雨雹,如斗。 | 魏郡被水,年饥。荆、扬稻收俭薄。 | 七月癸卯(初一),京师及郡国十三地震。九月甲戌,郡国二十七地震。 |
| 一二三 | 二年 | 九月,郡国五连雨伤稼。 | 冬,无宿雪。 | 六月壬午(十五),郡国十一大风。 | | 京师及郡国三地震。七月,丹阳山崩四十七所。 |
| 一二四 | 三年 | 夏,郡国三十六雨水,流杀民人,伤苗稼。 | 春,旱。 | 郡国大风拔树,雨雹大如鸡子。 | | 京师及郡国二十三地震。六月庚午(初八),巴郡阆中山崩。 |
| 一二五 | 四年 | | | | 冬,京师大疫。 | 十月丙午(廿二),蜀郡越嶲山崩,杀四百余人。十一月丁巳(初四),京师郡国十六地震。 |
| 一二六 | 顺帝永建元年 | 水潦,秋稼漂没。 | | | 疫疠 | |

（续表）

| 公元 | 年号 | 雨水 | 旱蝗 | 风霜冰雹寒暑 | 饥疫 | 地震 |
|---|---|---|---|---|---|---|
| 一二七 | 二年 | | 三月，旱。 | | | |
| 一二八 | 三年 | | 六月，大旱。 | | | 正月丙子（初六），京师、汉阳地震，汉阳地陷裂，坏屋杀人。 |
| 一二九 | 四年 | 五月，司隶、荆、豫、兖、冀部淫雨伤稼，司、冀水尤大。 | | | | |
| 一三〇 | 五年 | | 四月，京师旱。京师及郡国十二蝗。 | 郡国十二雨雹 | | |
| 一三一 | 六年 | 秋，冀州淫雨伤稼。 | | | | |
| 一三二 | 阳嘉元年 | | 自去冬至今春，京师旱。 | | | |
| 一三三 | 二年 | | 自去冬至今年，春、夏旱。 | 正月，寒过其节。大风。 | 二月，吴郡、会稽饥荒。 | 四月己亥（廿九），京师地震。六月丁丑（初八）地坼长八十五丈。 |
| 一三四 | 三年 | | 河南、三辅春夏连旱，五谷灾伤。 | | | |
| 一三五 | 四年 | | 自去冬旱，至于二月。 | | | 十二月甲寅（卅），京师地震。 |
| 一三六 | 永和元年 | 夏，洛阳大水，杀千余人。 | 七月，偃师蝗。 | | | |

（续表）

| 公元 | 年号 | 雨水 | 旱蝗 | 风霜冰雹寒暑 | 饥疫 | 地震 |
|---|---|---|---|---|---|---|
| 一三七 | 二年 | | | | | 四月丙申（十九），京师地震。十一月丁卯（廿三），京师地震。 |
| 一三八 | 三年 | | | | | 二月乙亥（初三），京师及金城、陇西地震，二郡山岸崩地陷，城郭室屋多坏，压杀人。闰四月己酉（初八），京师地震。 |
| 一三九 | 四年 | | 八月，太原郡旱。 | | | 三月乙亥（初九），京师地震。 |
| 一四〇 | 五年 | | 顷年雨常不足 | | | 二月戊申（十七），京师地震。 |
| 一四三 | 汉安二年 | | | | | 凉州自九月至十一月，地一百八十震，山谷坼裂，坏败城寺，民压死者甚众。 |
| 一四四 | 建康元年 | | | | | 凉州地震，自去秋至四月。九月丙午（十二），京师及太原、雁门地震。 |
| 一四五 | 冲帝 永嘉元年 | | 春夏大旱 | | | |

（续表）

| 公元 | 年号 | 雨水 | 旱蝗 | 风霜冰雹寒暑 | 饥疫 | 地震 |
|---|---|---|---|---|---|---|
| 一四六 | 质帝本初元年 | 五月庚寅（初六），海水溢，乐安、北海溺杀人。 | 二月，京师旱。 | | | |
| 一四七 | 桓帝建和元年 | | 夏，旱。 | 京师大风拔树，昼昏。 | 二月，荆、扬二州人多饿死。 | 四月庚寅（十一），京师地震。是月，郡国六地震地裂，水涌井溢。九月丁卯（廿一），京师地震。 |
| 一四八 | 二年 | 七月，京师大水。 | | | | |
| 一四九 | 三年 | 八月，京师大水。巨鹿境漳津泛滥，土不稼穑。 | | | | 九月己卯（十四），地震。庚寅（廿五），地又震。郡国五山崩。 |
| 一五〇 | 和平元年 | | | | | 七月，梓潼山崩。 |
| 一五一 | 元嘉元年 | | 四月，京师旱。 | | 正月，京师疾疫。二月，九江、庐江大疫。四月，任城梁国饥，民相食。 | 十一月辛巳（廿八），京师地震。 |
| 一五二 | 二年 | | | | | 正月丙辰，京师地震。十月乙亥（廿八），京师地震。 |

历代自然灾害年表 | 0633

（续表）

| 公元 | 年号 | 雨水 | 旱蝗 | 风霜冰雹寒暑 | 饥疫 | 地震 |
|---|---|---|---|---|---|---|
| 一五三 | 永兴元年 | 秋，河水溢，漂害人庶数十万户。 | 七月，郡国三十蝗。 | | 七月，河水溢，百姓饥穷，流冗道路，至有数十万户，冀州尤甚。 | |
| 一五四 | 二年 | 夏，河水溢，漂杀人。 | 六月，京师蝗。 | | 以河水溢，百姓饥穷，流移道路数十万户。 | 二月癸卯（初四），地震。六月，东海朐山崩。 |
| 一五五 | 永寿元年 | 六月，霖雨，大水，三辅以东莫不淹没。洛水溢，至津阳城门，漂流人物。南阳大水。 | | | 二月，司隶、冀州饥，人相食。 | 六月，巴郡、益州郡山崩。 |
| 一五六 | 二年 | | | | | 十二月，京师地震。 |
| 一五七 | 三年 | | 六月，京师蝗。 | | | 七月，河东地裂。 |
| 一五八 | 延熹元年 | | 五月，京师蝗。六月，大雩。 | | | 七月己巳（廿五），左冯翊、云阳地裂。 |
| 一五九 | 二年 | 夏，京师霖雨五十余日。 | | | | |
| 一六〇 | 三年 | | | | | 五月甲戌（十一），汉中山崩。 |
| 一六一 | 四年 | | 七月，京师雩。 | 五月己卯（廿），京师雨雹，大如鸡子。 | 正月，大疫。 | 六月，京兆、扶风及凉州地震。庚子（十三），岱山及博尤来山并颓裂。 |

（续表）

| 公元 | 年号 | 雨水 | 旱蝗 | 风霜冰雹寒暑 | 饥疫 | 地震 |
|---|---|---|---|---|---|---|
| 一六二 | 五年 | | | | | 五月乙亥（廿三），京师地震。 |
| 一六三 | 六年 | 秋，多雨。 | | | | |
| 一六四 | 七年 | | | 春，寒。五月己丑（十四），京师雨雹。冬，大寒，杀鸟兽鱼鳖，京城竹柏之叶有伤枯者。 | | |
| 一六五 | 八年 | | | 春寒，木冰，八九州郡陨霜杀菽。 | | 五月丙辰，缑氏地裂。九月丁未（十五），京师地震。 |
| 一六六 | 九年 | | 扬州六郡连水、旱、蝗害。青、徐灾异，五谷损伤。 | 春夏以来，连月霜雹及大雷雨。十二月，洛城傍竹柏枯伤。 | 三月，司隶、豫州饥死者什四五，至有灭户者。青、徐民物流迁，茹菽不足。 | |
| 一六七 | 永康元年 | 八月，六州大水，勃海海溢，没杀人。 | 二月，济阴郡大旱。 | | | 五月丙午（廿五），洛阳、高平、永寿亭、上党、泫氏地各裂。 |
| 一六八 | 灵帝建宁元年 | 夏，京师霖雨六十余日。 | | | | |
| 一六九 | 二年 | | | 四月癸巳（廿二），京师大风雨雹，拔郊道树十围以上百余株。 | | |
| 一七〇 | 三年 | | | 大风拔木，雨雹。 | | |

(续表)

| 公元 | 年号 | 雨水 | 旱蝗 | 风霜冰雹寒暑 | 饥疫 | 地震 |
|---|---|---|---|---|---|---|
| 一七七一 | 四年 | 二月癸卯（十三），海水溢。五月，山水暴出。 | | 五月，雨雹。 | 三月，大疫。 | 二月，癸卯（十三），地震。五月，河东地裂十二处，裂合长十里，百七十步，广者三十余步，深不见底。 |
| 一七二 | 熹平元年 | 夏，霖雨七十余日。 | | | | |
| 一七三 | 二年 | 六月，东莱、北海海水溢出，漂没人物。 | | | 正月，大疫。 | 六月，北海地震。 |
| 一七四 | 三年 | 秋，洛水溢。 | | | | |
| 一七五 | 四年 | 四月，郡国七大水，伤害稼穑。 | 六月，旱。弘农、三辅螟虫为害。 | | | |
| 一七六 | 五年 | | 四月，天下大旱。 | | | |
| 一七七 | 六年 | | 四月，大旱，七州蝗。 | 十月，东莱大雷。是岁频有雷霆疾风伤树拔木之害。 | 关东大困 | 十月辛丑，京师地震。 |
| 一七八 | 光和元年 | | 冬，旱。 | | | 二月辛未（廿一），地震。四月丙辰（初七），地震。 |
| 一七九 | 二年 | | | | 春，大疫。 | 三月，京兆地震。 |

（续表）

| 公元 | 年号 | 雨水 | 旱蝗 | 风霜冰雹寒暑 | 饥疫 | 地震 |
|---|---|---|---|---|---|---|
| 一八〇 | 三年 | | 五月，常山国旱。 | | | 自秋至明年春，酒泉表氏地八十余动，涌水出，城中官寺民舍皆毁坏，县易处更筑城郭。 |
| 一八一 | 四年 | | | 六月庚辰（十九），雨雹，大如鸡子。 | | |
| 一八二 | 五年 | | 夏，旱。 | | | |
| 一八三 | 六年 | 秋，金城河水溢出二十余里。 | 夏，大旱。 | 冬，东海、东莱、琅邪井中冰厚尺余。 | | 秋，五原山岸崩。 |
| 一八五 | 中平二年 | | 七月，三辅螟。 | 四月，庚戌（十三），大风雨雹伤稼。 | 正月，大疫。 | |
| 一八八 | 五年 | 六月，山阳、梁、沛、彭城、下邳、东海、琅邪大水。 | | 六月丙寅（十六），大风。 | | |
| 一八九 | 六年 | 夏，霖雨八十余日。 | | | | |
| 一九一 | 献帝初平二年 | | | | | 六月丙戌（廿三），地震。 |
| 一九二 | 三年 | 自去年季冬至今春，长安附近连雨六十余日。 | | | | |

历代自然灾害年表　|　0637

(续表)

| 公元 | 年号 | 雨水 | 旱蝗 | 风霜冰雹寒暑 | 饥疫 | 地震 |
|---|---|---|---|---|---|---|
| 一九三 | 四年 | 夏，长安附近大雨昼夜二十余日，漂没人庶。 | | 夏，寒风如冬时。六月，扶风大风雨雹，雹如斗，杀人。前后雨雹，此最为大。 | | 六月，华山崩裂。十月辛丑（廿二）京师地震。十二月辛丑（廿三），地震。 |
| 一九四 | 兴平元年 | | 自四月至七月，三辅大旱。六月，大蝗。 | 九月，桑复生椹，可食。 | 以旱、蝗，谷一斛五十万，豆麦一斛二十万，人相食啖，白骨委积。 | 六月丁丑（初二），地震。戊寅（初三），又震。 |
| 一九五 | 二年 | | 四月，大旱，蝗虫起。 | | 岁旱无谷，天子从官经安邑，食枣菜。 | |
| 一九七 | 建安二年 | 九月，汉水溢，流害人民。 | 五月，蝗，幽州频年旱。 | | 岁饥，江淮间民相食。 | |
| 二〇四 | 九年 | | 四月，旱。 | | | |
| 二〇七 | 十二年 | 七月，大水。 | | | | |
| 二〇九 | 十四年 | | | | | 十月，荆州地震。 |
| 二一二 | 十七年 | 七月。洧水、颍水溢。 | 七月，螟。 | | | |
| 二一三 | 十八年 | 夏秋许，大雨水。 | | | | |
| 二一四 | 十九年 | 五月许，大雨水。 | 四月，旱。 | | | |

（续表）

| 公元 | 年号 | 雨水 | 旱蝗 | 风霜冰雹寒暑 | 饥疫 | 地震 |
|---|---|---|---|---|---|---|
| 二一七 | 二十二年 | | | | 大疫。建安文人徐、陈、应一时俱逝。 | |
| 二一九 | 二十四年 | 秋，大霖雨，汉水泛溢。 | | | | |

# 三 国

### 第一章

**一**

下表根据陈寿的《三国志》，沈约的《宋书·五行志》，唐修《晋书·五行志》等编订，又参考了司马光的《资治通鉴·魏纪》，郑樵的《通志·灾祥略》，马端临的《文献通考·物异考》，清编《古今图书集成·庶征典》，石仁镜的《天象灾祥分类考》。

**二**

自二二〇年至二六四年，计四十五年。

1. 据表，雨水之年凡十。自二三七年以前的雨水年份，魏占五，蜀占一，自此以后，吴占四。也就是说，前十八年，雨水偏在中国北部；后二十七年，雨水偏在中国南部。中国北部的雨水，以二二〇年的大雨五十余日和二三〇年的大雨三十余日时间最长，以二三七年的四州水出面积最广。二二〇至二三〇，恰好是十年；二三〇至二三七，又不满十年。中国南部的雨水，长的是首尾十年，如二四五至二五四；中间的是首尾七年，如二五四至二六〇；最短的是首尾三年，如二六〇至二六二。

2. 旱年凡六。计其中夏旱一，冬春旱二，秋冬春旱一，冬春夏旱，竟年旱一。两次干旱的距离时间，长的是首尾十六年，如二四〇至二五五；短的是首尾五年或四年，如二三六至二四〇，是五年，二二八至二三一、二五五至二五八，都是四年。

水旱的关系，大概可以列为公式：

二二七至二二八年，水—旱。

二三〇至二三一年，水—旱—水。

二三六至二三七年，旱—水。

二五四至二五五年，水—旱。

可见在两年之中，水旱是相因而至。

3. 在四十五年中，吴地的气候在许多方面表现得极不正常，例如十二、正、二月的雷电，七月的霜，九月的桃李开花，以及风雪的特大等等。

4. 四十五年，共计饥八次，其中由于干旱的占两次，由于水潦的占一次，由于蝗虫的占一次。共计疫五次。

5. 震次，江东较多，而且震状频数，南安次之，京师和魏郡又次之。蜀仅震一次。关于蜀地的自然灾害，在四十五年中，寥寥地出现一两条，并非事实如此，而当如陈寿《蜀志·刘后主传》所云："蜀无史职，故灾祥靡闻。"

## 第二章

各州郡灾情分记：

**魏**

司隶，治洛阳，统郡七。

河南尹，治洛阳。

灾情：二二〇，大霖雨。

二二三，六月，大霖雨，大水。

二二五，正月，雨，木冰。

二二七，秋，数大雨。

二二八，五月，大旱，饥。

二三〇，八月，大雨霖，大水，饥。

二三一，冬春旱。

二三四，四月，大疫。十一月，京师地震。

二三五，正月，京师大疫。关东饥（关，函谷关。关东，约当今河南、山东等省）。

二三七，六月，京师地震。

二四〇，冬春旱。

二四八，十一月、十二月，大风。

二四九，正月，大风。

二五五，正月，大风。

二五八，去秋冬，今春旱。

二六二，十月，京都疾雷，又桃李花。

豫州，治项，统郡国十。

灾情：二三七，九月，水。

颍川郡，治许昌。

灾情：二二三，三月，许大疫。

徐州，治下邳，统郡国六。

灾情：二三七，九月，水。

兖州，治在今山东省范县东南七十里，统郡国八。

灾情：二三七，九月，水。

冀州，治即今河北省冀县治，统郡国十三。

灾情：二二二，七月，大蝗，饥。

二二四，冬，饥。

二三七，九月，水。

魏郡，治在今河南省临漳县西。

灾情：二四二，十二月，地震。

雍州，治长安，统郡十。

灾情：二五二，关中饥。

南安郡，治在今甘肃省陇西县东北渭水北。

灾情：二四一，十二月，地震。

　　　二四二，七月，地震。

　　　二四五，二月，地震。

荆州，治宛，统郡七。

灾情：二三〇，八月，大雨霖，汉水溢。

南阳郡，治宛，即今河南省南阳市治。

灾情：二二三，三月，宛大疫。

扬州，治合肥，徙治寿春，今安徽省寿县，统郡二。

灾情：二二五，十月，水道冰。

## 蜀

益州，治成都，统郡二十二。

灾情：二三一，夏秋，霖雨。

　　　二六三，地震。

## 吴

扬州，治建业，即今江苏省南京市治，统郡十四。

灾情：二三四，九月，霜。

　　　二三五，七月，雹，霜。

　　　二三六，冬、春、夏旱。

　　　二三七，五月，江东地震。

　　　二三九，正月，江东地震。

　　　二四〇，十一月，饥。

二四一,正月,大雪。

二四二,大疫。

二四八,二月,江东地震。四月,雹。

二五一,八月,大风。

二五二,九月,桃李花。十二月,大风雷电、雷雨。

二五三,四月,大疫。

二五四,夏,大水。

二五五,大旱竟年,饥。

二五七,二月,大雨震电、雪、大寒。

二五八,八月,沉阴。十一月,风,雾。十二月,大风。

二五九,正月,震电。

二六〇,五月,大雨,水。

二六二,八月,大雨震电,水。

丹阳郡,治即今安徽省宣城县治。

灾情:二五〇,八月,句容、故鄣(今浙江省安吉县)、宁国山崩。

荆州,治在今湖南省安乡县北,统郡十五。

湘东郡,治酃县。

灾情:二四五,夏,茶陵大水。

| 公元 | 年号 | 雨水 | 旱蝗 | 风霜冰雹寒暑 | 饥疫 | 地震 |
|---|---|---|---|---|---|---|
| 二二〇 | 文帝黄初元年 | 秋，大霖雨五十余日。 | | | | |
| 二二二 | 三年 | | 七月，冀州大蝗。 | | 七月，冀州饥。 | |
| 二二三 | 四年 | 六月，大雨霖。辛巳（廿四），伊、洛溢，至津阳城门，漂数千家，杀人。 | | | 三月，宛许大疫，死者数万。 | |
| 二二四 | 五年 | | | | 冬，冀州饥。 | |
| 二二五 | 六年 | | | 正月，雨，木冰。十月，魏师击吴，适大寒，水道冰，舟不得入江。 | | 江东地连震 |
| 二二七 | 明帝太和元年 | 秋，数大雨，多暴雷电，至杀鸟雀。 | | | | |
| 二二八 | 二年 | | 五月，大旱。 | | 以旱，三麦不收，百姓饥饿。 | |
| 二三〇 | 四年 | 八月，大雨霖三十余日，伊、洛、河、汉皆溢。 | | | 岁以水凶，饥。 | |
| 二三一 | 五年 | 夏秋间，蜀霖雨。 | 自去冬十月至今春三月，不雨。 | | | |
| 二三四 | 青龙二年 | | | 九月朔，吴地陨霜杀谷。 | 四月，大疫，蜀相诸葛亮出斜谷，卒于渭南。 | 十一月，京师地震，从东南来，隐隐有声，摇动屋瓦。 |

历代自然灾害年表 | 0645

（续表）

| 公元 | 年号 | 雨水 | 旱蝗 | 风霜冰雹寒暑 | 饥疫 | 地震 |
|---|---|---|---|---|---|---|
| 二三五 | 三年 | | | 七月，吴地雨雹又陨霜。 | 正月，京都大疫。是岁，关东饥。 | |
| 二三六 | 四年 | | 吴地自去年十月不雨，至于今夏。 | | | |
| 二三七 | 景初元年 | 九月，淫雨，冀、兖、徐、豫四州水出，没溺杀人，漂失财产。 | | | | 五月，江东地震。六月戊申，京师地震。 |
| 二三九 | 三年 | | | | | 正月，江东地频震。 |
| 二四〇 | 齐王正始元年 | | 自去冬十二月至今春二月，不雨。 | | 十一月，吴饥。 | |
| 二四一 | 二年 | | | 正月，吴地大雪，平地深三尺，鸟兽死者大半。 | | 十二月，南安郡地震。 |
| 二四二 | 三年 | | | | 吴大疫 | 七月甲申（十八），南安郡地震。十二月，魏郡地震。 |
| 二四五 | 六年 | 夏，茶陵县鸿水溢出，漂居民二百余家。 | | | | 二月丁卯（十七），南安郡地震。 |
| 二四八 | 九年 | | | 十一月，大风数十日，发屋折树，十二月戊子晦尤甚，动太极东阁。吴四月，雨雹。 | | 二月，江东地频震。 |

（续表）

| 公元 | 年号 | 雨水 | 旱蝗 | 风霜冰雹寒暑 | 饥疫 | 地震 |
|---|---|---|---|---|---|---|
| 二四九 | 嘉平元年 | | | 正月壬辰朔，西北大风发屋折木，昏尘蔽天。 | | |
| 二五〇 | 二年 | | | | 八月，丹阳、句容及故鄣、宁国诸山崩，鸿水溢。 | |
| 二五一 | 三年 | | | 八月朔，吴大风，江海涌溢，平地深八尺。吴高陵松柏斯拔，郡城南门飞落。 | | |
| 二五二 | 四年 | | | 九月，吴桃李华。十二月朔，吴大风雷电。是月又雷雨。 | 关中饥 | |
| 二五三 | 五年 | | | | 四月，吴大疫。 | |
| 二五四 | 高贵乡公正元元年 | 夏，吴大水。 | | | | |
| 二五五 | 二年 | | 吴大旱竟年 | 正月戊戌，大风晦冥，行者皆顿伏。 | 吴以旱饥 | |
| 二五七 | 甘露二年 | | | 吴地二月甲寅（十三），大雨震电。乙卯（十四），雪，大寒。 | | |

（续表）

| 公元 | 年号 | 雨水 | 旱蝗 | 风霜冰雹寒暑 | 饥疫 | 地震 |
|---|---|---|---|---|---|---|
| 二五八 | 三年 | | 魏自去秋至今春正月，旱。吴自八月沉阴不雨四十余日。 | 吴地十一月甲午（初三），风四转五复，蒙雾连日。十二月丁卯（初七）夜，又大风发木扬沙。 | | |
| 二五九 | 四年 | | | 正月，吴震，雹。 | | |
| 二六〇 | 元帝景元元年 | 五月，吴大雨，水泉涌溢。 | | | | |
| 二六二 | 二年 | 吴八月壬午（十三），大雨震电，水泉涌溢。 | | 十月，京都大震（疾雷），昼晦。是月桃李华。 | | |
| 二六三 | 四年 | | | | | 蜀地震 |

# 西 晋

## 第一章

### 一

下表根据沈约的《宋书·五行志》，唐修《晋书·本纪》《晋书·五行志》，汤球的《九家旧晋书辑本》《三十国春秋辑本》《十六国春秋辑补》《十六国春秋纂录》等编订，又参考了司马光的《资治通鉴·晋纪》，郑樵的《通志·灾祥略》，马端临的《文献通考·物异考》，清编《古今图书集成·庶征典》，石仁镜的《天象灾祥分类考》。

### 二

西晋，始于二六五年，终于三一六年，共计五十二年。

1. 雨水之年，凡二十五。其中水灾遭受面最广的，如二七七年的八州，二七八、二九五年的六州，二九八年的五州。从年份方面来看水灾的连续性，如二八三至二八七，相连五年；二六八至二七一、二七五至二七八，都是相连四年。又从年份方面来看水灾的间断性，如三〇三至三〇九，七年中间没有水灾。

2. 干旱之年，凡二十。其中旱情之烈者，如三〇九年的河、洛、江、汉皆可涉，以及淮水、濮水的枯竭。旱期之长者，如二六六、二七三、二七六年的春夏旱，二八一、三一一年的冬春旱，三〇一年的夏秋旱。灾面之广者，如二八五、三〇一年的四州，二八八年的郡国三十三。关于它的连续性，如二八四至二九一，八年之中，年年有旱；二七一至二七四，四年之中，年年有旱。它的间断性，如三〇二至三〇八，七年之中无旱灾；二九二至二九六，五年之中无旱灾；二六七至二七〇，四年之中无旱灾。

关于水旱的相互关系：（一）在总的情况下，水年多于旱年，但两者在历年中交叉出现，极为参差。（二）在水旱同于一年之内出现的情况下，总是先旱而后水，二七一、二七六、二八一、二八四、二八五、二八六、二八七等年，都是例证。（三）同时期出现的水旱，则是随着地点的差异而有异，例如三〇一年徐州秋旱，而属内的东海，却出现大水。

螟虫出现，共计五年；青虫出现，共计三年；蝗虫出现，共计三年。其中三〇一年的蝗灾，灾情最重，灾面最广，达六州。

3. 在五十二年中，有九年出现了雹灾。在这一灾情出现年份中，少则一次，多到五六次。它的出现月份，计七月占五次，五月占四次，八月、十月各占二次，正月、二月、三月、四月、六月、九月各占一次。而黄河流域及其以北地区，此外东到琅邪，南及襄城，是它的出现所在。其次，共计有十三年出现了霜灾，在上面所述地区中，上半年迟至四月，下半年早至七月，受到了这一灾害。此外如河间地区的八月结冰，河南地区的八月飞小雪，虽是偶然，但也是特殊的现象。

4. 五十二年中，饥凡八年，疫凡五年，饥兼疫凡五年，共十八年。此十八年中，以洛阳为中心的地区，疫凡四年，饥凡二年；雍州地区，饥凡三年，饥兼疫凡三年。以上两个地区，系当时政治中心所在，而天灾流行，经济枯竭，人力凋敝，所以上层建筑也随之崩溃了。

5. 五十二年，凡二十四年发生地震。虽然远达西方的凉州，南方的广州，东北的平州也有地震记录，不过为数寥寥而已，还只算以洛阳为中心的地区震次最多——十五次。这说明了建都洛阳（除了愍帝的四年是建都长安），自然对洛阳的记载较多一些。

## 第二章

各州郡灾情分记：

司州，治洛阳，统郡十二。

灾情：二七八，螟。七月大水。

二一〇，五月，大蝗。

河南郡，治洛阳。

灾情：二六八，九月，大水。

二六九，四月，地震。大疫。

二七〇，六月，大雨水。冬，大雪。

二七一，闰五月，旱。六月，大雨水，地震。十二月，大雪。

二七二，五月，旱。

二七三，四月，霜，春夏旱。

二七四，四月，旱。六月，蝗。

二七五，十二月，大疫。

二七六，春夏旱。七月，暴水。

二七九，二月，饥。八月，雹。

二八〇，四月，雹。

二八一，冬春旱。

二八二，四月，旱。十二月，大雪。

二八三，大水。

二八四，六月，旱。

二八七，十二月，大雪。

二八八，正月，京师风雹。

二八九，二月，旱。

二九〇，正月，地震，三月，旱。

二九一，十二月，京师地震。

二九二，有水灾。十一月，大疫。

二九四，六月，大风。八月，大饥。十月，京都地震。十二月，京都又震。

二九五，四月，大风。五月，地震。

二九六，正月，地震。四月，大风。

二九八，正月，地震。

二九九，三月，霜。五月，雹。十一月，京都大风。

三〇〇，二月，大风。十一月，大风。冬，黄雾。

三〇一，正月，灾风。七月，雹。十月，雹。

三〇二，十月，地震。

三〇三，十二月，地震。

三〇四，正月，大风。

三〇五，十月，雷震。

三〇六，闰八月，霰雪。

三〇七，十二月，大雪。

三〇九，五月，大旱。十一月，地动。

三一〇，五月，大风。地震。十月，震，电。

三一一，冬春旱。

三一二，大疫。

三一三，十月，雹，雪。

三一四，四月，地震。十一月，烈风。

荥阳郡

灾情：二七九，六月，霜，雹。

二九四，十一月，地震。

二九九，三月，霜。

弘农郡，治在今河南省灵宝县南四十里。

灾情：二七九，八月，雹。

二八〇，三月，雹。四月，雹。

二八一，五月，雹。

河东郡，治安邑。

灾情：二七六，八月，地震。

二七九，八月，雹。

二八〇，四月，雹。

二八一，三月，霜。五月，雹。

三一三，十二月，地震。

三一五，八月，大水。

平阳郡，治在今山西省临汾县西南。

灾情：二七六，八月，地震。

二八〇，五月，雹。

三〇一，十月，雹。

三一四，三月，地震。十一月，又震。

三一六，七月，饥。

河内郡，治即今河南省沁阳县治。

灾情：二六五，山崩。

二七〇，六月，大雨水。

二八〇，四月，雹。

二八一，五月，雹。

汲郡

灾情：二七九，六月，雹，霜。

二八一，五月，雹。

顿丘郡，治在今河南省清丰县西南二十五里。

灾情：二八一，五月，雹。

魏郡，治在今河北省临漳县西南四十里。

灾情：二七六，七月，暴水。

二七九，五月，雹。闰七月，雹。

二八〇，四月，雹。

二八一，五月，雹。

二八四，秋，霖雨，暴水，霜。

广平郡，治在今河北省鸡泽县东二十里。

灾情：二六九，五月，大风。

二七九，六月，雹，霜。

三一四，襄国大饥（襄国县治在今河北省邢台县西南）。

豫州，治项，即今河南省项城县，统郡国十。

灾情：二六八，九月，大水。

二七七，九月，大水。

二七八，螟，七月，大水。

二九五，六月，大水。

二九八，九月，大水。

三〇二，十月，大水。

三〇九，五月，大旱。

颍川郡，治许昌。

灾情：二九五，五月，大水。

二九九，三月，霜。

襄城郡

灾情：二九四，十一月，地震。

三〇一，七月，雹。十月，雹。

汝南郡，治新息县，今河南省息县。

灾情：三一二，春，大雨。

梁国，治在今河南省商丘县南。

灾情：二八四，七月，暴雨。

二九四，十一月，地震。

汝阴郡，治今安徽省阜阳县治。

灾情：二九四，十一月，地震。

鲁国，治今山东省曲阜县治。

灾情：二八七，六月，大风。

并州，治在今山西省太原市汾水西太原镇，统郡国六。

灾情：三〇一，夏秋旱。

三〇二，饥。

三一〇，五月，大蝗。

三一五，八月，大水。

太原国

灾情：二九五，九月，大风。

三〇一，十月，青虫。

上党郡，治在今山西省长治市潞城镇东北。

灾情：二七七，八月，霜。

二八〇，五月，雹。

二八一，五月，雹。七月，风雹。

二九五，九月，大风。

西河国，治离石。

灾情：三〇五，离石大饥。

雁门郡，治广武，在今山西省代县西十五里。

灾情：二七八，六月，广武地震。

二七九，五月，雹。

二八〇，五月，雹。

二九五，九月，大风。

新兴郡，治今山西省忻县。

灾情：二七九，七月，雹。

二九五，九月，大风。

三〇一，十月，青虫。

青州，治临淄，统郡国六。

灾情：二六八，九月，大水。

二六九，二月，水。

二七五，九月，螟。

二七七，九月，大水。

二八五，三月，旱。四月，大水。

三〇一，夏秋旱。

齐国，治临淄县。

灾情：二八一，五月，雹。

二八五，三月，霜。

二八七，四月，大水，霜。

济南郡

灾情：二八〇，五月，雹。

二八一，二月，霜。五月，大风。

乐安国，治高苑县。

灾情：二八一，五月，雹。

　　　二八五，三月，霜。

城阳郡，治莒县。

灾情：二九五，六月，大水。

北海郡，治在今山东省昌邑县西二里。

灾情：三〇一，十月，青虫。

兖州，治在今山东省范县东南，统郡国八。

灾情：二六八，九月，水。

　　　二六九，二月，水。

　　　二七七，九月，大水。

　　　二七八，螟。七月，大水。

　　　二八三，七月，大水。

　　　二九五，六月，大水。

　　　三〇二，七月，大水。

　　　三〇九，五月，大旱。

　　　三一〇，四月，地震。

濮阳国

灾情：二八一，五月，雹。

济阴郡，治定陶。

灾情：二八一，五月，雹。

　　　二八五，六月，旱。

高平国，治在今山东省金乡县西北四十里。

灾情：二八〇，三月，雹。

　　　二八一，六月，大风。

三〇一，十月，雹。

任城国，治即今山东省济宁市治。

灾情：二八四，七月，暴雨。

东平国

灾情：二八〇，四月，雹。五月，雹。

二八一，五月，雹。

二八四，七月，雹。

泰山郡，治在今山东省泰安县东北十七里。

灾情：二六八，泰山崩。

二七七，八月，霜。

二八一，六月，大水。

陈留郡

灾情：二七九，六月，雹，霜。

冀州，治在今河北省高邑县西南十五里，统郡国十三。

灾情：二七八，螟。七月，大水。

二八五，三月，旱。四月，大水。

二八七，四月，旱。

二九八，九月，大水。

三〇二，七月，大水。

三〇九，五月，大旱。

三一〇，五月，大蝗。

巨鹿郡，治在今河北省宁晋县西南二十五里。

灾情：二七九，五月，雹。

安平国，治在今河北省冀县治。

灾情：二七七，八月，霜。

平原国

灾情：二七七，八月，霜。

二八四，秋，霖雨，暴水，霜。

河间国

灾情：二七七，八月，暴风，寒冰。

二八五，三月，霜。

高阳国，治在今河北省蠡县南十五里。

灾情：二八五，三月，霜。

中山国，治在今河北省定县治。

灾情：二八四，七月，雹。

三一六，六月，大蝗。

常山郡，治真定。

灾情：三一六，六月，大蝗。

幽州，治涿县，统郡国七。

灾情：二八五，三月，旱。四月，大水。

三〇一，夏秋旱。

三一〇，五月，大蝗。

三一三，大水。

范阳国，治涿县。

灾情：二八〇，四月，雹。

上谷郡，治在今河北省怀来县南。

灾情：二九四，二月，地震。

平州，治在今辽宁省凌源县境，统郡五。

灾情：三〇一，燕陲大水。

辽东国，治襄平，在今辽宁省辽阳县北七十里。

灾情：二九四，二月，地震。

三〇九，五月，襄平大旱。

带方郡，治在今朝鲜平壤西南。

灾情：二九三，螟。

雍州，治长安，统郡七。

灾情：二七一，五月，饥。

二九一，七月，大旱，霜，饥，疫。

二九六，关中饥，疫。

二九七，七月，旱，霜，饥，疫。

二九八，春饥。

三一〇，五月，大蝗。

京兆郡，治长安。

灾情：二八六，八月，地震。

二八八，夏旱。

三一五，六月，长安地震。

三一六，十月，京师（时都长安）饥。

扶风郡，治在今陕西省三原县西北。

灾情：二八八，夏旱。

始平郡，治在今陕西省兴平县东南十里。

灾情：二七七，九月，大水。

二八八，夏旱。

安定郡，治在今甘肃省镇原县东六十里。

灾情：二七九，七月，雹。

二八六，九月，大水。

二八八，夏旱。

秦州，治在今甘肃省天水县西南，统郡六。

灾情：二七一，五月，饥。

　　　二九七，七月，旱，霜。

　　　三一〇，五月，大蝗。

天水郡

灾情：二八七，四月，霜。

南安郡，治在今甘肃省陇西县东北渭水北。

灾情：二八四，九月，霖雨，大水，暴雪。

　　　二八五，十月，山崩。

　　　二八六，七月，地震。

　　　三〇一，十月，青虫。

陇西郡，治在今甘肃省陇西县西南。

灾情：二八八，四月，霜。

阴平郡，治在今甘肃省文县西北。

灾情：二七八，六月，地震。

　　　二八七，七月，地震。

凉州，治武威，统郡八。

灾情：二七一，五月，饥。

　　　三〇一，七月，螟。

金城郡，治榆中。

灾情：二九五，六月，地震。

西平郡，治在今青海省西宁市治。

灾情：二八四，秋，霖雨，暴水，霜。

徐州，统郡国七。

灾情：二六八，九月，水。

二六九，二月，水。

二七五，九月，大水。

二七七，九月，大水。

二九五，六月，大水。

二九八，九月，大水。

三〇一，夏秋旱。

三〇二，七月，大水。

三〇九，五月，大旱。

东海郡

灾情：二八五，二月，霜。

二九六，三月，霜。

三〇一，七月，大水。十月，霖雨。

下邳国，治在今江苏省邳县。

灾情：二九五，七月，大风。

东莞郡，治即今山东省沂水县治。

灾情：二九五，六月，大水。

琅邪国，治在今山东省临沂县北十五里。

灾情：二八一，二月，霜，雹。

二八五，三月，霜。

扬州，治建业，即今南京市，统郡十八。

灾情：二六六，吴，春夏旱。十二月，久阴不雨。

二七四，吴，连三岁大疫，饥。

二七八，螟。七月，大水。

二八三，大水。

二九五，六月，大水。

二九六，五月，大水。

二九八，九月，大水。

三〇九，五月，大旱。

三一〇，四月，江东大水。

丹杨郡，治建业。

灾情：二八一，二月，地震。

二八八，正月，地震。

二八九，十二月，地震。

二九五，建业大雪。

毗陵郡，治丹徒。

灾情：二八六，十二月，雷电。

淮南郡，治在今安徽省寿县治。

灾情：二八一，二月，地震。

二八四，秋，霖雨，暴水，霜。

二八五，十二月，震电。

二九四，寿春山崩。

二九五，五月，大水。

庐江郡，治在今安徽省霍丘县西五十五里。

灾情：二八九，十二月，大雨。

吴兴郡

灾情：二八八，正月，地震。

会稽郡，治在今浙江省绍兴市治。

灾情：二八八，正月，地震。

三一三，十月，大雨，震，电，大雪。

建安郡，故秦闽中郡。

灾情：二八七，五月，地震。

　　　二八九，十二月，大雨。

荆州，初治襄阳，后治江陵，统郡十六。

灾情：二七六，闰九月，大水。

　　　二七七，七月，大水。九月，大水。

　　　二七八，螟。七月，大水。

　　　二八三，大水。

　　　二九五，六月，大水。

　　　二九六，五月，大水。

　　　二九八，九月，大水。

　　　三〇九，五月，大旱。

襄阳郡

灾情：三一〇，大疫。

上庸郡，治在今湖北省竹山县东南。

灾情：二九四，二月，地震。

南阳国

灾情：二九四，十一月，地震。

　　　三〇一，七月，大水。十月，霖雨。

义阳郡，治新野县。

灾情：三〇一，十月，霖雨。

江夏郡，治安陆县。

灾情：二八一，六月，大水。

宜都郡

灾情：三〇九，九月，夷道山崩（夷道县治，在今湖北省宜都县西北）。

武陵郡，治在今湖南省常德市西。

灾情：二八五，六月，旱。

湘州，治即今湖南省长沙市治，统郡九。

灾情：三〇九，九月，地震。

长沙郡

灾情：二八八，四月、七月、八月，地震。

湘东郡，治酃县。

灾情：三一〇，四月，酃县山崩。

临贺郡，治即今广西贺县治。

灾情：二八八，九月、十二月，地震。

广州，统郡九。

灾情：二八八，四月、七月、八月，地震。

梁州，治南郑，统郡八。

灾情：二七七，六月，暴水。九月，大水。

二八五，三月，旱。四月，大水。

二九七，七月，疫。

三〇一，七月，螟。

三〇九，五月，大旱。

巴西郡，治阆中县。

灾情：二八五，七月，地震。

三〇一，十月，青虫。

益州，治成都，统郡八。

灾情：二七七，六月，暴水。九月，大水。

三〇一，七月，螟。

三〇七，饥，疫。

蜀郡，治成都。

灾情：二九四，五月，山崩。

犍为郡，治在今四川省彭山县东十里。

灾情：二八六，七月，地震。

江阳郡，治在今四川省泸州市治。

灾情：三〇一，十月，青虫。

朱提郡，治在今四川省宜宾市西南。

灾情：二八六，二月，山崩。

| 公元 | 年号 | 雨水 | 旱蝗 | 风霜冰雹寒暑 | 饥疫 | 地震 |
|---|---|---|---|---|---|---|
| 二六五 | 武帝泰始元年 | | | | | 二月，太行山崩。 |
| 二六六 | 二年 | | 吴，春夏旱。十二月，久阴不雨。 | | | |
| 二六八 | 四年 | 九月，青、徐、兖、豫四州大水，伊、洛溢，合于河。 | | | | 七月，泰山崩坠三里。 |
| 二六九 | 五年 | 二月，青、徐、兖三州水。 | | 五月辛卯朔，广平大风折木。 | 四月，大疫。 | 四月辛酉（初一），地震。 |
| 二七〇 | 六年 | 六月，大雨霖。甲辰，河、洛、伊、沁水同时并溢，流四千九百余家，杀二百余人，没秋稼千三百六十余顷。 | | 冬，大雪。 | | |

（续表）

| 公元 | 年号 | 雨水 | 旱蝗 | 风霜冰雹寒暑 | 饥疫 | 地震 |
|---|---|---|---|---|---|---|
| 二七一 | 七年 | 六月，大雨霖。伊、洛河溢，流居人四千余家，杀三百余人。 | 闰五月，旱，大雩。 | 十二月，大雪折木。 | 五月，雍、凉、秦三州饥。 | 六月，地震。 |
| 二七二 | 八年 | | 五月旱 | | | |
| 二七三 | 九年 | | 正月旱，至于六月癸未（十七）始雨。 | 四月辛未（初四），陨霜。 | | |
| 二七四 | 十年 | | 四月，旱。六月，蝗。 | | 吴连三岁大疫。吴当孙皓时，常岁无水旱，苗稼丰美而实不成，百姓以饥，阖境皆然，连岁不已。 | |
| 二七五 | 咸宁元年 | 九月，徐州大水。 | 七月，郡国螟。九月，青州又螟。是月郡国有青虫食禾稼。 | | 十二月，大疫，洛阳死者大半。 | |
| 二七六 | 二年 | 七月癸亥（十五），河南魏郡暴水杀百余人。闰九月，荆州郡国五大水，流四千余家。 | 自春旱至于六月 | | | 八月庚辰（初三），河东、平阳地震。 |

(续表)

| 公元 | 年号 | 雨水 | 旱蝗 | 风霜冰雹寒暑 | 饥疫 | 地震 |
|---|---|---|---|---|---|---|
| 二七七 | 三年 | 六月，益、梁二州郡国八暴水，杀三百余人，没邸阁别仓。七月，荆州大水。九月，始平郡大水。青、徐、兖、豫、荆、益、梁又大水。伤秋稼。 | | 八月，平原、安平、上党、泰山四郡霜害三豆。河间暴风寒水。郡国五陨霜伤谷。 | | |
| 二七八 | 四年 | 七月，司、冀、兖、豫、荆、扬郡国二十大水，伤秋稼，坏房屋，有死者。 | 司、冀、兖、豫、荆、扬郡国二十螟。 | | | 六月丁未（初十），阴平、广武地震。甲子（廿七）又震。 |
| 二七九 | 五年 | | | 五月丁亥（廿五），巨鹿、魏郡雨雹伤禾麦。辛卯（廿九），雁门雨雹伤秋稼。六月庚戌（十九），汲县、广平、陈留、荥阳雨雹。丙辰（廿五）又雨雹，陨霜伤秋麦千三百余顷，坏屋百二十余间。癸亥（七月初二），安定雨雹。闰七月丙申（初五），魏郡雨雹。壬子（廿一），新兴雨雹。八月庚子，河南、河东、弘农雨雹，兼伤秋稼三豆。 | 二月，饥。 | |

（续表）

| 公元 | 年号 | 雨水 | 旱蝗 | 风霜冰雹寒暑 | 饥疫 | 地震 |
|---|---|---|---|---|---|---|
| 二八〇 | 太康元年 | | | 三月，河东、高平，霜雹伤桑麦。四月，河南、河内、河东、魏郡、弘农雨雹伤麦豆。是月庚午（十四），畿内县二及东平、范阳雨雹。癸酉（十七），畿内县五雨雹。五月，东平、平阳、上党、雁门、济南雨雹，伤禾麦三豆。 | | |
| 二八一 | 二年 | 六月，大水，泰山流杀六十余人，江夏亦杀人。 | 自去冬旱，至此春。 | 二月辛酉（初九），陨霜于济南、琅邪，伤麦。壬申（廿），琅邪雨雹。三月甲午（十三），河东陨霜害桑。五月，济南大风，折木伤麦。庚寅（初十），河东、乐安、东平、济阴、弘农、濮阳、齐国、顿丘、魏郡、河内、汲郡、上党雨雹伤禾稼。六月，郡国十七雨雹。高平大风折木，坏邸阁四十余区。七月，上党暴风雨雹伤秋稼。 | | 二月，淮南、丹杨地震。 |

（续表）

| 公元 | 年号 | 雨水 | 旱蝗 | 风霜冰雹寒暑 | 饥疫 | 地震 |
|---|---|---|---|---|---|---|
| 二八二 | 三年 | | 四月，旱。 | 十二月，大雪。 | | |
| 二八三 | 四年 | 七月丙寅（廿八），兖州大水。是岁河南郡及荆州、扬州大水。 | | | | |
| 二八四 | 五年 | 七月，任城、梁国暴雨害豆麦。九月，南安郡霖雨，大水，暴雪，树木摧折，害秋稼。是秋，魏郡、西平郡九县、淮南、平原霖雨、暴水、霜伤秋稼。 | 六月，旱。 | 七月乙卯（廿三），中山、东平雨雹伤秋稼。甲辰（应作丙辰廿四），中山雨雹。九月，南安大雪折木。郡国五陨霜伤秋稼。 | | 正月，京师地震，宣帝庙地陷。 |
| 二八五 | 六年 | 四月，青、梁、幽、冀郡国十五大水，坏百姓庐舍。 | 三月，青、梁、幽、冀郡国旱。六月，济阴武陵旱，伤麦。 | 二月，东海陨霜，伤桑麦。三月戊辰(初十)，齐郡、临淄、长广、不其等四县，乐安、梁邹等八县，琅邪、临沂等八县，河间、易城等六县，高阳、北阳、新城等四县，陨霜伤桑麦。十二月甲申朔，淮南郡震雷。 | | 七月，巴西地震。十月，南安、新兴山崩，涌水出。 |
| 二八六 | 七年 | 九月，西方安定等郡国八大水。 | 五月，郡国十三旱。 | 十二月己亥（廿一）毗陵雷电。 | | 二月，朱提之大泸山崩，震坏郡舍。七月，南安、犍为地震。八月，京兆地震。 |

(续表)

| 公元 | 年号 | 雨水 | 旱蝗 | 风霜冰雹寒暑 | 饥疫 | 地震 |
|---|---|---|---|---|---|---|
| 二八七 | 八年 | 四月，齐国大水。六月，郡国八大水。 | 四月，冀州旱。 | 四月，齐国、天水二郡陨霜。六月，鲁国大风拔树木，坏百姓庐舍。是月，郡国八大风。十二月，大雪。 | | 五月壬子（初七），建安地震。七月，阴平地震。九月，丹杨地震。是岁，郡国五地震。 |
| 二八八 | 九年 | | 夏，郡国三十三大旱。扶风、始平、京兆、安定旱伤麦。八月，郡国二十四螟。九月，虫又伤秋稼。 | 正月，京师风雹，发屋折木。四月，陇西陨霜伤麦。 | | 正月，会稽、丹杨、吴兴地震。四月辛酉（廿一），长沙、南海等郡国八地震。七月至于八月，地又四震，其三有声如雷。九月，临贺地震。十二月，又震。 |
| 二八九 | 十年 | 十二月癸卯（十三），庐江、建安大雨。 | 二月，旱。 | 四月，郡国八陨霜。 | | 十二月己亥（初九），丹杨地震。 |
| 二九〇 | 惠帝永熙元年 | | 三月，旱。 | | | 正月，地震。 |
| 二九一 | 元康元年 | | 七月，雍州大旱。 | 七月，雍州陨霜。 | 七月，雍州疾疫。关中饥，米斛万钱。 | 十二月辛酉（初二），京师地震。 |
| 二九二 | 二年 | 有水灾 | | | 十一月，大疫。 | |
| 二九三 | 三年 | | 九月，带方等六县螟，食禾叶尽。 | | | |

(续表)

| 公元 | 年号 | 雨水 | 旱蝗 | 风霜冰雹寒暑 | 饥疫 | 地震 |
|---|---|---|---|---|---|---|
| 二九四 | 四年 | | | 六月，大风拔树。 | 八月，大饥。 | 二月，上谷、上庸、辽东地震。五月，蜀郡山崩杀人。壬子(十七)，寿春山崩，洪水出，城坏。地陷方三十丈，杀人。六月，寿春天雷山崩地坼，人家陷死，上庸亦如之。八月，上谷地震水出，杀百余人。上庸四处山崩地坠，广三十丈，长百三十丈，水出杀人。十月，京都地震。十一月，荥阳、襄城、汝阴、梁国、南阳地皆震。十二月，京都又震。 |
| 二九五 | 五年 | 五月，颍川、淮南大水。六月，城阳、东莞大水杀人。荆、扬、徐、兖、豫五州又大水。 | | 四月庚寅(系五月初一)夜，暴风，城东渠波浪杀人。七月，下邳大风坏庐舍。九月，雁门、新兴、太原、上党大风伤禾稼。是岁，丹杨、建业大雪。 | | 五月丁丑，地震。六月，金城地震。 |

（续表）

| 公元 | 年号 | 雨水 | 旱蝗 | 风霜冰雹寒暑 | 饥疫 | 地震 |
|---|---|---|---|---|---|---|
| 二九六 | 六年 | 五月，荆、扬二州大水。 | | 三月，东海陨霜伤桑麦。四月，大风。 | 关中饥，大疫。 | 正月丁丑（廿三），地震。 |
| 二九七 | 七年 | | 七月，秦、雍二州大旱。九月，郡国五旱。 | 七月，秦、雍二州陨霜杀秋稼。 | 七月，雍、梁州疫。关中饥，米斛万钱。朝廷不能赈，听相卖鬻。 | |
| 二九八 | 八年 | 九月，荆、豫、扬、徐、冀五州大水。 | | | 春，雍州饥。 | 正月丙辰（十三），地震。 |
| 二九九 | 九年 | | | 三月十八日，河南、荥阳、颍川陨霜伤禾。五月，雨雹深三尺。十一月甲子朔，京都大风，发屋折木。 | | |
| 三〇〇 | 永康元年 | | | 二月丁酉（初六），大风飞沙拔木。十一月戊午（初一），大风飞砂石。是冬，黄雾四塞凡六日。 | | |

(续表)

| 公元 | 年号 | 雨水 | 旱蝗 | 风霜冰雹寒暑 | 饥疫 | 地震 |
|---|---|---|---|---|---|---|
| 三〇一 | 永宁元年 | 七月，南阳、东海大水。十月，义阳、南阳、东海霖雨，淹害秋稼。是岁燕隆大水。 | 自夏及秋，青、徐、幽、并四州旱。七月，梁、益、凉三州螟。十月，南安、巴西、江阳、太原、新兴、北海青虫，食禾叶，甚者十伤五六。十二月，郡国十二旱，郡国六螟。 | 正月癸酉（十七），灾风暴起，尘沙四合。七月，襄城、河南雨雹。八月，郡国三大风。十月，襄城、河南、高平、平阳风雹折禾伤稼。 | | |
| 三〇二 | 太安元年 | 七月，兖、豫、徐、冀等四州大水。 | | | 并州饥 | 十月，地震。 |
| 三〇三 | 二年 | | | | | 十二月丙辰（十七），地震。 |
| 三〇四 | 永兴元年 | | | 正月乙丑（廿七），西北大风。 | | |
| 三〇五 | 二年 | | | 十月丁丑（十九），雷震。 | 离石大饥 | |
| 三〇六 | 光熙元年 | | | 闰八月甲申朔，霰雪。 | | |
| 三〇七 | 怀帝永嘉元年 | | | 十二月，冬雪，平地三尺。 | 蜀之南土频岁饥疫，死者十万计。 | |

（续表）

| 公元 | 年号 | 雨水 | 旱蝗 | 风霜冰雹寒暑 | 饥疫 | 地震 |
|---|---|---|---|---|---|---|
| 三〇九 | 三年 | | 五月大旱，襄平县梁水、淡池及淮水、濮水皆竭。河、洛、江、汉皆可涉。 | | | 七月戊辰（初三），当阳地裂三所，各广二丈，长三百余步。九月，荆、湘二州地震。宜都夷道山崩。十一月，地动。 |
| 三一〇 | 四年 | 四月，江东大水。 | 五月，大蝗，自幽、并、司、冀至于秦、雍，草木牛马毛鬣皆尽。 | 五月，大风折木。十月，震电。 | 十一月，襄阳大疫，死者三千余人。 | 四月，湘东酃黑石山崩。宛州地震。五月，地震。 |
| 三一一 | 五年 | | 自去冬旱，至此春。 | | | |
| 三一二 | 六年 | 春，汝南大雨，三月不止。 | | | 大疫。石勒驻兵葛陂，军中饥疫，死者太半。 | |
| 三一三 | 愍帝建兴元年 | 幽州大水 | | 十月己巳（廿七），大雨雹。庚午（廿八），大雪。十一月戊午（当作十月戊辰，即十月廿六），会稽大雨震电。己巳（廿七）夜，大雨震雹。庚午（廿八），大雪。 | | 十二月，河东地震。 |

（续表）

| 公元 | 年号 | 雨水 | 旱蝗 | 风霜冰雹寒暑 | 饥疫 | 地震 |
|---|---|---|---|---|---|---|
| 三一四 | 二年 | | | 十一月，烈风拔树发屋。 | 襄国大饥，谷二升值银二两，肉一斤值银一两。 | 三月，平阳地震。四月甲辰（初五），地震。十一月，平阳地震。 |
| 三一五 | 三年 | 八月，汾水大溢，流漂数百家。 | | | | 六月丁卯（初五），长安地震。八月，平阳地震。 |
| 三一六 | 四年 | | 六月，大蝗，中山、常山尤甚。 | | 七月，平阳饥甚。十月，京师饥甚，米斗金二两，人相食，死者大半。 | |

# 唐

| 公元 | 年号 | 雨水 | 旱蝗 | 风霜冰雪寒暑 | 饥疫 | 地震 |
|---|---|---|---|---|---|---|
| 六一九 | 高祖武德二年 | | | 十二月壬子（十七），大风拔木。 | | 九月乙未（卅），京师地震。 |
| 六二〇 | 三年 | | 自夏不雨，至于八月。 | | | |
| 六二一 | 四年 | | 自春不雨，至于七月。 | | | |
| 六二三 | 六年 | 秋，关中久雨。 | 夏州蝗 | | | |
| 六二四 | 七年 | | 秋，关内、河东旱。 | | | 七月甲午（廿六），巂州地震，山崩，遏江水。 |
| 六二七 | 太宗贞观元年 | | 夏，山东大旱。 | 七月，关东、河南、陇右及缘边诸州霜害秋稼。 | 关内饥 | |
| 六二八 | 二年 | | 春，旱。六月，京畿旱蝗。 | | 八月，河南、河北大霜，人饥。 | |
| 六二九 | 三年 | 秋，贝、谯、郓、泗、沂、徐、亳、苏、陇九州水。 | 春夏旱。五月，徐州蝗。秋，德、戴、廓等州蝗。 | 六月己卯（初九），大风拔木。北边霜杀稼。 | | |

历代自然灾害年表 | 0677

（续表）

| 公元 | 年号 | 雨水 | 旱蝗 | 风霜冰雪寒暑 | 饥疫 | 地震 |
|---|---|---|---|---|---|---|
| 六三〇 | 四年 | 秋，许、戴、集三州水。 | 二月，旱。秋，观、兖、辽等州蝗。 | 秋，丹、延、北、永等州雹。 | | |
| 六三三 | 七年 | 八月，山东、河南州四十大水。 | | 二月丁卯（十九），雨土。 | | 十月乙丑（廿一），京师地震。 |
| 六三四 | 八年 | 七月，山东、江淮大水。 | | | | 七月七日，陇右山崩。 |
| 六三五 | 九年 | | 秋，剑南、关东州二十四旱。 | | | |
| 六三六 | 十年 | 关东及淮海旁州二十八大水 | | | 关内、河东大疫。 | |
| 六三七 | 十一年 | 七月癸未朔，黄气际天，大雨，谷水溢入洛阳宫，深四尺，坏左掖门，毁官寺十九，洛水漂六百余家。九月丁亥（初六），河溢，坏陕州河北县，毁河阳中碑。 | | | | |
| 六三八 | 十二年 | | 吴、楚、巴、蜀州二十六旱。冬不雨，至于明年五月。 | | | 正月乙未（十五），丛州地震；癸卯（廿三），松州地震。俱坏庐舍。 |
| 六四〇 | 十四年 | | | 六月乙酉（十九），大风拔木。 | | |

(续表)

| 公元 | 年号 | 雨水 | 旱蝗 | 风霜冰雪寒暑 | 饥疫 | 地震 |
|---|---|---|---|---|---|---|
| 六四一 | 十五年 | 春,霖雨。 | | | 三月,泽州疫。 | |
| 六四二 | 十六年 | 秋,徐、戴二州大水。 | | | 夏,谷、泾、徐、戴、虢五州疫。 | |
| 六四三 | 十七年 | | 春夏旱 | | 夏,泽、濠、庐三州疫。 | |
| 六四四 | 十八年 | 秋,谷、襄、豫、荆、徐、梓、忠、绵、宋、亳十州大水。 | | | 庐、濠、巴、普、郴五州疫。 | |
| 六四五 | 十九年 | 秋,沁、易二州水害稼。 | | | | |
| 六四六 | 二〇年 | | | | | 九月辛亥(廿二),灵州地震,有声如雷。 |
| 六四七 | 二十一年 | 八月,河北大水。泉州海溢。骥州水。 | 秋,陕、绛、蒲、夔等州旱。渠、泉二州蝗。莱州螟。 | | | |
| 六四八 | 二十二年 | 夏,泸、越、徐、交、渝等州水。 | 秋,开、万等州旱。冬不雨至于明年三月。 | | 郯州大疫 | |
| 六四九 | 二十三年 | | 三月己未(十五)自去冬旱至是雨。冬,无雪。 | | | 八月一日,晋州地震,坏庐舍,压死者五十余人。三日又震。十一月五日又震。 |

(续表)

| 公元 | 年号 | 雨水 | 旱蝗 | 风霜冰雪寒暑 | 饥疫 | 地震 |
|---|---|---|---|---|---|---|
| 六五〇 | 高宗永徽元年 | 六月，新丰、渭南大雨，零口山水暴出，漂庐舍。宣、歙、饶、常等州大雨水，溺死者数百人。秋，齐、定等十六州水。 | 自夏不雨至七月，京畿、雍、同、绛等十州旱。雍、同、绛、夔等州蝗。秋，陈州蝗。 | | | 四月己巳（初一），晋州地震；己卯（十一）又震。六月庚辰（十三），晋州地震，有声如雷。 |
| 六五一 | 二年 | 秋，汴、定、濮、亳等州水。 | 九月不雨，至于明年二月。 | 绥、延等州霜杀稼。十一月甲申（廿五）阴雾凝冻封树木，数日不解。 | | 十月辛卯（初二），晋州地震。十一月戊寅（十九），忻州地震。 |
| 六五二 | 三年 | | 正月旱，至三月辛巳（廿四），雨。 | 三月辛巳（廿四），雨土。 | | |
| 六五三 | 四年 | 杭、夔、果、忠等州水。 | 夏秋旱，光、婺、滁、颍等州尤甚。 | | | |
| 六五四 | 五年 | 五月丁丑夜，大雨，麟游县山水冲万年宫玄武门，入寝殿，卫士有溺死者。六月，恒州大雨，自二月至七月，滹沱河水泛溢，损五千三百家。 | 正月，旱。 | | | |

（续表）

| 公元 | 年号 | 雨水 | 旱蝗 | 风霜冰雪寒暑 | 饥疫 | 地震 |
|---|---|---|---|---|---|---|
| 六五五 | 六年 | 六月，商州大水。秋，冀、沂、密、兖、滑、汴、郑、婺等州水害稼。八月，京城大雨。九月乙酉，（十八）洛州大水，毁天津桥。十月，齐河、黄河溢。 | | | 三月，楚州大疫。 | |
| 六五六 | 显庆元年 | 八月，霖雨更九旬乃止。九月，括州暴风雨，海水溢，坏安固、永嘉二县。 | | 八月，霜且雨，至于十一月。 | | |
| 六五七 | 二年 | | | 五月，沧州大雨雹，中人有死者。 | | |
| 六五九 | 四年 | | 七月旱 | 二月壬子（初五），大雨雪。 | | |
| 六六〇 | 五年 | | 春，河北州二十二旱。 | | | |
| 六六三 | 龙朔三年 | | | 十一月甲戌（廿五），雨木冰。 | | |
| 六六四 | 麟德元年 | | 五月，旱。冬，无雪。 | 十一月癸酉（廿九），氛雾终日不解。十二月甲戌（初一），雨木冰。 | | |
| 六六五 | 二年 | 六月，廓州大水，坏居民庐舍。 | | | | |

（续表）

| 公元 | 年号 | 雨水 | 旱蝗 | 风霜冰雪寒暑 | 饥疫 | 地震 |
|---|---|---|---|---|---|---|
| 六六七 | 乾封二年 | | 正月，旱。七月，旱。 | | | |
| 六六八 | 总章元年 | | 京师及山东、江淮大旱。 | | | |
| 六六九 | 二年 | 六月十三日夜，益州降雨，至二十日，水深五尺，其夜暴水深一丈已上，坏屋一四三九零区，害田四四九六顷。九月十八日，括州大风雨，海水翻上，坏永嘉、安固二县城，百姓庐舍六八四三区，杀人九零七零，牛五零零头，损田苗四一五零顷。 | 二月，京师旱。七月，剑南州十九旱。冬，无雪。 | | 诸州四十余饥，关中尤甚。 | |
| 六七〇 | 咸亨元年 | 五月十四日，连日雨，山水溢，溺死五千余人。 | 春旱，秋复大旱。 | 四月庚午（廿八），雍州大雨雹。十月癸酉（初四），大雪，平地三尺余，行人有冻死者。 | 大饥 | |
| 六七一 | 二年 | 八月，徐州山水漂百余家。 | 六月，旱。 | 四月戊子（廿二），大雨雹震电。大风拔木，落则天门鸱尾三。 | | 九月，地震。 |

（续表）

| 公元 | 年号 | 雨水 | 旱蝗 | 风霜冰雪寒暑 | 饥疫 | 地震 |
|---|---|---|---|---|---|---|
| 六七二 | 三年 | | | | 关中饥 | |
| 六七三 | 四年 | 七月，婺州大雨，山水暴涨，溺死五千余人。 | | 八月己酉（廿七），大风落太庙鸱尾。 | | |
| 六七五 | 上元二年 | | 四月，旱。 | 十月庚辰（初十），雍州雨雹。 | | |
| 六七六 | 仪凤元年 | 八月，青州大风，海溢，漂居民五千余家。齐、淄等七州大水。 | | | | |
| 六七七 | 二年 | | 夏，河南、河北旱。冬，无雪。 | | | 正月庚辰（十七），京师地震。 |
| 六七八 | 三年 | 五月壬戌（初七），大雨霖。 | 三月，旱。 | 五月丙寅（十一），霖雨大寒。十一月乙未，昏雾四塞，连夜不解。丙申，雨木冰。 | 同州饥 | |
| 六七九 | 调露元年 | | | 八月，邠、泾、宁、庆、原五州霜。 | 春，东都饥。秋，关中饥。 | |
| 六八〇 | 永隆元年 | 九月，河南、河北大水，溺死者甚众。 | | | 冬，东都饥。 | |
| 六八一 | 开耀元年 | 七月，河南、河北大水。 | 关中旱 | 七月，雍州大风害稼。关中霜。冬大寒。 | 关中大饥 | |

历代自然灾害年表 | 0683

（续表）

| 公元 | 年号 | 雨水 | 旱蝗 | 风霜冰雪寒暑 | 饥疫 | 地震 |
|---|---|---|---|---|---|---|
| 六八二 | 永淳元年 | 五月丙午（十九），东都连日雨；乙卯（廿八），洛水溢，坏天津桥及中桥，漂居民千余家。六月乙亥（十九），京师大雨，水平地深数尺。秋，山东大雨水。 | 关中大旱。三月，京畿蝗，无麦苗。六月，雍、岐、陇等州蝗。人相食。 | 五月壬寅（初十），定州大雨雹，害麦禾及桑。 | 关中及山南州二十六饥，京师人相食。蒲、同等州没徙家口并逐粮，饥馁相仍，加以疾疫，自陕至洛，死者不可胜数。秋，山东饥。冬，大疫，两京死者相枕于路。 | 十月甲子（初五），京师地震。 |
| 六八三 | 弘道元年 | 七月己巳，河溢，坏河阳桥。八月，恒州、滹沱河及山水暴溢，害稼。 | 夏，河南、河北旱。 | 十二月壬午，晦，宋州大风拔木。 | 饥 | |
| 六八四 | 中宗嗣圣元年 | 七月，温州大水，漂千余家。括州溪水暴涨，溺死者百余人。 | | 四月丁巳（初六），宁州大风拔木。 | | |
| 六八五 | 武后垂拱元年 | | 五月，旱。 | | | |
| 六八六 | 二年 | | 冬，无雪。 | | | |
| 六八七 | 三年 | | 二月，旱。四月，旱。 | | 天下饥 | 七月乙亥（十三），京师地震。 |

（续表）

| 公元 | 年号 | 雨水 | 旱蝗 | 风霜冰雪寒暑 | 饥疫 | 地震 |
|---|---|---|---|---|---|---|
| 六八八 | 四年 | | | 十月辛亥（廿六），大风拔木。 | 二月，山东、河南甚饥乏。 | 七月戊午（初二），京师地震。八月戊戌（十三），神都地震。 |
| 六八九 | 永昌元年 | | 三月，旱。 | | | |
| 六九〇 | 天授元年 | | 三月，旱。 | | | |
| 六九一 | 二年 | | | 五月丁亥（十七），大风折木。六月庚戌（十一），许州大雨雹。 | | |
| 六九二 | 长寿元年 | 四月，洛水溢，坏永昌桥，漂居民四百余家。七月，洛水溢，漂居民五千余家。八月，河溢，坏河阳县。 | 台、建等州蝗。 | 九月戊戌（初七），黄雾四塞。 | | |
| 六九三 | 二年 | 五月癸丑（廿五），棣州河溢，坏居民二千余家。河阳州十一水。 | | | | |
| 六九四 | 延载元年 | | 二月，旱。 | 十一月癸酉（廿三），白雾，木冰。 | | 四月壬戌（初九），常州地震。 |

（续表）

| 公元 | 年号 | 雨水 | 旱蝗 | 风霜冰雪寒暑 | 饥疫 | 地震 |
|---|---|---|---|---|---|---|
| 六九五 | 证圣元年 | | | 正月丁酉（十八），雷。二月癸卯，滑州大雨雹，杀燕雀。六月，睦州陨霜杀草。吴越地暖，而盛夏陨霜，昔所未有。 | | |
| 六九六 | 万岁通天元年 | 八月，徐州大水害稼。 | | | | |
| 六九七 | 神功元年 | 河南州十九水。三月，括州水坏民居七百余家。 | 黄、随等州旱。 | 妫、绥二州雹。 | | |
| 六九八 | 圣历元年 | | | 六月甲午（初六），曹州大雨雹。乙卯（廿七），大风拔木。 | | |
| 六九九 | 二年 | 七月丙辰（初四），神都大雨，洛水坏天津桥。秋，水溢怀州，漂千余家。 | | | | |
| 七〇〇 | 久视元年 | 三月辛亥（初二），鸿州水，漂千余家，溺死四百余人。十月，洛州水。 | 夏，关内河东旱。 | 三月，大雪。六月丁亥（初十），曹州大雨雹。 | | |
| 七〇一 | 长安元年 | | | 三月，大雨雪。 | 春，河南诸州饥。 | 七月乙亥（初四），扬、楚、常、润、苏五州地震。 |

（续表）

| 公元 | 年号 | 雨水 | 旱蝗 | 风霜冰雪寒暑 | 饥疫 | 地震 |
|---|---|---|---|---|---|---|
| 七〇二 | 二年 | | 春不雨，至于六月。 | | | 八月辛亥（十六），剑南六州地震。 |
| 七〇三 | 三年 | 六月，宁州大雨水，漂二千余家，溺死千余人。 | 四月，旱。冬，无雪，至于明年二月。 | 八月乙酉（廿六），京师大雨雹，人畜有冻死者。 | | |
| 七〇四 | 四年 | 八月，瀛州水，坏民居数千家。 | | 四月，延州霜杀草。五月丁亥（初三），大风拔木，震雷，人有震死者。自九月至十月，昼夜阴晦，大雨雪，都中人畜有冻饿死者。 | | |
| 七〇五 | 中宗神龙元年 | 四月，同官县大雨水，漂民居五百余家。六月，河北县十七大水。七月甲辰（廿七），洛水溢，坏民居二千余家。 | | 三月乙酉（初六），睦州大风拔木。四月壬子（初三），雍州同官县大雨雹，杀鸟兽。 | | |
| 七〇六 | 二年 | 四月辛丑（廿八），洛水坏天津桥，溺死数百人。八月，魏州水。是岁，河北水。 | 正月，京师旱。五月，京师、山东、河北、河南旱。十二月，京师旱。 | 三月乙巳（初二），黄雾四塞。六月乙亥（初三），滑州大风拔木。 | 五月，京师、山东、河北、河南旱饥。十二月，河北水，大饥。 | |
| 七〇七 | 景龙元年 | | 正月旱。五月旱。 | 四月己巳（初二），曹州大雨雹。七月，郴州大风发屋拔木。八月，宋州大风拔木坏庐舍。 | 夏，山东、河北二十余州旱；饥馑疾疫，死者数千计。 | |

(续表)

| 公元 | 年号 | 雨水 | 旱蝗 | 风霜冰雪寒暑 | 饥疫 | 地震 |
|---|---|---|---|---|---|---|
| 七〇八 | 二年 | | | 正月丙申（初二），沧州雨雹，大如鸡卵。八月甲戌（十五），黄雾昏浊不雨。十月辛亥（廿三），滑州暴雨发屋。 | 二月，河北诸州多饥乏。 | |
| 七〇九 | 三年 | 七月，澧水溢，害稼。九月，密州水，坏民居数万家。 | 六月，旱。 | 正月丁卯（初九），黄雾四塞。三月辛未（十四），曹州大风拔木。十一月甲寅（初二），日入后昏雾四塞，经二日乃止。 | 三月，饥。 | |
| 七一〇 | 睿宗景云元年 | | | 三月庚申（初九），雨木冰。 | | 五月丁丑（廿七），剡县地震。 |
| 七一二 | 玄宗先天元年 | | 春，旱。七月，旱。 | | | 正月甲戌（初四），并、汾、绛三州地震，坏庐舍，压死百余人。 |
| 七一三 | 开元元年 | 六月，雨霖。 | 三月，旱。 | | 冬，京师、岐、陇、幽州饥。 | |
| 七一四 | 二年 | 五月，久雨。 | 春，大旱。 | 六月，京师大风拔木。 | 正月，关内饥。 | |
| 七一五 | 三年 | 河南、河北水。 | 五月，旱。七月，河南、河北蝗。 | | | |
| 七一六 | 四年 | 七月丁酉（廿三），洛水溢，沉舟数百艘。 | 夏，山东蝗食稼，声如风雨。 | 六月辛未（初八），京师、华、陕二州大风拔木。 | | |

（续表）

| 公元 | 年号 | 雨水 | 旱蝗 | 风霜冰雪寒暑 | 饥疫 | 地震 |
|---|---|---|---|---|---|---|
| 七一七 | 五年 | 二月甲申（十三），瀍水溢，溺死者千余人。巩县大水，坏城邑，损居民数百家。河南水害稼。 | | 正月戊辰（廿七），大雾。 | 五月，河南、河北以去年不熟，今春亢旱，全无麦苗，所在饥敝，特异寻常。 | |
| 七一八 | 六年 | 六月甲申（廿一），瀍水溢。 | 七月、八月，旱。 | | | |
| 七一九 | 七年 | | 秋，旱。 | | | |
| 七二〇 | 八年 | 六月二十一日夜暴雨，东都谷、洛溢，入西上阳宫。畿内诸县，田稼庐舍荡尽，死者甚众。邓州三鸦口大水，漂溺数百家。 | | 十二月丁未（廿九），滑州大雨雹。 | | |
| 七二一 | 九年 | | 冬，无雪。 | 七月丙辰（十一），扬州、润州暴风雨，发屋拔木。 | | |

（续表）

| 公元 | 年号 | 雨水 | 旱蝗 | 风霜冰雪寒暑 | 饥疫 | 地震 |
|---|---|---|---|---|---|---|
| 七二二 | 十年 | 五月辛酉（廿一），伊水溢，毁东都城东南隅，平地深六尺。河南许、仙、豫、陈、汝、唐、邓等州大水害稼，漂没民居，溺者甚众。六月，博州、棣州河决。 | | | | |
| 七二三 | 十一年 | | | 十一月，自京师至于东、淮南，大雪，平地三尺余。 | | |
| 七二四 | 十二年 | 六月，豫州大水。八月，兖州大水。 | 七月，河东、河北旱。九月，蒲、同等州旱。 | 八月，潞、绥等州霜杀稼。 | | |
| 七二六 | 十四年 | 秋，天下州四十水，河南、河北尤甚，河及支川皆溢，怀、卫、郑、滑、汴、濮，人皆巢身以居，死者千计，资产苗稼无孑遗。润州大风自东北，海涛没瓜步。 | 六月，旱。秋，诸道州十五旱。 | 六月戊午（十二），大风拔树，坏居民庐舍。七月，沧州大风，海运船没者十一二，失平卢军粮五千余石，舟人皆死。润州大风从东北，海涛奔上没瓜步洲，损居民。秋，十五州言旱及霜。 | | |

（续表）

| 公元 | 年号 | 雨水 | 旱蝗 | 风霜冰雪寒暑 | 饥疫 | 地震 |
|---|---|---|---|---|---|---|
| 七二七 | 十五年 | 五月，晋州大水。七月，邓州大水。洛水溢入廓城，坏同州城市及冯翊县。八月，涧、谷溢。所漂没皆甚众。是秋，天下州六十三大水，害稼及居民庐舍，河北尤甚。 | 诸道州十七旱 | 秋，天下州十七霜杀稼。 | 秋，河北饥。 | |
| 七二八 | 十六年 | 九月，关中久雨，害稼。 | 东都、河南、宋、亳等州旱。 | | | |
| 七二九 | 十七年 | 八月丙寅（初八），越州大水，坏州县城。 | | 冬，无雪。 | | 四月乙亥（十五），大风震，蓝田山崩。 |
| 七三〇 | 十八年 | 六月乙亥（廿二），瀍水溢。壬午（廿九），洛水溢。 | | 二月十八日，大雨雪，俄又雷震。 | | |
| 七三一 | 十九年 | 秋，河南水害稼。 | 五月，京师旱。七月，又旱。 | 六月乙酉（初八），大风拔木。 | | |
| 七三二 | 二〇年 | 宋、滑、兖、郓四州水。 | | | 河北饥 | |
| 七三三 | 二十一年 | | 四月，旱。 | | 秋，京师饥。 | |

（续表）

| 公元 | 年号 | 雨水 | 旱蝗 | 风霜冰雪寒暑 | 饥疫 | 地震 |
|---|---|---|---|---|---|---|
| 七三四 | 二十二年 | 秋，关辅、河南州十余水害稼。 | 八月，榆关好蚄虫害稼，入平州界。 | 五月戊辰（初八），京畿、渭南等六县大风雹伤麦；戊子（廿八），大风拔木。 | | 二月壬寅（初十），秦州地震，西北隐隐有声，折而复合，经时不止，坏庐舍殆尽，压死四千余人。 |
| 七三六 | 二十四年 | | 夏，旱。 | 夏，大热，道路有以中暑死者。 | | 十月戊申（初二），京师地震。十一月辛丑（廿六），东都地震。 |
| 七三七 | 二十五年 | | 贝州蝗 | | | |
| 七三八 | 二十六年 | | 榆关好蚄虫害稼 | | | 三月癸巳（廿五），京师地震。 |
| 七三九 | 二十七年 | 澧、袁、江等州水。 | | 春正月乙巳（十二），大雨雪。 | | |
| 七四〇 | 二十八年 | 十月，河南郡十三水。 | | | | |
| 七四一 | 二十九年 | 七月乙卯（初七），伊、洛及支川皆溢，害稼，毁天津桥及东西漕上阳宫仗舍，溺死千余人。是秋，河南、河北郡二十四水害稼。 | | 三月丙午（廿五），风霾，日色无影。九月丁卯（十九），大雨雪，稻禾偃折。又霖雨月余，道途阻滞。十一月己巳（廿二），雨，木冰。 | | |

（续表）

| 公元 | 年号 | 雨水 | 旱蝗 | 风霜冰雪寒暑 | 饥疫 | 地震 |
|---|---|---|---|---|---|---|
| 七四二 | 天宝元年 | | | 冬，无冰。 | | |
| 七四三 | 二年 | | 冬，无雪。 | | | |
| 七四五 | 四年 | 九月，河南、淮阳、睢阳、谯四郡水。 | | | | |
| 七四六 | 五年 | 秋，大雨。 | | | | |
| 七四七 | 六年 | | 七月，旱。 | | | |
| 七五〇 | 九年 | | 三月，关内旱。 | | | |
| 七五一 | 十年 | 八月乙卯（初五），广陵大风，海溢，沉江口舡数千艘。 | | | | |
| 七五三 | 十二年 | 八月，京师连雨二十余日。 | | | | |
| 七五四 | 十三年 | 秋，大霖雨害稼，六旬不止。九月，东都瀍、洛溢，坏十九坊。 | | 二月丁丑（十一），雨土。 | | |
| 七五五 | 十四年 | | 三月，旱。 | 冬季三月，常雾起，十步外不见人。 | 正月，岁饥乏。 | |

（续表）

| 公元 | 年号 | 雨水 | 旱蝗 | 风霜冰雪寒暑 | 饥疫 | 地震 |
|---|---|---|---|---|---|---|
| 七五六 | 肃宗至德元年 | | | | | 十一月辛亥朔，河西地震有声，地裂陷，坏庐舍，张掖、酒泉尤甚。至二年六月始止。 |
| 七五七 | 二年 | 二月癸亥（廿一），大雨，至三月甲戌（初二）乃止。 | | | | |
| 七五八 | 乾元元年 | | 五月，亢旱。 | | 三月，饥。是时百姓残于兵盗，米斗至钱七十，鬻糠为粮，民行乞食者属路。 | |
| 七五九 | 二年 | | 三月，旱。 | | | |
| 七六〇 | 上元元年 | 四月雨，迄闰四月乃止。 | | 闰四月，大雾。 | 春，饥，米斗钱千五百。 | |
| 七六一 | 二年 | 京师自七月霖雨，八月尽方止。 | | | | |
| 七六二 | 代宗宝应元年 | | | | 江东大疫，死者过半。 | |
| 七六三 | 广德元年 | 九月，大雨水，平地数尺。 | 秋，蚄蚼虫害稼，闽中尤甚。米斗千钱。 | | | |

（续表）

| 公元 | 年号 | 雨水 | 旱蝗 | 风霜冰雪寒暑 | 饥疫 | 地震 |
|---|---|---|---|---|---|---|
| 七六四 | 二年 | 五月，东都大雨，洛水溢，漂二十余坊。河南诸州水。 | 秋，蝗，关辅尤甚。 | | 秋，关辅饥，米斗千钱。 | |
| 七六五 | 永泰元年 | 先旱后水，九月丙午（十七），大雨，至于十月丙寅（初八），平地水数尺，沟河涨溢。 | 自春不雨，至四月己巳（初八），始雨。二月甲子（初二），夜震雷，自是无雷，至六月甲申（廿四）乃雷。七月，旱。 | 三月庚子（初九），夜霜，木有冰。辛亥（廿），大风拔木。 | 饥，京师米斗千钱。 | |
| 七六六 | 大历元年 | 七月，洛水溢。 | 关内大旱，自三月不雨，至于六月。 | 春正月丁巳朔，大雪，平地二尺。 | | |
| 七六七 | 二年 | 秋，湖南及河东、河南、淮南、浙东西、福建等道州五十五水灾。 | | 三月辛亥（初一）夜，京师大风发屋。九月戊午（十一）夜，白雾起西北亘天。十一月，纷雾如雪，木冰。 | | 十一月壬申（廿六），京师地震，有声自东北来，如雷者三。 |
| 七六八 | 三年 | | | | | 五月癸亥（廿），地震。 |
| 七六九 | 四年 | 四月雨，至于九月，京师米斗至八百。 | | 正月，大雪。伏日寒。十月丁巳（廿三），大雾。 | | 二月丙辰（十七），京师地震，有声如雷者三。五月丙戌（十九），又震。 |
| 七七〇 | 五年 | 夏，大雨。 | | | 夏，京师以雨饥。 | |

（续表）

| 公元 | 年号 | 雨水 | 旱蝗 | 风霜冰雪寒暑 | 饥疫 | 地震 |
|---|---|---|---|---|---|---|
| 七七一 | 六年 | 八月，连雨害秋稼。 | 春旱至于八月。 | | | |
| 七七二 | 七年 | 二月庚午（十九），江州江溢。 | 五月，旱。 | 五月乙酉（初五），雨雹，大风拔木。 | | |
| 七七三 | 八年 | | 旱。冬，无雪。 | | | |
| 七七四 | 九年 | | | 十一月戊戌（初二），大雪，平地盈尺。 | | |
| 七七五 | 十年 | 七月，杭州海溢。 | | 四月甲申（廿二）夜，雨雹，暴风拔树，飘屋瓦，宫寺鸱吻飘失者十五六。雷震，人有震死者。五月甲寅（廿二），雨雹，大风拔木震阙门。 | | |
| 七七六 | 十一年 | 七月戊子（初三），夜雨，京师平地水尺余，沟渠涨溢，坏民居千余家。 | | | | |
| 七七七 | 十二年 | 秋，京畿及宋、亳、滑三州大雨水，害稼。河南尤甚，平地深五尺。河溢。御史行视，凡损田三万余顷。 | 六月，旱。冬，无雪。 | | | 恒、定、赵三州地震，三日乃止，束鹿、宁晋地裂数丈，沙石随水流出平地，坏庐舍，压死数百人。 |

(续表)

| 公元 | 年号 | 雨水 | 旱蝗 | 风霜冰雪寒暑 | 饥疫 | 地震 |
|---|---|---|---|---|---|---|
| 七七八 | 十三年 | | | | | 郴州黄岑山崩 |
| 七八〇 | 德宗建中元年 | 幽、镇、魏、博大雨，易水、滹沱横流，自山而下，转石折树，水高丈余，苗稼荡尽。 | 冬，无雪。 | 九月己卯（十八），雷。 | | 四月己亥（初五），京师地震。 |
| 七八一 | 二年 | | 自去年十月无雪，至正月甲申（廿五）方雨雪。 | 五月，京师雨雹。 | | 霍山裂 |
| 七八二 | 三年 | | 自五月不雨，至于七月。 | | | 六月甲子（十三），京师地震。 |
| 七八三 | 四年 | | | | | 四月甲子（十八），京师地震生毛。五月辛巳（初五），京师地震。 |
| 七八四 | 兴元元年 | | 秋，螟蝗自山而东，际于海，晦天蔽野，草木皆尽。冬，大旱。 | | | |
| 七八五 | 贞元元年 | | 春旱无麦苗，至于八月，旱甚，灞、浐将竭，井皆无水。夏，蝗自海，西尽河陇，群飞蔽天，旬日不息；所至，草木叶及畜毛，靡有孑遗。 | 正月戊戌（初二），大风雪，寒甚，民饥冻死者踣于路。七月庚子（初七），大风拔木。秋，雨，木冰。 | 春，大饥，东都、河南、河北米斗千钱，饿殣枕道。赋调不入关中，饥民蒸蝗虫而食之。 | |

历代自然灾害年表 | 0697

（续表）

| 公元 | 年号 | 雨水 | 旱蝗 | 风霜冰雪寒暑 | 饥疫 | 地震 |
|---|---|---|---|---|---|---|
| 七八六 | 二年 | 五月乙巳（十七），雨，至于七月丙申（初九）。六月丁酉大风雨，京城通衢，水深数尺，溺死者甚众。东都、河南、荆南、淮南江河溢。 | | 正月乙未（初四），大雨雪，至于庚子（初九）平地数尺，雪上黄黑如尘。八月丙子（廿），大雨雹。 | 正月，关辅荒馑。五月，麦将登而雨霖，米斗千钱。 | 五月己酉（廿一），京师地震。 |
| 七八七 | 三年 | 三月，东都、河南、江陵、汴、扬等州大水。五月，扬州江溢。 | | | | 十一月己卯（廿九）夜，京师、东都、蒲、陕地震，一夕三次，巢鸟皆惊，人多去室。 |
| 七八八 | 四年 | 八月，连雨，灞水暴溢，溺杀渡者百余人。 | | 正月，雨，木冰于陈留。 | | 正月庚戌朔，京师地震，金、房二州地震，江溢山裂。是岁京师地震二十一日。 |
| 七九〇 | 六年 | | 春，京畿、关辅、河南大旱，无麦苗。夏，淮南、浙西、福建等道大旱，井泉竭。 | 正月戊申（十二），大雪。四月甲申（十八），大风雨。 | 夏，淮南、浙西、福建道以旱井泉竭，人暍且疫死者甚众。 | |
| 七九一 | 七年 | | 扬、楚、滁、寿、澧等州旱。冬无雪。 | | | |

（续表）

| 公元 | 年号 | 雨水 | 旱蝗 | 风霜冰雪寒暑 | 饥疫 | 地震 |
|---|---|---|---|---|---|---|
| 七九二 | 八年 | 六月，淮水溢，平地深七尺，没泗州城。秋，大雨，河南、河北、山南、江淮凡四十余州大水，漂溺死者二万余人。时幽州七月大雨，平地水深二丈，郑、涿、蓟、檀、平五州，平地水深一丈二尺，郭邑庐里屋宇田稼皆尽，百姓皆登丘冢山原以避之。 | | 五月己未，暴风发太庙屋瓦，毁门阙官署庐舍，不可胜纪。 | | |
| 七九三 | 九年 | | | | | 四月辛酉（十三），京师地震，有声如雷。河中尤甚，坏城垒庐舍，地裂水涌。 |
| 七九四 | 十年 | 春，霖雨，罕有晴日。 | 自春不雨，至于六月辛未(卅)，雨。 | 三月乙亥（初二），黄雾四塞，日无光。六月辛未晦夜，暴风大雨拔树。 | | 四月戊申（初六），京师地震；癸丑（十一）又震。 |
| 七九五 | 十一年 | 秋，大雨。十月，朗、蜀二州江溢。 | 五月，旱。 | | | |

（续表）

| 公元 | 年号 | 雨水 | 旱蝗 | 风霜冰雪寒暑 | 饥疫 | 地震 |
|---|---|---|---|---|---|---|
| 七九六 | 十二年 | 四月，福建二州大水。岚州暴雨，水深二丈。 | 四月，旱。 | 十二月，大雪甚寒，竹、柏、柿多死。 | | |
| 七九七 | 十三年 | 七月，淮水溢于亳州。 | 春旱至四月乙丑（初十），雨。 | 夏四月乙丑（初十），大雪。 | | 七月乙未（十二），京师地震。 |
| 七九八 | 十四年 | | 春旱至四月。冬，无雪。 | 夏至始雷。夏，大燠。八月癸未（初六），广州大风，坏屋覆舟。 | 京师及河南饥 | |
| 七九九 | 十五年 | | | | 饥 | |
| 八〇一 | 十七年 | | | 二月丁酉（初五），雨雹；己亥（初七），霜；戊申（十六）夜，震霆雨雹；庚戌（十八），大雨雪而雹。五月戊寅（十七），好畤县风雹害麦。七月，陨霜杀菽。 | | |
| 八〇二 | 十八年 | 春，申、光、蔡等州大水。 | 夏，申、光、蔡州旱。 | 春正月戊午朔，大雨雪。七月癸酉（十九），大雨雹。 | | |
| 八〇三 | 十九年 | 八月乙未（十七），大霖雨。 | 自正月不雨，至于七月甲戌（廿六），雨。 | 三月，大雪。 | 秋，关辅饥。 | |

（续表）

| 公元 | 年号 | 雨水 | 旱蝗 | 风霜冰雪寒暑 | 饥疫 | 地震 |
|---|---|---|---|---|---|---|
| 八〇四 | 二〇年 | | 旱 | 二月庚戌（初五），始雷，大雨雹，震电，大雨雪。七月癸酉（初一），大雨雹。冬，雨，木冰。 | 关辅饥 | |
| 八〇五 | 顺宗永贞元年 | 夏，朗州之熊武五溪溢。秋，武陵、龙阳二县江水溢，漂万余家。连月阴霪，京畿、长安等九县山水害稼。 | 秋，江浙、淮南、荆南、湖南、鄂、岳、陈、许等州二十六旱。越州镜湖竭。陈州蝗。 | 正月甲戌（初四），雨赤雪于京师。 | | |
| 八〇六 | 宪宗元和元年 | 夏，荆南及寿、幽、徐等州大水。 | 夏，镇、冀等州蝗。 | 鄜、坊等州雹。六月丙申（初四），大风拔木。 | 夏，浙东大疫，死者过半。 | |
| 八〇七 | 二年 | 六月，蔡州大雨水，平地深数尺。 | | 七月，邠、宁等州霜杀稼。 | | |
| 八〇八 | 三年 | | 淮南、江南、江西、湖南、广南、山南东西皆旱。 | 四月壬申（廿），大风毁含元殿栏槛二十七。 | | |
| 八〇九 | 四年 | 十月丁未，渭南暴水，漂民居二百余家。 | 春夏大旱。秋，淮南、浙西、江西、江东旱。 | | | |
| 八一〇 | 五年 | | | 三月甲子（廿四），大风拔木。 | | |
| 八一一 | 六年 | 七月，霖雨害稼，鄜、坊、黔中水。 | | 十二月，大寒。 | | |

（续表）

| 公元 | 年号 | 雨水 | 旱蝗 | 风霜冰雪寒暑 | 饥疫 | 地震 |
|---|---|---|---|---|---|---|
| 八一二 | 七年 | 正月癸酉（十三），振武河溢，毁东受降城。五月，饶、抚、虔、吉、信五州暴水，虔州尤甚，平地有深至四丈者。 | 三月，旱。夏，扬、润等州旱。 | | 春，饥。 | 八月，京师地震，草树皆摇。 |
| 八一三 | 八年 | 五月，陈州、许州大雨，大隗山摧，水流出溺死者千余人。六月，京师大水，城南深丈余，入明德门，犹渐车辐。辛卯（初十），渭水涨，绝济。时所在霖雨，百川发溢，多不由故道。沧州水潦，浸盐山等县。 | 夏，同、华二州旱。 | 六月庚寅（初九），京师大风雨，毁屋飘瓦，人多压死者；丙申（十五），富平大风，拔枣木千余株。十月丙申（十七），大雪，人有冻踣者，雀鼠多死。 | 广州饥 | 五月丁丑（廿六），大隗山崩。 |
| 八一四 | 九年 | 秋，淮南及岳、安、宣、抚、袁等州大水害稼。 | 五月，旱。 | 正月己酉（初一）、乙卯（初七），大雾而雪。三月丁卯（十九），陨霜杀桑。 | 春，关内饥。 | 三月丙辰（初八），鸢州地震，昼夜八十，压死百余人，地陷者三十里。 |
| 八一五 | 十年 | | 自冬不雨，至于二月丙午（初四）雪。 | 秋，廊、坊等州风雹害稼。 | | 十月，京师地震。 |

（续表）

| 公元 | 年号 | 雨水 | 旱蝗 | 风霜冰雪寒暑 | 饥疫 | 地震 |
|---|---|---|---|---|---|---|
| 八一六 | 十一年 | 五月，京畿大雨水，害田四万顷，昭应尤甚。衢州山水害稼，深三丈，毁州郭，溺死百余人。六月，密州大风雨，海溢，毁城郭。饶州浮梁、乐平二县暴雨水，漂没四千余家。润、常、潮、陈、许五州及京畿水害稼。八月甲午（初一），渭水溢，毁中桥。雨至于九月戊子（廿六）。 | | 冬，雷。 | 东都、陈、许州饥。四月，徐、宿饥。 | 二月乙丑（廿九），地震。 |
| 八一七 | 十二年 | 六月乙酉（廿七），京师大雨水，市中深三尺，毁民居二千余家。河南、河北大水，洺、邢尤甚，平地二丈。河中、江陵、幽、泽、潞、晋、隰、苏、台、越州水害稼。 | | 春，青州一夕暴风自西北，天地晦冥。甲戌，雨雹，中人有死者。九月己丑（初三），雨雪，人有冻死者。 | 七月，定州饥。 | 正月丁丑（十七），地震。 |
| 八一八 | 十三年 | 六月辛未（十九），淮水溢。 | | | | |

历代自然灾害年表 | 0703

(续表)

| 公元 | 年号 | 雨水 | 旱蝗 | 风霜冰雪寒暑 | 饥疫 | 地震 |
|---|---|---|---|---|---|---|
| 八一九 | 十四年 | | | 四月，淄、青陨霜。 | 河南府汝州饥 | |
| 八二〇 | 十五年 | 二月癸未（十一），大雨。八月，久雨。宋、沧、景等州大雨，自六月癸酉（初三）至于丁亥（十七）庐舍漂没殆尽。秋，洪、吉、信、沧等州水。 | 夏，旱。 | 三月戊辰（廿六），大风雨雹。京畿、兴平、醴泉等县雹伤麦。八月己卯（初十），同州雨雪害稼。 | | 闰正月戊辰（廿五），京师地震。 |
| 八二一 | 穆宗长庆元年 | | | 二月，海州海水冰，南北二百里，东望无际。八月己卯（十六），同州雨雪害秋稼。九月壬寅（初九），京师大风雨雷电。 | | |
| 八二二 | 二年 | 七月，河南陈、许、蔡等州大水。好畤山水漂民居三百余家。处州大雨水，平地深八尺，坏城邑桑田大半。 | 冬，旱。 | 正月，海州海冰，青州海冻二百里；己酉（十七），大风霾。六月乙丑（初六），大风，落太庙鸱尾。十月，夏州大风，飞沙为堆，高及城堞。冬，少雪，水不冰冻，草木萌发如正月之后。 | 江淮饥，乌江饥民杀县令以取官米。 | |

（续表）

| 公元 | 年号 | 雨水 | 旱蝗 | 风霜冰雪寒暑 | 饥疫 | 地震 |
|---|---|---|---|---|---|---|
| 八二三 | 三年 | | 三月，淮南、浙东西、江西、宣、歙旱。秋，洪州螟蝗害稼八万顷。 | 正月丁巳朔，大风昏霾竟日。五月壬申（十八），京师雨雹。 | | |
| 八二四 | 四年 | 夏，霖雨。苏、湖二州大雨水，太湖决溢。睦州及寿州之霍山，山水暴出。郓、曹、濮三州雨水，坏州城民居田稼略尽。襄、均、复、郢四州汉水决溢。秋，河南及陈、许二州水害稼。 | 绛州蚜蚄虫害稼 | 六月庚寅（十二），京师雨雹如弹丸，大风毁城门。 | | |
| 八二五 | 敬宗宝历元年 | 六月雨至于八月。秋，鄜、坊二州暴水。兖、海、华三州及京畿、奉天等六县水害稼。 | 秋，荆南、淮南、浙西、江西、湖南及宣、襄、鄂等州旱。 | 八月，邠州霜杀稼。十二月乙酉夜，西北有雾起，须臾遍天，雾止，有赤气，或浅或深，久而乃散。 | | |
| 八二六 | 二年 | | 六月，畿内旱。 | | | |
| 八二七 | 文宗大和元年 | | 夏，京畿、河中、同州旱。河东、同、虢等州蚜蚄虫害稼。 | | | |

（续表）

| 公元 | 年号 | 雨水 | 旱蝗 | 风霜冰雪寒暑 | 饥疫 | 地震 |
|---|---|---|---|---|---|---|
| 八二八 | 二年 | 夏，京畿及陈、滑二州水害稼。河阳平地五尺。河决，坏棣州城。越州大风海溢。河南、郓、曹、濮、青、淄、齐、德、兖、海等州并大水。 | | 六月己巳（十五），大风拔木。 | | 正月壬申（十五），地震。 |
| 八二九 | 三年 | 四月，同官县暴水，漂没二百余家。宋、亳、徐等州大水害稼。 | 八月，京畿九县旱。 | 秋，京畿奉先等八县早霜杀稼。 | | |
| 八三〇 | 四年 | 夏，江水溢，没舒州太湖、宿松、望江三县民田数百户。鄜、坊水漂三百余家。浙西、浙东、宣、歙、江西、鄜、坊、山南东道、淮南、京畿、河南、江南、荆、襄、岳、鄂、湖南大水皆害稼。 | | 秋，鄜、坊等州雹。十一月，淮南霜杀稼。 | 河北及太原饥 | |
| 八三一 | 五年 | 六月，玄武江涨高二丈，溢入梓州罗城。淮西、浙东、浙西、荆、襄、岳、鄂、东川大水害稼。 | | 正月，京城阴雪弥旬。夏，京畿奉先、渭南等县雨雹。冬，京师大雨雪。 | | |

（续表）

| 公元 | 年号 | 雨水 | 旱蝗 | 风霜冰雪寒暑 | 饥疫 | 地震 |
|---|---|---|---|---|---|---|
| 八三二 | 六年 | 二月，苏、湖二州大水。六月，徐州大雨，坏民居九百余家。 | 河东、河南、关辅旱。 | 正月，久雪，寒甚。 | 春，剑南饥。自剑南至浙西大疫。 | 二月，苏州地震，生白毛。 |
| 八三三 | 七年 | 秋，浙西及扬、楚、舒、庐、寿、滁、和、宣等州大水害稼。 | 秋，大旱。 | | | 六月甲戌（十八），地震。 |
| 八三四 | 八年 | 秋，江西及襄州水害稼。蕲州湖水溢。滁州大水，溺万余户。 | 夏，江淮及陕、华等州旱。 | 六月癸未（初四），暴风坏长安县署及经行寺塔。六月甲子，大雾昼昏。 | | 七月辛酉（十二），震定陵寝宫，地裂二十六步。 |
| 八三五 | 九年 | | 秋，京兆、河南、河中、陕、华、同等州旱。 | 四月辛丑（廿六），大风拔木万株，坏楼观甚众。十二月，京师苦寒。 | 春，饥，河北尤甚。 | 三月乙卯（初十），京师地震，屋瓦皆坠，户牖间有声。 |
| 八三六 | 升成元年 | 夏，凤翔麟游县暴雨水，毁九成宫，坏民舍数百家，死者百余人。七月，镇州滹沱河溢，害稼。 | 夏，镇州河中蝗害稼。 | 夏六月，凤翔麟游县暴风雨，飘害九成宫及滋善寺佛舍，坏百姓屋三百间，死者百余人，牛马不知其数。七月乙亥（初八），雨土。 | | 三月，京师地震。 |
| 八三七 | 二年 | | 春，旱。夏，大旱。扬州运河竭。六月，魏、博、昭义、淄、青、沧州、兖、海、河南蝗。七月，旱。冬，少雪。 | 秋，河南雹害稼。 | | 十一月乙丑（初五），京师地震。 |

（续表）

| 公元 | 年号 | 雨水 | 旱蝗 | 风霜冰雪寒暑 | 饥疫 | 地震 |
|---|---|---|---|---|---|---|
| 八三八 | 三年 | 夏，河决，浸郑、滑外城。陈、许、廊、坊、鄂、曹、濮、襄、魏、博等州大水。江、汉涨溢，坏房、均、荆、襄等州民居及田产殆尽。苏、湖、处等州水溢入城，处州平地八尺。 | 正月，旱。秋，河南、河北、镇、定等州蝗，草木叶皆尽。 | 正月癸未（廿四），大雪。戊申大风拔木。 | | |
| 八三九 | 四年 | 秋，西川、沧、景、淄、青大雨水，害稼及民庐舍，德州尤甚，平地水深八尺。 | 夏，大旱。浙东尤甚。 | 七月，郑、滑等州风雹。九月辛丑（廿三），雨雪，木冰。十月己巳（廿一）亦如之。 | 温、台、明等州饥。 | 十月甲戌（廿六），地震。 |
| 八四〇 | 五年 | 七月，霖雨，镇州及江南水。 | 六月，旱。八月甲寅（十一），雨。夏，幽、魏、博、郓、曹、濮、沧、齐、德、淄、青、兖、海、河阳、淮南、虢、陈、许、汝等州螟蝗害稼。 | 四月甲子（十八）、五月壬寅（廿七）、七月戊寅（初四）皆大风拔木。六月，濮州雨雹如拳，杀人三十六，牛马甚众。 | 夏，福、建、台、明四州疫。 | |
| 八四一 | 武宗会昌元年 | 七月，江南水。壬辰（廿四），汉水溢，坏襄、均等州民居甚众。 | 七月，关东、山南、邓、唐等州蝗。 | 三月，黔南大风飘瓦。秋，登州雨雹，文登尤甚，破瓦害稼。 | | |

（续表）

| 公元 | 年号 | 雨水 | 旱蝗 | 风霜冰雪寒暑 | 饥疫 | 地震 |
|---|---|---|---|---|---|---|
| 八四二 | 二年 | | | | | 正月，宋、亳二州地震。十二月癸未（廿四），京师地震。 |
| 八四三 | 三年 | 九月，霖雨。 | | 春，寒，大雪，江左尤甚，民有冻死者。五月甲午（初六）始雷。 | | |
| 八四四 | 四年 | | | 夏，雨雹如弹丸。 | | |
| 八四五 | 五年 | | 三月，旱。 | | | |
| 八四六 | 六年 | | 春不雨，冬又不雨，至明年二月。 | | | |
| 八四七 | 宣宗大中元年 | | 二月，旱。 | | | |
| 八四九 | 三年 | | | 春，陨霜杀桑。 | | 十月辛巳（廿六），京师地震。振武及天德、灵武、盐夏等州地震，坏庐舍，压死数十人。 |
| 八五〇 | 四年 | 四月，霖雨。 | 大旱 | | | |
| 八五一 | 五年 | | | | 冬，湖南饥。 | |
| 八五二 | 六年 | | | | 夏，淮南饥。 | |

(续表)

| 公元 | 年号 | 雨水 | 旱蝗 | 风霜冰雪寒暑 | 饥疫 | 地震 |
|---|---|---|---|---|---|---|
| 八五四 | 八年 | | 三月,旱。七月,剑南、东川蝗。 | | | |
| 八五五 | 九年 | | 七月,旱。 | | 秋,淮南饥。 | |
| 八五六 | 十年 | 四月雨至于九月 | | | | |
| 八五八 | 十二年 | 八月,魏、博、幽、镇、兖、郓、滑、汴、宋、舒、寿、和、润等州水害稼,徐、泗等州水深五丈,漂没数万家。 | 自去年十月不雨,至于闰二月。 | | | 八月丁巳(廿九),太原地震。 |
| 八五九 | 十三年 | 夏,大水。 | | | | |
| 八六〇 | 懿宗咸通元年 | 颍州大水 | | | | 五月,上都地震。 |
| 八六一 | 二年 | | 秋,淮南、河南不雨,至于明年六月。 | | | |
| 八六二 | 三年 | | 六月,淮南、河南蝗。 | | 夏,淮南、河南饥。 | |

(续表)

| 公元 | 年号 | 雨水 | 旱蝗 | 风霜冰雪寒暑 | 饥疫 | 地震 |
|---|---|---|---|---|---|---|
| 八六三 | 四年 | 闰六月，东都暴水，自龙门毁定鼎、长夏等门，漂溺居民。七月，许、汝、徐、泗等州大水伤稼。洛中大水，漂溺尤甚，京邑遂致萧条；十余年间，尚未完葺。九月，孝义山水深二丈，破虎牢关、金城门、氾水桥。 | | | | |
| 八六四 | 五年 | | | 冬，隰、石、汾等州大雨雪，平地深三尺。 | | |
| 八六五 | 六年 | 六月，东都大水，漂十二坊，溺死者甚众。 | 八月，东都、同、华、陕、虢等州蝗。 | 正月，绛州大风拔木，有十围者。十一月己卯（初二），潼关夜中大风，山如吼雷，河喷石鸣，群鸟乱飞，重关倾侧。十二月，大风拔木。 | | 十二月，晋、绛二州地震，坏庐舍，地裂泉涌。 |
| 八六六 | 七年 | 夏，江淮大水。秋，河南大水害稼。 | 夏，东都、同、华、陕、虢及京畿蝗。 | | | |
| 八六七 | 八年 | | | | | 正月丁未（初六），河中府晋、绛二州地大震，坏庐舍，人有死者。 |

（续表）

| 公元 | 年号 | 雨水 | 旱蝗 | 风霜冰雪寒暑 | 饥疫 | 地震 |
|---|---|---|---|---|---|---|
| 八六八 | 九年 | 六月，久雨。 | 江淮旱。江淮、关内及东都蝗。 | 十一月甲辰（十五），大雾昏塞，至于丙午（十七）。 | 秋，江左及关内饥，东都尤甚。 | |
| 八六九 | 十年 | | 夏，旱，陕、虢等州蝗。 | | | |
| 八七〇 | 十一年 | | 夏，旱。 | | | |
| 八七二 | 十三年 | | | | | 四月庚子（初一），浙江东西道地震。 |
| 八七三 | 十四年 | 八月，关东、河南大水。 | | | | |
| 八七四 | 僖宗乾符元年 | | 四月，旱。 | | 宣、歙、两浙疫。 | |
| 八七五 | 二年 | | 七月，蝗自东而西，蔽天。 | 二月，宣武境内，黑风雨土。十二月，震雷雨雹。 | | |
| 八七六 | 三年 | 关东大水 | 二月，旱。五月，旱。冬，无雪。 | | 春，京师饥。 | 六月乙丑（廿），雄州地震，至七月辛巳（初六）止，州城庐舍尽坏，地陷水涌，伤死甚众。是月，濮州地震。十二月，京师地震，有声。 |
| 八七七 | 四年 | | | | | 六月庚寅（廿），雄州地震。 |

(续表)

| 公元 | 年号 | 雨水 | 旱蝗 | 风霜冰雪寒暑 | 饥疫 | 地震 |
|---|---|---|---|---|---|---|
| 八七八 | 五年 | 秋,大霖雨,汾、浍及河,溢流害稼。 | | 五月丁酉(初二),雨雹,如兔卵,大风雷雨拔木。 | | |
| 八七九 | 六年 | | | | | 二月,京师地震,有声如雷,蓝田山裂水涌。 |
| 八八〇 | 广明元年 | 秋八月,大霖雨。 | 三月,旱。夏,汝州岘阳峰龙池涸。 | 四月甲申(初一),京师、东都、汝州雨雹大如杯,杀鸟兽;大风拔木。十一月,暖如仲春。 | | |
| 八八一 | 中和元年 | | | 春,霜。五月辛酉(十四),大风雨土。九月,河东霜杀禾。 | | |
| 八八二 | 二年 | | | 七月,黄巢将尚让攻宜君寨,雨雪盈尺,甚寒,兵冻死者十二三。 | | |
| 八八三 | 三年 | 秋,汴水入于淮水,斗,坏船数艘。 | | | | 秋,晋州地震,有声如雷。 |
| 八八四 | 四年 | | 江南大旱 | 六月乙巳(十六),太原大风雨,拔木千株,害稼百里。 | 关内大饥。江南以大旱饥,人相食。 | |
| 八八五 | 光启元年 | | 秋,蝗自东方来,群飞蔽天。 | | | |

（续表）

| 公元 | 年号 | 雨水 | 旱蝗 | 风霜冰雪寒暑 | 饥疫 | 地震 |
|---|---|---|---|---|---|---|
| 八八六 | 二年 | | 荆、襄蝗。淮南蝗自西来，行而不飞，浮水，缘城入扬州府署，竹树幢节，一夕如剪，幡帜画像，皆啮去其首，扑不能止。旬日自相食尽。 | 冬，苦寒，长安九衢积雪，益以兵乱，吏民僵冻而死者蔽地。 | 荆、襄以蝗灾，斗米钱三千，人相食。 | 春，成都地震，月中十数。十二月，魏州地震。 |
| 八八七 | 三年 | | | | 扬州大饥，米斗万钱。 | 四月，维州山崩，累日不止，尘土亘天，壅江水逆流。 |
| 八九一 | 昭宗大顺二年 | | | | 春，淮南大饥，疫死者十三四。 | |
| 八九二 | 景福元年 | | | | 五月，吴士卒大疫。 | |
| 八九三 | 二年 | | 秋，大旱。 | | | |
| 八九四 | 乾宁元年 | 四月，河圮于滑州，朱全忠决其堤，因为二河，散漫千余里。七月，霖雨。 | | 二月辛巳，曹州大雪，平地二尺。 | | |
| 八九五 | 二年 | | | 四月，苏州大雨雪。 | | 三月庚午（十三），河东地震，山摧。 |
| 八九七 | 四年 | | | 十一月，颍州大雪，寒。 | | |

（续表）

| 公元 | 年号 | 雨水 | 旱蝗 | 风霜冰雪寒暑 | 饥疫 | 地震 |
|---|---|---|---|---|---|---|
| 九〇〇 | 光化三年 | 七月，浙江溢。 | 冬，京师旱至于明年春。 | 七月乙丑，洛州大风拔木发屋。 | | |
| 九〇一 | 天复元年 | 八月，久雨。 | 春，旱。 | | | |
| 九〇二 | 二年 | 蜀大水，嘉州漂荡尤甚。 | | 昇州，大风发屋，飞大木。 | | |
| 九〇三 | 三年 | | | 二月雨土，天地昏霾。三月乙卯（十四），浙西大雨雪，平地三尺余，其气如烟，其味苦。十二月又大雪，江海冰。 | | |
| 九〇四 | 天祐元年 | | | 闰四月乙未朔，大风雨土。九月壬戌朔，大风寒如仲冬。冬，浙东、浙西大雪。 | 十月，京师大饥。 | |
| 九〇五 | 二年 | | 春夏旱 | | | |
| 九〇六 | 三年 | 九月，久雨。 | | 十二月乙亥，震雷，雨雪。 | | |